Les pp. 487 à 490 arrachées
15 juin 1867. R. Y.

DICTIONNAIRE

RAISONNÉ UNIVERSEL

DES

ARTS ET METIERS.

TOME SECOND.

DICTIONNAIRE RAISONNÉ UNIVERSEL DES ARTS ET METIERS,

CONTENANT

L'HISTOIRE, LA DESCRIPTION, LA POLICE DES FABRIQUES ET MANUFACTURES de France & des Pays Etrangers :

OUVRAGE UTILE A TOUS LES CITOYENS.

NOUVELLE ÉDITION, corrigée & considérablement augmentée d'après les Mémoires & les Procédés des Artistes ;

Revue & mise en ordre par M. l'Abbé JAUBERT, *de l'Académie Royale des Sciences de Bordeaux.*

TOME SECOND.

A PARIS,

Chez P. FR. DIDOT jeune, Libraire de la Faculté de Médecine de Paris, quai des Augustins.

M. DCC. LXXIII.

Avec Approbation, & Privilege du Roi.

DICTIONNAIRE RAISONNÉ UNIVERSEL DES ARTS ET MÉTIERS.

DAM

DAMAS (Manufacture de). Cette étoffe qui est fabriquée de soie cuite, tant en trame qu'en chaîne, est une espece de satin moiré, ou une moire satinée, dont le véritable endroit est celui qui a le grain par dessus & dont les fleurs sont relevées & satinées; ce qui fait damas d'un côté faisant satin de l'autre.

On distingue le damas en damas pour les robes, damas pour les meubles, damas liséré, & damas broché.

En général tous les damas sont montés sur cinq *lisses de satin*, ou fils disposés sur des tringles de bois qui embrassent les fils de chaîne & qui les font lever & baisser à discrétion; & cinq de *rabat*, ou lisses sous les mailles desquelles les fils de chaîne sont passés, & qui servent à les faire baisser. Lorsqu'ils sont *lisérés* ou *brochés*, on y ajoute cinq *lisses de liage*, ou lisses qui font baisser les fils qui lient la dorure ou la soie. On appelle *damas lisérés* ceux dont le contour des fleurs & du dessein est suivi avec un fil d'or, d'argent, ou de soie d'une autre couleur; & *damas brochés* ceux qui sont nuancés de plusieurs couleurs au

l'étoffe. Le moindre fil placé irrégulierement, ou le moindre mouvement fait mal-à-propos, occasionneroit des défauts si apparents qu'ils dégraderoient l'étoffe.

L'*armure* du damas liséré broché, ou l'ordre dans lequel on fait mouvoir les lisses, est différente de l'armure des damas ordinaires. Le damas liséré se fait sur quinze marches, dont cinq sont pour les lisses de satin, cinq pour le liséré, & cinq pour le liage. Les marches du liséré sont d'un demi-pied plus courtes que les autres, afin qu'elles causent moins d'embarras à l'ouvrier lorsqu'il veut passer des lisses de liséré à celles de satin.

Cette armure est disposée de façon que la premiere lisse du liséré est la quatrieme dans l'ordre des marches, & qu'elle fait baisser la quatrieme lisse de liage qui se rencontre sur la premiere marche de ce même liage. La seconde se trouve la huitieme dans le même ordre, & fait baisser la huitieme lisse qui se trouve sur la seconde marche; la troisieme est la seconde en rang, & elle fait baisser la seconde lisse qui se trouve sur la troisieme marche de liage; la quatrieme est la sixieme dans l'ordre des marches, & elle fait baisser la sixieme lisse qui est sur la quatrieme marche de liage; la cinquieme se trouve la dixieme, & fait baisser la dixieme lisse qui est sur la cinquieme marche de liage, ce qui finit le course de l'ouvrage.

Toutes les manufactures de damas qui sont en Europe varient dans la maniere de le fabriquer; elles y emploient dans les chaînes des soies différentes en plus ou moins de quantité & de qualité. Il seroit à desirer que nos manufactures, qui l'emportent sur les manufactures étrangeres par le bon goût, la régularité & la beauté du dessein, eussent aussi l'avantage de faire de meilleures étoffes & de perfectionner leur travail. Le réglement du premier Octobre 1737 a bien eu le soin de prescrire la quantité de soie qui doit entrer dans chaque portée de damas; mais il a oublié d'en fixer la qualité. Personne n'ignore que ce n'est pas le fil le plus gros & le plus pesant qui fait la plus belle & la meilleure étoffe, mais le plus fin & le plus léger.

Les Génois tendent la chaîne de leur damas bien différemment de ce que font nos manufacturiers. Ils ne se servent que de deux chevilles de bois qui entrent dans un rouleau percé en croix, à l'aide duquel ils donnent à la chaîne l'extension qu'ils veulent. Tout le monde convient que

moyen des *espolins* qui sont de très petites navettes dont on se sert selon que l'exige le dessein de l'étoffe : *voyez* BROCHEUR.

Quand tout est bien disposé sur le métier, on conduit, ainsi que nous allons le dire, le *course* complet des damas ordinaires. Le *course* est la prise de neuf passages de *rames*, ou faisceaux de cordes où sont attachées celles de *semple*, qui sont des ficelles qui tiennent chacune par un bout à un œil de perdrix, au travers duquel passe une corde de rame. Le *course* entier se fait en prenant & passant de suite les neuf premiers passages des rames sur le premier *retour*, ou sur les petits bâtons quarrés applatis, attachés au derriere du métier, & qui servent pour l'exécution des grands desseins, & en continuant de neuf en neuf rames jusqu'au dernier retour.

Au premier *lacs* qui est fait d'un gros fil qui forme d'un seul bout plusieurs boucles entrelacées dans les cordes de semple, on passe le premier coup de navette sous la premiere lisse, & le second coup sur la quatrieme que la seconde marche fait lever. On baisse ensuite pour faire le broché la premiere marche de liage dont le fil répond à la troisieme lisse. Au second lacs on baisse la troisieme marche qui fait lever la seconde lisse, & la quatrieme marche qui fait lever la cinquieme lisse; après quoi on baisse pour lier la seconde marche qui fait baisser le fil qui se trouve sur la quatrieme lisse. Au troisieme lacs on baisse la cinquieme marche qui fait lever la troisieme lisse; & on reprend la premiere marche qui fait lever la premiere lisse; après quoi on fait baisser la troisieme marche de liage qui fait baisser le fil de la cinquieme lisse. Au quatrieme lacs on fait baisser la seconde marche qui fait lever la quatrieme lisse, & la troisieme qui fait baisser la seconde; on baisse ensuite la quatrieme marche qui fait baisser le fil de la cinquieme lisse. Au cinquieme lacs on fait baisser la quatrieme marche de liage qui fait lever la cinquieme lisse; la cinquieme marche baissée fait lever la troisieme; on baisse ensuite la cinquieme marche qui fait lier & baisser le fil qui répond à la seconde lisse.

Dans une manœuvre où il y a autant de combinaisons & de mouvements, il faut nécessairement observer la régularité la plus grande, tant dans le passage des fils quand on monte le métier, que dans le course quand on travaille leur façon d'opérer n'est sujette à aucun inconvénient. Puisque nous avons plus de goût & d'aussi bonnes soies qu'eux, que leurs ouvriers ne l'emportent en rien sur les nôtres, pourquoi ne pas avoir des métiers semblables aux leurs pour les velours & pour les damas ?

Les damas qui sont faits avec des organsins à trois brins sont beaucoup plus beaux que ceux qui ne sont fabriqués qu'avec des organsins à deux brins.

Le *damas cafart* est une étoffe qui imite le vrai damas, & dont la trame est de poil, de fleuret, de fil, de laine, ou de coton. Le *damas d'Abbeville* a sa chaîne & sa trame de fil. Le *damas de Caux* differe de celui d'Abbeville en ce qu'il est à raies & non à fleurs. Tous ces damas se travaillent comme le damas de soie. Les *damas de Hollande* sont tout de soie, mais beaucoup plus légers que les nôtres. On fait encore à Châlons en Champagne, à Tournay, & aux environs, des damas dont la chaîne & la trame sont de laine.

Lorsqu'il y a de l'or ou de l'argent dans la trame des damas de Flandre, ils paient pour droit d'entrée vingt livres par livre pesant, suivant l'arrêt du Conseil du 23 Novembre 1688. Les autres damas paient suivant leurs différentes fabriques & les lieux d'où ils sont tirés : les damas à florettes d'or, d'argent, & de soie, cinquante-cinq sols trois deniers par livre pesant ; ceux qui sont avec or & argent, quarante-quatre sols ; ceux qui viennent de Florence, Bologne & Naples, vingt-quatre sols neuf deniers ; ceux de Gênes, vingt-six sols ; ceux de Lucques, vingt-deux sols trois deniers ; ceux de Milan, vingt-quatre sols trois deniers ; ceux de Venise, trente-deux sols ; les damas de soie rouge & cramoisie, cinquante-sept sols ; les damas violets, ou incarnat cramoisi de toutes sortes, quarante-six sols : le tout par livre pesant.

Les damas cafarts, autres que ceux d'Angleterre qui sont prohibés, paient pour droit d'entrée neuf livres par piece de trente aunes, & treize livres par cent pesant pour ceux de sortie.

DAMASQUETTES (Maniere de fabriquer les). On appelle *damasquette* une étoffe cylindrée à fleurs d'or ou de soie, que nous connoissons depuis quelques années sous le nom d'étoffe de Marseille, & qui se fabrique particuliérement à Venise. Nous avons voulu l'imiter sans pouvoir jusqu'à présent parvenir à la légéreté & au goût que lui donnent les Venitiens ; mais nos damaſquettes ont beaucoup plus d'éclat.

Les Vénitiens, qui en font un commerce conſidérable dans le Levant, ſont ſi jaloux de la ſupériorité de leur fabrique, qu'ils cachent avec un ſoin infini la machine dont ils ſe ſervent pour applatir l'or, ou, en terme de l'art, pour *paſſer les damaſquettes*. Nous devons à M. *Flachat*, Directeur des établiſſements Levantins, & de la manufacture royale de S. Chamond, Aſſocié de l'Académie des Sciences de Lyon, la maniere de fabriquer & de préparer cette étoffe, qu'il vient de publier dans ſes *Obſervations ſur le Commerce & ſur les Arts*.

On emploie dans la fabrique de cette étoffe l'*organſin* le plus beau & le plus léger. L'ourdiſſage eſt le même que dans les autres étoffes, avec cette différence, que le *peigne*, ou petit cadre de deux pouces & demi de hauteur ſur la longueur de l'étoffe, doit être très fin & d'un jonc bien apprêté.

Lorſque les fils ſont paſſés dans le peigne en tel nombre que l'ouvrier le juge à propos, mais plus communément au nombre de cinq, on *trame à deux ou trois bouts*, c'eſt-à-dire qu'on met deux ou trois ſoies enſemble ſur la navette, à proportion de leur fineſſe. On opere enſuite comme dans le damas, excepté que le fil d'or ou d'argent, que l'on broche ſur la damaſquette, eſt *riant*, ou collé, peu couvert, & d'une lame très mince ; de ſorte qu'on met environ deux onces de ſoie ſur trois onces de lames d'or ou d'argent.

Le fabricant ne ſauroit avoir trop d'attention à ce que l'étoffe ſoit extrêmement légere au ſortir du métier, & qu'elle ne peſe à-peu-près que quatre onces par aune, parce-qu'autrement elle ſe trouveroit trop peſante après ſa préparation.

Pour cet effet on met diſſoudre dans huit pintes d'eau tiede, un quart de gomme adragant, un quart de gomme arabique, & demi-livre de gomme de turis ; on choiſit la plus blanche qu'il eſt poſſible de trouver. Lorſque la diſſolution eſt faite, on la paſſe dans un linge. On ſe ſert enſuite d'une éponge pour étendre cette liqueur ſur l'envers de l'étoffe qu'on met à une certaine diſtance ſur un feu de charbon, pour faire ſécher la gomme à meſure qu'on l'étend.

Dès que cette opération eſt faite, on porte ſur le champ

l'étoffe à la calandre qui est une machine composée de quatre piliers de bon bois qui soutiennent deux traversiers qui courent entre deux listeaux & qui assujettissent le tout. Sur le premier listeau, qui est élevé à hauteur d'homme de dessus terre, est une plaque d'acier trempé, bien polie, & proportionnée à la largeur de l'étoffe. Sur cette plaque il y a trois rouleaux mobiles fixés par les deux bouts dans une traverse de bois de façon qu'ils ne puissent pas s'écarter de leur place. Cette traverse est chargée de poids plus ou moins pesants selon que l'étoffe peut l'exiger, & attachée par chaque bout à une corde que deux hommes, diamétralement opposés, font aller & venir sur la damasquette qui est étendue sur la plaque. Au moyen de deux autres rouleaux qui sont attachés sur les côtés à deux des piliers de la machine, on roule sur un de ces rouleaux l'étoffe qui vient d'être calandrée à mesure qu'on déroule de dessus l'autre celle qui ne l'est pas. Au dessous de la plaque de fer sur laquelle on calandre, on entretient dans un réchaud de fer élevé sur des pieds à roulettes, un feu modéré tel qu'il le faut pour donner du lustre à l'étoffe, & que les ouvriers qui servent la calandre puissent le supporter.

Au sortir de la calandre on plie l'étoffe de sorte qu'elle ait entre chaque pli vingt-cinq pouces de longueur. Après la premiere presse, on la replie de chaque côté pour lui donner au moyen d'une seconde presse la forme d'une piece de toile de Hollande ; on y met ensuite trois papiers de la largeur de trois pouces chacun, qu'on attache avec des petits rubans rouges. A la tête de chaque piece il y a un cartouche de papier qui indique le nom du fabricant, l'aunage, la couleur, la qualité, & le numéro de la piece. On l'enveloppe après cela d'une double feuille de bon papier sur laquelle on écrit une même note que celle qui est sur le cartouche, afin qu'on n'ait pas la peine de déplier chaque fois qu'on en demande.

En passant sous la calandre, l'or & la soie s'applatissent de maniere que l'étoffe en a plus de lustre & qu'elle en devient plus brillante ; cette machine lui donne même un degré de perfection que nos cylindres n'ont jamais pu procurer à celles qu'on a voulu imiter. Les ingrédients que les dévideuses & les ouvriers mettent aux soies avant de les fabriquer ne sortent pas aussi facilement qu'avec la calandre, parceque la chaleur qu'on donne à l'étoffe, opérant dans un ſens tout oppoſé, ne les attire pas ſur elle.

En outre les rouets dont on ſe ſert à Veniſe pour filer l'or & l'argent ne ſont qu'à deux bouts, au lieu que ceux de France ſont à douze & à ſeize bouts; ce qui fait que dans ceux de Veniſe la lame ne s'y étend pas avec la même force, & qu'elle couvre mieux la ſoie qui court ſur les bobines.

Les deſſeins des damaſquettes forment ordinairement des palmes ou ornements en dorure, d'où ſortent des ramages & bouquets de fleurs. On a ſoin de varier beaucoup les couleurs, parceque ces choſes contribuent à faire plus eſtimer l'étoffe & à la faire vendre plus cher.

DAMASQUINEUR. Damaſquiner eſt l'art d'enjoliver le fer ou l'acier, &c. en le gravant ou le taillant, pour remplir enſuite avec un fil d'or ou d'argent les rainures qu'on y a faites.

Le nom que cet art a conſervé montre aſſez d'où il nous vient, & l'on y reconnoît le nom de *Damas*, cette ville fameuſe du Levant, où il a été inventé, où du moins les ouvriers ont fait les plus parfaits ouvrages de damaſquinerie.

Quand on veut damaſquiner ſur le fer on le met au feu pour lui donner le *paſſe-violet*, qui eſt ce qu'on appelle *couleur d'eau;* enſuite on deſſine légérement deſſus ce qu'on y veut figurer, & on le taille avec un couteau à tailler de petites limes; puis avec un fil d'or ou d'argent fort délié on ſuit le deſſein, & on remplit de ce fil les endroits qu'on a deſtinés pour former quelques figures. On fait entrer le fil dans les hachures avec un petit outil qu'on nomme *ciſeau*, & avec un mattoir on amattit l'or : *voyez* DOREUR.

Si l'intention de l'ouvrier eſt de donner du relief à quelques figures, on met l'or & l'argent plus épais, & avec des ciſelets on forme deſſus ce qu'on veut; mais quand avec la damaſquinure on veut mêler un travail de rapport d'or ou d'argent, alors on grave le fer profondément en deſſous & à queue d'aronde; puis avec le marteau & le ciſelet on fait entrer l'or dans la gravure, après en avoir taillé le fond en forme de lime très déliée, afin que l'or y entre & y demeure plus fortement attaché.

On doit prendre garde que les filets d'or ſoient plus gros que le creux qu'on a gravé, afin qu'ils entrent par force à coups de marteau. Quand l'or ou l'argent eſt bien appliqué, on forme les figures deſſus ſoit avec les burins ou ciſelets, ſoit par eſtampes avec des poinçons gravés de fleurons ou autres objets.

La damaſquinerie tient tout à la fois de la moſaïque, de la gravure & de la ciſelure. Comme la moſaïque, elle eſt faite de pieces de rapport ; comme dans la gravure, on entaille le métal & l'on y repréſente diverſes figures ; & comme dans la ciſelure, on y travaille l'or & l'argent en relief.

La damaſquinerie a pris ſon nom, comme il a été dit, de la ville de Damas où il s'eſt fait quantité de beaux ouvrages dans ce genre, auſſi bien qu'en pluſieurs autres endroits du Levant. Les anciens s'y ſont beaucoup appliqués. Mais ſi c'eſt à Damas qu'on doit l'invention de cette eſpece de ciſelure, M. *Felibien*, dans ſes principes d'architecture, ſemble vouloir faire honneur à la France de la perfection de cet art. Il prétend que *Curſinet*, fourbiſſeur à Paris, qui eſt mort il y a plus d'un ſiecle, a ſurpaſſé tous ceux qui s'en étoient mêlés avant lui. Quoi qu'il en ſoit, il eſt certain que préſentement pluſieurs fourbiſſeurs François ne le cedent guere à Curſinet.

Il y a divers artiſans à qui par leurs ſtatuts il eſt permis d'orner leurs ouvrages de damaſquinures, entre autres les fourbiſſeurs, les arquebuſiers, les éperonniers, & les armuriers heaumiers.

DANSEUR : *voyez* MAÎTRE A DANSER.

DATTES (Art de préparer les). La datte eſt un fruit oblong, gros comme le pouce & d'un tiers plus long, qui vient dans les pays chauds ſur une eſpece de palmier qu'on appelle palmier dattier. Ce fruit dont la peau eſt ordinairement rouſſeâtre, & dont la *pulpe* ou la chair eſt bonne à manger, eſt une nourriture ſalutaire & dont on varie l'apprêt ſuivant le goût & la délicateſſe de ceux qui en font uſage.

L'arbre ſur lequel vient ce fruit ſe tranſplante, après avoir été enlevé, ſur les racines d'un autre, & produit au bout de quatre ans ; ou bien on le fait venir de ſemence, c'eſt-à-dire en plantant le noyau de ce même fruit, & pour lors il ne rapporte qu'au bout de ſix ou ſept ans. Lorſqu'on ſeme des noyaux il en vient toujours des palmiers mâles & femelles ; mais lorſqu'on plante ceux qui ſont venus ſur les racines, ils ſuivent néceſſairement le ſexe de l'arbre qui les a produits.

Pour faire pousser ces jeunes plantes & les rendre plus vigoureuses, on les arrose pendant l'été, on travaille la terre tout au tour, & on n'y souffre aucun insecte ni aucune plante. Lorsqu'elles sont en état de porter des fleurs & des fruits, les cultivateurs attentifs s'occupent à en multiplier & accélérer la fécondité : pour cet effet ils coupent sur la fin de Février toutes les *spathes* mâles ou branches de palmier qui se trouvent au sommet de l'arbre, & qui sont chargées de fleurs fécondantes ; on partage ces branches en petites baguettes fourchues, & on les fixe transversalement sur le milieu des branches à fleurs des arbres femelles, afin qu'elles soient fécondées plutôt & en plus grande quantité par la poussiere seminale des petites fleurs mâles qu'on a mises par dessus. Ceux qui donnent moins de soin à la culture des palmiers attendent que le vent ait transporté sur les palmiers femelles les plus voisins la poussiere fécondante du palmier mâle qui leur fait produire du fruit.

Lorsque les dattes sont mûres on en fait trois classes relativement à leurs différents degrés de maturité. La premiere est formée de celles qui n'ont que leur extrémité de mûre ; la seconde de celles qui ne sont mûres qu'à moitié ; & la troisieme est de celles qui le sont entiérement. Quoiqu'elles ne soient pas également mûres, on les cueille toutes à la fois, parceque si on différoit deux ou trois jours à cueillir les moins mûres, elles acquerroient pendant cet intervalle un tel degré de maturité qu'elles se détacheroient de l'arbre & se meurtriroient en tombant. C'est pourquoi on monte au haut du palmier pour les cueillir à la main, ou on les secoue pour en faire tomber les fruits dans un filet qu'on tend par dessous. Comme les dattes les plus vertes résistent aux secousses & demeurent sur le palmier, on fait pendant l'automne deux ou trois fois la récolte de ce fruit.

Pour achever de mûrir & sécher les trois diverses classes des dattes qu'on a cueillies, on les expose au soleil sur des nattes où d'abord elles deviennent molles ; elles s'épaississent ensuite, & durcissent enfin de façon à n'avoir plus à craindre qu'elles moisissent ou qu'elles deviennent aigres. C'est dans cet état qu'on nous les apporte. Dans le pays, après la dissipation de l'humidité de la datte, on l'apporte au pressoir pour en tirer un suc mielleux qu'on conserve dans des outres de peaux de chevres, de veaux, de moutons, ou dans des longs paniers en forme de sacs faits avec des feuilles de palmier ſauvage. Ces dattes ainſi preſſées ſont la nourriture la plus ordinaire du peuple. Les riches les font préparer différemment avant de les renfermer dans les vaſes que nous avons dit être deſtinés à leur conſervation ; ils les font arroſer de nouveau du ſuc qu'on en a extrait, ou, ſans les faire paſſer au preſſoir, ils les font mettre dans des cruches avec une grande quantité de ſirop.

On extrait auſſi de pluſieurs façons un ſirop des dattes qui eſt gras & doux, qui tient lieu de beurre, & qui ſert de ſauce & d'aſſaiſonnement dans les aliments. Les uns mettent en plein air une claie d'oſier ſur une table de pierre ou de bois inclinée, & font un creux au plancher pour y placer un vaſe de terre propre à recevoir le ſirop. On charge cette claie d'autant de dattes ſeches qu'on le peut ; étant preſſées par leur propre poids & macérées pendant quelques jours par la chaleur, elles laiſſent échapper beaucoup de liqueur qui coule dans le vaſe de terre. Ceux qui veulent avoir une plus grande quantité de ſirop ſerrent de temps en temps les claies avec des cordes, les chargent de pierres, & réiterent cette opération juſqu'à ce que les dattes aient rendu tout leur ſuc. On conſerve ces dattes ainſi deſſéchées, & elles ſervent, comme nous l'avons déja dit, de nourriture au menu peuple.

Comme l'opération de la claie ſeroit trop longue pour ceux qui ont une grande quantité de palmiers, comme les Baſréens & les Arabes, on emploie à la place d'un preſſoir une chambre à double plancher dont les murailles ſont tapiſſées de rameaux & dont le plancher ſupérieur eſt mobile. On couvre le plancher inférieur de toutes les dattes qui ſont devenues molles en ſéchant, on laiſſe tomber par deſſus le plancher mobile qu'on charge autant qu'on le juge à propos, & on retire par ce moyen le ſirop qui tombe dans des baſſins pratiqués au deſſous. Lorſque la quantité de ſirop ne paroît pas répondre à celle du fruit, on verſe de l'eau bouillante ſur les dattes afin de rendre plus fluide le ſuc mielleux & épais qu'elles contiennent ; mais le ſirop ainſi préparé eſt toujours beaucoup plus liquide que le précédent.

Les payſans qui n'ont point de palmiers achetent le marc des dattes paſſées au preſſoir, le pilent, le font bouillir juſqu'à ce qu'il ſoit réduit en conſiſtance de ſirop & en bouillie très claire ; mais cet aliment eſt auſſi peu agréable au goût qu'il eſt peu nourriſſant.

La moëlle du ſommet du palmier, & les tendres branches feuillées qui ſont en forme de cône au ſommet des jeunes palmiers, fourniſſent une nourriture très délicate. Les jeunes grappes mâles ou femelles ſont très bonnes à manger, crues ou cuites avec la viande de mouton. Les dattes elles-mêmes ſont d'un goût bien ſupérieur aux branches, à la moëlle, & aux grappes du palmier, & elles fourniſſent une diverſité de mets fort agréables. Lorſqu'elles ſont récentes elles ſont un aliment très ſalutaire, ſur-tout à ceux qui ne boivent que de l'eau. Deſſéchées elles ſont d'une digeſtion plus difficile.

Les noyaux étant bouillis ſervent de nourriture aux bœufs qu'on veut laiſſer repoſer. A la Chine on les fait brûler pour les faire entrer dans la compoſition de l'encre qui porte le nom d'*encre de la Chine*. En Eſpagne on en fait ce qu'on appelle le *faux ivoire brûlé*, & une poudre propre à nettoyer les dents.

Le ſirop de dattes ſert aux peuples qui le font, de beurre pour la pâtiſſerie, pour aſſaiſonner le riz & la fine farine, lorſqu'on veut ſe régaler dans les feſtins & les jours de fête.

On fait auſſi avec les dattes une liqueur ſpiritueuſe qui eſt défendue par la loi de Mahomet, mais qu'on fait paſſer ſous le nom d'un remede, & à laquelle les perſonnes riches font ajouter avant la diſtillation, de la ſquine, de l'ambre & des aromates. Le *nectar de dattes* que boivent les Souverains de Congo eſt la pure liqueur ſpiritueuſe de dattes fermentées.

Les dattes varient dans leur couleur; il y en a de noires, de blanches & de rouſſes; il y en a de rondes & d'oblongues, de groſſes comme des pommes, & d'autres qui n'ont qu'un peu plus d'un pouce de groſſeur; il s'en trouve qui ont des noyaux, & d'autres qui n'en ont pas; enfin il y en a de douces & d'autres qui ſont un peu acerbes: les meilleures de toutes ſont celles qu'on appelle *dattes royales*.

Les dattes paient pour droit d'entrée vingt pour cent de leur valeur, par arrêt du Conſeil du 22 Décembre 1750.

DÉBACLEUR. C'eſt celui qui a le ſoin de *débacler*, c'eſt-à-dire de débarraſſer les ports des bateaux vuides, & de mettre en leur rang ceux qui ſont encore pleins de marchandiſes.

L'ordonnance de la ville de Paris de 1672 dit, en parlant de leurs fonctions, qu'ils feront ôter incessamment des ports les bateaux vuides, sans prétendre d'autres droits que ceux qui leur sont attribués, sur lesquels ils paieront les personnes qui travailleront avec eux au débaclage, sans permettre qu'ils exigent rien des marchands, à peine d'être responsables en leur nom, & solidairement condamnés à la restitution.

Lorsque pour faciliter leur travail ils ont déplacé quelque bateaux chargés, ils sont obligés de les remettre en place à peine de dommages & intérêts des marchands, sans que pour cela ils puissent exiger aucun droit, sous peine de privation de leur office & de punition corporelle.

Dans tous les ports de mer il y a des Débacleurs qui portent, selon les lieux, le nom de *maîtres de quai* ou de *capitaines de port*, & qui sont préposés pour assigner à chaque vaisseau la place qu'il doit occuper dans la rade, faire retirer les navires marchands qui ont déchargé leurs marchandises, & faire approcher du quai de décharge ceux qui sont encore chargés. Ce sont aussi eux qui dans certains cas d'une nécessité pressante permettent d'allumer du feu dans les vaisseaux pendant la nuit.

DÉBARDEUR. Ce sont des ouvriers que gagnent leur vie à décharger les bateaux & à mettre les marchandises à terre. Ceux qui travaillent sur les ports de Paris sont soumis à la jurisdiction des Prévôt des Marchands & Echevins, & sont les seuls qui soient en droit de faire le débardage des bois & autres marchandises qui arrivent par la riviere.

L'article XVI du quatrieme chapitre de l'ordonnance de la Ville de 1671 leur défend de s'associer pour raison de leur travail, à peine d'amende arbitraire; & par le chapitre V de la même ordonnance, il ne leur est pas permis d'aller au devant des coches par eau arrivant à Paris, d'y entrer lorsqu'ils sont arrivés, de se saisir d'aucunes hardes sans y être appellés, & prendre un plus grand salaire que celui qui aura été convenu.

DÉBITANT DE TABAC. C'est celui qui débite en détail le tabac rapé ou en carottes. Ces Débitants achetent ce tabac en gros aux bureaux généraux où on le vend.

Il est défendu à qui que ce soit, sous peine de confiscation & d'amende, de débiter du tabac sans une permission expresse des Fermiers Généraux.

Les Débitants ont ordinairement un compte ouvert avec

le receveur du bureau qui leur fait remiſe de quelques onces ou quelques demi-onces par livre de tabac, ſuivant ſa qualité, à cauſe du déchet que ſupporte le Débitant en le peſant par petites parties, ce à quoi cependant ils ont le ſoin de remédier en tenant leur tabac dans un lieu frais afin qu'il ſeche moins : *voyez* TABAC.

DÉCHARGEUR. Ce nom, qui eſt commun à tous ceux qui déchargent des bateaux ou des voitures pour porter & mettre en place les marchandiſes dans les magaſins & dépôts publics, appartient plus particuliérement à la communauté des maîtres Tonneliers-Déchargeurs de vin : *voyez* TONNELIER.

DÉCHIREUR DE BATEAU. Ce ſont des ouvriers qui achetent des bateaux lorſqu'ils ne ſont plus en état de ſervir, pour les dépécer, & en vendre les planches, les membres & les clous.

DÉCOUPEUR. Le Découpeur eſt l'ouvrier qui s'attache à découper des étoffes, à faire des mouches pour les femmes, & à découper des petites figures ou des fleurs pour en faire divers ornements.

Les Découpeurs en papier ſe ſervent de ciſeaux dont les branches ſont fort longues & les lames très courtes. Quoiqu'il ne faille pas beaucoup de force pour découper du papier qui eſt très mince, il ſe trouve cependant dans les ſujets qu'on emploie en ornement, des petites parties très délicates & qu'on eſt bien aiſe de conſerver ; c'eſt pourquoi il faut que l'ouvrier puiſſe arrêter ſes ciſeaux à propos, ce qu'il ne peut exécuter facilement que lorſque le mouvement des doigts qui meut les branches a beaucoup plus d'étendue que celui des lames.

Les manœuvres du Découpeur s'exécutent avec des outils appellés *emporte pieces*, qui ſont de petits fers de diverſes figures, creux, coupants & acérés, les uns avec des manches, & les autres ſans manches, dont ils coupent, ou ſeulement égratignent les étoffes qu'ils emploient à faire les mouches & découpures. Il y en a dont on ſe ſert à la main, & quelques-uns qu'on frappe avec un petit marteau.

Les Découpeurs ſont auſſi appellés *Egratigneurs & Gaufreurs*. Il y a aujourd'hui à Paris vingt maîtres de cette communauté.

DÉCROTTEUR. C'eſt celui qui, dans les places publiques, aux coins des rues, ou aux portes des grandes maisons, nettoie les souliers de ceux qui vont à pied dans les villes un peu considérables. Ces Décrotteurs, qu'on peut diviser en trois especes, en Décrotteurs résidents, en Décrotteurs ambulants, & en Décrotteurs attachés à quelques maisons particulieres, se servent les uns & les autres d'une petite sellette pour faire appuyer le pied de celui dont ils doivent décrotter les souliers, d'un mauvais chiffon pour ôter la boue qui est autour du soulier, d'une décrottoire pour enlever ce que le chiffon a laissé, & d'une polissoire pour étendre également la cire ou l'huile mêlée de noir de fumée qu'ils ont répandue sur l'empeigne. Ils ne noircissent le soulier qu'après qu'ils ont passé du blanc d'Espagne sur les boucles avec une petite brosse faite exprès, ils se servent d'une autre pour ôter la crotte qui s'est attachée aux bas en marchant : ils mettent ainsi ceux qui n'ont point d'équipage, en état de se présenter plus honnêtement dans les maisons où ils ont affaire.

Les Décrotteurs résidents sont ceux qui ont une place fixe où ils se rendent tous les jours, comme les trottoirs des ponts, les carrefours, & autres endroits. Les Décrotteurs ambulants sont ceux qui courent les rues & qui offrent leurs services au premier passant. Les Décrotteurs attachés à des maisons particulieres se tiennent communément dans les hôtels garnis où non seulement ils décrottent les souliers de ceux qui y logent, mais encore nettoyent leurs habits, leur servent comme de valets de chambre, & font leurs commissions. On les prend ordinairement au mois. Avant l'établissement de la petite poste, leur métier étoit beaucoup plus lucratif, parcequ'ils étoient ordinairement chargés de porter dans la ville, d'un quartier à l'autre, les lettres des particuliers pour les remettre à leurs adresses, & pour en rapporter la réponse.

DÉGRAISSEUR. L'art du Dégraisseur consiste à enlever les taches de dessus les étoffes sans altérer la couleur qui y est appliquée : il est par conséquent dépendant de l'art du teinturier en ce que toutes ses opérations sont fondées sur les débouillis que l'on emploie pour essayer la solidité des teintures : *voyez* Débouilli *au mot* Teinturier.

Comme l'eau toute simple ne suffit pas pour nettoyer les étoffes qui ont contracté quelque saleté, & que les anciens ne connoissoient point le savon, ils y suppléoient par différents moyens. Job fait mention, chap. 9, v. 30, qu'on lavoit les vêtements dans une fosse avec l'herbe de *borith*, qu'on croit être la soude. Dans le sixieme livre de l'Odyssée, Homere dépeint *Nausicaa* & ses compagnes occupées à blanchir leurs habits en les foulant aux pieds dans des fosses. Les Grecs & les Romains suppléoient au savon par le moyen de différentes sortes de plantes & de terres argilleuses. Les Sauvages se servent pour cet usage de certains fruits. Les femmes de l'Islande lessivent leurs étoffes avec de la cendre & de l'urine; & les Persans les nettoyent avec des terres bolaires & marneuses qu'ils font délayer dans de l'eau.

On peut considérer les taches des étoffes comme étant de deux especes générales. Les unes ne font que couvrir la couleur sans l'altérer; les autres au contraire l'alterent en tout ou en partie en détruisant la matiere colorante même, ou en changeant son état.

Il résulte de ce que nous venons de dire, qu'une drogue propre à enlever une tache de graisse sur une étoffe de telle couleur, ne peut pas servir à enlever une pareille tache de graisse indistinctement sur une étoffe d'une autre nature, & d'une couleur différente.

Les Dégraisseurs sont, par cette raison, obligés d'avoir égard à ce que nous venons de dire & d'employer différentes drogues.

Parmi les matieres que les Dégraisseurs emploient, les unes ont la propriété de dissoudre la substance qui forme la tache, & de l'enlever comme par une espece de lavage, ou pour mieux dire par une vraie dissolution qu'elles font de cette graisse; telles sont pour les taches de graisse l'éther, l'essence de térébenthine très rectifiée, le savon, le fiel de bœuf, l'eau chargée d'un peu de sel alkali, & d'autres drogues de même nature.

D'autres matieres qu'on emploie pour les taches de graisse ont la propriété d'absorber la substance tachante; telles sont la craie, la chaux éteinte à l'air, les différentes terres glaises, le papier brouillard, &c.

C'est au Dégraisseur à savoir choisir l'une des substances que nous venons de nommer & à la savoir assortir à la nature de l'étoffe, & à celle de la couleur qu'il faut avoir soin de ne pas détruire. Par exemple, le savon enleve très bien la graisse de dessus les étoffes quelconques: mais, si l'on vouldoit s'en servir pour enlever une tache de graisse sur une étoffe couleur de rose ou de cerise, teinte en safran, on altéreroit en même temps considérablement la couleur de la teinture. On réussira avec beaucoup d'efficacité pour enlever la tache de graisse de dessus ces mêmes étoffes, en lavant l'endroit taché avec de l'éthèr. Ce moyen n'est point connu des Dégraisseurs, quoiqu'il soit très bon & très sûr.

A l'égard de la maniere d'enlever les taches qui ont détruit la couleur de l'étoffe, il est souvent facile d'enlever la matiere tachante, mais il est ordinairement très difficile de rétablir la couleur.

Quand les Dégraisseurs ont de semblables taches à enlever, il leur arrive très souvent, faute de pouvoir rétablir la couleur, de peigner l'étoffe avec des cardes ou des chardons, pour arracher le poil renfermé dans l'épaisseur de l'étoffe afin de remplacer celui qui étoit taché à l'extérieur.

Il y a néanmoins certaines couleurs qui se rétablissent par les acides végétaux, tels que la crême de tartre, le vinaigre, le jus de citron, &c. Ce sont particuliérement les étoffes dont la couleur a été détruite par de l'urine & par de la lessive; comme il arrive, par exemple, à certaines étoffes noires.

Les Dégraisseurs de la ville de Paris, qu'on nomme aussi *Détacheurs*, ne font pas une communauté particuliere, mais sont reçus maîtres dans celle des frippiers.

Les teinturiers du petit teint sont appellés *Dégraisseurs* ou *Détacheurs*, parcequ'ils se mêlent d'ôter la graisse & les taches des étoffes de soie ou de laine qui ont déja été portées & qu'on leur donne à reteindre.

» Par un édit du Roi de 1700, il est ordonné à tous Dé-
» graisseurs & autres ouvriers qui sont obligés de se servir de
» l'eau de riviere pour leurs ouvrages, de se pourvoir par-
» devers les Prévôt des marchands & Echevins, afin de leur
» accorder la permission d'avoir des bateaux, s'ils en ont
» besoin, & marquer les lieux où ils pourront les placer,
» sans incommoder la ville, & sans empêcher le cours de
» la navigation; &, lorsqu'ils n'auront pas besoin de ba-
» teaux, de se pourvoir seulement devant le Lieutenant de
» Police «.

DÉLESTEUR. C'est celui qui travaille au délestage d'un vaisseau, & qui porte dans les lieux destinés à cela les cailloux, sable, pierres, &c. qu'on a mis au fond d'un navire

pour

pour le soutenir droit sur l'eau, & empêcher qu'il ne se renverse en mer par les gros vents & par les vagues.

Ils se servent de bateaux qu'on nomme *bateaux délesteurs*, qui ont, ainsi que le navire, des voiles à leur bord, pour empêcher que le lest ne tombe dans la riviere.

Tout bâtiment qui entre en France dans quelque port ou rade, est sujet à des regles dont les capitaines ne peuvent point s'écarter; aussi l'ordonnance du mois d'Août 1681 leur prescrit-elle, en arrivant de la mer, de faire à l'Amirauté leur déclaration du lest qu'ils ont dans leur bord, & leur défend en même temps de le jetter leur dans aucun port, canal, bassin ou rade, sous peine de 500 livres d'amende, & de confiscation de leur bâtiment en cas de récidive.

Il est dû au grand Amiral un droit de délestage pour tous les vaisseaux qui arrivent en France, de quelque nation qu'ils soient. Ce droit varie suivant les différents ports où arrivent les vaisseaux.

DENTELLE (Art de faire la). La dentelle ou passement est un ouvrage composé de fils de lin ou de soie, même d'or & d'argent fin ou faux, entrelacés les uns dans les autres. Elle se travaille sur un oreiller avec des fuseaux en suivant les points ou piquures d'un dessein ou patron, par le moyen de plusieurs épingles qui se placent & se déplacent à mesure qu'on fait agir les fuseaux sur lesquels les fils sont dévidés.

L'oreiller ou coussin étant placé sur les genoux & en état de recevoir le travail, on procede à l'opération la plus difficile de la dentelle, qui est de *piquer* ou tracer sur le vélin, par des trous faits avec une épingle, la figure de tous les points d'appui qui sont dans le dessein qu'on a couché au-dessus, afin que, lorsqu'on travaillera à remplir ce dessein, on forme les mêmes compartiments en faisant les mêmes points d'appui.

On fait quelquefois dans une dentelle d'autres trous que ceux qui marquent les points d'appui: mais comme les points qu'indiquent ces trous ne sont point sujets à une forme réguliere, qu'on peut les laisser à jour, ou couper leur espace de différentes façons; il n'est pas nécessaire de les marquer sur le dessein piqué, à moins qu'eux-mêmes n'aient besoin de points d'appui, ce qui n'arrive que dans les dentelles d'une extrême largeur.

Après qu'on a compté les points d'appui qui sont marqués sur le dessein, on sait bientôt combien il faut de fuseaux.

Pour attacher le premier fuſeau, on met ſur le couſſin une groſſe épingle, autour de laquelle on paſſe deux ou trois fois le fil du fuſeau, avec lequel on forme une boucle au quatrieme tour, & qu'on ſerre fortement, afin que le point ne ſe défaſſe pas, & que le fuſeau y ſoit ſuſpendu. On continue ainſi juſqu'à ce que tous les fuſeaux ſoient attachés, & on place enſuite le patron qui eſt couvert de la dentelle qu'on doit imiter, derriere la rangée d'épingles qui ſuſpend les fuſeaux.

Tout étant ainſi diſpoſé, on commence le jeu des fuſeaux en ſéparant les huit premiers à gauche, & en les faiſant travailler comme s'il n'y en avoit que quatre : on jette le ſecond fuſeau ſur le premier, le quatrieme ſur le troiſieme, le ſecond ſur le troiſieme ; on recommence de la même façon, & on continue, en employant les fuſeaux de deux en deux, à faire ce que les ouvriers nomment une *dreſſe à huit* ou *emploi de huit fuſeaux*. Lorſque les fuſeaux ne s'emploient qu'un à un, on fait une *dreſſe à deux*.

Quand les dreſſes ſont faites, on les arrête par un *point ordinaire*, un *point jetté* ou un *point de coutume*. Le point ordinaire ſe fait en nouant enſemble les fils des quatre premiers fuſeaux : le point jetté ſe fait en prenant les fuſeaux de quatre en quatre, les tordant de deux en deux, faiſant un point ; les retordant de deux en deux, & faiſant encore un point : le point de coutume ou point commun s'exécute en prenant la dreſſe en ſens contraire, & en allant de droite à gauche, après avoir été de gauche à droite, & en laiſſant deux fuſeaux qui ſervent à enfermer les épingles.

On peut faire ſuccéder le *toilé* & le *toilage* au point de coutume, en le commençant du même côté où le point a fini : ſi c'eſt à gauche, on laiſſe les deux premiers fuſeaux, on prend les quatre ſuivants, on les tord deux à deux ; c'eſt-à-dire qu'on paſſe de deſſus en deſſous & de deſſous en deſſus les fils dont ils ſont chargés, ce qui forme le point de toilage qu'on continue de la même façon autant qu'on en a beſoin.

Il y a encore le *point d'eſprit*, qui n'eſt pas bien beau, & qu'on ferme en faiſant un point complet. Tout ce qui s'appelle *point de fantaiſie*, & qui eſt ſujet aux révolutions de la mode, ſont des points auxquels on a ordinairement peu d'égard : quand on ſait bien fermer les points dont nous avons parlé plus haut, on eſt en état de faire, de remplir & former toute ſorte de points.

Quelques dentelles s'exécutent à l'aiguille, mais pour lors on leur donne le nom de *point*. Si quelquefois on exécute les fonds au fuseau, ce qui donne au point une qualité inférieure, les fleurs sont néanmoins toujours faites à l'aiguille. Ainsi il y a deux sortes de *réseaux* dans cette dentelle de point, le réseau à l'aiguille, & le réseau fait au fuseau. Le réseau fait à l'aiguille est de moitié plus cher que le réseau au fuseau; mais aussi il est plus fort que ce dernier, moins sujet à se dériver, & plus facile à raccommoder. Sa force consiste en ce que chaque réseau est passé quatre fois dans chaque trou, au lieu que celui qui se fabrique au fuseau ne l'est pas: ce dernier se travaille de suite; ce qui fait qu'étant rompu il se défile plus aisément, & que le raccommodage en est plus difficile & plus apparent.

Le travail à l'aiguille donne au toilé & au toilage le même degré de supériorité sur le toilé fait au fuseau. On distingue le toilage du toilé, en ce que le premier forme le dessein de la dentelle, & que le second en fait le fond. Le *point de Bruxelles* est la premiere de toutes les dentelles & la plus chere, parcequ'elle exige un travail plus long, plus recherché, qui rend la main-d'œuvre extrêmement couteuse.

Le *point d'Argenton*, qu'on appelle par excellence le *point de France*, & qui est celui qui donne la plus belle dentelle, se travaille sur un vélin dessiné avec une aiguille en point noué; on commence par le fond & on finit par les fleurs. Le point de France se fait au boisseau.

Le *point d'Alençon* s'exécute à l'aiguille, comme celui de Bruxelles, mais il lui est inférieur pour le goût & la délicatesse de l'exécution. Cette dentelle n'a pas d'ailleurs cette solidité que l'on exige pour la perfection de l'ouvrage; elle peche sur-tout par le cordon des fleurs qui est fort gros & qui grossit encore à l'eau & emporte la dentelle.

Les Anglois sont parvenus à imiter, quoique très imparfaitement, la dentelle de Bruxelles. Le *point d'Angleterre* est fabriqué au fuseau dans le goût de la dentelle de Bruxelles pour le dessein, mais le cordon ou la bordure des fleurs n'a pas de solidité; ces fleurs se détachent très promptement des fonds qui ne sont pas solides. Les fabricants Anglois, pour favoriser les premiers essais de leur manufacture, acheterent beaucoup de dentelles de Bruxelles qu'ils vendirent sous le nom de *point-d'Angleterre*.

Les ouvrages s'exécutent d'autant mieux & avec plus de vîtesse, qu'ils sont faits par des mains toujours occupées du même genre de travail; aussi dans les fabriques de dentelles de Bruxelles, la main-d'œuvre se partage entre plusieurs mains. L'ouvriere qui doit exécuter les fleurs, reçoit du fabricant le dessein tout préparé, c'est-à-dire dont les contours sont piqués & tracés par une multitude d'épingles, en sorte que l'ouvriere n'a qu'à suivre les traits. Les unes travaillent le réseau, les autres exécutent les fonds; chacune est occupée à un travail unique & perpétuellement le même. C'est le fabricant qui fait la distribution des différentes parties de l'ouvrage, qui donne les qualités de fils les plus propres pour l'emploi qu'on en doit faire; c'est lui qui indique les fonds qu'on doit préférer pour donner à l'espece de tableau qui s'exécute sous ses yeux, & dont lui seul possede l'ensemble, une certaine nuance fine, délicate & assez difficile à saisir.

Il se fabrique des dentelles de plusieurs façons & qualités, à réseau, à brides, à grandes fleurs, à petites fleurs, de grosses ou communes, de moyennes & de fines, de lâches & de serrées, de très hautes, de moins hautes, de basses & de très basses; les unes toutes de fil d'or, ou toutes de fil d'argent, ou partie fil d'or & partie fil d'argent; d'autres de soie de différentes couleurs, & d'autres de fil de lin très blanc.

Leur usage le plus ordinaire est pour orner les habits, le linge, les coeffures des femmes, & les parements d'église, en les cousant & les appliquant dessus.

Les dentelles font partie du commerce des marchands du corps de la mercerie. Les maîtresses lingeres en font aussi négoce, mais ce n'est que de celles de fil de lin blanc.

Les dentelles d'or & d'argent, tant fin que faux, se fabriquent presque toutes à Paris, à Lyon & en quelques endroits des environs de ces deux grandes villes.

Les dentelles de soie portent aussi le nom de *blondes*. Les plus fines se font à Fontenay, à Puisieux, à Morgas & à Louvre en Parisis: pour ce qui est des communes & grossieres, elles se manufacturent quasi toutes à Saint-Denis en France, à Montmorenci, à Villers-le-Bel, à Sarcelle, à Ecouan, à Saint-Brice, à Gisors, & en quelques autres lieux voisins de ces petites villes, bourgs & villages.

Les pays & lieux principaux d'où se tirent les dentelles de lin blanc sont, Anvers, Bruxelles, Malines, Louvain &

Gand, toutes villes de la Flandre Autrichienne; Valenciennes, Lille & quelques autres endroits de la Flandre Françoise; Charleville, Sédan, le Comté de Bourgogne, la Lorraine, Liege, Dieppe, le Havre-de-Grace, Honfleur, Harfleur, Pont-l'Evêque, Gisors, Fescamp, Caen & autres villes de la province de Normandie; Arras, Bapaume & autres lieux du pays d'Artois; le Puy en Velay, quelques endroits d'Auvergne & de Picardie, Louvre en Parisis, Saint-Denis en France, Montmorenci, Villers-le-Bel, &c.

Les plus fines & les plus belles dentelles de fil sont celles de la Flandre Autrichienne; ensuite celles de la Flandre Françoise, parmi lesquelles les véritables Valenciennes se distinguent; puis celles de Dieppe; ensuite celles du Havre & de Honfleur : celles des autres endroits sont pour la plupart grossieres & d'un prix médiocre, quoiqu'il s'en fasse un négoce & une consommation très considérables.

La plus grande partie des dentelles tant d'or, d'argent, de soie, que de fil, se consomme dans le royaume. Il n'y a guere que celles de soie, particuliérement les noires, dont il se fasse des envois considérables en Espagne, en Portugal, dans les Indes Espagnoles, en Allemagne & en Hollande.

Suivant les statuts des maîtres Passementiers Boutonniers de Paris du mois d'Avril 1653, article XXI, il leur est permis de faire toutes sortes de passements de dentelles, sur l'oreiller, aux fuseaux, aux épingles & à sa main; d'or, d'argent tant fin que faux; de soie, de fil blanc & de couleur, fins & communs, tant grands que petits, pourvu qu'ils soient faits d'étoffes entiérement fines ou entiérement fausses.

La marque des dentelles étrangeres fut établie en France par une ordonnance du Roi du mois de Juillet 1660. Elle fut d'abord faite avec de la cire d'Espagne; mais, comme il en résultoit des inconvénients, il a été réglé qu'elle ne seroit plus marquée qu'avec du pain à chanter; ce qui subsiste encore, & qui est en effet plus commode.

L'édit du mois de Janvier 1722 n'en permet l'entrée que par Marseille pour celles qui viennent par mer, & par le pont de Beauvaisis pour celles qu'on fait venir par terre.

Les droits d'entrée & de sortie sont relatifs au poids, à l'espece, la qualité & la matiere des dentelles : celles qui sont fabriquées de fil du royaume, paient; savoir, les fines 20 livres du cent pesant, & les communes 5 livres. Celles

les gencives, on emploie quelques gouttes d'esprit de cochléaria mises dans un demi-verre d'eau.

Dans le cas où il faut réparer la perte des dents naturelles, & en mettre à la place de fausses ou artificielles, les Dentistes se servent ordinairement d'ivoire d'éléphant; mais, comme il jaunit bientôt, nos habiles Dentistes les font avec les dents de cachalot, qui conservent plus long-temps leur blancheur que celles que Guillemeau assure ne jaunir jamais, & qu'il prétend qu'on peut fabriquer avec une pâte composée de cire blanche grenée, fondue avec un peu de gomme *élémi*, à laquelle on ajoute de la poudre de mastic blanc, de corail & de perles.

Comme il n'est presque point possible de nettoyer les dents à leur partie postérieure, le sieur *Lecluse*, fameux Dentiste, inventa un *gratte-langue* dont le manche forme une pincette courbe, au moyen de laquelle on porte une éponge à la surface extérieure des dents les plus éloignées pour en enlever le limon que forme le tartre, qui est aussi préjudiciable à la durée des dents.

Un Dentiste doit avoir la main très légere, & savoir la mouvoir à propos pour arracher, plomber, limer, & placer une dent ou un ratelier de dents artificielles. Les instruments dont il se sert sont le *grattoir*, ou enleve-tartre, fait en forme de langue de chat; le *déchaussoir*, ou petite lame d'acier recourbée, pointue, dont le tranchant est fait à la lime pour qu'il ne coupe presque pas, & dont on se sert pour séparer les gencives d'avec les dents qu'on veut arracher; le *burin* qui est un petit instrument de fer ou d'acier propre à nettoyer les dents; la *feuille de sauge*, espece de bistouri qui sert à couper & enlever les chairs superflues qui sont dans des parties caves & profondes; la *rugine aiguë* & la *rugine plate* pour nettoyer les dents & en ôter le tartre; la *lime droite* pour ouvrir & séparer l'interstice des dents; la *lime coudée* pour séparer & ouvrir dans leurs instertices la derniere & la pénultieme grosse molaire; le *fouloir introducteur mousse* pour faire entrer le plomb dans les cavités des dents; le *fouloir introducteur pointu* pour introduire le plomb dans les plus petites cavités; le *fouloir à double courbure* pour plomber les dents gâtées dans leurs interstices; la *pince droite* pour ôter certaines dents; le *poussoir en ciseau*; la *sonde* qui est d'acier & dont les extrémités légérement recourbées à contre-sens servent à découvrir la carie

de Liege, de la Lorraine & Franche-Comté paient, tant grosses que fines, 10 francs de la livre pesant; celles du Puy en Velay & d'Auvergne 5 sols par chaque livre pesant; les dentelles d'or & d'argent fin, & celles qui sont mêlées d'or & de soie, 5 sols par livre.

Les droits de sortie sont aussi différents: les dentelles d'or & d'argent fin, ou qui sont mêlées de soie, paient, suivant l'arrêt du 3 Juillet 1692, 15 liv. par livre pesant pour droit de sortie; & celles où il y a de l'or & de l'argent faux, 5 sols par livre, conformément à l'arrêt du 27 Août 1737: les dentelles fines de fil 40 livres du cent pesant; les grossieres de France, Liege, Lorraine & la Franche-Comté, 10 livres.

DENTISTE (L'art du). C'est celui dont le métier est d'arracher, nettoyer, entretenir les dents, & d'en mettre d'artificielles.

On doit distinguer le Chirurgien-Dentiste d'avec le Dentiste-Empirique: le premier, instruit de ses principes, exerce avec sureté un art tout chirurgical, & qui demande plus que la main; le second ne fait que suivre une routine qui devient souvent très nuisible à ceux qui ont assez de courage pour s'y livrer.

Les vives douleurs qu'excite le mal des dents, la mauvaise odeur qu'occasionnent les dents cariées, le désagrément que procure leur perte, ont fait employer dans tous les temps des remedes propres à ces maux. L'usage de porter des dents d'ivoire & de les attacher avec un fil d'or est très ancien. *Lucien* & *Martial* en parlent comme d'un usage connu chez les Romains depuis très long-temps.

La base des *dentrifices* ou médicaments dont se servent les Dentistes pour nettoyer & blanchir les dents, c'est le corail, la corne de cerf, l'os de seche, l'alun, la pierre-ponce, les coquillages calcinés au feu, auxquels on ajoute des aromates, comme de la poudre de cannelle, de clous de girofle, de noix muscade & autres. Ces drogues étant bien pulvérisées & mêlées ensemble, on les applique sur les dents avec une éponge fine; & lorsqu'on veut les réduire en pâte, on les amalgame avec du miel, du sirop, de l'*oxymel scillitique*, ou du vinaigre dans lequel on a fait infuser du miel & de la *scille;* on se sert encore d'une racine de mauve qu'on a fait bouillir dans de l'eau salée ou alumineuse, & qu'on fait ensuite sécher au four. Lorsqu'il est question de raffermir des dents chancelantes, & de nettoyer

foncer & faire rentrer à la mâchoire inférieure les dents de devant dont la saillie défigure la levre & le menton, ou pour ramener en devant celles de la mâchoire supérieure qui sont penchées dans un sens contraire ; un nouveau *pélican* pour ramener à sa place une dent trop enfoncée ; un autre *pélican* pour ôter les dents & leurs racines ; des nouvelles *branches de pélican* pour ôter les dents de *sagesse* ou molaires à la mâchoire supérieure ; de nouveaux *crochets* qui se montent sur le levier pour ôter les dents de sagesse de la mâchoire inférieure ; une *lame*, ou une feuille d'or, dont l'application affermit les dents chancelantes ; une espece de *trépan perforatif* pour ouvrir une dent ; & trois nouveaux *obturateurs*, ou palais artificiels, qu'on peut appliquer à certains cas fort communs.

Par les statuts des chirurgiens de Paris donnés en 1699, il est défendu aux Dentistes d'exercer leur métier qu'auparavant ils n'en aient été jugés capables, après avoir subi deux examens, l'un sur la théorie & l'autre sur la pratique, en présence du Premier Chirurgien du Roi, ou son Lieutenant, & des Prévôts en charge ; & qu'ils n'aient payé tous les droits portés par l'article 123 des susdits réglements ; savoir, vingt livres au Premier Chirurgien, huit livres aux Prévôt & Doyen, cinq livres à chaque Interrogateur, dix livres au Greffier, & deux cents livres à la bourse commune.

DESSINATEUR. L'art du dessein consiste à imiter, par des traits tracés avec la plume, le crayon ou le pinceau, la forme des objets que la nature offre à nos yeux. Ceux qui veulent s'adonner au dessein doivent le faire à l'âge dans lequel la main se prête plus aisément ; il faut même en augmenter la souplesse naturelle en s'exerçant d'abord à tracer des lignes paralleles en tous sens avec un crayon rouge ou noir, adapté dans un porte-crayon. Cet instrument se tient à peu près comme la plume à écrire, avec cette différence que les doigts sont placés vers le milieu, parceque les traits qu'on doit former ont des dimensions plus grandes que les lettres de l'écriture. Il faut que le poignet, devenu mobile, glisse lui-même sur le papier, & se porte de côté & d'autre sans roideur en parcourant l'étendue des traits qu'on se propose de former.

Pour parvenir à bien dessiner, il faut commencer par s'attacher à copier & imiter les desseins qu'un habile maître

des dents & sa profondeur ; le *davier*, espece de pincette propre à l'extraction des dents ; le *demi-cercle d'or* pour réparer les dents à la mâchoire supérieure ; le *demi-cercle de cheval marin*, pour être garni de dents naturelles, & nombre d'autres instruments qui sont particuliers à chaque Dentiste, ainsi que les spécifiques qu'ils annoncent pour la guérison & la conservation des dents.

M. *Bourdet*, qui a donné l'art du Dentiste en 1757, fait voir dans son ouvrage quels sont les moyens de corriger les vices de conformation des dents ; les différentes maladies qui attaquent & détruisent leur substance ; quelles sont leurs causes internes & externes ; quel est le moyen de les prévenir, & de quels remedes on doit se servir : il traite encore des causes qui alterent la blancheur des dents, des maladies des alvéoles & des gencives ; de leur guérison ; des différentes opérations qui se pratiquent sur les dents ; des pieces & des dents artificielles ; & enfin des opiats, essences & poudres qui sont les plus propres à conserver les dents & les gencives. Cet habile Artiste y a encore joint ses remarques sur la forme des dents, pour reconnoître, lorsqu'elles sont hors de la bouche, à quelle mâchoire elles appartiennent ; sur les alvéoles & la formation de l'émail, sur le *hochet* qu'il conseille de proscrire aux enfants ; sur la maniere de prévenir ou de faire cesser les accidents qu'occasionne la sortie des dents, celle de les redresser & de les bien arranger ; sur les maladies qui affectent les dents d'érosion ; la luxation des dents ; les moyens de guérir les petits ulceres qui se forment dans l'intérieur des gencives ; sur les symptomes propres à faire découvrir les maladies cachées ou prochaines par le moyen de certains maux de dents & de certaines douleurs de gencives ; sur les opérations usitées dans le dégorgement du périoste commun à l'alvéole ; sur les moyens d'empêcher les dents de s'user, & de faire cesser l'agacement produit par l'usure des dents.

Indépendamment des instruments ordinaires dont nous avons parlé plus haut, M. *Bourdet* en a inventé ou perfectionné plusieurs, comme une *pince* pour emporter les corps durs & pierreux qui se forment quelquefois aux gencives ; plusieurs *cauteres*, ou fers qu'on fait chauffer pour brûler les chairs & guérir certaines maladies auxquelles les dents sont sujettes ; des *plaques*, ou des demi-cercles pour ena tracés lui-même d'après nature. On doit dessiner chaque partie du corps humain en particulier avant d'en dessiner un entier ; il est même à propos de dessiner ces parties fort en grand, afin d'en connoître mieux les détails.

Après avoir dessiné en particulier les différentes parties de la tête, comme les yeux, la bouche, les oreilles, le nez, on en forme un ensemble, en assignant à ces parties leur juste place & leurs proportions dans une tête entiere qu'on dessine dans différents points de vue, afin de connoître les divers changements qui arrivent dans les formes, lorsqu'on regarde la tête de face, de trois quarts, de profil, ou lorsqu'on la voit par en haut ou par dessous. On doit faire les mêmes études sur les autres parties du corps, sur-tout sur les pieds & les mains.

Lorsqu'on s'est suffisamment exercé à dessiner les parties détaillées, on entreprend une figure entiere & toute nue. C'est cette sorte de figures ou d'études qu'on nomme *Académies*.

Lorsque l'on fait dessiner une académie, il seroit nécessaire, pour se former une idée plus précise & plus profonde des formes, que l'on dessinât l'ostéologie d'après de bons anatomistes, & d'après nature, parceque ce sont les os qui, formant la charpente du corps humain, décident les formes extérieures. Lorsque leur structure est bien connue, aussi bien que la façon dont ils se meuvent, on est sûr de leur assigner leur place & leurs proportions : on doit aussi faire une étude sérieuse des muscles qui les font agir.

Lorsque l'on est parvenu à pouvoir tracer avec exactitude une figure nue, on peut essayer d'en dessiner avec des draperies, ou d'en joindre plusieurs ensemble, ce que l'on appelle *groupper*. Il faut répéter ces différents exercices pendant long-temps pour bien réussir. Le nombre des parties du corps humain & la variété de forme que leur donnent les divers mouvements, présentent des combinaisons trop multipliées pour que l'imagination & la mémoire puissent les conserver & se les représenter toutes. Il faut donc travailler continuellement d'après les desseins des grands maîtres qui ont donné à leurs ouvrages ce vrai qui touche & intéresse les personnes les moins instruites. Les parties de l'art du Dessinateur étant moitié théoriques & moitié pratiques, il est nécessaire que le raisonnement & la réflexion contribuent à faire acquérir les premieres, & qu'une habitude constante & soutenue aide à renouveller continuellement les autres.

Lorsque l'on est au fait de copier fidellement & avec intelligence les desseins tracés sur une surface plane, on doit ssayer de dessiner d'après la nature, dont toutes les productions sont de relief. Comme ce travail est très différent de celui dont nous venons de parler, & qu'il est beaucoup plus difficile, on a trouvé un milieu qui aide à passer de l'un à l'autre ; c'est ce qu'on appelle *dessiner d'après la bosse*. Ce qu'on nomme la bosse en terme de Dessinateur, n'est autre chose qu'un objet modelé en terre, ou jetté en moule, ou taillé en plâtre d'après nature. Ces objets ont la même rondeur que ceux que la nature nous offre ; mais comme ils sont privés de mouvement, & qu'on peut les tenir bien juste dans le même point de vue, l'Artiste voit toujours sa figure sous le même aspect : au lieu que lorsqu'on travaille d'après nature, le moindre mouvement dans le modele vivant embarrasse le Dessinateur encore novice, en lui présentant des effets de lumiere différents, & des surfaces nouvelles.

Il faut observer qu'il ne faut faire qu'un usage modéré de cette étude, parcequ'on y puise ordinairement un goût sec & froid, dont on pourroit se faire une habitude ; il faut donc passer le plutôt qu'il est possible à l'étude de la nature même, que le Dessinateur se propose d'imiter. C'est alors que les réflexions sur l'anatomie deviennent nécessaires. En comparant la charpente avec l'édifice ; en voyant l'un auprès de l'autre les os & l'apparence extérieure de ces os, les muscles à découvert, & les effets de ces muscles tels qu'ils paroissent sur le modele lorsqu'on le met dans différentes attitudes ; en rapprochant & en comparant ces idées, elles resteront dans la mémoire, & la main, exercée par une habitude continuelle, exécutera ce que l'imagination conçoit.

Il faut une attention singuliere pour dessiner correctement & avec grace les animaux, en leur imprimant le caractere qui est propre à chacun d'eux. Ce sont des êtres animés sujets à des passions, & capables de mouvements variés à l'infini. Les parties de leur corps different considérablement des nôtres par les formes, par les jointures des articulations, & il est nécessaire que celui qui veut atteindre à une certaine perfection dans l'art du dessein, apprenne à en connoître bien l'anatomie, sur-tout celle des animaux qui se trouvent

u quelque autre liqueur. Le *dessein colorié* a des couleurs à-eu-près semblables à celles qui sont dans l'original.

Pour que tous ces desseins soient estimés, il faut que le essinateur réunisse la correction, le bon goût, l'élégance, caractere, la diversité, l'expression & la perspective. La *rrection* dépend de la justesse des proportions, & de la conoissance de l'anatomie. Le *bon goût* est une *idée* ou *maniere dessein*, qui vient de l'inclination & des dispositions narelles, ou de l'éducation & des études qu'on a faites sous habiles maîtres. L'*élégance* donne aux figures quelque hose de délicat qui frappe les gens d'esprit, & un certain grément qui plaît à tout le monde. Le *caractere* est ce qui t propre à quelque chose. La *diversité* est ce qui distingue haque espece de chose par un caractere particulier; sans le un artiste court risque de se répéter : voilà pourquoi un essinateur qui veut atteindre à la perfection de son art ne auroit trop étudier la nature, qui est elle-même une source népuisable de variété. L'*expression* est la représentation d'un bjet selon son caractere, & selon le tour que le Peintre a oulu lui donner dans les circonstances où il le suppose. La *erspective* est la représentation des parties d'un tableau ou 'une figure, selon la disposition où elles sont entre elles ar rapport au point de vue.

DÉTACHEUR : voyez DÉGRAISSEUR.

DÉTAILLLEUR. Ce nom se donne en général à tous eux qui vendent en boutique des marchandises en détail, t les distribuent à plus petites mesures ou à plus petits oids qu'ils ne les ont achetées.

C'est chez eux qu'on trouve en aussi petite quantité qu'on eut, tout ce qui est d'usage & de commodité, & dont on besoin dans les ménages.

DÉVIDEUR. On donne ce nom à des ouvriers qui dans s manufactures ne font autre chose que mettre sur des bonnes les soies, fils, filoselles, laines, &c. qui étoient auaravant en *bottes*. Chaque *botte* est un paquet de soie plate u autre, plié de la longueur d'un pied sur deux pouces épaisseur en tout sens, & qui contient plusieurs *pantines*, u assemblages plus ou moins considérables d'écheveaux, à roportion de leur grosseur.

Après avoir pris un de ces écheveaux, on passe les deux mains dedans, & on le secoue à plusieurs reprises pour le *décatir*, c'est-à-dire pour en détacher les brins que l'humi-

plus liés avec les actions ordinaires des hommes, ou avec les sujets que l'artiste veut traiter. Par exemple, rien ne se rencontre plus fréquemment dans les morceaux d'histoire, que l'obligation de représenter des chevaux, ou, dans les paysages, des troupeaux de toute espece; & il n'arrive que trop souvent qu'on remarque des défauts choquants dans la représentation de ces divers animaux, même dans les plus beaux ouvrages.

Le paysage dont nous venons de parler est encore une partie essentielle de l'art du Dessinateur. La liberté que donnent ses formes indéterminées, pourroit faire croire que l'étude de la nature seroit moins nécessaire pour cette partie; cependant il est très facile de distinguer un dessein pris sur la nature, d'avec celui qui est composé d'idée. D'ailleurs, quelque imagination qu'ait un artiste, il est difficile qu'il ne se répete; la nature seule, toujours féconde & variée, peut lui fournir des sites & des aspects toujours nouveaux. Il en en de même pour les draperies, les fruits, les fleurs: tous ces objets ne sont jamais bien dessinés, à moins qu'ils ne soient imités d'après la nature.

Tous les moyens qu'on emploie pour dessiner sont bons, lorsqu'on parvient à bien remplir l'objet qu'on s'est proposé; mais les crayons les plus usités sont la *sanguine* ou crayon rouge, la *pierre noire*, la *mine de plomb*, l'*encre de la Chine*, qui s'emploie avec la plume pour dessiner, & avec le pinceau pour ombrer. Les *pastels* par leurs différentes couleurs servent à indiquer les tons qu'on a remarqués dans la nature. On fait aussi des desseins plus ou moins rendus, plus ou moins agréables, sur des papiers ou des toiles colorées; on choisit pour cela les fonds qu'on croit les plus propres à l'objet qu'on veut représenter.

Tous ces desseins prennent des dénominations particulieres suivant qu'ils sont différemment tracés. Le *dessein au trait* est celui qui, sans avoir aucune ombre, est fait au crayon ou à l'encre. Le *dessein haché* est celui dont les ombres tracées avec la plume, le crayon ou le burin, sont exprimées par des lignes sensibles, & le plus souvent croisées. Le *dessein estombé* est celui dont on frotte le crayon qui a tracé les ombres, afin qu'il n'y paroisse aucune ligne. On appelle *dessein grené* celui où l'on voit les grains du crayon, & où l'on ne frotte point les lignes qu'il a formées. Le *dessein lavé* a ses ombres faites au pinceau avec de l'encre de la Chine,

quelques années on a abandonné ce travail, parcequ'on retire ce même acide du soufre, avec plus de bénéfice & en plus grande quantité qu'on ne le retiroit du vitriol de Mars.

Tout l'acide vitriolique dont on fait usage actuellement, est tiré du soufre, & se fabrique en Hollande & en Angleterre; mais depuis quelques années il s'en est établi une fabrique à Rouen, & qui paroît très bien réussir: l'acide vitriolique qu'on y prépare ne le cede en rien à celui de l'étranger.

De l'Acide vitriolique.

Sur un bain de sable, on place horizontalement plusieurs gros ballons de verre, dans lesquels on a mis un peu d'eau, & un pot de grès pour servir de support à une cuiller de fer à long manche: on bouche l'ouverture de ces ballons avec un bouchon de bois.

Lorsque cet appareil est ainsi disposé, on met dans la cuiller de fer, qu'on a fait rougir auparavant, une petite portion d'un mélange de seize onces de soufre & d'une once de nitre: on introduit cette cuiller dans le ballon en la posant sur le support, & le manche sur le col du ballon: on ferme l'ouverture de ce vaisseau: le soufre se brûle & produit des vapeurs qui remplissent toute la capacité du ballon; elles se condensent & se mêlent avec l'eau qu'on a mise dans ce vaisseau, & forment de l'acide vitriolique.

Le soufre seul ne peut demeurer enflammé dans les vaisseaux clos; d'un autre côté la chaleur seule, même poussée jusqu'au rouge, seroit incapable de le décomposer, il se sublimeroit en entier par cette chaleur, sans souffrir aucune décomposition: mais à la faveur du nitre, qui a la propriété de brûler dans les vaisseaux clos par le contact du phlogistique, le soufre s'enflamme, se décompose; il fournit l'acide vitriolique qu'il contient & qui se réduit en vapeurs. Ces vapeurs circulent dans la capacité du ballon, & se condensent. Lorsque le mêlange est entiérement brûlé on ôte la cuiller, on met de nouveau une petite quantité du même mêlange dans une autre cuiller qu'on a pareillement fait rougir auparavant: on le laisse se brûler de la même maniere, & on continue ainsi de suite jusqu'à ce que l'eau du ballon soit suffisamment chargée d'acide.

Alors on met dans une cornue la liqueur contenue dans le ballon, & on en fait distiller une certaine quantité; ce

dité fait souvent coller ensemble. Lorsque l'écheveau est trop gros, & que la trop grande finesse de la soie ne pourroit pas souffrir le tour de la *tournette*, ou instrument composé de deux cylindres qui sert à dévider, on divise l'écheveau en plusieurs petites *écagnes* ou portions d'écheveau ; & pour ne pas rendre le dévidage trop difficile, on prend garde de faire le moins de bouts qu'il est possible. Le temps que l'ouvrier semble perdre pour faire cette division, est bien racheté par la diligence & la facilité avec lesquelles il dévide ensuite ces petites portions d'un gros écheveau.

Après que les écagnes ont été séparées de celle qui demeure sur les tournettes, on noue séparément les autres, & on les met dans un linge blanc jusqu'à ce qu'on les dévide, de peur que l'air ne rende les soies plus cassantes, & qu'en agissant sur les couleurs tendres, il n'en altere l'éclat. On prend moins de précaution pour les soies rondes que pour les plates, parcequ'elles résistent mieux au dévidage.

Lorsque l'écheveau est très embrouillé, ou que la soie est extrêmement fine, on est obligé de dévider à la main, & de prendre beaucoup de précautions pour ne pas perdre de temps, & sur-tout pour ménager l'étoffe. Quand la soie se trouve grosse & aisée, on se sert du rouet pour dévider ; on avance bien plus vîte, & on dévide plus serré.

DIAMANTAIRE : *voyez* LAPIDAIRE.

DISTILLATEUR. Le Distillateur est en général l'artiste qui, par le moyen de la distillation, sépare & tire des mixtes les eaux, les esprits, les essences. Ces différents objets sont du ressort ou du pharmacien, ou du parfumeur, ou du confiseur, ou du vinaigrier, ou du limonnadier, ou enfin du Distillateur d'eaux fortes ; mais il n'y a à Paris que ce dernier & le limonnadier qui soient qualifiés de Distillateurs par leurs lettres & leurs statuts : on peut consulter à ces articles tout ce qui concerne la distillation, à l'exception des eaux fortes qui font le sujet de l'art que nous allons traiter.

On connoît dans la chymie trois especes d'acides minéraux ; savoir, l'*acide vitriolique*, l'*acide nitreux*, & l'*acide marin*. Les Distillateurs connus sous le nom de *Distillateurs d'eau forte*, ont le droit de préparer ces différents acides.

L'acide vitriolique a été ainsi nommé, parcequ'on le retiroit autrefois du *vitriol de Mars*, en le distillant dans des vaisseaux de grès à l'aide d'un très grand feu ; mais depuis

qui reste dans la cornue est l'acide vitriolique tel qu'on le trouve dans le commerce. La liqueur qui a passé dans la distillation est acidule, parcequ'elle est chargée d'un peu d'acide vitriolique; on la remet dans le ballon en place d'eau pour servir à une semblable opération. On peut au moyen de ce procédé tirer une grande quantité d'acide vitriolique du soufre, & qui revient à fort bon marché.

On dispose une grande quantité de ballons sur deux files vis-à-vis l'une de l'autre; pendant que les vapeurs se condensent dans le premier ballon on opere sur le second; on fait de même du second pour passer au troisieme; & ainsi de suite jusqu'à ce que l'on soit parvenu au dernier: alors on recommence à mettre de nouvelle matiere dans le premier ballon, & l'on continue de même jusqu'à ce qu'il y ait suffisamment de liqueur pour la mettre en rectification dans des cornues comme nous venons de le dire.

L'acide vitriolique est de peu ou point d'usage dans les monnoies, mais il est employé en grande quantité dans plusieurs autres arts, tels que la teinture, la chapelerie, les manufactures d'indiennes, &c. Il est aussi d'un grand usage dans la chymie. C'est de tous les acides minéraux celui qui est le plus pesant & qui contient le plus de matiere saline sous un même volume donné. Il doit peser une once six gros & demi dans une bouteille de la contenance d'une once d'eau.

L'acide vitriolique a la propriété de dissoudre beaucoup de matieres métalliques & de former avec elles différentes especes de sels neutres que l'on nomme *vitriols*.

De l'Acide nitreux ou *Eau-forte.*

L'acide nitreux se tire du *nitre* ou *salpêtre* par le moyen de l'acide vitriolique pur, des argilles & de plusieurs des vitriols dont nous venons de parler; mais c'est toujours le vitriol de Mars, que l'on nomme aussi *couperose verte*, que l'on emploie pour cette opération.

Dans les travaux en grand que font les Distillateurs pour tirer l'acide nitreux du nitre ou salpêtre, ils n'emploient jamais l'acide vitriolique pur; ainsi nous n'en parlerons point ici: on peut sur cette opération consulter le *Dictionnaire de Chymie*.

Pour préparer l'acide nitreux par le moyen des argilles, on

on mêle ensemble une partie de nitre en poudre & quatre parties d'argille bien séchée & aussi réduite en poudre ; on met ce mélange dans une cornue de grès. On dispose de la même maniere vingt ou trente cornues semblables ; on les place dans un fourneau long & étroit nommé *galere*, & on forme avec ces cornues deux files opposées l'une à l'autre. Ces cornues, que l'on nomme *bettes* ou *cuines*, ont le col très court, & sont soutenues par deux barres de fer qui posent sur un petit rebord que l'on a pratiqué exprès dans l'intérieur du fourneau. On recouvre ces cornues avec une grande quantité de tessons provenants de semblables cornues : on garnit ensuite toute la partie supérieure des cornues de terre à four détrempée dans l'eau, pour former un dôme : on unit cette terre avec une truelle autant que cela est possible, & l'on applique à chaque bec de cornue une espece d'entonnoir de grès que l'on nomme *alonge* ; on adapte à chacune de ces alonges une cornue semblable à celles qui sont dans le fourneau, à l'exception qu'elle a le col plus court & de plus large ouverture : on nomme ces vaisseaux *récipients*, & on ne lute point ces dernieres cornues. Alors on procède à la distillation par un feu gradué. La premiere liqueur qui passe n'est, pour ainsi dire, que de l'eau qui est légérement acidule : on la met à part afin qu'elle n'affoiblisse point l'acide nitreux qui doit venir : c'est ce que l'on nomme *flegme*. Cette première opération doit se faire à petit feu, afin de ne faire passer que le moins d'acide possible. Lorsqu'on a séparé ce *flegme*, on lute les récipients avec un lut composé de bonne terre à four & de fiente de cheval délayée avec une suffisante quantité d'eau. Avant d'appliquer le lut, il faut garnir les jointures des vaisseaux avec une bande de papier, pour empêcher que le lut n'entre dans les *récipients* : ensuite on augmente le feu peu à peu jusqu'à faire rougir les cornues, & on les entretient dans cet état pendant six ou huit heures, ou jusqu'à ce qu'en enlevant un des récipients on ne voie plus sortir de vapeurs de la cornue, & que l'intérieur paroisse rouge & embrasé ; alors on ôte le feu du fourneau & on le remplit d'argille pour la faire sécher, & la rendre toute prête à servir pour la suivante distillation.

C'est de cette maniere qu'on fait sécher l'argille qui doit servir à ces distillations. Cette opération pour tirer l'acide nitreux dure ordinairement douze heures.

Lorsque l'intérieur du fourneau a perdu une partie de sa plus grande chaleur, on délute les récipients, & on verse ce qu'ils contiennent dans des bouteilles qu'on bouche bien.

Ce qui reste dans les cornues est un mélange de l'argille & d'un sel que l'on nomme *sel de duobus* ou *arcanum duplicatum*. Ce sel est formé de la combinaison de l'acide vitriolique contenu dans l'argille avec l'alkali fixe du nitre. Il est si adhérent à la terre argilleuse, qu'il est très difficile à séparer. Plusieurs chymistes se sont même persuadés que ce sel n'existe pas dans cette matiere, parceque les tentatives qu'ils ont faites pour le retirer ont été infructueuses; mais M. *Baumé* a reconnu par expérience qu'on le retiroit facilement en faisant bouillir cette matiere dans de l'eau avec une suffisante quantité d'alkali fixe. Néanmoins dans les travaux en grand on ne retire jamais ce sel de cette matiere; les paveurs s'en servent en guise de brique ou de tuileau pilé pour former leur ciment.

On prépare encore l'eau forte par le moyen du vitriol de Mars. Pour cela on commence par faire calciner le vitriol de Mars dans une marmite de fer, jusqu'à ce qu'il soit privé de toute l'eau de sa crystallisation; dans cet état on le nomme *vitriol de Mars calciné en blancheur*: on mêle partie égale de nitre & de ce vitriol ainsi calciné: on met ce mélange dans des cornues semblables à celles dont nous venons de parler: on les arrange de même, & on procede à la distillation de la même maniere. On en retire un acide nitreux qui est ordinairement plus concentré & plus fort que par le procédé précédent.

Ce qui reste dans la cornue après cette distillation est un mélange de fer qui a été calciné & privé de tout phlogistique, & de *sel de duobus* composé de l'alkali du nitre, uni à l'acide vitriolique qui étoit contenu dans le vitriol de Mars.

On lave cette matiere dans une suffisante quantité d'eau bouillante; le sel de duobus se dissout en entier; on filtre la liqueur, & on la fait crystalliser successivement à plusieurs reprises pour en obtenir tout le sel. La matiere qui reste sur le filtre est le fer calciné & débarrassé de toute matiere saline: on la lave & on la fait sécher: les polisseurs de glaces s'en servent en guise d'émeril.

De l'Acide marin ou *Esprit de sel.*

L'acide marin est la matiere saline acide qu'on tire du sel de gabelle. Pour cela on fait un mélange d'une livre de sel marin & de huit livres d'argille séchée & réduite en poudre grossiere ; on met ce mêlange dans une cornue semblable à celles dont nous avons parlé à l'article de la distillation de l'eau forte ; on prépare pareillement vingt ou trente cornues semblables, ou autant qu'il en peut tenir dans le fourneau ; on les arrange dans le même fourneau qui sert à la distillation de l'eau-forte, & on procede de même pour tout le reste de l'opération.

Ce qui reste dans les cornues, après la décomposition du sel marin, est de la terre & du sel de Glauber formé par la combinaison de l'acide vitriolique contenu dans l'argille avec l'alkali qui sert de base à l'acide marin. Ce sel est également adhérent à la terre argilleuse : on peut le séparer par le lavage. M. *Baumé* a reconnu qu'il falloit également y ajouter une certaine quantité d'alkali marin ou d'alkali fixe pour détruire son adhérence avec cette terre, & le faire crystalliser. Ordinairement on ne tire pas plus le sel de Glauber de cette matiere, que le sel de duobus du *caput mortuum* de l'eau forte. Cette même matiere est également employée par les paveurs en guise de ciment.

Il faut, pour la décomposition du sel marin, une plus grande proportion d'argille que pour décomposer le nitre. La quantité que nous en avons prescrite n'est pas encore suffisante pour décomposer la totalité de ce sel ; il en reste toujours une partie mêlée avec la terre, & on peut la séparer par le lavage.

On décompose également le sel marin par l'intermede du vitriol de Mars calciné en blancheur : l'acide qu'on en retire est plus fort. On observe les mêmes choses que nous avons dites sur la décomposition du nitre par le vitriol. Il reste dans la cornue, après cette décomposition, du sel de Glauber formé par l'acide vitriolique du vitriol avec l'alkali marin : on le retire de la même maniere que le sel de duobus, par la dissolution, filtration & crystallisation. Il reste sur les filtres le fer calciné & privé de tout son phlogistique : il sert à polir les glaces.

Eau régale.

L'*eau régale* est un acide mixte composé d'acide nitreux & d'acide marin : on varie les proportions de ces deux acides, suivant l'usage qu'on veut faire de l'eau régale. On lui a donné ce nom à cause de la propriété qu'elle a de dissoudre l'or qui est nommé par les alchymistes *roi des métaux.* L'acide nitreux que vendent les Distillateurs n'est presque jamais qu'une espece d'eau régale, parceque pour le faire ils n'emploient que du nitre de la premiere cuite, qui est mêlé d'une grande quantité de sel marin : *voyez* SALPÊTRIER. Quand on veut obtenir de l'acide nitreux pur, il faut employer du nitre de la troisieme cuite.

On fait encore de l'eau régale avec de l'acide nitreux & du sel ammoniac ou du sel marin ordinaire; mais c'est toujours à la faveur de l'acide marin que les acides deviennent régalins.

L'acide nitreux & l'acide marin, chacun séparément, ne peuvent dissoudre l'or & quelques autres substances métalliques; mais par l'union de ces acides on les dissout facilement : c'est un phénomene très singulier dont on ne connoît pas encore d'explication bien satisfaisante.

Les ordonnances & réglements de police qui ne permettent la distillation des eaux-fortes qu'à ceux qui en ont obtenu des lettres, sont anciens, & ont été souvent renouvellés : mais la communauté des Distillateurs d'eaux-fortes, qu'on nomme aussi *Distillateurs en chymie*, est assez nouvelle.

L'arrêt de la Cour des Monnoies qui a érigé cette communauté en corps de jurande, & qui lui a donné des statuts sous le bon plaisir du Roi, comme il y est porté, est du 5 Avril 1639 : les maîtres y sont qualifiés maîtres de l'art & métier de Distillateurs d'eaux-fortes, eaux-de-vie & autres eaux, esprits & essences, circonstances & dépendances, dans la ville, fauxbourgs & banlieue de Paris. Leurs statuts sont composés de vingt-cinq articles. Deux jurés, dont l'un est élu chaque année, sont chargés de les faire exécuter conjointement avec deux des plus anciens bacheliers.

Ces jurés ont droit de visite chez tous ceux qui se mêlent de distillations chymiques.

Nul ne peut exercer le métier de Distillateur s'il n'est

maître, ni être reçu maître s'il n'a fait apprentissage.

Les apprentifs ne peuvent être obligés pour moins de quatre ans, & ne peuvent aspirer à la maîtrise qu'ils n'aient encore servi deux ans en qualité de compagnons.

Tout apprentif, s'il n'est fils de maître, est tenu au chef-d'œuvre pour être reçu à la maîtrise : le fils de maître doit même justifier de ses quatre ans de service, ou chez son pere ou chez un autre.

Le chef-d'œuvre doit se faire en présence des Jurés & d'un Conseiller de la Cour des Monnoies. Outre ce qui regarde la distillation, l'aspirant doit encore savoir lire & écrire, & justifier par son extrait baptistaire qu'il est âgé de vingt-quatre ans.

Les veuves restant en viduité peuvent avoir des fourneaux & faire travailler des compagnons, mais non pas obliger des apprentifs. Il est permis aux maîtres Distillateurs de faire toutes sortes de distillations d'eaux-fortes, huiles, esprits & essences, à la réserve des eaux régales qu'il est défendu à toutes personnes, de quelque qualité qu'elles soient, de faire ni de vendre, à cause qu'on peut s'en servir pour affoiblir les monnoies sans altérer la figure.

Les maîtres sont tenus de tenir registre de la quantité des eaux fortes qu'ils vendent, & de la qualité, noms & demeures des personnes à qui ils les ont vendues, ne pouvant en débiter plus de deux livres à la fois sans permission de la Cour, sinon aux maîtres de la Monnoie & aux affineurs.

Ils ne peuvent prêter leurs fourneaux, ni laisser travailler des étrangers dans ceux qu'ils ont chez eux, sans avoir pareillement obtenu permission ; & ils sont même obligés de donner avis à la Cour des Monnoies des personnes qui tiennent laboratoire & ont des fourneaux sans avoir ou lettres ou permission.

Les marchandises foraines doivent être apportées par les marchands au bureau de la communauté pour y être visitées, nul Distillateur de Paris n'en pouvant acheter, ni le marchand forain leur en vendre avant la visite.

Ces Distillateurs avoient été fixés au nombre de douze par ce réglement ; mais le Roi & la Cour des Monnoies, sous le bon plaisir de Sa Majesté, donnent quelquefois des permissions de travailler aux distillations.

Le Roi, par arrêt contradictoire de son Conseil, rendu le 23 Mai 1746, a ordonné que les Distillateurs demeureront immédiatement soumis à la jurisdiction des Juges ordinaires en ce qui concerne la préparation des drogues & remedes, & à la Cour des Monnoies, en ce qui concerne les métaux & la confection des eaux fortes propres à leur dissolution. Par ce même arrêt, il est fait défense aux Distillateurs-Limonnadiers de s'immiscer dans aucune des opérations appartenantes à l'art de la chymie : *voyez* LIMONNADIER.

DOMINOTIER. C'est l'ouvrier qui fait du papier de toute sorte de couleurs & figures, que l'on nommoit anciennement des *Dominos*.

La *dominoterie* consiste principalement dans la fabrique & le négoce du *papier marbré*, & dans l'impression en toutes sortes de couleurs simples sur tout autre papier.

Cet art fut trouvé en Allemagne, & porté peu-à-peu au degré de perfection où il est parvenu aujourd'hui.

Le papier marbré a diverses dénominations, comme *à fleurs*, *à la patte*, *au grand* & *au petit peigne*, *à fleurons*, *à tourniquet*, &c. dénominations qui toutes sont relatives ou au dessein ou à la fabrication.

Les Lebreton, pere & fils, ont fait de petits chefs-d'œuvre en ce genre ; ils avoient le secret d'entre-mêler des fils déliés d'or & d'argent dans les ondes & veines colorées du papier. Quoique, pour enrichir l'artiste, ce travail demande plus de célérité que de perfection, nous allons détailler le procédé de cet art.

L'attelier de l'ouvrier doit être pourvu d'un *quarré* ou baquet quarré de bois de chêne, profond d'un demi-pied, & excédant d'un pouce la grandeur de la feuille de papier ; d'une *baratte* avec sa batte, d'un tamis de crin un peu lâche, d'un gros pinceau, & de divers peignes dont la construction est totalement différente ; celui dont on se sert pour le papier commun est un assemblage de *branches* ou tringles de bois, paralleles les unes aux autres, de l'épaisseur de deux lignes ou environ, d'un doigt de largeur, & de la longueur du baquet ; ces tringles sont au nombre de quatre, dont chacune est garnie de onze *dents* ou pointes de fer d'environ deux pouces de hauteur, de la même force & la même forme que le clou d'épingle. La premiere dent d'une *branche* est fixée exactement à son extrémité, & la derniere à l'autre bout. Il y a entre chaque branche la même distance qu'entre chaque dent.

Le peigne pour le *monfauçon*, le *lyon* & le *grand monfau-*

son, n'a qu'une branche à neuf dents. Le peigne pour le *persillé* sur le petit baquet, a une branche à dix-huit dents; & celui qui est pour le *persillé* sur le grand baquet, en a une à vingt-quatre dents. Le peigne pour le papier d'Allemagne a cent quatre ou cent cinq *pointes* ou aiguilles aussi menues que celles qui servent pour les bas au métier.

Les autres instruments qui lui sont nécessaires sont des pots & des pinceaux pour différentes couleurs; un *étendoir* semblable à celui des papetiers-fabricants ou des imprimeurs; une pierre & sa molette pour broyer les couleurs; une *amassette* ou *ramassoire* qui est un morceau de cuir fort, de quatre à cinq pouces de long, sur trois de large, dont un des côtés est fait en tranchant; un couteau; une *ramassoire* pour nettoyer les eaux, ou tringle de bois fort mince, large de trois doigts ou environ, de la longueur du baquet, & taillée en tranchant sur un de ses grands côtés; plusieurs *chassis quarrés* ou assemblages de quatre lattes, renfermant entre elles un espace plus grand que la feuille qu'on veut marbrer, & divisés en trente-six petits quarrés par cinq ficelles attachées sur un des côtés du chassis, & traversées perpendiculairement par cinq autres ficelles fixées sur un des autres côtés; des établis pour poser les baquets, les pots, les peignes & autres outils; une *lissoire* ou pierre à lisser, dont le grain doit être fin, égal & serré, & telle que celle dont se servent les papetiers-fabricants ou les cartiers.

Pour marbrer le papier, on *prépare l'eau*, c'est-à-dire qu'on met infuser pendant trois jours une demi-livre de gomme adragant par rame de papier dans une certaine quantité d'eau de riviere froide; on la remue au moins une fois par jour, & quand on l'a transvasée dans un long pot de grès, & qui se trouve à moitié plein de cette eau dans laquelle la gomme est dissoute, on la bat pendant un demi-quart d'heure, & on acheve ensuite de remplir le pot d'eau de riviere. Après cette opération, on pose un tamis sur un des baquets, on y fait passer l'eau en la remuant & en la pressant contre le tamis avec un gros pinceau: ce qui reste sur le tamis de gomme non dissoute, se remet à tremper jusqu'au lendemain, & on recommence le même procédé.

Lorsque les eaux ont été passées & remuées avec un bâton, on connoît leur force ou leur foiblesse à la plus ou moins grande vîtesse du mouvement de l'écume qui se forme sur leur surface, quand on les a agitées en rond. Lorsque l'écume tourne plus de cinquante fois pendant la durée du mouvement qu'on a imprimé à l'eau, c'est une preuve de sa foiblesse; si elle fait moins de tours, l'eau est censée être forte. Comme il arrive quelquefois que l'eau est trop forte par la trop grande quantité de gomme adragant qu'on y a mise, on l'affoiblit en y ajoutant de l'eau pure, comme on la fortifie quand elle est trop foible, en y ajoutant de la gomme qui est restée dans le pot de grès.

Pour être plus assuré de la qualité de l'eau, on fait usage du *peigne à frisons*, qui est ainsi nommé de ce que ses dents étant placées alternativement, l'une d'un côté & l'autre de l'autre, le marbreur, en tournant le poignet, arrange les couleurs en *cercles* ou *frisons*. Lorsque les frisons ne sont pas nets & distincts, qu'ils se brouillent & se confondent, les eaux sont trop foibles; si les couleurs ne s'arrangent pas dans l'ordre que l'on veut, qu'elles refusent de s'étendre, qu'elles soient trop hérissées d'*écailles* ou pointes, elles sont alors trop fortes, & on corrige ces défauts en les tempérant comme nous l'avons dit.

On passe ensuite à la préparation des couleurs. Le *bleu* se fait avec de l'indigo bien broyé à l'eau sur la pierre; le *rouge* avec de la laque plate, également broyée avec de l'eau dans laquelle on a fait bouillir du bois de Brésil & une poignée de chaux vive. Pour avoir le *jaune*, on mêle trois cuillerées de fiel de bœuf dans une chopine d'eau où l'on a mis infuser de l'ochre pendant quelques jours. Pour le *blanc*, on met quatre cuillerées de fiel de bœuf sur une pinte d'eau, & on bat bien le tout ensemble. On fait le *verd* avec deux cuillerées d'indigo broyé, & de l'ochre détrempée dans une pinte d'eau, à laquelle on ajoute trois cuillerées de fiel de bœuf. Pour le *noir*, on met une cuillerée de fiel de bœuf sur un poisson de noir de fumée, & sur la grosseur d'une noisette de gomme. Pour faire le *violet*, on ajoute au rouge, préparé comme nous l'avons dit, quatre ou cinq larmes de noir de fumée, broyé avec l'indigo.

Lorsque les eaux sont bien nettoyées & prêtes à recevoir les couleurs, on commence à jetter légérement du bleu qu'on a pris avec un pinceau, & qu'on a mêlé auparavant avec deux cuillerées d'infusion de blanc d'Espagne, trois cuillerées de fiel du bœuf, & une cuillerée d'indigo préparé comme ci-dessus. La couleur bleue dont on a chargé le pinceau, &

qu'on a jettée sur la surface de l'eau qui est dans le baquet, forme un *tapis*, c'est-à-dire qu'elle couvre également toute la surface de l'eau, où elle forme des ramages & des veines. On jette après du rouge sur ce tapis, & on voit que cette couleur repousse la bleue, prend sa place, & fait des taches éparses. On met ensuite le jaune qui se dispose à sa maniere sur ces deux couleurs. Lorsque le blanc qu'on met après occupe trop d'espace, on le corrige en l'éclaircissant avec de l'eau; s'il n'en occupe pas assez, on y ajoute du fiel de bœuf, de façon que les taches du blanc paroissent comme des lentilles sur toute la surface du baquet.

On connoît que les couleurs sont au point où elles doivent être, lorsqu'elles ne *marchent* pas trop, c'est-à-dire qu'elles ne se pressent pas trop, & que, relativement à leur plus ou moins de consistance, elles ne remplissent que la place qu'elles doivent occuper.

Quand les couleurs sont jettées & qu'elles forment un tapis sur l'eau, on prend le peigne à quatre branches, on le tient par ses deux extrémités, on l'applique au haut du baquet, de maniere que l'extrémité de ses pointes touche la surface de l'eau, & que chaque pointe trace un frison. On enleve le peigne pour le rapporter au-dessous des premiers frisons, & continuer à en former sur toute la surface. On applique ensuite légérement une feuille de papier, dont la surface prend & emporte toute la couleur qui couvre l'eau, & qui s'attache au papier, en suivant les figures irrégulieres que le mouvement du peigne lui a données.

Lorsque la feuille est chargée de couleurs, on l'étend sur un chassis qui est soutenu sur un baquet par deux barres de bois posées en travers, & qu'on incline pour que l'eau de gomme dont les feuilles sont imbibées, s'écoule plus facilement. Après l'écoulement de l'eau de gomme, ce qui est l'affaire d'un quart d'heure, on enleve les feuilles de dessus les chassis, & on les porte à l'étendoir pour les faire sécher: lorsqu'elles sont seches, on les leve de dessus les cordes pour les frotter légérement sur un marbre bien uni avec de la cire blanche ou de la cire jaune qui ne soit point grasse; les feuilles étant lissées, on les ploie par mains de vingt-cinq feuilles; & s'il s'en trouve dans le nombre quelques-unes de déchirées, on les raccommode avec de la colle: on fait ainsi autant d'especes de papier marbré qu'il y a de manieres de combiner les couleurs & de les brouiller.

Lorſqu'on veut pratiquer des filets d'or ſur un papier marbré, on applique un patron découpé ſur une feuille marbrée, on met un mordant ſur les endroits qui paroiſſent à travers les découpures, on y applique l'or en feuilles ; & lorſqu'il eſt pris, on frotte la feuille avec du coton qui enleve le ſuperflu de l'or, & ce qui eſt reſté forme les filets ou les figures qu'on veut donner à la feuille marbrée.

Pour imiter la moſaïque, les fleurs & même le payſage, on a des planches gravées en bois, où le trait eſt bien évuidé, large & épais, & dont le fond a un pouce ou environ de profondeur. Le tapis de couleur étant formé ſur l'eau du baquet, on applique la planche ſur la ſurface ; les traits ſaillants de la planche emportent les couleurs qu'ils atteignent, & forment un vuide de couleurs ſur le baquet, alors on y étend par-deſſus une feuille qui ſe colorie par-tout, excepté aux endroits dont la planche a enlevé précédemment la couleur, & qui prend le deſſein qu'on a voulu lui donner.

Il y a des perſonnes qui ont voulu mettre du vernis ſur le papier marbré ; leurs eſſais n'ont point réuſſi, parceque le vernis a détrempé juſqu'à préſent les couleurs de la marbrure, & a tout gâté. Il faudroit trouver un vernis qui, ſans endommager l'ouvrage, ſe fixât ſur le papier, comme celui dont on ſe ſert pour fixer le paſtel.

Ce ſont auſſi les Dominotiers qui font ces eſpeces de tapiſſeries de papier qu'on a pouſſées à Paris à un tel point de perfection, que les perſonnes du meilleur goût ne font point difficulté de s'en ſervir pour orner de petits cabinets, & qu'on en fait des envois conſidérables dans les pays étrangers.

Pour faire ces ſortes de tapiſſeries qui ſont préſentement le principal objet du commerce de la dominoterie, on commence par tracer un deſſein de ſimples traits ſur pluſieurs feuilles de papier collées enſemble, de la hauteur & largeur que l'on veut donner à chaque piece de tapiſſerie.

Ce deſſein étant achevé ſe coupe en morceaux, auſſi hauts & auſſi longs que les feuilles de papier que l'on emploie communément pour ces ſortes d'impreſſions ; & chacun de ces morceaux reçoit enſuite ſéparément une empreinte ſur des planches de bois de poirier, travaillées par un graveur en bois.

Pour imprimer avec ces planches ainſi gravées, on ſe ſert de preſſes aſſez ſemblables à celles de l'imprimerie, à la réſerve que la platine n'en peut être de métal, mais ſeulement de bois, longue d'un pied & demi, large de dix pouces; & que ces presses n'ont que de grands tympans *propres à imprimer histoires*, comme portent les anciens réglements de la librairie.

L'on se sert aussi de l'encre & des balles des imprimeurs; &, de même qu'à l'imprimerie, on n'essuie point les planches après qu'on les a noircies à cause du relief qu'elles ont, qui les rend plus semblables à une forme d'imprimeur qu'à une planche en taille-douce : *voyez* IMPRIMEUR.

Lorsque les feuilles ont été imprimées & séchées, on les peint & on les rehausse de diverses couleurs en détrempe; c'est ce qu'on appelle *enluminer :* & lorsqu'on veut les employer, on les assemble pour en former des pieces d'une grandeur convenable pour l'endroit où on veut les placer.

On appelle aussi *dominoterie* certaines grandes images gravées en bois, au bas & à côté desquelles sont des légendes, des proverbes, des *rebus* & autres semblables bagatelles.

Les ouvriers marchands Dominotiers sont appellés *Dominotiers*, *Imagers* & *Tapissiers*. Le premier de ces noms leur est venu de l'ancien mot *domino*, qui signifioit du papier marbré, ou tout autre papier diversement peint, & orné de figures & de grotesques.

Par l'article LXI du réglement de 1686, il est dit que les syndic & adjoints des libraires & imprimeurs iront en visite chez eux pour voir s'ils n'y contreviennent point aux réglements.

C'est ce même article, confirmatif des statuts de 1586, de 1618 & de 1649, qui regle de quelle sorte de presse il est permis aux Dominotiers de se servir; & qui leur défend, sous peine de confiscation & d'amende, d'avoir chez eux aucuns caracteres de fonte propres à imprimer des livres.

Comme on peut abuser de ces presses pour l'impression des ouvrages ou des images indécentes, que la police de l'Etat ne doit point souffrir, il y a eu une sentence rendue le 23 Avril 1768 par le Prévôt de Paris, qui leur défend de rien imprimer qu'en présence d'un maître imprimeur ou d'un compagnon envoyé par lui; que, l'ouvrage fait, la presse sera fermée avec un cadenas par le juré comptable de la compagnie, & qu'il en gardera la clef pardevers lui, sous peine de saisie de la presse & des ouvrages, d'une amende pécuniaire, & de plus grande peine en cas de récidive. Cette ordonnance est conforme aux anciens statuts de la librairie qui défendent aux Dominotiers d'imprimer & vendre aucun placard & peinture dissolue.

Le nouveau réglement pour la librairie & imprimerie arrêté au Conseil d'Etat du Roi le 28 Février 1723, contient aussi un article concernant les Dominotiers, dans le titre des visites de librairie & imprimerie, mais beaucoup plus ample que celui du réglement de 1686.

Cet article, qui est le XCVII, ordonne que, si les Dominotiers veulent mettre au-dessous de leurs images & figures quelque explication imprimée & non gravée, ils auront recours aux imprimeurs, en sorte néanmoins que ladite explication ne puisse excéder le nombre de six lignes, ni passer jusqu'au revers desdites estampes & figures.

Le même article leur enjoint de faire apporter à la Chambre de la communauté des libraires & imprimeurs, les marchandises de leur art qu'ils feront venir des pays étrangers & des provinces du royaume, pour y être visitées par les syndic & adjoints : & afin que ceux qui feront profession de dominoterie & imagerie soient connus par les syndic & adjoints, il leur est ordonné de faire inscrire sur le registre de ladite communauté leurs noms & leurs demeures, à peine de cent livres d'amende ; sans que ladite inscription puisse les autoriser à vendre aucuns livres ou livrets, ni à exercer ladite profession de libraire ou d'imprimeur, de quelque maniere ou sous quelque prétexte que ce soit.

La dominoterie paie par cent pesant 2 livres pour droit d'entrée, & 32 sols pour celui de sortie.

DOREUR. L'art de la dorure est celui d'employer l'or & de l'appliquer sur diverses matieres.

Nous avons différentes sortes de dorure, savoir la dorure à l'huile, la dorure en détrempe, la dorure au feu qui est propre au métaux, & la dorure sur cuir.

Dorure à l'huile & en détrempe.

Les Doreurs qui font la dorure à l'huile & en détrempe sur le bois, le plâtre, la pierre & autres matieres, sont de la communauté des maîtres Peintres : *voyez* PEINTRE.

A l'égard de l'argenture à l'huile & en détrempe, elle se pratique précisement comme la dorure : ainsi tout ce que l'on dira de l'une peut s'appliquer également à l'autre.

Pour la *dorure à-l'huile* on se sert de ce qu'on appelle en terme de l'art, de l'*or couleur*, c'est-à-dire de ce reste de couleur qui se trouve dans les pinceliers dans lesquels les peintres nettoient leurs pinceaux.

Cette matiere qui est extrêmement grasse & gluante ayant été broyée & passée par un linge, sert de fond pour y appliquer l'or en feuille. Elle se couche avec le pinceau comme les vraies couleurs, après qu'on a encollé l'ouvrage, &, si c'est du bois, après lui avoir donné quelques couches de blanc en détrempe.

Quand l'or couleur est assez sec pour aspirer & retenir l'or, on en étend les feuilles par-dessus, soit entieres, soit coupées par morceaux, se servant, pour les prendre, de coton bien doux & bien cardé, ou de la palette des Doreurs en détrempe, ou même simplement du couteau avec lequel on les a coupées, selon les parties de l'ouvrage qu'on veut dorer, ou la largeur de l'or qu'on veut appliquer. A mesure que l'or est posé, on passe par-dessus un gros pinceau de poil très doux ou une patte de lievre, pour l'attacher & comme l'incorporer avec l'or couleur; & ensuite par le moyen du même pinceau, ou d'un autre plus petit, on le *ramande*, c'est-à-dire qu'on répare les cassures ou gerçures qui se sont faites aux feuilles, avec d'autres petits morceaux de feuilles d'or qu'on applique avec des pinceaux. C'est de la dorure à l'huile que l'on se sert ordinairement pour dorer les dômes & les combles des églises & des palais, & les figures de plâtre & de plomb qu'on veut exposer aux injures du temps.

La *dorure en détrempe* se fait, pour ainsi dire, avec plus d'art que la dorure à l'huile; mais elle ne peut être employée sur autant de divers ouvrages, ni si grands, ni dans les mêmes lieux que celle qui se fait avec l'or couleur, cette dorure ne pouvant résister ni à la pluie ni aux impressions de l'air qui la gâtent aisément. La colle qu'on emploie pour dorer en détrempe doit être faite de rognures de parchemin ou de gants, qu'on fait bouillir dans l'eau jusqu'à ce qu'elle s'épaississe en consistance de gelée. Si l'on veut dorer du bois, on y met d'abord une couche de cette colle toute bouillante, ce qui s'appelle *encoller le bois*: ensuite on lui donne le blanc, c'est-à-dire qu'on l'imprime à plusieurs reprises d'une couleur blanche détrempée dans cette colle, qu'on rend plus foible ou plus forte avec de l'eau, suivant que l'ouvrage l'exige.

Quelques Doreurs font ce blanc de plâtre bien battu, bien broyé & bien tamisé; d'autres y emploient le blanc d'Espagne ou celui de Rouen.

On se sert d'une brosse de poil de sanglier pour coucher le blanc; la maniere de le mettre & le nombre des couches varient suivant l'espece des ouvrages. L'ouvrage étant extrêmement sec, on l'*adoucit*; ce qui se fait en le mouillant avec de l'eau nette, & en le frottant avec quelques morceaux de grosse toile s'il est uni, &, s'il est de sculpture, en se servant de légers bâtons de sapin, auxquels sont attachés quelques petits lambeaux de cette même toile, pour pouvoir pénétrer plus aisément dans tous les enfoncements du relief. Le blanc étant bien adouci, on y met le jaune; mais si c'est un ouvrage de relief, on le répare & on le recherche avant de le jaunir.

Le jaune qu'on emploie est simplement de l'ochre commune, bien broyée & bien tamisée, qu'on détrempe avec la même colle qui a servi au blanc, mais plus foible de la moitié. Cette couleur se met chaude; elle tient lieu, dans les ouvrages de sculpture, de l'or qu'on ne peut quelquefois porter jusques dans les creux, & sur les revers des feuillages & des ornements. On couche l'*assiette* sur le jaune, en observant de n'en point mettre dans les creux des ouvrages de relief. On appelle *assiette* la couleur ou composition sur laquelle doit se poser ou s'asseoir l'or.

Quand on veut dorer, on a trois sortes de pinceaux; des pinceaux à mouiller, des pinceaux à ramender, & des pinceaux à matter: il faut aussi un coussinet de bois couvert de peau de veau ou de mouton, & rembourré de crin ou de bourre, pour y étendre les feuilles d'or battu au sortir du livre; un couteau pour les couper, & une palette ou un bilboquet pour les placer sur l'assiette. On se sert en premier lieu des pinceaux à mouiller pour donner de l'humidité à l'assiette, en l'humectant d'eau, afin qu'elle puisse retenir l'or; on met ensuite sur le coussinet les feuilles d'or qu'on prend avec la palette si elles sont entieres, ou avec le bilboquet ou le couteau même dont on s'est servi pour les couper; ensuite on les pose, & on les étend doucement sur les endroits de l'assiette que l'on vient de mouiller. Lorsque l'or vient à se casser en l'appliquant, on le ramende; ensuite, avec des pinceaux un peu plus gros, on l'unit par-tout; & on l'enfonce dans tous les creux de la sculpture, en le faiſant entrer avec la palette, qui eſt faite d'une queue de petit gris emmanchée d'un manche de bois qui porte à ſon extrémité un pinceau du même poil; ou avec le bilboquet qui eſt un inſtrument de bois, plat par le deſſous, où eſt attaché un morceau d'étoffe, & rond par le deſſus, pour le prendre & le manier plus aiſément. L'or, en cet état & après qu'on l'a laiſſé parfaitement ſécher, ſe brunit ou ſe matte.

Matter l'or, c'eſt paſſer légérement de la colle en détrempe ſur les endroits qui n'ont pas été brunis; cette façon conſerve l'or & l'empêche de s'écorcher.

Brunir l'or, c'eſt le polir & le liſſer fortement avec le *bruniſſoir* pour lui donner plus d'éclat. Le bruniſſoir eſt un outil d'acier poli ou de pierre hématite nommée *pierre ſanguine*, ou enfin une dent de loup ou de chien, emmanchée dans une poignée de bois, dont le Doreur ſe ſert ou pour polir les métaux qu'il veut dorer, ou pour liſſer la dorure après qu'elle a été appliquée.

Enfin, pour derniere façon, on couche dans tous ſes creux de la ſculpture une compoſition appellée *vermeil*, qui eſt faite de gomme gutte, de vermillon & d'un peu de brun rouge, broyés enſemble avec le vernis de Veniſe & l'huile de térébenthine.

A l'égard des figures de relief, on ſe ſert pour le viſage, les mains & les autres parties unies, de la maniere qu'on appelle *dorer d'or verd*. Pour dorer de cette maniere on brunit l'aſſiette avant que d'y appliquer l'or, & enſuite on repaſſe cet or à la colle, comme on a fait pour matter. Cet or n'eſt pas ſi brillant que l'or bruni, mais il l'eſt beaucoup plus que l'or qui n'eſt que ſimplement matté.

Dorure au feu ou ſur métaux.

Il y a trois manieres uſitées de dorer au feu; ſavoir, en or moulu, en or ſimplement en feuille, & en or haché: mais on en peut ajouter une quatrieme dont nous parlerons à la fin de cet article. La dorure *d'or moulu*, ou *vermeil doré*, ſe fait avec de l'or amalgamé avec le mercure dans une certaine proportion qui eſt ordinairement d'une once de vif-argent ſur un gros d'or.

Pour cette opération on fait d'abord rougir le creuſet; puis l'or & le vif-argent y ayant été mis on les remue doucement avec un crochet juſqu'à ce qu'on s'apperçoive que l'or soit fondu & incorporé au vif-argent ; après quoi on les jette ainsi unis ensemble dans de l'eau pour les laver. Pour préparer le métal à recevoir l'or, il faut décrasser le métal qu'on veut dorer, ce qui se fait avec de l'eau-forte affoiblie avec de l'eau ; cette opération s'appelle *dérocher* ou *décaper*. Le métal étant bien déroché, on le couvre de ce mêlange d'or & de vif-argent en l'étendant le plus également qu'il est possible ; en cet état le métal se met au feu sur la *grille à dorer*, ou dans le *panier à dorer*, au-dessous desquels est une poële pleine de feu. La grille à dorer est un petit treillis de fil d'archal dont on couvre la poële, & sur lequel on pose les ouvrages que l'on dore, ceux qu'on argente n'ayant pas besoin d'une aussi grande propreté. Le panier à dorer est aussi un treillis de fil de fer qui ne differe de la grille qu'en ce qu'il est concave & enfoncé de quelques pouces. A mesure que le vif-argent s'évapore, l'or qui est fixe demeure ; & comme les pores du métal qu'on veut dorer se sont dilatés par la chaleur, ils se resserrent en se refroidissant, & retiennent, comme autant de petits chatons, les parcelles d'or qui y sont placées : mais lorsqu'il arrive qu'on peut distinguer les endroits où il manque de l'or, on répare l'ouvrage en y ajoutant de nouvel amalgame où il en faut. Pour rendre cette dorure plus durable, les Doreurs frottent l'ouvrage avec du mercure & de l'eau-forte, & le dorent une seconde fois de la même maniere. Ils réiterent quelquefois cette opération jusqu'à trois ou quatre fois pour que l'or qui couvre le métal soit d'une épaisseur convenable. Quand l'ouvrage est dans cet état on le finit avec la *gratte-bosse* qui est une brosse faite de petits fils de laiton. Enfin on le met en couleur par un procédé dont les Doreurs font un secret, mais qui vraisemblablement est le même qu'on emploie pour donner la couleur aux especes d'or, qui est décrit au mot MONNOYEUR, à l'article du *Blanchiment*.

Pour préparer les métaux à recevoir la dorure *d'or en feuille*, on commence par les gratter avec le *gratteau* qui est un fer acéré à quatre quarres tranchantes semblables au fer d'un dard. Il a deux à trois pouces de long, & tient à un manche de douze à quinze pouces de longueur. Quand le métal a été bien gratté on le polit avec le *polissoir* de fer acéré, qui ne differe point du brunissoir dont nous avons parlé plus haut. Ensuite on chauffe le métal. Cette opéra-

tion

tion s'appelle *bleuir*, parceque lorsqu'on la fait sur du fer, il prend une couleur bleue.

Quand le métal est suffisamment chaud on y applique la premiere couche d'or en feuilles que l'on *ravale* légérement avec un brunissoir ou polissoir. L'action de ravaler consiste à presser contre la pince, avec cet instrument, les feuilles qu'on y a appliquées. On ne donne pour l'ordinaire que trois ou quatre couches d'une seule feuille d'or dans les ouvrages communs, & de deux feuilles dans les beaux ouvrages, & à chaque couche on ravale, & ensuite on remet l'ouvrage au feu, ce qui s'appelle *recuire*. Après la derniere couche l'or est en état d'être bruni clair avec le brunissoir de sanguine qu'on appelle aussi *pierre à dorer*.

La dorure qu'on appelle *d'or haché* se fait avec des feuilles d'or comme la précédente, & elle se pratique de la même maniere, mais elle en differe en deux points essentiels.

1°. Quand le métal a été gratté & poli, on y pratique un nombre prodigieux de petites hachures dans tous les sens avec le *couteau à hacher*, qui est un petit couteau à lame d'acier courte & large, emmanché de bois ou de corne. Ce sont ces hachures que l'on fait sur les métaux avant que d'y appliquer l'or, qui ont fait nommer cette dorure *or haché*, quoique les hachures ne paroissent plus à l'extérieur, lorsque la dorure est achevée.

2°. Pour la dorure hachée il faut jusqu'à dix ou douze couches, à deux feuilles d'or pour chaque couche, au lieu que pour la dorure unie il n'en faut que trois ou quatre. Cette grande quantité d'or est nécessaire pour couvrir les hachures, mais la dorure qui en résulte est beaucoup plus belle & plus solide.

On fait encore une très jolie dorure sur les métaux & particuliérement sur l'argent de la maniere suivante. On fait dissoudre de l'or dans de l'eau régale : on imbibe des linges dans cette dissolution d'or ; on les fait brûler & on en garde la cendre. Cette cendre frottée & appliquée avec de l'eau à la surface de l'argent, par le moyen d'un chiffon, ou même avec les doigts, y laisse les mollécules d'or qu'elle contient & qui y adherent très bien. On lave la piece ou la feuille d'argent pour enlever la partie terreuse de la cendre : l'argent en cet état ne paroît presque point doré ; mais quand on vient à le brunir avec la pierre sanguine, il prend une couleur d'or très belle. Cette maniere de dorer est très facile, & n'emploie qu'une quantité d'or infiniment petite. La plupart des ornements d'or qui sont sur des éventails, sur des tabatieres & autres bijoux de grande apparence & de peu de valeur, ne sont que de l'argent doré par cette méthode.

On applique aussi l'or sur des crystaux, des porcelaines, & autres matieres vitrifiées. Comme la surface de ces matieres est très lisse, & qu'elle peut par conséquent avoir un contact assez parfait avec les feuilles d'or, ce métal y adhere jusqu'à un certain point. Cette dorure est d'autant plus parfaite & meilleure, que l'or est appliqué plus exactement à la surface; on expose les pieces de verre ou de porcelaine à un certain degré de chaleur qui, en ouvrant les pores, aide encore l'adhérence, & on les brunit ensuite légérement pour leur donner de l'éclat. Il y a aujourd'hui à Paris trois cents soixante & douze maîtres Doreurs sur métaux, nommés aussi *Damasquineurs.* Ils sont soumis à la jurisdiction de la Cour des Monnoies quant au titre des matieres d'or & d'argent qu'ils emploient.

Suivant les réglements de cette Cour, ces maîtres Doreurs sont obligés d'employer dans leurs ouvrages l'or à vingt-trois karats vingt-six trente-deuxiemes au moins, l'argent à douze deniers dix-huit grains; de prendre des batteurs d'or les feuilles d'or & d'argent qui leur sont nécessaires, & des affineurs les autres matieres d'or & d'argent; le tout à peine de confiscation & d'amende.

Argenture au feu ou sur métaux.

La premiere opération qu'il y ait à faire pour argenter un ouvrage de métal, c'est de l'*émorfiler* s'il a été fait sur le tour, c'est-à-dire d'enlever par le moyen de la pierre à polir, le morfil & les vives arêtes qui y restent après l'opération du tour. Ensuite on le recuit au feu, & lorsqu'il est un peu refroidi on le plonge dans de l'eau seconde dans laquelle on le laisse séjourner quelque temps. La troisieme opération consiste à *poncer* l'ouvrage, c'est-à-dire à l'éclaircir en le frottant à l'eau avec une pierre ponce. La piece étant éclaircie on la fait chauffer de nouveau pour la plonger encore une fois dans l'eau seconde. Le but de cette opération est de donner à l'ouvrage de petites inégalités insensibles, pour le disposer à prendre & à retenir plus fermement les feuilles d'argent qu'il doit recevoir ; & même lorsque l'on veut que l'argenture soit très solide & bien durable, on la hache, comme nous l'avons expliqué à l'article de l'or haché, & c'est ce que l'on appelle *argenter d'argent haché*.

Quand la piece est en cet état il ne s'agit plus que de l'argenter : mais comme il faut qu'elle soit toujours chaude pendant cette opération, on la monte, avant de la chauffer ou *bleuir*, sur une tige de fer, ou sur un chassis de même métal, qui porte le nom de *mandrin*, & qui sert à manier & remuer commodément la piece malgré sa chaleur. Lors donc que cette piece a été montée sur un mandrin, & bleuie, on y applique les feuilles d'argent, ce qui s'appelle *charger*. On prend deux feuilles d'argent de la main gauche avec des pinces qu'on appelle *bruxelles*, & on *ravale* de l'autre main avec un brunissoir.

Si la piece est trop frappée par le feu en quelques endroits, on s'en apperçoit par une espece de poussiere noire qui se forme à la surface, & on l'enleve aussi-tôt avec la gratte-bosse.

On travaille deux pieces à la fois ; tandis que l'une chauffe on opere sur l'autre.

Après que la piece a été chargée de deux feuilles d'argent de la maniere qu'on vient de l'expliquer, on la rechauffe & on la charge cette seconde fois de quatre feuilles tout en même temps, & par le moyen d'un brunissoir on fait adhérer ces quatre feuilles ensemble & aux deux premieres. On continue ensuite de charger quatre à quatre feuilles, ou six à six, jusqu'à ce qu'on en ait mis ainsi les unes sur les autres depuis vingt jusqu'à soixante, suivant le degré de beauté & de solidité qu'on veut donner à l'argenture. Les feuilles d'argent dont on se sert ont cinq pouces en quarré ; quarante-cinq de ces feuilles pesent un gros. Enfin pour terminer l'ouvrage on le polit à fond avec un brunissoir.

Quand on veut *désargenter* une piece, on la fait chauffer & on la trempe dans l'eau seconde à plusieurs reprises, jusqu'à ce qu'on en ait enlevé toute l'argenture. Cette opération se fait lorsqu'on veut fondre des pieces ou les *réargenter*.

Dorure sur cuir.

Les tentures de cuir sont faites de plusieurs peaux de

veau, de chevre ou de mouton, qui semblent dorées, & qui sont relevées en bosses, & cousues ensemble. Celles que l'on destine à ces sortes d'ouvrages ont reçu le premier apprêt des *tanneurs* ou des *peaussiers* : voyez *ces mots*.

On n'emploie communément à Paris que les peaux de mouton pour faire ce qu'on appelle *cuirs dorés*.

Les peaux étant seches lorsque l'ouvrier les achete, elles ne sont pas aussi flexibles, aussi maniables qu'il est nécessaire. Avant que de les mettre en œuvre, on commence par les *ramollir* : on les jette dans un tonneau plein d'eau, on les y laisse tremper quelques heures, & on les y remue plusieurs fois & à différents temps avec un bâton. On les retire ensuite ; & pour les rendre encore plus douces, on les *corroie*, pour ainsi dire, mais d'une façon fort grossiere. Un ouvrier prend la peau par chacun de ses quatre coins, & la frappe sur une pierre plusieurs fois. Il en fait autant à toutes celles qui ont trempé dans la cuve. Cette préparation, qui s'exécute avec beaucoup de promptitude & de facilité, s'appelle *battre les peaux* ; quand elle est achevée, l'ouvrier détire ses peaux. *Détirer les cuirs*, c'est rendre les surfaces des peaux le plus unies qu'il est possible : on se sert pour cela d'un instrument qu'on nomme *fer à détirer*, qui est une espece de couperet, formé d'une lame de fer large de cinq à six pouces, qui entre dans un morceau de bois équarri & arrondi sur sa surface supérieure qui lui sert de manche. L'ouvrier pose la peau sur une grande pierre placée sur une table ; il tient de ses deux mains le fer à détirer ; il le presse & l'appuie sur le cuir, en tenant la lame dans une position inclinée, se proposant, non de couper la peau, mais seulement de l'étendre. A mesure qu'une peau est arrangée, on la pose sur celles qui le sont déja : on en met ainsi plusieurs dont on forme de petits tas jusqu'à ce que l'on veuille achever de les préparer.

Pour donner une forme réguliere aux peaux, il faut couper en ligne droite les côtés des peaux détirées, & l'on se sert pour cela d'une regle ou d'une équerre, ou on applique sur la peau une planche ou un chassis de la même grandeur que la planche à graver dont nous verrons l'usage, ou enfin on place le *carreau* sur une table sur laquelle les dimensions de la planche gravée sont marquées. Le carreau est un cuir coupé de la grandeur de la planche de bois gravée qui doit servir à imprimer un dessein. On a des planches gravées qui portent différentes dimensions ; &, autant que l'on peut, la peau que l'on choisit n'est pas plus grande que la planche.

La peau se trouve quelquefois défectueuse, & exige des pieces ; pour réparer ces défauts, avant d'appliquer ces pieces, on diminue la moitié de l'épaisseur de la peau, ou l'on taille en biseau le contour des endroits sur lesquels les pieces doivent être posées. On les colle le plus proprement qu'il est possible, pour que le lieu où on les met soit uni & ne forme point de rides.

Les pieces étant collées, il s'agit ensuite d'argenter les peaux ; car, soit qu'on les destine à former des tentures de cuir argenté ou de cuir doré, il faut toujours commencer par les argenter. La préparation de ceux qui doivent paroître dorés ne differe des autres qu'en ce qu'on leur met un vernis qui donne à l'argent une couleur approchante de celle de l'or.

Pour retenir les feuilles qui doivent argenter les carreaux, on enduit le cuir d'une colle, & cette préparation se nomme *encollage*. La colle dont on se sert est composée de rognures de parchemin, de même que celle qu'on emploie pour coller les pieces dont nous avons parlé ; elle est seulement plus épaisse, & on lui donne ici la consistance d'une gelée, en la laissant plus de temps sur le feu.

Pour *encoller* une peau ou un carreau, il faut un morceau de colle de la grosseur d'une noix. L'ouvrier ne l'étend pas tout à la fois ; il le coupe en deux : avec une partie de cette colle il frotte toute la peau fort grossiérement ; ensuite il applique la paume de la main sur la surface de la peau sur laquelle il a étendu la colle ; & en la frottant, il oblige cette colle à se répandre sur la peau plus également & plus uniment. Quelque temps après il étend sur la même surface du carreau, & d'une semblable maniere, l'autre partie de la colle. Il est nécessaire de laisser un intervalle de temps entre la premiere & seconde mise de colle, pour que la premiere couche ait le temps de durcir avant d'appliquer la seconde. Quand l'ouvrage est en train, l'intervalle qui reste entre le temps où l'on applique la seconde couche & celui où l'on a employé la premiere, est destiné à encoller un second carreau ; ainsi le carreau, qui est encollé en partie, reste pendant le temps qu'on acheve d'en encoller un autre ; après quoi on encolle le premier entiérement.

On choisit toujours le côté de la peau où étoit le poil, qu'on appelle aussi le côté de la *fleur*, pour appliquer dessus la colle & les feuilles d'argent : c'est le côté qui doit devenir apparent. Ce carreau étant encollé pour la seconde fois, il ne reste plus qu'à y poser les feuilles d'argent. L'ouvrier qui argente est devant une grande table sur laquelle il étend deux peaux encore humides ; sur la même table, à la droite de l'ouvrier, est un grand livre de papier gris rempli de feuilles d'argent : l'ouvrier met le livre sur une espece de pupitre nommé l'*ugiau* ; il en tire les feuilles d'argent pour les appliquer sur la peau ; il les prend une à une avec une piece de bois ; il en pose une sur un morceau de carton qu'on nomme *palette* ; il prend la palette de la main gauche, & quand la feuille d'argent est une fois placée sur la palette, l'ouvrier la fait tomber sur la peau en l'étendant le plus qu'il est possible avant de mettre ses côtés paralleles à ceux du *carreau*. Auprès de cette feuille il en couche une nouvelle dans le même rang, & continue ainsi d'en ajouter jusqu'à ce que la surface du *carreau* soit entiérement cachée par les feuilles.

Le *carreau* étant couvert de feuilles d'argent, l'ouvrier prend une queue de renard dont il fait un tampon, & se sert de ce tampon pour *étouper* les feuilles ; ce qu'il fait en les pressant & leur donnant plusieurs petits coups : il les oblige ainsi à prendre sur la colle, & à s'appliquer exactement sur les espaces qu'elles recouvrent. Il frotte ensuite légérement avec la même queue de renard le carreau de tous côtés sans le frapper. Ce frottement se fait à dessein d'enlever l'argent qui n'est pas collé & qui est de trop.

Dans une des chambres où l'on travaille il y a plusieurs cordes attachées aux deux murs opposés : on met les carreaux sécher sur ces cordes après qu'ils ont été argentés : on les y laisse plus ou moins de temps, selon la saison : on n'attend pas néanmoins à les en ôter qu'ils soient entiérement secs. Pour achever de les faire sécher, on les porte dans une cour, ou dans un jardin où on les expose au grand air & à la chaleur du soleil ; mais auparavant on attache chaque carreau sur une ou deux planches jointes ensemble, & on l'y retient bien étendu avec plusieurs clous pour l'empêcher de revenir sur lui-même. C'est de la chaleur & de la sécheresse de l'air que dépend le temps qu'on doit laisser ces peaux clouées. L'habitude apprend à choisir le degré où les peaux conſervent une certaine molleſſe ſans être humides.

Quand les carreaux ſont en cet état on les polit avec la bruniſſoire : après que les carreaux ont été brunis, on les *imprime*. Pour faire cette opération, on les poſe ſur une planche de bois gravée en creux & en relief ; & en faiſant paſſer le tout ſous une preſſe, on communique au cuir le deſſein exécuté ſur cette planche. Mais ſi l'on veut faire des tapiſſeries de cuir doré, il faut leur donner le vernis dont nous avons parlé, dont la propriété eſt de prêter à l'argent une couleur aſſez ſemblable à celle de l'or pour s'y méprendre.

Le vernis dont on ſe ſert pour dorer les feuilles d'argent appliquées ſur les peaux, eſt composé de quatre livres & demie d'arcanſon ou colophane, d'une pareille quantité de réſine ordinaire, de deux livres & demie de ſandaraque ; & de deux livres d'aloès : on mêle ces quatre drogues enſemble, après avoir concaſſé celles qui ſont en gros morceaux, & on les met dans un pot de terre ſur un bon feu de charbon. On fait fondre toutes les drogues dans cette eſpece de marmite, & on les remue avec une ſpatule, afin qu'elles ſe mêlent, & qu'elles ne s'attachent point au fond. Lorſqu'elles ſont bien fondues, on verſe ſept pintes d'huile de lin dans le même vaiſſeau, & avec la ſpatule on la mêle avec les drogues : on fait cuire le tout en remuant de temps en temps, pour empêcher, autant qu'on le peut, une eſpece de marc qui ſe forme & qui ne ſe mêle point avec l'huile, de s'attacher au fond du vaiſſeau. Quand le vernis eſt cuit, on le paſſe à travers un linge ou une chauſſe.

Pour dorer, par le moyen de ce vernis, les cuirs argentés, on choiſit des jours ſereins : on porte les carreaux brunis dans une cour ou un jardin, que les ouvriers appellent l'*attelier du dorage*. C'eſt dans ce même lieu que l'on a fait ſécher les peaux avant de les brunir. C'eſt auſſi ſur les mêmes tables ou planches où elles étoient attachées alors qu'on les cloue, avec cette ſeule différence que, dans cette derniere opération, la ſurface argentée eſt miſe en deſſus, & que, dans la premiere, elle eſt miſe en deſſous. Dix-huit ou vingt peaux différentes étant ainſi attachées ſur des tables, on les poſe ſur des treteaux arrangés parallélement entr'eux, de façon que toutes les tables ou toutes les peaux ſoient placées les unes au bout des autres. Tout étant ainſi diſpoſé, l'ouvrier qui est chargé de ce travail, avant d'appliquer le vernis, passe sur le carreau un blanc d'œuf, & l'y laisse sécher. Le blanc d'œuf étant sec, l'ouvrier qui dore met devant lui, sur la table, le pot au vernis, qui doit avoir à-peu-près la consistance d'un syrop un peu épais. Il trempe les quatre doigts d'une main dans la liqueur, & s'en sert comme d'un pinceau pour appliquer le vernis sur la peau. Il tient ses doigts un peu écartés les uns des autres, & appuie leur extrémité près de l'un des bords de la peau. Il fait décrire à chaque doigt une espece d'S, qui reste peinte par l'or. Il trempe ensuite de nouveau ses doigts dans le vernis, & décrit encore quatre autres lignes. Il continue cette manœuvre jusqu'à ce que le carreau soit rempli de lignes placées à-peu-près à égale distance les unes des autres. Après que l'or a été ainsi appliqué sur plusieurs peaux, le même ouvrier, ou plusieurs autres qui travaillent avec lui, achevent de l'étendre sur ces peaux avec la paume de la main; c'est ce qu'ils nomment *emplâtrer*. Le vernis ayant été distribué aussi également qu'il est possible sur la surface de plusieurs peaux, des ouvriers s'occupent à battre celles qui ont été emplâtrées les premieres. Ainsi on laisse environ un demi-quart d'heure d'intervalle entre l'une & l'autre de ces deux opérations; dans cette derniere, l'ouvrier frappe avec les deux mains assez fortement, & à petits coups redoublés. Le but de cette opération est d'obliger par là le vernis à s'étendre plus également sur toute la surface du carreau, & de lui faire prendre, pour ainsi dire, corps avec les feuilles d'argent.

Quand les peaux ont été battues avec soin, on les retire de dessus les treteaux, & on appuie chacune des planches où les peaux sont clouées le long d'un mur exposé au soleil. Tandis que le vernis de celles-ci seche, on remet des tables sur les treteaux, garnies de nouveaux carreaux, & les mêmes ouvriers s'occupent à les dorer de la même façon qu'on a agi sur les précédentes. Selon que la chaleur du soleil est plus ou moins forte & que le vernis est bien fait, les peaux sechent plus ou moins promptement; dans les beaux jours, elles sont seches au bout de quelques heures. Cette couche de vernis étant seche, on remet les mêmes carreaux comme ci-devant sur les treteaux pour leur donner une seconde couche précisément de la même maniere qu'on a appliqué la premiere. Lorsqu'on a mis cette seconde couche, on l'expose encore au soleil pour la faire sécher. Il faut pour lors avoir attention d'examiner quelles sont les peaux moins colorées, pour leur donner une couche de vernis plus épaisse qu'aux autres, ainsi qu'aux endroits de certaines peaux qui sont moins dorés, & qui sont restés presque blancs.

On fait encore une espece de tenture en cuir doré, qui est le fruit d'un autre travail, que les ouvriers nomment *cavée*. Ce travail regarde les cuirs sur lesquels on doit voir dans certains endroits l'or produit par le vernis, & où, dans d'autres, l'argent doit rester apparent.

Pour former ces especes de tentures, on fait passer les peaux argentées sous une presse qui est assez semblable à celle des imprimeurs en taille-douce, & l'on choisit, pour leur donner l'impression, des planches dont le dessein est gravé peu profondément : on les imprime, ou bien même l'on se contente d'y calquer ou estamper un dessein. On enduit le tout de vernis ; mais aussi-tôt qu'il est appliqué, & que la peau est emplâtrée, l'ouvrier regarde les endroits qui doivent rester en argent, & soulevant par-dessous la partie où l'argent doit paroître, il passe son couteau dessus pour enlever le plus qu'il peut du vernis. Il donne ensuite son carreau à un autre ouvrier qui s'occupe encore à enlever avec un linge, dans ces mêmes endroits, ce qui pourroit être resté de vernis. Il en demeure cependant toujours assez pour donner à l'argent une couleur jaune qui le ternit un peu ; mais ce vernis qui reste sert beaucoup à le conserver, & ne lui fait aucun tort pour le coup-d'œil.

On voit fréquemment des bordures de ces tapisseries qui ne sont point imprimées sur la planche : au lieu que la presse donne aux autres des ornements en relief, celles-ci les reçoivent du ciselement qu'on y fait. Ce dernier travail, qui est beaucoup plus long, mais qui n'en est pas plus difficile, s'opere avec divers poinçons ou ciselets que les ouvriers nomment simplement des *fers* ; leur longueur & leur grosseur sont arbitraires. Sur l'une de leurs extrémités sont gravées toutes sortes d'ornements, comme fleurs, rosettes, &c. en donnant un coup de maillet sur l'extrémité opposée à celle où est la gravure, on imprime un ornement : on répete cette opération sur toute la bordure, & on y forme des desseins variés par l'application de différents fers.

A l'égard des cuirs qui doivent être simplement argentés, les peaux ayant été garnies de feuilles d'argent, & bien brunies, au lieu de les couvrir de la couleur d'or dont on se sert pour les cuirs dorés, on enduit simplement les feuilles d'argent d'une colle de parchemin : c'est la même colle dont nous avons déja parlé.

Après la façon de l'argenture, dorure, ciselure ou gravure sur les cuirs, il ne reste plus qu'à les peindre, ce qui se fait de la maniere suivante. On commence par passer un linge blanc & bien sec sur chaque peau, pour en enlever la crasse ou la graisse qui pourroit y être. Lorsque le cuir est bien nettoyé, on applique la *couleur dominante*, ou celle qui fait le fond de la tapisserie, sur les endroits qui sont restés creux après l'impression. Le fond étant peint de la couleur qu'on a voulu, on colore les feuilles avec du verd; les fleurs avec du bleu, & les fruits avec du rouge. Comme on tend moins à la vérité du dessein & à sa correction, qu'à la vivacité des couleurs pour rehausser l'éclat de ces tapisseries, on peut dire que c'est plutôt une *enluminure* qu'une peinture.

Pour finir cette tapisserie, on coud ensemble les carreaux qu'on a peints, mais on observe auparavant de couper avec des ciseaux le contour qui déborde & qui est marqué par la planche qui a servi à les imprimer.

Les principales couleurs dont on se sert sont broyées à l'huile; & pour les rendre plus liquides, on les détrempe avec de l'huile ou de l'essence de térébenthine. Cette derniere liqueur les rend plus brillantes, & fait sécher plus promptement la couleur; mais aussi les tapisseries conservent plus long-temps l'odeur qu'elle leur a communiquée, & ces couleurs sont plus sujettes à s'écailler.

Pour que l'huile qui est mêlée avec la couleur se desseche plus vîte, on met de la *terre d'ombre* & du *minium* dans un petit sac qu'on suspend dans le vase où cuit l'huile, afin de s'épargner la peine de la passer quand elle est cuite.

Le *gris de perle* se fait avec de l'huile mêlée avec un peu de blanc de céruse. Le verd de gris sert pour le *verd*; la laque pour le *rouge*; ou quelquefois on y emploie de la craie teinte avec des tontes d'écarlate; pour les autres couleurs, on se sert des mêmes drogues que les peintres.

Par le moyen de ces couleurs, on redonne un air neuf aux vieilles tentures; on répare leur éclat, en les enduisant auparavant de colle ou d'essence de térébenthine, de blanc d'œuf ou de gomme arabique fondue dans l'eau. Lorsqu'elles sont écaillées, on les repeint de nouveau en entier.

Au lieu des planches qui ſont communément en uſage pour imprimer les cuirs, on ſe ſert à Avignon de *contre-moules*, formés avec un carton épais, & ſur leſquels on diſpoſe en relief & en creux le deſſein qu'on veut repréſenter. Pour cet effet, on met une épaiſſeur ſuffiſante de pâte, compoſée de rognures de gant, ſur la feuille de carton où l'on doit former les reliefs; on met ſur cette pâte une feuille de papier qui s'y colle d'elle-même. On fait enſuite paſſer le carton ainſi préparé ſur une planche gravée, & entre les rouleaux de la preſſe. Le carton prend la contre-eſtampe du deſſein repréſenté ſur la planche gravée: en ſe ſéchant, la pâte ſe retire & laiſſe un eſpace pour le cuir, qu'on met entre le moule & le contre-moule quand on veut l'imprimer.

La Flandre, la Hollande & l'Angleterre paſſent pour avoir fourni les premieres tentures de cuir doré ou argenté que l'on ait vues à Paris. Quelques-uns en attribuoient la premiere invention aux Eſpagnols; mais on ne ſait ſur quel fondement, puiſqu'aujourd'hui on ne voit point en France de ces ſortes de tapiſſeries qui ſoient ſorties de leurs manufactures, & qu'elles ſont peu connues chez eux.

La communauté des Doreurs ſur cuirs eſt différente de celle des gaîniers, avec laquelle néanmoins elle a beaucoup de rapport & de reſſemblance pour les ouvrages & marchandiſes qu'elles vendent & fabriquent l'une & l'autre.

L'apprentiſſage eſt de cinq ans: on ne peut obliger qu'un apprentif à la fois. Chaque maître eſt obligé d'avoir un poinçon pour marquer ſes ouvrages.

Les maîtres Relieurs de livres prennent auſſi la qualité de Doreurs, parcequ'ils peuvent dorer leurs reliures ſur la tranche & ſur le cuir. Quant à la maniere dont ils exécutent cette dorure, *voyez* RELIEUR.

DOUBLETS (Art de faire des). Les doublets ſont de fauſſes pierreries faites avec deux cryſtaux taillés, joints enſemble, entre leſquels on renferme une feuille ou des couleurs empâtées de maſtic & de térébenthine.

Pour cet effet, on fait fondre dans un vaiſſeau d'argent ou de cuivre jaune, du maſtic en larmes & de la térébenthine, qu'on mêle avec telle matiere colorante qu'on juge à propos, comme le verd de gris, le ſandragon, la laque de Florence, &c. ſuivant les pierres précieuſes qu'on a deſſein d'imiter. Ces couleurs étant réduites par la trituration en une poudre très fine, on mêle avec du maſtic fondu & de la térébenthine la couleur qu'on a choisie pour imiter quelqu'une de ces pierres.

Kunckel dit dans son art de la Verrerie, que, pour avoir ces couleurs encore plus atténuées & plus divisées, il faut mettre le mêlange de mastic & de térébenthine dans une boîte de bois de tilleul, faite en forme de gland, & dont le fond soit si mince qu'il paroisse transparent; le couvrir exactement avec le couvercle de la boîte, & suspendre le tout au soleil en été, & l'hiver sur un feu de charbon; qu'il faut ramasser avec soin les parties de ce mêlange les plus subtiles & les plus déliées qui passent à travers les pores de la boîte, & joindre à cette liqueur la couleur dont on veut se servir.

Cette liqueur étant ainsi préparée, on prend deux morceaux de crystal poli, & qui puissent se bien joindre; on fait chauffer la liqueur & les crystaux à égale chaleur; on porte avec le pinceau la couleur sur le côté poli d'un des crystaux, on y applique promptement l'autre piece de crystal; on les presse toutes les deux pendant qu'elles sont échauffées; on les laisse refroidir, & l'ouvrier les monte ensuite à sa fantaisie.

Ces doublets imitent si parfaitement les pierres précieuses, qu'on pourroit facilement s'y méprendre; mais, pour ne pas être la dupe de ceux qui auroient assez de mauvaise foi pour les vendre à des personnes qu'ils verroient n'être pas connoisseurs, il n'y a qu'à interposer un des angles de la pierre entre l'œil & le jour. Si c'est une véritable pierre précieuse, elle paroît colorée par-tout; au lieu que, lorsque c'est un doublet, on voit que la pierre est blanche & transparente.

Il y a encore d'autres façons de faire des pierres colorées: *voyez* Verrier.

DOUBLEUR. Dans les manufactures de laine, ce sont des ouvriers uniquement destinés à doubler la laine sur un rouet.

Les doubleuses de soie sont celles qui, dans les manufactures de cette matiere, la doublent sur des *guindres* qui sont des especes de rouets; elles la remettent ensuite au moulinier pour lui donner une seconde façon: *voyez* Moulinier.

Les soies qu'on emploie pour les trames passent deux fois par les mains des doubleuses & une fois par celles du moulinier; celles dont on se sert pour les chaînes sont doublées & moulinées deux fois.

DRAPIER. Le Drapier eſt l'ouvrier qui fabrique les draps, ou le marchand qui les vend : on appelle le premier *Drapier drapant*, & le ſecond *marchand Drapier*.

De tous les arts, ceux qui ſervent à nous habiller ſont, après l'agriculture, les plus utiles ſans contredit, & les plus néceſſaires. Il en eſt peu dont l'invention ait fait plus d'honneur à l'eſprit humain, & où il ait montré autant de ſagacité. L'uſage des habits eſt dû à quelque autre cauſe qu'à la ſimple néceſſité d'adoucir les injures de l'air. Il y a en effet bien des climats où cette précaution ſeroit preſque entiérement inutile ; cependant, excepté quelques peuples abſolument ſauvages & groſſiers, toutes les nations ont été & ſont encore dans l'uſage de ſe couvrir d'habits plus ou moins élégants, proportionnément à leur goût & à leur induſtrie : nous voyons même que les arts concernant les vêtements ont pris naiſſance dans les contrées où la température de l'air exige le moins que le corps ſoit couvert. Le beſoin n'a donc pas porté l'homme à ſe couvrir d'habits ; quelque autre raiſon a dû encore l'y déterminer. Quel que ſoit le motif d'une coutume ſi ancienne & ſi univerſelle, il eſt certain que, dans tous les temps, on s'eſt appliqué à chercher des matieres qui, en couvrant le corps, ne gênaſſent pas la liberté de ſes mouvements. L'emploi de ces matieres a fait l'objet d'une étude conſtante & réfléchie ; c'eſt à des recherches & à des tentatives multipliées que nous devons cette multitude de tiſſus différents qui ſont en uſage chez les peuples policés.

Nous retrouvons dans la maniere dont étoient vêtus les premiers hommes, des preuves bien ſenſibles de leur état d'ignorance & de groſſiéreté. Nul art & nulle induſtrie dans l'emploi des matieres dont on a fait d'abord uſage pour ſe couvrir. On s'en ſervoit telles que la nature les offroit : on choiſiſſoit celles qui demandoient le moins de préparations.

Pluſieurs nations ſe couvroient anciennement d'écorce d'arbres, d'autres de feuilles, d'herbes ou de joncs entrelacés groſſiérement. Les nations ſauvages nous retracent encore aujourd'hui un modele de ces anciens uſages. La peau des animaux paroît cependant avoir été la matiere la plus univerſellement employée dans les premiers temps. Les peaux, faute de préparation, devoient, en ſe ſéchant, ſe durcir & ſe retirer ; l'uſage en devenoit auſſi incommode que déſagréable : on chercha donc à les rendre plus ſouples

& plus maniables, ce à quoi on parvint avec des huiles de poisson ou des graisses d'animaux. *Voyez* les articles CHAMOISEUR, MÉGISSIER, PELLETIER-FOURREUR.

A mesure que les sociétés se sont policées, on a cherché des vêtements plus propres & plus commodes que les écorces, les feuilles & les peaux. On s'apperçut bientôt qu'on pouvoit faire un meilleur usage de la dépouille des animaux : on chercha les moyens d'en séparer la laine ou le poil, & d'en former des vêtements aussi chauds & aussi solides, mais plus souples que les cuirs & les fourrures. Les premieres étoffes, dont vraisemblablement l'idée se sera présentée, auront été des especes de feutres. On aura commencé par lier & unir, à l'aide de quelque matiere glutineuse, différents brins de laine ou de poils : on sera parvenu de cette maniere à former une étoffe quelque peu souple, & d'une épaisseur à-peu-près uniforme. Les anciens faisoient grand usage du feutre.

C'étoit quelque chose d'avoir imaginé de séparer le poil & la laine de la peau des animaux. On n'eût cependant pas tiré un grand avantage de cette invention, si on n'avoit pas trouvé le secret de réunir, par le moyen du fuseau, ces différents brins, & d'en faire un fil continu; cette invention remonte à une très haute antiquité. La tradition de presque tous les peuples donne à des femmes la gloire d'avoir inventé l'art de filer, de tisser les étoffes & de les coudre. Il est probable qu'on aura fait bien des essais avec les matieres filées, & composé différents ouvrages, comme des tresses, des réseaux, &c. jusqu'à ce qu'enfin & par degrés on ait trouvé le tissu à chaîne & à trame; invention la plus utile peut-être qui soit dans la société. En effet c'est par le moyen de cet art que nous formons de presque toutes les matieres qui nous environnent, des tissus propres à nous couvrir d'une maniere également commode & élégante.

A considérer la quantité & la diversité des machines que nous employons aujourd'hui dans la fabrique de nos étoffes, on ne se persuaderoit pas facilement que, dans les premiers siecles, les hommes aient pu se procurer rien de semblable, ou qui ait pu en approcher; il est aisé cependant de le concevoir, si, au lieu de s'arrêter à nos pratiques ordinaires, on réfléchit aux métiers qui sont encore aujourd'hui en usage chez plusieurs peuples : la simplicité & le nombre des outils dont on se sert encore présentement dans les grandes Indes, en Afrique, en Amérique, &c. peuvent servir à expliquer comment, dans des temps très reculés, on sera parvenu à fabriquer des étoffes. Quoique privés de la plus grande partie des connoissances dont nous jouissons, les ouvriers de ces pays exécutent des étoffes dont on ne peut se lasser d'admirer la finesse & la beauté ; une navette & quelques morceaux de bois sont les seuls instruments qu'ils emploient. Les premiers peuples auront donc pu, à l'aide de ces foibles secours, travailler de bonne heure des tissus à trame & à chaîne.

Les draps des anciens avoient même un avantage sur les nôtres ; c'est qu'on pouvoit les laver & blanchir tous les jours, au lieu qu'une semblable opération gâteroit la plupart des nôtres : sans doute qu'ils avoient quelque secret particulier pour la préparation de leurs draps, qui n'est point parvenu jusqu'à nous.

Les poils des animaux sont, sans difficulté, la matiere la plus abondante & la plus généralement employée à couvrir l'homme. Le duvet du castor, le ploc de l'autruche, le poil du chameau, celui des chevres d'Asie & d'Afrique, la toison de la vigogne, qui est la brebis du Pérou, ne sont que la plus petite partie de cette riche provision. C'est la laine de notre brebis commune, qui fait, avec les cuirs, la plus sure de nos défenses contre les attaques des éléments.

Il y a cependant plusieurs plantes, telles que le coton, le chanvre, &c. qui peuvent servir au même usage ; la bourre du coton ayant beaucoup de ressemblance avec la laine, on en aura formé de bonne heure des tissus.

Après avoir pris dans son origine l'art de préparer les laines pour en faire des étoffes, voyons le tableau de l'art dans son état présent.

Les draps se fabriquent sur le métier, de même que la toile, les droguets, les étamines, les camelots, & autres semblables étoffes qui n'ont point de croisures.

Il s'en fait de plusieurs qualités, de fins, de moyens, de gros ou forts ; quelques-uns se font de diverses couleurs, c'est-à-dire avec de la laine qui a été teinte & mêlangée avant que d'être filée & travaillée sur le métier.

Les meilleures laines dont on puisse se servir pour la manufacture des draps fins, sont celles d'Espagne, particuliérement celles qui se tirent de Ségovie. Après celles-là viennent les laines d'Angleterre, & ensuite celles du Berri & du Languedoc ; mais nos belles laines du Berri sont égales à celles d'Angleterre. Notre climat nous met en état d'avoir d'aussi belles laines & en aussi grande quantité que celles de ce royaume ; il ne s'agit que de prendre des soins suffisants des moutons, de croiser les races, &c. On peut voir un détail curieux sur cet objet intéressant dans le *Dictionnaire raisonné d'Histoire Naturelle de M. de Bomare* au mot *Belier*.

La premiere & la plus essentielle des connoissances d'un manufacturier en drap, est celle du choix des laines qu'il destine à la fabrique de ses ouvrages : il doit savoir qu'aucun apprêt ne pouvant en corriger la défectuosité, il lui importe beaucoup de bien faire le triage des laines & d'en acheter les meilleures ; que les laines les plus fines pouvant être filées plus fin, elles fournissent plus d'étoffe que les grosses ; que les draps qu'on en fait ont plus de maniement, ou sont plus *amoureux*, pour parler le langage de l'art ; que dans chaque toison il y a trois sortes de laine ; des *primes*, ou plus fines, qu'on prend sur le ventre & au dessus du cou des moutons ou des brebis ; que la beauté des *secondes* & des *tierces* est toujours relative à celle des *primes* ; que plus la laine est fine & plus elle est courte ; que, dans la fabrique des draps les plus fins, on doit faire la chaîne de la laine la plus longue, & réserver la plus courte pour être employée en trame ; qu'il doit enfin connoître au tact si la laine qu'il veut acheter a le *nerf* ou le *corps*, c'est-à-dire la force, la finesse, & la douceur qui lui conviennent ; si elle n'est pas trop chargée de *suin*, ou huile provenant de la sueur de l'animal ; ou si elle est mêlangée de différentes sortes de laine, ce qu'on nomme *fourbondrée*, marinée, ou échauffée en magasin.

On connoît la bonté des laines à l'inspection, à l'odeur & au son. On voit d'un coup-d'œil si la laine est fine, soyeuse, longue, non galeuse, & si elle n'est pas mêlangée de quelque laine inférieure. On juge à l'odeur si elle est nouvelle ou ancienne, à proportion qu'elle sent plus ou moins le *suin*. Pour avoir au moyen de l'ouie la confirmation de la connoissance qu'a donné l'odeur, on prend une petite poignée de laine, on l'approche de l'oreille, & on la tire comme si on vouloit l'alonger. Lorsqu'elle rend un son moëlleux en la froissant entre les pouces & l'index de chaque main, on peut assurer qu'elle est de l'année ; on doit la réputer vieille lorsque le son en est aigre. Il est cependant

pendant bon de savoir qu'on peut donner à la laine un son moëlleux en l'exposant à la vapeur de l'eau. C'est ce qu'un manufacturier ne doit point ignorer pour ne pas être dupe.

Pour employer la laine avec succès, il faut en la tirant des balles commencer par la *dégraisser ;* ce qui se fait en la mettant dans une chaudiere remplie d'un bain plus que tiede, composé de trois quarts d'eau claire & d'un quart d'urine : après qu'elle a resté dans ce bain un temps suffisant pour fondre & détacher la graisse dont elle peut être chargée, on la doit tirer pour la faire égoutter ; & lorsqu'elle a été suffisamment égouttée, on la porte laver à la riviere. On connoît que la laine a été bien dégraissée quand elle est seche au toucher & qu'elle n'a aucune odeur que celle qui est naturelle au mouton.

Quand la laine a été dégraissée & lavée, on la met dans le grenier pour y sécher doucement à l'ombre, l'ardeur du soleil étant capable de la rendre rude & de mauvaise qualité.

Lorsque la laine n'est pas bien dégraissée, il en résulte plusieurs inconvénients : parceque le *suin* empêche qu'elle ne se carde parfaitement ; qu'il est comme impossible que le foulon puisse emporter la graisse qui est concentrée dans la *corde* ou chaîne de l'étoffe ; que les teinturiers éprouvent que les draps faits avec des laines mal dégraissées n'ont jamais une couleur égale ; que leur corde n'est point *tranchée*, c'est-à-dire qu'elle ne se teint pas à fond, & que le gras ternit la vivacité des couleurs.

Le mauvais dégraissage fait encore beaucoup de tort aux fabricants ; leurs laines ne s'ouvrent point au battage ; la poudre & les pailles qui y sont insérées ne s'en séparent pas à la baguette & au plusage à cause qu'elles sont poisseuses ; on ne peut pas les filer aussi longues que celles qui sont dégraissées ; elles éclatent dans les outils ; lorsqu'on tend fortement sur le métier la chaîne qui en provient, les fils cassent à chaque instant ; il reste des vuides dans les draps ; elles rancissent promptement ; & les draps qui en sont fabriqués ont toujours un œil gras & sombre, à moins qu'on ne force de terre & de savon dans le foulage.

Après qu'elle a été bien séchée, on la bat avec des baguettes sur des claies de bois ou de corde pour en faire sortir les plus grosses ordures. La laine ainsi préparée est donnée à des *éplucheuses* qui ont soin de la bien manier pour en ôter le reste des ordures que les baguettes n'ont pu en faire sortir ; ensuite on la met entre les mains du *drousseur*, dont l'emploi est d'*engraisser* la laine avec de l'huile, & de la carder avec de grandes cardes de fer attachées sur un chevalet de bois disposé en talut. L'huile d'olive est la meilleure pour l'engraissage des laines. On peut voir au mot CARDEUR les soins & les attentions que les ouvriers doivent avoir pour ce genre d'ouvrage.

Les anciens engraissoient non seulement leur laine avec l'huile, ils la faisoient même entrer dans la préparation de leurs étoffes, ainsi qu'on le fait encore à la Chine & aux Indes Orientales, soit pour leur donner plus de finesse, ou pour les rendre plus impénétrables à la pluie & au mauvais temps. Les Chinois se servent dans leurs voyages d'habits de taffetas qu'ils encroûtent de plusieurs couches d'une huile fort épaisse qui fait le même effet sur ces étoffes que la cire sur nos toiles, & qui les rend impénétrables à la pluie. Ils se servent aussi d'huile pour donner à leurs satins un lustre plus vif & plus éclatant. La derniere préparation que les Indiens donnent au fil dont ils fabriquent leurs belles toiles de coton est de les frotter d'huile.

Pour éviter tous ces inconvénients, le sieur *Boyer*, Ecuyer, ayant senti combien il importoit pour la manufacture des couvertures en laine (*voyez* COUVERTURIER) de bien épurer toute sorte de laines, a trouvé une nouvelle maniere de le faire, plus efficace pour la perfection des fabriques que celles dont on s'est servi jusqu'à présent.

Après avoir fait battre sur des claies les laines en toison avec tout leur suin, pour les ouvrir, en ôter la poussiere, les pailles & les ordures qui y sont attachées, il les fait diviser par lambeaux, plonger & surnager à différentes reprises dans une chaudiere de six pieds de diametre, remplie d'un bain chaud préparé avec différents sels, & souvent avec des pierres naturelles & fondantes lorsque les laines sont fines. Il ne se sert point d'urine dans son épurement, parcequ'il a expérimenté, comme il l'assure dans son mémoire présenté à l'Académie des Sciences, que les acides ôtent aux laines une partie de leur douceur, & les rendent plus dures & moins maniables quand on les travaille.

La chaudiere dont il se sert est environnée dans son intérieur & sur les bords d'un filet dont les trous sont étroits, de façon que sans rien perdre de la laine qu'il contient, on peut l'enlever facilement, & le remplacer tout de suite par un autre filet. On passe chaque fois dans ce bain vingt ou vingt-cinq livres de laine; quatre ou cinq minutes suffisent pour blanchir & nettoyer entiérement celles qui sont le plus chargées de suin, les plus sales & les plus puantes. Dès qu'elles sont sorties du bain chaud, on les rafraîchit tout de suite dans une eau pure & courante; on les laisse égoutter quelque temps, & ensuite on les fait sécher. Ces premieres opérations leur procurent une netteté, une blancheur, & une élasticité supérieure à celle de toutes les autres laines qu'on épure différemment.

Dans l'épurement opéré suivant la méthode du sieur *Boyer*, cent livres pesant de toisons suineuses, dont les laines sont grossieres, perdent cinquante-deux, cinquante-quatre & jusqu'à soixante livres de leur pesanteur, sans aucune diminution de leur poil; cent livres de toisons de laines fines perdent dans le même bain jusqu'à soixante & douze livres, sans qu'il y ait aucun déchet de leur poil; ce qui prouve qu'il y a dans ces toisons beaucoup plus de graisse & de suin que de laine effective. Dans les épurements ordinaires, opérés par les lavages à l'eau froide ou à l'eau chaude, les laines de mégisserie passées à la chaux ne diminuent par cent que depuis dix jusqu'à vingt-cinq livres; ce qui fait voir que ces lavages ne les dépouillent pas entiérement de leur suin & de leur mal-propreté.

Les laines bien épurées ont encore l'avantage d'être très élastiques, & de n'avoir aucune des odeurs désagréables qu'ont les laines mal épurées, parceque le suin qui n'en est pas bien détaché se corrompt, exhale & leur communique sa mauvaise odeur, embarrasse l'action de l'élasticité, & les rend sujettes à être rongées par les vers, par conséquent mal-saines, & nullement propres à être employées en matelas.

Après que la laine a été bien engraissée & droussée, on la donne aux *fileurs* qui la cardent de nouveau sur le genou avec de petites cardes fines, & la filent au rouet, en observant de rendre le fil de la chaîne plus menu d'un tiers que celui de la trame, & de le tordre beaucoup plus. Les fileurs ayant rendu leur fil après l'avoir dévidé sur l'*asple* ou dévidoir, & l'avoir disposé en écheveaux; celui qui est destiné pour la trame est mis en *époulle*, c'est-à-dire qu'il est dévidé sur de petits tuyaux ou morceaux de roseau difposés de maniere à pouvoir être facilement placés dans la poche de la navette : à l'égard de celui de la chaîne, on le donne aux *bobineuses* qui le dévident sur des *rochets* (qui sont des especes de bobines de bois un peu grandes), pour le disposer à être *ourdi.* Cette opération se fait par le moyen de l'*ourdissoir*, qui est pour l'ordinaire une espece de moulin haut de six pieds ou environ, & dont l'axe est posé perpendiculairement. Cet axe a six grandes ailes sur lesquelles s'ourdit la laine ou la soie, & il a ordinairement quatre aunes & demie de circonférence.

L'attention de l'*ourdisseuse* doit se porter souvent sur les bobines pour voir si elles tournent également bien. Un fil ou deux de moins à une portée qu'à une autre occasionneroit un défaut dans le tissage; c'est pourquoi, soit en descendant, soit en remontant, elle doit toujours suivre les mêmes *cordons* ou demi-portées, les conduire bien à plat, comme si c'étoit un ruban; arrêter l'*ourdissoir* lorsqu'elle s'apperçoit que les fils se rompent, les renouer avec propreté, parceque la grosseur des nœuds les empêcheroit de passer dans le tissage, & les feroit rompre dans les *lames*, ou petites ficelles qui sont attachées par les deux bouts à de longues tringles de bois appellées *liais*, ce qui feroit un mauvais effet; conduire enfin avec soin & tenir toujours sa demi-portée tendue avec une égale force, sans quoi il se formeroit des poches dans la chaîne qui paroîtroient infailliblement sur le drap.

Après que la chaîne a été ourdie par demi-portées, les colleurs l'*empesent* avec de la colle composée de raclures de parchemin; & lorsqu'elle est bien seche, ils la donnent aux *tisseurs* qui la montent sur le métier. La *portée* est un certain nombre de fils qui font partie de la chaîne; les chaînes s'ourdissent ordinairement par *demi-portées*, c'est-à-dire que chaque portée est partagée en deux, & cela pour avoir plus de facilité à les mettre sur le métier.

Les raclures de parchemin ne sont pas les seules qu'on emploie à faire de la colle; on se sert aussi de rognures de peaux de gant ou de chamois, & encore mieux de piquures de cribles; on y emploie aux *Gobelins* les peaux de lapins que les chapeliers fabricants ont dépouillées de leurs poils, & voici comment on y procede. Après avoir tordu & lavé ces peaux qu'on a mis tremper auparavant, on les remet pendant quelque temps dans une chaudiere d'eau froide;

ſuivant la ſaiſon & la quantité de la colle qu'on veut faire, on les laiſſe bouillir douze, quinze, & quelquefois juſqu'à trente heures ; on paſſe la liqueur qui en provient à travers un panier d'oſier bien ſerré pour la purifier de ſon marc ; on la laiſſe refroidir dans un *cuveau* au point d'y pouvoir mettre la main ; pour lors on y trempe la *chaîne* qu'on preſſe avec les mains pour la faire imbiber ; on la retire tout de ſuite, on la tord par partie, & on la ſecoue afin que la colle ſe répande également par-tout, que le *brevet* ou ce qu'il y a de trop en ſorte, & qu'il n'y reſte que ce qu'il faut de colle pour rendre le tiſſage plus aiſé. On diſſout, on attendrit la laine, & la chaîne n'a point de conſiſtance lorſqu'on lui donne le bain trop chaud ; s'il eſt trop froid, il porte un obſtacle infini dans l'opération du tiſſage, en ce qu'il laiſſe des placards de colle qui attachent les fils les uns aux autres : cependant il vaut encore mieux dans cette opération que la colle ſoit plus chaude que froide, parceque la chaleur fond le plus gras de l'huile qui eſt dans la chaîne, & fait faire place à la colle.

Dès que la chaîne eſt collée, on l'étend également ſur un plancher fort net, on l'y laiſſe juſqu'au lendemain pour qu'elle ſe refroidiſſe & prenne ſa colle ; on a auſſi le ſoin de la retourner pluſieurs fois pour que le deſſous ne ſoit pas plus collé que le deſſus ; on la fait enſuite ſécher ſur des perches en plein air, ou dans des chambres où l'on allume du charbon quand le temps eſt mauvais.

Loſque la chaîne commence à ſécher, on la *friſe*, c'eſt-à-dire qu'on la tire en longueur pour étendre les fils, les détacher les uns des autres, & remettre en leur place tous les fils rompus qui pendent en deſſous.

Quand une piece eſt mal collée, ce qui arrive ſouvent dans les grandes chaleurs & les temps orageux qui gâtent la colle, la piece manque de fermeté, & ſe trouve plus courte, parceque les fils n'étant pas en état de réſiſter aux efforts de la *chaſſe*, ou partie du métier du tiſſerand qui frappe les fils de la trame pour les ſerrer chaque fois qu'on paſſe la navette entre les fils de la chaîne, & à ceux des *marches*, ou tringles de bois que l'ouvrier a ſous ſes pieds, & qui ſont ſuſpendues par un bout aux ficelles des liſſes, ils ſe rompent, forment un vuide dans le corps du drap, qui fait que la piece rentre plus vîte ſur ſa largeur quand on la foule. Pour éviter qu'elle manque de force, on la foule sur sa longueur ; on perd alors sur l'aunage ce qu'on auroit perdu sur le lé si on l'eût foulée sur sa largeur.

La chaîne étant montée sur le métier, les *tisserands* ou tisseurs, qui sont deux sur un même métier, l'un à droite & l'autre à gauche, marchent en même temps & alternativement sur un même pas, c'est-à-dire tantôt sur le pas droit & tantôt sur le pas gauche ; ce qui fait hausser & baisser avec égalité les fils de la chaîne, entre lesquels ils lancent transversalement la *navette* de l'un à l'autre ; & chaque fois que la navette est lancée, & que le fil de la trame est placé dans la chaîne, ils le frappent conjointement avec la *chasse* où est attaché le *rot* ou *peigne*, entre les broches ou dents duquel les fils de la chaîne sont passés ; ce qu'ils font autant de fois qu'il est nécessaire.

Les tisseurs ayant continué de travailler jusqu'à ce que la chaîne soit entiérement remplie de trame, le drap se trouve achevé, & en cet état il est nommé *drap en toile*, ou simplement toile. En général le défaut des *tissages* est que les chaînes des draps & autres étoffes ne sont pas assez tissues, qu'il n'a pas été mis suffisamment de trame, eu égard à la qualité ou espece d'étoffe qu'on veut fabriquer. On connoît aisément ce défaut en voyant les draps en toile, clairs & minces ; ce défaut conduit presque toujours à rendre les étoffes étroites, c'est-à-dire, au-dessous des largeurs qui ont été déterminées par les fabricants, & ordonnées par les réglements. Il arrive presque toujours que les draps mal tissus restent creux & lâches. Dans cet état ils ne peuvent supporter les opérations du garniment au chardon & de la tonture qui sont nécessaires pour les rendre beaux ; ainsi ils pechent par la beauté & la bonté qui forment les deux principaux objets de la perfection.

Un très grand défaut, c'est lorsque l'étoffe est tissue inégalement, c'est-à-dire, qu'il y a moins de trame dans certaines parties des pieces qu'en d'autres ; c'est de ces défauts que viennent les trous & les déchirures que l'on voit aux draps.

Il est essentiel que les toiles soient autant serrées & battues sur le métier, que l'espece du drap ou étoffe que l'on a en vue de fabriquer l'exige ; & enfin que la contexture soit réguliere d'un bout à l'autre des pieces.

Le drap ayant été levé de dessus le métier, & déroulé de dessus l'*ensoupleau*, espece de rouleau sur lequel il a été roulé à mesure qu'il a été tissu, il est donné aux *énoueuses*, que, suivant les divers lieux de fabrique, on appelle aussi *nopeuses*, *espincheuses*, *épinseuses*, *esbouqueuses* ou *esponcieuses*.

Ces ouvrieres sont des femmes employées à ôter des draps, avec une petite pince de fer, les nœuds de fils, pailles & ordures qui peuvent s'y rencontrer. Cette façon s'appelle *énouer*, ou *épinser*, ou *noper les draps en gras*, parcequ'ils sont encore tout gras d'huile dont on s'étoit servi pour préparer la laine avant que d'être filée. Cet ouvrage se fait d'une maniere plus avantageuse & plus sure, lorsque les tables sur lesquelles on met les draps pour les épinser, sont disposées en pupitre, parcequ'alors le drap est mieux éclairé, & que ses défauts échappent beaucoup moins à l'œil.

Le drap ainsi énoué & nettoyé de ses plus grosses imperfections, est porté à la *foulerie*, pour le dégraisser avec l'urine ou avec une espece de terre glaise bien épurée & détrempée dans l'eau, que l'on met avec le drap dans la pilée, où il est foulé jusqu'à ce qu'il paroisse suffisamment débarrassé de sa graisse.

De toutes les opérations de la draperie, le foulage est celle qui exige le plus d'attention, de raisonnement & de bon sens; quand on l'a manquée, on rend inutiles tous les soins qu'on s'est donnés précédemment, & il n'est plus possible de réparer les défauts qu'a causé l'inattention du foulonnier; comme lorsqu'il n'a pas bien tordu les endroits larges, & fait fouler à plat les autres; qu'il n'a pas enlevé les taches que le savon laisse sur les draps; qu'il y a des accrocs, des échauffures qui viennent de ce qu'on les a laissés trop long-temps dans la pile, ce qui les rend creux, lâches & de mauvaise qualité; des inégalités dans la largeur des draps, pour n'avoir pas été battus, tantôt *debout*, tantôt *à plat*, tordus comme il faut, & humectés de plus de savon.

On appelle battre *debout*, lorsque l'étoffe, étant bien remplie de trame & peu torse, reçoit les coups de *pilon* ou maillet sur sa largeur: on bat *à plat*, lorsque les parties de l'étoffe reçoivent les coups de pilon sur leur longueur.

Après que le drap a été dégraissé, & dégorgé comme il faut de la terre ou urine, les énoueuses y font une seconde revue, pour en ôter encore toutes les menues ordures, pailles & nœuds presque imperceptibles qui pourroient leur être échappés la premiere fois; ce qui se nomme *énouer*, *énoper* ou *épontier en maigre*, parceque le drap n'est plus chargé de graisse.

Cette façon ayant été donnée au drap, le nom du manufacturier qui l'a fait fabriquer, avec celui du lieu de sa fabrique, & le numéro de la piece, sont mis au chef & premier bout avec de la laine de couleur différente de celle du drap, suivant qu'il est porté par les réglemens des manufactures. Ensuite on porte le drap pour la seconde fois à la foulerie, où il est mis dans la pile, & foulé avec de l'eau chaude dans laquelle on a fait dissoudre cinq ou six livres de savon; le blanc est le plus estimé pour cette opération, & particuliérement celui de Gênes.

Quand on a foulé le drap pendant une heure & demie, on le tire de la pile pour le *liser*, c'est-à-dire, le tirer par les lisieres sur la largeur, afin d'en ôter les faux plis ou bourrelets causés par la force des maillets ou pilons qui sont tombés sur le drap qu'on a mis dans la pile.

On réitere le *lisage* de deux en deux heures, jusqu'à ce que le drap soit entiérement foulé, & qu'il soit enfin réduit à la juste largeur qu'il doit avoir par rapport à son espece & qualité; après quoi on le fait dégorger dans la pile avec de l'eau claire, pour le purifier du savon; puis enfin on le tire de la pile pour n'y plus rentrer. *Voyez* au mot FOULEUR DE DRAP, la description du moulin à foulon, & le détail des effets que produit cette opération importante.

Au sortir de la pile, le drap est mis, encore tout mouillé, entre les mains des *laineurs* pour le *lainer*, c'est-à-dire, en tirer le poil du côté de l'endroit sur la perche avec le chardon mort, dont ils lui donnent deux *voies* ou *tours*, ou *cours*, ou *traits* (tous ces termes sont synonymes), en commençant à contrepoil depuis la queue jusqu'au chef, & finissant à poil du chef à la queue. Après que le drap a eu ce premier *lainage*, & lorsqu'il est entiérement sec, le tondeur lui donne sa premiere *coupe* ou *tonture*. Voyez TONDEUR DE DRAP. Cette premiere tonture achevée, les laineurs reprennent le drap, & après l'avoir bien mouillé, ils lui donnent autant de voies de chardon qu'il est nécessaire selon son espece & qualité, en commençant toujours à contrepoil, & finissant à poil.

Le drap étant ainsi lainé & bien séché, le tondeur le tond pour la deuxieme fois; puis les laineurs le reprennent pour la troisieme fois, & après l'avoir bien humecté d'eau, ils lui donnent encore autant de voies de chardon qu'il convient.

Après ce troisieme lainage, le drap est derechef séché, & donné aux tondeurs qui lui donnent une troisieme tonture ; ensuite il est remis pour la quatrieme & derniere fois entre les mains des laineurs, qui le remouillent de nouveau, & lui donnent encore autant de voies de chardon qu'il est jugé nécessaire ; & toujours de moins vif en plus vif, en observant que ces dernieres voies soient toutes données à poil, afin d'achever de bien ranger la laine sur la superficie du drap d'un bout à l'autre de la piece, & le mettre à sa derniere perfection de lainage.

Ce dernier lainage étant achevé, le drap est séché & remis entre les mains du tondeur, qui lui donne autant de coupes qu'il convient pour la perfection de l'étoffe, ce qui s'appelle *tondre en affinage* ou *à fin*.

Le drap ayant été ainsi tissé, foulé, lainé & tondu, on le fait *liter*, & on l'envoie à la teinture ; en observant que, s'il est destiné pour être teint en noir, il ne se lite point, n'y ayant que ceux pour l'écarlate, le bleu, le rouge, le verd, & autres semblables couleurs qui doivent être lités. Liter un drap, c'est attacher sur les liteaux de petites cordes pour conserver à cette partie son fond ou pied quand on le met en teinture : *voyez* TEINTURIER EN LAINE.

Le drap étant teint comme il faut, & bien lavé dans l'eau claire, le tondeur le reprend ; & pendant qu'il est encore tout mouillé, il en couche le poil avec la brosse sur la table à tondre ; il le met ensuite sur la *rame*, où il est étendu, & tiré sur le long & sur le large seulement autant qu'il est nécessaire pour le bien unir, le dresser quarrément, & le mettre juste à sa longueur & largeur.

La *rame* est un long chassis, ou un très grand assemblage de bois aussi large & aussi long que les plus grandes pieces de drap. On tient ce chassis posé debout pour y attacher l'étoffe, qu'on y tire ensuite en tous sens sur de longues enfilades de crochets. Ce travail tend à effacer les plis que l'étoffe a contractés dans les pots du foulon : il sert à la tenir d'équerre, & à l'amener sans violence à sa juste largeur : il la dispose enfin à pouvoir être bien brossée & lustrée, & à pouvoir se plier quarrément. Tel est le vrai but du *ramage*.

L'intention de certains fabricants dans le tiraillement du drap sur la rame est un peu différente ; c'est de gagner avec la bonne largeur un alongement de plusieurs aunes sur la piece : mais cet effort relâche l'étoffe, l'amollit, & y dé-

lumiere ; il faut encore que tous ces poils aient perdu leur ressort dans le point où ils se plient, autrement ils se releveront inégalement. La premiere goutte de pluie qui tombera sur l'étoffe venant à sécher, les poils qu'elle a touchés reprendront, par ce desséchement, un peu d'élasticité, & feront paroître une tache où il n'y a réellement qu'une réflexion de lumiere différente de celle des poils voisins. On essaie de prévenir ce mal par la presse à chaud : on substitue aux premiers cartons d'autres plus fins, ou des vélins ; puis en y joignant de loin à loin des plaques de cuivre bien chaudes, on acheve, avec la presse, de plier tous les poils, & d'en déterminer le pli d'un seul côté. C'est cette opération qui se nomme le *cati à chaud.*

Il faut que les draps soient mis au moins trois fois en presse : on doit les y laisser séjourner au moins trois jours la premiere fois, la seconde quatre, & la troisieme six à sept jours ; il seroit à desirer qu'on pût même les y faire tenir plus long-temps, les draps en auroient un œil beaucoup plus beau.

Autrefois on rompoit beaucoup plus efficacement le ressort des poils, & l'on donnoit aux étoffes un lustre plus net & plus durable, lorsqu'on étoit dans l'usage de rouler les draps autour des cylindres de la *calandre :* on peut voir les effets de cette machine, & l'usage qu'on en fait, au mot CALANDREUR.

Enfin après que le drap a été tiré de dessous la presse, on en retire les vélins, on l'*appointe*, & alors il est en état d'être vendu & employé.

On entend par appointer le drap, y faire quelques points d'aiguille avec de la soie, du fil ou de la ficelle, pour le contenir dans la forme où il a été plié, & l'empêcher de prendre de mauvais plis.

L'objet principal du Marchand Drapier est d'étudier le goût, le caprice même de la nation chez laquelle il trafique, & d'en informer le fabricant ou *Drapier-drapant.*

Nos manufactures de draps peuvent être regardées comme la base de notre commerce au Levant. Le profit que nous en tirons dans ces marchés étrangers augmentera ou diminuera à proportion du bon aloi, de la variété & du bon marché de nos étoffes.

Les Hollandois & les Anglois qui, les premiers, porterent des draps de leur fabrique au Levant, y firent un com-

truit d'un bout à l'autre le plus grand bien que la foulerie y ait produit. Inutilement a-t-on pris la précaution de rendre, par la carde, le fil de la chaîne & celui de la trame fort velus, de les filer de rebours, & de *fouler le drap en fort* pour le liaisonner comme un feutre, si on étonne la piece entiere à force de la tirer, & si on en dissout tout l'assemblage en la contraignant, par une extension violente, à donner vingt-quatre aunes au lieu de dix-huit ou vingt qu'elle fourniroit par une extension modérée : c'est là ce qui rend le drap *effondré*, mollasse & sans consistance. On a toujours porté des plaintes au Conseil contre la rame, & elle a toujours trouvé des défenseurs. Les derniers réglements en ont arrêté les principaux abus, en déclarant confiscable toute étoffe qui, à la rame, s'est alongée de plus de demi-aune sur vingt aunes, ou qui s'est prêtée de plus d'un seizieme sur la largeur. La mouillure, en ramenant tout d'un coup le drap à sa mesure naturelle, éclaircit la tromperie, s'il y en a.

Après que le drap est entiérement sec, on le leve de dessus la rame pour le brosser encore & le *tuiler* sur la table à tondre, afin d'achever de lui coucher le poil. Cette opération se fait en appliquant sur le drap une planche de sapin qu'on nomme la *tuile*. Cette planche, du côté qui touche l'étoffe, est enduite d'un mastic de résine, de grès pilé, & de limaille passée au sas, afin que les parcelles & les résidus des tontures qui alterent la couleur par leur déplacement, s'attachent à ce mastic, & déchargent d'autant la couleur, dont l'œil, par ce moyen, devient plus beau. On plie ensuite le drap, & on le met à froid sous une presse pour le rendre parfaitement uni, & lui donner une espece de *cati* qui n'est proprement qu'un petit lustre qui donne un bel œil à l'étoffe.

Ce *cati*, qu'on nomme *cati à froid*, pour le distinguer du *cati à chaud*, se donne en mettant dans chaque pli de la piece de drap un carton, & par-dessus le tout une planche de bois quarrée, sur laquelle on fait descendre, par le moyen d'un levier, la vis de la presse avec autant de force qu'on le juge à propos, par rapport à l'espece & à la qualité du drap.

Ce n'est pas assez pour *catir* & *lustrer* une étoffe que tous les poils en soient couchés d'un même côté, ce qui produit nécessairement dans la totalité la même réflexion de

merce fort lucratif & très étendu. Ces étoffes prenoient de plus en plus faveur chez les Turcs : ce ne fut qu'en fabriquant des draps travaillés comme ceux des Anglois, & faits pareillement avec des laines d'Espagne, que nous parvînmes d'abord à partager ce commerce. Aujourd'hui plusieurs manufactures du royaume, particuliérement celles des provinces de Languedoc, de Dauphiné & de Provence, fournissent quantité de draps pour le commerce des Échelles, qui se fait par le port de Marseille. On a distingué ces draps par les noms de *Londres*, de *Londres larges*, de *Londrins premiers*, de *Londrins seconds*, &c. & on leur a donné ces divers noms, parcequ'ils sont faits à l'imitation de ceux des manufactures de Londres. Les Londrins seconds & les Londrins larges qui sortent de nos manufactures, sont ceux qui se débitent le mieux & en plus grande quantité dans les Échelles. Nos rivaux ont toujours la préférence pour les draps de la premiere qualité.

Comme la beauté & la solidité des couleurs ne contribuent pas moins à la réputation qu'au soutien de nos manufactures, M. *Albert*, de l'Académie Royale des Sciences de Montpellier & de Toulouse, s'est appliqué avec succès à perfectionner la couleur de verd céladon, & à imiter le brillant de la nuance Angloise. Voici quelle a été sa maniere de procéder pour teindre en verd trois pieces de Londrins seconds, d'environ seize à dix-sept aunes de longueur, sur une aune & un seizieme de large entre les deux lisieres. Après avoir fait fondre, la veille de l'opération, six livres de savon blanc dans un chauderon, il les fit verser dans la grande chaudiere ; quand son bain, dans lequel il avoit fait mettre un réseau de corde, fût près de bouillir, il fit pallier le tout avec le rable jusqu'à ce que le savon parût bien dissous, ordonna qu'on y plongeât les draps qui étoient encore tout mouillés en sortant du foulon, les fit mener sur le tour doucement & au large pendant une heure ; & dans le temps qu'on éventoit les draps après cette espece de bouillon, il versa dans le bain une dissolution de neuf livres de vitriol de Chypre, qu'il avoit fait faire précédemment dans une autre chaudiere où il avoit mis un autre réseau.

Le bain étant un peu plus que tiede, on le pallia pendant un demi-quart d'heure, on fit fermer ensuite la porte du fourneau sans en ôter le feu, & on y plongea les draps, qu'on tourna fort vîte & au large pendant un quart-d'heure, & après doucement pendant une demi-heure, en conservant toujours au bain à-peu-près son même degré de chaleur : cette derniere circonstance est d'autant plus essentielle à observer, qu'il est d'expérience qu'une trop grande chaleur fait rancir & manquer cette couleur qui ne réussit pas, quoique bien faite, lorsqu'on lui donne la platine trop chaude.

Le verd céladon, fait selon cette méthode, est d'une fraîcheur & d'une finesse si admirable, que les négociants françois établis à Constantinople n'en font pas venir d'autre, & qu'il a fait tomber le verd des Anglois, qui, auparavant, étoit extrêmement recherché dans tout le Levant.

Toutes les eaux n'étant pas également propres à bien dissoudre le savon, on peut lui substituer le sel de soude, celui de cendres gravelées, le nitre, ou l'eau de chaux; quoique ces ingrédients donnent un beau verd, il n'approche cependant pas pour la fraîcheur de celui du premier procédé.

Pour donner au verd céladon diverses nuances agréables & les varier à l'infini, on se sert dans les manufactures du Languedoc du verd & du bleu de Saxe, sans se servir de savon ni de vitriol.

Les couleurs favorites des Turcs sont le bleu, le verd, le rouge, & sur-tout l'écarlate : ils n'aiment point les couleurs bizarres, sombres ou indécises, qui sont en usage chez nous; aussi leur en porte-t-on très peu.

Parmi les draps destinés pour la consommation de l'intérieur du royaume, on doit remarquer principalement ceux des manufactures d'Abbeville, de Sedan, de Louviers & d'Elbeuf. C'est à Abbeville qu'est établie cette manufacture de draps si connue sous le nom de *Van-Robais*, Fabricant Hollandois, qui obtint son premier privilege en 1665. Les draps qui sortent de cette fabrique sont comparables, pour la finesse, la beauté & la perfection du travail, à ce que les Anglois peuvent faire de mieux en ce genre.

Nous avons vu le grand nombre d'opérations par lesquelles les draps doivent passer avant de sortir des mains des ouvriers. L'étoffe ne peut souffrir tant d'attaques ni tant d'outils tranchants sans courir bien des risques. Il n'est point de soin qu'on ne prenne pour rentraire imperceptiblement les endroits affoiblis ou percés. Ceux qui font le commerce avec honneur se font un devoir de tenir un état exact de tout ce qui a été rentrait dans leurs étoffes, & d'en dédommager fidellement l'acheteur. Dans le temps que la supériorité des fabriques étrangeres sur les nôtres faisoit dédaigner nos étoffes, on se souvient d'avoir vu un marchand de Londres se dispenser de donner aux François auxquels il envoyoit son drap le moindre avis des endroits maltraités; mais pour éviter les reproches, il mettoit dans le cœur de la piece une guinée arrêtée avec une croix de fil sur l'endroit malade ou percé.

A Paris les Drapiers forment le premier des six corps des Marchands, sous le titre de corps de la Draperie. C'est à ce premier des six corps qu'ont été anciennement réunis les Drapiers-Chaussetiers.

Le corps de la Draperie à Paris n'avoit point autrefois le rang qu'il tient aujourd'hui. Il ne l'a, dit-on, obtenu que par la cession que celui de la pelleterie lui fit de son droit de primauté. On rapporte que les six corps des marchands ayant reçu ordre de s'assembler au *Trône*, pour aller au-devant d'une Reine de France qui faisoit son entrée à Paris, le corps des pelletiers ne se trouva pas quand il fallut se mettre en marche: alors le Prévôt des Marchands commanda le corps de la Draperie pour marcher le premier; droit qu'il a conservé depuis ce temps, & qui certainement est fort ancien. Mais on ignore sous quel regne est arrivé cet événement. Il y a aujourd'hui à Paris environ deux cents Marchands Drapiers.

La Draperie étant le premier des six corps des marchands de Paris, nous croyons que c'est ici le lieu de dire un mot des prérogatives dont ils jouissent.

Les marchands des six corps sont capables par leur état des charges municipales & consulaires: c'est sans doute par cette raison que leurs gardes en charge portent la robe de drap noir à collet & manches pendantes, parées & bordées de velours noir, qui est la même que celle des Consuls.

Les six corps sont honorés d'une prérogative particuliere, & qui n'est attribuée qu'à eux; c'est celle de porter les dais, après les Echevins, sur la personne des Rois, Reines & Légats, lorsqu'ils font leur entrée solemnelle dans Paris.

Une autre prérogative considérable dont jouissent les six corps, est celle de complimenter nos Rois dans les grands événements. Cet honneur, qui a toujours été réservé pour les compagnies supérieures, telles que les Cours Souveraines, l'Hôtel de Ville, l'Université, &c. leur fut aussi déféré en 1643, lors de l'avénement de Louis XIV à la couronne. Ils ont joui de cette distinction dans toutes les occasions marquées des regnes de Louis XIV & de Louis XV. Ce fut pour en constater le droit, qu'ayant félicité Sa Majesté, actuellement régnante, sur sa majorité, ils firent frapper une médaille en mémoire de cet événement, avec cette inscription : LES SIX CORPS DES MARCHANDS ONT COMPLIMENTÉ LE ROI SUR SA MAJORITÉ, ÉTANT PRÉSENTÉS PAR LE DUC DE GÊVRES, GOUVERNEUR DE PARIS, LE 23 FÉVRIER 1723. Ils ont eu le même honneur au Sacre de Sa Majesté, ainsi qu'à son mariage, & à l'occasion du rétablissement de sa santé en 1728, 1745, &c.

Ce premier des six corps marchands, suivant l'arrêt du Conseil du 16 Août 1687, a des statuts de 1188, sous le regne de Philippe Auguste, renouvellés par Charles IX en Février 1573, & augmentés de plusieurs articles le 28 Novembre 1638 & le 17 Février 1646. Outre qu'il est seul en droit de vendre en gros & en détail, en magasin & en boutique, toutes sortes de draperie de laine & de soie, suivant l'arrêt du Conseil de 1687, il peut aussi vendre, concurremment avec le corps des merciers, toutes sortes de serges, bouracans, &c.

Il y a à la tête du corps des Drapiers six Maîtres & Gardes destinés à la conservation de ses privileges, & au maintien de ses statuts & réglements. Ceux qui sortent de charge rendent leur compte pardevant le Procureur du Roi. On ne peut être admis dans ce corps qu'après avoir servi les marchands Drapiers pendant trois ans en qualité d'apprentif, & deux autres années en qualité de garçon. Les armes du corps de la Draperie sont au champ d'argent.

Les draps paient le droit d'entrée relativement à leur qualité & aux manufactures étrangeres ou du royaume, conformément au tarif de 1667.

DRÊCHE. A proprement parler, la drêche est le marc d'orge moulue dont les brasseurs se sont servis pour en extraire la biere, & en faire ce qu'on appelle du *vin de drêche*, lorsqu'ils mêlent cette biere avec de l'eau-de-vie. Dans son *Traité de la Police*, *la Mare* rapporte une ordonnance du 4 Novembre 1701, par laquelle il est permis aux brasseurs de vendre aux particuliers qui nourrissent des vaches laitieres, le marc de l'orge moulue vulgairement appellé *drêche*, & aux particuliers d'en nourrir leurs vaches, pourvu que la drêche ne soit pas aigrie. Quoique l'orge dont on fait la drêche soit moulue, on a vu par expérience que la drêche peut germer quelquefois jusqu'à devenir un épi parfait; ce qui arrive sans doute parceque le moulin & la préparation qu'on donne à l'orge moulue n'en ont pas suffisamment détruit le germe. Par sentence de la Police de Paris du 10 Décembre 1743, un vacher fut condamné à cent livres d'amende pour avoir nourri ses bestiaux de drêche corrompue, contre la disposition des ordonnances.

DRILLIER : *voyez* CHIFFONNIER.

DROGMAN. Quoique dans le Levant on donne ce nom aux Interpretes des Ambassadeurs des nations chrétiennes résidant à la Porte, les marchands qui trafiquent dans les Échelles du Levant ont aussi les leurs. Ils leur sont même si nécessaires, relativement à leur fidélité & à leur habileté, que l'heureux succès de leur commerce en dépend. Par l'arrêt de son Conseil du mois de Nov. 1669, Louis XIV ordonna qu'à l'avenir les Drogmans & Interpretes des Échelles du Levant, résidant à Constantinople, Smyrne, ou autres lieux, ne pourroient s'immiscer à l'avenir dans les fonctions de cet emploi s'ils n'étoient François de nation, & nommés par une assemblée de marchands, qui se feroit en présence des Consuls, entre les mains desquels les Drogmans seroient tenus de faire serment, dont il leur seroit expédié acte en la Chancellerie des Échelles.

Pour qu'on fût plus sûr de la fidélité des Drogmans, Sa Majesté ordonna par le même arrêt que de trois en trois ans il seroit envoyé dans les Échelles de Constantinople, Smyrne, &c. six jeunes garçons de l'âge de dix-huit à vingt ans, pour être élevés à la connoissance des langues, afin qu'on pût s'en servir dans les fonctions de Drogman; & pour ne jamais, dans aucun temps, avoir recours aux étrangers, Sa Majesté donna un second arrêt par lequel il fut ordonné qu'il seroit envoyé six de ces jeunes gens par chacune des trois premieres années, pour qu'il s'en pût trouver en peu de temps un nombre suffisant pour le service de la nation.

Les pensions de ces jeunes gens sont fixées par l'arrêt du 31 Octobre 1670 à la somme de trois cents livres, payables par

par la Chambre du Commerce de Marseille, & levées sur le droit de demi pour cent, appellé *cotimo*.

DROGUETTIER. C'est le nom qu'on donne dans les manufactures aux ouvriers fabricants de droguet.

Les droguets qu'on fait dans les manufactures en laine sont variés en autant d'especes qu'il est possible de combiner les différentes matieres qu'on y fait entrer; ils se travaillent comme les autres étoffes sur un métier de tisserand: nous ne nous étendrons pas par conséquent sur leur fabrique; mais il est nécessaire de parler de ceux que l'on fait dans les manufactures en soie.

La petite *tire* est particuliérement affectée à la fabrication des droguets de soie qu'on divise en général en *droguets satinés* & en *droguets brillantés*. Dans l'une & l'autre de ces étoffes, la chaîne, ainsi que le *poil* ou la soie qui sert à faire le figuré de l'étoffe, est de quarante à cinquante portées. Après qu'on a ourdi deux fois la chaîne, dont une des portées est plus longue que l'autre, & qu'on appelle *pivot*, on la met ordinairement sur deux ensubles. Cette chaîne, qui n'est point passée dans les *maillons du corps*, qui sont des fils passés dans des boucles de verre, dont les deux bouts sont attachés à l'*arcade* ou nœud, à la hauteur d'un pied, est sur quatre lisses avec une *armure en taffetas* dont les quatre lisses sont horizontales, & les deux marches verticales ou perpendiculaires; de maniere que le *pivot* est sur deux lisses, & l'autre partie de la chaîne sur deux autres, à l'exception des droguets satinés où il y a ordinairement cinq lisses. Le poil n'est point passé dans les lisses, mais seulement dans le corps.

Le droguet uni se travaille à deux marches, dont l'une sert pour le coup de plein, & l'autre pour le coup de tire; les cinq lisses du droguet satiné sont tirées au moyen du *bouton*, qui est une petite boule de bois traversée de ficelles, qui se rend à la *rame*, ou faisceau de cordes, & qui tient lieu de semple dans les ouvrages à la petite tire.

L'armure de la chaîne ou du fond étant en taffetas, comme nous l'avons déja dit, une marche fait lever la chaîne, & l'autre le pivot: le coup du plein passe sur la chaîne, & le coup de tire sur le pivot; sans cette précaution il arriveroit que la partie de soie qui leveroit avec la partie du poil, se trouveroit plus haute que celle qui leve seule, & empêcheroit l'étoffe de serrer.

Avant qu'on eût imaginé les pivots, les fabricants étoient obligés de changer le mouvement des quatre lisses de taffetas, & de lever tour à tour les deux lisses dont la soie étoit plus tirante sur le coup de plein : quelque attention qu'ils eussent à remédier à tous les inconvénients qui étoient la suite de cette manœuvre, ils n'y parvenoient jamais aussi avantageusement qu'avec le pivot.

Les *droguets d'or* ou *d'argent* sont des tissus couverts dont la dorure est liée par la découpure ou par la corde. Cette étoffe, dont les desseins sont petits & l'armure la même qu'au *ras de Sicile*, se fabrique avec quatre marches, parcequ'il ne se leve point de lisse au coup de dorure ; deux de ces marches servent pour le fond, & deux pour l'accompagnage qui doit être en taffetas, ou en gros de Tours.

Le droguet de fil est une étoffe qui est toute de fil teint. L'arrêt du Conseil du 22 Novembre 1689 a mis cette marchandise au rang de celles dont l'entrée est défendue.

Les droguets étrangers paient pour droit d'entrée trente pour cent de leur valeur ; & ceux qui sont fabriqués en France dans les provinces réputées étrangeres, cinq pour cent de leur valeur, conformément au tarif de 1664. Les droits de sortie sont de six livres par cent pesant, lorsqu'ils sont mêlés de fil, de laine, de soie, de poil, de coton, ou autres matieres, suivant l'arrêt du 28 Janvier 1729.

DROGUISTE. On donne ce nom à ceux d'entre les Epiciers qui vendent des drogues propres pour la pharmacie, la teinture & les arts : *voyez* ÉPICIER.

DROUINEUR : *voyez* CHAUDERONNIER.

DROUSSEURS, DROSSEURS, ou TROUSSEURS. Ces divers noms se donnent aux ouvriers qui, dans les fabriques de draperie, ne sont occupés qu'à engraisser les laines avec de l'huile, & à les carder avec de grandes cardes de fer posées sur un chevalet de bois disposé en maniere de pupitre. Au sortir de leurs mains, on remet les laines aux fileurs qui les cardent de nouveau sur le genou avec de petites cardes fines. On file ensuite au rouet ces laines ainsi préparées.

EAU

EAU-DE-VIE (L'art de faire l'). L'eau-de-vie eſt une liqueur ſpiritueuſe & inflammable, qui ſe tire des vins ou autres liqueurs fermentées, par la diſtillation.

Quoique l'Auteur de la nature ait deſtiné l'eau naturelle à ſervir de boiſſon à preſque tous les animaux, les hommes ſe dégoûterent bientôt d'une boiſſon ſi ſimple. Leur intempérance, la dépravation de leur goût, peut-être même le beſoin d'augmenter en eux la chaleur naturelle & leur force, les porterent à préparer les liqueurs ſpiritueuſes avec le ſuc des fruits qui étoient propres à leur climat. De là ſont venues enſuite, par l'invention de l'art de la diſtillation, les diverſes eſpeces d'eaux-de-vie de vin, de biere, de cidre, de grains de toute eſpece, de ſyrop, de ſucre, de *melaſſe* ou eau-mere du ſucre qui reſte après le raffinage, & à laquelle on n'a pu faire prendre une conſiſtance ſolide.

La meilleure de toutes eſt celle qu'on fait avec le vin; nous allons donner la façon d'y procéder.

Dans la *brûlerie* ou attelier deſtiné à faire de l'eau-de-vie, on commence par placer contre un mur, à un pied d'élévation du raïz-de-chauſſée, une maçonnerie de briques bien jointes avec du ciment ou du mortier fait à chaux & à ſable: ſur cette maçonnerie porte une grande chaudiere de cuivre rouge qu'on renferme juſqu'au bout du tranchant du *collet* ou rebord.

Cette eſpece de fourneau a deux ouvertures: celle qui eſt au-devant & qui eſt de la hauteur du fourneau, a environ dix à douze pouces de largeur, & ſert pour mettre le bois ſous la chaudiere; l'autre, qui eſt au fond, forme un quarré de quatre pouces de largeur, & s'éleve dans une cheminée pour donner paſſage à la fumée. Chacune de ces ouvertures a une plaque de fer qu'on ôte ou qu'on replace au beſoin pour modérer ou pour augmenter l'action du feu; celle de devant, qu'on nomme *trappe*, a une poignée pour la mettre & l'enlever à volonté; celle qui ſert au fond, & qu'on appelle *tirette*, eſt longue d'environ un pied, large de quatre pouces & demi, & ſert à boucher le tuyau de la cheminée, à une ligne ou deux près. Ces deux plaques ſont néceſſaires pour entretenir ſous le fourneau un égal degré de chaleur.

En avançant ou reculant la tirette, le feu n'est point animé par un air étranger; il brûle également, entretient le bouillon de la chaudiere dans une force modérée, & contribue à donner à l'eau-de-vie une meilleure qualité, en la faisant couler doucement, & presque toujours d'une maniere égale.

Après qu'on a vérifié dans l'attelier si toutes les pieces qui doivent servir sont en bon état, le *brûleur* met du vin dans la chaudiere jusqu'à une certaine hauteur, & observe de ne pas trop la remplir, de peur qu'en bouillant, le vin ne s'extravase au-dessus de la chaudiere. Pour remédier à cet inconvénient, & empêcher l'exhalaison de la fumée du vin dans laquelle se trouve l'esprit de cette liqueur qui fait l'eau-de-vie, il coeffe la chaudiere d'un *chapeau* ou chapiteau qui est un vaisseau de cuivre rouge, fait en cône applati, dont la partie étroite entre dans le bord du collet de la chaudiere, & s'y joint exactement : la queue de ce chapeau est une ouverture ronde de quatre pouces de diametre, à laquelle on a soudé un tuyau de cuivre de deux pieds de longueur, & qui va toujours en diminuant jusqu'à la réduction d'un pouce de diametre. On adapte ensuite le petit bout de cette queue à un tuyau de cuivre ou d'étain, qu'on appelle *serpentin* ou *serpentine*, parcequ'il ressemble à un serpent replié; ce tuyau, fait en spirale, est parfaitement bien luté à son embouchure, qui a un pouce & demi de diametre, & qui s'enchâsse dans la queue du chapeau qui coeffe la chaudiere.

Cette serpentine, qui a six à sept tournants élevés de six à sept pouces les uns au-dessus des autres, a environ trois pieds & demi de hauteur; elle est éloignée de près de dix pouces de la maçonnerie qui environne le corps de la chaudiere, & placée dans une futaille ou tonneau qu'on appelle *pipe*, par où sort son autre extrémité qui est réduite à un pouce; elle penche un peu sur le devant de la pipe pour faciliter l'écoulement de la liqueur qui y passe, & est assujettie par des crampons de fer qui la tiennent dans un état stable.

Tout étant ainsi préparé, on remplit la pipe avec de l'eau froide, de façon que la serpentine en soit couverte d'un pied & demi de hauteur : on la renouvelle souvent pour rafraîchir l'eau-de-vie qui sort bouillante de la chaudiere, s'éleve en vapeur vers les parois du chapeau, s'écoule de la queue du chapeau dans les tours de la serpentine, & en sort par le petit bout pour tomber dans un *bassiot* ou petit baquet de bois, foncé dessus & dessous, & percé de deux trous. L'un de ces trous est couvert d'un petit entonnoir plat pour recevoir l'eau-de-vie ; & l'autre sert à y insérer une *preuve* ou petite bouteille de crystal, bien transparente, longue de quatre à cinq pouces, plus grosse dans son milieu que vers ses extrémités, qu'on remplit d'eau-de-vie jusqu'aux deux tiers, & dont on ferme ensuite l'embouchure avec le pouce. En frappant cette preuve sur la paume de l'autre main, ou sur le genou, on connoît à la grosseur & à la stabilité des globules d'air qui se forment sur la surface de l'eau-de-vie, quelle est sa qualité. Lorsqu'après avoir frappé la preuve, comme on l'a déja dit, il ne paroît sur le haut de la liqueur qu'une petite écume qui disparoît tout de suite, alors les brûleurs disent que la chaudiere commence à *perdre* ou qu'elle est perdue, parceque l'eau-de-vie qui vient après, & qu'on appelle *seconde*, est d'une qualité très inférieure.

Lorsque la chaudiere est remplie jusqu'où elle doit l'être, on fait brûler sous le fourneau du bois menu qui donne plus de flamme que le gros bois, procure une chaleur plus vive, met la chaudiere en *train*, & fait bouillir la liqueur qui y est contenue. Lorsque la liqueur est chaude au point de ne pouvoir plus y souffrir la main, on couvre la chaudiere avec le chapeau qu'on lute avec soin pour que la vapeur du vin ne s'exhale pas au-dehors, ce qui tourneroit en pure perte.

Quand on s'apperçoit que le bois ne brûle point suffisamment bien, soit par le défaut de sa qualité, soit parceque le fourneau n'a pas assez d'air, on lui en donne en reculant un peu la *tirette*, ce qui ranime le feu & fait mieux brûler le bois. On observe de bien ménager le feu, & de n'ôter presque jamais la *trappe* pendant que l'eau-de-vie vient, parceque le grand air donneroit trop d'activité au feu, & feroit sortir l'eau-de-vie trouble. On pourroit même faire sauter le chapeau de la chaudiere, s'il n'étoit pas bien luté, & faire répandre le vin, dont la vapeur s'enflammeroit & causeroit un incendie d'autant plus fâcheux qu'il n'est pas aisé d'éteindre cette flamme. Pour prévenir ces accidents, lorsque le brûleur commence à s'appercevoir d'un trop grand feu, il jette de l'eau froide sur le chapeau & sur la serpentine ; ce qui contribue d'ailleurs à ôter l'âcreté de l'eau-de-vie, à la rendre plus douce & plus agréable à boire, sans lui faire rien perdre de sa force.

L'eau-de-vie qu'on appelle *seconde* n'a pas plus de force

& de goût, que si on mêloit dans une bonne eau-de-vie quatre cinquiemes d'eau commune; mais, comme dans cette seconde il y a encore une partie de bonne eau-de-vie qu'on ne veut pas perdre, on la retire de la chaudiere pour la faire bouillir une seconde fois avec de nouveau vin, & c'est ce qu'on appelle *seconde* ou *double chauffe*.

Lorsqu'on veut avoir de l'eau-de-vie très forte, on *coupe à la serpentine*, c'est-à-dire qu'on ne laisse entrer dans le *bassiot* aucune partie de seconde, dès que la chaudiere commence à perdre.

Sur les plaintes des acheteurs qui disoient que les brûleurs mettoient trop de seconde dans la premiere eau-de-vie; que, lorsqu'elle étoit transportée sur mer, ce mêlange la rendoit trop foible au bout de quelques jours; pour obvier à ce que ces plaintes ne nuisissent pas à une branche de commerce aussi considérable, sur le rapport de M. de *Boismont*, intendant de la Rochelle, Sa Majesté ordonna par son arrêt du Conseil du 10 Avril 1753, que les eaux-de-vie seroient tirées au quart, garniture comprise; c'est-à-dire que, sur seize pintes d'eau-de-vie forte, on ne pourroit mettre que quatre pintes de seconde.

Pour ne pas se tromper dans cette garniture, & se conformer à l'ordonnance du Prince, les brûleurs ont un bâton gradué, sur lequel il y a des marques numérotées qui indiquent la quantité de liqueur qu'il y a dans le bassiot. Lorsque, par exemple, elle monte au numéro 20 du bâton, ils savent qu'il y a vingt pintes d'eau-de-vie forte, & que, pour la conserver bonne & marchande, ils doivent y laisser couler cinq pintes de seconde; ce qu'on appelle, dans les termes de l'art, *lever au quart*, ou donner la garniture qui a été prescrite par l'arrêt du Conseil.

La futaille ou piece dans laquelle on peut vendre l'eau-de-vie marchande, doit être fabriquée suivant le réglement qui fut rendu sur les instances de M. *de Barentin*, intendant de la Rochelle, par l'arrêt du Conseil du 17 Août 1743; afin que, par le moyen d'une *velte* ou jauge numérotée, graduée géométriquement, approuvée par la police des lieux, & que les *agréeurs* ou courtiers-jaugeurs d'eau-de-vie laissent glisser diagonalement par la bonde de la futaille, on puisse connoître au juste le nombre des pintes qu'elle contient. C'est d'après les certificats de ces agréeurs établis par le Roi dans les principales villes du royaume où l'on vend des eaux-de-vie en gros, qu'elles sont réputées bonnes, & que les marchands commettants des provinces éloignées ne sont pas reçus à se plaindre de la défectuosité de celles que leurs commissionnaires leur envoient. Si cependant, après avoir vuidé sa piece, l'acheteur avoit lieu de croire qu'elle a été mal vergée, il peut la faire vérifier par un mesureur juré qui la mesure après l'avoir fait remplir d'eau; & si le vergeage n'est pas juste, le vendeur est obligé à indemniser l'acheteur.

Conformément à l'ordonnance de 1704, le vendeur doit supporter les frais du vergeage, qui sont réglés à 3 sols par piece de cinquante verges, chaque verge contenant sept pintes, mesure de Paris; à 6 sols pour celles qui vont depuis cinquante-une jusqu'à soixante & dix-neuf; & à 12 sols pour celles de quatre-vingt & au-dessus.

Les droits d'entrée & de sortie pour les eaux-de-vie sont différents selon les endroits d'où elles viennent; celles qui passent debout pour être portées à l'étranger, sont quittes de tous droits d'entrée, même à Paris, en justifiant des lettres de voiture, & en fournissant caution au bureau général d'entrées de rapporter un certificat des juges des lieux où l'eau-de-vie aura été embarquée pour l'étranger, qui constate de son embarquement & du paiement des droits de sortie.

ÉBÉNISTE. L'Ebéniste est l'ouvrier qui fait des ouvrages de rapport, de marqueterie & de placage avec les bois de couleur, l'écaille & autres matieres.

Quand ces matieres sont coupées ou sciées par feuilles, on les applique, avec de bonne colle d'Angleterre, sur des fonds faits de moindres bois, où elles forment des compartiments. Après que les feuilles sont plaquées, jointes & collées, on les laisse sur l'établi, & on les tient en presse avec des *goberges*, jusqu'à ce que la colle soit bien seche. Les *goberges* sont des perches coupées de longueur, dont un bout porte au plancher, & dont l'autre bout est fermement appuyé sur le placage avec un coin mis entre l'ouvrage & la goberge.

Les outils des Ebénistes sont à-peu-près les mêmes que ceux des menuisiers; mais comme ils emploient des bois durs & pleins de nœuds, qu'ils appellent *bois rustiques*, ils ont des rabots autrement disposés que dans la menuiserie ordinaire, qu'ils accommodent eux-mêmes selon qu'ils en ont besoin. Quand ils ont travaillé avec ces sortes d'outils,

ils en ont d'autres qu'ils nomment *racloirs*, qui s'affûtent sur une pierre à huile ; ils servent à emporter les raies ou bretture que le rabot de bout & celui à dents ont laissées, & à finir entiérement l'ouvrage.

Les outils des Ebénistes sont des *goberges*, des *rabots* dont partie du fût est de fer, d'autres dont les fers sont différemment faits ou posés autrement que dans les rabots ordinaires, des *racloirs*, des *scies à refendre* pour débiter leur bois en feuilles ou en bandes, des *presses* pour tenir le bois quand on le débite, d'autres petites *presses* pour affermir l'ouvrage sur l'établi, des *scies* autres que les scies ordinaires, la machine qu'on appelle *outil à onde* pour les moulures, celle qu'on nomme l'*asne* ou *esteau* pour contourner les pieces, des *pointes* pour tracer, des *couteaux à trancher*, des *tournevis*, des *tirefonds*, des *polissoirs*.

Les Ebénistes ne font pas à Paris une communauté particuliere ; ils sont du corps des maîtres menuisiers : mais pour les distinguer de ceux qu'on nomme *Menuisiers d'assemblage*, on les appelle *Menuisiers de placage* ou de *marqueterie*.

Le nom d'*Ebéniste* qu'on leur donne vient de ce qu'autrefois le bois d'ébene étoit celui qu'ils employoient communément, & dont ils faisoient leurs plus beaux ouvrages.

Il y a plusieurs sortes d'ébenes des Indes ; savoir, la noire, la rouge, la verte & la jaune. La premiere, qui vient de Madagascar, est la plus estimée, parcequ'elle est noire comme du jayet, qu'elle n'a point d'*aubier*, c'est-à-dire qu'elle n'a pas sous l'écorce une ceinture de bois blanc & imparfait, qu'on trouve plus ou moins épaisse dans presque tous les arbres ; & qu'elle est très *massive*, c'est-à-dire que le bois en est très dur & très solide. Quelques-uns prétendent que pour lui procurer un plus beau noir, les habitants de ce pays enterrent cette espece d'arbre dès qu'ils l'ont abattu. La *rouge*, qu'on nomme aussi *grenadille*, n'est presque connue que de nom. La *verte* vient d'un arbre très touffu dont le bois est de couleur d'un verd foncé tirant sur le noir, & quelquefois mêlé de veines jaunes, gras, prenant aisément feu, & dont on se sert non seulement pour les ouvrages de mosaïque, mais aussi dans la teinture, parcequ'il donne un très beau verd naissant. La *jaune* n'est qu'une variété de l'ébene verte.

Le nombre des diverses especes de bois employés par les

Ebénistes n'est pas absolument considérable ; mais ils ont l'art de faire paroître ces bois extrêmement diversifiés dans leur marbrure, par le soin qu'ils ont de couper ceux qu'ils emploient, dans tous les différents sens possibles : par cette méthode ils font paroître les bois veinés de plusieurs manieres différentes ; ils emploient les uns dans leur couleur naturelle ; ils savent donner des couleurs à d'autres en les faisant bouillir avec des matieres colorantes. Au reste on ne peut qu'admirer la grande industrie qu'ils emploient dans leurs ouvrages : veulent-ils imiter le bois d'ébene, admirable par son noir de jayet, ils prennent du bois de poirier, le colorent en noir avec une décoction chaude de noix de galle & de l'encre à écrire, & ils impriment cette couleur avec une brosse rude ; ils donnent ensuite le poli au bois avec de la cire chaude.

Le véritable bois d'ébene noir est de tous les bois le plus propre à recevoir le poli ; c'est cependant celui qu'on emploie le moins dans les ouvrages de marqueterie ; on donne la préférence aux bois de couleur, comme le bois violet & le bois de rose, à cause de la variété de leurs veines qui paroissent former divers desseins.

Les ouvrages les plus ordinaires que font les Ebénistes sont des bureaux, des commodes, des secrétaires, des cabinets, des tables, & autres meubles semblables.

La Manufacture Royale des Gobelins a fourni les plus habiles Ebénistes qui aient paru depuis près d'un siecle. On estime entre autres les ouvrages du sieur *Boule*, qui sont également recommandables par la beauté de la marqueterie & par le goût des bronzes excellents dont il les embellissoit : *voyez* MARQUETERIE.

Quoique les Ebénistes ne fondent, réparent, ni ne dorent les bronzes qu'ils emploient dans leurs ouvrages, ce sont eux qui les posent. Quant aux ornements qui sont en étain ou en cuivre, & qui font, comme ils le disent, la *partie* & la *contre-partie* de la marqueterie, ils les préparent & les taillent eux-mêmes.

Toutes sortes d'ébenes paient pour droit d'entrée quinze sols du cent pesant, & seize sols quand elles sortent du royaume.

ÉCAILLERS. Ce sont des gagne-deniers qui vont prendre à la barque des huîtres à l'écaille, les vendent en détail dans les rues, & les ouvrent avec des couteaux faits exprès.

Pour prévenir tous les inconvénients qui peuvent résulter de la mauvaise qualité des huîtres, des abus qui se sont introduits dans ce commerce, du peu d'attention des marchands d'huîtres, mariniers, & autres, sur les objets qui peuvent contribuer à altérer la qualité de ce poisson, pour en restreindre ou augmenter le commerce selon les différentes circonstances, & défendre l'usage de toutes les huîtres qui sont d'une qualité suspecte, le Lieutenant-Général de Police de Paris, faisant droit sur le réquisitoire du Procureur du Roi au Châtelet, rendit son ordonnance le 25 Septembre 1771, concernant la vente des huîtres.

Par l'article premier il est dit que tous les arrêts du Parlement, réglements, sentences & ordonnances de Police, seront exécutés selon leur forme & teneur; & en conséquence défenses sont faites à tous marchands d'huîtres, mariniers, voituriers par eau, & autres particuliers de la ville de Dieppe, du port de la Hogue, & autres ports de mer, d'altérer, falsifier, & autrement mixtionner les huîtres qu'ils enverront tant par eau que par terre; avec injonction de les livrer bonnes, loyales, marchandes & bien conditionnées, à peine de cinquante livres d'amende, de confiscation des marchandises, même des bateaux & autres voitures qui auront servi à les conduire, & d'être en outre procédé extraordinairement contre les propriétaires vendant lesdites huîtres, si le cas y échet.

L'article II défend aux marchands, leurs facteurs & commissionnaires, d'exposer ni vendre aucune marchandise d'huîtres, aux Ecaillers & colporteurs de les crier & vendre depuis le dernier Avril jusqu'au 10 Septembre de chaque année, à peine de deux cents livres d'amende & confiscation des marchandises.

Il est ordonné par l'article III que les huîtres de Dieppe & autres villes & ports de mer, venant par terre, seront vues & visitées à leur arrivée par le commissaire qui sera commis à cet effet; & que chaque panier d'huîtres blanches contiendra quarante-huit douzaines, les demis & quarts à proportion, sous les peines portées ci-dessus par l'article II.

L'article V défend aux propriétaires d'huîtres venant en bateau, d'en laisser enlever par charretées, & aux Ecaillers & colporteurs d'en prendre plus de quatre cents à la fois, lesquelles seront sonnées les unes après les autres ſur la berge du bateau, afin de mettre à part toutes celles qui ne ſeront pas de bonne qualité, à peine de deux cents livres d'amende tant contre les propriétaires d'huîtres que contre les Ecaillers.

Par l'article VI, les colporteurs, ouvreurs d'huîtres, & autres, ne peuvent aller au devant des bourgeois, s'entremettre pour leur faire avoir des huîtres, ni entrer dans les bateaux, ſous peine d'être empriſonnés : eſt en outre ordonné que les huîtres ſeront portées ſur la berge par le commiſſionnaire chargé de la vente de chaque bateau, qu'elles ſeront par lui livrées aux bourgeois après les avoir ſonnées; & que les matelots, qui ſe tiennent ordinairement au bout de la planche, ſeront tenus d'en recevoir le prix par eux-mêmes des bourgeois & des Ecaillers, ſous même peine que ci-deſſus.

Les articles VII & VIII défendent aux compteuſes de ne délivrer les huîtres aux bourgeois & Ecaillers que ſur le pied de quatre pour cent; que les bateaux puiſſent tenir planche pour la vente & diſtribution de leurs huîtres plus de cinq jours; & ordonnent que celles qui ſeront jugées défectueuſes en les ſonnant, ſeront gardées dans les bateaux dans un endroit ſéparé, & jettées à terre dans quelque endroit éloigné, ſans que les mariniers puiſſent les jetter ni faire jetter dans la riviere, à peine de cinquante livres d'amende.

ÉCAQUEUR, CAQUEUR, ou ÉTETEUR. On donne ce nom à ceux qui, après la pêche, l'apprêtage & la ſalaiſon des harengs, les arrangent & les renferment dans de petits barils que l'on nomme *caques :* voyez HARENG.

ÉCHAUDEUR : *voyez* TRIPIER.

ÉCONOME : *voyez* HOMME D'AFFAIRES.

ÉCORCHEUR. On appelle ainſi à Paris & dans les provinces ceux qui font le métier d'écorcher dans les voiries les chiens, les chevaux, & toutes les bêtes mortes, dont ils vendent les peaux & la graiſſe; ce ſont eux auſſi qui font l'huile de cheval dont les émailleurs ſe ſervent pour entretenir le feu de leur lampe.

ÉCOSSEUSE. A Paris où les particuliers n'achetent que des pois écoſſés, c'eſt celle qui, dans la ſaiſon des pois, s'aſſocie avec deux ou trois autres pour acheter des maragers qui ſe rendent tous les matins aux halles, des ſacs de pois, afin de les écoſſer dans ſa boutique ou dans la rue,

& faire vendre ensuite en détail par une de ses associées les pois qu'elle a achetés en gros. En les écossant, les unes & les autres ont soin d'en faire un triage, & de ne point mêler les gros avec les fins, pour en tirer un meilleur parti ; elles les tiennent même séparés sur leur inventaire, pour avoir de quoi contenter le goût du public.

ÉCOTEUR. C'est celui qui écôte les feuilles de tabac, qui en ôte la côte longitudinale, qui jette les feuilles écôtées dans un panier, & les côtes par derriere lui : *voyez* TABAC.

ÉCRIVAIN. On donne ce nom à l'artiste qui enseigne l'écriture & l'arithmétique. L'écriture est l'art de former les caracteres de l'alphabet d'une langue, de les assembler, & d'en composer des mots tracés d'une maniere claire, nette, exacte, distincte, élégante & facile ; ce qui s'exécute communément sur le papier avec une plume & de l'encre.

L'écriture est en quelque sorte un art divin, dont les causes simples sont néanmoins des plus fécondes dans leurs effets. On ne peut voir sans admiration que quelques lignes courbes & droites deviennent propres, par leurs combinaisons diversifiées, à exprimer ce que l'esprit peut concevoir de plus brillant, ce que le cœur peut renfermer de plus secret, ce que les perceptions de l'entendement peuvent avoir de plus délicat.

De tous les temps, dans tous les pays, & chez tous les peuples, on a cherché les moyens de conserver la mémoire des événements & des découvertes qu'on a cru devoir intéresser la postérité ; mais l'écriture, c'est-à-dire l'art *de peindre la parole & de parler aux yeux*, n'a été connue qu'assez tard. Pour transmettre le souvenir des faits importants, on a successivement imaginé différentes pratiques. La tradition, aidée de quelques monuments grossiers, est le premier moyen qu'on ait employé pour parvenir à ce but. L'usage étoit dans les premiers siecles de planter un bois, d'élever un autel ou des monceaux de pierres, d'établir des fêtes, & de composer des especes de cantiques à l'occasion des événements remarquables. Presque toujours on donnoit aux lieux où s'étoit passé quelque fait intéressant, un nom relatif à ce fait & à ses circonstances.

On peut assurer, d'après ce qui subsiste encore des monuments de l'antiquité, que l'art d'écrire consistoit originairement dans une représentation informe & grossiere des objets corporels. Cette écriture, improprement dite, a été la premiere dont les Egyptiens aient fait usage. Ils ont commencé par dessiner. On peut conjecturer aussi que les Phéniciens n'ont point connu d'abord d'autre méthode. Les auteurs qui ont le mieux traité de l'histoire & des arts des Chinois, nous font voir comment les caracteres qui sont en usage aujourd'hui chez ces peuples, dérivent de la simplicité de la première pratique où l'on exprimoit les pensées par l'image naturelle des objets susceptibles de représentation. On soupçonne qu'il en avoit été de même chez les Grecs originairement. On fonde cette conjecture sur ce que le même mot signifie dans leur langue également peindre & écrire.

S'il m'étoit permis de citer un fait pour confirmer ce sentiment, je dirois que j'ai connu un domestique sourd & muet de naissance, qui n'avoit eu d'autre éducation que de servir dans la maison où il étoit né, & qui, ne pouvant faire entendre les plaintes qu'il vouloit faire quelquefois à l'occasion de la suppression de quelque piece de linge que le blanchisseur lui gardoit, imagina de se faire une écriture & une arithmétique particuliere, au moyen desquelles il désignoit la qualité & la quantité des pieces de linge qu'il donnoit au blanchissage. M'étant trouvé dans cette maison un jour que le blanchisseur rendoit le compte de son linge, ce domestique voyant que sa maîtresse n'entendoit rien au griffonnage qu'il avoit fait sur le papier, vint me trouver, muni de chaque espece de linge, & me fit si bien remarquer que l'espece & le nombre de chacun étoient désignés par des caracteres différents dont il ne varia plus la forme, que, pour peu qu'on voulût y faire attention, on savoit tout de suite quel étoit le linge qu'il avoit donné au blanchisseur. Si ses besoins eussent été plus multipliés, il y a apparence qu'il auroit imaginé un plus grand nombre de caracteres pour représenter les choses qu'il auroit voulu faire entendre.

Les Egyptiens qui se sont fait une antiquité fabuleuse, & qui ont voulu passer pour les inventeurs de tous les arts, n'ont pas manqué d'assurer que l'écriture avoit pris naissance parmi eux, & que *Thot*, connu par les Grecs sous le nom d'Hermès, & par les Latins sous celui de Mercure, étoit le premier qui en avoit fait la découverte. Thot n'inventa pas les caracteres, mais il perfectionna les hiéroglyphes : c'étoit une écriture en peinture que les Egyptiens abandonnerent sitôt qu'ils connurent les lettres alphabétiques.

Plus de deux cents ans après le regne de Cadmus, fils d'Agénor Roi de Phénicie, qui donna la connoissance des caracteres aux Grecs, Evander, Roi d'Arcadie, passa en Italie, & enseigna cet art admirable aux peuples qui l'habitoient. Par le moyen de ces figures peu compliquées dans leur configuration, l'homme se transporte pour ainsi dire aux extrémités de l'univers pour y faire connoître ses sentiments, pour y donner des ordres, pour y converser familiérement avec ses amis. On le voit, on l'entend, on lui parle : quelques caracteres operent ce miracle ; ils font naître la joie ou la douleur, la crainte ou l'espérance ; enfin ils excitent dans l'ame ce que sa présence ou ses paroles auroient pu produire.

Les Chinois & d'autres peuples, comme les Péruviens, se sont servis de *cordes nouées* au lieu de caracteres : chez les Chinois le nombre des nœuds de chaque corde formoit un caractere, & l'assemblage des cordes tenoit lieu d'une espece de livre qui servoit à rappeller ou à fixer dans l'esprit des hommes le souvenir des choses, qui, sans cela, se seroit effacé. Les Péruviens, lorsque les Espagnols conquirent leurs pays, avoient des cordes de différentes couleurs, chargées d'un nombre de nœuds plus ou moins grand, & à l'aide desquelles ils écrivoient.

L'utilité de l'écriture une fois connue, plusieurs nations s'empresserent d'apprendre cet art. Solon, dans les loix qu'il donna aux Athéniens, en recommanda l'instruction ; Homere corrigea la rudesse des caracteres ; & long-temps après lui Alexandre le Grand, sous le regne duquel les caracteres Grecs étoient dans leur plus grande perfection, ne dédaigna pas de s'occuper de la maniere de préparer le papyrus. C'étoit une plante qui croissoit en Egypte sur les bords du Nil, & qui tenoit lieu de papier aux anciens. Le parchemin & le vélin qui avoient déja servi pour l'usage de l'écriture furent travaillés avec plus d'art par l'industrie d'Eumenès, Roi de Pergame ; on y traçoit en or des caracteres avec beaucoup d'adresse. Enfin l'écriture, comme tous les arts, s'est perfectionnée de siecle en siecle.

Dans le siecle de Louis le Grand on vit des maîtres excellents dans l'écriture ; tels furent les Barbedor, les Allais, les Lesgret, les Sauvage, les Rossignol, les Michel, & plusieurs autres qui se sont distingués dans cet art. Il y en a eu, comme *Girolomo Rocco*, Vénitien, qui se sont rendu recommandables par des caracteres & des tirades de main si bien faites, que leur industrie a mérité l'admiration des plus grands connoisseurs. Le nommé *Œillard*, peintre Anglois, imitoit avec la pointe d'un pinceau, dont la souplesse est connue, les caracteres les plus fins & les plus déliés qu'il soit possible d'exécuter avec la plume. *Sinibaldo de Leorza*, Génois, copioit à la plume avec tant d'adresse les estampes des plus grands maîtres, que les plus habiles connoisseurs les croyoient gravées, ou les prenoient pour les originaux mêmes. Le *Frere Alumno*, Italien, qui vivoit dans le treizieme siecle, traçoit sur le papier des caracteres plus fins, aussi nets, aussi égaux, & aussi bien formés que ceux de la *perle*, qui est le caractere le plus menu que la fonderie puisse exécuter.

Le *P. Gallonde*, Religieux Genovefain au Prieuré de S. Eloi, près de Longjumeau, excelle dans la même façon d'écrire, plus capable à la vérité de piquer la curiosité par sa singularité que d'attirer l'attention par son utilité. Quoiqu'il soit dans un âge où il semble que la main ne puisse plus former des traits fins, hardis & légers, les caracteres qu'il exécute dans ce genre sont de toute beauté, paroissent être l'ouvrage du burin le plus délicat, & font l'ornement de plusieurs cabinets. Le sieur *Vincent*, Gendarme, a écrit le *pater* en françois avec tant de finesse, qu'on ne voit qu'à la loupe la netteté des caracteres, leur égalité, leur liaison & l'intervalle des mots. Le sieur *Dumoutier*, Gentilhomme servant chez le Roi, dessine avec tant de délicatesse toutes les parties d'une façade d'un château tel que Versailles, le plan & l'élévation d'une forteresse, &c. & ses ouvrages tiennent si peu d'espace, qu'on peut les renfermer dans le chaton ordinaire d'une bague.

Nous avons actuellement trois écritures qui sont d'usage : la *françoise* ou la *ronde*, l'*italienne* ou la *bâtarde*, & la *coulée*. La ronde, très pratiquée dans le dernier siecle, ne se fait presque plus dans celui-ci ; c'est ce qui rend les belles mains si rares. La bâtarde a perdu beaucoup de sa réputation, ne servant plus que pour les principaux titres. La coulée est l'écriture la plus usitée, quoique le plus souvent elle n'offre pas une belle forme ni une grande régularité. La ronde tire son origine des caracteres gothiques modernes qui prirent naissance dans le douzieme siecle ; on l'appelle aussi *françoise* parcequ'elle est la seule écriture qui soit particuliérement affectée aux François : parfaite dans sa forme, juste dans ses majeures, elle exige du goût dans le choix & l'arrangement des caracteres, de la délicatesse dans le toucher, & de la grace dans l'ensemble ; elle veut que les mouvements simples ou compliqués soient proportionnés & exécutés avec une hardiesse modérée ; & elle ne demande pas moins de vivacité que de variété dans ses lettres capitales. L'italienne a pris sa source dans les caracteres romains ; on l'appelle bâtarde parcequ'elle n'est point l'écriture nationale de la France. Sa beauté consiste dans la simplicité & la précision ; elle ne se décore que des ornements naturels & faciles à imiter, & rejette tout ce qui paroît extraordinaire & surprenant ; elle ne flatte la vue qu'autant qu'elle a une pente juste de droite à gauche ; que ses lettres majeures sont simples & correctes, ses liaisons délicates, ses rondeurs légeres, & sa touche tendre & moëlleuse. La coulée, qu'on nomme aussi l'*écriture de permission*, est un composé des deux écritures ci-dessus, qu'on a imaginé au commencement de ce siecle. Tenant le milieu entre la ronde & la bâtarde, elle n'a ni la force & la magnificence de la premiere, ni la simplicité de la seconde ; quoiqu'elle approche de toutes les deux, elle ne ressemble à aucune : plus prompte & plus animée que les autres écritures, elle admet toutes sortes de mouvements & de variétés, veut de la facilité dans son exécution, de la vitesse dans son expédition, de la régularité dans sa pente, de la finesse dans ses liaisons, du feu & des principes dans ses majeures, du relief & de la douceur dans son toucher, & ne demande à être ni trop chargée ni trop unie.

Pour bien écrire il faut, 1°. commencer par avoir une plume taillée selon la force du caractere qu'on se propose de former, & selon la nature de ce caractere : 2°. se bien placer le corps : 3°. faire les mouvements convenables ; on n'en distingue que deux quoiqu'il y en ait davantage, le mouvement des doigts & celui du bras : 4°. connoître les effets de la plume ; ils se réduisent à deux, les pleins & les déliés ; on appelle en général un *plein* tour ce qui n'est pas produit par le seul tranchant de la plume, & délié le trait

produit

produit par ce tranchant ; la direction n'y fait rien : 5°. distinguer les situations de la plume : 6°. appliquer convenablement ces situations de plume.

Pour cet effet il faut s'exercer long-temps à pratiquer les préceptes en grand avant que de passer au petit ; commencer par les traits les plus simples & les plus élémentaires, & s'y arrêter jusqu'à ce qu'on les exécute très parfaitement ; former des déliés & des pleins, ou jambages ; tracer un délié horizontal de droite à gauche, & lui associer un jambage perpendiculaire ; former des lignes entieres de déliés & de jambages tracés alternativement & de suite ; former des espaces quarrés de deux pleins paralleles, & de deux déliés paralleles ; passer ensuite aux rondeurs, ou apprendre à placer les déliés & les pleins ; exécuter des lettres, s'instruire de leur forme générale, de la proportion de leurs différentes parties, de leurs déliés, de leurs pleins, &c. assembler les lettres, tracer des mots & en former des lignes.

Il est étonnant que, convaincus par notre propre expérience des avantages réels que l'écriture procure, ce soit la partie de notre éducation qu'on néglige le plus. Si l'on étoit bien persuadé qu'on ne parle & qu'on n'écrit que pour se faire entendre, on sentiroit qu'il n'est pas moins ridicule de mal écrire que de mal prononcer. A la vérité tout le monde n'est pas obligé par besoin ou par état d'écrire aussi bien qu'un maître Ecrivain, du moins seroit-il toujours très utile d'écrire d'une maniere lisible ; on auroit moins besoin de recourir à des personnes étrangeres, telles que ces Ecrivains qui travaillent en chambre, ou qui ont de petits bureaux dispersés dans divers endroits de chaque grande ville, chez lesquels la discrétion est aussi rare que leur style est quelquefois extraordinaire & ridicule ; qui écrivent des lettres pour le public, dressent des mémoires & des placets, font des copies, des doubles de comptes, & autres semblables écritures qui sont presque toujours incorrectes.

Il y a à Paris une communauté de maîtres Experts & Jurés Ecrivains, gouvernés par un Syndic & vingt-quatre anciens Maîtres. C'est à ceux d'entre eux qui ont acquis l'âge, le temps & la capacité prescrits par les réglements, que sont envoyées les vérifications d'écritures & de signatures ordonnées par Justice, afin qu'ils examinent les pieces contestées ou soupçonnées de faux, & qu'ils en dressent leur rapport ou procès-verbal.

Une des parties les plus importantes de leur art est de pouvoir bien distinguer une écriture contrefaite. On vit dans le seizieme siecle un faussaire qui eut la témérité de contrefaire la signature du Roi Charles IX. Cette hardiesse fit ouvrir les yeux, & fit chercher sérieusement les moyens d'arrêter les progrès d'un art que l'impunité augmentoit. Ce qui rendoit les faussaires plus redoutables, c'est qu'il étoit alors difficile de les convaincre de leurs faussetés. On se servoit bien de la comparaison des écritures; mais les Vérificateurs ou Experts n'étoient pas assez éclairés; ils n'avoient pas une connoissance exacte des principes de l'écriture & de tous les effets de la plume; ils n'avoient point l'œil exercé à chercher les raisons des différences qui se trouvent d'une écriture à une autre; ils ne connoissoient pas toutes les finesses de ces hommes qui s'occupent à porter le trouble & la douleur dans le sein des familles. Le Chancelier de l'Hospital connut que l'on seroit toujours dans l'incertitude, & que le crime resteroit impuni tant que l'on manqueroit d'Experts qui s'appliquassent par état à cette étude abstraite, mais nécessaire à la sureté des citoyens; ce grand homme forma donc un corps de Vérificateurs, autorisés par lettres-patentes du Roi Charles IX en 1570. Depuis cet instant la vérification s'est toujours perfectionnée. *Le Meste*, *Prudhomme*, *Blegny*, donnerent des ouvrages sur la maniere de procéder à toutes sortes de vérifications, même à celles des chiffres & lettres cachées.

Ils reconnoissent tous que leur profession est très difficile; que pour la bien exercer il faut beaucoup d'expérience, de pénétration & de lumieres; que les Vérificateurs doivent être parfaitement instruits de tous les secrets concernant les écritures, des pratiques les plus subtiles & les plus artificieuses des faussaires, de toutes les adresses dont ils se servent pour les couvrir, afin qu'après un mûr examen ils soient en état de prononcer un jugement certain sur la suppression du vrai ou l'imitation du faux; & enfin savoir s'expliquer avec tant d'ordre, de netteté & de briéveté, que sur leur rapport les Juges ne soient pas moins éclaircis que convaincus de la vérité ou de la fausseté de ce dont il est question.

Quelle sagacité n'est pas requise en ces Experts pour juger ſurement de la bonté & de la ſincérité d'une écriture qui auroit quelque marque qui pourroit la faire ſoupçonner d'être fauſſe, ou de la fauſſeté d'une autre qui ſeroit ſi artiſtement faite qu'elle pourroit paſſer pour véritable! Dans l'hiſtoire ſecrete de *Procope* il eſt fait mention d'un certain *Pr.eur* qui avoit ſi bien contrefait l'écriture de tous les principaux habitants de ſa ville, que perſonne ne reconnut la fraude qu'après ſon aveu.

Le partage de ſentiments qu'on ne voit que trop ſouvent entre les Ecrivains-Experts, eſt une preuve que l'art de vérifier les écritures n'a point de regles aſſez certaines; qu'il n'a pour fondement que les indices qui réſultent de la ſeule convenance ou diſconvenance apparente qui ſe trouve entre les écritures à vérifier & celles qui ſont de comparaiſon; que ces mêmes indices ſont ſi peu certains, que ce qui quelquefois paroît à un Expert aſſurer la vérité d'un écrit, eſt ſouvent pour un autre un motif ſuffiſant pour le croire ſuppoſé. Il faut concevoir que cet art eſt ſujet à tant d'erreurs, que l'incertitude y eſt ſi grande, qu'on ne doit pas blâmer les nations plus jalouſes de protéger l'innocence que de punir le crime, d'avoir défendu à leurs tribunaux d'admettre la preuve par comparaiſon d'écritures dans les procès criminels, parcequ'une telle preuve eſt très ſuſpecte, quelque choſe qu'on puiſſe alléguer pour la faire valoir, en diſant que les traits de l'écriture, ainſi que ceux du viſage, portent avec eux un certain air qui leur eſt propre & que la vue ſaiſit d'abord. Ce fait n'eſt point exact. L'art & l'habitude peuvent ſi bien contrefaire & imiter cet air & ces traits, que les plus habiles Experts ne peuvent point affirmer que telles & telles écritures partent d'une même main, que ſur une ſimple apparence qui peut être très ſouvent trompeuſe.

Pour procéder avec ordre à la vérification d'un écrit, on commence par s'informer ſi la perſonne à laquelle on l'attribue eſt morte ou vivante. Si elle eſt morte, on fait aſſigner ſon héritier à comparoître devant le Juge qui doit en prendre connoiſſance pour reconnoître la validité de cet écrit. Au cas que l'héritier ne comparoiſſe pas, le Juge ne tient pas l'écrit pour reconnu. Si la perſonne eſt vivante & qu'elle ne veuille pas comparoître, le demandeur doit faire vérifier l'écrit en juſtice & à ſes dépens, tant par témoins que par comparaiſon d'écritures. Si le défendeur comparoît, le Juge nomme un Expert, & fait convenir les parties des pieces de comparaiſon qu'elles ſe propoſent de repréſenter ou d'indiquer : mais comme l'ordonnance porte que ces pieces ſeront *authentiques* & *publiques*, c'eſt-à-dire faites pardevant Notaires, il n'eſt pas toujours facile de ſe procurer de ſemblables pieces.

Après que le Juge a fait prêter ſerment aux Experts, il leur remet les titres dont il a ordonné la vérification ; & lorſque dans l'examen des pieces conteſtées ils ne peuvent pas les vérifier par des pieces authentiques, ils doivent demander que le défendeur ſoit tenu de faire, tant en leur préſence qu'en celle du demandeur, des écritures & ſignatures privées, telles qu'ils les lui preſcriront : ils doivent enſuite les examiner très attentivement, & c'eſt ſur cela qu'ils font leur rapport.

Par les ſtatuts, l'âge des aſpirants eſt fixé à vingt ans accomplis ; les fils de maîtres peuvent être reçus à dix-huit ans, & ont le privilege d'être reçus gratis.

Les aſpirants ſont examinés pendant trois jours ſur l'art de toutes ſortes d'écritures pratiquées en France, ſur l'orthographe, l'arithmétique à la plume & aux jettons, & ſur le fait des vérifications des écritures & ſignatures, auxquelles vérifications les maîtres ne peuvent aſſiſter qu'ils n'aient vingt-cinq ans accomplis.

Les veuves peuvent conſerver leur tableau & école d'écriture, orthographe & arithmétique, & faire tenir ladite école par gens habiles dans l'art, ſans pouvoir aſſiſter aux vérifications.

Il y a aujourd'hui à Paris cent vingt-quatre maîtres Ecrivains.

L'élection du ſyndic ſe fait tous les deux ans par la communauté ; il ne peut être continué ſous aucun prétexte. *Voyez* ARITHMÉTICIEN.

On peut, avec une ſimple permiſſion de la communauté des Ecrivains, qui coute 24 livres, & qu'on renouvelle tous les ans au bureau de la communauté, enſeigner & montrer à écrire en ville. Lorſqu'on veut tenir école publique, il en coute 45 livres. Cette eſpece de maître n'a point le droit d'aſſiſter aux vérifications.

L'Univerſité de Paris a conſervé le droit qu'elle a de temps immémorial de nommer des maîtres Ecrivains jurés qui ne ſont ordinairement qu'au nombre de deux.

ÉCUREUR DE PUITS. On donne ce nom aux ouvriers qui nettoient les puits, les citernes, les égouts; ils sont de la communauté des vuidangeurs: *voyez* ce mot.

ÉGARDS *ou* ESGARDS. On appelle ainsi, dans les manufactures d'Amiens, les *maîtres Gardes & Jurés* de ces mêmes manufactures, qui sont obligés d'aller en visite chez les fabricants & foulons; ils doivent se trouver certains jours aux halles pour examiner toutes les étoffes de saïetterie, & voir si elles sont fabriquées conformément aux réglements.

On les prend parmi les maîtres de cette communauté.

Les Egards-ferreurs sont ceux qui apposent les plombs aux étoffes. On appelle *fers*, dans les manufactures d'Amiens, ce qu'on nomme ailleurs des *coins* & des *poinçons*. Il y a des Ferreurs-Saïetteurs en blanc, d'autres en noir, d'autres en *guesde* ou bleu, qui est la couleur que donne le pastel.

ÉGRATIGNEUR. C'est celui qui forme sur les étoffes & les rubans divers ornements avec un *égratignoir* qui est un instrument fort tranchant & dentelé comme une scie, dont on se sert seulement pour découper la superficie d'une piece de satin : *voyez* GAUFREUR.

EGUILLETIER. *Voyez* AIGUILLER.

EMAILLEUR. C'est l'ouvrier qui travaille en émail, qui en couvre & orne les métaux, qui en fait à la lampe des ouvrages curieux.

Ce nom, qui ne devroit-être propre qu'à ceux qui font l'émail, est devenu commun aux orfevres & jouailliers qui montent les pierres précieuses, aux lapidaires qui les contrefont, aux peintres qui peignent en miniature sur l'émail, aux patenôtriers & boutonniers en émail & en verre, aux marchands verriers, aux couvreurs de flacons & bouteilles d'osier, aux faïanciers, &c.

L'art de l'Emailleur, qui est une branche de l'art de la verrerie, peut se sous-diviser en quatre autres branches, dont la premiere est celle de préparer l'émail, la seconde de peindre dessus, la troisieme de l'employer transparent & clair, & la quatrieme de l'employer à la lampe.

L'émail est en général une matiere vitrifiée, entre les parties de laquelle est distribuée une autre matiere qui n'est point vitrifiée. L'émail, à la transparence près, a toutes les propriétés du verre, & l'opacité ne lui vient que de ce mélange.

La base commune de tous les émaux est de la chaux de plomb & d'étain bien fin, que l'on mêle & que l'on fait fondre à un grand feu de verrerie avec de la fritte de caillou blanc, broyée, tamisée, à laquelle on a ajouté du sel de tartre pour faciliter la fusion. Ce mélange forme une sorte de demi-vitrification; & étant réduit en poudre, il est la base de tous les émaux.

Pour y procéder dans les regles de l'art, on prend trente livres de plomb & autant d'étain fin qu'on fait réduire en chaux; après l'avoir passée au tamis, on la fait bouillir dans de l'eau claire dont on a rempli un vaisseau de terre vernissé. Dès qu'elle a un peu bouilli, on ôte le vase de dessus le feu, on décante l'eau qui entraîne avec elle la partie la plus subtile de la chaux: on verse de nouvelle eau sur les parties les plus grossieres qui ont resté au fond du vase; on la fait bouillir & décanter de nouveau, & l'on continue ainsi jusqu'à ce que l'eau n'entraîne plus aucune particule de chaux.

Cette opération étant faite, on vuide le vase, on recalcine la chaux; on répete pour les secondes eaux la même manœuvre qu'on a faite pour les premieres, on fait évaporer au feu les eaux qui se sont successivement chargées des parties les plus subtiles de la chaux, on broie & on tamise ensuite cette chaux ainsi préparée avec de la fritte de caillou blanc (la fritte est un mêlange de diverses substances qui ont été fondues ensemble): sur cinquante livres de chaux & autant de fritte, on met cinq onces de tartre blanc, ou huit onces de potasse, aussi purifiée que faire se peut.

Toutes ces matieres étant mêlées ensemble & mises dans un pot neuf de terre cuite, on les expose au feu pendant dix heures; & après les avoir bien pulvérisées, on les conserve dans un lieu très sec pour s'en servir au besoin.

On fait des émaux de toutes sortes de couleurs. Ces couleurs leur viennent des matieres non vitrifiées qu'elles contiennent: ce sont les chaux métalliques qui produisent cet effet dans presque tous les émaux.

Pour faire l'*émail blanc de lait*, on met quarante-huit grains de *magnésie* ou terre blanche qui provient de la précipitation des eaux-meres de nitre & de sel commun, opérée par le moyen d'un alkali fixe, sur six livres de matiere commune, dont nous venons d'expliquer la préparation.

On fait le *bleu turquin* avec la même quantité de mati

commune que pour le blanc de lait, à laquelle on ajoute trois onces d'*écailles de cuivre* ou petites parties qui se séparent de ce métal & se répandent sur l'enclume lorsqu'on le forge au marteau, & calcinées à trois reprises : on y mêle encore quatre-vingt-seize grains de *safre* ou substance demi-métallique contenue dans le *cobalt* qui est un minéral très pesant, ou quarante-huit grains de magnésie.

Le *bleu ordinaire* se fait avec quatre livres de matiere commune, quarante-huit grains de safre & deux onces d'*oripeau* calciné qui est fait avec des lames de laiton fort minces & fort battues.

Pour faire le *bleu d'azur*, on prend quatre livres de poudre commune, deux onces de safre, & quarante-huit grains d'*æs ustum* ou cuivre brûlé.

Le *verd* se fait avec quatre livres de fritte, deux onces de cuivre brûlé, & quarante-huit grains d'écailles de fer; ou bien, avec six livres de matiere commune, quarante-huit grains de safran de Mars, & trois onces de *ferret d'Espagne* ou espece de pierre hématite, qui est une vraie mine de fer.

On fait le *noir* avec quatre livres de matiere commune, deux onces de safre & autant de magnésie de Piémont.

Le *purpurin*, avec quatre livres de fritte & deux onces de magnésie.

Le *jaune*, avec six livres de matiere commune, trois onces de tartre & soixante & douze grains de magnésie.

On a enfin un beau *violet* en mettant quarante-huit grains d'écailles de cuivre calcinées, comme pour faire le *verd*, & deux onces de magnésie sur six livres de matiere commune.

Presque tous ces émaux se font à Venise ou en Hollande, d'où ils nous viennent en petits pains plats de différentes grandeurs & épaisseurs, & empreints de la marque de l'ouvrier.

On fait remonter à la plus haute antiquité l'origine de la peinture sur l'émail, qui est la seconde branche de l'art de l'Emailleur. L'histoire nous apprend qu'elle fut connue des anciens Toscans. Mais cet art étoit encore imparfait & comme dans sa naissance; il ne commença à faire de vrais progrès en Italie que sous Michel Ange & Raphaël, & en France sous le régne de François I. Les ouvrages qu'on peignoit à Limoges sur le cuivre étoient autrefois fort estimés; mais on étoit encore bien éloigné du point de perfection où l'on devoit parvenir un jour. On n'y employoit que le blanc & le noir avec quelques légeres teintes de carnation ; & la maniere dont on les colorioit n'en relevoit pas le prix. On se contentoit pour lors de mettre, tant sur l'or que sur le cuivre, des émaux clairs & transparents, de les coucher épais, séparément & à plat, comme on feroit aujourd'hui si on vouloit former un relief; & on ne savoit point exécuter sur une plaque d'or ou de cuivre émaillée, ou quelquefois contre-émaillée, toutes sortes de sujets avec des couleurs métalliques auxquelles on a donné leurs fondants.

On prétend que les François sont les inventeurs de cette derniere façon d'émailler, & qu'on leur doit l'art d'exécuter sur l'or des portraits aussi beaux, aussi vivants que s'ils avoient été peints à l'huile ou en miniature, & dont l'éclat est inaltérable.

On commença l'essai par des bijoux sur lesquels on fit des fleurs & de la mosaïque qui charmerent la vue par l'éclat & le brillant de leurs couleurs. *Jean Toutin*, orfevre de Château-Dun, fut le premier qui, en 1632, parvint à trouver des couleurs qui s'appliquoient sur un fond émaillé d'une seule couleur, & qui se parfondoient au feu. *Gribalin* son éleve communiqua le secret de son maître à d'autres artistes qui, en le perfectionnant peu à peu, l'ont porté au degré où nous le possédons aujourd'hui. Les *Dubié*, les *Morliere*, les *Vouguer*, & les *Chartier*, furent ceux qui se distinguerent le plus parmi les successeurs de *Toutin*.

Sous le dernier regne, *Jacques Bordier* & *Jean Petitot* se signalerent par leurs ouvrages. Louis XIV occupa longtemps le pinceau de ce dernier qu'il employoit à copier les tableaux des plus grands maîtres. *Bordier*, qui étoit son beau-frere, peignoit les cheveux, les draperies & les fonds, & *Petitot* se chargeoit des têtes & des mains. Notre siecle fournit encore quelques artistes qui se sont illustrés dans ce genre de peinture, tels que les *Ronquet*, les *Liotard* & les *Durand*.

La délicatesse du pinceau & la composition des couleurs ne sont pas les seules choses requises dans un peintre en émail ; il doit encore veiller, pour la conservation & la beauté de son ouvrage, à ce que l'orfevre donne à la plaque sur laquelle il se propose de peindre, une grandeur & une épaisseur proportionnées à l'usage auquel on la destine;

à ce que l'or ſoit de vingt-deux carats, parcequ'il fondroit s'il étoit moins fin, & qu'il n'auroit pas aſſez de ſoutien s'il l'étoit davantage; à ce que l'alliage ſoit moitié blanc & moitié rouge, afin que l'émail ſoit moins expoſé à verdir que s'il étoit tout rouge, à cauſe du mêlange du cuivre; à ce que l'or ſoit exactement dégagé de pailles & de vents qui occaſionneroient des ſoufflures dans l'émail, défauts auxquels il ne ſeroit pas poſſible de remédier. Pour ce qui eſt du procédé de la peinture, *voyez* le mot PEINTRE EN ÉMAIL.

Pour employer ſur l'or les émaux tranſparents & clairs, on commence par tracer ſon deſſein ſur la plaque, la champlever, y former les figures en eſpece de bas-relief, en élevant leur point un peu plus qu'à l'ordinaire, parceque plus le fond eſt diſtant de la ſurface, & plus on a d'ombres & de clairs. On broie enſuite les émaux de maniere qu'on les ſente graveleux ſous le doigt; on en charge la piece, on la laiſſe ſécher à l'air; on la met enſuite ſous la moufle où elle demeure juſqu'à ce que les émaux ſe ſoient fondus. Après ce premier feu on la charge de nouveau aux endroits où l'émail s'eſt trop affaiſſé; on la remet au feu; on paſſe enſuite la piece ſur du grès; on la remet au feu qui l'unit, la polit, & lui donne la derniere façon. Lorſque l'ouvrier a un peu trop tardé à charger ſa piece, les couleurs deviennent louches & bourbeuſes, ce qui eſt un défaut conſidérable.

Les émaux doivent être très fuſibles; on les emploie à colorer ou à peindre différents ouvrages qui ſe font au grand feu. L'*émail blanc* ſert à enduire les poteries de terre qu'on nomme *faïance* & à leur donner un coup d'œil de porcelaine: c'eſt avec les autres émaux colorés qu'on peint ſur la faïance, ſur la porcelaine, & même ſur l'émail blanc: *voyez* les mots FAÏANCIER, PORCELAINE, & PEINTRE EN ÉMAIL.

Quant à la maniere de contrefaire les pierres précieuſes colorées, *voyez* VERRIER.

De tous les ouvrages qui ſe font par les Emailleurs, les plus amuſants & les plus agréables ſont ceux de travailler les émaux au feu d'une lampe, où l'on met pour huile de la graiſſe de cheval fondue, qu'on nomme *huile de cheval.*

La lampe, qui eſt de cuivre ou de fer blanc, eſt compoſée de deux pieces, l'une qu'on appelle la *boîte*, & l'autre qui tient des deux mains, & qu'on éloigne l'un de l'autre autant que les bras peuvent s'étendre.

Si le filet doit être long, & qu'il passe l'étendue du bras de l'ouvrier, un compagnon en tire un des bouts, tandis que celui qui travaille continue de présenter son émail au feu de la lampe avivée par le vent du soufflet; cela s'appelle *tirer l'émail à la course.*

Ces fils ainsi tirés se coupent à froid en plusieurs morceaux, d'une longueur à la volonté de l'ouvrier, mais ordinairement depuis dix pouces jusqu'à douze. Pour les couper, on se sert de la *lime* ou *couperet*, qui est un instrument d'acier plat & tranchant, de plus d'un pied de longueur. On le nomme lime, parcequ'effectivement il est fait d'une vieille lime battue & applatie, & couperet à cause de son usage. Ce couperet fait sur l'émail l'effet du diamant sur le verre; il l'entaille légérement, & cette légere entaille, de quelque grosseur que soit le filet de l'émail, dirige surement la cassure.

Comme tous les émaux tirés à la lampe sont ronds; si pour l'ouvrage il faut qu'ils soient plats, on se sert pour les applatir d'une pince de fer dont le mors est quarré, ce qu'il faut faire lorsqu'ils sont encore chauds.

La *bercelle* est une autre pince aussi de fer, mais tout d'un morceau replié, dont les deux branches, qui se terminent en pointe, font ressort. On s'en sert pour tirer l'émail à la lampe lorsqu'on le travaille en figures, ou en autres ouvrages.

Enfin des tubes, ou tuyaux de diverses grosseurs, servent à souffler l'émail en différentes manieres, & à y conserver les vuides convenables, ou pour y épargner la matiere, ou pour former les contours.

Lorsque l'Emailleur travaille, il est assis devant la lampe, le pied sur la marche qui fait hausser & baisser le soufflet; & tenant de la main gauche l'ouvrage qu'il veut émailler, ou les fils de laiton ou de fer qui doivent faire le bâti de ses figures, il conduit de la main droite le fil d'émail qu'il présente au feu de sa lampe, & cela avec une adresse & une patience également admirables.

Il n'y a guere de choses qu'on ne puisse faire ou représenter avec l'émail; & l'on en voit des figures si bien achevées qu'on les croiroit sorties des mains des plus habiles sculpteurs.

garde le nom de *lampe*. C'est dans cette derniere, qui est une espece d'ovale plat, de six pouces de longueur, & de deux de hauteur, qu'on met l'huile, & d'où sort la meche, la boîte dans laquelle la lampe est enfermée ne servant qu'à recevoir l'huile que l'ébullition, causée par l'ardeur du feu, pourroit faire répandre : une piece quarrée d'un pouce de hauteur soutient ces deux pieces.

Une table large & haute à volonté sert à placer cette lampe, ou même encore trois autres, si quatre ouvriers y veulent travailler en même temps. Dessous la table, & presque dans le milieu de sa hauteur, est un double soufflet d'orgues que l'un des ouvriers fait hausser & baisser avec le pied pour exciter & aviver la flamme des lampes.

Des rainures, faites avec une gouge dans l'épaisseur du dessus de la table, & recouvertes de parchemin, servent à communiquer le vent du soufflet au tuyau que chaque lampe a devant elle. Ces tuyaux sont de verre; & pour que les Emailleurs ne soient point incommodés de l'ardeur de la lampe, chaque tuyau est couvert, à six pouces de distance, d'une petite platine de fer blanc qu'on nomme un *éventail*, & qui a une queue de bois, qui se met dans un trou percé dans la table. Quand les ouvrages ne sont pas de longue haleine, on ne se sert que d'un tube ou tuyau de verre, par lequel on souffle à la bouche pour exciter la flamme de la lampe.

Il est presque incroyable jusqu'à quel point de délicatesse & de finesse les filets d'émail peuvent se tirer à la lampe. Ceux dont on se sert pour faite de fausses aigrettes sont si déliés qu'on les peut tourner & plier sur un dévidoir, comme on feroit de la soie ou du fil.

Les *jais* factices de toutes couleurs qu'on emploie dans les broderies, sont aussi faits d'émail; & cela avec tant d'art, que chaque petite partie a son trou pour y passer la soie avec laquelle on le brode.

On emploie rarement pour faire ces jais factices l'émail de Venise ou de Hollande tout pur : on le fond ordinairement dans une cuiller de fer, avec partie égale de verre ou de crystal; & quand les deux matieres sont en parfaite fusion on les ramasse pour les tirer en filets de diffétentes grosseurs suivant la diversité des ouvrages.

Ramasser l'émail, c'est le prendre tout liquide dans l cuiller, avec deux morceaux d'un tuyau de pipe cassée qu'o

On ne peut voir ſans ſurpriſe ces beaux yeux d'émail qui ſortent d'entre les mains des habiles Emailleurs ; ils ont preſque le brillant de la nature ; on y obſerve toutes les ramifications des vaiſſeaux avec toutes leurs nuances. L'art de faire les *fauſſes perles* eſt auſſi du reſſort des Emailleurs : *voyez* PERLES FAUSSES.

Les orfevres & jouailliers qui montent les pierres précieuſes, les lapidaires qui les contrefont avec des émaux, & les peintres qui travaillent en miniature ſur l'émail & qui font cuire au feu leur ouvrage, ſont compris dans le terme général d'Emailleurs, quoiqu'en particulier ils faſſent partie les uns du corps de l'orfévrerie, & les autres de la communauté des maîtres peintres & ſculpteurs de la ville de Paris.

Les Emailleurs proprement dits ſont ceux qu'on nomme *Patenôtriers* & *Boutonniers d'émail.*

Ces derniers ont compoſé long-temps une des communautés des arts & métiers à Paris, & ils font encore partie de celle des maîtres verriers faïanciers auxquels ils ont été unis par arrêt du Conſeil du 21 Septembre 1706, & qui eſt compoſée aujourd'hui de cent trente-ſix maîtres. L'édit de leur érection en corps de jurande eſt du 6 Juillet 1566, enregiſtré au Parlement le 17 des mêmes mois & an, publié le 29 Août ſuivant au Châtelet.

Quatre jurés, dont deux ſont renouvellés chaque année, ſont chargés de la diſcipline du corps, des viſites, du chef-d'œuvre & expérience, & de la réception à la maîtriſe & à l'apprentiſſage.

Nul maître ne peut être reçu s'il n'a été apprentif ſous les maîtres de Paris, ou du moins de quelque ville jurée ; l'apprentiſſage, même pour les fils de maîtres, s'ils apprennent chez d'autres que leur pere, doit être de cinq ans & huit jours.

Chaque maître ne peut obliger qu'un apprentif à la fois ; il lui eſt permis néanmoins d'en prendre un nouveau la derniere année. Le fils de maître ne tient point lieu d'apprentif chez ſon pere, mais ſeulement chez un étranger.

Les veuves reſtant en viduité jouiſſent des privileges du métier & peuvent continuer l'apprentif commencé, mais non en faire un nouveau ; ces veuves, auſſi-bien que les filles de maîtres, affranchiſſent les apprentifs & les compagnons en les épouſant.

La marchandiſe foraine doit être viſitée par les jurés qui

doivent faire leur visite aussi-tôt qu'ils en sont requis & avertis, à peine des dommages & intérêts des forains; *voyez* FAÏANCIER.

EMBALLEUR. L'emballeur est celui dont le métier ou la fonction est de ranger les marchandises dans les balles.

Il y a des marchandises qu'on emballe simplement avec de la paille & de la grosse toile, d'autres qu'on enferme dans des bannes d'osier, d'autres dans des caisses de bois de sapin qu'on couvre avec des toiles cirées toutes chaudes, d'autres enfin dans de gros cartons qu'on enveloppe de toile cirée seche. Dans tous les emballages on coud la toile avec de la ficelle, & on la serre par dessus avec une forte corde dont les deux bouts viennent se joindre : c'est à ces deux bouts que les plombeurs des douanes mettent leurs plombs; & dans ce cas il faut avoir attention que la corde soit entiere, car, si elle étoit ajoutée, les commis refuseroient de plomber. Dans les Echelles du Levant, les emballages, particuliérement ceux des soies, ont toujours deux toiles, l'une intérieure qu'on appelle la *chemise*, l'autre extérieure qui est la *couverture*. On remplit l'entre-deux de ces toiles de paille & quelquefois de coton.

L'habileté d'un Emballeur consiste à ranger les marchandises en sorte qu'il ne reste aucun vuide entre elles & qu'elles ne frottent point les unes contre les autres, à séparer les fragiles d'avec celles qui sont dures ou pesantes, à empailler également leurs ballots, à les dresser quarrément, à bien coudre la toile d'emballage, à disposer également la corde avant de la serrer avec la bille, & à laisser des *oreilles* ou morceaux de toile à chaque encoignure de la balle, afin qu'on puisse mieux remuer, charger & décharger les ballots de marchandises.

Ce sont les Emballeurs qui écrivent sur les toiles d'emballage les numéros des ballots appartenants au même marchand & envoyés au même correspondant, les noms & qualités de ceux à qui ils sont envoyés, & les lieux de leur demeure. Ils ont aussi soin de dessiner un verre, un miroir, ou une main sur les caisses des marchandises casuelles, pour avertir ceux qui les remueront d'user de précaution. Toutes ces choses s'écrivent ou se peignent avec de l'encre commune & une espece de *plume de bois*, ou petit bâton large de deux ou trois lignes & long de six pouces, dont un bout est coupé en chanfrein.

Les instruments dont se servent les Emballeurs sont un couteau, une bille de bois, ordinairement de buis, & une longue & forte aiguille à trois carres : leur fil est une médiocre ficelle, qui, dans le commerce de la corderie, est appellée *ficelle d'emballage*.

Les Emballeurs sont en titre d'office dans la ville & fauxbourgs de Paris : ils paient paulette au Roi, ou des droits réglés par un tarif; ils font bourse commune, & forment un corps qui a son syndic & autres officiers. Ils furent établis au nombre de quatre-vingt par les lettres-patentes qui leur furent accordées au commencement du regne de Louis XIV, & par lesquelles il leur fut permis, exclusivement à tous autres, de faire tous les emballages dans la ville & fauxbourgs de Paris, tant à la douane que par-tout ailleurs; Sa Majesté réservant cependant aux marchands & aux autres particuliers la faculté d'emballer eux-mêmes, ou de faire emballer leurs marchandises chez eux par leurs garçons & domestiques seulement.

Dans quelque nombre qu'ils soient, la moitié sert alternativement à la douane, & l'autre moitié à leur bureau. Lorsque quelqu'un d'eux n'est plus en état de servir, la communauté lui fait une pension proportionnée au revenu de leurs charges.

ÉMOULEUR ou RÉMOULEUR. On donne ce nom aux couteliers qu'on nomme *gagne-petit*, & qui aiguisent les instruments tranchants sur une meule de grès tournante : *voyez* COUTELIER.

EMPAILLEUR. On donne ce nom à ceux qui garnissent les chaises avec de la paille cordonnée, ou de la natte : *voyez* NATTIER & TOURNEUR.

EMPOISEUR, ou EMPESEUR. Ce sont les ouvriers qui, dans les fabriques de toiles & les manufactures d'étoffes, ne sont occupés qu'à coller les fils de la chaîne avec une colle dont la préparation & la composition sont relatives à l'emploi qu'on en doit faire : *voyez* TISSERAND.

ENCAUSTIQUE (Peinture). *Voyez* PEINTURE.

ENCLUMES (Art de la fabrication des). Les enclumes sont des masses de fer acérées, plus ou moins grosses, sur lesquelles on forge différents métaux pour leur faire prendre les formes qu'on desire. Elles sont, après les ancres, une des plus grosses pieces de forge qu'on ait coutume de travailler, puisqu'il y en a qui pesent quatre, cinq, six cents, mille, & même plus. On a coutume de fabriquer les plus fortes enclumes dans les grandes forges : on y coule même quelques gros *tas*. Ces enclumes fabriquées dans les forges, étant de pur fer de gueuſe, ſont les plus mauvaiſes.

On trouve communément deux eſpeces d'enclumes chez les marchands ; ſavoir, celles qui ſont de fer forgé, & celles qui ſont faites avec du fer de loupe. Les *loupes* ſont du fer de gueuſe, c'eſt-à-dire du fer fondu qui a été paſſé à l'affinerie, & auquel on a enſuite donné quelques coups de marteau. On forme avec ce fer brut des miſes amorcées en forme de coins, qu'on ajoute au bout d'un ringard, & qu'on ſoude les unes aux autres pour donner la forme à ces enclumes. Nous ne nous étendrons pas ſur ce point, parce que ces ſortes d'enclumes ne ſont pas à beaucoup près auſſi bonnes que celles dont nous allons parler.

Pour faire les bonnes enclumes, on forge & on étire au gros marteau un parallélipipede de fer bien épuré : on y ſoude un *ringard*. On appelle ringard un barreau que l'on ſoude à un morceau de fer pour le manier plus commodément à la forge & ſur l'enclume ; c'eſt une piece poſtiche qu'on retranche après que la piece de fer a été forgée & ſoudée au lieu où elle doit être.

Pour faire une enclume ordinaire, on forge quatre parallélipipedes ſemblables ; enſuite on donne une bonne chaude ſuante aux deux faces qui doivent ſe toucher ; quand deux de ces parallélipipedes ſont bien chauds, on les poſe l'un ſur l'autre, & avec le gros marteau on les ſoude, puis on coupe le ringard ; enſuite on martele la face, & alors la moitié du corps de l'enclume eſt faite. On forge une autre piece pareille ; & en chauffant à ſuer les faces dans deux forges différentes, on les applique l'une ſur l'autre, on les ſoude, & par ce moyen on a un gros parallélipipede qui fait le corps de l'enclume.

Il y a des forgerons qui courent les villages pour radouber & rétablir les enclumes rompues, & il eſt ſingulier que ces gens qui ne portent avec eux que des ſoufflets à vent, parviennent à rétablir toutes les pieces qui manquent à une groſſe enclume : ils font même d'autres ouvrages plus conſidérables ſans le ſecours d'aucune machine. Tout le travail dont nous allons parler eſt le même que celui qui s'exécute avec plus de facilité dans les grandes forges où l'on a des machines ſolidement établies, & des ſoufflets très grands, ce qui rend le travail beaucoup plus aisé.

Le maître forgeron arrive ordinairement avec deux compagnons & ses deux soufflets : comme il travaille presque toujours pour des maréchaux & pour des serruriers, il trouve à emprunter un soufflet à deux vents pour sa petite forge, & une enclume pour forger les mises. On appelle *mise* une piece de fer qu'on forge à part pour lui donner la forme qu'elle doit avoir. On l'*amorce*, c'est-à-dire qu'on étend une de ses parties, pour qu'elle se soude plus exactement au lieu où elle doit être placée. Les mises de loupe sont faites de fer encore brut; les mises de fer forgé sont faites de fer affiné. Il trouve aussi par-tout des ouvriers qui savent manier le marteau : car on forge presque toujours à quatre marteaux pour profiter le plus qu'il est possible des chaudes & ménager le charbon. Ces gens bâtissent assez grossiérement une petite forge qui ressemble en tout aux forges ordinaires.

Leur grande forge mérite plus d'attention. Les forgerons bâtissent un mur qui fait le chevet de la forge, & qui est traversé par les buzes & les tuyeres des soufflets. Devant le mur, ils font avec des pierres, & quelquefois avec des morceaux de bois, le foyer de la forge qu'ils remplissent de cendres & de fraisil, ou plutôt de crasse de forge. Au devant, à une certaine distance du feu, est un gros billot de bois posé debout : il ne doit pas être plus élevé que le foyer de la forge. C'est sur ce morceau de bois qu'on forge les enclumes; car, comme on ne chauffe jamais le corps des enclumes que sur le côté où l'on soude les mises, la face opposée n'est pas assez chaude pour brûler le morceau de bois sur lequel on a soin de jetter de l'eau & des cendres quand il est nécessaire.

Les forgerons ambulants n'ont ni courant d'eau, ni aucune machine ambulante pour faire agir leurs soufflets; néanmoins ils ont besoin d'un vent violent pour chauffer suffisamment d'aussi grosses masses de fer. Pour cet effet ils établissent derriere le mur les deux grands soufflets qu'ils ont apportés avec eux. Ces soufflets ont six à sept pieds de longueur, sur deux pieds six à huit pouces seulement de largeur. Ils ne peuvent pas être plus larges, parceque, comme on les fait agir avec les pieds, en refoulant alternativement les deux panneaux supérieurs, il faut que les pieds puissent être placés à-peu-près au milieu de la largeur de ces panneaux pour les comprimer réguliérement.

Les

Les quatre ouvriers ſont debout l'un devant l'autre ; ils ont un de leurs pieds ſur le panneau ſupérieur du ſoufflet, & l'autre pied ſur le ſoufflet qui lui eſt parallele. On conçoit qu'en levant le pied droit pour porter tout le poids du corps ſur le pied gauche, & enſuite le pied gauche pour porter tout le poids du corps ſur le pied droit, on refoule alternativement les deux ſoufflets. Mais il faut une puiſſance qui faſſe relever les ſoufflets, quand ils ſont déchargés du poids des quatre hommes ; deux perches pliantes font cet office au moyen d'une corde qui lie le haut de chaque perche avec l'extrémité des ſoufflets. Ces perches font la fonction de deux grands reſſorts ; elles relevent les ſoufflets quand ils ſont déchargés du poids des hommes. Lorſque le fer eſt chaud, les ſouffleurs deſcendent de deſſus les ſoufflets pour prendre chacun un marteau ; & quand la miſe eſt en place ils remontent promptement ſur les ſoufflets, afin de ne point laiſſer refroidir le fer, & économiſer le charbon.

Il ne faut pas que le vent des ſoufflets donne ſur le fer quand on veut chauffer ; c'eſt pourquoi le *jaugeur*, c'eſt-à-dire l'ouvrier qui dirige le barreau de fer appellé *jauge*, & qui ſert à manier l'enclume pour la tenir en ſituation ; cet ouvrier, dis-je, ſoutient continuellement l'enclume un peu élevée au deſſus du vent, tandis que l'*attiſeur* fait paſſer du charbon par deſſous.

Il s'agit de joindre enſuite au corps de l'enclume toutes les miſes qui ſont néceſſaires pour en faire une enclume parfaite.

La premiere opération conſiſte à faire différents trous à un des côtés, & au deſſous du corps de l'enclume. Au moyen de ces trous dans leſquels on a paſſé une barre de fer qui répond à un levier de bois, ou à un *ringard volant* qu'on nomme *jauge*, comme nous l'avons dit plus haut, l'ouvrier manie une groſſe maſſe de fer avec beaucoup de facilité. Le jaugeur eſt aſſis ſur ſa jauge pendant que le fer chauffe, & tient l'enclume dans la ſituation qu'il juge la plus convenable.

On tranſporte enſuite à la grande forge le corps d'enclume avec deux *ringards* ; on place ſur les charbons la face qu'il faut chauffer ; quand elle eſt ſuffiſamment chaude, on met une des faces ſur un billot de la grande forge, & avec le mandrin ſur lequel on frappe à coups de maſſe, on fait un trou qui doit avoir trois pouces de profondeur & être régulièrement percé, afin que le barreau de la jauge y puisse entrer bien juste; ensuite on coupe les ringards dont on n'a plus besoin.

On fortifie le devant de l'enclume par une espece de pilastre qu'on nomme l'*estomac* ou la *poitrine*. On martelle la face qui doit être posée sur le corps de l'enclume; & après avoir chauffé à la grande forge une face du corps de l'enclume, & en même temps à la petite forge une des mises, on la soude sur le corps de l'enclume. Il faut que la mise soit bien également chauffée dans toute son étendue, & avoir attention de bien conduire le feu de la grosse forge, pour ne point brûler le fer aux angles du corps de l'enclume.

Le pied, la poitrine ou l'estomac de l'enclume, & la paroi, étant formés & soudés au corps, il faut rapporter aux deux bouts de l'enclume deux pieces qui fassent saillie, ce qui se fait en fondant encore une mise. On fait chauffer à la grosse forge le corps de l'enclume, seulement à l'endroit où l'on doit rapporter la mise : on fait chauffer de même à la petite forge la partie de la mise qui doit être soudée au corps de l'enclume; on y ajoute ensuite une mise composée de deux ou trois pieces de fer soudées ensemble; elle forme par le bas une espece de console, & cette piece se nomme le *talon*. Quand elle est bien soudée, on donne avec la tranche & le marteau la forme convenable à ce talon; il doit être bien solide, parceque, lorsqu'on forge sur l'enclume, cette mise est fréquemment exposée à recevoir de grands coups de marteau.

Voilà l'enclume forgée; il ne s'agit pour la finir que de former la table, c'est-à-dire de couvrir la superficie avec une lame d'acier qui doit être trempée : c'est sur quoi la pratique des ouvriers varie beaucoup.

D'abord il faut couvrir d'une lame de fer forgé les vieilles enclumes qu'on veut recharger d'acier, parceque l'acier se soude mieux avec le fer qu'avec l'acier. Ainsi les uns commencent par couvrir de fer les vieilles enclumes, & d'autres arrangent sur une planche de fer des barreaux d'acier; & en forgeant le tout ensemble, ils ont une table de fer couverte d'une lame d'acier qu'ils rapportent sur l'enclume. Il reste ensuite à tremper les enclumes; pour cet effet on creuse dans la terre un petit fossé; qui, dans un des four neaux, à un pied de profondeur verticale, & qui par un de ses bouts gagne la surface du terrein. On pose de travers sur la partie creuse de ce fossé des barres de fer qui doivent être assez fortes pour supporter l'enclume. Comme il faut que la surface acérée de l'enclume soit fort dure, & qu'elle soit unie, on doit éviter qu'il ne se leve des écailles sur le métal. Pour cela on fait une cage en tôle, dont l'étendue doit être un peu plus grande que la table de l'enclume. On pose la cage de tôle sur les barres qui forment la grille du fourneau : on écrase de l'ail sur la table de l'enclume, & l'on met dans la cage, à l'épaisseur d'environ deux pouces, une composition de suie, de rapures de cornes, &c. ensuite, à cinq ou six pouces du corps de l'enclume, on construit trois petits murs avec des pierres ou des briques.

On arrange ensuite sur les barreaux quelques tortillons de paille entre ces petits murs & l'enclume, & on remplit tout le fourneau avec du charbon de bois. On met de la paille enflammée sous la grille; les charbons s'enflamment & tombent sur la grille où il s'amasse beaucoup de braise; après quoi l'on retire l'enclume de son fourneau pour la jetter dans un cuvier rempli d'eau fraîche.

Les enclumes neuves, entiérement faites de bon fer forgé, se vendent communément dix sols la livre; & les forgerons ambulants achetent les aissieux rompus & les vieilles enclumes de bon fer sur le pied d'un sol ou de cinq à six liards la livre. Mais communément on leur fournit le charbon, le fer & l'acier, & l'on convient avec eux du prix de la façon, qui va à dix écus ou quarante livres pour chaque enclume, suivant le plus ou moins de réparations qu'elle exige.

ENCRE (Art de faire de l'). On entend ordinairement par ce mot toute liqueur noire quelconque, soit liquide, soit huileuse ou solide. Voici les procédés de celles qui sont les plus usitées & les plus connues, que nous diviserons en cinq especes; savoir l'*encre à écrire*, celle d'*imprimerie*, celle d'*imprimeur en taille-douce*, celle de la *Chine*, & celle de *sympathie*. Nous passerons rapidement sur celles auxquelles on a donné improprement le nom d'encre, telles que la *rouge*, la *verte*, la *bleue*, la *jaune* & la *violette*.

I. *Encre à écrire.*

Prenez deux livres de noix de galle; concassez-les, & le

faites bouillir dans six livres d'eau, & mieux encore dans quatre livres d'eau & deux livres de vin blanc qu'il faut préférer à la biere qui rend l'encre trop épaisse ; réduisez le tout à moitié, vous aurez une décoction chargée de couleur jaunâtre & obscure. Coulez avec forte expression, ajoutez-y douze onces de vitriol verd ou blanc, & une once de gomme arabique concassée ; faites fondre à petit feu. Laissez reposer la liqueur ; séparez les feces en la versant doucement dans quelque vaisseau où vous la garderez.

Prenez eau commune de pluie, ou mieux vin blanc, quatre pintes ; noix de galle concassée, une livre ; faites infuser pendant vingt-quatre heures sans bouillir ; ajoutez gomme arabique concassée que vous laisserez dissoudre, six onces ; enfin mettez-y six onces de couperose verte qui donne aussi-tôt la couleur noire ; & passez le tout par un tamis de crin.

Entre tant de recettes d'*encre à écrire*, nous nous contentons d'annoncer ces deux comme les meilleures, & sur-tout la derniere ; le Lecteur pourra choisir & même perfectionner.

L'encre rouge à écrire se fait avec de la rosette rouge délayée dans de l'eau. On peut encore la faire plus belle en se servant d'une forte décoction de bois de Brésil bien chargée, dans laquelle on ajoute de l'alun, de la gomme arabique, pour lui donner de la consistance. Il est facile de faire de la même maniere des encres de différentes autres couleurs en se servant d'une forte décoction des ingrédiens qu'on emploie dans la teinture.

II. *Encre d'imprimerie.*

Cette encre est un mêlange d'huile & de noir ; l'huile se convertit en vernis par la cuisson ; le noir se tire de la poix résine. Trois opérations sont nécessaires pour cette composition.

1°. Faire le vernis.

2°. Faire le noir de fumée.

3°. Mêlanger le vernis avec le noir de fumée.

1°. *De la maniere de faire le vernis.*

Prenez un vaisseau de fer, de fonte ou de cuivre : de

dernier métal il se nomme *poire* parcequ'il en a assez ordinairement la figure ; les autres sont communément des chaudieres ordinaires. De quelque matiere que soit ce vaisseau, il lui faut un couvercle de cuivre qui le ferme exactement à volonté, & que le corps du vaisseau soit armé de deux forts anneaux de fer qui soient plus élevés que le niveau du couvercle qui a aussi le sien : ces anneaux servent à passer un ou deux bâtons au moyen desquels un homme à chaque bout peut sans risque transporter ce vaisseau.

Il est prudent, pour se précautionner contre tous les accidents qui peuvent arriver, de choisir pour faire ce vernis un jardin ou un endroit spacieux éloigné de tout bâtiment.

Si votre poire ou chaudiere peut contenir cinquante livres de vernis, réduction faite, mettez-y cinquante-cinq à cinquante-six livres d'huile de noix ou de lin, les seules propres à faire le bon vernis ; celle de noix mérite la préférence ; les autres, qui sont d'une modique épargne, ne font qu'un vernis très commun qui jaunit & qui ne peut servir qu'à imprimer les livres de la bibliotheque bleue. Observez de ne remplir votre vaisseau qu'au deux tiers au plus, afin que votre huile puisse s'élever sans risque.

Votre vaisseau étant en cet état, bouchez-le très exactement, & le portez sur un feu clair que vous entretiendrez l'espace de deux heures. L'huile étant enflammée, comme cela doit arriver, chargez le couvercle de toiles d'emballage humides & ployées en quatre ou cinq doubles. Il ne faut pas que les toiles soient trop mouillées ; car s'il tomboit malheureusement une goutte d'eau dans l'huile, la flamme deviendroit si violente qu'il seroit très difficile de l'éteindre. Laissez brûler quelque temps votre huile. Ce feu ralenti, découvrez le vaisseau avec précaution, & remuez beaucoup votre huile avec une cuiller de fer : ce mouvement ne peut être trop répété, car c'est de lui que dépend en partie la bonne cuisson. Remettez votre vaisseau sur un feu moins vif ; & dès l'instant que votre huile reprendra sa chaleur, jettez-y une demi-livre de croûtes de pain seches, & six ou sept oignons ; ces ingrédients accélerent le dégraissement de l'huile : recouvrez votre vaisseau & laissez bouillir à très petit feu pendant trois heures ou environ : votre huile doit pour lors être dans un parfait degré de cuisson. Pour vous en assurer, trempez votre cuiller dans l'huile, laissez-en tomber quelques gouttes sur une ardoise ou une tuile. Si cette huile refroidie est gluante & qu'elle s'alonge par fils à mesure qu'on ouvre les doigts, c'est une preuve qu'elle est devenue vernis ; si elle ne fait point cet effet, remettez-la sur le feu jusqu'à ce qu'elle ait acquis cette consistance. Passez votre vernis à plusieurs reprises dans un linge de bonne qualité, ou dans une chausse faite exprès, afin de le clarifier ; conservez-le dans un autre vaisseau.

L'on doit avoir deux sortes de vernis, l'un foible & l'autre fort ; le foible pour le temps froid, le fort pour le temps chaud. Cette précaution est d'autant plus indispensable que souvent l'on est obligé de modifier ou d'accroître la qualité de l'un par celle de l'autre.

Le vernis foible doit être moins cuit & moins gluant que le vernis fort. L'on peut s'en procurer tout de suite en tirant, une heure après que l'on aura mis les croûtes de pain, la quantité d'huile dont l'on croira avoir besoin. Mais le meilleur vernis foible doit se faire au même feu, dans un vaisseau séparé, ayant soin de ne se servir que d'huile de lin, parcequ'à la cuisson elle prend une couleur moins brune & moins chargée que celle de noix, ce qui la rend plus propre à composer l'encre rouge.

Plusieurs Imprimeurs font un secret de la térébenthine & de la litharge qu'ils mêlent dans l'huile pour la faire sécher plus promptement, ce qui est vrai ; mais il en résulte un inconvénient, c'est qu'alors elle s'attache si fortement aux caracteres, qu'il est presque impossible de bien laver les formes, quelque chaude que soit la lessive. Ce secret ne doit être utile que lorsque l'on n'a pas eu la précaution de se conserver d'ancien vernis, & qu'il faut se servir tout de suite du nouveau. On mettra pour lors la dixieme partie de térébenthine que l'on fera cuire séparément en même temps que l'huile & avec les mêmes précautions. On la fera bouillir deux heures ; & pour s'assurer de sa cuisson, on y trempera un morceau de papier : si le vernis se brise comme la poussiere, & qu'il ne reste point attaché au papier, votre térébenthine sera assez cuite. Lorsqu'on a de bonne huile vieille, on peut se dispenser d'employer la térébenthine.

2°. *De la maniere de faire le noir de fumée.*

Le *noir de fumée* est composé de la fumée de la poix résine ; on le ramasse dans une petite chambre bien fermée, que l'on appelle *ſac à noir*, qui doit être placée ſous un hangard éloigné de tout bâtiment, par le danger qu'il y a de mettre le feu aux maiſons voiſines.

Ce *ſac à noir* eſt conſtruit de quatre petits ſoliveaux de trois ou quatre pouces d'équarriſſage & de ſept à huit pieds de hauteur, ſoutenus de chaque côté par deux traverſes; ces dimenſions en tous ſens dépendent de la volonté de celui qui le fait conſtruire, par rapport à la quantité qu'il en veut faire : le deſſus eſt un plancher bien joint & bien fermé; le fond, ou raiz-de-chauſſée, pour plus grande ſureté, doit être ou pavé ou carrelé. Vous réſervez à cette eſpece de petite chambre une porte baſſe pour entrer & ſortir; vous tapiſſez tout le dedans de cette chambre d'une toile neuve, bonne & ſerrée, le plus tendue qu'il eſt poſſible par des clous placés à deux pouces les uns des autres : vous collez enſuite ſur toute votre toile du papier très fort; mais ſi vous voulez que votre ſac dure longtemps, il faut au lieu de papier le garnir de peaux de mouton bien tendues : vous aurez attention de bien calfeutrer les jours que vous appercevrez, afin que la fumée qui fait le noir ne puiſſe ſortir d'aucun endroit.

Ce *ſac à noir* ainſi diſpoſé, on remplit, à un bon pouce près, un pot de fer de poix réſine caſſée par morceaux d'un pouce ou environ; on le met au milieu du *ſac à noir :* ou bien on prépare une quantité de poix réſine que l'on fait bouillir dans un ou pluſieurs pots, ſuivant la grandeur de la chambre; avant qu'elle ſoit refroidie, on y pique pluſieurs cornets de papier ou des meches ſoufrées, & on y met le feu. Lorſque la poix réſine eſt bien allumée, on ferme exactement la petite porte en ſe retirant; & s'il paſſe de la fumée par les jointures, on les fermera hermétiquement avec du papier collé, ou avec du linge.

La poix réſine conſommée, la fumée s'attache à toutes les parties intérieures du *ſac à noir ;* quand il ſera refroidi, vous retirerez les pots & fermerez la porte. Vous pourrez recommencer la même opération tant que vous voudrez; & lorſque vous voudrez ramaſſer votre noir, vous frappez avec des baguettes ſur toutes les faces extérieures, votre noir de fumée ſe détachera, alors vous le ramaſſerez avec un petit balai, & le mettrez dans tel vaiſſeau que vous aurez choiſi, ayant eu ſoin d'y mettre de l'eau au fond, afin que les ordures que le balai auroit ramaſſées puiſſent s'y précipiter : vous releverez votre noir avec une écumoire, & le mettrez dans un autre vaiſſeau propre à le conſerver.

3°. *Du mêlange du vernis avec le noir de fumée.*

Pour bien amalgamer le noir de fumée avec le vernis, l'on prend deux onces & demie ſur ſeize onces ou une livre de vernis; l'œil cependant doit déterminer la teinte; il ſuffit d'être très attentif en les mêlant enſemble avec un bâton fait exprès, de le faire à différentes repriſes, & de les bien remuer & broyer, de façon que le tout faſſe une bouillie épaiſſe qui produiſe une grande quantité de fils quand on la diviſe par parties.

Il eſt d'uſage dans quelques imprimeries de ne mêler le noir de fumée dans le vernis que ſur l'encrier; le ſeul inconvénient qui s'y trouve, c'eſt qu'on ne peut pas trop ſe fier aux compagnons, qui, pour gagner du temps, parcequ'il en faut beaucoup, & ménager leurs bras, ne broieroient pas aſſez ce mêlange, ou qui, fait par pluſieurs mains, ne donneroit pas une teinte égale ni de même force. Il eſt donc plus avantageux d'avoir ſon encre également préparée.

L'Imprimeur aura ſeulement ſoin que ſon encrier ſoit propre, & de broyer ſouvent ſon encre avec le broyoir.

Le noir le plus léger eſt le meilleur que l'on puiſſe employer pour l'impreſſion : ſi l'on en connoît un plus léger que celui du noir de fumée, l'on ſera certain de faire de meilleure encre. Il n'en eſt pas de même du noir d'Imprimeur en taille-douce dont nous allons parler; plus il ſera peſant, meilleur il ſera; la raiſon en eſt ſimple, c'eſt que l'empreinte de l'une eſt en relief, & l'autre eſt en taille creuſe.

Des encres de couleurs.

L'*encre rouge* eſt néceſſaire pour l'impreſſion des breviaires, diurnaux, & autres livres d'égliſe; on l'employoit autrefois pour des cadres & des titres de livres, mais on eſt revenu de ce mauvais goût.

On ſe ſert pour la compoſition de cette encre d'un vernis foible fait avec l'huile de lin, parcequ'elle noircit moins à la cuiſſon que celle de noix; on broie le plus fin qu'il eſt possible du vermillon en poudre bien sec dans un encrier réservé à cet usage ; on y met un peu de vernis & de vermillon que l'on remue & écrase bien avec le broyoir ; on recommence cette opération suivant la quantité qui est nécessaire. Il faut, par exemple, une demi-livre de vermillon sur une livre de vernis. Si l'on veut que le rouge soit beau, on y ajoute un gros & demi de carmin que l'on mêlange bien. On peut donner du brillant au rouge en faisant infuser pendant vingt-quatre heures gros comme une noix de colle de poisson dans trois ou quatre cuillerées d'esprit de vin ou d'eau-de-vie. Il faut avoir grande attention que l'encre ne soit ni trop forte ni trop foible. Si l'on ne consomme pas tout le rouge, il faut le couvrir d'eau en inclinant l'encrier.

L'on peut faire aisément des encres de différentes couleurs en substituant au vermillon d'autres ingrédients. On pourroit faire de l'*encre verte* avec le verd de gris calciné & préparé ; de la *bleue* avec le bleu de Prusse ; de la *jaune* avec l'orpin ; de la *violette* avec de la laque fine calcinée ; & ainsi des différentes autres couleurs, en y mêlant du blanc de céruse en proportion des teintes que l'on veut donner.

III. *Encre d'imprimeur en taille-douce.*

On se sert à-peu-près pour faire cette encre des mêmes procédés que pour celle de l'imprimerie en lettres.

Ayez une bonne marmite de fer avec un couvercle qui la ferme très exactement ; mettez-y la quantité que vous voudrez d'huile de noix pure ; qu'il s'en manque cependant de quatre à cinq doigts qu'elle ne soit pleine ; fermez-la de son couvercle ; mettez la marmite sur un bon feu que vous aurez fait dans une cour ou un jardin ; remuez souvent avec une cuiller de fer, de crainte que l'huile, en s'échauffant ou en bouillant, ne surmonte & ne déborde. Si, lorsqu'elle est bien chaude, le feu ne s'y met pas de lui-même, jettez-y un morceau de papier allumé ; lorsqu'elle sera allumée, retirez la marmite du feu ; laissez brûler l'huile que vous remuerez toujours pendant une bonne demi-heure & plus ; étouffez-la ensuite avec le couvercle sur lequel vous jetterez des linges mouillés ; vous aurez la premiere huile que l'on nomme foible. Pour l'avoir forte, vous la laisserez brûler jusqu'à ce qu'elle soit devenue gluante comme un ſyrop très fort. Vous pouvez, pour la dégraiſſer, jetter des croûtes de pain & un ou pluſieurs oignons pendant que l'huile brûle.

Du noir d'imprimeur en taille-douce.

La qualité du bon noir eſt d'avoir l'œil & la couleur de velours, qu'en le froiſſant entre les doigts il s'écraſe & ſoit doux comme de la craie. Le meilleur, que l'on appelle *noir d'Allemagne*, nous vient de Francfort où il y a de très beaux pins. Il s'y fait en grand par le même procédé dont nous venons de parler à l'article du *noir de fumée*. Celui que l'on fait à Paris avec de la lie de vin brûlée eſt rude & graveleux; ſon uſage fatigue beaucoup les planches parcequ'il les uſe fortement.

De la maniere de broyer le noir.

Ayez un marbre & une molette, & écraſez-y la quantité de noir que vous voulez broyer; prenez de l'huile foible & arroſez-en peu à peu le noir; obſervez de ne pas mettre trop d'huile à la fois: le noir veut être broyé le plus à ſec qu'il eſt poſſible. Cette premiere détrempe faite, retirez avec le couteau, ou l'amaſſette, le noir ſur un des angles de la pierre; & reprenez peu à peu le noir qui n'a été broyé qu'en gros; étendez-le de nouveau ſur toute la pierre en repaſſant la molette en tous ſens, juſqu'à ce que le broiement & l'affinage ſoient achevés.

Relevez derechef ce noir, donnez le même apprêt à celui que vous aurez détrempé; puis remettez le tout au milieu de la pierre en y ajoutant en deux ou trois tours de molette une certaine quantité d'huile forte. Sur une demi-livre de noir, par exemple, vous mettrez un demi-ſeptier d'huile foible contre la groſſeur d'un petit œuf de poule d'huile forte.

Lorſque les planches ſont uſées, ou que la gravure en eſt foible, il faut moins d'huile forte: un peu d'uſage & d'expérience doivent diriger la quantité.

Il faut obſerver que l'on ne ſauroit trop broyer le noir avec l'huile pour le bien mêlanger, & que l'on en doit broyer très peu à la fois dans le commencement.

IV. *Encre de la Chine.*

Cette encre eſt compoſée de noir de fumée réduit en petites tablettes un peu plus longues que larges, de deux ou trois lignes d'épaiſſeur, qu'on détrempe avec de l'eau pour écrire, deſſiner & laver des plans. On prétend que le noir que les Chinois y emploient eſt fait de fumée de graiſſe de cochon brûlée à la lampe, auquel ils mêlent de la gomme & quelques odeurs agréables.

Quelque bien qu'on la contrefaſſe en France & en Hollande, il eſt aiſé de reconnoître la véritable à l'impreſſion des figures, encore mieux à la couleur & à l'odeur. La véritable eſt très noire & d'une odeur agréable; la contrefaite eſt griſâtre, & d'une odeur plus mauvaiſe que bonne.

Le journal économique du mois de Juillet 1752 a publié, ſous la bonne foi d'un Indien Portugais, cette recette comme la véritable. Pour faire l'encre de la Chine on prend, dit-il, des noyaux d'abricots dont on a ôté les amandes; & après en avoir fait un paquet entre deux feuilles de choux qu'on lie en tous ſens avec du fil de fer ou de laiton, on les met dans un four aſſez chaud pour cuire du pain, ou dans l'âtre de la cheminée déja échauffée, ſous des cendres ſur leſquelles on fait du feu pour réduire ces coques d'abricots en un charbon bien conſumé, ſans qu'elles aient brûlé ni jetté de flamme. Ce charbon réduit en une poudre impalpable dans un mortier couvert de peau, on la paſſe dans un tamis très fin. Pendant qu'on procede à cette pulvériſation, on fait fondre dans de l'eau où l'on a mis un peu d'eſſence de muſc, aſſez de gomme arabique pour épaiſſir un peu cette liqueur: de cette eau & de la poudre ci-deſſus miſes en une certaine quantité ſur un marbre poli, on en fait avec la *molette*, ou pierre qui ſert à broyer, une pâte qu'on laiſſe ſécher dans de petits moules de cartes enduits de cire blanche pour que la pâte ne s'y attache pas. Le même journal économique indique un autre ſecret pour faire l'encre de la Chine, qui a été publié par un pilote Anglois arrivé de la Chine à Gotembourg. Comme il differe peu du premier, nous renvoyons à la lecture de ce journal.

L'éloignement où nous ſommes de cet empire, & l'attention qu'ont les Chinois à ne pas communiquer leurs ſecrets, ne permettent pas d'aſſurer ſi la compoſition donnée par ce journal est la même que celle des Chinois, & si ce peuple ne varie pas dans la maniere de faire son encre : en tout cas, ceux qui voudront en faire l'expérience pourront se conformer à la recette qui leur conviendra le mieux.

V. *Encre de sympathie.*

Cette encre se fait avec diverses liqueurs au moyen desquelles on trace sur le papier des caracteres qui ne paroissent pas, & qu'on ne peut lire qu'en y appliquant un secret qui leur donne une couleur différente de celle du papier. Il y a tant de manieres de faire cette encre, que le détail en seroit trop long sans être intéressant.

ENFILEUR. Nom de l'ouvrier qui n'est occupé qu'à passer les têtes d'épingle dans les *branches* (c'est ainsi qu'on nomme le corps de l'épingle lorsqu'une de ses extrémités est en pointe & que l'autre est prête à recevoir la tête), & qui les prépare à être pressées entre les deux *teloirs*, ou machines qui servent à frapper les têtes des épingles.

ENJOLIVEUR. Quoique ce nom convienne en général à tous ceux qui ajustent, parent, ornent, ou enrichissent quelque ouvrage; il est particulier aux plumassiers, doreurs de cuirs, bouquetiers, qui, dans leurs statuts, prennent le nom d'enjoliveurs, ainsi que les patenôtriers & boutonniers: *voyez* ces mots.

ENLUMINEUR. C'est un peintre en détrempe qui applique des couleurs sur des desseins, des images, des cartes, des éventails, des écrans, &c. détrempées dans de l'eau avec de la gomme.

Quelquefois ces ouvriers *rehaussent* les ouvrages qu'ils veulent enluminer, ils y appliquent de l'or & de l'argent moulu qu'ils brunissent avec la dent de loup. Quoiqu'ils n'aient jamais manié ni burin ni pointe, ils s'honorent du titre de *graveurs d'images* en bois & en cuivre; ils peuvent tenir boutique ouverte, vendre des estampes & des papiers de tapisserie.

Quelques particuliers ayant obtenu au mois d'Octobre 1607 des lettres-patentes en forme d'édit pour l'érection en maîtrise jurée de l'art d'Enlumineur en la ville de Paris, la communauté des peintres & sculpteurs forma opposition à la vérification & l'enregistrement de ces lettres, &, le 28 Mars 1608, obtint une sentence portant défense d'ériger et art en maîtrise. Depuis ce temps les Enlumineurs furent réunis aux peintres, qui, en conséquence, ont ajouté à leurs qualités celle d'Enlumineurs : *voyez* PEINTRE.

ENTERLOPE : *voyez* INTERLOPE.

ENTETEUR : *voyez* ÉPINGLIER.

ÉPERONNIER. L'Eperonnier est l'artisan qui forge, qui construit & qui vend des éperons, des mords de toute espece, des mastigadours, des filets, des bridons, des cavessons, des étriers, des étrilles, des boucles de harnois, &c.

L'art de l'Eperonnier, presque aussi ancien que l'usage de monter à cheval, ne fut pas aussi composé dans l'ancien temps qu'il l'est aujourd'hui. Les anciens se contentoient d'armer leur talon d'une petite pointe de fer pour hâter la marche des chevaux paresseux ; tels étoient ceux dont font mention les auteurs de la plus haute antiquité. On voit même dans une gravure de l'*Antiqué expliquée* du Pere Montfaucon, que les éperons des anciens n'étoient qu'une pointe attachée à un demi cercle de fer qui s'ajustoit dans les chaussures qui étoient pour lors en usage. Dans nos anciens maneges on se servoit autrefois d'un aiguillon pour faire hausser le derriere du cheval dans les sauts ; mais comme cette méthode décourageoit certains chevaux, les rendoit rétifs ou vicieux, on lui substitua une molette énorme, placée au bout d'un manche de bois, qu'on abandonna encore pour la remplacer par les éperons que nous connoissons.

Les Eperonniers ont droit de dorer, argenter, étamer, vernir, mettre en violet ou en couleur d'eau leurs ouvrages. Ils peuvent aussi faire toutes sortes de boucles d'acier ; mais ordinairement ils ne se livrent pas à ce genre de travail.

L'*éperon* est une piece de fer, ou une sorte d'aiguillon, quelquefois à une seule pointe, communément à plusieurs, dont chaque talon du cavalier est armé, & dont il se sert comme d'un instrument propre à aider le cheval dans de certains cas, & le plus souvent à le châtier dans d'autres.

L'éperon peut être fait de toute sorte de métal. Il doit être ébauché à la forge, fini à la lime douce, s'il est de fer, & ensuite doré, argenté ou étamé, & bruni ; s'il est d'autre métal, on le mettra en couleur & on le brunira de même : c'est le moyen de le défendre plus long-temps contre les impressions qui peuvent en ternir l'éclat, & hâter sa destruction.

On fait des éperons de différentes façons ; mais les plus commodes & les plus en usage sont ceux qu'on appelle *éperons brisés*, & dans lesquels on distingue le *collier*, les *branches*, le *collet* & la *molette*. Le collier est cette espece de cerceau qui embrasse le talon. Il y a des Eperonniers qui l'appellent le *corps de l'éperon*. Les branches qu'ils nomment alors les *bras*, sont les parties de ce même collier, qui s'étendent des deux côtés du pied jusques sous la cheville. Le collet est la tige qui semble sortir du collier, & qui se prolonge en arriere. Enfin la molette n'est autre chose que cette sorte de roue qui est engagée comme une poulie dans le collet refendu en chape, & qui est refendue elle-même en plusieurs dents pointues.

Le collier & le collet, & quelquefois les branches, sont tirés de la même piece de métal, par la forge ou par le même jet de fonte. Ce collier & ces branches doivent être plats en dedans, les arêtes doivent en être exactement abattues & arrondies. Quant à la surface exrérieure, elle peut être à côtes, à filets, ou ornée d'autres moulures. La largeur du collier doit être de cinq ou six lignes à son appui sur le talon, & doit diminuer insensiblement, de maniere qu'elle soit réduite à deux ou trois lignes à l'extrémité de chaque branche. Cet appui doit être fixé à l'origine du talon, directement au dessous de la saillie du tendon d'Achille.

Du reste, il est nécessaire que le collier & les branches soient sur deux plans différents, c'est-à-dire que le collier embrasse parfaitement le talon, & que les branches soient légérement rabaissées au-dessous de la cheville, sans qu'elles s'écartent néanmoins de leur parallélisme avec la plante du pied ; parallélisme qui fait une partie de la grace de l'éperon. Elles doivent de plus être égales dans leurs plis & en toutes choses dans la même paire d'éperons ; mais elles sont souvent terminées diversement dans différentes paires. Dans les unes, elles finissent par une platine quarrée de dix lignes ; cette platine est verticale & refendue en une, & plus fréquemment en deux chasses longues, égales, paralleles & horizontales, au travers desquelles, dans ce cas, une seule courroie passe de dedans en dehors, & de dehors en dedans, pour ceindre ensuite le pied, & pour y assujettir l'éperon. Dans les autres, chaque carne de leurs extrémités donne naissance à un petit œil de perdrix qui est plat. Le supérieur est plus éloigné de l'appui que l'inférieur, quoiqu'ils se ouchent en un point de leur circonférence extérieure. Dans chaque œil de la branche intérieure est assemblé mobilement, par S fermée ou par bouton rivé, un membret à crochet ou à bouton. Dans l'œil inférieur de la branche extérieure est assemblé de même un autre membret semblable aux deux premiers : l'œil supérieur de cette même branche porte par la chape à S fermée ou à bouton rivé, une boucle à ardillon. Les deux membrets inférieurs saisissent une petite courroie qui passe sous le pied, & que, par cette raison, on appelle le *sous-pied;* ces deux membrets saisissent cette courroie par ses bouts qui sont refendus en boutonnieres, tandis que le membret supérieur & la boucle en saisissent une autre fort large dans son milieu, qui, passant sur le coude-pied, doit être appellée le *sus-pied.* En engageant le bout plus ou moins avant dans la boucle, on assujettit plus ou moins fermement l'éperon.

Le membret à S est le plus commun; il est banni des ouvrages de prix. Ce n'est autre chose qu'un morceau de fer long d'environ vingt lignes contourné en S.

Le membret à bouton est plus recherché; c'est une petite lame de métal arrondie par plan à ses deux extrémités; elle est ébauchée du double plus épaisse qu'elle ne doit rester.

Dans la construction de l'éperon en général, la forme de la molette est ce qui mérite le plus d'attention. Il ne s'agit pas d'estropier, de faire des plaies au cheval, d'en enlever le poil; il suffit qu'il puisse être sensible à l'aide & au châtiment, & que l'instrument destiné à cet usage soit tel que, par son moyen, on puisse remplir cet objet. Une molette refendue en un grand nombre de petites dents devient une scie. Une molette à quatre pointes est défectueuse, en ce que l'une de ces pointes peut entrer jusqu'à ce que les côtés des deux autres, en portant sur la peau, l'arrêtent; si elle est longue, elle atteindra jusqu'au vif; si elle est courte, il faut que les trois autres le soient aussi; & dès lors si elles se présentent deux ensemble, elles ne font qu'une impression qui est trop légere. La molette à cinq pointes paroît plus convenable, pourvu que la longueur de ces pointes n'excede pas deux lignes.

Les éperons étoient autrefois une marque de distinction, dont les gens de la Cour étoient même jaloux. Plusieurs Ecclésiastiques, peu empressés à édifier le peuple par leur modestie, en portoient à leur imitation. En 816, Louis le

Débonnaire crut devoir réprimer cette vanité puérile, qui cherche toujours à se faire valoir & à se faire remarquer par de petites choses.

Au *polissoir* ou *brunissoir* près, dont les Eperonniers se servent pour polir & brunir leurs ouvrages étamés, leurs outils sont les mêmes que ceux des serruriers. Le polissoir est composé de deux pieces principales, de l'archet, & de celle qu'on nomme le *polissoir*. L'archet est de fer, il est long d'un pied & demi, est recourbé par les deux bouts, dont l'un est emmanché dans du bois pour lui servir de poignée, & l'autre est fait en crochet pour y recevoir un piton à queue; au milieu de l'archet est le polissoir qui est une petite piece d'acier ou de fer bien acéré, large par en bas de deux pouces, & longue de trois, qui est rivée à l'archet & qui le traverse.

Lorsqu'on veut se servir de cet outil, on enfonce la queue du piton de l'archet dans un trou d'un morceau de bois, qu'on appelle *bois à polir*, & qui est engagé dans un étau alors l'ouvrier prend de la main droite le manche de l'archet, & de la gauche l'ouvrage qu'il veut polir, & qui est appuyé sur l'extrémité arrondie du bois, & ne cesse d'y passer le polissoir qui tient à l'archet, jusqu'à ce que l'ouvrage étamé ait ce brillant qu'on appelle *poli* ou *brunissure*.

La communauté des maîtres Eperonniers de la ville & fauxbourgs de Paris est fort ancienne. Quoiqu'il n'y ait pas longtemps qu'elle y soit connue sous ce nouveau nom, elle est la même que celle des Selliers-Lormiers, qui anciennement étoit composée de *Lormiers-Eperonniers*, dont l'établissement de la maîtrise remonte au douzieme siecle.

Pour être reçu maître dans cette communauté, qui est aujourd'hui composée à Paris de vingt-trois maîtres, il faut faire apprentissage pendant quatre années, & servir cinq autres années chez les maîtres en qualité de compagnon.

EPICIER. L'Epicier est, à proprement parler, le marchand qui fait le commerce d'épicerie & de droguerie simple; mais il a aussi le droit de vendre une quantité d'autres choses qui ne peuvent pas être réputées épicerie ou droguerie.

Le commerce de l'épicerie s'est fait originairement par les Chandeliers vendeurs de suif; mais s'étant considérablement augmenté sous François premier, il passa entre les mains d'un corps de marchands qui devint le second des six Corps. Ce Prince, par lettres-patentes du 12 Avril 1520, leur confirma

firma la qualité d'Epiciers simples, & leur défendit de rien entreprendre sur le corps de l'apothicairerie.

Par un arrêt contradictoire du Parlement, du 11 Juillet 1742, ils ont obtenu les titres d'Epiciers droguistes & d'Epiciers grossiers, au lieu de celui d'Epiciers simples qu'ils avoient précédemment.

Le principal objet du commerce de ce corps est la vente en gros & en détail de toutes les épices & de toutes les drogues simples qui s'emploient dans les aliments, dans la médecine & dans les arts.

Sous le nom d'*épices* ou *épiceries*, on comprend toutes les substances végétales étrangeres qui ont une saveur ou une odeur propre à les rendre d'un usage utile ou agréable; tels sont, parmi les fruits, la muscade, le girofle, le café, les différentes especes de poivre, le cacao, les pistaches, les dattes, le citron, la bergamote; parmi les fleurs, celles du safran du Levant, celles du grenadier, appellées *balaustes*, & celles de l'oranger; parmi les feuilles, celles des différentes especes de thé, celles du dictame & du laurier; parmi les graines ou semences, celles des différentes especes d'anis, de fenouil, de carvi, de cumin. Certains bois, certaines tiges, quelques écorces, & même quelques racines, sont aussi comptées au nombre des épiceries. Nos commerçants les reçoivent pour la plus grande partie des Hollandois, maîtres des principaux cantons de l'Inde où l'on recueille ces riches productions de la nature.

Sous le nom de *drogues* ou *drogueries*, on comprend principalement celles des substances des trois regnes de la nature qui sont employées pour les usages de la médecine & des arts, & qui nous viennent aussi, pour la plupart, des pays étrangers, sur-tout du Levant & des Indes orientales.

Ce n'est que depuis le renouvellement de la navigation par l'invention de la boussole, & sur-tout depuis que les Portugais ont ouvert de nouvelles routes pour passer aux Indes, en doublant le cap de Bonne-Espérance, que les épices sont devenues d'un usage familier en Europe: elles passoient même dans ces commencements pour être si précieuses, qu'elles faisoient un des principaux ornements des grandes fêtes: dans les festins de noces, l'épouse en présentoit à toute l'assemblée, & l'on se conformoit aussi à cet usage dans les réjouissances des universités; enfin on croyoit que rien n'étoit plus propre à pouvoir être présenté avec bienséance aux Magistrats, après la décision d'un procès; & de là est venu le nom d'*épices du Palais*. Depuis cette époque, l'épicerie a été une des plus belles branches du commerce; & en se conciliant le trafic de la droguerie, elle est devenue la plus immense & la plus importante partie du négoce.

Une trop grande chaleur est très contraire aux épiceries: lorsqu'elles y sont exposées, elles deviennent tellement seches, particuliérement le clou de girofle, qu'en peu de jours elles perdent dix à douze pour cent de leur poids; c'est pourquoi il faut les tenir dans un lieu frais, afin qu'elles déchettent moins.

D'ailleurs, comme nous l'avons dit, le commerce des marchands Epiciers n'est pas uniquement restreint à ces deux grands objets: on leur a permis, en différents temps, d'étendre leur commerce à un grand nombre de petits objets de détail, qu'il est en effet utile & commode de pouvoir trouver dans un seul & même magasin. Ils vendent ces derniers objets en concurrence avec d'autres corps ou communautés, mais à certaines conditions qui tendent toutes ou à conserver les droits de ces diverses professions ou à assurer le service du Public & une bonne police. Nous croyons qu'il ne sera pas inutile de donner ici une courte notice des arrêts & réglements qui concernent tous ces différents objets.

Par un arrêt du Parlement du 8 Août 1620, il a été permis aux Epiciers de vendre, conjointement avec les taillandiers, cloutiers, serruriers, maréchaux & éperonniers, du fer ouvré & non ouvré, & de vendre aussi du charbon de terre, comme les merciers.

Par un arrêt contradictoire du Parlement du 6 Septembre 1731, il est permis aux marchands Epiciers de faire venir, vendre & débiter, tant en gros qu'en bouteilles coeffées, toutes sortes de ratafias & de liqueurs de table, & d'eaux spiritueuses, d'odeur, & aussi de préparer des fruits confits à l'eau-de-vie, en gros & en bouteilles entieres seulement; de fabriquer le chocolat, & de distiller des eaux-de-vie & autres liqueurs. Les mêmes privileges sont confirmés par un arrêt contradictoire du Parlement du 5 Juillet 1738, qui les maintient dans le droit de vendre de l'eau-de-vie en gros & en détail, & même de la donner à boire chez eux, mais sans qu'on puisse s'attabler dans leurs boutiques. Par ce même arrêt, il leur est permis de vendre du café en feve &

non brûlé, & le thé en feuille & non en boisson. Ces arrêts de 1731 & 1738 sont confirmés par un arrêt du Conseil d'Etat du Roi.

Par un arrêt du Parlement du 23 Février 1740, il ne leur a été permis de vendre, comme les grenetiers, en gros & en détail, des graines légumineuses seches, qu'à condition qu'ils seroient obligés de mettre le tiers desdites marchandises sur le carreau de la halle, pour y être vendues, afin de garnir le marché conjointement avec les grenetiers. Les marchands Epiciers ne peuvent faire l'acquisition de ces denrées, qu'au-delà de vingt lieues de Paris, & ne peuvent les vendre qu'aux bourgeois, & dans les heures indiquées par les statuts & réglements des grenetiers.

Par un arrêt du 11 Juillet 1742, il leur a été permis de vendre, conjointement avec les apothicaires, toutes les drogues simples, & les quatre grandes compositions foraines; savoir, la *thériaque*, le *mithridate*, les *confections alkermès* & d'*hyacinthe*, ensemble toutes les préparations chymiques indistinctement, même celles qui ne servent qu'à la médecine, mais à condition de les tirer de la province ou de l'étranger. L'arrêt du 11 Juillet 1764 confirme les dispositions du précédent; mais il leur fait défenses d'entreprendre sur les autres branches du travail des apothicaires, de préparer & de vendre aucune composition ou préparation de pharmacie galénique, à peine d'amende & de fermeture de leur boutique pour six mois, ou même pour toujours en cas de récidive. D'ailleurs, comme la maniere de préparer les drogues chymiques destinées au service des arts est bien différente pour les soins, pour la propreté, pour l'exactitude, de celles qui doivent être employées dans la médecine, on a craint les inconvénients qui pourroient résulter de l'usage médicinal de ces drogues ainsi préparées pour les arts; & le Parlement a en conséquence ordonné, pour la sureté publique, par les deux arrêts qu'on vient de citer, que les compositions chymiques que les Epiciers feroient venir de la province ou de l'étranger, seroient envoyées au bureau des apothicaires pour y être visitées par les Gardes de l'Apothicairerie, conjointement avec les Médecins.

Par une sentence de Police du 13 Août 1745, il leur est défendu d'avoir chez eux plus de trente pintes de vinaigre; mais il leur est permis d'en vendre une pinte à la fois.

Par un arrêt du Parlement du 9 Mai 1743, il leur a été

permis de vendre en gros, en tonne ou en barique, des jambons & autres chaircuiteries venant de Bayonne, Mayence, Bourdeaux, & des villes des environs.

Enfin, par différents réglements, dont nous n'avons point la date, il leur a été permis, 1°. de vendre des couleurs servant à la peinture, mais brutes, & non prêtes à être employées, réservant aux maîtres peintres le droit de les broyer & de les mêlanger; c'est ce qui a engagé plusieurs Épiciers à se faire recevoir peintres, afin d'avoir le droit de préparer ainsi les couleurs; 2°. de vendre des bouchons fabriqués dans la province ou chez l'étranger; 3°. de vendre des citrons, bergamotes, cédrats, mais à condition de ne les débiter qu'en gros, & point en détail; 4°. de vendre du papier en détail, c'est-à-dire moins qu'une rame à la fois; 5°. de vendre du parchemin, mais en rognures seulement, & non en feuilles.

Par un édit de Louis XIV, du mois de Juillet 1682, & registré en Parlement le 31 Août de la même année, il est défendu aux Épiciers, ainsi qu'aux apothicaires, d'avoir dans leurs magasins aucun poison naturel ou artificiel, à moins qu'il ne soit d'usage dans la médecine ou dans les arts, comme l'*arsenic*, le *réalgal*, l'*orpiment* & le *sublimé corrosif*. Il est défendu par cet édit de débiter ces sortes de marchandises à d'autres qu'aux médecins, chirurgiens, maréchaux, teinturiers, & autres personnes qui par leur état sont dans le cas d'en employer. Il est enjoint aux marchands qui ont droit de vendre des poisons, de les tenir toujours enfermés dans un lieu dont ils doivent porter la clef sur eux; de les débiter eux-mêmes, & d'avoir un registre pour inscrire la date du jour, & la quantité qu'ils en mettent en vente. Il doivent aussi tenir note par date de la quantité qu'ils en vendent, & à qui ils les livrent, & faire tous les ans une collation pour s'assurer que tout ce qu'ils avoient mis en vente a été réellement employé ou vendu.

Pour être reçu dans le corps de l'Épicerie, il faut être François ou naturalisé, & faire trois ans d'apprentissage, & trois ans de compagnonage.

La réception de l'Épicier est très simple: il n'est assujetti à aucun examen ni chef-d'œuvre; il présente aux Gardes en charge son brevet d'apprentissage, quittancé, avec un certificat qui atteste le temps fixé pour le compagnonage, & il est admis. Les Gardes le conduisent chez M. le Procureur du Roi pour prêter serment ; & ils lui délivrent ensuite une lettre de maîtrise, signée des trois Gardes Apothicaires & des trois Gardes Épiciers.

Les statuts des Épiciers ont été confirmés par lettres-patentes de plusieurs de nos Rois, entr'autres de Henri IV en 1594, & de Louis XIII en 1611 & 1624. Dans les cérémonies publiques, les Gardes de ce corps ont droit de porter la robe consulaire. *Voyez* les articles APOTHICAIRE, CIRIER, & CONFISEUR.

Les Gardes Épiciers sont chargés de l'étalon des poids ; & ils sont autorisés à faire des visites générales chez tous les marchands qui font usage de poids, pour confronter à cet étalon les poids & les balances dont ils se servent. Mais les Épiciers sont tenus eux-mêmes de faire vérifier de six en six ans les poids qu'ils ont en dépôt, avec l'étalon ou poids original de France, appellé *poids de Charlemagne.* Ce poids, depuis qu'il existe, est déposé à la Cour des Monnoies de Paris, où il est gardé dans un coffre fermant à trois clefs, dans la chambre dite la *chambre des poids.* Ce poids, qui est l'étalon de tous ceux dont on se sert dans le royaume, est de cuivre jaune, & divisé en quatorze pieces ou diminutions graduées qui entrent les unes dans les autres, & qui sont toutes renfermées dans un étui.

Avant François I. les étalons des poids pour l'or & l'argent étoient gardés dans le palais des Rois de France ; mais ce Prince ordonna, en 1540, qu'ils seroient déposés & gardés en la chambre des Monnoies, où ils sont restés depuis. C'est à la Cour des Monnoies que l'on doit s'adresser présentement pour faire étalonner tous les poids qui servent à peser les métaux & autres marchandises, c'est-à-dire les poids de trébuchet, les poids de marc & les poids massifs de cuivre ; ensuite on les marque d'une fleur de lis ; savoir, ceux de Paris en présence de l'un des Conseillers de la Cour, commis à cet effet ; & ceux des autres villes en présence des Juges-Gardes des Monnoies, ou autres Juges commis par la Cour. Il y a pour cet effet dans tous les Hôtels des Monnoies du royaume des poids étalonnés sur ceux de la Cour des Monnoies de Paris.

L'étalon des poids de marc de France a toujours été si estimé pour sa justesse & sa précision, que les nations étrangeres ont quelquefois envoyé rectifier leurs propres étalons sur celui de la Cour des Monnoies. C'est sur ce poids qu'est étalonné celui qui sert à vérifier tous les poids de l'Empire & de l'Allemagne. La derniere vérification des poids de l'Empire a été faite en présence de l'Ambassadeur de l'Empereur, qui se rendit exprès en la Chambre des poids le 20 Février 1756.

Outre le poids étalon original, dont nous venons de parler, il y en a un autre étalonné sur le premier, & qu'on appelle le *second poids original.*

C'est sur ce dernier poids que doivent être vérifiés ceux dont se servent les Maîtres & Gardes du Corps de l'Épicerie & les maîtres apothicaires, lorsqu'ils font leurs visites générales chez les marchands, ouvriers, & artisans qui vendent leurs ouvrages & marchandises au poids. Cette vérification se fait en présence de deux Conseillers de la Cour à ce commis. C'est de même sur ce poids que doivent être étalonnés tous ceux qui sont fabriqués par les maîtres balanciers & ajusteurs de poids & balances, en présence du conseiller-commissaire aux poids, qui, pour preuve de leur justesse, les fait marquer du poinçon sur lequel est gravée une fleur de lis : *voyez* BALANCIER.

Il y a aussi au Châtelet un poids étalonné, qui a été vérifié sur celui de la Cour des Monnoies, le 6 Mai 1694, en vertu d'un arrêt du Parlement.

Les Epiciers ne peuvent point faire l'apothicairerie, ni avoir chez eux aucun garçon qui se mêle de la composition des remedes, les vendre ni débiter, qu'ils n'aient observé toutes les formalités requises pour parvenir à la maîtrise de l'art de pharmacie. Il leur est défendu sous des peines rigoureuses de vendre aucune drogue sophistiquée, éventée ou corrompue, des poudres & criblures d'épiceries, non plus que des cires grasses & gommes mixtionnées.

Le tarif de 1664 a distingué les droits d'entrées des autres marchandises d'avec les drogueries & épiceries qui doivent payer relativement à leurs poids.

ÉPINGLIER. L'épingle est un bout de fil de laiton tiré à la filiere, coupé d'une certaine longueur, qui a une tête d'un côté & une pointe de l'autre. Son usage est d'attacher des habits, du linge, des coeffures, sans les endommager : les femmes en consomment une grande quantité pour leurs ajustements. La perfection d'une épingle exige bien de opérations ; & la célérité avec laquelle elles s'exécutent est surprenante.

Quoique de tous les ouvrages méchaniques l'épingle soit le plus mince, le plus commun & le moins précieux, c'est peut-être celui qui demande le plus de combinaisons ; tant il est vrai que l'art, ainsi que la nature, étale ses prodiges dans les plus petits objets, & que l'industrie est aussi bornée dans ses vues qu'elle est admirable dans ses ressources. Qui s'imagineroit qu'une épingle éprouve dix-huit opérations avant que d'entrer dans le commerce ? On commence par jaunir le fil de laiton qui vient tout noir de la forge, & qui est en *torques* ou paquets faits comme un collier ; on tire ensuite ce fil à la bobille, on le dresse, on coupe la dressée, on empointe, on repasse, on coupe les tronçons, on tourne les têtes, on coupe les têtes, on amollit les têtes, on frappe les têtes, on jaunit les têtes qui ont été noircies au feu, on blanchit les épingles : quoique celles d'Angleterre soient très blanches, celles de Bourdeaux ont un avantage sur elles par l'éclat & la durée de la blancheur, parcequ'on y mêle du tartre dans le blanchissage. Enfin on étame les épingles, on les seche, on les vanne, on pique les papiers, & on *boute* les épingles, c'est-à-dire qu'on les place dans le papier.

Les Epingliers achetent le laiton en botte ; ils le passent à la filiere pour lui donner la grosseur que doit avoir l'épingle ; ils le *décapent*, c'est-à-dire qu'ils le nettoient avec du tartre, le fil de laiton étant toujours sale lorsqu'on le livre aux ouvriers. On fait aussi des épingles avec du fil de fer, mais qui sont de moindre prix & moins estimées que celles de fil de laiton.

La filiere est une piece de fer ou d'acier, plus longue que large, percée à jour de plusieurs trous qui vont toujours en diminuant de grosseur, & par lesquels on fait passer le laiton pour calibrer exactement le fil, & le préparer suivant l'épingle qu'on veut faire ; on appelle le fil destiné à faire le corps des épingles *fil à moule*, & celui qui est destiné à faire les têtes *fil à tête*.

Le cuivre rouge n'est pas propre à faire des épingles ; elles ne seroient point assez dures. Les métaux où il y a de l'alliage sont toujours plus roides que les autres ; aussi emploie-t-on avec plus de succès le laiton, qui est un composé de cuivre & de pierre calaminaire. Les marchands de

Paris tirent presque tout le laiton de l'Allemagne ; car nos mines ne fournissent pour ainsi dire rien au royaume. On préfere celui qui est de couleur blonde & qui n'est point pailleux. A l'égard du fil de fer, celui qu'on tire de la Normandie est plus estimé que celui de l'Allemagne.

Les Epingliers décrassent leur fil avant de l'employer ; pour cet effet ils séparent la botte de laiton en petits écheveaux dont elle est composée ; ils tordent ensuite chaque écheveau par le milieu ; ils leur donnent la forme d'un huit de chiffre, & ils les jettent dans une chaudiere de fer pleine d'eau claire, dans laquelle ils mettent une livre de gravelle blanche, ou cinq quarterons de gravelée rouge pour environ quatre-vingt ou quatre-vingt-dix livres de fil. Alors un ouvrier retire une piece après l'autre & les frappe successivement sur un billot de bois. Cette opération aide à la crasse à se détacher plus aisément. On remet de nouveau les pieces dans la chaudiere & dans la même eau, & on la fait bouillir pendant environ une heure. L'ouvrier tire ensuite les pieces de l'eau, & les bat comme la premiere fois sur un billot ; cette derniere façon les rend plus brillantes & plus jaunes. Quand l'eau dans laquelle on lave le fil de laiton reste bien nette, on passe les pieces dans un morceau de bois soutenu sur le dos de deux chaises, pour les faire sécher au soleil, ou au feu quand le ciel est chargé de nuages.

Lorsque le fil est décrassé on le tire par une filiere, & lorsqu'il a passé par deux trous on le recuit à un feu de bois ; on le met ensuite tremper dans l'eau ; on le lave avec de la gravelée, & on continue à tirer le fil, si on veut le rendre plus fin ; & au sortir de deux ou trois trous on lui rend la couleur que le feu a obscurcie, & on le recuit.

La grosseur des pieces étant fixée, on dresse le fil ; c'est-à-dire qu'on divise chaque piece en brins longs de plusieurs pieds qu'on rend le plus droits qu'il est possible. On se sert pour cela d'un instrument appellé *engin*. Un dresseur peut dresser dans un jour assez de fils pour cent vingt milliers d'épingles.

La botte de *dressées* étant faite, on la coupe en tronçons, dont chaque brin doit fournir trois, quatre, ou cinq épingles, selon le numéro dont on les veut ; c'est le *moule* qui regle leur longueur. Ce moule est composé d'une planchette qui a un rebord le long d'un de ses côtés, & près d'un de ses bouts une lame de fer verticale. Le coupeur jette c ſuite les tronçons coupés dans une jatte de bois qui eſt auprès de lui.

Les tronçons étant coupés, un ouvrier qu'on nomme l'*empointeur* leur fait une pointe à chaque bout ſur une meule de fer hériſſée de hachures dans toute ſa circonférence. Ces meules ont environ un pouce ou deux d'épaiſſeur, & quatre pouces de diametre. Elles ſont montées comme celles des couteliers, & on les fait mouvoir de même par le moyen d'une grande roue de bois. L'aiſſieu de la meule eſt de fer & terminé par deux pivots. Dans le temps qu'un autre ouvrier tourne la manivelle de la grande roue, l'empointeur eſt aſſis ſur un couſſin ou à terre devant la grande meule, les jambes croiſées. Il y a deux jattes à ſes côtés, une dans laquelle il a les tronçons à empointer, & l'autre où il met ceux auxquels il a fait des pointes : il prend dans la premiere environ autant de tronçons qu'il en faut pour égaler la longueur des deux tiers de l'épaiſſeur de la meule avec les tronçons couchés les uns auprès des autres ; & les étalant ainſi ſur la meule, pendant qu'ils la touchent le pouce de la main droite remue continuellement ; il va de gauche à droite, & revient de droite à gauche : l'adreſſe conſiſte à rendre les pointes rondes & également longues. Cette opération ſe fait en très peu de temps. L'ouvrier les empointe ainſi des deux bouts. Un bon empointeur fait les pointes dans un jour à ſoixante & douze milliers d'épingles de différents numéros ; ſon adreſſe ne ſe borne pas à faire tourner les bouts de fil de laiton dans ſes doigts, il faut encore qu'il les préſente ſur la meule de maniere que leur pointe ne ſoit ni trop longue ni trop courte. Il y a un petit chaſſis de verre au devant de l'ouverture du billot, qui eſt incliné de façon qu'il retient la limaille & garantit les yeux de l'ouvrier. Un ſecond empointeur prend enſuite les mêmes tronçons & les paſſe comme le premier ſur une meule montée de la même maniere. Toute la différence qu'il y a entre l'une & l'autre, c'eſt que cette derniere a les taillants plus fins, des hachures moins larges & moins profondes, & qu'elle rend conſéquemment les pointes plus fines, plus polies & plus douces : on appelle l'ouvrier qui leur donne cette perfection le *repaſſeur*. On s'imagine bien que les deux pointes d'un tronçon doivent être les pointes de deux épingles différentes ; auſſi coupe-t-on ces deux longueurs d'épingles : c'eſt un ouvrier appellé *coupeur de hauſes* qui eſt chargé de cette opération, parcequ'une épingle à qui il manque la tête est appellée *hause*. Un *coupeur de hauses* peut en couper dans un jour environ 190 milliers.

Il s'agit ensuite de faire les têtes des épingles; chaque tête est composée de deux tours de fil de laiton tourné en spirale, & roulé de la même maniere que les cannetilles ou bouillons qui ornent les boutons d'or & d'argent trait. On se sert de rouets semblables à ceux que les boutonniers emploient à un pareil usage, & ils se nomment *tours à tête*. On choisit pour cela le meilleur laiton, & on recuit quelquefois le fil à tête afin qu'il soit plus flexible.

Les pieces de cannetille étant disposées, on les coupe en petites parties pour en faire des têtes; c'est l'ouvrage d'un ouvrier appellé *coupeur de têtes*. Il est assis de même que la plupart des autres sur le plancher, les jambes croisées; il tient dix à douze pieces de cannetille dont il a bien égalé les bouts; & tenant de grands ciseaux à sa main droite, il coupe d'un même coup toutes ces pieces, observant de ne détacher de chacune que deux tours de fil; plus ou moins rendroit le morceau inutile. Ce travail demande de l'adresse & beaucoup d'exercice; un habile coupeur peut couper dans un jour 144 milliers de têtes. On les fait ensuite recuire dans une cuiller de fer jusqu'à ce qu'elles soient rouges, dans la vue de les ramollir, afin de leur donner plus de souplesse lorsqu'il sera question de les assujettir. A mesure qu'on coupe les têtes, elles tombent dans une sébille de bois.

Lorsque les têtes sont coupées, il faut les mettre au bout des épingles, & les frapper de façon qu'elles y soient comme soudées, & qu'elles aient de la rondeur; on se sert pour cela d'une machine appellée l'*entêtoir*. L'ouvrier appellé l'*entêteur* est assis vis-à-vis d'une enclume, ayant les coudes appuyés & un pied posé sur la marche; un billot est pour lui une table sur laquelle sont deux especes de boîtes de carton, l'une contient les hauses & l'autre les têtes. L'entêteur prend une hause de la main gauche, il en pousse la pointe au hasard dans le tas des têtes, il ne manque guere d'en enfiler une. La main droite pose aussitôt la tête dans le creux de l'enclume, & tire ensuite l'épingle à elle jusqu'à ce que la tête soit ajustée, & un poinçon que le pied de l'ouvrier tenoit élevé vient frapper la tête; il l'éleve & le laisse tomber quatre ou cinq fois de suite; il retourne l'épingle à chaque fois avec sa main droite, afin qu'elle soit frappée de différents côtés, & alors il met l'épingle entêtée dans le carton. Un ouvrier entête communément 8 à 9 milliers d'épingles dans un jour.

On ne laisse guere aux épingles leur couleur jaune, excepté celles des plus grosses sortes ; on les blanchit presque toutes, non seulement pour les embellir, mais encore parceque le cuivre laisse toujours une mauvaise odeur aux mains, & qu'il est sujet au verd de gris. Pour les blanchir on commence d'abord par les décrasser : on fait bouillir de l'eau avec une livre de gravelle rouge, & on jette cette eau toute bouillante dans un baquet de bois où sont les épingles. Ce baquet est suspendu par une chaîne à hauteur d'appui : un ouvrier l'agite pendant environ une heure ; les frottements que les épingles y essuient les rendent plus jaunes & plus brillantes : pour lors elles sont en état d'être blanchies. On en forme une pile dans une chaudiere de cuivre de figure cylindrique, & pour former cette pile on s'y prend de la maniere suivante. On a une croix de fer à quatre bras égaux, dont deux ensemble sont moins longs que le diametre de la chaudiere ; on pose sur cette croix une plaque d'étain fin, ronde, & épaisse d'un quart de ligne ou environ ; on couvre la plaque d'un lit d'épingles épais de 5 à 6 lignes, placées sans aucun ordre ; on fait une pile qui ait un peu moins de la moitié de la hauteur de la chaudiere, en arrangeant alternativement les épingles par lits, & en mettant dessus chaque pile une plaque d'étain.

On porte ensuite cette pile dans la chaudiere : on forme deux autres petites piles composées d'autant de couches d'épingles & de plaques d'étain que la premiere ; ce qui acheve la pile qu'on doit supposer dans la chaudiere. On la remplit d'eau de puits bien claire, on y jette deux livres de gravelle blanche, & on fait bouillir le tout sur le feu pendant environ cinq heures ; la chaudiere est soutenue sur un trépied ordinaire & a un couvercle. A mesure que l'eau diminue, on en verse de la nouvelle, & on observe soigneusement de la tenir toujours pleine. Le sel de la gravelle dont l'eau est empreinte dissout l'étain, & l'étain dissous s'attache au cuivre & l'étame. Il semble que cette opération ne devroit pas suffire pour bien étamer les épingles & les couvrir suffisamment d'étain avec égalité ; cependant l'expérience prouve que cette maniere de blanchir les épingles réunit toutes les perfections qu'on est en droit de demander. La consommation qui se fait de l'étain n'est pas considérable, les ouvriers assurent qu'en faisant bouillir les plaques pendant trois mois, une fois par semaine, elles ne diminuent que de dix livres du poids qu'elles avoient auparavant.

Après que la chaudiere a été ôtée de dessus le feu, on retire les épingles, & on les renverse dans le même baquet où on les a lavées avant de les mettre dans la chaudiere. Le baquet est également suspendu, on y jette de l'eau fraîche & claire, & un ouvrier l'agite pendant environ dix minutes, afin que la gravelée qui étoit restée entre les épingles, s'en sépare. On les fait sécher ensuite; & pour cet effet on les agite dans la *frottoire*, qui est une espece de petit tonneau d'environ un pied de diametre, & un peu moins long; il a un aissieu de bois soutenu par deux treteaux, & on le fait tourner sur cet aissieu par le moyen d'une manivelle. Cette frottoire a vers le milieu de sa longueur une espece de porte quarrée, par où on fait entrer les épingles; on les y verse avec un *auget*, on y jette ensuite une certaine quantité de son, on ferme la petite porte; & après avoir fait tourner la *frottoire* pendant une demi-heure, l'ouvrier retire les épingles, les fait tomber dans le *plat à vanner*; il les y vanne, & quand elles sont bien nettes & bien blanches, il les met dans un boisseau.

Il ne reste plus qu'à arranger les épingles par quarterons sur le papier; ce papier n'est point collé, on en perce à la fois pour un quarteron. L'outil dont on se sert s'appelle *quarteron :* il est terminé en forme de peigne par vingt-six pointes; une ouvriere perce dans un jour assez de papier pour placer huit douzaines de milliers d'épingles. Enfin une seconde ouvriere, appellée *bouteuse*, fait entrer les épingles dans ces trous, elle en peut arranger jusqu'à trente milliers par jour; elle en forme des paquets composés chacun de six milliers, qu'on appelle des sixains: les papiers qui enveloppent les paquets composés de plusieurs milliers, portent en rouge la marque du maître.

On fait aussi des épingles de fer, qui, étant blanchies comme les autres, passent pour être de laiton: mais ces sortes d'épingles ne sont pas permises en France à cause de leur mauvaise qualité; & plusieurs arrêts du Parlement de Paris en défendent la fabrique & le débit.

Outre les épingles blanches dont on vient de parler, on fait des épingles noires, moyennes & fines, depuis le numéro 4 jusqu'au numéro 10, qui servent pour le deuil.

L'on fabrique aussi quantité de grosses épingles de laiton de différentes longueurs, les unes à tête de même métal, les autres à tête d'émail : elles servent pour faire des dentelles & des guipûres sur l'oreiller.

Il y a encore des épingles à deux têtes de plusieurs numéros, dont les Dames, en se coëffant de nuit, relevent les boucles de leurs cheveux ; elles ont été imaginées afin que, pendant leur sommeil, elle ne puissent en être ni piquées, ni égratignées.

Pour distinguer les grosseurs des épingles, on les compte par numéros. Les plus petites, qui sont les *camions*, s'appellent n°. 3, 4, 5 ; depuis les camions jusqu'au n°. 14, chaque grosseur s'estime par un seul numéro ; mais depuis le n°. quatorzieme, on ne compte plus que de deux en deux, c'est-à-dire, n°. 16, 18, & 20, qui est celui des plus grosses épingles.

Les épingles qui sont réputées les meilleures, sont celles d'Angleterre ; celles de Bourdeaux suivent, & ensuite celles qui se font à Rugle, ou à l'Aigle, ou en quelques autres endroits de la Normandie. Les épingles de Paris valoient autrefois celles d'Angleterre ; elles conservent même encore leur réputation, quoiqu'il ne s'y en fabrique plus, & que toutes celles qu'on y vend, & dont le commerce est très considérable, viennent de la Normandie.

Les ouvrages ordinaires des Epingliers de Paris sont de petits clous d'épingles à l'usage des Ebénistes, des aiguilles de tablettes, des annelets, des crochets, des grillages de fil de fer ou de laiton pour les bibliotheques ou les gardemangers, & autres petits ouvrages qui ne demandent pas beaucoup d'industrie.

La communauté des maîtres Epingliers de Paris est très ancienne, & y étoit autrefois très considérable : ses anciens statuts furent renouvellés par Henri IV, en 1602. On y a souvent compté plus de deux cents maîtres, qui travailloient eux-mêmes, & qui occupoient plus de six cents compagnons.

Depuis que la plupart des maîtres se sont contentés d'être marchands, & ont cessé d'être ouvriers, & sur-tout depuis que de forts marchands merciers se sont mêlés de ce négoce, la fabrique des épingles est entiérement tombée à Paris. Cette communauté fut unie à celle des aiguillers en 1695, en vertu des lettres-patentes de Louis XIV, & on n'y compte plus aujourd'hui que quatre-vingt-quatorze maîtres.

ESCRIMEUR. *Voyez* MAITRE EN FAIT D'ARMES.

ESNOUEUSES, NOPEUSES, ESPINCELEUSES, ESPINCEUSES, ESPINCHEUSES, ESPINCHELEUSES, ESBOUQUEUSES, ou EPOUTISSEUSSES. On entend par ces divers noms qui sont en usage dans différentes manufactures de laine, les ouvrieres qui ne sont occupées qu'à ôter avec des petites pincettes de fer tous les nœuds, bouts de fil, petites pailles & ordures qui se rencontrent dans les draps ou autres étoffes, après qu'elles ont été levées de dessus le métier, ou qu'elles ont été dégraissées & dégorgées par le foulon.

ESPADEURS. Dans les corderies on donne ce nom à ceux qui *espadent* la filasse, c'est-à dire, qui la mettent sur l'entaille du chevalet, après qu'elle a été broyée, & la battent, jusqu'à ce qu'elle soit entiérement nette, avec une *espade*, qui est une palette de deux pieds de longueur, de quatre à cinq pouces de largeur, & de six à sept lignes d'épaisseur.

En préparant ainsi le chanvre, on le débarrasse des petites parties de chenevotte qui y ont resté après qu'il a été broyé; on le dépouille de tous les corps étrangers, comme feuilles, herbes, poussiere; on divise le principal brin de la plus grosse étoupe, & on sépare les unes des autres les fibres longitudinales dont l'union formoit auparavant une espece de ruban. Dans les endroits où l'on ne se sert pas de l'espade, on pile le chanvre avec des maillets.

ESPALMEUR. C'est celui qui étend sur la pierre ou sur le bois un vernis mastic qu'on nomme *espalme*.

Cette invention, qui avoit été cherchée en vain pendant plusieurs siecles, fut enfin trouvée par le sieur *Maille*, bourgeois de Paris, qui, après plusieurs expériences faites en présence de l'Académie Royale des Sciences, des Officiers de Marine & des maîtres Constructeurs, obtint, le 27 Mai 1727, un privilege exclusif de Sa Majesté pour le composer, vendre & débiter.

Cet *espalme*, qui n'est point inflammable, n'est point sujet à être pénétré, ne se poisse & ne s'écaille pas, &

conjoint si parfaitement les pierres & les bois, qu'il les garantit de toute pourriture, quelque exposés qu'ils soient aux intempéries de l'air, ou quoiqu'ils trempent dans l'eau.

Après l'avoir cassé par morceaux, & fait fondre dans une chaudiere de fer dont on a frotté le fond avec du goudron ordinaire, on l'applique tout bouillant; & pour mieux l'introduire on se sert de guipons de trames de draps les plus fines, comme les penes des draperies d'Elbeuf & de Louviers. Lorsque les joints sont bien enduits, on y passe par dessus un fer chaud afin que l'espalme s'incorpore mieux. Chaque livre de cet espalme, qui se vend cent livres le quintal, enduit trois pieds en quarré.

ESPOULLEUR. C'est le nom des ouvriers qui ont le soin de charger les *espoullins*, ou especes de navettes moins longues, mais un peu plus larges que les navettes ordinaires; elles sont en usage chez les gaziers & dans diverses manufactures de soie.

ESSAYEUR. L'art de l'Essayeur, à le considérer en général, a deux objets; savoir, l'essai des mines, & l'essai du titre des matieres d'or & d'argent, dont nous allons parler successivement.

Essai des mines.

La fouille des mines & l'établissement des fonderies en grand étant un objet de la plus grande dépense, on commence à faire en petit des essais pour juger de la quantité de métal & des avantages que l'on peut retirer à exploiter une mine quelconque.

Les substances qui se trouvent naturellement combinées avec les métaux dans l'intérieur de la terre sont singuliérement le soufre & l'arsenic, quelquefois séparément, mais le plus souvent tous les deux ensemble. Outre le soufre & l'arsenic avec lesquels les métaux sont étroitement combinés dans l'état minéral, ils sont encore assez intimement mêlés avec des substances terreuses de différente nature & plus ou moins divisées.

Comme chaque espece de métal a ses mines propres & impropres, qui ont chacune leur caractere & leur coup d'œil particulier, l'habile Essayeur voit & connoît à-peu-près à la vue simple, au poids, & par quelques autres qualités qui n'exigent aucune opération, quelle est l'espece de métal que contient un minéral. En conséquence il fait tout d'un coup les opérations convenables au minéral qu'il veut examiner.

Comme les métaux sont répartis presque toujours fort inégalement dans leurs mines, on courroit les risques de faire des essais très fautifs & très trompeurs, si l'on ne prenoit pas toutes les précautions convenables pour avoir un résultat moyen. On y parvient en faisant prendre des morceaux de minéral dans les différents filons, s'il y en a plusieurs, ou à différents endroits du même filon : on concasse ensemble tous ces morceaux de minéral avec leur *gangue*, on mêle le tout très exactement, & on prend la quantité qu'on juge à propos de ce mêlange pour en faire l'essai; cela s'appelle *lotir une mine*. Par les travaux que l'on fait sur ces essais, on juge de la valeur & de la richesse de la mine.

Comme les premiers essais se font ordinairement en petit, les Essayeurs sont dans l'usage d'avoir un petit poids très exact, avec toutes les subdivisions qui se rapportent au poids des travaux en grand.

Le plus avantageux est de faire un poids de 100 grains réels, comme le pratique M. *Hellot*, parcequ'alors les grains représentant au juste des livres, ils peuvent se subdiviser & se calculer avec la plus grande facilité.

Lorsqu'on a pesé bien au juste cent grains de la mine qu'on veut essayer, & qui a été lotie comme on l'a dit plus haut, on la grille dans un têt sous la moufle; on la lave s'il est nécessaire; en un mot on y fait en petit les mêmes opérations qu'en grand, & que l'on voit décrites à l'article MINES. On y fait les additions & dans les proportions convenables, suivant sa nature. Les fondants qu'on mêle à la mine pour les essais sont ordinairement trois, quatre ou cinq parties de flux noir, une, deux ou trois parties de borax calciné, & moitié moins de sel commun décrépité. Plus la mine est réfractaire, plus on est obligé d'ajouter de ces fondants; ensuite on la fond, soit à la forge, soit au fourneau de fusion.

Le point essentiel est d'apporter aux essais toute l'attention & l'exactitude possibles; car la moindre inexactitude dans les poids, ou la plus petite perte de matiere, peuvent causer des erreurs d'autant plus grandes, que la disproportion du poids des matieres sur lesquelles on opere est plus grande par rapport aux poids des mêmes matieres dans les es travaux en grand. Il faut donc porter l'exactitude de ces opérations en quelque ſorte juſqu'à la minutie. On ne peut ſe diſpenſer, par exemple, d'avoir de petites balances d'eſſai de la plus grande juſteſſe.

Le ſieur *Galonde*, qui demeure aux galeries du Louvre, ont l'habileté eſt reconnue pour les pendules & tout ce ui eſt du reſſort de l'horlogerie, a ſupprimé pluſieurs inonvénients qui ſe rencontroient auparavant dans les baances d'eſſai, & en fait de ſi juſtes, qu'elles ſont en tat de trébucher pour des fractions moindres qu'un milieme de grain; juſteſſe à laquelle les balances les plus ſenbles n'étoient point parvenues, même celle dont parle *riſon* dans ſon *traité des monnoies*.

A l'uſage près, la chape de la balance d'eſſai du ſieur *alonde* n'a rien de commun avec les autres; elle eſt faite 'une lame de cuivre écroué, dont la partie ſupérieure eſt oudée aux deux extrémités d'une portion de cercle, maruée de quelques diviſions arbitraires qui meſurent l'inlination de la languette; une couliſſe, formée de deux laques rondes, réunit la chape à ſon ſupport, de façon u'elle puiſſe vaciller de devant en arriere juſqu'à ce qu'elle oit dans ſon centre de gravité.

Comme cette balance eſt ſi délicate que le moindre mouement de l'air eſt capable de l'agiter, on la renferme dans ne lanterne garnie de verre de tous côtés; on la place de çon qu'elle ſoit à ſon aiſe, & que ſes plateaux ne touent à rien lorſqu'on l'éleve ou qu'on l'abaiſſe.

Il convient de ne peſer le quintal de mine qu'après qu'on réduite en poudre groſſiere, telle qu'elle doit être pour rôtiſſage, à cauſe du déchet qui ne peut manquer d'arrir dans cette pulvériſation. Il faut, lorſqu'on rôtit la mine, couvrir avec un têt renverſé, parceque la plupart des ines ſont ſujettes à pétiller quand elles commencent à rouver la chaleur.

On doit obſerver dans la fonte d'appliquer juſte le degré feu néceſſaire pour que cette fonte ſoit bonne & comette, frapper autour du creuſet avec les pincettes lorſ'elle eſt faite, pour faciliter le dégagement des parties régule d'entre les ſcories, & occaſionner leur deſcente leur réunion en un ſeul culot, & ne caſſer le creuſet que and il eſt parfaitement refroidi.

On reconnoît, en caſſant le creuſet, que la fonte a été

bonne lorsque les scories sont nettes, compactes, bien égales, qu'elles n'ont point surmonté ou pénétré le creuset, qu'elles ne contiennent aucun grain métallique, & que leur surface est lisse & s'enfonce vers son milieu en formant une espece de trémie. A l'égard du *culot*, il doit être bien rassemblé, entiérement compacte, sans trous ni soufflures, & avoir une surface nette & convexe. On le sépare exactement des scories, on le nettoie parfaitement, & enfin on le pese à la balance d'essai; si l'opération a été bien faite, son poids fait connoître la quantité de métal que fournira chaque quintal réel de la mine dans le travail en grand.

Comme c'est d'après les essais qu'on se détermine à faire les fouilles & l'établissement des fonderies en grand, ce qui occasionne toujours des dépenses considérables, il est prudent de traiter aussi par forme d'essai dix ou douze livres réelles de minéral; & les Essayeurs doivent être pourvus des fourneaux & autres ustensiles nécessaires pour faire ces sortes d'essais moyens. *Voyez* au mot FONTE DES MINES la maniere dont on s'y prend pour les exploiter, & les opérations que l'on fait en grand pour les fondre.

Essai des matieres d'or & d'argent.

L'essai du *titre* de l'or & de l'argent est une opération par laquelle on cherche à déterminer au juste dans quelle proportion l'or ou l'argent se trouve allié avec les métaux imparfaits. Pour y parvenir on a recours à la *coupellation*.

Avant l'invention de cette méthode, quand on vouloit faire l'essai d'une masse d'argent, on en tiroit quelques grains par le moyen d'un petit instrument nommé *échoppe*; on mettoit cette petite quantité d'argent sur des charbons ardents, & on jugeoit de son titre par sa couleur plus ou moins blanche. Cette méthode s'appelloit faire l'essai *à la rature* ou *à l'échoppe*.

Pour essayer l'or on se servoit de la *pierre de touche* & de petits morceaux d'or à différents titres connus, qu'on appelloit *touchaux*. Ils étoient en forme de ferrets d'aiguillettes un peu plats, sur chacun desquels le titre étoit marqué. Quand on vouloit faire l'essai, on frottoit sur la pierre de touche l'espece ou autre matiere d'or. On y frottoit aussi les touchaux que l'on croyoit les plus approchants du titre ; & comme le titre de chaque touchau étoit marqué, on jugeoit à-peu-près du titre de l'or essayé, en comparant sa couleur avec celle qu'avoient imprimé les touchaux.

Ces manieres d'essayer à la rature ou aux touchaux, donnant des résultats trop incertains, ont été totalement proscrites par la déclaration du 23 Novembre 1721, excepté pour les menus ouvrages qui ne peuvent être essayés autrement : *voyez le Dictionnaire des Monnoies*.

L'Auteur de l'ouvrage que nous venons de citer, dit qu'il y a lieu de croire que l'essai à la coupelle a été inventé vers l'an 1300, sous Philippe le Bel, peu de temps après que le titre des ouvrages d'argent eut été amélioré. Il ajoute que cette maniere d'essayer l'argent paroît même avoir été portée d'abord à un grand point de perfection, puisque, dans les rapports des essais que les gardes-orfevres faisoient en la maison commune, ils distinguoient non seulement les grains & les demi-grains de fin, mais aussi le quart de grain.

Quant à l'essai ou affinage de l'or par voie de départ ou de dissolution, cette méthode n'a été découverte, ou du moins mise en usage, suivant le même auteur, que plus de deux cents ans après la coupelle. Les premieres expériences qu'il trouve en avoir été faites à Paris, sont de l'an 1518, sous François I, temps où le titre des ouvrages d'or fut porté à 21 karats de fin, au lieu de 19 karats un cinquieme qu'il étoit auparavant : *voyez* AFFINEUR.

Pour connoître le titre de l'argent par la coupellation, on prend une masse ou lingot d'argent que l'on divise par supposition, quel qu'en soit le poids, en douze parties parfaitement égales qu'on nomme *deniers* : le lingot d'argent est d'une once ; chacun de ces deniers, par conséquent, un douzieme d'once ; & s'il se trouve une douzieme partie d'alliage, on dit alors que l'argent est à 11 deniers de fin. On agit dans ces opérations sur des poids si petits & si légers, qu'on est obligé de faire usage de balances d'essai de la derniere justesse qui sont suspendues & enfermées dans une boîte vitrée, non seulement pour les garantir de la poussiere, mais encore pour les empêcher d'être agitées par l'air, ce qui empêcheroit de juger avec la justesse nécessaire.

Lorsque le lingot d'argent dont on veut connoître le titre

est gros, on en sépare deux portions de poids égal, mais que l'on retire l'une en dessus, l'autre en dessous du lingot, afin de faire l'essai double, & de pouvoir juger si le lingot est de même nature dans toute son étendue.

On choisit deux coupelles égales de grandeur & de poids. On emploie ordinairement des coupelles qui pesent la moitié du plomb que l'on emploie pour faire l'essai, parce qu'on a reconnu qu'elles étoient capables d'absorber la litharge qui se forme pendant l'opération. On place ces coupelles dans un fourneau d'essai sous une moufle, on allume le fourneau, & on les fait rougir pour les sécher & les calciner parfaitement. Lorsqu'elles ont pris toute la chaleur qu'elles peuvent recevoir, & qu'elles sont d'un rouge blanc, on y met le plomb qui doit servir à scorifier les métaux étrangers alliés avec l'argent. L'Essayeur, en voyant le lingot d'argent dont il doit faire l'essai, juge à-peu-près au coup d'œil de la quantité de plomb qu'il doit mettre. A l'instant où il met le plomb dans la coupelle, il augmente la chaleur du fourneau jusqu'à ce que le plomb soit bien fondu, qu'il soit rouge, fumant & agité d'un mouvement de circulation, & que sa surface soit unie & nette; alors il met dans ce plomb bien fondu l'argent du lingot exactement pesé & coupé en petits morceaux. Pour qu'il entre plus promptement en fusion, l'Essayeur met des charbons à l'entrée de la moufle; ils occasionnent plus de chaleur, & l'argent entre mieux & plus promptement en fusion. L'instant où le métal étranger uni à l'argent est absolument absorbé avec la litharge, est celui où l'on voit la surface du bouton de fin qui est au milieu n'être plus recouverte d'une pellicule de litharge, mais devenir tout d'un coup vive, brillante, d'un beau luisant, ce qui s'appelle en terme de l'art *faire l'éclair*. Si l'argent est bien affiné, on voit sur la surface de ce bouton de fin les couleurs de l'iris qui ondulent & s'entrecroisent avec rapidité.

Lorsque l'opération est achevée, on entretient encore les coupelles pendant quelques instants au même degré de chaleur, pour que les dernieres portions de litharge aient le temps de s'imbiber en entier & n'adherent point au bouton. On cesse ensuite le feu, & on laisse refroidir les coupelles par degrés : lorsqu'on est sûr que les boutons d'essai sont bien figés jusques dans l'intérieur, on les souleve avec un outil de fer, & on les détache de la coupelle pendant qu'ils sont encore chauds : car par là on évite qu'ils n'adherent avec la litharge.

On pese bien exactement *ces boutons de fin* à la balance d'essai : la quantité de poids que l'argent mis à l'essai a perdue par la coupellation désigne au juste le titre de la masse ou du lingot d'argent que l'on cherchoit à connoître.

Comme il est très certain que le plomb contient toujours une certaine quantité d'argent, qui, en s'unissant au bouton de fin, en augmente le poids & empêche de décider au juste le titre de l'argent ; avant d'employer le plomb, on en fait l'essai pour savoir combien il contient d'argent, afin de défalquer cette quantité sur le poids du bouton de fin. Mais, pour éviter ces soins, les Essayeurs emploient ordinairement du plomb qui ne contient point d'argent : tel est, ce qu'on assure, celui de Willach en Carinthie.

L'essai du titre de l'or se fait par deux opérations successives. La premiere est la *coupellation*, dont nous venons de parler, & qui se fait, pour l'essai du titre des matieres d'or, de la même maniere que pour l'argent ; mais le poids fictif pour déterminer la pureté de l'or, est différent de celui dont on fait usage pour l'argent. Une masse quelconque d'or qui est supposé parfaitement pur, ou ne contenir aucune partie d'alliage, se divise également en vingt-quatre parties qu'on nomme des *karats ;* cet or pur est par conséquent de l'or à vingt-quatre karats.

Veut-on décider le titre d'un lingot d'or, c'est-à-dire savoir au juste ce qu'il contient d'or pur, on prend six grains de cet or, pesés exactement ; d'autre part, on pese avec les mêmes soins dix-huit grains d'argent fin ; on met ces métaux avec dix fois autant de plomb qu'il y a d'or dans la coupelle ; on conduit le feu avec les précautions que nous venons d'indiquer pour faire l'essai du titre de l'argent ; on a soin seulement de chauffer plus vivement sur la fin, lorsque l'essai est *prêt à faire l'éclair*. L'opération étant faite, on laisse refroidir avec lenteur ; l'or se trouve débarrassé de tout autre alliage que celui de l'argent. Pour reconnoître de quelle quantité de cuivre ou autre métal destructible il étoit allié, on pese exactement le bouton de fin qui reste ; la quantité à déduire sur la somme totale du poids de l'or & de l'argent, donne la quantité de cet alliage. La seconde opération qui reste à faire, après avoir détruit par la coupellation les métaux imparfaits avec lesquels l'or étoit allié, est le *départ*. Pour cela, on met le bouton de fin réduit en lame dans de l'eau forte qui dissout l'argent sans toucher à l'or : *voyez le Dictionnaire de Chymie*.

Il y a dans chaque Hôtel des Monnoies un Essayeur particulier en titre d'office, pour l'essai des matieres d'or & d'argent ; & au-dessus de ces officiers particuliers, il y a un Essayeur général qui réside à l'Hôtel de la Monnoie de Paris.

Les Essayeurs prennent ordinairement quinze grains d'or & un demi-gros d'argent, pour chacun des essais qui doivent servir au jugement des Monnoies. Quant aux essais qu'ils font pour les particuliers, ils prennent dix-huit grains pour chaque essai d'or, & un gros pour chaque essai d'argent ; & de ces parties destinées à faire les essais, ils en prennent pour faire leurs opérations une portion pesée au poids d'essai nommé *semelle*.

C'est sur le rapport de l'Essayeur général, & sur celui de la Monnoie de Paris, que la Cour des Monnoies juge de l'*écharseté* ou trop d'alliage.

Les fonctions des Essayeurs particuliers sont énoncées dans les ordonnances de 1511, 1540 & 1554, & consistent à faire les essais de toutes les matieres d'or, d'argent & de billon, qui sont livrées aux maîtres des Monnoies, & d'en tenir registre ; à faire essai de chaque fonte en la présence des gardes ; à estimer & faire l'essai de tous les ouvrages des Monnoyeurs ; à assister à toutes les délivrances des matieres qu'on doit monnoyer, à en prendre pour faire les essais, & à délivrer les *peuilles* aux gardes & aux maîtres ; les peuilles sont des especes qu'on a essayées pour constater le titre de la fonte, dont on fait différents essais. Le premier se fait lorsque la matiere est en *bain*, ou mise en fluidité par le moyen du feu, pour savoir si elle est au titre prescrit & pour en assurer le directeur : le second est pour la sureté des juges-gardes qui font la délivrance ; c'est de ce second essai que proviennent les peuilles : le troisieme est fait par la Cour des Monnoies sur ces mêmes peuilles & sur quelque autre piece prise au hasard pour éclairer la conduite des officiers, & voir si les directeurs, contrôleurs & juges-gardes ne sont pas d'intelligence pour délivrer des especes au-dessous du titre : la quatrieme enfin est pour constater le titre des peuilles. Il est aussi ordonné aux Essayeurs de faire leur essai loyaument, c'est-à-dire sans que la faveur, l'amitié ou la haine y ait aucune part; de rendre aux maîtres toutes les peuilles d'or & d'argent après qu'elles ont été essayées; & ils prennent pour tout droit, outre leurs gages, 8 deniers par marc d'or, & 4 par marc d'argent.

Les Essayeurs sont encore obligés par l'ordonnance du mois d'Octobre 1689, de faire l'essai de tous les lingots affinés, d'y mettre leur poinçon avec celui des affineurs, & de demeurer garants de leur titre conjointement avec eux; & pour cela il leur est dû un sol par marc d'or, & 2 deniers par marc d'argent pour les lingots qu'ils ont essayés.

En 1762, le Roi fut informé qu'il se trouvoit fréquemment des différences notables dans les essais des matieres d'or & d'argent; ce qui provenoit en partie de ce qu'il n'y avoit point encore de loi qui prescrivît une méthode uniforme pour les essais; & que, pour la fixer, il étoit nécessaire de faire des expériences qui pussent la déterminer d'une façon invariable. En conséquence, Sa Majesté, par arrêt de son Conseil, en date du 26 Novembre, ordonna que, pardevant les sieurs d'Auvergne & Abot de Bazinghen, Conseillers en la Cour des Monnoies de Paris, & en présence du sieur de Gouve, son Procureur Général en ladite Cour, il seroit procédé par les sieurs Hellot, Macquer & Tillet, de l'Académie Royale des Sciences, à toutes les expériences qu'ils jugeroient convenables. Ces expériences ayant été faites, le Roi a expliqué ses intentions par un autre arrêt de son Conseil du 5 Décembre 1763, revêtu de lettres-patentes en date du 19 Mars 1764; & le tout a été enregistré à la Cour des Monnoies le 7 Avril suivant. *Voyez le Dictionnaire des Monnoies.*

ETALEUR. On donne ce nom à Paris à des gens qui, n'ayant pas le moyen de tenir boutique, étalent de vieux livres ou d'autres marchandises sur les ponts, le long des quais, & dans quelques autres endroits de la ville. Ces étalages ont été défendus par plusieurs arrêts, & notamment par celui du 20 Octobre 1721, à peine de confiscation, d'amende & de prison. On ne peut aujourd'hui étaler sans une permission expresse de la Police. Dans les statuts des Libraires on trouve un article concernant les Libraires-Etaleurs.

ETALIER. On donne ce nom aux Lapidaires: *voyez* ce mot. On ne connoît plus aujourd'hui sous cette dénomination que les garçons bouchers à qui ce nom est demeuré à cause de la viande qu'ils étalent dans leurs boucheries pour la vendre à la main.

ETALONNEUR. C'est celui qui marque & étalonne toutes les mesures & les poids.

La nécessité où l'on a toujours été d'avoir dans un même lieu des poids & des mesures uniformes, a fait établir des *étalons* ou prototypes pour régler les poids & mesures qu'on fabrique de nouveau, confronter & vérifier ceux qui sont déja fabriqués, pour voir si la vétusté ou la fraude ne les a pas altérés.

Les étalons sont ordinairement d'airain, afin que la mesure soit moins sujette à s'altérer; pour voir s'ils sont justes, l'Etalonneur les essaie avec du grain de millet qui est jetté dans une *trémie* ou vaisseau pyramidal qui a un long quarré dont le dessous est de cuir, & le dessus d'un treillis de fil de laiton, en sorte que les grains se criblent en quelque sorte en passant à travers, afin que le vase se remplisse toujours également.

L'étalon des poids de marc de France a toujours été si estimé pour sa justesse & sa précision, que les nations étrangeres ont quelquefois eu recours à celui de la Cour des Monnoies pour rectifier le leur. En 1529, Charles V envoya à Paris le Général de ses Monnoies pour étalonner un poids de deux marcs qui servoit pour lors d'étalon dans les Monnoies de Flandres. Pour conserver la mémoire de cet étalonnement singulier, par lequel l'étalon impérial se trouva court de 24 grains, dont la Cour des Monnoies dressa un procès-verbal, François I ordonna qu'il fût fondu trois poids de laiton étalonnés sur l'étalon de France, & marqués d'un côté aux armes du Roi, & de l'autre à celles de l'Empereur. Un de ces poids fut envoyé à l'Empereur, l'autre à Marguerite d'Autriche, Gouvernante des Pays-Bas, & le troisieme fut présenté au Roi par les députés de la Cour des Monnoies. Chaque poids étoit accompagné d'un procès-verbal qui détailloit ce qui s'étoit passé dans cet étalonnage.

Pour ce qui est de l'étalonnage des poids de fer & de plomb, *voyez* BALANCIER.

Les Jurés-Mesureurs de sel prennent aussi la qualité d'*Etalonneurs de mesures de bois*, parceque, lors de leur établissement en titre d'office, on leur confia la garde des étalons de toutes les mesures des marchandises arides; pour cet effet, on leur donna une chambre à l'Hôtel-de-Ville, qui leur sert de lieu de dépôt.

ETAMEUR. L'étamage consiste à appliquer une lame légere d'étain sur du métal ou du verre.

Pour étamer les ustensiles de cuisine, on se sert d'étain, de plomb, de poix résine ou de sel ammoniac : *voyez* CHAUDERONNIER. Quant à la *feuille* ou couche qui fait réfléchir l'image des objets, qu'on applique sur le derriere d'un miroir, *voyez* MIROITIER. Pour ce qui est des tables de plomb qu'on veut rendre plus solides en les étamant avec des feuilles d'étain, *voyez* PLOMBIER.

Les maîtres Cloutiers de la ville & fauxbourgs de Paris prennent aussi la qualité d'Etameurs : *voyez* CLOUTIER.

ETAMINIER. Dans les manufactures de Rheims, on donne ce nom à ceux qui fabriquent ou qui vendent des étamines. Les premiers forment la communauté des Etaminiers facturiers ou ordinaires ; les seconds, qu'on appelle *Etaminiers-bourgeois*, sont une espece de privilégiés qui n'ont rien de commun avec les autres.

L'étamine est une petite étoffe très légere, non croisée, composée d'une chaîne & d'une trame ; elle se fabrique avec la navette sur un métier à deux marches, comme les camelots.

Les façons que l'on donne aux étamines ne varient pas moins que le nom qu'elles portent : la soierie a les siennes, ainsi que la draperie, qu'on distingue également par la qualité des soies ou les divers mélanges qu'on y met. On ne foule ordinairement que celles dont la chaîne & la trame sont toutes de laine.

Les *bluteaux* ou *bouillons* sont des étamines de soie crue, dont on se sert pour bluter la farine, sasser l'amidon & passer des liqueurs.

Les droits d'entrée des étamines d'Auvergne sont fixés à [illegible] livres du cent pesant, 4 livres pour le droit de sortie ; les autres paient par proportion, conformément à l'arrêt du Conseil du 5 Juin 1745.

ETEUFFIER ; *voyez* PAUMIER.

ÉTOUPIERE. Dans les villes où il y a des ports de mer ou des arsenaux de marine, les Etoupieres sont des femmes qui achetent des armateurs des vieux cordages goudronnés & hors d'état de pouvoir servir, pour les rendre en espece de charpie propre au calfat des navires. Quand leurs cordages sont réduits en étoupes à force de les écharpir entre les doigts, elles les vendent aux constructeurs de vaisseaux pour l'emploi de leurs calfateurs : *voyez* ce mot

EVENTAILLISTE. Cet ouvrier, qu'on nommoit autrefois un *Eventailler*, est celui qui fait & vend des éventails.

L'éventail qui sert à agiter l'air & à le porter contre le visage pour se rafraîchir, est d'une institution très ancienne. L'Eglise grecque a toujours été dans l'usage de donner un éventail à ceux qu'elle ordonnoit diacres, pour désigner une de leurs fonctions qui étoit de chasser les mouches qui pouvoient incommoder le prêtre pendant qu'il disoit la messe. Dans tous les pays chauds, on suspend de grands éventails quarrés au-dessus des tables à manger pour chasser les mouches de dessus les mets, & rafraîchir les convives. La coutume des éventails portatifs est venue de l'Orient, où l'on se sert de grands éventails de plumes pour se garantir du chaud & des mouches : présentement ce qu'on appelle en France, & presque par toute l'Europe, un *éventail*, est une peau très mince, ou un morceau de papier, de taffetas ou d'autre étoffe légere, taillée en demi-cercle, & montée sur plusieurs fleches ou petits bâtons très minces, de bois, d'ivoire, d'écaille de tortue, de baleine ou de roseau. Nos dames portent des éventails même en hiver dans leur manchon pour respirer un air plus frais dans les spectacles ou dans les appartements qui sont échauffés par un trop grand feu.

Pour fabriquer un éventail, on se sert d'une planchette bien unie, faite en demi-cercle, un peu plus grande que le papier d'éventail ; du centre de la planchette, il part vingt rayons égaux, creusés de la profondeur d'une demi-ligne, sur lesquels on pose son papier, de sorte que le milieu d'en bas soit appliqué sur le centre. Après qu'on y a fixé le papier avec un petit clou, & qu'on l'y a arrêté de maniere qu'il ne puisse vaciller, on le presse avec un jetton dans toute sa longueur aux endroits qui répondent aux raies creusées. Quand les traces sont finies, on retourne le papier de l'éventail, la peinture en dessus ; on marque les plis tracés & on en pratique d'autres entre eux, jusqu'à ce qu'on en ait un nombre suffisant. Après le pliage, on déploie les deux papiers, on les ouvre un peu dans le centre pour passer la *sonde*, c'est-à-dire une espece de longue aiguille de laiton entre chaque pli formé, où l'on doit insérer le bois de l'éventail. Cela fait, on coupe la gorge du papier en demi-cercle, on étale les brins de bois, on les présente à place qu'ils doivent occuper entre les deux papiers ; & après qu'ils ſont diſtribués comme il faut, on colle le papier de l'éventail ſur les deux maîtres brins, on le ferme enſuite, & on rogne tout ce qui excede les deux bâtons principaux. L'éventail demeure ainſi fermé juſqu'à ce que ce qu'on a collé ſoit ſec, & enſuite on le borde.

Les éventails ſe font à double ou à ſimple papier. Quand le papier eſt ſimple, on colle les fleches de la monture du côté le moins orné de peinture : lorſqu'il eſt double, on les fait entrer entre les deux papiers déja collés enſemble, comme nous venons de l'expliquer ; c'eſt ce qu'on appelle *monter un éventail.*

Le papier dont on ſe ſert le plus ordinairement pour couvrir les éventails eſt celui que, dans le commerce de la papeterie, on appelle *papier à la ſerpente.* Les ornements dépendent du prix qu'on y veut mettre, du génie de l'Eventailliſte, ou du goût de celui qui commande les éventails.

Les fleches, qu'on nomme aſſez ordinairement les *bâtons de l'éventail*, ſont toutes réunies par le bout d'en bas, & enfilées dans une petite broche de métal que l'on rive des deux côtés. Les deux fleches des extrémités ſont beaucoup plus fortes que les autres, & ſont collées ſur le papier qu'elles couvrent entiérement quand l'éventail eſt fermé : elles ſont ornées ſuivant la beauté & le prix de l'éventail.

Les fleches ſont ordinairement au nombre de vingt-deux ; elles ſervent à l'ouvrir & à le fermer ; & le bout par où elles ſe joignent en eſt comme le manche pour le tenir. Les éventails dont il ſe fait la plus grande conſommation ſont les médiocres ; ils ſe peignent ordinairement ſur des fonds argentés avec des feuilles d'argent fin, battu & préparé par les batteurs d'or. Les autres fonds, qu'on appelle des *pluies*, ſe font avec de la poudre d'or ou d'argent faux ; ce ſont les moindres.

On ſe ſert, pour appliquer les feuilles d'argent ſur le papier, de ce que les Eventailliſtes appellent la *drogue de la compoſition*, de laquelle ils font un grand myſtere ; quoiqu'il ſemble néanmoins qu'elle ne ſoit compoſée que de gomme, de ſucre candi, & d'un peu de miel, fondus dans de l'eau commune, mêlée d'un peu d'eau-de-vie.

La drogue ſe met avec une petite éponge ; & lorſque les feuilles d'argent ſont placées deſſus, on les appuie légérement avec le *preſſoir*, qui n'eſt qu'une pelotte de linge fin remplie de coton. Si l'on emploie des feuilles d'or, on les applique de même.

Lorsque la drogue est bien seche, on porte les feuilles aux batteurs qui sont, ou des relieurs, ou des papetiers, qui les battent sur la pierre avec le marteau, de la même maniere que les livres & papiers. Cette opération brunit l'or & l'argent, & leur donne autant d'éclat que si le brunissoir y avoit passé. *Voyez* DOREUR.

Mais, pour que les papiers ne se gâtent pas en les battant, non seulement on les met par plusieurs douzaines ensemble, on les renferme encore entre deux forts parchemins.

Les montures des éventails se font par les maîtres tabletiers; mais ce sont les Eventaillistes qui les plient & qui les montent. Il vient des montures de la Chine qui sont les plus estimées de toutes, mais qui, à cause de leur prix, ne servent qu'aux plus beaux ouvrages. On fait à Paris des éventails, depuis quinze deniers la piece jusqu'à trente & quarante pistoles : les moindres & les médiocres se vendent à la grosse de douze douzaines : les beaux se vendent à la piece.

Les éventails de la Chine, & ceux d'Angleterre qui les imitent si parfaitement, ont été fort en vogue; & il faut avouer que les uns ont un si beau laque, & que les autres sont si bien montés, que, quoiqu'en tout le reste ils cedent aux beaux éventails de France, ils leur sont préférables par ces deux qualités.

Il venoit aussi autrefois quantité d'éventails de Rome & d'Espagne, couverts de peaux de senteur; mais le commerce en est presque tombé, tant parceque les parfums ne sont plus guere de mode en France, que parcequ'il s'en faut bien que les peintures & les bois aient la délicatesse, la beauté & la légéreté des éventails François.

En France, les éventails enrichis de bâtons d'ivoire & d'écaille de tortue, de peintures, d'étoffes de soie, de peaux de senteur, &c. valant au-dessus de 10 livres piece, paient 20 sols la douzaine de droits de sortie; ceux qui sont au-dessous, & les plus communs, ne paient que comme mercerie, 3 liv. le cent pesant. Les droits d'entrée sont de 5 pour cent de leur valeur, & de 6 pour cent lorsqu'ils sont enrichis de bâtons façon de la Chine.

Les maîtres Eventaillistes composent une des communautés des arts & métiers de la ville & fauxbourgs de Paris. Il ſt vrai que leur création en corps de jurande eſt peu ancienne ; ils n'ont des ſtatuts que depuis la déclaration de 1673, par laquelle Louis XIV ajouta pluſieurs nouvelles communautés à celles qui étoient déja établies dans cette capitale du royaume. Anciennement les doreurs ſur cuir eurent des conteſtations avec les marchands merciers & les peintres pour la premiere monture, fabrique & vente des éventails : il leur fut fait defenſe de prendre d'autre qualité que celle de doreurs ſur cuir, & de troubler les merciers dans la poſſeſſion où ils étoient de faire peindre & dorer les éventails par les peintres & doreurs, & de les faire monter par qui ils vouloient.

Ce fut peu de temps après, que la nouvelle communauté des Eventailliſtes reçut ſes réglements, ſuivant leſquels il eſt arrêté que quatre jurés, dont deux ſe renouvelleront tous les ans, auront ſoin des affaires du corps. L'aſſemblée pour leur élection ſe fait au mois de Septembre, & tous les maîtres peuvent y aſſiſter ſans diſtinction.

On ne peut être reçu maître ſans avoir fait quatre ans d'apprentiſſage, & avoir fait le chef-d'œuvre ; néanmoins les fils de maîtres ſont diſpenſés du chef-d'œuvre, ainſi que les compagnons qui épouſent des veuves ou des filles de maîtres. Cette communauté eſt compoſée pour le préſent à Paris de cent trente maîtres.

EXPÉRIENCES (L'art de faire des). C'eſt l'art de faire les inſtruments de phyſique, dont la juſteſſe procure les effets qu'on en attend.

Depuis que la phyſique ne conſiſte plus en des grands mots vides de ſens, qu'on en a banni les qualités occultes, qu'on a exigé des phyſiciens qu'ils prouvaſſent leurs ſyſtêmes par des expériences, qu'on leur eſt redevable de tous les ſuccès, qu'on a fondé en France des chaires deſtinées à cet uſage, & que la phyſique expérimentale eſt devenue à la mode, il a fallu néceſſairement ſe procurer des inſtruments qui rendiſſent ſenſibles & repréſentaſſent ſous les yeux les opérations de la nature. Mais, comme la réuſſite des expériences dépend de la bonté des inſtruments qu'on y emploie, qu'il eſt difficile de s'en procurer de parfaits, de découvrir leurs défauts, d'y remédier, de ſavoir s'en ſervir à propos & de les maintenir en bon état, ſi on n'a une certaine adreſſe unie à toutes les connoiſſances néceſſaires pour leur conſtruction, il a fallu établir des regles qui y fuſſent relatives.

Personne n'étoit plus propre à nous instruire de tous le inconvénients qui résultent de la mauvaise construction d ces instruments, & à nous apprendre les précautions qu'i faut apporter pour les éviter, que feu M. l'abbé Nollet, en faveur duquel Sa Majesté a établi la premiere chaire de phy sique expérimentale qu'il y ait eu en France. Les talents de ce habile professeur ayant excité une émulation générale dan toutes les provinces de ce royaume, & fait établir de nou velles chaires, à l'exemple de celle de la capitale, il s'es cru obligé d'écrire sur une matiere aussi intéressante, & d'é tablir les principes de l'art des expériences, qu'il a donnés a public peu de temps avant sa mort.

Quel est l'amateur de physique qui ne soit bien aise d savoir de quelle maniere chaque machine est construite comment elle produit ses effets, quels sont les ressorts d méchanisme qui font réussir les expériences, quelle est l façon de construire soi-même ou de faire exécuter par de ouvriers un peu intelligents toutes les machines qu'o trouve représentées ou décrites dans les mémoires acadé miques, ou dans les ouvrages des plus habiles physicien modernes qui se sont fait un plaisir d'expliquer & de mettr sous les yeux les causes des phénomenes surprenants, qui n causoient pas moins la surprise, que l'attention de leurs au diteurs; ces savants ayant préféré d'éclairer leurs éleves pa des expériences claires & solides, à les surprendre & les em barrasser par des discours merveilleux & souvent inintelli gibles.

Comme l'étendue ordinaire que nous donnons aux article de ce Dictionnaire ne nous permet pas d'entrer dans le détails des diverses expériences que l'auteur rapporte, nou dirons que, dans la premiere partie de son ouvrage, qu'o ne sauroit trop consulter, il enseigne les différentes ma nieres de travailler le bois, les métaux & le verre, qui son les principales matieres dont on construit les instruments qu'il indique les outils dont on aura besoin, la maniere d s'en servir, & les différents états par lesquels chaque piec doit passer pour arriver à sa perfection; qu'on se sert d verre à cause de sa transparence, des bois & des métaux à cause de leur solidité; & que les parties animales, comm l'ivoire, l'écaille, la corne, la peau & le cuir, y son employées rarement, ainsi que quelques matieres métalli ques, comme le mercure, le bismuth, l'antimoine, l'ai nant, &c. que, dans la seconde partie, il apprend quelles ont les drogues simples dont il faut se pourvoir, comment n doit préparer celles qui doivent être composées, & employer les unes & les autres dans les expériences; de quelle naniere on doit faire les vernis, & les appliquer tant sur bois que sur le métal avec des couleurs & des ornements. a troisieme partie, qui est la plus étendue, présente es avis particuliers sur chaque expérience, enseigne la onstruction & l'usage d'un grand nombre de nouvelles nachines; & elle entre dans le plus grand détail des manipulations, afin de ne rien laisser à desirer aux jeunes hysiciens.

Comme dans tous les arts il peut y avoir plusieurs routes our conduire au même but, il ne seroit pas impossible que, ans plusieurs cas, on pût rencontrer mieux que ce que auteur propose, quoique ses avis soient fondés sur une xpérience de vingt-cinq ans; aussi laisse-t-il à la sagacité es particuliers à se servir de ce qu'ils auront imaginé de neilleur. Mais en même temps il leur recommande d'éviter ans leurs opérations cette grande multiplicité de moyens ont l'appareil superflu est toujours très dispendieux, induit souvent en erreur, & ne laisse pas assez voir quel est elui auquel on doit attribuer l'effet qui en résulte; de endre les machines plus maniables & plus faciles à nettoyer en y employant moins d'ornements; de regarder la olidité des instruments & leur justesse comme leurs qualités les plus essentielles; de conserver leur simplicité & ur exactitude en les rendant propres à plus d'un usage, & nfin de préparer toujours ses expériences de façon à pouoir montrer les moyens dès qu'on en aura vu les effets.

Pour faciliter l'intelligence de ce qu'il a dit sur la consuction des instruments propres à faire des expériences, il a joint des figures qui donnent le développement des mauines, & qu'on peut voir dans l'ouvrage même.

FAC

FABRICANT. C'est celui qui travaille ou qui fait travailler pour son compte des ouvrages d'ourdissage de toute espece, en soie, en laine, fil, coton, &c.

FABRICATEUR. On donne quelquefois ce nom aux ouvriers des monnoies, mais plus ordinairement aux faux monnoyeurs : *voyez* MONNOYEUR.

FAÇONNIER. On nomme ainsi dans les manufactures les ouvriers qui façonnent les étoffes en or, en argent, en soie, ou en laine. Ces derniers sont tenus par les réglements de porter leurs étoffes, au sortir du foulon, au bureau des jurés drapiers pour y être visitées & marquées.

FACTEUR. On applique ce nom à la profession de plusieurs personnes. Il y en a qui font des achats pour des marchands, font emballer leurs marchandises, & les leur envoient directement : *voyez* COMMISSIONNAIRE. Il y en a d'autres qui tiennent les registres d'une messagerie, ont soin de délivrer les ballots, paquets & marchandises arrivés par les voitures du messager : *voyez* MESSAGER. On appelle aussi de ce nom ceux qui sont préposés par la grande poste pour porter & distribuer dans la ville les lettres & paquets arrivés par les couriers. Il y en a aussi d'établis depuis peu pour la petite poste de la ville de Paris.

FACTEUR DE CLAVECINS. Les Facteurs de clavecins sont incorporés dans la communauté des luthiers ; mais ils s'attachent uniquement à faire & raccommoder des clavecins, des épinettes, des monocordes, & toutes autres sortes d'instruments à cordes & à clavier.

On a poussé cet art à Paris au point de la plus grande perfection, sur-tout dans la partie des claviers, qui sont, pour la plupart, d'une justesse, d'une propreté & d'une aisance à n'y laisser rien à desirer.

Le *clavecin* est un instrument à cordes dont tout le monde connoît la forme. Il est, comme l'on sait, composé d'une caisse de bois de six pieds & demi de long, sur laquelle sont tendues des cordes de métal. Les cordes du dessus sont de fil de fer très fin, & celles des basses qui sont plus grosses sont de fil de laiton. Il y a sur le devant du clavecin un

clavier

lavier qui a autant de touches que l'instrument a de cordes. Quand on applique le doigt sur l'extrémité antérieure d'une de ces touches, son extrémité postérieure s'éleve & fait élever dans la même proportion une lame de bois nommée *sautereau*, qui est armée d'une petite pointe de plume de corbeau. Ce petit morceau de plume rencontre la corde ; il la frappe & lui fait rendre un son comme si elle étoit pincée avec l'ongle.

Les caisses qui forment le corps des clavecins peuvent être faites de toutes sortes de bois indistinctement ; mais la table d'harmonie, qui est celle sur laquelle les cordes sont tendues, est toujours construite du sapin le plus uni & le plus vieux qu'on puisse trouver. Les Facteurs de clavecins font venir de la Lorraine ou de la Suisse le sapin qu'ils emploient pour la construction de ces tables, d'où dépend principalement la bonté d'un clavecin. Pour les éclisses, c'est-à-dire les contours de la caisse du clavecin, ils se servent de planches minces de tilleul, de chêne, même quelquefois de noyer ; mais ce dernier bois n'est plus en usage depuis qu'on vernit le dehors des clavecins avec autant de propreté, de richesse & de goût qu'on le fait à Paris. La carcasse du dedans, qui soutient tout le corps du clavecin, est de bois de sapin ou de tilleul : les deux chevalets du diapason, ainsi que les autres qui sont près des chevilles, sont ordinairement de bois de chêne, avec la différence que celui de l'octave est beaucoup plus bas, & beaucoup plus près des chevilles que l'autre. Le *sommier*, qui est l'endroit où les chevilles sont adaptées, est d'un bois dur, comme, par exemple, du chêne, de l'orme ou du sycomore, & il est très solidement affermi sur les deux côtés pour pouvoir soutenir la tente des cordes, qui, dans un clavecin à grand ravalement & à trois registres contenant cent quatre-vingt-trois cordes tendues avec toute la force requise, équivaut à un poids de dix-huit cents livres.

Le bois intérieur des claviers est de tilleul le plus uni ; les placages qui sont collés artistement sur les touches du clavier, sont d'ébene pour les touches du genre diatonique, & d'une petite palette d'os de bœuf pour celles du genre chromatique. On faisoit autrefois d'ivoire ces palettes ; mais comme elles étoient sujettes à jaunir au bout d'un certain temps, on a mieux aimé employer l'os de bœuf qui reste toujours blanc. Les *regiſtres*, ainſi que les guides intérieurs qui y ont rapport, ſont de bois de tilleul, & les regiſtres ſont garnis de peau pour empêcher le cliquetis des ſautereaux qui ſont faits de poirier le plus liſſe & le plus uni. La *barre* qui regle l'élévation des ſautereaux, & par conſéquent l'enfoncement des claviers, eſt une planche étroite, très maſſive, de bois de tilleul ou d'orme : elle eſt garnie en deſſous de deux ou trois bandes de drap qui empêchent d'entendre le choc des ſautereaux contre la barre: elle eſt affermie par les deux bouts avec des crochets de fort fil d'archal.

Le ſavoir d'un bon Facteur de clavecins conſiſte à donner à ſon inſtrument un ſon mâle, fort argentin, moëlleux, & égal dans tous les tons. La plus grande partie de ces bonnes qualités dépend de la bonté de la table, de la juſteſſe du chevalet du diapaſon, & du ménagement d'un contrechevalet intérieur qui eſt collé contre la table de l'harmonie, entre les deux chevalets du diapaſon, & qu'on appelle *boudin* en termes techniques. Ce boudin, ainſi que les barres de traverſe placées du côté des baſſes du clavecin entre l'écliſſe terminante ou la planche droite qui eſt du côté des baſſes ſur le derriere du clavecin, & le diapaſon ou chevalet de l'octave, contribuent beaucoup à la belle qualité du ſon lorſque ces pieces ſont ménagées ſelon les vrais principes de l'art.

L'aiſance du clavier, & l'égalité de ſa force à l'égard de chaque touche, eſt auſſi un des points qu'un Facteur de clavecins doit néceſſairement obſerver, en donnant le juſte contrepoids relatif à la force du doigt qui anime le clavier, & en évitant que le clavier n'enfonce pas trop, ce qui le rend incommode à jouer, ni trop peu, ce qui le rend coriace, & diminue le volume du ſon.

Les meilleurs clavecins qu'on ait eus juſqu'ici pour le beau ſon de l'harmonie, ſont ceux des trois Ruckers (Hans, Jean & André), ainſi que ceux de Jean Couchet, qui, tous établis à Anvers dans le ſiecle paſſé, ont fait une immenſe quantité de clavecins, dont il y a à Paris un très grand nombre d'originaux, & reconnus pour tels par de vrais connoiſſeurs. Il s'eſt trouvé de notre temps des Facteurs qui ont copié & contrefait les clavecins des Ruckers à s'y méprendre pour l'extérieur, mais la qualité du ſon a toujours découvert la ſupercherie. Cependant ces incomparables clavecins des trois Ruckers & de Couchet, tels qu'ils sont sortis des mains de ces maîtres, deviennent absolument inutiles aujourd'hui; car ces grands artistes, qui ont entendu supérieurement bien la partie de l'harmonie, ont très mal réussi dans la partie du clavier. Outre cela tous ces clavecins Flamands sont si petits que les pieces ou sonates qu'on fait aujourd'hui ne peuvent point y être exécutées : c'est pourquoi on les met à *grand ravalement*, en leur donnant soixante & une touches au lieu de cinquante qu'ils avoient autrefois. D'ailleurs, au lieu de cent cordes (car la plupart de ces clavecins des Ruckers n'ont été faits qu'à deux cordes par touche), on les charge de cent quatre-vingt-trois cordes, en y ajoutant un grand unisson, moyennant lequel l'harmonie devient encore plus mâle & plus majestueuse.

C'est dans cet art d'agrandir les clavecins des Ruckers, que feu Blanchet a réussi incomparablement bien. Il faut pour cet effet les couper du côté des dessus & du côté des basses; ensuite élargir, & même alonger tout le corps du clavecin; enfin ajouter du sapin vieux, sonore, & le plus égal qu'on puisse trouver, à la table de l'harmonie, pour lui donner sa nouvelle largeur & longueur. Le grand sommier se fait tout à neuf dans ces sortes de clavecins, qui, tout bien considéré, ne conservent de leur premier être que la table & environ deux pieds & demi de leurs vieilles éclisses du côté droit. Les parties accessoires, comme claviers, sautereaux, registres, se font à présent avec beaucoup plus de justesse & de précision que les maîtres Flamands ne les ont faites dans le siecle passé. Un clavecin des Ruckers ou de Couchet, artistement coupé & élargi, avec des sautereaux, registres & claviers de Blanchet, devient aujourd'hui un instrument très précieux.

Le prix ordinaire des clavecins ornés d'un simple vernis propre, sortant des mains du Facteur, & faits par un artiste de Paris, va aujourd'hui à cinq ou six cents livres: les meilleurs se paient sept cents livres, mais ce n'est que lorsque l'harmonie est si moëlleuse qu'elle approche de la bonté de celle des clavecins Flamands dont nous venons de parler.

Les Facteurs de clavecins emplument & accordent ces instruments dans les maisons, & ce n'est pas le point le moins intéressant de leur art, lorsqu'ils veulent donner un emplumage léger, tranchant, & par-tout égal. Pour l'accord, il faut qu'ils fassent ce qu'on appelle la *partition*; elle consiste à accorder de quinte en quinte, en partant de la note qu'on a mise au ton, jusqu'à ce qu'il y ait une octave entiere avec ses demi-tons qui soit d'accord; il est facile d'accorder ensuite tout le reste du clavecin sur cette octave. Mais cette partition a sa difficulté, & ne peut être bien faite que par un homme qui en a l'habitude. Cette difficulté vient de ce que dans le clavecin, & en général dans tous les instruments à clavier, on ne doit point accorder les quintes juste, parcequ'alors, comme c'est une même note qui sert de quinte à un ton & de tierce à un autre, si les quintes étoient justes les tierces ne le seroient pas, & tout le clavecin seroit faux. On est obligé, pour éviter cet inconvénient, d'affoiblir un peu toutes, ou presque toutes les quintes, de maniere cependant qu'elles soient supportables à l'oreille; on diminue par ce moyen le faux des tierces autant qu'il est possible, sur-tout dans les tons naturels: c'est là ce qu'on appelle le *tempérament*. Il faut une application particuliere & une oreille très fine pour bien accorder un clavecin, en sorte qu'il paroisse juste dans tous les tons, quoique réellement il ne le soit jamais.

Les Facteurs de clavecins font aussi des *épinettes* qui sont des demi-clavecins à une corde par chaque touche; ou bien des épinettes en octave de clavecins, qui ne sont d'aucun usage pour une musique réglée.

Les *monocordes*, appellés aussi *clavicordes*, méritent plus de considération. Ils sont fort agréables quand on les joue tout seuls; leur son est extrêmement doux, vu que ce n'est pas le pincement d'une plume, comme au clavecin, qui fait frémir la corde, mais une petite lame de laiton fichée dans la partie postérieure du clavier, qui, en élevant la corde, la fait sonner. On peut exécuter sur cet instrument toutes les pieces de clavecin; il sert aussi très bien pour l'accompagnement d'une voix, flûte ou violon. C'est dommage que ces sortes d'instruments ne soient pas connus en France. On en fait d'excellents dans la haute Allemagne, ainsi que des clavecins à deux claviers, sur-tout dans les villes de Dresde, Berlin, Dantzick & Hambourg. Dans ces mêmes villes on fait aussi des *clavecins en obelisque* ou *pyramide*: leurs cordes étant placées perpendiculairement au-dessus du clavier, ils tiennent moins de place dans les appartements, & font un meuble assez agréable; mais pour les concerts, ils deviennent inutiles, à cauſe de la difficulté de les placer avantageuſement avec toute l'orcheſtre.

Depuis un certain temps on fait venir à Paris des *clavecins à marteau*, appellés *forte piano*, travaillés très artiſtement à Strasbourg par le fameux Silbermann. Ces clavecins, dont l'extérieur eſt tout en bois de noyer le plus propre & le plus luiſant, ſont faits en ſorte que chaque clavier fait lever une eſpece de marteau de carton enduit de peau, qui frappe contre deux cordes uniſſones, ou contre une ſeule ſi l'on veut. Ils ont cet avantage, que l'appui du doigt, plus fort ou plus foible, détermine la force ou la foibleſſe du ſon. Ils ſont fort agréables à entendre, ſurtout dans des morceaux d'une harmonie pathétique, & ménagée avec goût par celui qui l'exécute; mais ils ſont plus pénibles à jouer, à cauſe de la peſanteur du marteau, qui fatigue les doigts, & qui même rend la main lourde avec le temps.

Le Pere Caſtel, Jéſuite, eſt l'inventeur d'une eſpece de *clavecin oculaire* des plus curieux & d'un travail immenſe. C'eſt un inſtrument à touche analogue au *clavecin auriculaire*, composé d'autant d'octaves de couleurs par tons & demi-tons que le clavecin auriculaire a d'octaves de ſons par tons & demi-tons, deſtiné à donner à l'ame, par les yeux, les ſenſations de mélodie & d'harmonie de couleurs auſſi agréables que celles de mélodie & d'harmonie de ſons que le clavecin ordinaire lui communique par l'oreille.

Aux cinq toniques de ſon, *ut*, *re*, *mi*, *ſol*, *la*, correſpondent les cinq toniques de couleurs, *bleu*, *verd*, *jaune*, *rouge* & *violet*; aux ſept diatoniques de ſon, *ut*, *re*, *mi*, *fa*, *ſol*, *la*, *ſi*, *ut*, répondent auſſi les ſept diatoniques de couleurs, *bleu*, *verd*, *jaune*, *aurore*, *rouge*, *violet turquin*, *bleu clair*. Il en eſt de même pour les ſémi-diatoniques & les chromatiques. Ainſi l'on voit naître en couleurs tout ce que nous avons en ſons, mode majeur & mineur, genre diatonique, chromatique, &c.

FACTEUR D'ORGUES. L'orgue eſt le plus grand & le plus vaſte de tous les inſtruments de muſique, ou, pour mieux dire, c'eſt un composé d'une multitude d'inſtruments à vent, de nature & de genres différents. On a cherché à imiter dans les divers jeux de cet immenſe inſtrument le ſon tendre de la flûte, le cri perçant du flageolet, le ton champêtre des musettes, des hautbois & des bassons, les effets de l'écho, le bruit éclatant des clairons & des trompettes.

L'art a même entrepris de copier un des plus beaux ouvrages de la nature, en s'efforçant d'imiter dans cet instrument les sons de la voix humaine. Si l'on n'a pas eu un plein succès dans ces différentes entreprises, on a réussi du moins à rendre l'orgue l'instrument le plus beau & le plus considérable par la variété de ses jeux, par son étendue, & par l'éclat de ses sons.

Dans l'exécution de tous les autres instruments, la tête la plus savante n'a que le secours des mains pour rendre & exprimer les idées qu'elle a conçues : l'orgue qui a ses pédales, ainsi que la harpe, a l'avantage de présenter aux pieds du musicien un nouveau moyen de satisfaire à la rapidité de son imagination, & à la fécondité de son génie.

L'orgue, ainsi que toutes les autres inventions, n'est parvenu que par degrés au point de perfection où on le voit aujourd'hui, sur-tout en Hollande & dans le Nord de l'Allemagne où l'on trouve des orgues plus grandes, plus harmonieuses, & plus enrichies de changements que celles que nous avons en France. On aura commencé par faire des orgues composées uniquement de jeux de flûtes, dont l'invention paroît avoir été assez facile, puisque ces jeux ne sont qu'une suite de flûtes à bec d'un seul ton, qui, au lieu de recevoir le vent de la bouche du musicien, le reçoivent d'un *sommier* que l'on remplit de vent par le moyen de plusieurs soufflets. Telles étoient vraisemblablement les orgues dont on commença à se servir dans les églises d'Italie dès le septieme siecle, sous le pontificat de Vitalien. Du moins est-il certain que les premieres orgues *à plusieurs jeux*, qui parurent en Occident, n'y furent envoyées que dans le huitieme siecle par Constantin Copronyme, Empereur d'Orient, qui en fit présent à Pepin, auteur de la seconde race de nos Rois. Il y a tout lieu de présumer que par ces orgues à plusieurs jeux, dont tous les historiens ont eu soin de remarquer l'établissement en France, on doit entendre des orgues qui, outre les jeux de flûtes, avoient encore des jeux d'anche. L'invention en a dû paroître d'autant plus admirable, qu'en effet ces derniers jeux, par la force, l'énergie & l'éclat de leurs sons, étoient bien plus propres à produire un effet proportionné à la vaste capacité de certaines églises.

A Paris les Facteurs d'orgues ſont de la communauté des luthiers, Facteurs de clavecins, faiſeurs d'inſtruments à vent (*voyez* ces mots) ; mais ils ſe bornent uniquement à la conſtruction des orgues, qui eſt d'un détail immenſe : ils font auſſi de petits *buffets d'orgues* pour placer dans les appartements, ainſi que des *ſerinettes*. Il ſuffira de parler ici de la conſtruction des grandes orgues qui ſe placent dans les égliſes.

Pour qu'un Facteur d'orgues applique les principes de ſon art avec connoiſſance, il doit au moins ſavoir les principales regles de la méchanique & de la ſtatique qui ont pour objet les loix de l'équilibre des corps ou des puiſſances qui agiſſent les unes ſur les autres ; il doit auſſi être au fait de la *menuiſerie*. La méchanique lui apprend à augmenter les forces dans les machines ; la ſtatique lui fournit les loix de l'équilibre, & la menuiſerie lui enſeigne les principaux aſſemblages qu'il faut employer dans certaines pieces de l'orgue. Un de ces principaux objets eſt de connoître tous les différents tuyaux & jeux de l'orgue, d'en ſavoir faire le *diapaſon* ou figure triangulaire qui ſert à trouver les longueurs & les largeurs convenables de ces tuyaux, les différentes pieces qui compoſent l'orgue, & comment le tout ſe correſpond.

Les principales matieres qui entrent dans la fabrique des orgues, ſont le bois, l'étain & le plomb. On ſe ſert de chêne de Hollande pour les tuyaux de bois, les *ſommiers* ou la partie de l'orgue ſur laquelle les tuyaux ſont rangés, les *claviers* & les *abrégés* ou machines qui réduiſent la longueur du ſommier relativement à celle du clavier.

Quoique, dans le beſoin, on puiſſe employer toute ſorte d'étain, on préfere cependant l'étain fin d'Angleterre. Pour ce qui eſt du plomb, on prend du plomb ordinaire. On tire ces deux métaux en *lames* ou feuilles auſſi minces, auſſi longues & auſſi larges qu'on en a beſoin : *voyez* la façon de les tirer au mot LAMINEUR.

Lorſque les tables ont été coulées, le Facteur *écrouit* le métal, c'eſt-à-dire le durcit au marteau : pour cet effet, il ſe ſert d'un marteau rond, dont l'une des extrémités eſt plane, & l'autre convexe ; il étend les tables ſur un établi bien uni, & les redreſſe en les frappant avec une *batte* ou forte regle de bois bien dreſſée ſur le plat, les rabote enſuite avec la *galere* (eſpece de rabot qui a une queue ſur le derriere, & une forte cheville qui le traverse sur le devant) pour les égaliser de largeur. Quand ce sont des tables de plomb qu'on rabote, le Facteur met toujours en dedans du tuyau le côté raboté.

Après que les lames ont été bien rabotées, on polit les tables d'étain au *brunissoir* qui est un morceau d'acier arrondi & très poli, avec lequel on les rend luisantes à force de les frotter; on y répand ensuite dessus du blanc d'Espagne écrasé, dont on frotte la table avec un morceau de serge jusqu'à ce qu'elle soit finie de polir.

On emploie encore dans la facture des orgues du laiton réduit en tables de diverses épaisseurs, & en fil; on se sert aussi du fer pour les pattes des rouleaux d'abrégé, & autres choses nécessaires.

Le *fût* ou le buffet d'orgue est un ouvrage de menuiserie, dont les parties saillantes & arrondies s'appellent *tourelles*; on nomme *plates-faces* celles qui sont entre les tourelles, & dont la forme & la grandeur sont arbitraires.

Les sommiers, qui sont toujours placés horizontalement derriere la face du buffet, sont relatifs en nombre aux claviers qui n'ont ordinairement que quatre octaves, auxquelles on ajoute quelquefois un *D-la-re* en haut, & un *A-mi-la* en bas. A l'exception du sommier & du clavier du positif, qui communiquent l'un à l'autre par le moyen des *bascules*, qui sont des regles de bois de chêne de cinq ou six pieds de longueur, plus larges dans leur milieu que dans leurs extrémités (elles sont posées *de champ* ou sur leur longueur & largeur, & leur milieu porte sur un dos-d'âne qui est garni de pointes), tous les autres sommiers communiquent aux claviers par des abrégés qui sont en même nombre que les claviers.

Il y a de deux especes de tuyaux, les uns sont en bois & les autres en étain ou en plomb. Les tuyaux de bois ne different entre eux que par leur grandeur; ils sont faits de quatre planches de bois de Hollande, assemblées à rainure & à languette, fortement collées ensemble; elles forment intérieurement un quarré long parfait qui est fermé par le bas par une piece de bois qu'on a percée dans le milieu pour recevoir le *pied* du tuyau: on l'appelle *contre-biseau*, parcequ'elle est opposée au *biseau* qui est une autre planche *ébiselée* ou coupée en dessous par inclinaison, & qui traverse le tuyau. Le petit vuide qui est entre la *levre inférieure* & la biseau, s'appelle *lumiere* ; & celui qui est entre la levre inférieure & la supérieure, se nomme *bouche*. Ces levres, qui sont formées par deux traits de scie, font un quarré parfait : on les fait avant de coller le tuyau qu'on ferme par le haut avec un *tampon*, qui est une piece de bois quarrée, couverte de peau de mouton, dont le côté velu est en dehors ; ce tampon a un manche de bois pour pouvoir le retirer ou l'enfoncer dans le tuyau, lorsqu'on veut accorder.

L'air qui est chassé par les soufflets entre dans le tuyau par le pied, & sort par la lumiere pour se diviser en deux parties, dont l'une sort du tuyau & se perd, & l'autre entre en dedans par explosions ou secousses, frappe & foule par degrés l'air qui est contenu dans le tuyau, & forme un son.

Pour ce qui est des tuyaux d'étain & de plomb, le Facteur étend sur son établi les tables de ces métaux, & les coupe de la grandeur & de la forme qu'il juge nécessaire pour en faire le corps des tuyaux. Après qu'elles sont coupées, il divise la partie inférieure, qui doit former le bas du tuyau, en quatre parties égales, & les arrondit, suivant les figures qu'elles doivent représenter, sur un moule de bois fait en cylindre ou en cône, en frappant dessus avec une batte, jusqu'à ce que les deux arêtes se rejoignent ; il les gratte ensuite avec la pointe à gratter & les soude.

La soudure étant faite, il les arrondit une seconde fois, afin qu'il ne paroisse plus aucune bosse ; il forme leur pied qui est un cône plus ou moins alongé, le blanchit & le soude, comme le corps du tuyau. Quoique la longueur des pieds soit indifférente pour le jeu, cependant, pour en rendre l'aspect plus agréable, on les proportionne ordinairement à la longueur des tuyaux.

Lorsque le pied du tuyau est fait, on soude à sa base un biseau par sa partie circulaire : ce biseau est fait en forme de D renversé comme ᗝ. C'est par cette fente que l'air des soufflets passe par le corps des tuyaux. Le biseau appliqué, on soude le corps sur le pied, & le tuyau est achevé.

On bouche les *tuyaux de plomb* par une plaque de même métal, soudée sur le haut du corps, & qui le ferme exactement.

Les *tuyaux à cheminée* ont un trou sur lequel on soude un plus petit tuyau fait de la même matiere. Ces deux especes de tuyaux sont toujours garnis d'*oreilles*, au moyen desquelles on les accorde : ces oreilles sont des petites lames de

plomb minces & flexibles qu'on soude aux deux côtés d
la touche des tuyaux à cheminée.

On regle sur le diapason la longueur & grosseur d
tuyaux : plus ils sont courts, & plus les sons qu'ils renden
sont aigus.

Au moyen de ces machines, on forme dans l'orgue c
qu'on appelle un *jeu*. C'est une rangée de certain nombre d
tuyaux de même espece, posés ordinairement sur un mêm
registre ou regle de bois qui gouverne le vent ; ces tuyau
forment une suite de tons par une *progression chromatiq*
ou par plusieurs sémi-tons de suite, & qui sont d'une éten
due convenable à la qualité de chaque jeu.

Tout le monde sait que les grandes orgues que l'on voi
dans nos temples, sont composées de deux corps principau
le plus grand, qu'on appelle *grand orgue* ou *grand buffet*, e
placé dans le fond de la tribune, & le bas en est élevé
douze ou quinze pieds au dessus du sol de la tribune.

Le plus petit, qu'on appelle *positif* ou *petit buffet*, est plac
en saillie sur le devant, & un peu au dessus du niveau
plancher de la tribune.

Chacun de ces deux corps est garni en face de tuyaux d'
tain fin, & cette face est appellée *montre* ; elle est ordina
rement composée dans le grand orgue, ainsi que dans le po
sitif, d'une partie des jeux appellés *bourdon & prestant*.

Les claviers de l'orgue sont placés en forme de gradi
les uns au dessus des autres au bas du grand orgue. Les pl
grandes orgues ont cinq claviers pour les mains, plac
comme nous venons de le dire, & un clavier particuli
pour les pieds, placé à rase-terre, que l'on nomme *clavi
de pédale*. Le plus bas des cinq claviers, dont nous avo
parlé d'abord, est celui du positif. Ce positif a ordinair
ment dix ou douze registres ou changements de jeux. Le s
cond clavier immédiatement au dessus de celui du positi
est le *clavier du grand orgue* ; il a ordinairement quinze
seize registres.

Le troisieme clavier, qui est celui du milieu, est appel
clavier du grand jeu ou *clavier de bombarde*, & il a quatre
cinq registres. Le second & le troisieme clavier peuvent s'
vancer ou se reculer, à la volonté de l'organiste, suiva
qu'il veut se servir d'un, de deux, ou même de trois clavie
en même temps. Ils ont chacun quatre octaves complettes
depuis le *C-sol-ut* grave, jusqu'au *C-sol-ut* le plus aigu; ce q

it 48 ou 49 touches ou *marches*, y compris les sémi-tons.

Le quatrieme clavier ne sert ordinairement que pour la ain droite; il a deux octaves; il s'appelle *clavier de récit*, rcequ'on ne s'en sert que pour exécuter des récits, c'est-dire des parties de dessus; il n'a que deux registres.

Le cinquieme clavier, qui est le plus haut de tous, a trois ctaves; il s'appelle *clavier d'écho :* il a cinq ou six change-ents très doux qui forment en effet une espece d'écho aux uatre autres claviers, dont les jeux sont plus forts.

Le clavier de pédale est composé d'environ deux octaves demie, & il a quatre ou cinq registres.

Les grandes orgues sont composées d'un très grand nom-e de jeux différents; & chaque jeu complet est lui-même mposé d'une suite de quarante-huit tuyaux, qui rendent ton qui leur est propre. Chacun de ces tuyaux est un véri-ble instrument à vent. Les uns sont à anche, & tiennent r conséquent du son du hautbois ou du basson; & les au-es sont sans anche, & tiennent plus ou moins du son de la ûte.

Jeux de flûte ou *de mutation*.

Les tuyaux des jeux que nous nommerons ici en général *ux de flûte*, pour les distinguer des jeux d'anche, sont étain ou d'étoffe qui est un mélange d'étain & de plomb, simplement de bois de chêne. On doit les considérer tous, nsi qu'il a été observé plus haut, comme des especes de ûtes à bec qui sont construites pour ne rendre qu'un seul n. Nous allons donner une idée de ces différents jeux de ûte.

Le *bourdon* peut être regardé comme la basse de l'orgue : s tuyaux des deux octaves d'en bas sont de bois, en forme un quarré long, & bouchés d'un tampon aussi de bois rni de peau de mouton, afin que le vent ne s'échappe int; ce tampon, qui entre juste & serré dans le tuyau, sert 'accorder en l'enfonçant plus ou moins. Les tuyaux des ux autres octaves sont d'étoffe & bouchés par le haut : ils ccordent par des oreilles de même métal, qui sont placées x deux côtés de la bouche du tuyau, c'est-à-dire une de cha-c côté. Pour accorder le tuyau, on écarte ou l'on rappro-e plus ou moins de la bouche ces oreilles qui sont assez nces pour être flexibles. Les autres tuyaux de ce même étal sont ouverts & n'ont point d'oreilles; ceux-là s'accordent par le haut en pinçant le métal, pour donner plus ou moins d'ouverture à l'extrémité ſupérieure du tuyau; quelquefois même par la bouche du tuyau, en l'ouvrant ou la fermant plus ou moins.

On appelle en général jeu de 4, 8, 16 ou 32 pieds, celui dont le tuyau *C-ſol-ut* grave eſt en effet de 4, 8, 16 ou 32 pieds de hauteur; mais les tuyaux du bourdon ſont preſque toujours bouchés, & pour lors ils ſonnent une octave plus bas que s'ils étoient ouverts. Un tuyau de 4 pieds bouché ſonne le 8 pieds ouvert; le 8 pieds bouché ſonne le 16 pieds ouvert, & le 16 pieds bouché ſonne le 32 pieds ouvert. Dans quelques-uns des jeux que l'on eſt dans l'uſage de boucher, il y a des tuyaux qu'on ne bouche qu'à demi, pour leur conſerver un ſon moins ſourd. La plaque qui ferme le haut du tuyau eſt percée d'un trou auquel eſt adapté un autre petit tuyau qui n'a que le quart du diametre du gros tuyau. Les tuyaux ainſi bouchés à demi s'appellent *tuyaux à cheminée.*

Le jeu nommé *preſtant* eſt d'étain, de quatre pieds, toujours ouvert, & par conſéquent il eſt à une octave plus haut que le bourdon; on le regarde comme le principal jeu de l'orgue, parcequ'on le fait jouer avec tous les autres jeux, & que d'ailleurs c'eſt ſur le preſtant qu'on accorde l'orgue.

Le *naſard* eſt à la quinte du preſtant.

La *doublette* eſt à l'octave du preſtant.

La *tierce* eſt ainſi nommée, parceque le ſon des tuyaux eſt à la tierce de la doublette.

Le *larigot* eſt l'octave du naſard.

Les tuyaux de ces quatre jeux ſont faits comme ceux du preſtant.

La *flûte* proprement dite eſt à l'uniſſon du preſtant, & elle n'en differe que par la qualité du ſon & la forme des tuyaux qui ſont fermés comme ceux du bourdon.

La *fourniture* eſt un compoſé de pluſieurs tuyaux, c'eſt-à-dire que quand on a fait parler une touche de cette fourniture, on fait réſonner à la fois preſtant, naſard, doublette, tierce, & larigot. Ces tuyaux ſont fort petits, le plus fort d'entre eux n'a que ſix pouces de haut; ce mélange varie ſuivant les différentes orgues.

La *cymbale* eſt auſſi une ſuite de trois tuyaux ſur touche dans le même genre que la fourniture. Tous les jeux dont ous venons de parler, se trouvent dans le positif.

Au grand orgue qui répond au second clavier, il y a ussi un bourdon de 4, 8, 16, & même de 32 pieds : il y de même qu'au positif un prestant, un nasard, une doulette, une tierce, une fourniture, une cymbale; & de us une *quarte de nasard*, & un *grand cornet*, qui est un mposé de bourdon, prestant, nasard, tierce, quarte de asard, flûte & doublette; ce qui fait sept tuyaux sur toue. Ce jeu de grand cornet n'a que 25 ou 30 touches, à mpter depuis le *C-sol-ut* d'en haut, en descendant. Les urdons, prestants, doublettes, cymbales & fournitures is ensemble, forment ce qu'on appelle le *plein jeu*.

Au clavier de récit il y a aussi un *cornet;* il est composé s mêmes jeux, mais de plus petite taille.

Il y a outre cela dans les grandes orgues un *cornet d'écho* i répond au cinquieme clavier. Comme les octaves, telles e le prestant & la doublette, ne sont que des répliques son fondamental, ce ne sont point elles qui, à proement parler, forment l'harmonie de ces mêlanges de ix d'orgue; cette harmonie résulte principalement du sard ou quinte, & de la tierce, lesquelles font avec ctave l'accord parfait, comme tout le monde sait. Mais est bien digne de remarque que ces deux sons harmonies aient été mis de tout temps dans les jeux de l'orgue, écisément comme la nature les donne dans la résonnance tout corps sonore: on sait en effet que, lorsqu'on fait rénner une grosse corde d'instrument, le son principal est compagné de plusieurs sons harmoniques, parmi lesels on distingue la quinte de son octave, & la tierce de double octave; ce sont précisément le nasard & la tierce s jeux d'orgue.

Jeux d'anche.

On appelle dans l'orgue *jeux d'anche*, ceux dont les aux sont en effet garnis d'une anche qui leur fait rendre son à peu près semblable à celui des hautbois, bassons, autres instruments à vent & à anche, dont nous parlens au mot Faiseur d'instruments a vent.

Cette anche est de cuivre, & elle a la forme d'un demiindre creux, dont la partie concave est couverte d'une ne de même métal fort mince que l'on appelle *languette;* la fait entrer dans un noyau qui est au bas du tuyau, &

percé de la même grosseur : on la ferme par le moyen d'u
fil de fer que l'on nomme *rasette*, lequel presse plus
moins la languette, & fait rendre au tuyau des sons pl
graves ou plus aigus.

Le principal jeu d'anche est appellé *trompette ;* il a hu
pieds de haut, & est à l'unisson du bourdon de quatre pied
Il y a une trompette au positif, une au grand orgue, u
pour le clavier de récit, une quatrieme pour le clavier
grand jeu, & enfin sur ce même clavier une cinquien
qu'on nomme *bombarde*, & qui est à une octave plus b
que les précédentes. Les tuyaux de ces jeux de trompet
ont la figure d'un cornet très long. Le jeu nommé *clai*
n'a que quatre pieds, & n'est autre chose qu'une trompe
qui est à une octave plus haut que la trompette ordinaire
y en a un au positif, un au grand orgue, & un troisieme
clavier du grand jeu.

Le *cromorne* est un jeu à l'unisson de la trompette, qu
qu'il n'ait que quatre pieds ; ce qui vient de ce que
tuyaux sont des cylindres alongés, & ne sont point éva
en cône ou cornet, comme ceux de la trompette : leur anc
est d'une grosseur & d'une longueur proportionnée au
qu'ils doivent rendre. Il y a un cromorne au positif, un
grand orgue, & un autre au clavier d'écho.

C'est le cromorne du positif qui sert pour les morce
appellés *musettes*.

La *voix humaine* ou *régale* n'a que neuf pouces de ha
ses tuyaux sont fermés par le haut, un peu plus qu'à moi
de leur diametre. Quoique beaucoup plus petite que
trompette & le cromorne, elle est cependant à l'unisson
ces deux jeux ; ce qui vient de ce que ses tuyaux sont
partie fermés par le haut. La voix humaine est cylindri
comme le cromorne, & elle imite un peu en effet le so
la voix de l'homme. Il y en a au positif & au grand org

Quoique les jeux d'anche faits avec du fer blanc p
sent être très harmonieux, un Facteur intelligent ne
compose jamais de cette matiere, parcequ'elle est sujet
la rouille ; ce qui fait que les tuyaux se percent & ne du
pas long-temps.

Comme un jeu d'anche n'est parfait qu'autant qu'il
exactement le diapason sur lequel il est construit, lors
arrive qu'une anche donne un son plus grave que celui d
autre, un Facteur doit la retoucher en diminuant l'épai

la languette, & en lui donnant une proportion convenable. Si les corrections qu'il y fait n'operent rien, il doit ut de suite en mettre une autre.

M. *François Henri Cliquot*, célebre Facteur, a composé n nouveau jeu d'anche qui sonne le *hautbois* ; les tuyaux ce jeu ont aussi en quelque sorte la forme du hautbois ; jeu se place au positif. Tous les jeux d'anche dont nous nons de parler sont d'étain.

Il y a pour le clavier de pédale un bourdon de 4, 8, ou pieds, une flûte, une trompette, un clairon & une mbarde, qui est un jeu d'anche à l'octave plus bas que trompette, comme nous l'avons dit ci-dessus.

Après avoir parlé des différents jeux de l'orgue & de leur nstruction, nous allons dire un mot de la maniere dont nt construits les soufflets, le réservoir du vent nommé *sommier*, & les conduits qui distribuent le vent dans les fférents jeux & tuyaux de l'orgue.

Le *sommier* est une espece de grande caisse de bois, dans quelle le vent des soufflets est conduit par un porte-vent bois ou de plomb, & d'où il se distribue ensuite dans tuyaux qui sont posés sur les trous de la partie supéure du sommier. Cette distribution se fait à la volonté l'organiste, qui, avant de jouer, fait mouvoir des treaux nommés *registres*, dont l'effet est d'ouvrir ou de mer le passage du vent pour chacun des jeux de l'orgue.

Mais pour entendre ce que nous avons à dire là-dessus, faut se figurer que les différents jeux de l'orgue sont ran s sur le sommier de la maniere suivante :

Par exemple,

Prestant, *ut*, *re*, *mi*, *fa*, *sol*, *la*, *si*, *ut*.

Trompette, *ut*, *re*, *mi*, *fa*, *sol*, *la*, *si*, *ut*.

Clairon, *ut*, *re*, *mi*, *fa*, *sol*, *la*, *si*, *ut*.

te disposition fait voir que tous les mêmes tons des érents jeux sont disposés sur une même ligne, comme le voit ici dans les jeux de prestant, trompette & clai-, que nous avons pris pour exemple. Quand l'orgae touche le clavier, il arrive que chaque fois que son gt fait baisser une touche (celle de l'*ut* par exemple), mouvement de la touche ouvre une soupape enfermée dans le ſommier qui débouche tous les *ut ;* mais comme dans l'exemple préſent tous les regiſtres des autres jeux ſont fermés, il n'y a que les *ut* du preſtant, de la trompette & du clairon, qui puiſſent parler.

Il faut au moins quatre *ſoufflets* pour fournir le vent à un orgue de ſeize pieds, & ſix quand il y a un poſitif.

Les plis des ſoufflets ſe font de deux petits ais de bois fort mince, ſur leſquels on colle de la peau de mouton; ces ſoufflets ont communément ſix pieds de long ſur quatre de large : chaque ſoufflet doit avoir à ſa table de deſſous deux ouvertures d'environ 4 pouces qui portent le nom de *lunettes*, & qui ſont garnies chacune d'une ſoupape. Il doit y avoir auſſi une ſoupape au *mufle* des ſoufflets, afin qu'ils n'empruntent point de vent l'un de l'autre ; ces ſoupapes ſont dans l'intérieur des ſoufflets.

Il y a dans les grandes orgues une méchanique que l'on appelle *tremblant*, & dont il y a deux eſpeces : ſavoir, le *tremblant fort* & le *tremblant doux.* Cette méchanique eſt produite par une ouverture pratiquée au porte-vent, & garnie de ſoupapes bandées par un reſſort ; en ſorte que le vent force cette ſoupape par intermittence, d'où il réſulte un battement qui rend le ſon tremblant.

FACTEUR DE VIOLONS : *voyez* LUTHIER.

FAGOTEUR. On nomme ainſi le bûcheron qui travaille dans les bois à faire des fagots.

FAIANCIER. Le Faïancier eſt celui qui a droit de faire & vendre de la faïance. Son nom vient de la ville de Faenza en Italie, où l'on croit qu'a été premiérement faite cette eſpece de poterie. On aſſure que la premiere faïance qui a été fabriquée en France a été faite à Nevers ; où un Italien qui étoit à la ſuite d'un Duc de Nivernois, trouva une terre ſemblable à celle dont on ſe ſervoit dans ſa patrie pour faire de la faïance ; après l'avoir préparée il en fit l'eſſai dans un petit four qu'il fit conſtruire. C'eſt depuis ce temps que cette branche de commerce s'eſt ſi fort répandue en France.

Il y a deux eſpeces de faïance. L'une eſt une poterie fine de terre cuite, recouverte d'un enduit d'émail blanc qui lui donne le coup d'œil & la propreté de la porcelaine, & qui ſert aux mêmes uſages, ſans pouvoir aller ſur le feu. L'autre eſt une faïance plus commune ſur laquelle on ne met pas un émail auſſi blanc que ſur la premiere, parce qu'elle u'elle est faite pour aller sur le feu comme les poteries de erre vernissées qu'elle peut remplacer avec avantage, étant nfiniment plus propre & plus agréable au coup d'œil.

La terre avec laquelle on fait la faïance est de l'argille n peu sableuse. On choisit ordinairement pour ce travail s argilles qui sont bien liantes & qui contiennent le moins e parties ferrugineuses : les belles faïances se font même vec des argilles blanches.

Comme toutes les argilles contiennent une certaine quantité de sable grossier, on le sépare par le lavage de la maniere suivante.

On délaie l'argille dans une très grande quantité d'eau ; n la fait passer au travers d'un tamis de crin moyen ; & on it écouler à mesure cette eau chargée d'argille dans de randes fosses qu'on a pratiquées en plein air. Ces fosses t deux pieds & demi de profondeur, sur une largeur oportionnée à la force de la manufacture & à la grandeur s lieux. Les côtés en sont garnis de planches, & les nds sont pavés de tuiles ou de briques.

Les Faïanciers sont dans l'usage de laisser cette terre ns les fosses pendant une année ; ils pensent que dans espace de temps la terre se pourrit, se mûrit & se fanne, c'est-à-dire que toutes ses parties se détrempent eux & prennent une liaison plus parfaite ; d'où il réte que l'ouvrage qu'on en fait se fabrique mieux & prend a cuite une meilleure qualité.

Lorsque la terre a perdu par l'écoulement & par l'évaration une certaine quantité de son eau, on l'enleve c des pelles, & on en forme des monceaux sans l'entas-, afin qu'elle présente plus de surface à l'air, & pour élérer sa dessiccation jusqu'à ce qu'elle soit pétrissable s les mains sans s'y attacher. C'est dans cet état de plesse qu'on l'emploie pour fabriquer la faïance, après voir pétrie avec les pieds, afin qu'elle se trouve d'une llesse égale par-tout.

La terre étant ainsi préparée, on la met sur le *tour* pour former des pieces. Nous ne donnerons ici aucun détail la méthode de tourner ces pieces, ni sur celle de les *naser* lorsqu'elles sont à demi seches, ni sur la maniere *mouler* les grandes pieces de faïance; ce travail, ainsi les tours, étant les mêmes que pour la *porcelaine*, s renvoyons le lecteur à cet article.

Lorsque les pieces sont tournées, tournasées ou moulées & suffisamment séchées (c'est ce qu'on appelle le *cru*), on les *encastre*, c'est-à-dire qu'on les arrange dans des *étuis* ou *gazettes* semblables à ceux qui servent à cuire la porcelaine. On place dans chaque gazette autant de pieces qu'on en peut mettre les unes sur les autres sans que le poids des supérieures écrase les inférieures. Les gazettes étant remplies, l'enfourneur les place dans le four, qui est absolument le même que ceux dans lesquels on cuit la porcelaine de France. On peut enfourner aussi en *échappade* ou en *chapelle*, & pour lors les pieces ne sont point dans des étuis; elles sont placées à nud, dans le four, sur des especes de tablettes de terre cuite. En enfournant de cette maniere on place plus de *cru* dans le four qu'avec les gazettes. Le four étant plein on le bouche; mais on a soin d'y laisser une ouverture afin de retirer les *montres* & s'assurer quand les marchandises sont cuites. Les montres sont de petits vases de la même matiere que tous les autres qui sont dans le four, & qui servent à indiquer par leur cuisson celle du reste des pieces enfournées; cette opération de la cuite demande de l'habitude & de l'expérience.

Sous le four, & dans l'endroit le plus chaud, on place sur une couche de sable le mêlange à fondre qui doit former l'*émail* ou la *couverte*, afin de profiter doublement de la chaleur du four; ensuite on allume d'abord un petit feu dans le foyer de la bouche. On fume les marchandises en entretenant le feu modéré pendant huit, neuf ou dix heures, selon la qualité de la terre dont la faïance est faite; on augmente ensuite le feu peu à peu pendant deux ou trois heures, & enfin on met sur la bouche du four toute la quantité de bois qu'elle peut contenir. On continue ce grand chauffage jusqu'à ce que les marchandises soient cuites, observant de conduire le feu réguliérement. On quitte le four au bout de trente ou de trente-six heures, & après l'avoir laissé refroidir on défourne les pieces qui dans cet état s'appellent le *biscuit*. Après avoir défourné, on descend dans la voûte d'en bas, on en retire le blanc ou l'émail que la grande chaleur du four a fondu en une masse de verre blanc comme du lait & opaque. On romp le gateau avec un marteau, & on l'épluche, c'est-à-dire qu'on ôte le sable qui s'y est attaché.

Le *blanc* ou l'émail qui fait la couverte de la faïance e

composé de plomb, d'étain, de sable & d'alkali, fondus & vitrifiés ensemble. Quand ce blanc a été vitrifié sous le four, on le broie dans des moulins semblables à ceux qui servent à broyer les matieres qui entrent dans la composition de la porcelaine. On met dans ces moulins l'eau nécessaire pour faciliter le broiement de cet émail, & en former une espece de bouillie claire, à-peu-près de la consistance de celle dont les peintres se servent pour peindre les murailles en détrempe.

On applique cet émail sur le biscuit de la même maniere qu'on applique la couverte sur la porcelaine. On laisse ensuite sécher cet enduit & on fait les recherches convenables pour qu'il s'en trouve également couvert : s'il se rencontre des endroits où l'émail soit trop épais, on le gratte avec un couteau ou un canif; si au contraire l'émail manque en quelques endroits, on les en garnit avec un pinceau. Alors on met de nouveau les pieces dans les gazettes, on les arrange dans le même four où a été faite la cuite du biscuit, & on chauffe de la même maniere pour faire fondre cet enduit d'émail; c'est ce qui forme la couverte de la faïance qui est blanche, laiteuse, opaque, & qui ne laisse rien appercevoir du biscuit. La beauté de la faïance dépend en grande partie de la blancheur de la couverte qui doit être bien fondue, très mince, & d'une épaisseur égale par-tout; il faut aussi que cet émail ne soit pas sujet à se *trézaler* & à s'écailler, ce qui arrive très communément à la plupart des faïances.

La plus grande partie des faïances sont peintes; on y applique des couleurs qui forment différents desseins comme sur la porcelaine. Quelques-unes de ces couleurs se mettent sur la couverte avant que de la cuire.

La faïance commune n'est ordinairement peinte qu'en bleu, façon de porcelaine de la Chine, parceque cette couleur résiste parfaitement bien au feu, & qu'elle est à très bon compte.

La faïance qui va sur le feu est la même que la premiere dont nous avons parlé; mais, pour lui donner cette propriété, les Faïanciers ajoutent dans sa composition une certaine quantité de terre cuite qui a été réduite en poudre.

L'intérieur de ces pieces de faïance, destinées à aller au feu, est ordinairement enduit d'émail blanc, qui est le même que celui qu'on met sur la belle faïance; mais il est moins beau, parcequ'il est chargé d'une plus grande quantité de verre de plomb. L'extérieur de cette faïance est enduit d'une couverte ou émail brun qui s'applique de même que l'émail de la belle faïance : il ne differe de ce dernier, qu'en ce qu'au lieu de chaux d'étain on fait entrer de l'ochre dans sa composition.

Parmi les terres qu'on emploie en France pour la faïance, on n'en trouve qu'une seule propre à faire de la faïance fine qui souffre le feu, & qui est assez rare; il y en a en Bourgogne dans le marquisat de Lanocle. Il faut cependant avouer que cette terre ne prend jamais un aussi beau blanc que les autres, parcequ'elle est fort poreuse, & c'est cette derniere qualité qui la fait résister au feu.

Si la propreté de la faïance invite à s'en servir, sa fragilité en rend l'usage très dispendieux; l'art de la rétablir avec des attaches ne permet point à un plat & à une assiette recousue de paroître sur une table un peu propre. Pour empêcher qu'elle n'éclate au premier feu, que la chaleur ne lui fasse perdre la beauté de son émail, & qu'elle ne se casse aussi facilement, le *Journal économique* du mois de Décembre 1756 enseigne un moyen propre à diminuer considérablement la fragilité de cette vaisselle, & préserver son émail de toutes gerçures. Pour cet effet, avant de se servir de la faïance, il faut la mettre dans une chaudiere avec de l'eau qui la surnage, & disposer chaque piece de façon qu'elle soit un peu penchée sur le côté, & qu'il y ait entre deux des petits morceaux de bois pour les empêcher de se toucher. On jette dans cette eau beaucoup de cendres, & après avoir fait bouillir le tout pendant près de deux heures, on la laisse refroidir. Les sels des cendres, qui ont été dissous dans l'eau, s'incrustent par l'action du feu dans les pores de la faïance, la rendent plus compacte, fortifient la continuité de l'émail, la préservent de toute fêlure, & donnent à la faïance une plus grande solidité.

Par un arrêt du Conseil de 1745, la faïance étrangere paie pour droits d'entrée 20 livres du cent pesant; celle des provinces réputées étrangeres 3 livres. Les droits de sortie sont réglés à 6 livres du cent pesant.

Il y a une communauté de Faïanciers à Paris sous le nom de marchands Verriers-Emailleurs, maîtres Couvreurs de flacons & bouteilles en osier, faïance, &c. Ce sont ces marchands à qui l'on donne communément le nom de Faïanſiers. Ils ſont aujourd'hui à Paris au nombre de cent trente-ix : *voyez* EMAILLEUR & VERRIER.

FAISEUR DE CERCEAUX. C'eſt celui qui, dans pluſieurs provinces, porte le nom de *plieur de codre*, qui prépare & plie en rond les bois qui ſont propres à faire des cerceaux. Cet art eſt auſſi ancien que celui des tonneliers, parcequ'il ne leur eſt pas poſſible de maintenir les douves dont ils forment leurs tonneaux ſans le ſecours des cercles. S'il eſt vrai, comme l'aſſure Pline, que les Piémontois ſoient les premiers qui aient fait uſage des tonneaux, ils doivent être auſſi les inventeurs des cerceaux.

Tous les bois pliants, comme le charme, l'orme, le châtaignier, le chêne, le laurier, l'aune, & preſque tous les bois blancs, ſont propres à en faire des cercles pour les futailles ordinaires; cependant on y emploie plus communément le châtaignier, l'aune, & toutes les eſpeces de bois blancs; & on réſerve pour les grands vaiſſeaux, comme les cuves à faire fermenter le vin, le bois de laurier, de chêne, d'orme, & ſur-tout celui de charme, comme ayant plus de corps & étant d'un meilleur uſage.

Le plieur ayant préparé de longueur le bois qu'il deſtine aux divers cerceaux qu'il doit faire, le fend par le milieu avec un coutre & une mailloche à-peu-près ſemblable à celle dont le tonnelier ſe ſert pour refendre ſon merrain : *voyez* TONNELIER. Lorſque ſon bois eſt partagé en deux dans toute ſa longueur, il ſe ſert de la plane pour parer & façonner chaque moitié du côté qu'elle a été ſéparée; & lorſqu'elle eſt préparée comme elle doit l'être, il la plie inſenſiblement ſur ſon chevalet, au moyen d'une rainure qui y eſt au deſſus, & dans laquelle il la paſſe peu à peu, afin qu'elle ne caſſe pas dans les efforts qu'on lui fait faire en lui donnant de la convexité. Quand la partie extérieure du bois eſt aſſez aſſouplie, & que ſelon ſa longueur elle eſt propre à recevoir plus ou moins de circonférence, il la met alors dans une eſpece de moule qui eſt une machine de bois compoſée de deux cercles de menuiſerie dont toute la circonférence eſt emmortaiſée dans des bois de bout à diſtances égales. C'eſt dans ce moule que le plieur met le nombre de cerceaux que doit contenir chaque paquet ſelon ſon eſpece. Lorſque le nombre eſt complet, il lie le tout en trois ou quatre endroits avec des liens de jeune chêne ou d'oſier, aſſez gros pour réſiſter à la force élaſtique qui tend continuellement à remettre la latte, ou ce qu'on nomme à Bourdeaux *le feuillard*, dont on a fait le cerceau, dans le même point où elle étoit avant l'effort que lui a fait faire le plieur.

Quoique cette sorte d'ouvriers travaille le plus souvent dans les bois lorsqu'on y abat des charmilles ou qu'on y fait des coupes de châtaigniers, cependant dans les villes des provinces où il se récolte beaucoup de vin, les Faiseurs de cerceaux travaillent presque toute l'année chez les marchands de bois qui ne vendent que des cercles de toutes especes & de toutes grandeurs, des lattes pour supporter les tuiles ou l'ardoise, & des barres fortes dont les tonneliers se servent pour assujettir les fonds de leurs tonneaux au moyen de plusieurs chevilles.

FAISEUR D'INSTRUMENTS A VENT. Ces artistes font partie de la communauté des luthiers, ainsi que les facteurs d'orgues & de clavecins. Ils ont droit de vendre & débiter toutes sortes d'instruments de musique ; mais ils s'attachent uniquement à la partie des instruments à vent, comme flûtes traversieres, flûtes à bec, galubets, petites flûtes, flageolets à sereins, hautbois, clarinettes, bassons, musettes, &c.

Les *flûtes traversieres* se font ordinairement de buis ; on en fait aussi de bois de Rhodes, de bois de violette, d'ébene, & même d'ivoire. Un habile artiste doit prêter toute son attention à donner le juste diametre intérieur à la partie supérieure où est placée l'embouchure de la flûte ; ce diametre doit insensiblement diminuer le long de l'instrument jusqu'au trou de la clef ; après quoi il se rélargit jusqu'à l'extrémité du corps de la flûte. Il faut des soins particuliers pour savoir employer les *perces* ou plus grandes ou plus petites dans les endroits différents de la flûte, & c'est d'où dépend la bonté & la justesse de l'instrument.

Les six trous qu'on ouvre & ferme avec les doigts, ainsi que la clef de *re* diese, doivent être partagés & percés non seulement selon les principes de l'art, mais encore selon la justesse de l'oreille, pour que chaque ton, dans le bas ainsi que dans le haut, se trouve dans son vrai point. Mais cela est d'une si grande difficulté, que les plus célebres joueurs de flûte avouent qu'ils n'ont jamais trouvé un de ces instruments parfaitement juste dans tous les tons : ils sont obligés d'y suppléer par le plus ou moins de vent.

La même difficulté se trouve dans le *hautbois*, qui est un instrument à anche, percé très étroitement dans sa plus haute partie & dont la perce va en s'élargissant insensiblement vers le bas. C'est tout le contraire de la flûte, qui, dans sa piece d'embouchure, a un diametre beaucoup plus large que vers sa fin. Le hautbois est encore plus difficile à exécuter juste que tous les autres instruments à vent, ayant dans sa plus haute partie des trous si petits que le moindre excès de grandeur rend l'instrument entiérement faux. Le troisieme & le quatrieme ton servent en même temps pour le *sol* diese, & pour le *fa* diese. Il y a une clef ouvrante au petit doigt de la main droite pour l'*E-si-mi* ou *re* diese. Il y en a une autre à soupape qui ferme l'instrument entiérement & qui sert pour le *C-sol-ut* bas. Enfin une grande partie de la justesse de cet instrument dépend de la proportion de l'anche & de l'oreille de l'artiste qui l'anime. L'ouvrier le plus habile ne peut pas promettre de le rendre exactement accordé dans tous les tons.

L'*anche* du hautbois est composée de deux segments de roseau, amincis, évidés & appliqués l'un contre l'autre en sens contraire, en sorte qu'il reste du jour entre les deux. L'anche va en diminuant de grosseur par la partie qui doit entrer dans l'instrument auquel on veut l'adapter; & les deux pieces qui la composent sont fixées ensemble vers cette extrémité par un fil ciré, tourné circulairement en plusieurs doubles, & bien fixé par un nœud. Cette anche s'emboîte dans un petit tuyau placé à la tête de l'instrument.

Il est plus aisé de rendre le *basson* juste, cet instrument étant beaucoup plus grand, & les trous du doigt étant disposés en sorte qu'on peut, en travaillant de nouveau le dedans, remédier très aisément aux défauts qui se trouvent dans l'accord. On fait ordinairement le basson de bois de sycomore qui lui donne un son rond & fier, au lieu que le buis & le bois des Indes lui donnent un son assourdi & ingrat. L'art consiste à observer la juste dimension des deux corps qui se joignent ensemble dans le basson, & qui sont fermés en bas par un grand bouchon de liege, pour faire remonter le vent dans la grande piece de cet instrument. La façon de percer le basson est de lui donner intérieurement un diametre qui augmente imperceptiblement vers son extrémité inférieure. Une autre chose bien essentielle c'est la juste proportion du serpentin. Le *serpentin* est un tuyau de cuivre recourbé, au bout duquel on adapte l'anche du basson, qui ne differe de celle du hautbois que parce qu'elle est plus forte & plus grosse : ce tuyau entre dans le premier corps du basson, & donne à celui qui s'en sert la facilité de pouvoir approcher cet instrument de la bouche. Le basson ordinaire a quatre pieds de haut : mais on a trouvé le moyen d'en faire qui n'ont que neuf à dix pouces de hauteur, & qui sont en forme d'une grande boîte ronde d'environ quatre ou cinq pouces de diametre. Ces bassons, dans lesquels les conduits du vent vont toujours en montant & en descendant, sont aussi forts, ou peu s'en faut, que les bassons usuels : ils sont fort agréables à jouer, & ont des basses très majestueuses pour un aussi petit volume. On applique un serpentin à la tête de cet instrument, & une espece de petit pavillon ou gobelet de bois à son extrémité inférieure pour rendre le son plus rond & plus marqué. On peut porter ces sortes de bassons dans la poche : & pour l'accompagnement ils font le même effet qu'un grand basson.

Depuis quelques années les *clarinettes* ont beaucoup pris à Paris où il s'en fait de très bonnes. Ce sont des instruments à anche, longs à-peu-près comme un hautbois ; mais leur diametre est beaucoup plus fort, & il est égal par-tout ; de sorte qu'on n'a besoin que d'une seule perce pour travailler cet instrument intérieurement. L'anche des clarinettes n'est pas comme celle des bassons ou hautbois, ce n'est qu'une mince platine de canne attachée avec de la ficelle à la partie supérieure de l'embouchure, qui, animée par le souffle, donne à cet instrument un son singulier : dans les bas c'est le son du chalumeau ; & dans les hauts, qui ne sont point des octaves comme dans les autres instruments à vent, mais des quintes au dessus des octaves, il a le son d'une trompette adouci. Les clarinettes jouées avec goût & intelligence font un bel effet dans les symphonies, elles sont même très agréables à entendre en *quatuor* avec des cors de chasse. Tout l'art de l'ouvrier consiste à accorder cet instrument avec beaucoup de soin & d'exactitude, pour que les hauts tons aient la quinte double parfaitement juste. Les deux petites clefs placées au sommet de la clarinette doivent être dans leur véritable point de situation. On a ajouté depuis peu deux autres clefs à la patte ou derniere partie des clarinettes, qui font que cet instrument auquel il manquoit un ton dans l'ordre diatonique (savoir le *B-fa-si* naturel) est devenu complet, & qu'en même temps il a tous les sémi-tons, du moins entre les mains des habiles joueurs : jusqu'à présent cet instrument ne s'étoit joué qu'en *ut* & en *fa*, quoiqu'il ait cependant beaucoup plus d'étendue que le hautbois.

A l'égard des *cors de chasse*, des *trompettes* & des *timbales* qui sont aussi des instruments à vent, ils sont fabriqués par des chauderonniers qui s'adonnent uniquement à ce genre de travail : *voyez* CHAUDERONNIER.

Nous ne dirons rien ici des musettes, flûtes à bec, galoubets, flageolets à serins, & autres instruments de fantaisie qui sont bannis de toute musique réglée.

FAISEUR D'INSTRUMENTS DE MATHÉMATIQUE. Le faiseur d'instruments de mathématique est celui qui fait & vend tous les instruments inventés depuis long-temps, & qui s'inventent encore chaque jour, pour les opérations & découvertes astronomiques & de géométrie, aussi bien que pour l'usage de plusieurs arts & métiers.

Les principaux instruments qui sortent des mains de ces artistes, sont des demi-cercles, des cercles entiers divisés par degrés & par minutes, avec lunettes & sans lunettes ; des planchettes quarrées & rondes, &c. des équerres d'arpenteurs divisées ou non divisées ; des compas de proportion ; des quarrés géométriques ; des toises & des pieds-de-roi brisés ou non brisés ; des piquets & des chaînes d'ingénieurs & d'arpenteurs ; toutes sortes de cadrans au soleil, à la lune, aux étoiles, universels, équinoxiaux, astronomiques, horizontaux, &c. des boussoles de toutes especes ; des compas à plusieurs pointes, à pointes tranchantes, à trois pointes, à verges, à ressort, &c. des porte-crayons, des tire-lignes de plusieurs sortes ; des regles avec division & sans division ; des récipiangles ; des rapporteurs ; des microscopes de laiton ; des globes ; des spheres ; enfin un grand nombre d'autres instruments dont le détail seroit trop long.

Les métaux employés par les Faiseurs d'instruments de mathématique sont communément le cuivre, le fer & l'acier.

Tous les instruments dont nous venons de parler sont la plupart fondus par les maîtres fondeurs, ou forgés par les maîtres Faiseurs d'instruments de mathématique ; ils les finissent avec divers outils dont plusieurs leur sont communs avec tous les artisans qui travaillent sur les métaux, mais dont plusieurs aussi leur sont propres.

La *boussole* ou *compas de mer* est un instrument trop important pour que nous n'en disions pas quelque chose. Elle est absolument nécessaire aux pilotes pour diriger la route de leurs vaisseaux : elle consiste en une aiguille faite avec une lame d'acier trempée & aimantée sur l'aimant le plus vigoureux ; ce qui lui donne la propriété de tourner sa pointe vers le nord. Cette aiguille tourne librement sur un pivot au milieu d'une rose de carton ou de talc, sur laquelle on a tracé un cercle divisé en trente-deux parties égales : savoir, d'abord en quatre, par deux diametres qui se coupent à angles droits, & qui marquent les quatre points cardinaux de l'horizon : chacune de ces quatre parties principales est subdivisée pour indiquer les divers rumbs de vent. On désigne ordinairement le nord par une fleur de lis, les autres vents par les premieres lettres de leurs noms. Lorsqu'on veut diriger la route d'un navire à l'aide de cet instrument, on reconnoît, sur une carte marine réduite, par quel rumb le vaisseau doit tenir sa route pour aller au lieu proposé, & on tourne le gouvernail jusqu'à ce que le rumb déterminé soit vis-à-vis de la croix marquée sur la boîte ; & le vaisseau faisant voile est dans sa véritable route. Il ne reste plus qu'à avoir égard à la déclinaison de l'aiguille qui ne se tourne pas exactement dans la ligne du nord, mais dont la déclinaison varie suivant les lieux : le pilote a aussi des cartes qui lui indiquent les diverses déclinaisons des lieux.

De quelque utilité que soient les instruments qu'on a inventés jusqu'à ce jour ; quelque bien qu'excellent les ouvriers dans le choix de la matiere, & de la forme qu'ils leur donnent, quelles expériences n'ont-ils pas encore à faire pour donner à leurs ouvrages toute la perfection dont ils sont susceptibles ! Quelle finesse dans la vue, quelle adresse dans la main ne sont pas requises pour trouver la justesse des rapports, & donner une précision exacte à un mouvement méchanique, ou une augmentation considérable aux avantages que nous procurent les instruments d'optique !

Pour parvenir à des objets si importants pour la perfection des instruments, & en même temps pour faciliter les progrès dans les mathématiques & l'astronomie, M. le *Duc de Chaulnes* vient de donner une excellente méthode de diviser les instruments qui concernent ces deux sciences. Comme elle ne peut être que très avantageuse aux artistes, nous allons en donner une idée.

La machine qu'a inventé cet illustre académicien, & qui est propre à donner les proportions les plus exactes, consiste en une planche de bois fixée par des vis sur un établi, & percée de six mortaises dont les deux plus courtes sont à une extrémité de la planche pour recevoir une échelle où toutes les proportions sont graduées; les deux du milieu sont destinées à y adapter une plaque circulaire de cuivre sur laquelle il y a un *limbe*, ou bord extérieur & gradué d'un quart de cercle percé de quatre trous pour l'arrêter sur l'établi avec des vis. Les deux mortaises qui sont à l'autre bout de la planche servent pour y attacher une regle circulaire de cuivre de même largeur que la plaque du milieu, & également percée de quatre trous pour la rendre immobile au moyen des vis de bois qu'on y passe.

Ces pieces étant ainsi montées, on a une regle de cuivre qui porte à une de ses extrémités une piece circulaire aussi de cuivre, de même rayon que le limbe, & qui porte un *biseau* ou petit talut qui entre dans celui du limbe, & l'empêche de tourner circulairement, en appuyant sa convexité sur la concavité du limbe. Cette même regle a près de son milieu une petite plaque sur laquelle sont fixés deux pieds pour servir d'appui à un levier un peu au dessous de son milieu; elle est percée d'un petit quarré dont les deux côtés sont taillés en biseau, pour recevoir & laisser passer la coupe de la chape d'une poulie dont la base est une coulisse à double biseau. Il y a encore vers le bout de cette regle une piece fixée & destinée à laisser passer dans un collet la vis de rappel dont elle ne peut plus sortir à cause d'une goupille qui l'y retient.

Lorsque toutes ces pieces sont en état, si l'on y applique la regle dont nous venons de parler, de façon que la plaque circulaire soit engagée sous le biseau du limbe dont la courbure circulaire est concentrique à la regle circulaire de cuivre qui est au dessus, on pourra faire tourner la regle autour du centre commun de ces deux courbures, sans qu'elle puisse s'échapper de la plaque circulaire, tandis qu'on la tiendra appuyée ſur cette piece ; pour l'empêcher de s'en éloigner, & la fixer à demeure, on enfonce un petit coin de bois dur dans les gorges creuſes de la regle circulaire, & par ce moyen on l'arrête comme on veut & où l'on veut.

Il y a encore une infinité d'autres petites pieces qui entrent dans cette machine dont le détail ſeroit trop long, & dont on entendra mieux la compoſition & le jeu en les voyant dans les planches qui les repréſentent, qu'en liſant leur deſcription.

Par le moyen des vis on fait faire aux couliſſes le chemin que l'on veut, & par là on regle les diverſes longueurs qu'on veut donner aux lignes qui doivent former les différentes diviſions ; & par le *tracelet*, qui eſt une pointe d'acier inſérée dans un manche de bois, on trouve la longueur qu'on a déterminée.

Quand on veut diviſer un cercle en degrés & en diſtinguer les lignes qui marquent les degrés ſimples, les cinq & les dix degrés, on ſent qu'il faut que le tracelet faſſe plus de chemin pour les degrés composés que pour les degrés ſimples. Lorſqu'on veut rendre les lignes plus ou moins profondes, l'extrême juſteſſe de cette machine fait qu'on peut repaſſer plusieurs fois le tracelet ſur chaque diviſion ſans craindre de faire des lignes doubles.

Cette machine montée comme nous venons de le dire, que l'auteur appelle un *inſtrument à tracer*, peut ſervir à la diviſion des cercles, & de toutes ſortes de lignes tant droites que tranſverſales.

En ſuivant la méthode de l'auteur, on peut ſe ſervir du *micrometre* (ou inſtrument qui ſert à meſurer exactement les dimenſions des différentes parties qui paſſent ſous le microſcope, & qui eſt placé dans ſon intérieur) pour pouſſer les diviſions juſqu'aux ſecondes de degré, & en déduire tous les nombres rompus dont on peut avoir beſoin, en faire une matrice univerſelle non ſeulement pour les grands inſtruments d'aſtronomie, mais même encore pour former les petites *plateformes*, ou plaques rondes remplies de cercles dans leſquels ſont diviſés les nombres dont beaucoup d'artiſtes ont un beſoin journalier, comme les horlogers pour les machines à refendre, & pour diviſer les roues.

Lorſqu'on veut des diviſions en tranſverſales, on fait

tourner tout l'outil sur le quart de cercle dont le centre est vers le tracelet, & on lui donne l'inclinaison qu'on juge à propos.

Les divisions en *mosaïque*, ou par intersections, se coupent à angles droits; la prolongation de ces lignes forme une mosaïque dont tous les losanges, étant parfaitement égaux, ont la double propriété de donner un moyen de vérification de l'égalité de la division, & de soudiviser en deux la division qu'on a tracée. Pour cet effet on trace d'abord deux lignes qui vont du même sens, & qui se trouvent à distances égales; on transporte ensuite l'outil au point qu'il faut; on trace autant de lignes qu'on en a tracé précédemment, & ces dernieres lignes forment une mosaïque en recoupant les premieres à angles droits.

Si l'on veut faire la division de *Vernier* ou de *Nonius*, qui est de rendre visible les plus petites soudivisions, on applique contre une ligne divisée en parties égales, une autre ligne égale à un certain nombre de ces parties, & en même temps divisée en un nombre qui surpasse le premier d'une unité; comme, par exemple, si l'on veut avoir les dixiemes d'une ligne, on a une regle divisée en lignes, & on marque sur la petite regle qu'on doit appliquer sur la premiere ligne, un espace de neuf lignes qu'on divise en dix parties égales.

Les mêmes opérations qu'on fait avec le tracelet d'acier sur les bois ou sur les métaux peuvent s'exécuter sur le crystal de roche & les pierres précieuses, en se servant, à la place d'un tracelet, d'un diamant de miroitier, adapté à une monture semblable à celle du tracelet.

Lorsqu'on a des petites pieces à tracer, on commence par les *tirer de long*, c'est-à-dire les bien polir sur leur longueur, afin que les petites rainures que laisse le poli, & qu'on apperçoit sous le microscope, se trouvant perpendiculaires à la petite ligne, ne puissent pas se confondre avec elle. Pour cet effet on fixe ces petites pieces, ou divisions mobiles, le long du limbe, en les enduisant par dessus avec de la cire verte dont on se sert pour arrêter les ornements des desserts; on a ensuite deux petits microscopes d'égale grandeur, qu'on place à-peu-près aux deux bouts d'un diametre quelconque, & qu'on ajuste de façon que l'un des fils croisés du *réticule*, ou composé de treize fils de soie fort fins, paralleles & également éloignés les uns des autres, tombe au centre de la plateforme, & qu'un autre fil ſoit tangent au bord extérieur du limbe.

Après qu'on a eu, à l'aide de ces deux microſcopes, la plus grande préciſion poſſible de deux points diamétralement oppoſés, on ôte les microſcopes pour placer un de ces points ſous le tracelet. Lorſqu'on a bien diviſé la moitié du limbe, le reſte ſe diviſe ſans peine, parcequ'en faiſant paſſer les premieres diviſions ſous le microſcope, le tracelet répétera facilement les ſecondes : de quelque eſpece que ſoient les diviſions, en pieds, pouces, lignes, dixiemes, ou vingtiemes de ligne, elles peuvent s'opérer à-peu-près de la même façon.

Le même auteur enſeigne auſſi l'art de conſtruire, de rendre plus commode, plus sûr, plus propre à toutes les expériences, l'uſage du microſcope, du micrometre, du *ſphérometre*, ou meſure des courbures des verres lenticulaires & des inſtruments. Pour avoir une meſure exacte des profondeurs, on peut conſulter là-deſſus l'ouvrage en entier, où cette matiere eſt traitée avec autant de ſagacité que de préciſion.

Il y a à Paris deux communautés dont les maîtres prennent la qualité de maîtres Faiſeurs d'inſtruments de mathématiques.

L'une de ces communautés eſt celle des couteliers; l'autre, la communauté des maîtres fondeurs. Mais comme il n'y a que cette derniere à qui il appartienne de fondre en cuivre, & que préſentement la plupart de ces inſtruments ſont de ce métal, c'eſt auſſi à elle que ſont enfin reſtés les maîtres Faiſeurs d'inſtruments de mathématiques que la communauté des couteliers s'étoit réunis vers le milieu du dix-ſeptieme ſiecle, & qui depuis, par arrêt du Parlement, ont été adjugés à celle des fondeurs qui les avoit revendiqués.

FALCONIER : *voyez* PEAUSSIER.

FALOTIER. On donne ce nom à ceux qui portent des falots pour éclairer la nuit les perſonnes qui ſont obligées de marcher dans les rues, à ceux qui, dans les palais, comme le Louvre, le Palais-Royal, mettent des lumieres ſur les eſcaliers en différents endroits, & encore à ceux qui allument les lanternes publiques.

FANEURS. Ce ſont ceux qui, étant munis d'une fourche & d'un rateau, travaillent l'été à faire ſécher les foins, les luzernes, &c. en les retournant plusieurs fois & les faisant sécher à l'air.

FARINIER. C'est un marchand de bled moulu & qui a été passé au bluteau : *voyez* BOULANGER, MEUNIER.

FAUCHEUR. C'est celui qui fauche les prés & les avoines, en se mouvant horizontalement, & tranchant l'herbe par le pied avec une *faulx*, qui est une lame assez longue, un peu recourbée par sa pointe du côté du tranchant, & emmanchée d'un long bâton. Il y a beaucoup d'endroits, comme la Guienne, par exemple, où il y a si peu de paysans propres à ce travail, si facile en apparence, que plus de la moitié des prés ne seroient point fauchés s'il n'y venoit des faucheurs étrangers.

FEMME DE CHAMBRE. C'est celle qui sert sa maîtresse, lui prépare les choses nécessaires pour paroître avec grace dans le négligé, le demi-ajusté & l'ajusté, l'habille, & a l'inspection sur tout ce qui concerne la cosmétique ou l'art de la toilette : *voyez* ce mot.

FEMME D'ENFANTS. Après que les enfants ont été tirés du sevrage, les meres qui préferent leurs plaisirs aux soins importants du ménage, & sur-tout à celui de l'éducation de leurs enfants, s'en débarrassent le plus qu'elles peuvent en les confiant à des domestiques qui n'ont d'autre occupation que d'habiller & coucher les enfants, les faire manger, les tenir propres, les promener, les empêcher de crier par leurs caresses, & souvent de les corrompre par leurs mauvais exemples. C'est à ces personnes auxquelles on a confié les soins les plus précieux de la maternité, qu'on donne le nom de Femmes d'enfants.

FEMME DE GARDE-ROBE. C'est celle qui, dans les grandes maisons, a soin de la garde-robe de sa maîtresse, en tient les vêtements en bon ordre, toujours propres & prêts à être employés dans ces moments de caprice où l'on se décide plutôt pour un ajustement que pour un autre, après avoir parcouru plusieurs fois de la vue tous les meubles de la garde-robe.

FENDEURS. Ce nom est commun à plusieurs ouvriers : on le donne à ceux qui vont dans les maisons bourgeoises scier, fendre & serrer le bois de corde, & qui, pour cet effet, se servent de la scie, du chevalet, du maillet & des coins de fer ; à ceux qui débitent les bois que les bûcherons ont abattus, & les scient de longueur : on le donne encore dans les ardoisieres à ceux qui fendent les *callots* ou pierres d'ardoise. *Voyez* ARDOISIER.

FERBLANTIER. Le Ferblantier est l'ouvrier qui travaille à divers ouvrages de fer-blanc; comme plats, assiettes, lampes, lanternes, &c.

Avant de parler de la façon d'employer le fer-blanc, nous parlerons de la façon de le fabriquer.

M. Colbert appella en France les premiers manufacturiers en fer-blanc qu'on y ait vus. Les uns s'établirent à Chenesey en Franche-Comté, les autres à Beaumont-la-Ferriere en Nivernois. Mais ces premiers ouvriers, ne trouvant, pour les soutenir, ni une intelligence, ni une protection telle que celle qui les avoit attirés, n'eurent aucun succès, & se retirerent. On compte actuellement quatre manufactures de fer-blanc en France : 1°. celle de Mansvaux, en Alsace, établie il y a quarante-sept ans : 2°. celle de Bain, en Lorraine, établie en 1733, sur des lettres-patentes du Duc François III, confirmées en 1745 par le Roi Stanislas de Pologne : 3°. celle de Moramber en Franche-Comté, établie depuis peu d'années : 4°. une, établie encore plus récemment à une lieue de Nevers.

On porte dans ces manufactures le fer en petits barreaux: le meilleur est celui qui s'étend facilement, qui est ductile & doux, & qui se forge bien à froid. On le chauffe, on l'applatit d'abord un peu ; & dès le premier voyage sous le gros marteau, on le coupe en petits morceaux qu'on appelle *semelles*. La semelle peut fournir deux feuilles de fer-blanc. On chauffe ces morceaux jusqu'à étinceler violemment dans une espece de forge ; on les applatit grossiérement : on chauffe ensuite une troisieme fois, & on les étend sous le même gros marteau, jusqu'à doubler à-peu-près leur longueur & largeur ; puis on les plie en deux, suivant la longueur : on les trempe dans une eau trouble qui contient une terre sablonneuse. L'effet de cette immersion est d'empêcher les plis de se souder.

Quand on a une grande quantité de ces feuilles pliées en deux, on les transporte à la forge ; on les y range à côté les unes des autres verticalement sur deux barres de fer qui les tiennent élevées, & l'on en forme une file plus ou moins grande, selon leur épaisseur : on appelle cette file une *trousse*. Un levier de fer qu'on leve ou qu'on abaisse quand il en est temps, sert à tenir la trousse serrée. On met ensuite, dessous

ſous & deſſus, du plus gros charbon, & l'on chauffe. Quand on s'apperçoit que la file eſt bien rouge, un ouvrier prend un paquet ou une trouſſe de quarante de ces feuilles doubles, & le porte ſous le marteau. Ce ſecond marteau eſt plus gros que le précédent; il peſe ſept cents, & n'eſt point acéré.

La trouſſe eſt battue ſous ce marteau juſqu'à ce que les feuilles aient acquis à-peu-près leur dimenſion; mais on doit obſerver que les feuilles qui touchent immédiatement à l'enclume & au marteau, ne s'étendent pas autant que celles qui ſont renfermées entre elles.

Après cette premiere façon, on entremêle parmi ces feuilles quelques-unes de celles qui, dans le travail précédent, n'avoient pas été aſſez étendues; puis on fait la même opération ſur tous les paquets ou trouſſes. On remet au feu chaque paquet entremêlé, & on chauffe. Quand le tout eſt aſſez chaud, on retire les feuilles du feu par paquets d'environ cent feuilles chacun. On diviſe un paquet en deux parties égales, & l'on applique ces deux parties de maniere que ce qui étoit en dedans ſe trouve en dehors; & l'on bat pour la troiſieme fois ſous le marteau. Il faut obſerver que, dans les deux dernieres opérations, on ne remet plus en trouſſe, on ſe contente ſeulement de rechauffer par paquet.

Tandis qu'on forme une nouvelle trouſſe dans la forge, & que des feuilles s'y préparent à être miſes dans l'état où on a conduit celles-ci, les mêmes ouvriers les rognent; ils ſe ſervent, pour cet effet, d'une ciſaille & d'un chaſſis qui détermine l'étendue de la feuille. On rogne chaque feuille ſéparément: quand les feuilles ſont rognées & équarries, on en forme des piles ſur deux groſſes barres de fer rouges qu'on met à terre; on contient ces piles par une ou deux autres barres de fer rouges qu'on poſe deſſus. Cependant les feuilles de la trouſſe en travail du paquet qui ſuit, s'avancent juſqu'à l'état d'être équarries; mais, dans la chaude qui précede immédiatement leur équarriſſage, on diviſe chaque paquet en deux, & l'on met entre ces deux portions égales de feuilles non-équarries une certaine quantité de feuilles équarries: on porte le tout ſous le gros marteau: on bat, & les feuilles équarries reçoivent ainſi leur dernier poli. Après cette opération, les feuilles équarries des paquets vont à l'étuve, & les non-équarries à la ciſaille.

De ces feuilles prêtes à aller à l'étuve, les unes ſont gardées en tôle, ce ſont les moins parfaites; les autres ſont deſtinées à être miſes en fer-blanc. Avant que de leur faire ſubir cette opération, on les *décape* groſſiérement au grès, c'eſt-à-dire qu'on en enleve à demi la craſſe de forge qui les couvre encore ; puis on les deſcend à la cave ou étuve, où elles ſont miſes dans des tonneaux pleins d'eau ſure. Cette eau ſure eſt un mélage d'eau & de farine de ſeigle, à laquelle on a procuré une fermentation par l'action d'une grande chaleur répandue & entretenue dans cette cave par des fourneaux. C'eſt là qu'elles achevent de ſe décaper ou de ſe nettoyer abſolument. Les feuilles paſſent trois fois vingt-quatre heures dans cette eau ſure, où on les tourne & retourne de temps en temps pour les expoſer à l'action du fluide en tous ſens ; puis on les retire, & on les donne à des femmes qui les *blanchiſſent*. Elles ſe ſervent, pour cet effet, de ſable, d'eau, de liege & d'un chiffon. Après l'écurage ou blanchiment des feuilles, on les jette dans l'eau pour les préſerver de la groſſe rouille ; la rouille fine qui s'y forme tombe d'elle-même : c'eſt de là qu'elles paſſent à l'étamage.

L'attelier d'étamage eſt compoſé d'une chaudiere de fer fondu, placée dans le milieu d'une eſpece de table compoſée de plaques de fer inclinées légérement. Cette chaudiere a beaucoup plus de profondeur que la feuille n'a de hauteur : on l'y plonge toujours verticalement, & jamais à plat. Dans le maſſif qui ſoutient ceci, eſt pratiqué un four ſemblable à celui d'un boulanger, & dont la bouche eſt opposée au côté de l'étameur. On chauffe ce four avec du bois.

On doit commencer l'étamage à ſix heures du matin. La veille de ce jour, l'étameur met ſon étain à fondre à dix heures du ſoir ; il le laiſſe ſix heures en fuſion, puis il y introduit l'*arcane*. Cet arcane eſt bien nommé, puiſque les ouvriers en font un ſecret. Il eſt à préſumer que c'eſt du cuivre ; & on fonde ce ſoupçon ſur ce que la matiere qu'on ajoute doit ſervir à ſouder l'étain avec le fer : or le cuivre peut avoir cette qualité, puiſquil eſt d'une fuſibilité moyenne entre le fer & l'étain. L'arcane eſt mis en très petite quantité dans l'étain.

On fait fondre l'étain ſous une couche de ſuif de quatre ou cinq pouces d'épaiſſeur, parceque l'étain fondu ſe calcine facilement, lorſqu'il eſt en fuſion, & qu'il a communication avec l'air. Ce lit de ſuif fondu empêche cette communication, & eſt même propre à réduire quelq petite portion d'étain qui pourroit se calciner.

Dès les six heures du matin, lorsque l'étain a le degré de chaleur convenable, on commence à travailler. On trempe dans l'étain les feuilles retirées de l'eau, & on les jette ensuite à côté, sans s'embarrasser de les séparer les unes des autres; &, en effet, elles sont presque toutes prises ensemble. Ce premier travail étant fait sur toutes les feuilles, l'ouvrier en reprend une partie, qu'il trempe toutes ensemble dans l'étain fondu : il les y tourne & retourne en tous sens, divisant & soudivisant son paquet sans le sortir de la chaudiere; puis il les prend une à une & les trempe séparément dans un espace séparé par une plaque de fer, qui forme un retranchement dans la chaudiere même. Il les tire donc de la grande partie de la chaudiere pour les plonger une à une dans ce retranchement. Cela fait, il les met à égoutter sur deux petites barres de fer assemblées parallélement, & hérissées d'autres petites barres de fer fixées perpendiculairement sur chacune. Les feuilles sont placées sur les barres de fer paralleles qui les soutiennent, & entre les barres verticales qui les conservent dans cette situation.

Une petite fille prend chaque feuille de dessus l'égouttoir; & s'il y a de petites places qui n'aient pas pris l'étain, elle les racle fortement avec une espece de grattoir, & les remet à côté de l'attelier, d'où elles retournent à l'étamage. Quant à celles qui sont parfaites, elles sont distribuées à des filles qui, avec de la sciure de bois & de la mousse, les frottent long-temps pour les dégraisser; après quoi, il ne s'agit plus que d'emporter une espece de lisiere qui s'est formée à l'un des côtés de la feuille, tandis qu'on les mettoit à égoutter. Pour y parvenir, on trempe exactement ce rebord dans l'étain fondu. Il y a un point à observer : il ne faut tremper ni trop ni trop peu long-temps, sans quoi un des étains, en coulant, feroit couler l'autre, & la plaque resteroit noire & imparfaite dans cet endroit. Après cette immersion, un ouvrier frotte fortement des deux côtés l'endroit trempé avec de la mousse, il emporte l'étain superflu, & les feuilles sont faites.

On fait des plaques de différentes largeur, longueur & épaisseur, pour les différents usages auxquels elles doivent être employées par le Ferblantier qui les met en œuvre.

Le Ferblantier emploie le fer noir & le fer blanc. Ces deux fers ne different entre eux que par la couleur, & se vendent par des marchands de fer qui sont du corps de la mercerie, & qui s'appliquent particuliérement à ce négoce. *Voyez* MARCHAND DE FER.

On imite en fer-blanc tous les ustensiles qu'on peut fabriquer en argent, comme plats, bassins, assiettes, &c. Il s'en consomme quantité dans les armements de mer.

Le fer-blanc s'emploie ou brut, tel qu'il arrive des manufactures, ou poli, suivant les ouvrages auxquels on le destine. On polit le fer-blanc sur une petite enclume appellée *tas*, par le moyen de divers marteaux à deux côtés. Cette manœuvre donne au fer-blanc l'éclat de l'argent.

Pour faire une assiette ou un plat de fer-blanc, après en avoir tracé la forme, on n'emploie d'autres outils que les marteaux dont nous avons parlé, pour ébaucher & perfectionner l'ouvrage. Quant aux pieces de rapport, comme elles sont composées différemment, nous allons en donner un exemple en parlant d'une boîte quarrée de fer-blanc.

Pour faire une boîte, on commence par en couper le fond de la grandeur nécessaire, observant d'y laisser deux lignes de plus pour former un petit rebord qui doit être soudé sur les bandes & les bouts de la boîte. On coupe le fer-blanc avec des cisailles qui sont des especes de gros ciseaux dont une des branches est recourbée & plus courte que l'autre.

Quand le fond est coupé, on coupe les bandes & les bouts sur le quarré du fond; on fait la même opération pour le couvercle. Lorsque toutes les pieces qui doivent composer la boîte sont coupées, on commence à ajuster avec le fond les bandes & les bours sur lesquels on rabat la petite bordure pratiquée au fond avec un marteau de bois; ensuite on soude toutes ces parties ensemble, & on forme à la fermeture du corps de la boîte un petit rebord dans lequel on insere un morceau de fil d'archal.

Le corps de la boîte étant fini, on fait son couvercle, & on suit les mêmes opérations que pour le corps.

Il entre dans la composition de la *soudure* du Ferblantier de l'étain, du plomb, du sel ammoniac & de l'alun; le tout fondu avec de la résine & du suif.

Le *fer à souder* des Ferblantiers est un morceau de cuivre ajusté dans une queue de fer avec un manche de bois; sa longueur est depuis douze jusqu'à dix-huit à vingt pouces.

Les Ferblantiers font aussi diverses especes de *lanternes*

u centre desquelles on place un corps lumineux, de maniere qu'il puisse éclairer, que sa fumée s'échappe, & que e vent ne l'éteigne pas.

Quoique les anciens aient connu l'art de rendre la corne ransparente en la réduisant en petites lames minces, on ne peut cependant pas assurer qu'ils s'en servissent pour les anternes. L'opinion la plus sure est que cette invention est lue à Alfred le Grand, Roi d'Angleterre, qui régnoit sur a fin du neuvieme siecle; temps auquel les Anglois, ignoant l'usage des *clepsydres*, ou horloges hydrauliques, mesuroient le temps avec des chandelles allumées : mais omme cette mesure n'étoit pas exacte parceque le vent les faisoit brûler inégalement, Alfred imagina de faire débier de la belle corne en feuilles minces & transparentes, & e les encadrer dans des chassis de bois : les Ferblantiers les dopterent pour leurs lanternes qu'ils perfectionnerent ensuite en y substituant du verre.

Le Journal Economique du mois de Septembre 1756 dit, l'après un mémoire envoyé à l'Académie Royale des Sciences, quelle est la maniere dont les Chinois emploient les ornes blanches de chevre ou de mouton qu'ils destinent our les lanternes.

Afin de détacher la *perche*, ou l'os poreux dont elles sont emplies, on laisse ces cornes pendant quinze jours en été, un mois en hiver, dans l'eau pour se corrompre; après u'elles sont sorties de l'eau, on les secoue un peu fort, ou on en frappe un corps solide en les tenant par la pointe; ès qu'elles sont vuidées, on les met bouillir dans de l'eau endant une demi-heure, afin de les scier plus facilement ur leur longueur du côté plat. A mesure qu'on les scie on s remet tremper dans la même eau bouillante pendant uelque temps. On fend ensuite, avec un petit ciseau & n marteau, les plus épaisses en trois feuilles, les moins paisses en deux; celles qui n'ont qu'une ligne ou deux l'épaisseur ne se fendent point. Cette opération finie, on s remet encore dans de l'eau bouillante d'où on les retire our leur donner une égale épaisseur par le moyen d'un anchet. Quand elles sont au degré d'épaisseur où on les eut, on les replonge dans une nouvelle eau bouillante fin de les amollir.

Lorsque ces feuilles sont suffisamment amollies, on les isere une à une dans un trou quarré de neuf pouces de profondeur & de dix-huit pouces de largeur, creusé dans une grosse poutre de bois; & on observe de placer entre deux feuilles de corne une plaque de fer chauffée à-peu-près comme si c'étoit pour repasser du linge. Le reste du trou étant rempli de morceaux de bois & de coins qu'on fait entrer à coups de maillet, les feuilles s'applatissent autant qu'on veut.

Pour souder plusieurs de ces feuilles ainsi préparées, de maniere que la soudure n'y paroisse pas, on racle les deux pieces de corne qu'on veut souder, l'une en dessus, l'autre en dessous, de façon qu'étant appliquées l'une sur l'autre, elles ne fassent toutes les deux que l'épaisseur d'une feuille. On les soude légérement en y appliquant des pinces chaudes qui ne soient pas trop brûlantes, parceque la corne jauniroit, ce qui feroit une tache qu'on ne pourroit plus effacer. On a soin aussi de laisser entre chaque coup de pince quelques lignes de distance, afin que si quelque endroit n'avoit pas bien pris la forme qu'on veut lui donner, on pût détacher la soudure avec les doigts, ou y insérer la pointe d'une aiguille, si on ne pouvoit pas autrement lui faire quitter prise. Mais lorsque les pieces sont bien réunies & qu'on veut souder à demeure, on humecte le rebord de la soudure avec une feuille de roseau, & on passe la pince dans toute l'étendue des parties qui doivent se joindre, ce qui les réunit si bien qu'on diroit qu'elles n'ont jamais été séparées.

La soudure étant une fois bien faite, on passe les cornes sur le feu pour les assouplir; on fait glisser par dessus avec le pied un morceau d'étoffe de laine, on emporte ce qu'il y a de plus grossier avec un grattoir, & on acheve de les adoucir avec des feuilles d'arbre. On les polit en les étendant sur un morceau de linge doux & usé; on jette par dessus quelques gouttes d'eau, & on les frotte avec une étoffe de laine ou de feutre, chargée d'une poudre assez fine pour ne pas érailler la corne dans le frottement, & qui est composée de quatre parties de chaux vive, & d'une partie de charbon de terre brûlé.

Les cornes doivent leur blancheur au choix qu'on fait, & leur transparence au peu d'épaisseur de leurs feuilles Lorsqu'un trop long usage les rend jaunes, on les gra de nouveau, & on les polit; mais on ne leur rend jamai leur premier œil. Lorsqu'on veut leur donner différen formes, augmenter ou diminuer leur convexité, on les passe légérement sur la flamme.

Les Ferblantiers sont de la communauté des taillandiers : voyez ce mot.

FERMIER. Le Fermier est celui qui cultive la terre dont un autre est propriétaire, qui en recueille les fruits à des conditions fixes, & les paie en argent. Le *métayer* partage avec le propriétaire la récolte bonne ou mauvaise dans une certaine proportion. Les *Fermiers* sont ordinairement dans les pays riches, & les *métayers* dans ceux où l'argent est rare. Les uns & les autres sont connus aussi sous le nom de *laboureurs*.

La culture la plus ordinaire exige des avances assez grandes : la bonne culture en demande de plus grandes encore ; & ce n'est qu'en multipliant les dépenses de toute espece que l'on parvient à un entier succès.

Les animaux sont aussi nécessaires pour fertiliser les terres, que la terre leur est nécessaire pour leur fournir la nourriture. Le premier soin du Fermier, pour faire valoir les terres, est donc d'acheter, soit des *bœufs*, soit des *chevaux*, suivant la coutume du pays, ou suivant la nature du terrein : les *vaches*, les *moutons*, & toutes les autres especes de bestiaux ne lui sont pas moins nécessaires ; car c'est une vérité incontestable que, dans la culture des terres, on ne peut réussir à un certain point que par la multiplication des animaux : ce qu'ils rendent à la terre par l'engrais est infiniment au-dessus de ce qu'elle leur fournit pour leur subsistance.

Le laboureur proportionne le nombre des bœufs ou des chevaux à la quantité de terre qu'il fait valoir : on met trois chevaux pour chaque charrue. Comme le travail des bœufs est beaucoup plus lent, on emploie ordinairement douze bœufs dans un domaine qui peut être cultivé par quatre chevaux. Une charrue menée par des bœufs laboure dans les grands jours environ trois quartiers de terre ; une charrue tirée par les chevaux en laboure environ un arpent & demi. Il y auroit plusieurs considérations à faire sur l'avantage de labourer, soit avec des bœufs, soit avec des chevaux, mais dont le détail seroit ici trop long.

Les chevaux & les bœufs sont d'autant plus forts & plus ardents au travail qu'ils sont bien soignés & bien nourris ; aussi est-ce un des grands soins du Fermier de veiller à ce qu'ils ſoient toujours en bon état. C'eſt à l'aide de ces animaux ſi utiles qu'il va aux champs cultiver la terre, de la maniere & avec les inſtruments dont nous avons donné la deſcription au mot AGRICULTURE.

Les moutons ſont de la derniere utilité pour engraiſſer les terres : leur toiſon peut fournir auſſi un produit conſidérable, ſur-tout lorſque le Fermier a l'attention de choiſir une belle race, de la conſerver, & de veiller à ce que ſon berger ait de ſon troupeau le ſoin néceſſaire. C'eſt un excellent uſage établi dans pluſieurs provinces que de mettre *parquer* les moutons dans les pieces qu'on deſtine à produire du froment. Cette pratique, qui tourne également à l'avantage des troupeaux & des terres, n'eſt pas auſſi généralement ſuivie qu'elle devroit l'être; il y a même des provinces où, malgré l'expérience journaliere, on eſt prévenu que cette pratique pourroit occaſionner des maladies aux troupeaux : c'eſt cependant à cette méthode de parquer non ſeulement pendant l'été, mais même pendant toute l'année, que la laine que l'on recueille ſur les moutons d'Angleterre doit cette ſupériorité ſi marquée, ainſi qu'à la conſervation de la belle eſpece.

Le ſoin de faire parquer les moutons, de les tondre, de les ſoigner dans leur maladie, de châtrer les beliers, eſt confié au *berger*. *Voyez* ce mot.

Quelques Fermiers ſont dans l'uſage de faire parquer leurs vaches, & s'en trouvent très bien; leur parc eſt conſtruit comme celui des moutons. On voit au mot BERGER la maniere de parquer.

Le ſoin de châtrer les jeunes taureaux, de dompter les bœufs & de les habituer au joug, eſt confié au *bouvier*. *Voyez* ce mot.

La Fermiere fait traire les vaches, prépare le beurre, le fromage; comme la laitiere dans les grandes villes fait ce même ouvrage, *voyez* le mot LAITIERE. La Fermiere prend auſſi le ſoin de la volaille, comme poules, poulets, chapons, canards, dindons; elle leur diſtribue chaque jour de la nourriture; elle a grand ſoin de veiller à ce que toutes les ouvertures qui ſont néceſſaires au poulailler pour donner de l'air ſoient toujours fermées de bons grillages de fer, afin d'empêcher l'entrée des fouines, qui, en une ſeule nuit, pourroient égorger toute la volaille; elle ſuſpend à la muraille du poulailler des paniers d'oſier dans esquels elle met du foin, & où les poules vont pondre. Lorsqu'elle observe qu'une poule veut couver, ce qu'elle reconnoît à une espece de cri particulier qui désigne apparemment son impatience d'être toujours troublée, elle lui prépare un nid dans un lieu solitaire, & elle y met sous elle plusieurs œufs frais. Au bout de vingt & un jours d'incubation, elle visite les œufs pour voir s'il n'y a pas quelque *poussin* éclos ; si, trois jours après le terme, on ne voit point éclore de poulets, elle juge que les œufs sont clairs. Lorsque les poulets sont venus à bien, elle les met avec leur mere sous une cage d'osier ronde, & dans un lieu exposé au soleil. Elle les laisse là-dessous jusqu'à ce qu'ils soient assez forts pour marcher aisément.

Comme les poules perdent à pondre le temps qu'elles emploiroient à couver, & que le produit de ces oiseaux domestiques est de la plus grande utilité, M. de Réaumur, d'après la méthode des Egyptiens, est parvenu à découvrir l'*art de faire éclore & d'élever en toutes saisons des oiseaux domestiques, soit par le moyen de la chaleur des couches de fumier, soit par le moyen de celle des feux ordinaires.*

Comme il est question ici d'un art dont une Fermiere intelligente pourroit tirer très bon parti, nous allons donner l'idée des couches de fumier dont on peut se servir pour faire éclore des poulets. On établit une couche de fumier sous un hangard, dans un lieu où il puisse regner un peu d'air : on place au milieu de cette couche un tonneau défoncé qu'on enduit en dedans de plâtre, afin d'empêcher les vapeurs du fumier, qui seroient mortelles pour les poulets, de pénétrer dans l'intérieur du tonneau : on suspend dans ce tonneau des paniers les uns au-dessus des autres, & on les remplit d'œufs ; on recouvre le tonneau avec un couvercle percé d'un grand nombre de trous garnis de bouchons ; en ôtant plus ou moins de bouchons on regle la chaleur ; la meilleure est de trente-deux degrés au thermometre de M. de Réaumur ; c'est la vraie chaleur de la poule qui couve : il réussit assez ordinairement pour les deux tiers des poulets. Lorsqu'ils sont éclos, il s'agit de leur procurer une chaleur douce : on établit sur une couche de fumier une boîte longue de cinq ou six pieds, & recouverte d'une claie d'osier dans laquelle on place une espece de pupitre revêtu en dedans d'une bonne fourrure d'agneau ; c'est là-dessous que les poulets vont se fourrer d'eux-mêmes ; ils y sont aussi chaudement que s'ils étoient sous une poule vivante. On a donné à ce logement le nom de *poussiniere*. On fournit aux petits poulets de la nourriture ; & lorsqu'ils sont assez forts on les laisse courir dans la basse-cour. Si ce sont des canards que l'on veuille élever de la sorte, on pratique avec une grande terrine un petit bassin où les *canetons* ne manquent pas d'aller se baigner.

Pour avoir une volaille délicate & qui puisse s'engraisser, lorsque les poulets devenus grands ont quitté leur mere, la Fermiere les chaponne, & ne fait grace qu'à quelques-uns des plus hardis & des plus éveillés qu'elle réserve pour être coqs. Quant à ceux qu'elle veut chaponner, elle leur fait une incision à la partie qui enveloppe les testicules, les tire avec le doigt, recoud la plaie, & la frotte avec du beurre frais.

Lorsqu'elle veut engraisser les jeunes poules & les chapons, elle les enferme dans une cage de bois qui forme autant de cellules séparées dans lesquelles ces animaux ne peuvent presque point remuer. Cet état d'inaction, joint à l'abondante nourriture, les fait engraisser promptement.

Elle veille aussi aux maladies de la volaille pour lui porter du secours : quelqu'une a-t-elle la pépie, elle lui enleve avec une aiguille le cartilage qui étoit sur la langue & qui l'empêchoit de boire & de manger ; elle lui lave ensuite la langue avec du vinaigre ; enfin elle apporte les différents soins nécessaires suivant les diverses maladies.

Les dindons, espece de volaille apportée des Indes, & qui s'est très bien naturalisée dans ce pays-ci, exigent beaucoup de soin, parcequ'ils sont très délicats dans leur jeunesse. Pour les rendre plus robustes, on peut les plonger dans l'eau à l'instant de leur naissance, & leur insinuer dans le bec un peu de vin : on les remet ensuite sous la mere. Les dindons se nourrissent dans les commencements avec une pâte faite de feuilles d'orties hachées, de fenouil & de jaunes d'œufs. Après leur premiere jeunesse, ils deviennent robustes. Lorsqu'ils ont un mois passé, on les confie à un petit garçon qui les mene paître dans les champs : le soir on les ramene à la ferme où il se huchent en plein air sur des especes d'échelles dressées au milieu de la cour.

La Fermiere a soin de peupler le colombier ; elle choisit la meilleure espece de pigeons ; c'est-à-dire ceux qui sont d'un gris cendré tirant sur le noir, & qui ont les pattes ouges. Le mois de Mars eſt la ſaiſon où elle peuple ſon olombier : elle y met un nombre égal de mâles & de femelles ; elle les y tient enfermés pendant quelques jours our les habituer à ce nouveau domicile, & elle les y nourit amplement : quelques jours après elle leur ouvre le coombier, & leur jette à manger dans la cour : ils volent nſuite aux champs & reviennent exactement au colombier ù ils ont été ſi bien nourris ; car, quoique les gens de la ampagne mettent en uſage pluſieurs moyens pour retenir s pigeons au colombier, le plus certain eſt de les bien ourrir, & de les tenir proprement. Les colombiers des ermes ſont ordinairement à *boulins ;* ils ſont faits en forme e tours, & ils ont des niches ou boulins pratiqués dans le ur même du colombier, depuis le raiz-de-chauſſée juſu'au haut. Au milieu du colombier eſt un grand arbre ournant, le long duquel monte, & que fait tourner omme il veut, le domeſtique qui va dénicher les pigeoneaux. Le colombier fournit deux volées de pigeonneaux, 'une au mois de Mars, & l'autre en Septembre.

Il eſt défendu par les ordonnances du Roi de tuer ou de rendre les pigeons dans les champs : ils appartiennent au aître du colombier tant qu'ils conſervent l'habitude d'y evenir ; mais s'ils ceſſent d'y revenir au bout d'un eſpace e temps (les coutumes varient ſur la détermination de 'intervalle), ils appartiennent au maître du colombier u'ils ont choiſi.

Pendant que la Fermiere s'occupe de ces détails, le Fernier fait battre le bled dans la *grange*, qui eſt le lieu même ù l'on a entaſſé les gerbes de la moiſſon. L'*aire* où l'on bat e grain eſt au milieu de la grange : le ſol en eſt dur, pour ue le bled ne s'y enterre point à meſure qu'on le bat. Ce ol eſt fait d'un demi-pied de terre glaiſe que l'on pétrit vec un peu d'eau, & que l'on bat, quand elle eſt un peu eſſéchée, avec une *batte de jardinier*, qui eſt un morceau e bois plat & épais, emmanché d'un bâton. Celui qui at le bled, qui le débarraſſe de ſon enveloppe, & le met n état d'être porté au grenier pour l'y conſerver, eſt nomné *batteur en grange. Voyez* ce mot.

Lorſque le *batteur en grange* a battu & vanné le bled, il e porte dans les greniers deſtinés à le ſerrer. Ces greniers ont ordinairement conſtruits au plus haut de la maiſon : e plancher en doit être carrelé ; les plus hauts ſont les meilleurs. On pratique au haut des soupiraux pour que la chaleur du bled s'exhale ; & afin que ces greniers soient bien aérés, on leur ménage des fenêtres que l'on bouche seulement avec des osiers entrelacés. Ces ouvertures, autant qu'il est possible, doivent être du côté du nord, ou au moins du côté de l'orient, parceque c'est de ces côtés que soufflent les vents secs.

Le bled, mis en tas dans ces greniers, demande encore des soins : il a besoin d'être remué fréquemment & d'être passé au *crible*, parcequ'il s'échauffe dans le tas, & parceque les insectes, tels que les *charansons* & les *teignes*, s'y multiplient, l'échauffent & le détruisent. Le Fermier a grand soin de le faire remuer & passer au crible par des gens dont c'est le métier, & qu'on nomme *cribleurs de bled*. *Voyez* ce mot.

Les opérations dont nous venons de parler demandent des greniers très spacieux, exigent beaucoup de frais, & occasionnent des déchets considérables sur les bleds. Tout le monde sent le grand avantage qu'il y auroit à pouvoir conserver facilement les grains dans les années d'abondance, pour subvenir aux années de disette ; c'est dans ces vues que M. *Duhamel*, ce citoyen si zélé pour le bien public, a proposé de construire des *étuves* pour y dissiper l'humidité du bled, qui, dans notre climat, s'oppose beaucoup à la conservation des grains, afin de pouvoir les mettre ensuite dans des *greniers de conservation* où on les garderoit aussi long-temps qu'on le desireroit. Il a donné des plans de ces divers bâtiments, tant pour des greniers publics que pour des greniers particuliers.

Voici l'esquisse d'une petite *étuve*. Ce bâtiment est un petit cabinet qui a hors d'œuvre douze pieds en quarré, & neuf dans œuvre. Le haut est formé par une voûte de brique qui prend sa naissance à douze pieds du raiz-de-chaussée. Sur le devant de l'étuve est une petite porte fermée par de doubles volets, pour empêcher la chaleur de l'étuve de se dissiper ; par derriere il y a une petite arcade de pierre de taille pour placer le poële dont la chaleur doit échauffer l'étuve.

Au haut de la voûte il y a trois ouvertures, une au milieu pour connoître au moyen d'un thermometre la chaleur de l'étuve, & les deux autres servent de passage ou de tuyaux pour remplir les tablettes qu'on a pratiquées dans

l'intérieur en plan incliné, & sur lesquelles le bled se répand à droite & à gauche : il y a des banquettes de maçonnerie pour supporter les tablettes, & au milieu de ces banquettes il y a une conduite en plan incliné par laquelle le
froment s'écoule quand on vuide l'étuve. On verse le froment dans la trémie qui est au-dessus de l'ouverture de la
voûte qui répond aux tablettes, le froment tombe perpendiculairement dans le tuyau du milieu; ce tuyau étant
plein, le froment se verse sur les côtés, & s'arrange de
lui-même à l'épaisseur de trois ou quatre pouces sur les tablettes : quand on veut vuider l'étuve, on ouvre la trape,
& le grain coule dans les sacs; il est alors en état d'être
porté dans les *greniers de conservation.*

La construction de cette étuve est très avantageuse pour
faire tenir beaucoup de grains dans un très petit espace,
puisqu'un de ces bâtiments qui n'a que neuf pieds en quarré
& quinze pieds en hauteur, peut contenir 228 pieds cubes
de grain. Pour procurer au froment un parfait desséchement, il ne s'agit pas tant d'augmenter la violence du feu
que de laisser le grain long-temps dans l'étuve. La chaleur
pour le parfait desséchement doit être de 50 ou 60 degrés.
On reconnoît qu'il est suffisamment sec lorsqu'étant froid,
& en le cassant sous la dent, il rompt comme un grain de
riz, sans que la dent y laisse d'impression.

Un Fermier qui n'auroit à conserver que 1000 ou 1200
pieds cubes de froment peut se dispenser de construire une
étuve telle que celle dont nous venons de donner une idée;
il peut à peu de frais en faire une petite avec des claies :
quand même elle n'auroit que cinq à six pieds en quarré,
elle suffiroit pour dessécher son froment; & à la place du
poële un grand fourneau de tôle seroit suffisant pour échauffer avec du charbon cette petite étuve.

Lorsque le bled est bien desséché on le porte dans le *grenier de conservation* qui réunit de très grands avantages : on
y renferme une grande quantité de froment dans le plus
petit espace possible, & on empêche qu'il n'y fermente,
qu'il ne s'y échauffe, qu'il n'y contracte un mauvais goût.
On l'y garantit de la rapine des rats, des souris, des oiseaux, sans l'exposer à être endommagé par les chats; on
l'y préserve des mites, des teignes, des charansons, &
de toutes especes d'insectes; on l'y conserve aussi long-
temps qu'on veut, & cela sans frais & sans embarras.

Nous allons donner l'idée d'un grenier de moyenne grandeur, propre à contenir mille pieds cubes de froment. Il est bon d'observer que pour conserver cette quantité en suivant l'usage ordinaire, il faudroit un grenier de 59 pieds de long sur 19 de large. Le grenier de conservation dont il s'agit doit être fait à-peu-près comme une grande caisse à laquelle on donne treize pieds en quarré sur six de haut. On fait avec de fortes planches les côtés & le fond : on la pose sur des chantiers. A quatre pouces de ce premier fond on en fait un autre de deux rangs de tringles qui se croisent à angles droits : on recouvre ce second fond d'une forte toile de crin qui empêche le bled de s'échapper, & laisse à l'air qu'on y introduit un passage libre. A la partie supérieure de cette caisse, on fait un couvercle plein pour empêcher les souris & autres animaux d'y entrer : on y pratique seulement quelques trous qui s'ouvrent & se ferment à volonté. On met le bled dans cette grande caisse, & pour l'y conserver on fait jouer de temps en temps des soufflets. On place à une petite distance du grenier un grand soufflet ou deux moyens dont les diaphragmes sont mus par une machine qu'un cheval ou même un âne fait tourner, & qui servent à rafraîchir le froment en renouvellant l'air. Cette machine est une grosse piece de bois arrondie, ou un arbre tournant posé verticalement, auquel est attaché un levier de neuf à dix pieds de long, depuis le centre de l'arbre tournant jusqu'au milieu de la piece de bois qui sert à supporter le palonnier auquel l'âne est attelé. L'arbre tournant emporte avec lui une petite roue placée horizontalement, & autour de laquelle il y a quarante-huit dents qui engrenent dans la lanterne : cette lanterne fait mouvoir une manivelle, laquelle à son tour fait agir les tringles qui répondent aux diaphragmes des soufflets. On ajuste aux soufflets un porte-vent qui aboutit à une ouverture que l'on pratique au fond de la caisse. Les soufflets en prenant l'air du dehors le portent entre les deux planchers inférieurs du petit grenier. Quand on veut éventer le froment, on ouvre les trous d'en haut, & le vent traverse si puissamment le froment qu'il fait sortir la poussiere par ces soupiraux, & qu'il éleve les grains de froment jusqu'à un pied de hauteur; cet air, en traversant ainsi le froment, se charge du peu d'humidité qu'il contient, & l'entretient dans un état de fraîcheur qui est très contraire à la multiplication des insectes.

On a proposé dans le Journal Economique pour l'année 1758, une nouvelle maniere de conserver les grains d'après l'expérience qu'on dit en avoir été faite sur deux cents septiers de bled. On doit construire pour cela une cave dans le lieu le plus sec des bâtiments dont on est le maître, & la bâtir de maniere qu'elle soit entourée de toutes parts de caveaux : il faut pratiquer au-dessus une ouverture pour y descendre le bled : cette ouverture doit être fermée bien exactement, & recouverte de terre à niveau du sol du lieu qui y répond. Il faut boiser l'intérieur de la cave de fortes planches de chêne, & faire un plancher du même bois, soutenu sur des chantiers ou poutrelles, afin que le grain qui est mis dessus soit garanti de l'humidité des terres & des murs, & qu'ils ne lui en laissent que la fraîcheur. Le bled ainsi logé n'a point besoin d'être remué à la pelle, & y peut demeurer plusieurs années sans souffrir aucune altération; mais avant de l'y déposer il faut qu'il soit parfaitement sec. Celui qui a fait l'expérience de ce moyen de conserver le bled, croit que si on mettoit dans cette cave du bled qui auroit encore ses gousses, c'est-à-dire seulement battu & non vanné, il s'y conserveroit à merveille, parceque les capsules absorberoient toute l'humidité du bled. Il prétend aussi que la farine se conserve très bien dans ces sortes de caves.

Cette méthode a beaucoup de rapport avec celle qu'ont les habitants de Metz pour conserver des grains dans des magasins souterrains. Ils font un tas de bled bien sec, ils mettent de la *chaux vive* sur la surface, & un peu d'eau par dessus : de ce mêlange il se forme une croûte superficielle. Le bled qui est sur la surface du tas germe & pousse une tige qui périt l'hiver; la croûte qui s'est formée sur le tas interdit l'entrée à de nouvel air, & le bled se conserve très bien : on n'y regarde plus que lorsque la nécessité presse les habitants. En 1707, le Roi & plusieurs personnes de sa cour mangerent & trouverent très bon du pain fait avec du bled qui avoit été ainsi conservé dans la citadelle de Metz pendant cent trente-deux ans, comme le prouvoit la date marquée sur le bled même.

Nous avons vu les soins que prend le Fermier pour recueillir ses grains & pour les conserver dans ses greniers : il lui faut de nouvelles attentions pour préparer les grains qu'il veut semer. Il choisit pour cela le bled le plus beau

& le mieux conditionné de la récolte précédente, parce qu'il leve plus vîte que le vieux. Autant qu'il lui est possible il tâche de tirer les grains pour sa semence, de quelque autre pays voisin : car l'expérience a appris que le même bled étant toujours jetté dans la même terre, dégénere, & est plus susceptible d'une maladie qu'on nomme le *charbon*.

C'est pour garantir les bleds de cette sorte de maladie, qu'il fait passer sa semence dans une lessive de chaux vive. Pour cet effet on met neuf à dix seaux d'eau froide dans un baquet, on y ajoute environ vingt-trois livres de chaux vive, & on remue jusqu'à ce que la chaux soit éteinte ; ensuite on prend une corbeille d'osier, on y met du bled, & on plonge la corbeille pleine dans le baquet ; l'eau de chaux y entre & couvre le bled ; avec un morceau de bois on tourne & retourne le bled dans cette eau, & on rejette tous les grains qui surnagent, parcequ'ils ne germeroient point : on enleve ensuite la corbeille, l'eau fuit & on la laisse égoutter dans le baquet. Après cela on ôte le grain de la corbeille, on le laisse sécher à l'air & on recommence la même opération sur d'autre bled dans la même eau jusqu'à ce qu'on en ait la quantité dont on a besoin. On le laisse reposer quinze à seize heures, & au bout de ce temps on le remue toutes les quatre heures jusqu'à ce qu'il soit bien sec : alors il est propre à semer.

Quoique cette méthode qu'ont la plupart des laboureurs d'échauder leurs grains pour se garantir des bleds noirs, soit assez favorable, elle est quelquefois insuffisante. Le mieux est d'avoir recours à de fortes lessives alkalines, telles que celles de la soude, de la potasse, des cendres gravelées, ou des cendres ordinaires, ou bien une forte saumure de sel marin, ainsi qu'il résulte des expériences qui en ont été faites à Trianon par M. *Tillet*, sous les ordres du Roi. M. *Duhamel* pense que l'eau de la lessive qui a servi à blanchir le linge, en la fortifiant avec un peu de soude, & doublant la dose de chaux, produiroit les mêmes effets.

Il est une multitude de liqueurs que l'on vante comme très propres à hâter la végétation ; mais le moyen le plus sûr est de bien amender & de bien préparer la terre. Les grains qui ont été trempés dans les liqueurs dont nous venons de parler, n'ont dû, comme l'a démontré l'expérience, leur grande fécondité qu'à la richesse de la terre, & à ce que

que les grains étoient assez isolés pour que leurs racines s'étendissent beaucoup, & pompassent une grande quantité de nourriture. On dit cependant qu'en Angleterre on fait infuser pendant quatre jours & quatre nuits le grain dans l'eau roussâtre qui coule des tas de fumier exposés à l'air & à la pluie dans des vaisseaux que l'on a mis dans des trous creusés proche de ces tas : on ajoute à cette eau de l'urine humaine que l'on a fait évaporer pour en accélérer la putréfaction. On prétend que ces grains ainsi préparés donnent une abondante récolte ; mais il faut toujours supposer une terre bien amendée. Nous avons décrit au mot AGRICULTURE la maniere dont on seme les grains lorsqu'ils ont été préparés de la maniere que nous avons expliquée plus haut.

On a dit dans ce même article que les trois regnes de la Nature fournissent des engrais, & on y a décrit la maniere de les employer. Les fumiers que le Fermier ramasse dans ses étables & dans ses écuries sont de la derniere importance pour l'amélioration des terres, sur-tout lorsque par ses soins ils sont pourvus de toutes leurs qualités. Il a grande attention que ses domestiques mêlent ensemble les fumiers de l'écurie, de la vacherie & de la bergerie, parceque les uns engraissent les autres & leur communiquent une partie de leur chaleur. Il fait ménager dans la cour une fosse pour les fumiers, disposée de maniere que les urines des écuries & des étables s'y écoulent ; car ce sont les parties excrémentaires qui sont les plus propres à la végétation : il veille à ce que ces trous de fumiers ne soient point inondés par les eaux qui en enleveroient les parties salines.

Quand le fumier est bien pourri, il le fait transporter dans les champs. On le met dans des voitures, & le charretier étant rendu dans le champ le décharge par tas qu'on nomme des *fumetreaux*. On répand le plutôt qu'il est possible ces fumetreaux avec une fourche de fer sur la superficie de la terre ; & on laboure tout de suite pour enterrer le fumier de la maniere dont nous l'avons décrit au mot AGRICULTURE.

Les Fermiers contractent certaines obligations dont ils ne peuvent se dispenser, comme de cultiver les fonds qu'on leur a baillés à ferme, suivant leur nature, dans les temps nécessaires & avec les façons accoutumées ; de suivre à ce sujet l'usage qui est établi dans les lieux où ils sont. La diversité des climats ayant introduit nécessairement dans chaque endroit une différence dans la culture des terres, le Fermier ne peut en changer l'usage que du consentement du propriétaire, ni employer son industrie à augmenter le produit au préjudice des fonds.

Tous Fermiers qui laissent les fonds incultes, ou qui les cultivent mal, peuvent être contraints au résiliement des baux, parcequ'ils dégradent les fonds, ôtent l'espérance de la récolte, & la sureté du propriétaire.

Ils sont obligés aux réparations locatives des bâtiments, & à celles qui sont d'usage dans leur province; ils doivent aussi avertir le propriétaire de celles auxquelles ils ne sont pas tenus, sans quoi ils sont responsables des dégradations qu'elles occasionneroient. La derniere année de leur bail, ils doivent laisser à celui qui leur succede la facilité & les logements nécessaires pour préparer les travaux de l'année suivante.

Dans le cas où un Fermier ne paieroit pas, le propriétaire du fonds est préféré à tous autres créanciers sur le prix des meubles & bestiaux qui sont dans la ferme, sur les denrées cueillies & trouvées dans les greniers; il est même en droit de faire saisir la récolte quand il justifie de l'insolvabilité de son Fermier; mais il ne peut en résilier le bail sous prétexte de cultiver lui-même ses terres, parceque le Fermier ayant pu ne pas gagner sur les années précédentes, & pouvant se dédommager sur les suivantes, il est juste qu'il soit en droit de garder les fonds jusqu'à la fin de son bail. Lorsqu'il n'y a point de bail & que ce n'est qu'une *tacite reconduction*, le propriétaire peut rentrer dans son bien en remboursant à son Fermier les travaux qu'il a faits.

FERRAILLEUR. C'est celui qui ramasse des vieux fers & en fait négoce; il differe des crieurs de vieux fers & de vieux chapeaux, en ce qu'il est un de ces petits marchands merciers, dont la plupart sont établis sur le quai de la Vallée de misere à Paris, ou dans quelques fauxbourgs, qui achetent des vieux carrosses, les dépecent, & qui s'accommodent avec les crieurs de vieux fers, de ceux qu'ils ont ramassés en courant les rues de Paris.

Par l'article XLV des statuts des maîtres Selliers-Lormiers Carrossiers, il est défendu aux Ferrailleurs de vendre aucune voiture appartenante audit métier, qu'elle ne soit mise en ieces & rompue par morceaux, à peine de confiscation & l'amende.

Les chauderonniers donnent aussi le nom de Ferrailleur aux erruriers qui ne travaillent que pour eux, & dont tout ouvrage consiste à faire les grilles, les pieds & les fourhettes des réchauds de tôle.

FERRANDINIER. Le Ferrandinier est, à proprement arler, le marchand manufacturier qui fait & vend de la ferndine.

La *ferrandine*, qu'on nomme aussi *burail*, est une étoffe léere, dont toute la chaîne est de soie, mais qui n'est tramée ue de laine, ou même de poil, de fil ou de coton. C'est ne espece de petite moire ou pou-de-soie.

Le métier sur lequel se fabriquent les ferrandines est absoment semblable à celui du gazier, excepté que les parties ui le composent sont un peu plus grossieres : *voyez* GAZIER.

A Paris, le Ferrandinier n'est pas réduit à la fabrication s petites étoffes dont nous venons de parler ; il fait des offes de soie de toute espece, même enrichies d'or & d'arent. L'art ne s'est pas borné à la diversité des tissus, il a ouvé moyen d'*ouvrager* les étoffes, c'est-à-dire de les rever par des figures qui ne sont pas de simples suites de l'apêt, ou les empreintes de quelques moules, mais qui font rtie du tissu même.

Tout ce surcroît d'embellissements s'exécute par le nomre & par le jeu des *lames*, ou de ces especes de peignes de s au travers desquels passe la chaîne, & qui, se hausnt ou s'abaissant, font monter & descendre tour à tour ne partie des fils de la chaîne & ensuite une autre, pour endre & arrêter successivement toutes les duites de la ame.

On fait marcher les lames par le mouvement des pieds en ulant les marches qui correspondent aux lames : ou bien ouvrage se fait *à la tire*. Dans ce dernier cas, pendant que tisseur fait aller & venir sa navette, il a, à côté de lui, n second ouvrier qui, à chaque jet, tire ou éleve une lame ar un cordon, & la laisse ensuite retomber pour tirer un utre cordon, en recommençant toujours de même. Outre multiplicité des lames, si l'on varie la couleur des fils de chaîne, ou qu'on insere d'espace en espace, & à disnces réglées, des trames de différente couleur ; c'est une écessité que l'ordre des points de la chaîne pris ou laissés,

& l'ordre des points de chaque trame amenés au jour par-dessus la chaîne, ou cachés dessous, tracent sur l'étoffe ou de longues raies, ou une flamme, ou un fleuron, ou quelque figure réguliere qui se répete toujours la même, puisque le jeu des marches revient toujours le même.

Il y a une habileté singuliere dans la façon seule dont l'ouvrier lit le dessein, pour régler sur les couleurs des petits carreaux qui le composent l'ordre des cordelettes & des lames qu'il faudra abaisser tour à tour, & pour y conformer les mouvements du *tisseur* ou *tireur*, qui fera sortir une vraie peinture du fond de l'étoffe, sans y concevoir autre chose que l'ordre des marches qu'il faut tirer. Le principe de la fabrique des étoffes à fleurs se réduit aux points de la chaîne & de la trame qui sont pris ou laissés, découverts ou cachés successivement par tel ou tel jeu de lames.

Le *velours* que fabriquent aussi les Ferrandiniers est une étoffe toute de soie, couverte à l'*endroit* d'un poil épais, court, serré, très doux, & dont l'*envers* est une espece de tissu extrêmement fort & pressé.

L'industrie qu'on admire dans l'invention du velours, nous invite autant que la beauté de l'étoffe à donner à nos lecteurs quelque connoissance de la maniere dont il se fabrique.

Le velours se fabrique sur un métier à-peu-près semblable à celui du tisserand (*voyez cet article*) : mais la plupart des parties qui le composent portent des noms différents.

Au travers d'une chaîne de soie bien torse, on en insere une seconde d'une autre soie moins serrée, de façon que les longs fils de celle-ci puissent être abaissés & haussés librement par leurs *marches* propres, entre les fils de la premiere chaîne, qui jouent de leur part avec une égale liberté. Cette chaîne de surcroît & insérée dans la *chaîne de fond*, se nomme la *chaîne à poils*, ou simplement *le poil* parceque c'est des fils de cette chaîne transversalement coupés par-dessus l'étoffe, qu'on fait le poil ou le *velouté* dont elle est garnie par l'endroit.

Dans les métiers ordinaires, on nomme *lames* ces assemblages de fils courts, qui traversent la chaîne pour en élever une partie en abaissant l'autre par le moyen des marches. Dans les métiers à velours, ces pieces se nomment *lisses* & au lieu que, dans le métier commun, deux lames se haussent & s'abaissent tour à tour par une corde commune qui va de l'une à l'autre en passant au haut du métier sur un poulie, la marche droite ne pouvant ainsi abaisser la lame qu'elle tire, sans élever l'autre lame ; dans le métier à velours, tout s'opere par des contrepoids. La marche descend-elle sous le pied qui la foule, elle abaisse sa lisse propre, & celle-ci fait monter le contrepoids qui y correspond. Si le pied abandonne la marche, le contrepoids retombe & releve la lisse. La chaîne à poils a ses lisses, ses marches & ses contrepoids. La chaîne de fond a pareillement, mais un peu plus loin de la main de l'ouvrier, ses lisses propres, avec es marches & les contrepoids qui y répondent.

Tous les fils de la chaîne à poil partent du bas & de l'extrémité du métier, traversent obliquement la chaîne de fond, & montent beaucoup plus haut, pour passer par-dessus un gros bâton suspendu sur deux boucles de verre, d'où ces fils vont, au travers de toutes les lisses, gagner la tête de la piece. Tant que l'ouvrier ne touche pas aux marches de la chaîne à poil, les contrepoids en demeurent abaissés & tous les fils de cette chaîne demeurent élevés, de façon qu'on pourroit librement ne travailler le tissu qu'avec la chaîne de fond. Le reste des préparatifs consiste en deux *navettes* & trois longues *virgules* ou *baguettes* plates de laiton que l'on nomme *fers*, parcequ'elles étoient de fer dans le commencement de l'invention. L'usage des navettes est d'injecter une *enflure* entre les fils de la chaîne à poil, & une autre entre les fils de la chaîne de fond. Chaque virgule de laiton doit être plus longue que la piece de velours ne sera large, & doit avoir à l'un de ses bouts une petite pelotte de cire d'Espagne pour être aisément coulée entre le fil de poil & le fil de fond ; au lieu que, de sa pointe nue, elle pourroit percer une chaîne ou l'autre.

L'ouvrier commence par faire le *chef* de sa toile ; & lorsqu'il est temps de faire paroître le velours, il tient tous les fils de chaîne à poil élevés par l'abaissement des contrepoids propres. Il glisse alors un de ses fers entre les deux chaînes. Ce fer reste couché sur le dos, & entiérement caché entre les deux chaînes. On n'en voit plus que les deux bouts, parcequ'à l'instant le tisseur abaisse profondément la chaîne à poil, & jette ses navettes à plusieurs reprises dans les séparations des fils de la chaîne de fond, & dans les ouvertures de la chaîne à poil. Ces deux tissus demeurent par-là étroitement unis. L'ouvrier amene la chasse, & frappant toutes ces duites de trame de plusieurs coups, il oblige le fer qui étoit couché sur le dos, à se dresser sur le côté, & à présenter vers le haut son autre côté qui est cannelé. Il releve la chaîne à poil, couche sur la chaîne de fond une seconde virgule ou second fer; il abaisse le poil & fait comme ci-devant son double tissu. Après l'avoir bien frappé, il ouvre les chaînes, cache la troisieme virgule, tisse & frappe encore de même.

On ne voit ici que l'apparence d'une étoffe ordinaire. Pour en faire sortir le velours, il prend en main une plaque de fer, sur le bas de laquelle est attaché un petit couteau très affilé en forme de serpette. Il en enfonce le bec ou la pince dans la cannelure pratiquée à la premiere virgule, & faisant avancer cette pointe le long du canal qui dirige son instrument & sa main, il coupe la chaîne à poil dans toute la largeur de l'étoffe, en sorte qu'il s'en élance deux rangées de poils fins, & la premiere virgule de laiton reparoît. Il laisse dormir les deux autres, & reporte la premiere un peu plus loin entre les deux chaînes, couvre son fer de la chaîne à poil, tisse comme ci-devant avec ses deux navettes; & après avoir fortement frappé contre ce fer, il dégage la seconde par le tranchant de sa serpette, comme il avoit fait pour la premiere. Le second fer est ramené entre les chaînes, & suivi du travail des chaînes & des navettes. Le troisieme fer est enfin tiré de même que les deux premiers. De cette sorte, il y a toujours deux fers en repos & cachés dans l'intérieur de l'étoffe : il n'y en a qu'un des trois qui demeure libre & qu'il faille mettre en œuvre. Aucun de ces poils qui se dressent sous la pince ne peut s'échapper. Ils se courbent dans l'intérieur de la piece, & se relevent pour former d'autres houppes dans la ligne suivante. Ils sont arrêtés dans leur courbure par les trames des deux navettes qui les saisissent par-dessus & par-dessous : de sorte que le tissu, en faisant ainsi la solidité de l'ouvrage, demeure entiérement caché sous cette forêt de poils parfaitement égaux qui en font la beauté.

Le travail des pannes, des pluches & des moquettes est le même. La différence de ces étoffes ne vient que de la longueur qu'on donne au poil, & de la qualité des matieres.

Les trois réglements pour les manufactures de soie donnés en 1667, pour les villes de Paris, Lyon & Tours, ne mettent aucune différence entre les Ferrandiniers & les autres ouvriers en draps d'or, d'argent & de soie. Il y a cependant à Paris une communauté de maîtres Ferrandiniers-Gaziers qui semblent faire un corps à part, & qui poursuit des statuts particuliers sous le nom de marchands fabricants.

Ceux qui fabriquent à Paris les gazes de soie, sont du nombre des Ferrandiniers, qui, depuis quelque temps, prennent le nom de marchands fabricants, & qui sont, pour ainsi dire, divisés en deux sociétés, quoique dans un même corps. Les uns qui ne font que des ferrandines & des grizettes ont retenu le nom de Ferrandiniers; & les autres, à cause qu'ils ne travaillent que des gazes, se font appeller *Gaziers*, ou, comme disent d'autres, *Gazetiers : voyez* GAZIERS. Il y a actuellement à Paris trois cents vingt maîtres fabricants d'étoffes de soie.

Les ferrandines, suivant le réglement de 1667, ne peuvent être que de quatre largeurs, qui sont un quart & demi, une demi-aune moins un seize, une demi-aune entiere, & une demi-aune un seize. Ces largeurs ne peuvent être augmentées ou diminuées au plus que de deux dents de peigne, c'est-à-dire de l'épaisseur d'une piece de douze sols; la soie qu'on y emploie doit être ou toute soie crue, ou toute soie cuite, sans mêlange de l'une avec l'autre.

La longueur des pieces des ferrandines est de soixante à soixante & dix aunes.

Les ferrandines paient en France 4 sols la livre de droit de sortie.

FERREUR. C'est celui qui plombe & qui marque avec un coin d'acier les étoffes de laine : *voyez* ESGARD.

FERRONNIER : *voyez* CLOUTIER.

FEUILLETIER : *voyez* CARTIER.

FIACRE. On donne ce nom aux cochers qui louent & tiennent sur les places publiques des voitures à quatre roues, construites en forme de carrosse. Chaque Fiacre est obligé par la police d'avoir au derriere de son équipage des numéros & des lettres qui puissent faire retrouver le cocher, dans le cas où l'on auroit à se plaindre de lui. Ils sont aussi obligés de déclarer, sous peine afflictive, ce qu'ils ont trouvé dans leur voiture; ils ne peuvent exiger à Paris que 25 sols pour la premiere heure, & 20 sols pour les autres.

FICELEUR. C'est le nom des ouvriers qui, dans les manufactures de tabac, passent de la ficelle sur les rôles, après qu'ils ont été pressés, pour leur conserver la forme que la presse leur a donnée : *voyez* TABAC.

FIL D'ARCHAL (L'art de réduire le fer en). Le fil d'archal est un fer rendu ductile à froid, dont on fait un fil plus ou moins fin, relativement aux trous de différents diametres par lesquels on le contraint de passer.

Quoiqu'en général le fer soit un métal fort ductile, il importe beaucoup de savoir le choisir à propos, afin que, dans les divers atteliers où on le fait passer, il puisse, sans se rompre, se réduire en fil très fin. Il semble d'abord que le fer le plus doux devroit avoir la préférence pour cette opération, comme devant naturellement beaucoup plus s'étendre à froid que tout autre; mais, comme cette sorte de fer est ordinairement pailleuse, que la quantité de ses grains empêche la liaison de ses parties, le rend quelquefois cassable, & ne lui procure pas toujours une certaine ductilité; on lui préfere un fer dur & cassant, lorsqu'il est de bonne qualité, parcequ'il acquiert du nerf dans les forges de l'*allemanderie* (ou de l'attelier où l'on forge le fer sous un petit martinet pour le réduire de grosseur à passer par les plus grands trous de la filiere), parcequ'en passant dans les trous de la filiere, il devient ductile de plus en plus, & que, lorsqu'il est question de recevoir le blanchiment d'étain, il le prend mieux & le conserve plus long-temps.

Après qu'on a bien choisi son fer, on le porte à l'allemanderie pour le réduire à la grosseur qu'on veut. Cette opération exige du chauffeur beaucoup d'habileté, & surtout beaucoup d'attention à bien conduire son feu, afin que la chaleur pénetre jusqu'au centre du fer, sans que la superficie en soit brûlée, sans quoi il en résulteroit des déchets considérables. Pour les éviter, un chauffeur habile fait rougir son fer à propos, le donne ensuite au forgeron qui, en le tournant sur l'enclume & sous le martinet d'un mouvement égal & très prompt, l'avance & le recule jusqu'à ce que la partie suffisamment chauffée soit étirée & rangée comme il faut. Ce travail, où l'on n'acquiert de l'adresse que par un long exercice, est si intéressant, que, si par méprise le forgeron laissoit frapper deux coups de suite sur le même endroit, il se couperoit immanquablement. Indépendamment du martinet, il y a encore dans chaque allemanderie un gros marteau, dont on ne se sert jamais que lorsqu'on en a besoin pour souder une barre de fer qui, en sortant du *forgis*, se trouve avoir quelques pailles ou quelques cassures ; & alors le chauffeur la remet chauffer presque fondant, avant de la forger sous le gros marteau pour en réunir les parties.

Pour que le forgis ou barres forgées deviennent propres à passer par la filiere, on les recuit sur un feu de braise ou de charbon, jusqu'à ce qu'elles aient acquis une couleur de cerise ; on les donne ensuite à l'*écoteur* (ou ouvrier qui travaille sur l'établi du tréfileur), qui, avant de les faire passer trois ou quatre fois par différents trous de la filiere, les enduit de quelque matiere grasse, comme du lard, du beurre, du suif ou de l'huile, & en fait ensuite du *fer de roulage*, c'est-à-dire du fer propre à être roulé en écheveau. Comme cette opération durcit & *écrouit* ou aigrit le fer, on le recuit, après quoi on le passe dans d'autres trous de filiere d'un moindre calibre ; &, lorsque l'*ébroudeur*, ou l'ouvrier qui travaille à la troisieme *bûche* ou gros madrier qui lui sert d'établi, l'a fait recuire, il le passe encore par trois autres trous, & pour lors ce fer porte le nom de *fer ébroudi*.

Nous ne dirons point ici ce que c'est qu'une filiere, ni nous n'en ferons pas la description ; on en a parlé assez souvent dans divers articles de cet ouvrage.

On n'est point d'usage dans les tréfileries de tirer le fil plus fin qu'en ébroudi ; lorsqu'il est à ce point, on le tire à bras, à la bûche ou à la bobine, parcequ'en devenant plus cassant, à proportion qu'il devient plus fin, il a besoin d'être plus ménagé. On appelle *tirer à la bûche*, lorsque la premiere filiere par laquelle on fait passer le fil de fer au sortir de la tréfilerie, est disposée à-peu-près comme celles qui sont dans cet attelier, & qu'elle est arrêtée sur une grosse piece de bois qu'on nomme *bûche*. Cette bûche ayant l'inclinaison nécessaire, & les tenailles y étant disposées comme il faut, à l'aide d'un long levier, l'ouvrier tire le fil de sa main droite, & de sa gauche conduit les tenailles, & arrange le fil de fer qui en sort. A mesure que l'ouvrier opere, le fil de fer monte vers la *chambriere*, qui est un bâton attaché contre un des côtés de la bûche, d'où il retombe à terre au moyen d'un petit anneau de fer ou de laiton, afin que son volume n'empêche ni le mouvement, ni l'action de la tenaille.

L'*agreyeur*, ou celui qui est chargé de faire passer, à force de bras, le fil de fer par la filiere, lorsqu'il le remet dan quelque nouveau trou, lui fait sur l'*estibot*, ou billot d bois, une pointe avec une lime, afin qu'il entre mieux, & qu'il devienne plus délié.

Lorsque le fil de fer a acquis un certain degré de finesse on ne le travaille plus sur la bûche, on le met pour lors su des bobines verticales, disposées à-peu-près comme celle des tireurs d'or. Dès qu'on a tiré avec les tenailles à mai environ une aune de fil, afin de pouvoir en arrêter le bou sur la bobine qui a près de son bord supérieur un petit an neau qu'on nomme la *porte*, & dans lequel on entortille l bout de fer qu'on a tiré, le tireur fait tourner la manivell de la nouvelle filiere, qui est retenue par trois chevilles d fer, dont les deux premieres sont sur une même ligne entr la bobine & la filiere, & la troisieme est vis-à-vis du milie des deux autres de l'autre côté de la filiere.

Pour réduire au dernier degré de finesse le fil de fer le plu fin qu'on a sorti de la tréfilerie, on le fait passer par dix huit *pertuis* ou petits trous : on pourroit le faire passer pa un plus grand nombre, lorsque la matiere est bonne; mais pour cet effet, il faudroit lui donner un recuit particulier qui le rendît beaucoup plus doux; ce qu'on peut faire e mettant une certaine quantité de ce fil dans une marmite d fer, qu'on renverse le couvercle en bas, après l'avoir bie luté avec de la terre grasse, & l'avoir mis dans un fournea de briques pendant dix à douze heures sur un feu de mott de tanneur.

Quoiqu'on ne soit point dans l'usage de donner de nou veaux recuits au fil de fer lorsqu'on l'a réduit à son plu grand degré de finesse, il est cependant vraisemblable que si on vouloit pousser la finesse du fil à une extrême finesse ces recuits deviendroient nécessaires, parceque ce seroit l moyen de le rendre aussi doux que du plomb, & par consé quent moins cassant.

Le fil d'acier dont ont se sert pour faire les bonnes ai guilles, se travaille & se tire à-peu-près comme le fil de fer *voyez* le mot AIGUILLIER.

On trouve chez les marchands de fer du fil de toutes le grosseurs, depuis le plus fin qu'on emploie à faire des cor des pour divers instruments de musique, jusqu'à celui q a six lignes de circonférence, dont les chauderonniers, ceux de Paris près auxquels cela est défendu, se servent pou border leurs ouvrages.

FILANDIER : *voyez* FILEUR.

FILASSIER. Le Filassier est l'ouvrier & marchand tout ensemble qui donne les dernieres façons à la filasse, après que la chenevotte a été grossiérement concassée.

Les opérations du Filassier sont une suite de celles du chanvrier.

Le chanvre, au sortir des mains du chanvrier, est remis entre celles du Filassier qui, après avoir roulé le chanvre en gros paquets, le bat sur un billot; ensuite il le peigne, en le faisant passer successivement sur deux especes de grandes cardes de fer, dont l'une est plus fine que l'autre, afin d'en tirer les différentes sortes de chanvre, qui sont le *chanvre* proprement dit, la *filasse*, le *courton*, & l'*étoupe*.

Les Filassiers ne forment avec les *chanvriers* qu'une seule & même communauté : *voyez* ce mot.

FILASSIERES. On donne ce nom à des femmes dont la profession est d'acheter & vendre les chanvres, lins & filasses que les forains apportent à Paris.

Cette communauté, dans laquelle on ne reçoit point d'homme, est très ancienne; ses statuts de 1485 ne sont qu'une addition à ceux qu'elle avoit depuis très long-temps. Comme elles ont droit de visite sur toutes les marchandises qui font l'objet de leur commerce, les marchands forains sont obligés de faire porter leur filasse à la halle où les Filassieres sont établies. En faveur de la foire Saint-Germain, les marchands ont le droit d'y décharger leurs marchandises. Les jurées Filassieres peuvent les visiter, mais elles ne peuvent les acheter que deux jours après l'arrivée des forains, afin que les bourgeois de Paris soient fournis par préférence.

FILATIERS. On donne ce nom à Amiens à ceux qui filent ce qu'on appelle le *fil de saïette*.

L'article XXXVI des réglements de la saïetterie de cette ville enjoint à tous les Filatiers forains de porter & exposer en vente leurs fils au marché, sans en vendre ailleurs, ni en réserver aucune chose en leurs hôtelleries, & de vendre le tout au plus tard dans le troisieme marché, à peine de confiscation de leur marchandise, & de 50 livres d'amende; pour cet effet, il est permis aux peseurs de fil de se transporter dans les maisons où s'en fait la décharge, pour en compter les bottes, & obliger les Filatiers de les représenter.

FILATRICES. Ce ſont des femmes occupées dans les ma-nufactures de ſoie à la tirer de deſſus les cocons.

FILEUR. C'eſt un ouvrier qui réduit en fil les matieres propres à être filées.

Le filage occupe & fait ſubſiſter en France un nombre in-fini de perſonnes du menu peuple. La Champagne, la Pi-cardie, le Lyonnois, la Touraine, la Normandie & la Bretagne en occupent quantité à filer leurs chanvres & leurs lins : en Picardie, on les appelles *houppiers*.

Le nom de *fileur* ſe donne auſſi aux ouvriers qui paſſent & tirent par la filiere toute ſorte de métaux, & aux arti-ſans qui travaillent à filer groſſiérement le fil d'étoupe de chanvre écru, pour faire les meches qui entrent dans la fa-brique des torches & des flambeaux de poing, & que les marchands épiciers-ciriers nomment *lumignons*.

On donne auſſi ce nom dans les manufactures de tabac à celui auquel on remet les feuilles écôtées pour les filer les unes au bout des autres. Cet ouvrier eſt ſervi par trois en-fants, dont le premier lui fournit les boudins, le ſecond lui donne les *robes* pour les unir ; ce ſont des feuilles de tabac qui, étant plus longues & plus larges que les autres, ſont plus propres à recouvrir les rôles : le troiſieme tourne le rouet. Afin que cet ouvrier roule les boudins de tabac avec plus de facilité, il ſe frotte de temps en temps les mains avec une éponge imbibée d'huile d'olive. Lorſque ſon rouet eſt extrêmement chargé, il le dévide pour le faire paſſer au rôleur. Cet ouvrier porte auſſi le nom de *torqueur*, parcequ'il file le tabac en maniere de groſſe corde : *voyez* TABAC.

FILEUR DE LUMIGNONS : *voyez* CARDEUR.

FILEUSE DE LAINE. Après que les cardeurs ont mis en *loquettes* ou petits rouleaux qu'on nomme en diverſes pro-vinces des *cardons* ou des *boudins*, la laine qu'on leur a donné à carder, on en fait des *battées* ou paquets peſant treize à quatorze livres chacun, qu'on remet aux Fileuſes de laine pour les filer ſur un rouet, & en faire un fil proportionné à la groſſeur ou à la fineſſe des étoffes auxquelles on les des-tine. *Voyez* COUVERTURIER.

Les couverturiers & les drapiers fabricants qui emploient ordinairement ces ouvrieres au filage de leurs laines, exi-gent d'elles qu'elles filent plus ou moins fin, ſuivant l'em-ploi qu'ils en veulent faire. Après que ces femmes ont fil ut battée, elles dévident leur laine, la mettent en écheaux plus ou moins gros, les portent à la manufacture, où ne personne qui est préposée pour cela met ce filage en chets sur une machine qui, au moyen d'un petit marteau ui frappe huit fois sur le dévidoir, contient un certain nomre de tours égaux, & fait qu'un échet ne tient pas plus de l qu'un autre. Lorsque les échets sont finis, on les pese; eux qui sont composés du plus gros filage, ne doivent peer qu'un certain nombre d'onces, comme huit, dix ou ouze pour les plus gros. Les échets du plus fin filage ne ont que de trois à quatre onces. Lorsque les échets ne se ouvent pas conformes aux poids ci-dessus, & que la laine st trop grossiérement filée, on paie à la Fileuse au-dessous u prix dont on est convenu avec elle pour chaque battée.

FINISSEUR. C'est l'ouvrier qui finit les mouvements es montres ou des pendules; qui donne la perfection aux entures, engrenages & pivots; qui égalise la fusée, & ui donne à toutes les parties d'une montre les relations u'elles doivent avoir entre elles pour avoir du mouvement, mesurer le temps le mieux qu'il est possible.

Pour concourir à la perfection du tout, & rendre chaue ouvrier plus habile en son genre, on ne le charge que u travail d'une piece qu'on remet ensuite au Finisseur, pour onner le dernier degré de perfection; comme cette opéraion demande plus d'adresse & d'intelligence que les autres, n n'y emploie ordinairement que ceux d'entre les ouvriers u'on reconnoît pour les plus habiles, & qu'en terme d'horogerie on nomme *Finisseurs*. *Voyez* HORLOGER.

FLEURISTE ARTIFICIEL. C'est celui qui représente la ature dans toutes ses perfections par le moyen des fleurs, es feuilles & des plantes artificielles; qui, par l'étendue de on art & des agréments qui en résultent, offre à nos yeux ne imitation de ce que les plus belles saisons de l'année roduisent de plus agréable, & qui rend parfaitement bien es fleurs les plus fragiles de tous les temps & de tous les ays.

Cet art, très ancien à la Chine & en Italie, où la plus rande partie de la noblesse l'exerce avec honneur, est noueau en France, & peu pratiqué dans toute l'étendue que ue nous avons donnée à la définition de cet article. Ceux ui composent ces bouquets grossiers qui ne ressemblent à ien moins qu'à des bouquets de fleurs, & qui ne sont qu'un assemblage bizarre de plumes mal teintes & de feuilles mal assorties, ne méritent pas de porter le nom de Fleuristes artificiels, qui ne convient qu'à celui qui, dans la composition des feuilles & des fleurs artificielles, les fait paroître si naturelles qu'à peine distingue-t-on l'ouvrage de l'art de celui de la nature.

On ignore de quelle matiere les Chinois composent leurs fleurs artificielles. Nos dames s'en servoient autrefois pour orner leur toilette; mais, comme elles exigent beaucoup de précautions, qui deviennent souvent inutiles, elles n'en font presque plus d'usage. Les fleurs d'Italie se soutiennent mieux que celles de la Chine, aussi en fait-on une plus grande consommation. Ces fleurs, qui sont fabriquées de coques de vers à soie, de plumes, & d'une toile teinte, gommée & très forte, sont supérieures à celles qu'on fait ailleurs, parcequ'elles sont plus solides, & que, par la tournure & la couleur qu'on leur donne, elles représentent mieux les fleurs naturelles. Les Italiens se servent de ciseaux pour découper leurs fleurs; mais, depuis qu'un Suisse a inventé les fers à découper, qui sont des emporte-pieces ou des moules creux & modelés en dedans sur la feuille naturelle de la fleur qu'ils doivent emporter, on abrege de beaucoup le temps de l'ouvrier, & par conséquent on a trouvé le moyen d'en rendre ces fleurs moins cheres par la diminution de la main-d'œuvre.

M. Seguin, natif de Mende en Gévaudan, est le premier qui, en 1708, s'exerça à Paris à faire des fleurs artificielles avec du parchemin, de la toile, des coques de vers à soie, du fil de fer pour les queues des fleurs, & une petite graine collée sur de la soie non filée qui tient à la queue de la fleur; cette graine fait d'autant mieux dans ces fleurs, qu'elle imite celle qu'on voit dans le cœur des fleurs naturelles.

Quoiqu'on fasse un grand usage de ces fleurs à la toilette des dames, qu'on en décore les palais des grands seigneurs, que nos temples même en empruntent une partie de leurs ornements, c'est sur-tout dans les desserts où elles sont plus employées; & une table qui en est couverte avec intelligence, a l'air d'un véritable parterre.

On voit, après ce que nous venons de dire, que l'art du Fleuriste artificiel exige beaucoup de dextérité, de science & de talent, & sur-tout une grande exactitude à consider nature; parcequ'il ne suffit pas de connoître la grandeur, couleur & la découpure d'une fleur; il faut encore obser-r très attentivement les divers états par où elle passe, rceque l'ignorance des changements qu'elle subit depuis 'elle commence à poindre jusqu'à ce qu'elle soit entiére-ent flétrie, empêcheroit de la copier au naturel : il faut core étudier les nuances des différentes verdures qui se ouvent dans les branches d'une fleur, les diverses sinuo-és que ces branches forment, ce qui demande plus de ta-t & de soin qu'on ne pense.

FOINIER. C'est le marchand qui fait le commerce du in.

Comme le foin est un des principaux commerces de l'Isle France, & des provinces voisines de la Seine, de la Mar-, de l'Oise & de l'Yonne, on a publié une quantité d'or-nnances qui ont toutes pour objet la bonne qualité des ins, le poids des bottes, les voitures, l'arrivée au port Paris, la décharge & la vente; & dont les principaux icles sont, que les marchés & achats seront faits par de-nt Notaires; que les marchands auront un journal para-é par les juges des lieux pour les y écrire & faire mention leurs marchés & envois à Paris; qu'ils donneront à leurs ituriers des lettres de voiture en bonne forme; qu'ils ne urront revendre sur les lieux les foins qu'ils auront ache-s, ni en chemin ni autrement, qu'après l'arrivée des ba-aux au port; qu'ils ne chargeront leurs bateaux que d'une le qualité de foin, sans y mêler des foins vieux avec des uveaux; qu'ils n'en feront point de magasins, ni à Paris, ni r le bord des rivieres, ni ailleurs; qu'ils ne pourront se ser-r que des bateaux des voituriers, sans en avoir à eux en opre; qu'ils ne pourront s'arrêter en chemin que pendant eure des repas & du coucher, excepté sous l'isle de *Quin-engrogne*, ou au port de *la Rapée*, au cas qu'il n'y eût pas place pour eux au *port au foin*, près de la *place aux veaux*, au *port des Miramionnes*; qu'ils ne feront arriver leurs teaux que dans les ports qui leur sont marqués; qu'ils ne ettront à port que lorsqu'il leur sera permis; qu'ils n'en-meront leurs bateaux qu'en présence des jurés, & après avoir obtenu auparavant la permission du Lieutenant de lice; qu'ils mettront une banderole au lieu le plus émi-nt de leur bateaux contenant le prix & le poids des foins nt ils sont chargés; & enfin, qu'ils ne pourront pas vendre leur marchandise par le moyen des courtiers & commissionnaires.

Quoique tous ces articles ne semblent regarder que ceux qui font venir du foin par eau, ils doivent être observés à proportion par ceux qui en font voiturer par terre.

Indépendamment de ces deux sortes de marchands de foin en gros, il y en a plusieurs à Paris qui le vendent en détail, comme sont les regrattiers, les chandeliers, les grenetiers & les fruitiers.

Le foin paie pour droit d'entrée 6 sols du chariot & 4 sols de la charretée; le droit de sortie est fixé à 6 sols par chariot, & 3 sols par charretée.

FONDEUR. C'est celui qui fond & qui jette les métaux dans des moules de différentes formes, suivant les usages qu'on en veut faire. Les différentes productions de cet art ont donné diverses dénominations à ceux qui le pratiquoient, comme celles de *Fondeur en bronze* à ceux qui fondent les statues, les canons & les cloches; de *Fondeur en caracteres d'imprimerie*; de *Fondeur en cuivre* ou petits ouvrages, comme chandeliers, boucles, &c. de *Fondeur de petit plomb*. Les manœuvres de tous ces ouvriers étant totalement différentes, nous ferons un article séparé pour chaque métier.

FONDEUR EN BRONZE. Le bronze est la matiere que l'on a toujours employée par préférence pour jetter en fonte les ouvrages qui ont beaucoup de masse, & qui doivent joindre la beauté à la solidité. Nous parlerons successivement de la fonte des statues, de celle des canons, & de celle des cloches.

Fonte des statues.

Ces grands bas-reliefs en bronze, & ces magnifiques statues équestres ou en pied, qui font l'ornement des grandes villes, ne sont dans leur origine qu'un mélange informe de très menus grains de cuivre, d'étain, & de zinc, auxquels on ajoute quelquefois d'autres matieres métalliques. Comme l'étain est moins sujet à l'action des sels, de l'humidité & de l'air, il est aussi bien moins sujet à la rouille; de là vient que le bronze se couvre moins de verd de gris que le cuivre pur.

L'art de fondre des statues n'a point été inconnu des anciens, mais il ne nous reste que de petits ouvrages en ce genre; il paroît qu'ils ont ignoré l'art de jetter en fonte de e grands morceaux. En effet, s'il y a eu un colosse de Rhodes, une statue colossale de Néron, ces pieces énormes pour la grandeur n'étoient que de platinerie de cuivre sans être fondues.

Les statues de Marc Aurele à Rome, de Côme de Médicis à Florence, de Henri IV à Paris, ont été fondues à plusieurs reprises. Ce n'est que vers le milieu du dernier siecle que cet art a été perfectionné. Avant ce temps, les fonderies Françoises étoient si peu de chose, qu'on faisoit fondre les statues hors du royaume, ou qu'on faisoit venir à Paris des étrangers pour les y fondre. Dès que M. *de Louvois* fut pourvu en 1684 de la surintendance des bâtiments, il établit les fonderies de l'Arsenal, en donna l'inspection à MM. *Ketler*, de Zurich, commissaires ordinaires des fontes de France : ce sont eux qui ont présidé à ces excellents ouvrages qui embellissent en partie le séjour de Versailles.

La statue équestre de Louis XIV, placée dans la place de Vendôme à Paris, peut être regardée comme le chef-d'œuvre de la fonderie, lorsqu'on fait attention que ce groupe colossal, qui contient un poids de plus de soixante mille livres de bronze, est d'un seul jet. Nous venons de voir paroître un chef-d'œuvre semblable dans le monument élevé à la gloire de notre Roi régnant, dont la sculpture est de *François Girardon*, & dont les opérations de la fonte ont été conduites par *Jean Baltazar Ketler*, Suisse de nation, homme très expérimenté dans les grandes fonderies.

La fonte des statues dépend de six ou sept préparatifs principaux, qui sont la fosse, le noyau, la cire, la chape ou le moule extérieur, le fourneau d'en bas pour fondre & faire écouler les cires, & le fourneau supérieur pour fondre & verser le métal dans le vuide que la cire a abandonné.

La *fosse* est un trou creusé dans un lieu sec, & qu'on tient de quelques pieds plus profond que la statue ne sera haute. Ce trou est quarré, rond ou ovale, selon les saillies ou avances de certaines parties que doit avoir la figure. On revêt l'intérieur de cette fosse d'un grand mur de parement. On s'y prend d'une autre sorte quand la statue est extraordinairement grande, ou qu'on est bien aise de voir les effets de la figure qui sera faite en cire en la regardant de différents points d'éloignement, ou qu'on craint l'insinuation des eaux qui pénetrent la terre, & qui peuvent gagner l'ouvrage en montant après les grandes pluies. On travaille alors en toute liberté sur le raiz-de chaussée, & on éleve après coup une forte enceinte du murailles capables de résister à la poussée du métal en feu, & des terres qu'on y entassera jusqu'au comble.

Soit que l'on doive travailler sur le raiz-de-chaussée, soit qu'on le doive faire sur le fond d'une fosse, on commence par construire sur le sol un corps de maçonnerie en briques, en grès & en argille, sous lequel on pratique un fourneau, si l'ouvrage est modique; ou des galeries, c'est-à-dire des espaces séparés par des murs de briques ou de grès, & suffisants pour recevoir le bois & le charbon qu'on y doit faire brûler de côté & d'autre, pour porter par-tout la chaleur nécessaire, si l'ouvrage est fort grand. Ce corps de base est lié par une forte grille de fer qui en fait un tout inébranlable. On prend soin sur-tout, par la connoissance qu'on a des justes mesures de la piece qui doit y être coulée, de faire porter les maîtresses barres de cette grille sur les plus forts massifs de maçonnerie pour recevoir les grosses pieces de fer qui y seront posées debout, & qui soutiendront le noyau, le moule, & ensuite toute la figure en bronze, en sorte que rien ne fléchisse. On pose sur la grille dont les pieces sont à trois pouces de distance les unes des autres, une aire de briques & de terre bien corroyée, pour y élever le noyau. Il est inutile de parler de l'attelier qui se construit sur le tout pour travailler à couvert, & qui est tout en bois, à l'exception du côté voisin du fourneau où la maçonnerie est plus sure que le bois.

Le *noyau* est un massif informe auquel on donne grossiérement l'attitude & les contours que doit avoir la figure. La matiere du noyau est de deux sortes : ou bien c'est un mêlange d'argille, de fiente de cheval & de bourre, ce qui forme un corps parfaitement maniable : ou bien c'est un mêlange de plâtre & de briques pulvérisées. Cette masse est intérieurement traversée de haut en bas, & d'un côté à l'autre, par des barres de fer qui la tiennent dans une assiette fixe, & qui assurent un support inébranlable à tout ce qu'on appliquera par dessus. L'assemblage de ces fers se nomme l'*armature*.

L'usage du *noyau* n'est pas seulement de soutenir la cire & la chape dont nous parlerons, mais d'épargner le métal

& de diminuer le poids de la ſtatue en y ménageant intérieurement un grand vuide.

Sur ce *noyau* le ſculpteur applique une grande couche de cire à laquelle il donne au moins deux ou trois lignes d'épaiſſeur pour les figures de cabinet, & davantage pour des figures de plus grand volume. Le ſculpteur donne enſuite à cette cire la forme que doit avoir la piece qu'il veut jetter en fonte. La chape qui, par la molleſſe de ſes premieres couches, prendra l'empreinte de ces cires, la conſervera lorſque le feu aura procuré la fuſion de la cire, & l'aura fait écouler entiérement.

Il y a, ſur-tout pour les grands ouvrages, une autre façon pour faire le noyau & la cire; c'eſt d'avoir une figure bien finie, & où il n'y ait plus à retoucher, pour ſervir de modele. On la peut faire avec de la terre de potier qui ſe manie aiſément, ou plutôt avec du plâtre, ſi les préparatifs de la fonte doivent durer long-temps. Sur ce modele bien exécuté, on applique par parties différentes pieces auſſi de plâtre qui en prennent exactement tous les traits, & qui s'en peuvent détacher ſans déſordre par le moyen de l'huile d'olive & du ſuif dont on enduit la partie qu'on imite. Ces pieces ou quartiers de plâtre, réguliérement coupés & retirés de deſſus le modele, ſe nomment des *creux*: on rapproche exactement ces creux tous enſemble ſur le modele, en les rangeant par aſſiſes juſqu'en haut: on les numérote pour en tranſporter au beſoin tout l'aſſemblage ſur le noyau. On les remplit de cire après les avoir frottés d'huile, & on donne à la cire une épaiſſeur proportionnée au volume que doit avoir la piece qui ſera jettée en fonte; cette épaiſſeur doit être fortifiée ſelon le beſoin des parties.

Il s'agit enſuite d'aſſembler ces cires autour du bâti de fer qu'on appelle l'*armature*, & qui reſſemble à une carcaſſe poſée ſur l'aire. Après s'être aſſuré d'un plan qui exprime au juſte tous les points auxquels correſpondoient perpendiculairement les extrémités extérieures des *creux* aſſemblés ſur le modele, on commence, en ſuivant les reperes & les lignes de ce plan, par rapprocher ou aſſembler les *creux* d'en bas garnis de leurs cires, ſans manquer à la précaution de bien remplir de cire les moindres interſtices des différents morceaux. Quand ils ſont unis comme une premiere enceinte, on en remplit tout l'intérieur avec du plâtre liquide & de la brique; c'est, comme on le voit, élever conjointement le *noyau* & la cire. Sur cette premiere ceinture de *creux* accompagnés de leur cire, on en éleve une seconde; on en garnit semblablement tout le vuide intérieur avec le plâtre liquide & la brique qu'on fait couler par-tout au travers des barres de l'armature.

Le *noyau* s'acheve ainsi à mesure qu'on éleve les assises & jusqu'à ce qu'on couvre le tout par les derniers *creux* avec leur fourniture de cire. Quand on est parvenu par l'application & par le desséchement de plusieurs couches à avoir une *croûte* de six pouces qui forme le contour du noyau, on peut l'appuyer sur une voûte de briques, terre & plâtre, qu'on y construit intérieurement. Un passage pratiqué dans cette voûte permet d'y descendre, de sécher tout très lentement; puis on remplit peu à peu le dessous ou l'intérieur de l'armature & de la voûte de façon à achever toute la masse du noyau, & à s'assurer que la *croûte* dont le dessous des cires est garni, sera par-tout appuyée sur le ferme, sans craindre nulle part ni déplacement, ni fléchissure. L'avantage de cette pratique est non seulement de pouvoir examiner l'effet des cires en dégageant toute la figure de ses creux, en sorte qu'on la voie en cire à découvert comme le modele, mais aussi de pouvoir déplacer & replacer si l'on veut, ou réparer à l'aise, tous ces quartiers de cire numérotés. C'est au Fondeur à diversifier ses précautions en prévoyant les besoins & les effets.

Quand les cires sont réparées chacune à part, en les confrontant avec la partie correspondante du modele, on les remonte sur le noyau pour y attacher plusieurs baguettes creuses, ou tuyaux de cire, dont les uns s'élevent de toutes les parties de la figure, & dont on a grand soin de bien couvrir toutes les extrémités; les autres s'en vont vers le bas & de côté. Ceux-ci se nomment *égouts*, & donneront l'écoulement aux cires quand il faudra les fondre & les retirer. Les autres se nomment les *jets* & les *évents*. Les *jets* sont les plus larges, & sont au nombre de deux ou trois au haut de la figure, puis se distribuent par bas en de moindres branches, pour porter le métal fondu dans toutes les parties du moule dont nous n'avons encore rien dit. Les *évents* ne sont destinés qu'à servir de passage pour laisser une libre sortie à l'air vers le bout, pendant que le métal enfilera toutes les routes qui le conduisent en bas.

On doit remarquer, avant de commencer le moule où doit couler le métal, que l'ouvrier qui travaille les cires sait exactement combien il en a apprêté en masse, & combien il en est entré tant dans les *creux* que dans les *égouts*, *jets* & *évents*, afin que pour autant de livres de cire employée, le Fondeur fasse entrer au moins autant de fois dix livres de métal dans sa fonte.

Mais comment conservera-t-on les traits imprimés sur la cire, sur-tout depuis qu'elle est hérissée de tous ces tuyaux qui s'en élancent comme les pointes d'un porc-épic ? C'est à quoi l'on parvient par le *moule* dont on couvre le corps de la figure & les tuyaux. Ce *moule* est tout d'une piece ; il se fabrique lentement à différentes reprises, & par des couches d'abord aussi fines qu'un simple vernis, puis peu à peu plus massives, jusqu'à former enfin un moule solide qui, comme on voit, doit contenir en creux tous les traits qui sont en relief sur la figure de cire.

On commence pour cet effet par faire une *potée* ou composition de terre fine & de terre de vieux creusets, bien pulvérisée sur le marbre, & bien tamisée ; quelques-uns y ajoutent de la fiente de cheval & de l'urine qu'ils macerent & laissent pourrir avec les terres ; & ensuite ils broient & tamisent le tout à plusieurs reprises. La composition étant délayée avec de l'eau & des blancs d'œufs, on y trempe un pinceau, & on étend un premier enduit très léger sur toute la figure de cire, & sur tous les tuyaux de cire qui y sont attachés. La premiere couche étant bien seche, on réitere avec la même matiere & avec le même instrument. On recommence ainsi à étendre dix, douze, & même vingt couches, en ne faisant aucun nouvel enduit sans avoir fait suffisamment sécher le précédent. On a été extrêmement attentif à donner beaucoup de finesse aux premieres couches du moule qui touchent immédiatement les cires, parcequ'elles saisissent plus fidellement les traits de la figure, & se liaisonnent mieux dans le recuit qu'on doit faire du noyau & du moule. Ce moule fait avec la *potée* se nomme la *chape* quand on lui a donné le degré de solidité nécessaire.

Si l'ouvrage est de médiocre grandeur, on se contente d'un fourneau placé sous la grille qui porte tout l'ouvrage. Un feu modéré d'un ou de deux jours suffira pour faire écouler toutes les cires qu'on reçoit dans des vaisseaux placés aux extrémités des égouts qui sortent du moule vers le bas. Après avoir retiré les cires, on emplit la fosse de tuileaux ou de briquaillons jusqu'au dessus du moule : on pousse le feu qui pénetre l'aire, le noyau & le moule : la fumée s'échappe au travers des briquaillons qui concentrent la chaleur jusqu'à faire peu à peu rougir le noyau & le moule. Quand la grandeur de l'ouvrage a demandé des galeries plutôt qu'un fourneau pour distribuer le feu de toutes parts, on éleve dans la fosse, à un pied de distance autour du moule, un mur de briques aussi haut que le moule, & qui se nomme *mur de recuit ;* on y laisse diverses ouvertures qui se ferment quand on veut avec une plaque de tôle. Entre le *mur de recuit* & le mur dont les parois de la fosse sont revêtues, ou qu'on peut avoir bâti sur le raiz-de-chaussée, il se trouve un passage libre par-tout pour mettre quand on veut le feu sous les galeries par les ouvertures du *mur de recuit.* Tout le reste de l'intérieur de ce mur est comblé de briquaillons pour arrêter & fortifier la chaleur. Le premier feu fait écouler les cires ; celles d'en bas ressentent les premieres impressions, & sont les premieres à partir pour gagner le vaisseau qui les attend hors du *mur de recuit ;* celles d'au-dessus tombent successivement & enfilent la même route : la chaleur les cherche & les déloge tour à tour. S'il s'agit d'une figure équestre, le cheval, l'homme, les habits de cire, tout est détruit ; il ne reste qu'une place vuide entre la masse informe du noyau, & le moule extérieur, qui, comme nous l'avons vu, a sauvé & retenu l'empreinte de la figure & des jets. La cire qui peut s'imbiber dans le moule & dans le noyau, s'évapore par le recuit. On retire les cires, on bouche parfaitement les égouts ; le feu poussé & entretenu plusieurs jours fait enfin rougir le moule & le noyau.

A côté de la fosse, & deux ou trois pieds plus haut que le sommet du moule, est placé le fourneau supérieur où se doit faire la fonte du métal.

Ce fourneau est composé d'un âtre & d'une calotte accompagnée avec cela de sa chauffe, d'un cendrier & d'un écheno. L'*âtre* avec ses bords est revêtu d'une terre fine & battue, pour ne laisser aucune issue au métal.

La *calotte* est une voûte de briques fort surbaissée, pour mieux réverbérer & faire tomber la flamme sur les masses de bronze.

La *chauffe* est une place quarrée bâtie en briques ou tuiles, & profondément enfoncée en terre à côté du fourneau ou du four dont nous venons de parler. Elle est partagée par une forte grille en deux places, dont l'inférieure se nomme le *cendrier*, & est destinée à recevoir les cendres qui tombent de la grille.

L'*écheno* est un bassin de terre fine, & parfaitement liée; il est en forme de quarré long, ayant communication avec le canal du fourneau, devant lequel il est placé. L'âtre & le canal doivent être un peu plus élevés que ce bassin, & avoir une pente capable d'y amener le métal fondu. L'*écheno* qui est percé dans son fond d'autant de trous qu'il y a de maîtres jets, est posé sur le haut du moule, de sorte que ces trous qui sont en forme de larges godets s'unissent par leur ouverture inférieure avec l'orifice de chaque jet. Les tuyaux des évents viennent se terminer à l'air autour des bords de l'*écheno*. Les godets du fond de l'*écheno* se ferment avec des *quenouillettes*, qui sont de longs manches terminés par un mamelon de fer propre à remplir exactement la rondeur intérieure du godet où le métal sera reçu.

Une chaîne, suspendue au dessus du canal, soutient dans une sorte d'éliquibre le *perrier* qui doit déboucher ce canal. C'est une longue barre de fer ou une forte perche emmanchée d'une masse de fer. Si de cette barre ébranlée, & présentant sa masse au canal, on enfonce le tampon dans le fourneau, le métal coulera.

Lorsqu'on commence à voir sortir des fumées fort blanches, qui sont la marque d'un métal parfaitement fondu, deux vigoureux ouvriers, postés devant l'*écheno*, prennent en main le manche du perrier : deux autres se mettent après les cordes de la bascule des *quenouillettes* : tous leurs yeux sont fixés sur le maître Fondeur.

Celui-ci hausse la canne; à l'instant le *perrier* est aligné vers l'ouverture du fourneau, & d'un ou de deux coups, le tampon est jetté bien avant au fond de l'âtre; le métal part, inonde l'*écheno*, & se présente aux godets qu'il trouve encore fermés; en même temps la bascule monte & enleve les *quenouillettes*. Le ruisseau de bronze se précipite rapidement par les jets dans tout l'intérieur du moule. Déja la matiere est près de s'épuiser dans le fourneau, & le Fondeur, toujours inquiet sur les accidents qui peuvent arriver sous terre à son métal, le voit enfin regorger dans l'*écheno* avec une satisfaction inexprimable : il se retire, & tout est fait de sa part.

Ces préparatifs, après le service fourni, sont emportés. On retire le saumon qui reste dans l'*écheno*; on ôte les terres, on brise le fourneau & la *chape* ou le moule de *potée*. La statue déterrée est mise en pied à force de machines & de précautions pour ne casser aucune des parties légeres ou saillantes. Le sculpteur s'en empare, il fait scier les tuyaux dont elle est hérissée; il arme ses ouvriers de poinçons, de martelines, de limes, de grattoirs, de gratte-bosses, de ciseaux, de ciselets, de rifloirs, d'échopes & de burins. Tout se décrasse, toutes les croûtes, les boursouflures, les inégalités sont applanies. Il place auprès des travailleurs le modele qu'il a conservé, au moins en petit, & qui les regle tous. Il se réserve la recherche des traits qu'il a le plus à cœur, dans la crainte qu'ils ne s'alterent ou ne lui échappent sous une main moins précautionnée que la sienne.

Après que toutes ces opérations sont finies & qu'on a découvert le bronze autant qu'on l'a pu, on le brosse pendant trois ou quatre fois avec de l'eau forte pour le bien nettoyer; on l'écure avec de la lie de vin chaude, & on bouche ensuite les trous qu'il peut y avoir en y coulant des *gouttes* du même métal. On appelle *gouttes* ce que l'on fond après coup sur un ouvrage, quoiqu'une seule de ces gouttes remplisse quelquefois les plus grands creusets. Lorsqu'on veut les couler, on taille la piece en queue d'aronde, en la fouillant jusqu'à la moitié de l'épaisseur du bronze; on y applique ensuite de la terre modelée suivant le contour que la piece doit avoir; on y fait un moule au-dessus sur lequel on forme un évent & un petit godet pour servir de jet afin d'y faire couler le métal. Cette piece moulée étant ôtée; on la fait cuire comme un moule de *potée*; & après avoir ôté la terre du trou où l'on doit couler le métal, on applique la piece recuite qu'on attache à l'ouvrage avec des cordes. Après avoir bien fait chauffer le tout, on y coule le métal qui ne fait plus qu'un corps avec le bronze. C'est ainsi qu'on répare dans les grands ouvrages les fentes que laisse quelquefois le métal en se figeant dans le moule.

Lorsque les places qu'on doit boucher se trouvent en dessous, comme sous le ventre d'un cheval, & qu'il seroit très difficile d'y jetter du métal, on lime une piece de la même étoffe que le reste de l'ouvrage, & de la mesure juste de la place, que l'on enfonce à force, après avoir entaillé cette place en queue d'aronde de la moitié de l'épaisseur du bronze, de sorte que la piece ne peut plus sortir. Ces pieces mises de cette maniere, quoique de même étoffe que le reste, deviennent beaucoup plus dures, parceque les coups de matteau avec lesquels on les enfonce, serrent les pores du métal.

C'est par un procédé à peu près semblable que le sieur *Varin*, très habile Fondeur, répara la statue équestre que la ville de Bourdeaux a fait faire à l'honneur de Louis XV. Un accident qu'on ne pouvoit pas prévoir, ayant fait que le bronze ne remplit que la moitié de l'ouvrage, le sieur *Varin*, se confiant en son habileté, imagina de réparer le moule dans l'endroit par où la matiere s'étoit transvasée; & quoiqu'on regardât la chose comme impossible, il osa l'entreprendre & fut assez heureux pour fondre après coup la partie supérieure de cette statue équestre, &, au moyen des entailles qu'il avoit faites en queue d'aronde dans la partie inférieure, de joindre les deux parties si intimement qu'elles ne font qu'un même tout, & qu'elles paroissent aux yeux même les plus clair-voyants avoir été fondues d'un seul jet.

L'ouvrage étant bien réparé & décrassé, on l'enduit d'un vernis qui donne le même œil au corps entier, ainsi qu'aux pieces de fonte ou de soudure postérieurement appliquées.

L'expérience que l'on fit du fourneau de la statue équestre de la place de Louis le Grand, prouve que le métal en fusion peut couler à cinquante pieds en l'air sans se figer: c'est ce que *Landouillet* n'ignoroit pas. Quand on proposa de faire dans le chœur de Notre-Dame de Paris un autel en baldaquin de *bronze* de cinquante pieds de haut, pour acquitter le vœu de Louis XIII; cet habile Fondeur, commissaire de la fonderie de Rochefort, s'offrit de le fondre d'un seul jet, & dans le chœur même de Notre-Dame, dans la place où le modele étoit fait, établissant ses fourneaux dans l'église, en sorte qu'il n'y eût aucun embarras de transport. Ce projet étoit beau & possible, mais au-dessus des lumieres de ce temps.

Fonte des canons.

La fonderie des canons eſt pour l'art militaire un des objets les plus importants. Son invention ne monte pas plus haut, ſelon quelques-uns, qu'en l'année 1338, ou, ſelon quelques autres, à 1380. Quoi qu'il en ſoit de cette époque, il eſt certain que nos fonderies Françoiſes ne ſe ſont diſtinguées en ce genre que depuis le milieu du dix-ſeptieme ſiecle. Celles de Douay, Pignerol & Beſançon, ne ſe ſont pas moins acquis de réputation pour les armements de terre, que celles de Breſt, de Toulon & du Port-Louis, pour les armements de mer.

Voici quelles ſont les principales parties d'un canon. La *culaſſe* n'eſt autre choſe que l'épaiſſeur du métal dont eſt compoſé le canon depuis le fond de ſa partie concave juſqu'au bouton, lequel termine le canon du côté oppoſé à la bouche. Les *tourillons* ſont deux eſpeces de bras qui ſervent à ſoutenir la piece. L'*ame* eſt toute la partie intérieure ou concave du canon. Au fond de l'ame eſt la *chambre*, c'eſt-à-dire la partie qu'occupe la poudre dont on charge la piece. Dans les pieces de 24 & de 16, on pratique au fond de l'ame une eſpece de petite chambre cylindrique qui peut contenir environ deux onces de poudre. La *lumiere* eſt une ouverture qu'on fait dans l'épaiſſeur du métal proche de la culaſſe, & par laquelle on met le feu à la poudre qui eſt dans le canon.

On n'eſt pas encore d'accord ſur la quantité proportionnelle des métaux qui doivent entrer dans la compoſition deſtinée à la fonte des canons. Les étrangers mettent cent livres de cuivre de roſette, dix ou même quinze livres d'étain, & vingt livres de laiton; l'étain eſt propre à empêcher les chambres ou vuides. On fait auſſi des canons de fer qui n'ont pas la même ſolidité que ceux de fonte; mais comme ils coutent beaucoup moins, on s'en ſert ſur les vaiſſeaux.

Lorſqu'on veut fondre les canons, c'eſt avec de la terre graſſe détrempée avec de la poudre de brique, qu'on commence à former le modele du canon; on applique enſuite une autre couche de terre graſſe détrempée, bien battue avec de la fiente de cheval & de la bourre, pour garnir le modele. En appliquant toutes ces couches de terre, on enftretient toujours sous le modele qui est soutenu sur des treteaux, un feu de bois ou de tourbe, pour faire sécher la terre plus promptement. Lorsque la derniere terre appliquée est encore toute molle, on approche du moule qui est brut, ce que l'on appelle l'*échantillon :* c'est une planche de douze pieds ou environ, dans laquelle sont entaillées toutes les différentes moulures du canon. Cette planche étant assujettie bien solidement, on tourne après cela à force le moule du canon contre l'échantillon, par le moyen de petits moulinets. Le moule de terre grasse frottant ainsi contre les moulures de l'échantillon, en prend l'impression, en sorte qu'il ressemble entiérement à une piece de canon finie dans toutes ses parties.

Lorsque le moule du canon est formé avec ses moulures, on lui pose les anses, les devises, les armes, le bassinet, le nom, les ornements : ce qui se fait avec de la cire & de la térébenthine mêlées ensemble, & qui ont été fondues dans des creux faits de plâtre très fin, où chacun de ces ornements a été moulé.

Après avoir ôté le feu de dessous le moule, on le frotte par-tout avec du suif, afin que la chape qui doit être travaillée par dessus ne s'y attache pas.

Cette chape se commence d'abord par une couche ou chemise de *potée*, qui est une terre grasse très fine passée au tamis & mêlée de fiente de cheval & de bourre. On laisse sécher cette premiere couche, on en applique plusieurs autres; & lorsque la chape a pris une épaisseur de quatre pouces, on tire les clous qui arrêtoient les anses, on en bouche les entrées avec de la terre, puis on environne ce moule ainsi bien couvert de terre avec de bons bandages de fer passés en long & en large, & bien arrêtés ; par dessus ce fer on met encore de la grosse terre.

Quand le tout est bien sec, on vuide le moule par dedans, après quoi on le porte dans la fosse qui est devant le fourneau & où le canon doit être fondu. Comme on a ôté tout l'intérieur du moule, il ne reste plus que la chape qui, dans son intérieur, a conservé l'impression de tous les ornements faits sur le moule ; & à la place du moule intérieur qu'on vient de détruire, on met une longue piece de fer qu'on nomme le *noyau.* On la place juste dans le milieu de la *chape*, afin que le métal se répande également de côté & d'autre. Ce noyau est recouvert d'une pâte de cendre bien recuite au feu : on ne lui donne que la grosseur nécessaire pour qu'il reste entre lui & la chape un espace qui doit être rempli par le métal qui fait l'épaisseur de la piece. Tout le reste se passe comme dans la fonte des statues dont nous avons parlé plus haut.

Les moules & les fontes des mortiers & des pierriers se font de la même maniere que pour le canon. Lorsque les moules sont retirés de la fosse, on les casse à coups de marteau pour découvrir la piece qu'ils renferment ; & comme elle est brute en plusieurs endroits, on se sert de ciseaux bien acérés pour couper toutes les superfluités du métal, & la perfectionner ; on perce ensuite la lumiere avec une espece de foret particulier.

Autrefois on fondoit les canons avec un noyau ou un vuide dans le milieu. Mais M. *Marits* ayant inventé une machine pour forer les pieces après les avoir coulées pleines, cette méthode, qui a paru réunir les plus grands avantages, a été adoptée, & se suit dans toutes ou presque toutes les fonderies. Pour creuser les pieces on se sert d'un instrument qu'on nomme *foret*, qu'on assure être fixe & sur lequel on fait tourner le canon verticalement afin de l'évider ; mais comme on ne permet point de voir faire cette opération, nous ne sommes pas en état d'en rendre compte.

Lorsque les canons sortis de la fonte ont été réparés, & que la lumiere a été percée, on procede à l'épreuve. Pour cet effet on choisit un lieu terminé par une butte de terre assez forte pour éprouver le boulet ; on place la piece à terre sur un chantier : la premiere charge de poudre est de la pesanteur du boulet. Après la premiere épreuve on y brûle encore un peu de poudre en dedans pour la *flamber* ; on y jette de l'eau sur le champ ; on bouche la lumiere ; on presse cette eau avec un écouvillon, & l'on examine si elle ne s'échappe par aucun endroit ; on prend ensuite le *chat*, qui est un morceau de fer qui a plusieurs griffes, dont on se sert pour voir s'il n'y a point de chambres dans l'intérieur du canon.

Comme les canons sont des pieces très longues & très pesantes, on avoit cherché le moyen de chasser le boulet avec des canons plus courts, moins pesants, & par conséquent plus aisés à transporter. Les Espagnols en construisirent qui produisoient cet effet, ce qui les avoit fait nomner *canons à l'Espagnole*. Dans ces pieces de canons la lumiere étoit à-peu-près vers le milieu de la chambre sphérique ; en sorte qu'il s'enflammoit une plus grande quantité de poudre à la fois, ce qui faisoit que ces canons chassoient les boulets aussi loin que d'autres plus longs ; mais on ne pouvoit les nettoyer que difficilement : il y restoit quelquefois du feu qui occasionnoit de fâcheux accidents aux canonniers ; & comme ils avoient beaucoup de recul, il y avoit peu de justesse dans leurs coups : toutes ces considérations en ont fait abandonner l'usage.

Les *canons à la Suédoise* sont des pieces de quatre livres de balle de nouvelle invention. Dans l'épreuve de deux de ces pieces fondues à l'Arsenal de Paris en 1740, on tira aisément dix coups par minute. Ces pieces ne pesent qu'environ six cents livres, ce qui les rend d'un transport facile.

Fonte des cloches.

La fonte des cloches tient, pour ainsi dire, le milieu pour l'antiquité entre celle des statues & celle de l'artillerie, étant de bien des siecles plus nouvelle que la premiere, & ayant été pratiquée onze ou douze cents ans plutôt que la seconde.

L'usage des cloches est ancien dans l'église d'Occident, pour appeller les fideles au service divin : on s'en est aussi servi dans l'église d'Orient : mais présentement elle est presque toute sous l'empire du Turc ; & le *P. Wansleb* assure dans sa seconde relation d'Egypte qu'il n'y a trouvé qu'une seule cloche : elle étoit dans un monastere de la haute Egypte où elle avoit été transportée d'Europe.

Comme il y a de la mode dans toutes les choses, on a poussé si loin celle des grosses cloches en Occident, qu'on y en voit, & particuliérement dans quelques églises de France, d'un poids qui paroîtroit surprenant si celles de la Chine ne les surpassoient de beaucoup.

La grosse cloche de la cathédrale de Rouen, que l'on nomme *George d'Amboise*, & qui a été fondue sous le regne de Louis XII, passe trente-six milliers ; celle de Paris, appellée *Emmanuelle*, qui l'a été en 1682, sous celui de Louis XIV, est du poids de trente & un milliers ; ce qui pourtant comparé avec les cloches de Nankin & de Pékin dont le *P. le Comte*, Jésuite, nous a donné la dimension

& la pesanteur dans ses mémoires, doit paroître peu de chose, la cloche de Nankin étant de cinquante milliers, & celle de Pékin de plus de cent vingt milliers : mais pour la matiere & le son, ces grosses cloches de la Chine sont infiniment moins bonnes que celles d'Europe.

Il ne faut pas non plus oublier la cloche de Moscow qui pese soixante & six mille livres, que quelques auteurs estiment la plus grosse cloche du monde, & qui le seroit en effet si l'on pouvoit douter de la bonne foi du célebre auteur des mémoires de la Chine.

C'est ordinairement sur les lieux & proche des clochers pour lesquels les cloches sont destinées qu'on établit des fonderies & qu'on travaille au moule des cloches dans lesquelles il doit entrer une grande quantité de métal : on évite par ce moyen la difficulté & les frais du transport. L'*Emmanuelle* de Paris, dont on vient de parler, fut fondue dans l'endroit nommé le *terrein*, lieu alors vague sur la riviere de Seine, proche du cloître Notre-Dame, où se trouve actuellement un agréable jardin.

Les parties d'une cloche sont, 1°. la *patte* ou le cercle inférieur qui la termine en s'amincissant : 2°. le *bord* qu'on nomme aussi la *panse ;* c'est la partie sur laquelle doit frapper la masse du *battant*, & qu'on tient pour cette raison plus épaisse que les autres : 3°. les *faussures ;* c'est l'enfoncement du milieu de la cloche, ou plutôt le point au-dessous duquel elle commence à s'élargir jusqu'à son bord : 4°. la *gorge* ou la *fourniture ;* c'est la partie qui s'élargit & s'épaissit par une fourniture de métal toujours plus grande jusqu'au bord : 5°. le *vase supérieur*, ou cette moitié de la cloche qui s'éleve au-dessus des faussures : 6°. le *cerveau* qui fait la couverture de la cloche, & qui par dedans soutient l'*anneau du battant :* 7°. les *anses* qui sont des branches de métal unies au cerveau, courbées & évidées pour recevoir les clavettes de fer par le moyen desquelles la cloche est suspendue au *mouton* qui lui sert tout à la fois d'appui & de contrepoids quand on la met à volée.

Les matieres nécessaires à la construction du moule d'une chose sont :

1°. La *terre :* la plus liante est toujours la meilleure. La grande précaution est de la bien passer pour en ôter les plus petites pierres, & tout ce qui pourroit occasionner ou des crevasses ou des inégalités sur les surfaces du moule.

2°. La *brique :* on n'en fait usage que dans le noyau, & pour le fourneau.

3°. La *fiente de cheval*, la *bourre* & le *chanvre*, employés par mélange avec la terre, pour prévenir les crevasses, & pour donner au ciment une plus forte liaison.

4°. La *cire*, matiere dont on forme les inscriptions, les armoiries & les autres figures.

5°. Le *suif*: on le mêle, par portion égale, avec la cire pour en faire un tout, qu'on rend maniable comme une pâte molle à l'aide du feu, & on en met une légere couche sur la chape, avant que d'y appliquer les lettres.

Tout ce qu'on a dit de ce qui s'observe pour jetter des statues en bronze, convient aussi à proportion à la fonte des cloches. Voici ce qui leur est particulier.

Premiérement, le métal est différent pour les proportions de cuivre, d'étain & de zinc qui entrent dans sa composition. En second lieu, le noyau & la cire des cloches, du moins si c'est un accord de plusieurs cloches qu'on veuille fondre, ne se font pas au hasard ni au gré de l'ouvrier, mais doivent se mesurer par le Fondeur, sur la *brochette* ou *échelle campanaire*, qui sert à donner aux cloches la hauteur, l'ouverture & l'épaisseur convenables, suivant la diversité des tons qu'on veut qu'elles aient.

FONDEUR EN CARACTERES D'IMPRIMERIE. Les caracteres d'imprimerie sont autant de petits parallélipipedes, composés d'un mêlange métallique particulier, à l'extrémité desquels est, en relief, une lettre ou quelque autre figure employée dans l'impression des livres. La surface de ces caracteres étant enduite d'encre noire ou rouge, & étant ensuite appliquée fortement, par la presse d'imprimerie, contre du papier préparé à cet effet, y laisse son empreinte.

On peut distribuer l'art d'imprimer en trois parties; 1°. l'art de graver les poinçons; 2°. l'art de fondre les caracteres; 3°. & l'art d'en faire usage. On parlera seulement ici de l'art de graver les poinçons, & de celui de fondre les caracteres. Quant à celui d'employer les caracteres, on le trouvera à l'article IMPRIMEUR.

On peut regarder les graveurs de poinçons comme les premiers auteurs de tous les caracteres mobiles avec lesquels on a imprimé depuis l'origine de l'imprimerie; ce sont eux qui les ont inventés, corrigés & perfectionnés par une suite de progrès longs & pénibles, & qui les ont portés au point où nous les voyons.

Avant cette découverte on gravoit ce que l'on vouloit

imprimer sur une planche de bois dont une seule piece faisoit une page ou une feuille entiere ; mais la difficulté de corriger les fautes qui se glissoient dans les planches gravées, jointe à l'embarras de ces planches qui se multiplioient à l'infini, inspira le dessein de rendre les caracteres mobiles, & d'avoir autant de pieces séparées qu'il y a de figures distinctes dans l'écriture. Cette découverte fut faite en Allemagne vers l'an 1440, où plusieurs personnes s'étant réunies d'intérêt avec l'inventeur qu'on dit communément être *Jean Guttemberg*, gentilhomme Allemand, s'occuperent en même temps à donner la perfection à cette invention. En 1510, *Claude Garamond*, natif de Paris, la porta au plus haut point, soit par la forme des caracteres, soit par la justesse & la précision avec lesquelles il les exécuta. On peut voir dans le livre de modeles des caracteres d'imprimerie, publié en 1742 par M. *Fournier* le jeune, très habile Fondeur & Graveur en caracteres, l'histoire, les progrès de cet art, & ceux qui s'y sont les plus distingués. Ce sont ces graveurs qui ont trouvé le secret de l'imprimerie en préparant les poinçons nécessaires pour la fonte des caracteres ; ils sont peu connus parcequ'on les confond ordinairement avec les Fondeurs en caracteres, quoique leur travail soit bien différent. Que les caracteres soient beaux ou laids, les Fondeurs & les Imprimeurs n'en sont ni plus ni moins blâmables ; & quoique chacun d'eux coopere à la beauté d'une édition, ils n'ont l'un & l'autre que le mérite de savoir bien choisir, l'un les meilleurs poinçons sur lesquels il forme les matrices de ses lettres, & l'autre les plus beaux caracteres dont il imprime ses ouvrages.

Il n'est pas possible de bien graver des caracteres lorsqu'on ignore le détail du méchanisme de la fonderie & de l'imprimerie ; la théorie de l'impression est si nécessaire à un Fondeur en caracteres, qu'il doit y assujettir tout son travail, & savoir quelle est la figure la plus parfaite qui convient aux caracteres qu'il veut fondre. Pour y réussir il commence par faire le *calibre* qui est un petit morceau de laiton, de tôle, ou de fer blanc, quarré, pas plus épais qu'une carte, & sur lequel il taille la hauteur que doivent avoir ses lettres.

Cette premiere opération faite, il y conforme ses poinçons, après avoir commencé par le *contre-poinçon* qui est la figure intérieure de la lettre, à laquelle il ne donne pas trop

rop de talut, de crainte qu'elle ne devienne trop épaisse ar le long usage.

La gravure des caracteres se fait en relief sur un des bouts 'un morceau d'acier d'environ deux pouces géométriques e long, & de grosseur proportionnée à la grandeur de objet qu'on y veut former. On fait les poinçons du meilur acier qu'on peut choisir. On commence par arrêter le essein de la lettre; c'est une affaire de goût; & l'on a vu n différents temps les lettres varier, non dans leur forme ssentielle, mais dans les rapports des différentes parties de tte forme entre elles. Nous prendrons ici pour exemple dessein arrêté d'une lettre majuscule B. Cette lettre, omme l'on voit, est composée de parties blanches & de rties noires. Les premieres sont creuses, & les secondes ont saillantes.

Pour former les parties creuses, on travaille un contreoinçon d'acier qui a la forme des parties blanches: ce con-e-poinçon, étant bien formé, trempé dur, & un peu recuit in qu'il ne s'égrene pas, sera tout prêt à servir.

Le contre-poinçon étant fait, il faut faire le poinçon: our cela on prend de bon acier; on en dresse un morceau e grosseur convenable, que l'on fait rougir au feu pour ramollir; on le coupe par tronçons de la longueur que ous avons dit plus haut; on arrondit un des bouts qui oit servir de tête, & l'on dresse bien à la lime l'autre bout, sorte que la face soit bien perpendiculaire à l'axe du oinçon, ce dont on s'assure en le passant dans l'*équerre à esser*.

L'*équerre à dresser* est un morceau de bois ou de cuivre, rmé par deux parallélipipedes qui forment un angle droit r la ligne; en sorte que quand l'équerre est posée sur un an, cette ligne soit perpendiculaire au plan. La partie férieure de l'équerre, celle qui pose sur le plan, est garnie une semelle d'acier ou d'autre métal, bien dressée sur la erre à huile qui doit être elle-même parfaitement plane.

Lorsqu'on a préparé le poinçon, comme on l'a dit, on fait rougir au feu quand il est très gros. Quand il ne st point, il suffit que l'acier soit recuit. Pour recevoir mpreinte du contre-poinçon, on le serre dans un *tas* ns lequel il y a une ouverture propre à le recevoir. On affermit par deux vis, la face perpendiculaire à l'axe urnée en haut; on présente à cette face le contre-poinçon qu'on enfonce à coups de masse d'une ligne ou environ dans le corps du poinçon qui reçoit ainsi l'empreinte des parties creuses de la lettre. On retire ensuite se contre-poinçon ; on ôte le poinçon du tas ; on le dégrossit à la lime, & on le dresse sur la pierre à l'huile avec l'équerre ; cette opération sert à enlever les barbes que la lime a occasionnées ; on finit les parties saillantes de la lettre à la lime, & quelquefois au burin.

On place ensuite le poinçon dans l'angle de l'équerre ; on l'y assujettit avec le pouce ; & avec le reste de la main dont on tient l'équerre extérieurement, on promene le tout sur la pierre à l'huile sur laquelle on a soin de répandre un peu d'huile d'olive. La pierre use à la fois & la semelle de l'équerre & la partie du poinçon : mais comme l'axe du poinçon conserve toujours son parallélisme avec l'arête angulaire de l'équerre, & que l'équerre à cause de la grande étendue de sa base ne perd point sa direction perpendiculaire au plan de la pierre ; il s'ensuit qu'il en est de même du poinçon, qu'il est dressé, & que le plan de la lettre est bien perpendiculaire à l'axe du poinçon.

Quand le poinçon a reçu cette façon, on le trempe pour le durcir. On le fait ensuite un peu revenir ou recuire.

Tous les poinçons des lettres d'un même corps doivent avoir une hauteur égale relativement à leur figure.

Les poinçons étant faits passent entre les mains du Fondeur qui doit examiner si les poinçons qu'il achete ou qu'il fait ont l'œil bien terminé & d'une profondeur suffisante, & si les bases & sommets des lettres se renferment bien entre des paralleles. On commence ordinairement par la lettre M, & c'est elle qui sert de regle pour les autres.

La fonderie en caracteres est une suite de la gravure des poinçons. Le terme *fonderie en caracteres* a plusieurs acceptions ; il se prend ou pour un assortiment complet de poinçons & de matrices de tous les caracteres, signes, figures, &c. servant à l'imprimerie, avec les moules, fourneaux, & autres ustensiles nécessaires à la fonte des caracteres, ou pour le lieu où l'on fabrique les caracteres, ou pour l'endroit où l'on prépare le métal dont ils sont formés, ou enfin pour l'art même de les fondre ; c'est de cet art que nous parlerons.

Les premiers Fondeurs étoient Graveurs, Fondeurs & Imprimeurs, c'est-à-dire qu'ils travailloient les poinçons rappoient les matrices, tiroient les empreintes des matrices, les disposoient en formes, & imprimoient. Mais art s'est divisé en trois branches par la difficulté qu'il y voit de réussir également bien dans toutes.

Lorsque le Fondeur s'est pourvu de bons poinçons, il availle à former des *matrices*; pour cet effet il prend le eilleur cuivre de rosette qu'il peut trouver; il en forme à lime de petits parallélipipedes, longs de quinze à dix-uit lignes, & d'une base & largeur proportionnées à la ttre qui doit être formée sur cette largeur. Ces morceaux, essés & recuits, sont posés l'un après l'autre sur un tas enclume: on applique dessus, à l'endroit qui convient, xtrémité gravée du poinçon; & d'un ou de plusieurs coups marteau, on l'y fait entrer à une profondeur déterminée puis une demi-ligne jusqu'à une ligne & demie.

Par cette opération le cuivre prend exactement la forme poinçon, & devient un véritable moule de corps de ttre semblable à celle du poinçon, & c'est par cette rain qu'on lui a donné le nom de *matrice*. Le nom de moule été réservé pour un assemblage dont la matrice n'est que partie principale.

Quelque bien que les *matrices* soient frappées, elles seient encore imparfaites si le Fondeur n'avoit le soin de *justifier*, c'est-à-dire de limer toutes leurs faces avec t de précision, qu'elles soient de même niveau, & 'elles ne portent pas plus de cuivre d'un côté que d'autre.

Après la justification, il les *pare*, c'est-à-dire qu'il y fait dessous un *talut*, ou entaille qui est vis-à-vis de l'œil de ettre, & deux petits crans, l'un au-dessous, l'autre aulus, pour les tenir ensemble avec le morceau de peau on nomme une *attacke*.

La premiere opération qu'on ait à faire quand on a consit & disposé le moule, est de préparer la matiere dont caracteres doivent être fondus. Pour cet effet on prend plomb & du régule d'antimoine, on les fond séparént, & on les mêle ensuite, mettant quatre cinquiemes plomb & un cinquieme de régule; ce mêlange donne composé propre pour la fonte des caracteres.

Quand ce métal est fluide, & qu'on a fait les essais au ule & à la matrice pour vérifier si la lettre qu'on veut ndre se trouve d'approche & de ligne, on prend de la in gauche le moule garni de la matrice, & de la droite une petite cuiller de fonte qui ne tient pas plus de métal qu'il en faut pour une lettre ; on verse à l'orifice du moule la cuiller pleine de fonte, en baissant & relevant subitement la main gauche afin que le métal se précipite au fond de la matrice & en prenne la figure : ce mouvement, qui doit être fait avec vîtesse, est d'autant plus nécessaire que le métal se mouleroit mal parcequ'il se fige dès qu'il touche le fer. La lettre étant formée, on appuie le pouce de la main droite sur le haut de la matrice, afin qu'en faisant la bascule elle se détache de la lettre ; on referme le moule dès que la lettre en est sortie, & on réitere cette opération jusqu'à deux & trois mille fois par jour.

Il ne faut pas s'imaginer que la lettre au sortir du moule soit achevée, du moins quant à ce qui regarde son corps ; car pour le caractere il est parfait ; il est beau ou laid, selon que le poinçon qui a servi à former la matrice a été bien ou mal gravé. La lettre apporte avec elle au sortir du moule une éminence de matiere de forme pyramidale, adhérente par son sommet au pied de la lettre. Cette partie de métal qu'on appelle *jet*, est formée de l'excédent de la matiere nécessaire à former le caractere, qu'on a versée dans le moule. On la sépare facilement du corps de la lettre au moyen de l'étranglement que les plans inclinés des parties du moule appellées *jets* y ont formé : d'ailleurs la composition, que l'addition de l'antimoine rend cassante presque comme de l'acier trempé, facilite cette séparation. Le jet séparé de la lettre s'appelle *rompure*.

Après que toutes les lettres sont rompues, c'est-à-dire qu'on a séparé les jets qui se remettent à la fonte, on les frotte sur une meule de grès qu'on appelle *pierre à frotter*. Lorsque les lettres ont été frottées ou crénées, & ratissées, on les arrange dans un *composteur* qui est une regle de bois entaillée sur laquelle on arrange les caracteres, la lettre en haut, & tous les crans tournés du même côté. Les caracteres ainsi rangés dans le composteur sont transportés sur la regle de fer : on les y place de maniere que leur pied soit en haut, & que le caractere porte sur la surface horizontale du *justifieur* qui n'est lui-même qu'un composteur de fer.

Le justifieur ainsi garni d'une rangée de caracteres est placé entre les deux jumelles du *coupoir*, qui est une sorte d'établi très solide sur lequel sont fortement fixées deux jumelles.

Les caracteres étant arrangés on les coupe avec un rabot de fer. Quand on veut couper les lettres on place le rabot sur le justifieur, en sorte que les parties saillantes des lettres soient entre les guides du rabot : on hausse ou l'on baisse le fer qui est un peu arrondi par son tranchant, afin qu'il puisse emporter autant de matiere que l'on souhaite.

Les réglements ont statué sur la hauteur des lettres ; il est ordonné que la lettre portera depuis sa surface jusqu'à l'extrémité de son pied dix lignes & demie de pied-de-roi.

Le retranchement de matiere n'est pas le seul qui se fasse avec le rabot ; on est contraint d'enlever encore de l'étoffe au haut du caractere. Ce retranchement se fait des deux côtés aux lettres qui n'ont ni tête ni queue, & seulement au côté opposé à la queue lorsque les caracteres en ont une.

Sans toutes les précautions que nous venons de détailler, avec les meilleurs caracteres du plus habile graveur, un fondeur ignorant feroit un fort mauvais ouvrage.

On entend par fonderie en caracteres un amas de matrices, de moules, de poinçons, & d'ustensiles propres à remplir tous les objets de l'impression. Il y a vingt sortes de caracteres qu'on appelle *corps ;* chacun de ces corps a ses lettres romaines & italiques.

Pour avoir une égalité de corps de toutes les lettres d'une fonte, on se sert de deux moyens. Le premier est de coucher une vingtaine de lettres d'un corps sur un *composteur* qui est fait exprès ; quand elles ont été ensuite vérifiées sur le *justifieur*, l'apprêteur en couche d'autres sur le composteur ; lorsqu'elles excedent, il leur donne quelques coups de couteau, & les égalise à la premiere justification. Le second moyen c'est de se servir du *prototype*, instrument qui regle la force du corps de tous les caracteres en général, & leur donne une précision sure.

Les caracteres à imprimer paient en France les droits de sortie, comme mercerie, à raison de trois livres du cent pesant.

Les Fondeurs de caracteres d'imprimerie qui ne sont guere que cinq ou six dans Paris, sont du corps des libraires & imprimeurs.

Les maîtres ne peuvent prendre ni retirer les apprentifs, compagnons Fondeurs, & ouvriers l'un de l'autre, sous peine de cinquante livres d'amende, & des dommages &

intérêts du maître que l'apprentif ou compagnon aura quitté.

FONDEUR EN CUIVRE. Les maîtres Fondeurs ont droit de fondre toutes sortes de grands & de petits ouvrages de métal ; mais ils ne fondent ordinairement que de légers ouvrages, tels que sont des croix d'églises, des chandeliers, des ciboires, des encensoirs, des lampes, des bossettes, &c. Il y a cependant des maîtres dans cette communauté qui se sont distingués par la beauté des ouvrages qui sont sortis de leurs fonderies ; tel a été sur la fin du dix-septieme siecle *Pierre le Clerc*, &, depuis, ses enfants qui ont fondu pour l'église de Notre-Dame de Paris, & pour plusieurs autres églises de la capitale & des provinces, des aigles ou pupitres, des lampes, des tabernacles, des croix & des chandeliers, d'un poids & d'un dessein au-dessus de tout ce qu'on avoit vu jusqu'alors en ce genre.

Le sable que les maîtres Fondeurs de Paris emploient pour leur fonte, se prend aux sablonnieres de Fontenay à deux lieues de cette capitale : il est d'abord d'une couleur tirant sur le jaune, fort doux, & un peu gras ; mais lorsqu'il a servi il devient tout noir à cause du charbon en poudre dont on se sert pour les moules.

Chaque fois qu'on veut se servir de ce sable, il faut le corroyer à plusieurs reprises sur une planche large d'environ un pied, qui porte sur les bords d'une espece de coffre ou bahut aussi de bois, dans lequel ce sable est enfermé, & où il retombe à mesure qu'il est corroyé. Ce corroi se fait avec un cylindre de bois long de deux pieds, & d'environ deux pouces de diametre, & une espece de couteau fait d'une lame d'épée rompue, emmanchée de bois par un bout, dont on se sert alternativement en recoupant le sable avec le couteau quand il a été plusieurs fois passé sous le rouleau.

Pendant qu'un compagnon corroie le sable, un autre prépare les moules, en plaçant sur une planche de longueur & de largeur proportionnées à la quantité & à la forme des ouvrages qu'on veut fondre, les modeles en bois ou en cuivre dont le sable doit recevoir l'empreinte.

Au milieu de la planche, & dans toute sa longueur, se place une moitié de petit cylindre de cuivre qui est destiné à faire le maître jet pour couler le métal, en observant qu'il touche d'un bout le bord de la planche, & qu'il n'aille de l'autre que jusqu'au dernier modele qui y est placé. Il y a aussi plusieurs petits jets de traverse pareillement de cuivre, pour distribuer le métal également par-tout.

Tout étant ainsi disposé sur la planche, on y met un chassis de bois d'un pouce environ de largeur, & d'une hauteur convenable à l'élévation des modeles : ensuite on couvre légérement la planche & les modeles avec du charbon pulvérisé & passé au tamis, pour qu'ils se puissent lever plus aisément de dessus le sable auquel ils s'attacheroient sans cette précaution, à cause qu'on l'emploie un peu humide. Cette poudre mise, on remplit tout le chassis de sable qu'on applatit & qu'on presse fortement avec une espece de batte de bois de figure triangulaire.

Ce premier chassis étant fini, on le renverse pour en *dépouiller* les pieces, c'est-à-dire pour les tirer du sable ; ce qui se fait en les cernant un peu tout autour avec un petit instrument de fer plat & coupant par un bout, qu'on appelle une *tranche*. Ensuite l'on travaille tout de suite à la contre-partie du moule, dans un chassis semblable au premier, excepté qu'il a des chevilles qui, entrant dans des trous qui sont à l'autre chassis, font, quand ils sont joints, que les cavités du modele que doit remplir le métal se trouvent parfaitement opposées l'une à l'autre.

A mesure que les chassis sont ainsi modelés, on les porte au Fondeur qui, après avoir augmenté le maître jet dans sa contre-partie avec une tranche de cuivre, & joint aux modeles les jets de traverse dans tous les deux chassis, les saupoudre de folle farine, & les met sécher sur le fourneau. Les deux pieces du moule étant suffisamment seches, elles se joignent par le moyen des chevilles, afin qu'elles ne puissent s'écarter par la violence du métal qui doit y entrer tout enflammé par une ouverture ménagée à l'endroit du maître jet : on les serre dans des presses, les unes à vis si les moules ne sont pas épais, & les autres à coins qui se nomment des *serres*, si les moules sont trop épais pour entrer dans les presses à vis.

Les *serres* sont de forts chassis de bois qu'on met aux deux bouts de chaque moule, & dans lesquels on les maintient unis par le moyen de coins aussi de bois qu'on y chasse avec autant de force qu'il en est besoin, en sorte néanmoins que le sable du dedans ne puisse en être ébranlé.

Les moules ainsi en presse s'arrangent auprès du fourneau pour être plus à portée de recevoir le métal au sortir du creuset. Dans le temps que trois ouvriers préparent de la sorte les moules, on fait fondre le métal dans un creuset de terre de dix pouces de hauteur, & de quatre de diametre.

Le fourneau qui sert à cette fonte ressemble assez en plusieurs de ses parties à la forge des serruriers : il a comme elle une cheminée au-dessus pour la fumée, un soufflet à côté pour exciter le feu, & un massif où se met le creuset. C'est proprement dans l'usage de ce dernier que consiste toute la différence du fourneau & de la forge. Il y a au milieu de ce massif une cavité carrée, de dix à douze pouces de large, qui pénetre jusqu'au fond : elle est partagée en deux par une grille de fer : la partie supérieure sert à mettre le creuset & le charbon, l'inférieure reçoit les cendres.

Quand le charbon, qui doit être de bois bien sec, est suffisamment allumé, on place au milieu le creuset rempli de métal, & ensuite on le couvre d'un couvercle de terre; & pour augmenter l'ardeur du feu qu'on excite par le vent du soufflet, on met encore un carreau de terre sur une partie de la cavité où est renfermé le creuset. A mesure que le métal se met en fusion, on remplit le creuset avec des pelotes de cuivre battues dans un mortier. Pour mettre ces pelotes dans le creuset, on se sert d'une espece de cuiller de fer à long manche, faite par le bout en forme de cylindre creusé, dont l'extrémité est ouverte pour que la pelote en coule plus aisément.

La fusion étant en état, le Fondeur, qui est le troisieme des ouvriers dont nous avons parlé, prend le creuset tout en feu & le porte aux moules avec des tenailles de fer dont les tenaillons sont recourbés en forme circulaire pour mieux embrasser le haut du creuset.

Le métal se coule par l'ouverture qui aboutit au maître jet de chaque moule, le Fondeur les parcourant tous successivement jusqu'à ce que le creuset reste vuide, ou du moins qu'il n'y ait point assez de matiere pour emplir un nouveau moule. La fonte étant finie, un quatrieme compagnon, qui est aussi celui qui prépare & qui bat les pelotes pour le creuset, jette de l'eau fraîche dans les moules pour affiner le cuivre; & presque aussi-tôt après il tire les chassis des presses, & débarrasse l'ouvrage du sable qu'on corroie de nouveau pour d'autres moules. Les Fondeurs coupent seulement les jets des ouvrages qu'ils ont fondus, & les vendent sans les réparer à ceux qui les ont commandés, & aux divers ouvriers qui en ont besoin.

La communauté des Fondeurs avoit des statuts en 1281, qui furent renouvellés, augmentés, corrigés & approuvés en 1573, par lettres-patentes de Charles IX, du 12 Janvier, enregistrées au Parlement & au Châtelet les mêmes mois & an. Ils n'éprouverent aucun changement jusqu'en 1691, que les charges de jurés, créées en titre d'office par la déclaration du Roi Louis XIV de la même année, ayant été incorporées & réunies à cette communauté par lettres-patentes du 9 Novembre, il fut ajouté à leurs statuts quelques articles dont les principaux concernent les droits de réception des apprentifs & des maîtres.

Cette communauté est conduite par quatre jurés, dont deux sont élus chaque année : c'est à eux à marquer les ouvrages, dans leurs visites, avec leurs poinçons.

Chaque maître ne peut avoir qu'une seule boutique & un seul apprentif engagé au moins pour cinq ans.

Les fils de maîtres sont aussi obligés à un apprentissage de cinq ans chez leur pere ; mais en quelque nombre qu'ils soient, ils n'excluent pas l'apprentif étranger.

Les apprentifs des villes où il y a maîtrise sont reçus à celle de Paris, en apportant leur brevet d'apprentissage, & en servant quatre ans chez les maîtres. Il y a actuellement à Paris trois cents trente maîtres Fondeurs.

Les Fondeurs fabricateurs d'instruments de mathématique ont les mêmes statuts, prennent les mêmes qualités, & ne different des Fondeurs en cuivre que pour le coût des brevets d'apprentissage & des lettres de maîtrise. *Voyez* FAISEUR D'INSTRUMENTS DE MATHEMATIQUE.

FONDEUR DE PETIT PLOMB. C'est un ouvrier qui fait le *plomb à tirer* de toutes les especes, les balles de toutes les grosseurs, les plombs pour les manches des dames, &c. Pour avoir le droit de vendre le plomb qu'ils fabriquent, il faut qu'ils achetent un privilege & se fassent passer marchands. Ils sont du corps des miroitiers, & suivent les statuts & les réglements de cette communauté : *voyez* BIMBLOTIERS.

FONTAINIER. Le Fontainier est l'artiste qui, par des principes certains & des expériences réitérées, fait la recherche des eaux, les jauge pour en connoître la quantité, les amasse dans des pierrées pour les conduire dans un regard de prise ou dans un réservoir : il fait relever leur pente & les conduire au lieu destiné ; il connoît la force & la vîtesse des eaux jaillissantes ; les calcule pour en savoir la dépense ; fait donner une juste proportion aux tuyaux pour former de beaux jets bien nourris, & qui s'élevent à la hauteur requise ; & par une sage économie, il les distribue dans un jardin de maniere qu'ils jouent tous ensemble sans s'altérer l'un & l'autre.

Le Fontainier mesure la *dépense* des eaux (qui est leur écoulement ou leur débit dans un certain temps) par le moyen d'une *jauge* percée de plusieurs trous depuis un pouce jusqu'à deux lignes circulaires. Il distingue deux sortes de dépenses, la *naturelle* & l'*effective*. La *dépense naturelle* est celle que les eaux jaillissantes feroient suivant les regles constatées par les expériences, si leurs conduites & ajutages n'étoient point sujets à des frottements. La *dépense effective* est celle qui se fait réellement, & qui, comme on voit, doit être toujours moindre que celle qui est indiquée par le calcul. Au reste on calcule toujours la dépense des eaux par la sortie de l'ajutage, & jamais par la hauteur des jets.

Le Fontainier distribue les eaux pour en former diverses *cascades* qui tombent en nappe, comme on le voit, par exemple, dans la piece d'eau appellée la *riviere* de Marly ; ou en *gouttelettes*, comme on voit dans les bosquets de Saint-Cloud ; ou en *rampe douce*, comme celles de Seaux ; ou en *buffets*, comme à Trianon & à Versailles ; ou enfin par *chûte de perrons*, comme la grande cascade de Saint-Cloud.

Le Fontainier fait donner aux bassins la forme & la grandeur qu'ils doivent avoir. On les construit de quatre manieres, en glaise, en ciment, en plomb, ou en terre franche. Si on les construit en glaise, on ouvre dans la terre un espace beaucoup plus grand que ne doit être le bassin ; on construit un mur de moëllons qui soutient les terres ; on refait un autre mur à chaux & à ciment, à quelque distance du premier ; on remplit ce vuide de terre glaise que l'on pétrit bien, & qu'on nomme le *corroi* : l'usage de ce corroi est de retenir les eaux. On fait au fond du bassin un semblable *corroi de glaise*, que l'on recouvre de pavés unis à chaux & à ciment. Les bassins revêtus de plomb le font par les plombiers qui réunissent leurs travaux avec ceux du Fontainier : ce sont aussi ces ouvriers qui font les tuyaux de plomb destinés à conduire les eaux. C'est ainsi que les différents arts se réunissent ensemble pour vaincre la nature & la forcer à prendre des routes inconnues : *voyez* PLOMBIER.

Pour former des jets d'eau, on réunit dans des réservoirs les eaux qui coulent d'endroits plus élevés que le lieu où l'on veut faire les jets ; ou bien, si l'on n'a que des eaux situées dans des terreins bas, on les éleve dans des réservoirs par le moyen de machines semblables à celles de la Samaritaine ou du Pont Notre-Dame. Ces eaux, ainsi réunies dans un lieu élevé, sont conduites par des tuyaux qui passent sous terre, suivent tous les détours du terrein, & vont jaillir au milieu des airs, par l'*ajutage* placé au milieu des bassins ; l'eau s'éleve par son propre poids à la hauteur à-peu-près du réservoir, en déduisant ce que lui fait perdre le frottement & l'opposition qu'elle trouve dans l'air en sortant par l'ajutage.

FORGES & FOURNEAUX A FER. Le fer est un métal dur & sec, difficile à fondre, & d'un très grand usage pour les besoins & les commodités de la vie : l'or & l'argent, tout précieux qu'ils sont, ne lui sont point comparables à cet égard.

Mines de fer.

Les mines de fer sont assez communes dans l'Europe, & particuliérement en France. La mine se trouve à différentes profondeurs & de diverses figures. Quelquefois elle est en pierres de la grosseur du poing, & quelquefois rude & criblée comme une éponge, souvent polie & luisante comme une glace, ou seulement en sable. Il y a des endroits où la mine de fer est à peine couverte de deux ou trois pouces de terre ; mais ordinairement il faut la fouiller à quatre, cinq ou six pieds de fond.

On a remarqué qu'il y a du fer dans la terre en poussiere, dans le limon, dans l'argille, dans la marne, & sur-tout dans les terres grasses qui sont brunes, rouges ou noires : on en trouve encore dans la pierre à chaux, dans la pierre à fusil, & autres. Il y a du fer dans le bois même, dans le sang des hommes & des animaux : on peut même ajouter qu'il y en a dans l'eau & dans l'air.

Quelques personnes ont divisé les mines en *mines seches*

& en *mines vives*. Les *mines seches* sont celles qui ne se mettent que difficilement en fusion. Les *mines vives*, au contraire, sont celles qui ont avec elles une quantité suffisante de fondant. D'autres ont divisé les mines en *froides* & en *chaudes*; c'est la même chose que *seches* & *vives*. Les mineurs & les fondeurs du Maine les distinguent en *mines cassantes* & *mines pliantes*. Le travail des mines consiste, 1°. à tirer de la miniere la mine dont on veut faire usage; 2°. à séparer les corps ou substances nuisibles; 3°. à ajouter les matieres convenables à la fusion, que l'on appelle *fondants*.

Les mines sont ou sur la superficie de la terre, ou à différents degrés de profondeur : il y en a en grains, en masses plus ou moins dures. Pour trouver celles qui sont sur la superficie, on n'a besoin que des yeux. Si la mine s'enfonce dans de l'argille, ou autre matiere aisée à percer, il faut employer la sonde avant que d'y mettre des ouvriers. Quand on est assuré d'un banc de mines & de son épaisseur, des pelles & des pics suffisent pour tirer la mine. Si les mines sont en grains fins, ou en poussiere comme du menu sable mêlée dans la pierre dont les morceaux se séparent aisément, le pic en viendra également à bout.

Si les mines sont à fond de douze ou quinze pieds, il faut faire une ouverture de six pieds sur douze; & quand on est descendu à moitié, on la diminue de six pieds, pour percer jusqu'à la mine qu'on jette sur le premier repos, & de là sur le bord de l'ouverture.

On creuse ainsi pour tirer les mines jusqu'à vingt-cinq & trente pieds de profondeur, & quelquefois plus. On peut faire beaucoup de chemin dans une miniere : on s'expose beaucoup en les visitant pendant les pluies & la fonte des neiges; c'est ordinairement dans ce temps-là qu'elles s'effondrent.

Lorsqu'il s'agit de creuser à de grandes profondeurs, il faut, avant d'en faire la dépense, être bien assuré des richesses de la miniere, ou du moins avoir pris les précautions nécessaires pour s'en assurer. Le percement des puits, les galeries & les eaux dont il faut se débarrasser, sont les trois objets principaux de la dépense.

Le puits ou trou qu'on a creusé pour tirer la mine, s'appelle un *minaret*; pour en faire sortir la mine, on établit au-dessus du minaret un tour avec un cordage auquel est attaché un panier dans lequel les mineurs descendent ; quand ils ont fait leur fouille, ils remplissent ce panier de mine, & on le fait monter par le moyen d'un moulinet. Le nettoiement des mines qui ne sont mêlées qu'avec de la terre, se fait dans un attelier appellé *patouillet*. Le patouillet est placé à côté d'un courant d'eau : il est composé de deux ou quatre chassis en bois : au dedans de ces chassis est une feuillure profonde pour y attacher des plaques de fonte coulées au fourneau : on garnit de même les deux côtés ; c'est ce qui forme une *huche* dans laquelle on jette la mine pour être nettoyée. On ajuste un petit canal du côté du courant d'eau au-dessus de la huche. Ce canal, fait de bois ou de pierre, fournit de l'eau à la huche : cette eau peut s'écouler par une ouverture qui est pratiquée dans le bas de la huche : au côté opposé, un cylindre de bois traverse la huche : on l'appelle l'*arbre*, il est garni aux deux extrémités de tourillons de fer. Ce cylindre est traversé par les bras d'une roue qui tombe dans le courant ; il est aussi garni vis-à-vis de la huche de trois barreaux de fer coudés à deux branches, dont les racines sont affermies dans les trous de l'arbre qu'elles traversent. Ces barreaux sont placés dans l'arbre de façon que quand un de ces barreaux sort de la huche un autre y entre, toujours en recommençant & retournant, de façon qu'ils tiennent la mine dans un mouvement continuel au fond & sur les bords de la huche. L'ouverture du bas de la huche, qui sert de déchargeoir, est garnie en dehors d'un canal de bois qui doit aller aboutir à un lavoir. Au-dessus de ce lavoir il y a une ouverture très large, mais peu profonde, suffisante pour passer l'eau de la huche quand on laisse courir la mine dans le lavoir. Il est nécessaire d'avoir un second lavoir à la suite du premier, pour recueillir la mine que la force de l'eau pourroit entraîner. La mine acheve de se nettoyer dans ces deux lavoirs où des ouvriers la remuent avec des especes de rateaux. Le lavoir est composé d'un trou quarré long dont le fond est garni de planches enterrées d'un pied de profondeur, sur six à sept pieds d'étendue, & les côtés garnis de membrures épaisses. A la partie supérieure de la côtiere du dessus, & de celle du bas, il y a une entaille pour laisser entrer & sortir un petit courant d'eau. On connoît avec un peu d'habitude si la mine est suffisamment lavée.

Les mines qui sont mêlées avec des terres & des pierres

en petit volume veulent être lavées & égrappées. *Egrapper* la mine, c'est en détacher le sable & les petites pierres qui y sont mêlées & que les ouvriers appellent *grappes*. Quand les pierres qui se trouvent dans la mine sont en gros volume, elles peuvent être séparées avec des pics ou des marteaux; après cette premiere séparation, on passe la mine au lavoir & de là à l'égrappoir.

Les mines en roche, c'est-à-dire celles qui sont jointes très fortement à de la pierre très solide, peuvent être assez riches pour être brûlées sans être séparées de la pierre, ou bien elles demandent à en être séparées, ou enfin elles sont minéralisées par du soufre & de l'arsenic dont il faut les séparer nécessairement.

Il s'agit au premier cas de les mettre en plus petits volumes, ce qui peut se faire avec des marteaux à main ou avec des *bocards*. Le bocard est composé de poutres ferrées, qui, étant mues par une roue placée dans un courant d'eau, font l'office de pilons. Le bout ferré de ces pilons frappe en tombant dans une auge où l'on jette la mine à *bocarder*, & il l'écrase. Les parties métalliques de la mine ainsi écrasées, étant les plus lourdes, tombent & restent au fond de l'auge. Les parties pierreuses & plus légeres sont entraînées par un courant d'eau qu'on fait passer sous les pilons. Dans le second & le troisieme cas, il seroit à propos qu'on adoptât cette méthode pour la plus grande partie des mines de France; c'est mal-à-propos que bien des Maîtres de Forge ont peine à se rendre sur cet article.

Quand on calcine les mines de fer, on y peut ajouter des pierres calcaires, afin de diviser le tissu qui compose la mine de fer, & afin que chaque partie présentant au feu plus de surface, elle en soit plutôt & plus aisément pénétrée.

On appelle *flux* ou *fondant* toute matiere capable de procurer la fusion d'un corps qui n'en est pas susceptible, ou qui n'entre en fusion que difficilement. Pour faciliter la fusion des métaux, il faut que les matieres dont on se sert ne puissent communiquer aucun vice aux mines à fondre. Ces deux objets sont parfaitement remplis par l'argille, ou par la pierre à chaux. Les préparations sont d'être seches & en petit volume autant qu'il est possible, & mêlées bien exactement; quant à la dose, elle varie suivant la nature des mines. *Voyez* MINES.

Fourneaux à fer.

On se sert, pour fondre les mines, de charbon de bois. Les charbons des différentes especes de bois ne font pas tous le même effet dans les foyers à fondre la mine, ou dans ceux à affiner le fer : le charbon peut même communiquer au fer différentes qualités bonnes ou mauvaises. Cela est d'autant plus probable, que les parties terrestres, soit de la mine, soit du charbon, fondant avec la partie métallique, elles lui communiquent leurs qualités.

Il est impossible d'avoir du feu sans un courant d'air ; & comme l'on a besoin dans les foyers des forges, & sur-tout des fourneaux, d'un feu de la derniere violence, il est essentiel qu'on puisse diriger, diminuer, augmenter ce courant suivant que le travail le demande. Pour y réussir, on ne pouvoit rien imaginer de mieux que les moyens qu'on a employés. Mais ce qui paroît singulier, c'est de voir l'eau & le feu lui-même servir à procurer ce courant d'air, comme on le voit par le *ventilateur* & par les *trompes*. Ces soufflets singuliers, appellés aussi *artifices* en Dauphiné, sont en usage dans cette province & dans le pays de Foix, soit pour fondre la mine de fer, soit pour affiner la fonte & la convertir en fer ou en acier. Il y a quelque différence entre la construction des trompes du Dauphiné & celle des trompes du pays de Foix.

Jadis on se servoit de soufflets de cuir pour procurer l'air aux Forges du travail du fer ; on les faisoit mouvoir à force de bras. On les fit ensuite plus grands, ils étoient mus par l'eau, & relevés par des contre-poids. Depuis peu on a trouvé une maniere moins sujette à l'entretien, en les faisant de bois. On s'en sert non seulement pour les fourneaux, mais encore pour les forges où l'on convertit la fonte en fer. Ceux des fourneaux sont plus grands : on leur donne depuis quatorze jusqu'à quinze pieds de longueur. Pour ceux des Forges, on en fait depuis sept pieds jusqu'à dix. Lorsque les soufflets ne font plus leur travail ordinaire, par la perte du vent, on peut les racommoder, ce qu'on appelle les *lever*.

Ces soufflets sont mus par le moyen d'un courant d'eau. Il faut que le fourneau destiné à la fusion de la mine de fer soit bâti en maçonnerie à quatre faces d'environ vingt pieds de large & de vingt-cinq de haut. Ces quatre faces ont des noms différents à cause de leurs différents usages. Celle par où sort la matiere en fusion s'appelle le *devant du fourneau ;* celle qui lui est opposée, & par où on porte la mine dans le fourneau, se nomme *pied de rustine*, ou simplement *rustine ;* celle où est placée la tuyere des soufflets, s'appelle le *côté de la tuyere ;* enfin la quatrieme face qui se trouve opposée à l'action du vent des soufflets se nomme le *contre-vent*.

Le massif qui renferme l'espace intérieur dans lequel s'opere la fusion, est composé de quatre murs adossés les uns aux autres ; le premier, c'est-à-dire celui qui est immédiatement exposé à toute la violence du feu, doit être bâti de pierres propres à résister au feu, de maniere que les matieres y puissent fondre sans qu'elles fondent elles-mêmes ; le second, qui est contigu à ce premier mur, doit avoir la même épaisseur que celui de l'intérieur, & être fait de roche grise commune ; le troisieme est un assemblage de différentes matieres, composé de menues pierres, de scories pulvérisées, & autres choses semblables, pour donner plus de consistance aux deux premiers murs ; le quatrieme, ou le mur de ravalement, doit être bâti avec de grosses pierres & de grosses pieces de bois entrelacées pour soutenir cette espece de massif. On donne une figure ronde au premier ; on arrondit moins le second ; & le quatrieme est d'une forme carrée. Quoique tous ces murs réunis aien sur chaque face près de neuf pieds d'épaisseur, ils sont souvent sujets à se fendre & à se crevasser ; c'est pourquoi on ne sauroit les construire avec trop de précaution, surtout lorsqu'il est question du vuide intérieur du fourneau ; parceque le feu agissant avec violence, si toutes les proportions ne sont pas exactement prises, qu'elles ne soient pas relatives à la partie supérieure, au milieu & au fond, on travaille inutilement, parceque la force du feu est toujours proportionnée à l'espace qu'il occupe.

La maçonnerie de ces quatre faces est d'une épaisseur si considérable, qu'il ne reste que peu d'espace vuide dans l'intérieur du fourneau, en comparaison de la grosseur de sa masse. Cet espace est en même temps le *creuset*, le *foyer*, & la *cheminée* du fourneau, parcequ'on y met ensemble la matiere à fondre & le charbon qui sert à la fusion. C'est par le haut de cet espace qu'on jette dans le fourneau les matieres

matieres fusibles & combustibles. L'ouverture de cette cheminée s'appelle le *gueulard*.

A force de faire travailler le fourneau, il arrive que sa bouche ou *gueulard* s'élargit de façon que de ronde elle devient ovale & forme une espece d'ellipse qui contribue à la séparation des murs.

Tout l'intérieur du fourneau, depuis le gueulard jusqu'au fond par où doit sortir la matiere en fusion, a à-peu-près la forme de deux entonnoirs renversés l'un sur l'autre. L'entonnoir supérieur est appellé la *charge du fourneau*. La partie évasée de l'entonnoir inférieur est nommée l'*étalage*; & la partie étroite de ce même entonnoir, qui est la plus basse de l'intérieur du fourneau, se nomme l'*ouvrage*.

L'endroit qui est immédiatement au-dessous de l'ouvrage ne porte point sur la terre, dont l'humidité seroit à craindre; la base en cet endroit est soutenue par une voûte, ou par une très grande pierre. Il doit aussi y avoir deux voûtes, l'une d'un côté pour mettre les soufflets, & l'autre pour tirer le fer & travailler au fourneau.

Au-dessus du fourneau il y a une augmentation de maçonnerie de quatre pieds environ de hauteur, & de vingt-cinq à trente pouces de diametre en dedans, qu'on appelle le *guide-hors*, à la cime duquel on jette les provisions. Pour bien assurer la maçonnerie du fourneau qui est sujet à crever par la force du feu, on lie les pieces avec des bois qui serrent à clef.

Quoique cette entrée supérieure du fourneau soit ordinairement arbitraire, il convient cependant de la faire plutôt large qu'étroite, parceque moins elle est large & moins est grande l'action du feu sur la mine; le vent renfermé dans cette cavité, ne s'échappant pas aussi promptement, dépouille le charbon de sa superficie enflammée, en détache des étincelles, lui enleve sa chaleur, diminue l'activité du feu, & retarde la fusion. Si cependant l'ouverture étoit trop large, il y auroit un nouvel inconvénient, en ce que le vent, qui est l'ame de la fusion, s'échappant trop aisément & ne faisant point sur la mine l'effet qu'on en attend, seroit cause que la violence du feu fondroit trop subitement la mine de fer, & qu'elle resteroit imprégnée de corps étrangers que le feu ne pourroit plus séparer; il est donc de la derniere conséquence, pour qu'on travaille en sureté, de ne faire la bouche du fourneau ni trop large ni trop étroite.

Le fourneau étant construit dans toutes les regles, la principale science du fondeur est de savoir lui donner la juste quantité de mine & de charbon qu'il peut porter; parceque lorsqu'il met plus de charbon qu'il n'en faut pour fondre la mine, l'excédent tourne en pure perte, & le fer qui en provient est trop cuit, trop brûlé; il n'a pas la même qualité qu'il auroit eue si la proportion avoit été bien observée. Lorsqu'au contraire la quantité de la mine est trop grande relativement à celle du charbon, le fer n'est pas assez purgé de son soufre, est encore crud, mal épuré, & plein de grandes lames brillantes; ainsi il faut avant toutes choses que le fondeur connoisse la nature du fourneau & de son foyer, qu'il soit instruit des vices de la cheminée & de sa construction: alors il observe soigneusement dans les premiers jours de travail la quantité de mine qu'il faut mettre dans le fourneau, & comment il doit chaque jour en augmenter la dose par degrés.

On remplit d'abord le fourneau de charbon: on y met seulement deux *basches* de mine, & deux basches de castine sur le charbon; la basche est faite comme une écope qui sert à jetter l'eau de dedans un bateau. Lorsque le charbon a baissé de cinq à six pieds, l'on remet six *rasses* de charbon qui sont de grands paniers, une basche de castine, & de la mine par dessus, toujours en augmentant le nombre des basches autant que les ouvriers connoissent que le feu du fourneau en peut supporter. Après cela on ouvre la palle qui fait aller les soufflets; & dès que les provisions du fourneau ont baissé de nouveau de cinq à six pieds, on recommence à mettre six rasses de charbon, deux basches de castine, & de la mine autant que le feu en peut supporter, ce qui se continue ainsi. Si l'on mettoit trop de mine dans le fourneau, le fer s'écailleroit à ne pouvoir servir à nul ouvrage, & on risqueroit de le faire sortir dehors; trop peu de mine brûle l'*ouvrage* qu'on travaille à décrasser toutes les heures. Ce que nous avons dit de la forme des fourneaux doit s'entendre en général, car leur forme varie plus ou moins suivant les différentes provinces.

Les choses nécessaires à un fourneau indiquent le lieu où il doit être construit. Ce ne seroit pas assez que les minietes en fussent proches, il n'est pas moins essentiel que le bois y soit commun.

La mine ne se fond qu'avec le charbon de bois ; l'eau est aussi absolument nécessaire à un fourneau, puisqu'elle est le moteur qu'on emploie pour entretenir le mouvement des soufflets. Elle engage à construire les fourneaux dans des fonds, & même on les place le plus bas qu'il est possible, afin d'avoir une plus forte chûte d'eau à conduire sur les roues.

Fonte du fer.

Pour concevoir comment le fer se sépare par la fusion dans le fourneau, il faut supposer non seulement que les soufflets agissent, mais même que le feu est actuellement dans le fourneau, que le vent des soufflets l'entretient, & que l'extrême chaleur de ce brasier a déja fondu une certaine quantité de mine. Tout ce qui composoit la mine, terre, fer, &c. est devenu un liquide ; ce liquide descend jusqu'au fond du fourneau ; il occupe plus ou moins de hauteur, suivant qu'il y a eu plus ou moins de mine fondue ; mais on ne le laisse jamais s'élever jusqu'à la tuyere des soufflets. Le fer liquéfié, ou si l'on veut le fer mêlé avec une partie du liquide fourni par les matieres étrangeres, occupe le fond de l'*ouvrage* ; c'est ce que l'on nomme *fonte.* Sur cette fonte surnage le liquide plus léger ; & enfin sur ce liquide sont posés les charbons & la mine prête à fondre. A chaque instant le charbon se consume ; de nouvelle mine se liquéfie ; & pour entretenir l'action du fourneau, il faut y jetter de temps en temps de nouvelle matiere à fondre ; c'est ce qu'on appelle *porter une nouvelle charge.* On y porte cette nouvelle charge de deux en deux heures, quelquefois plus, quelquefois moins fréquemment.

La charge est composée d'une certaine quantité de mine, de charbon & de *castine*, qui est une espece de terre particuliere qui se rencontre mêlée avec la mine de fer. Le charbon est porté dans des paniers plus grands que ceux de la castine ; les paniers à charbon sont faits en maniere de vans, on les nomme *resses*, *rasses*, *rassées*. Chaque rasse contient environ le quart d'un sac de charbon. On porte toutes ces rasses & ces paniers sur la terrasse du fourneau : on les y arrange ; &, lorsqu'il est temps, le chargeur vuide dans le *gueulard* les rasses de charbon, ensuite les paniers de castine, & enfin ceux de mine.

Le charbon, la castine & la mine étant tombés dans le fourneau, le charbon s'enflamme; il fond la castine, & la castine fondue fournit au feu plus d'activité. La mine chaude se fond la premiere; elle sert en quelque sorte de fondant à la mine froide, comme la castine lui en a servi à elle-même. Le lieu du fourneau où l'action du feu est la plus violente, est l'endroit où est poussé le vent des soufflets. La mine n'arrive pas tout d'un coup à l'endroit où est cette violente chaleur; elle n'y descend qu'à mesure que le charbon se consume. La charge de mine, de castine & de charbon, ayant été presque consommée, on en porte une seconde qui, comme la premiere, se réduit en fusion. Ce n'est pas la mine seule qui s'y réduit: la cendre du charbon & la castine, &c. ne se retirent point du fourneau en chaux ni en cendres; elles se liquéfient, ainsi que la terre qui est mêlée avec la mine. Toutes ces matieres fondues se confondent, & elles forment un liquide plus léger que le fer fondu: on le nomme *litier*, *laitier*, *scories*. Quand la quantité de matiere fondue est assez grande pour s'élever jusqu'à la *dame*, qui est l'endroit par où l'on fait sortir le laitier en fusion, on lui donne issue. Le laitier est un fluide assez épais; comme il est cependant très chaud, il arrive sur une espece de lit de terre qu'on lui a préparé, avant de s'être figé, & il y reste même du temps encore liquide. On ne s'embarrasse pas de la maniere dont le laitier s'arrange en dehors du fourneau; on le laisse refroidir, & alors il est dur & cassant; c'est une matiere vitrifiée, ou même, pour parler plus clairement, lorsque le fourneau va bien, c'est un vrai verre.

Après qu'un certain nombre de charges ont été consumées dans le fourneau, on donne l'écoulement à la fonte. Si on y en laissoit assembler une trop grande quantité, elle parviendroit jusqu'au dessus de la dame; elle s'échapperoit par la même ouverture qui donne issue au laitier, & lorsqu'elle seroit refroidie, elle ne composeroit que divers morceaux peu épais, d'une figure irréguliere, & incommodes à manier. Avant de faire sortir la fonte, on prépare un moule pour la recevoir. Nous ne parlons pas encore des moules où la fonte prend tantôt la figure d'une marmite, tantôt celle d'un vase, d'un canon, &c. Le moule dont nous voulons parler, est le plus simple & le plus ordinaire; il contient seul toute la fonte qui sort du fourneau, c'est-à-dire ordinairement une masse de fer du poids de deux mille, quelquefois davantage. Cette masse prend la figure d'un prisme triangulaire terminé en pointe par l'un & l'autre de ses bouts; c'est ce qu'on nomme une *gueuse* : la gueuse a communément douze ou quinze pieds de long.

Son moule n'est pas bien difficile à former; c'est une espece de sillon : on ne commence à le préparer qu'une demi-heure ou un quart d'heure avant de laisser écouler la fonte. Le terrein qui est devant le fourneau est couvert d'une couche de sable épaisse de huit ou neuf pouces; c'est dans ce sable que l'on creuse le moule. Sa longueur doit être à-peu-près perpendiculaire à la face du fourneau, & placée de façon que la fonte s'y rende sans détour. Le moule étant préparé, on arrête le mouvement des soufflets, & on donne issue à la fonte. Un ouvrier muni d'un *ringard* perce le fourneau près du bas de la dame; aussi-tôt sort un petit torrent de matiere enflammée qui va se rendre dans le moule : on a eu soin de disposer le chemin pour l'y conduire. Quand le moule est rempli, il ne peut plus sortir de fonte du fourneau; mais le laitier qui étoit resté au-dessus de la fonte dans le fourneau, sort par l'ouverture particuliere qui lui est destinée. A l'origine du moule, on mette une petite piece de fer qui y forme une espece de digue. On a soin de jetter dans le moule de la gueuse tous les petits fragments de fonte que l'on a; ils font corps ensuite avec la matiere qui le remplit. Il reste toujours de la fonte dans le fourneau : on y en laisse presque assez pour composer une demi-gueuse, parceque le trou par lequel la fonte s'échappe n'est pas au fond de l'ouvrage; il y reste de plus beaucoup de laitier qui est moins fluide que celui qui est sorti par la voie ordinaire. Pour enlever ce laitier, & pour nettoyer l'ouvrage, on fait une nouvelle ouverture bien plus grande que la précédente; on abat tout ce qui est au-dessus de la dame jusqu'à un demi-pied de haut. Par cette ouverture on fait entrer dans l'ouvrage des ringards & des crochets recourbés.

Quand le dedans de l'ouvrage a été bien nettoyé, on bouche avec de la terre les ouvertures qu'on a faites. On ouvre ensuite la tuyere, on laisse agir les soufflets, on porte une nouvelle charge au fourneau, & on répete toutes les manœuvres qu'on a déja expliquées, souvent pendant dix ou douze mois sans discontinuer.

Après que le feu du fourneau a été éteint, on *met hors*, c'est-à-dire qu'on tire de l'ouvrage tout ce qui y est contenu : on y trouve de la fonte & du laitier.

Les procédés qui regardent la fusion de la mine, varient suivant les différents pays. Ceux qu'on vient de rapporter sont cependant assez uniformes dans tout le royaume. Il y a des endroits où l'on est obligé de brûler la mine, comme nous l'avons dit ; il y en a d'autres où on la fond deux fois.

Moulage du fer fondu.

En général toutes les pieces moulées ne se coulent pas de la même maniere. Il y en a, comme les contre-cœurs, les marteaux, les enclumes de forge, dont on peut faire plusieurs à la fois dans des moules préparés à découvert dans le sable, la fonte venant directement d'un seul fourneau ; d'autres veulent être coulées dans des moules cachés en terre, & demandent, comme les canons, le produit de plusieurs fourneaux ; d'autres enfin, comme les pots, les marmites, &c. qu'on fait au moyen des *poches*, qui sont des vaisseaux de fonte de quatorze à seize pouces de diametre & huit à neuf pouces de hauteur, qu'on lute intérieurement, & dans lesquelles on verse une quantité suffisante de fer fondu pour la piece dont on a besoin : ensuite on remplit des moules préparés les uns avec de la terre, les autres avec du sable, pour donner la forme aux ouvrages qu'on veut faire.

De toutes les manieres d'obtenir des pieces figurées, celle qu'on emploie en les coulant dans des moules préparés avec de la terre, exige le plus d'appareil & de dépense. L'exemple d'une marmite suffira pour avoir une idée claire de toutes les pieces qu'on peut obtenir de même, comme des tuyaux pour la conduite des eaux, des vases, &c.

Le moule du corps d'une marmite est composé de trois parties ; l'intérieur ou le *noyau* autour duquel doit s'arranger le métal ; *l'espace que doit occuper le métal* ; & l'*enveloppe* ou la *chape* qui doit retenir le métal & donner la forme extérieure à la piece que l'on moule. Pour faire le noyau on prend un pieu à plusieurs pans qui est plus gros par un bout que par l'autre, & qu'on appelle l'*arbre* ; autour de cet arbre on tortille des cadenettes de paille, & on en fait un peloton à-peu-près de la figure que doit avoir le noyau; c'est ce peloton que l'on appelle la *torche*. Par-dessus cette torche on applique plusieurs couches de terre que l'on fait sécher & auxquelles on donne la forme convenable, par le moyen d'un *calibre* ou *échantillon*, comme nous l'avons expliqué à l'article de la fonte des canons, au mot *Fondeur en bronze*. Quand le noyau est formé & séché, il s'agit de remplir l'espace que le métal doit occuper.

Pour cela on commence par enduire le noyau, par le moyen d'un pinceau, d'une couche de blanc de craie ou de potée (*voyez la fonte des canons*), pour en empêcher l'adhérence avec la terre qu'on va mettre par-dessus. Quand le blanc est sec, on enduit le noyau d'une couche de terre maigre à laquelle on donne autant d'épaisseur qu'en doit avoir le métal. Par-dessus cette terre on remet de nouveau du blanc ou de la potée, pour empêcher l'adhérence avec la chape; & enfin on en fait la chape même, avec la même terre qu'on a employée pour le noyau. L'épaisseur de la chape est toujours réglée par un échantillon. L'ouvrier marque sur la chape l'endroit des pieds, des anses, & celui dans lequel il la fendra ensuite avec un couteau pour ôter la seconde couche de terre qui est entre le noyau & la chape. Le moule étant séché, un ouvrier y applique le moule des anses qui a été préparé par le moyen de morceaux de bois autour desquels on arrange de la terre. Le moule des anses tient à la chape par un enduit d'argille. Le tout étant séché, un ouvrier frappe avec un maillet de bois sur le bout de l'*arbre* qui est du plus petit volume; ce qui le fait sortir; mais il ne peut sortir qu'il n'amene en même temps la partie de la *torche* qui est clouée sur le gros bout qui sort le premier. On acheve aisément de tirer la torche, & dans cet état on porte le moule sur des planches où il seche doucement.

Un ouvrier place le moule sur son établi, & avec le couteau il acheve de fendre la chape suivant la ligne qui a été tracée & qui ne doit passer ni dans les anses ni dans les pieds. La chape étant fendue, les deux morceaux se détachent aisément de la seconde couche à cause du léger enduit de craie qu'on lui a donné. On enleve ensuite cette seconde couche qui se détache aussi très aisément du noyau; de là il est aisé de voir que si on approche les deux pieces de la chape autour du noyau, il restera un vuide proportionné à l'épaisseur & à la forme de la seconde couche enlevée, & qui forme la place que doit occuper le métal; mais avant que de rapprocher ces pieces, on place les moules des pieds qui ont été préparés d'avance de la même maniere que ceux des anses, & on les fixe avec de l'argille; on bouche aussi la partie du trou que l'arbre a laissée à la partie inférieure du noyau.

Les pieds étant placés, on rapproche les deux parties de la chape, qu'on tient également éloignées du noyau, par l'interposition de quelques balles de plomb qui sont du même diametre que doit avoir le vuide qui entoure le noyau. La fente que le couteau a faite se recouvre d'argille, afin que les pieces tiennent ensemble. Après cela, pour que le moule soit entiérement fini, il ne reste plus qu'à y ajuster les *jets* ou *coulées* par où le métal doit être introduit dans le moule; ils consistent en deux tuyaux de terre grasse qui se réunissent en un seul à l'endroit où ils s'inserent dans la chape. Enfin quand le moule est fini, on le porte sous un hangard où on le couvre de charbons ardents, & on l'y tient assez long-temps pour que la chaleur puisse pénétrer jusqu'au centre & le recuire parfaitement.

Plusieurs moules en cet état se portent au fourneau où on les enterre dans du sable qui est ordinairement devant l'ouvrage & dans lequel on coule les gueuses. Les *coulées* étant plus longues que les pieds du moule, il n'y a qu'elles qui débordent au-dessus du sable. On puise ensuite la fonte dans le fourneau, & on la verse dans les coulées. La fonte étant bien figée, on retire les pieces du sable; on casse la chape, & on les porte ensuite à l'attelier destiné à les réparer, ce qui se fait avec des rapes & d'autres outils appropriés à l'intention de l'ouvrier.

Le moulage en sable dont nous allons aussi donner une idée, en prenant toujours une marmite pour exemple, est beaucoup plus expéditif & moins couteux que le moulage en terre. Le travail du moulage en sable consiste à renfermer dans du sable contenu & serré dans un chassis, le modele de la piece que l'on veut mouler, & à enlever ensuite ce modele sans déranger le sable; d'où il résulte qu'il reste dans le sable un vuide en tout semblable à la piece qu'on veut mouler.

Pour exécuter ces différentes opérations, l'ouvrier prend une planche bien propre, & sur cette planche il place un chassis de bois qui a la forme d'une caisse sans fond. Au milieu de ce chassis il place le modele qui doit être renversé, & qui dans l'opération dont nous parlons est une marmite de cuivre jaune, fondue bien réguliérement, & qui au lieu de pieds n'a que des trous pour les recevoir. Il met peu à peu tout autour du *sable des fondeurs* (*voyez* FONDEUR EN CUIVRE), & il l'affermit en le frappant avec une batte. Lorsque le chassis est entiérement rempli de sable battu, on fouille dans ce sable pour découvrir les trous où doivent être les pieds, & on y place les modeles des pieds. Quand ces moules des pieds ont été bien ensablés, on fouille de nouveau le sable pour placer sur le fond de la marmite le *jet* ou la *coulée*, qui est une piece de bois en forme de coin, laquelle après qu'elle est retirée laisse un vuide où l'on jette le métal fondu qui doit former la piece. Le mouleur continue à mettre & battre du sable jusqu'à la hauteur du bord du chassis; ensuite avec sa regle il fait tomber tout le sable excédent, ce qui s'appelle *évaser*. Après cela il saupoudre toute cette surface avec du *fraisil*, qui est de la poussiere de charbon pilé & tamisé, & dont l'usage est d'empêcher le sable qui est dans le chassis de se lier avec celui qu'on doit mettre par-dessus.

Les choses étant en cet état, l'ouvrier place sur le chassis la *fausse piece*, qui est un second chassis beaucoup moins haut que le premier, & qu'on y accroche avec des crochets. On met du sable dans cette fausse piece, on le bat, on l'évase avec la regle, & alors on ne voit plus que le haut du moule du jet; c'est la seule piece qui doit paroître au-dessus du sable. On retourne alors sens dessus dessous le chassis accompagné de sa fausse piece, en sorte que le modele de la marmite se présente à découvert la gueule en haut, & fait voir dans son intérieur qui est encore vuide, les trous destinés à recevoir les anses. L'ouvrier écarte le sable à l'extérieur de chaque côté, & place dans ces trous un modele d'anse, lequel est de deux pieces. Il recouvre ces modeles avec du sable qu'il bat, & il entasse aussi le sable sur les bords du grand modele, afin que lors de la fonte le moule qui doit former le corps de la marmite ait ses bords bien unis dans tout leur pourtour. Ensuite le mouleur retire le modele d'une des anses par le dedans du moule de cuivre, en prenant d'abord la piece de dessous dont il suit la courbure, & ensuite celle de dessus qui est toute droite. Il fait la même chose à l'autre anse, & sur le champ il met par le dedans du modele des tampons de laine dans chacun des quatre trous des anses. Puis il saupoudre de fraisil le sable qui est autour de la marmite ; il remplit de sable toute la concavité du moule de cuivre ; & enfin il met une fausse piece qu'il emplit de sable, comme il avoit fait pour la premiere dont nous avons parlé.

Tout étant ainsi disposé, le mouleur retourne le chassis accompagné de ses deux fausses pieces : il tranche les arêtes du sable tout autour du jet, forme un chanfrein pour faciliter le passage de la fonte, & retire le modele du jet. Il ne s'agit plus ensuite que de démonter les différentes pieces du moule pour retirer le modele de cuivre qui occupe la place que doit remplir le métal fondu qu'on y fera couler.

Pour cela on détache les crochets de la fausse piece qui se trouve au-dessous du chassis, & en soulevant le chassis, on voit à découvert la masse de sable qui remplissoit le corps de la marmite & qui forme le *noyau du moule ;* cette masse de sable s'est séparée aisément d'avec le sable de la fausse piece de dessus, à cause du fraisil dont on l'avoit saupoudrée. On tire par le moyen d'un crochet les tampons de laine qui fermoient les entrées des anses ; & en frappant quelques petits coups contre le modele, il se détache aisément ; il entraîne avec lui les montures des pieds, & il ne laisse dans le chassis que le sable qui doit former la *chape du moule.*

Après avoir réparé le noyau & la chape s'il s'y trouve quelques défectuosités, & les avoir saupoudrés de fraisil, on remet le chassis & la chape qu'il contient sur la fausse piece qui porte le noyau ; & après l'y avoir bien accrochée, le moule se trouve entiérement fini, & on le porte proche du devant du fourneau pour l'emplir de fonte lorsqu'il y aura un nombre suffisant de moules ainsi préparés.

On ne fait guere d'ouvrages de fonderie que dans les forges où le fer est aigre : les Maîtres de Forges trouvent plus de profit à convertir en barres les fers doux. Nous allons exposer comment on forge ce fer destiné à être mis en barres.

Forges à fer.

En Suede l'intérieur de la forge qui renferme les cheminées, les soufflets, les foyers, les marteaux, les enclumes, n'est pas par-tout de la même dimension; on le fait plus ou moins étendu suivant les circonstances du local.

Les cheminées, qu'*Agricola* appelle fourneaux, ne sont pas par-tout de la même dimension; mais elles sont plus grandes ou plus petites, suivant que le permet la place qu'on est obligé de choisir proche d'un courant d'eau. Les cheminées en usage aujourd'hui sont ouvertes de deux côtés, de façon qu'en se baissant l'ouvrier peut y entrer. Des deux autres côtés, il n'y a pas d'ouverture; l'un & l'autre sont fermés par un mur de grosses pierres.

Quand le fer a reçu au foyer de la forge toutes les préparations convenables, il se trouve réduit en une masse qui paroît grossiere & informe, couverte de beaucoup de poudre de charbon & de scories. Avant que de la porter sous le marteau, on ôte ces scories jusqu'à ce que le fer soit à découvert: ainsi enlevée du foyer, & après qu'elle a été suffisamment nettoyée, on la met sur le sol de la forge. Quant à la figure, elle est plate d'un côté, ronde & inégale de l'autre. Quand elle est posée sur l'aire de la forge, on la bat en tous sens avec des marteaux & des masses, pour effacer toutes les inégalités. Sans cette précaution on ne pourroit pas retourner facilement cette masse sur l'enclume, ni la tenir affermie sous les coups du *gros marteau*, dont le mobile est un courant d'eau. La masse de fer, grossiere & informe, se place sur l'enclume à l'aide d'un levier & d'un contrepoids ou avec des ringards; elle y est portée par quatre hommes vigoureux. On a soin que d'avance le gros marteau soit levé à sa plus grande hauteur, pour qu'il y ait assez d'espace pour la recevoir. Tout étant ainsi disposé, on fait mouvoir le gros marteau qui par son propre poids frappe la masse foiblement d'abord, parceque les chûtes ne sont pas hautes. A force de frapper il égalise & diminue l'élévation de la masse, en sorte que l'espace parcouru à chaque chûte augmentant à proportion que l'épaisseur de la masse diminue, les coups de marteau deviennent plus forts. On continue ce travail jusqu'à ce que la masse soit diminuée & réduite à la forme d'un gâteau épais.

Quand la masse de fer est diminuée de volume, & réduite en forme de gâteau, on la coupe en six ou sept morceaux. Cette division se fait par le moyen d'un ciseau taillé comme un coin. Chaque morceau coupé tombe au bas de l'enclume. Quand la masse n'est point assez grosse pour être divisée en six morceaux, on se contente de la partager en quatre ou cinq. Un ouvrier saisit avec les mâchoires d'une tenaille le premier morceau coupé qui est tombé, & le porte au milieu du foyer enflammé où on le tient enfermé jusqu'à ce que le reste de la masse soit divisé. On porte de même le second morceau coupé à côté du premier, & ainsi des autres successivement : pendant ce temps-là on arrose d'eau fraîche le gros marteau & l'enclume. Cela fait, on retire du foyer le premier morceau, & on l'expose aux coups du gros marteau sous lequel on le tourne & retourne jusqu'à ce qu'il s'alonge, que ses inégalités soient effacées, & qu'il soit bien uni. On en fait de même pour les autres morceaux, qui tous, étant échauffés à différentes reprises, sont plus aisément réduits en barres.

Après que les morceaux de fer ont été unis & applanis sous le gros marteau, on en reporte un au milieu du feu, on le chauffe à blanc afin que dans cet état il puisse être battu & étendu en bandes par les coups du marteau. Pendant ce temps, on tient un autre morceau dans le plus fort feu pour le chauffer au point de pouvoir être porté au gros marteau après que le premier aura été suffisamment battu. On tourne & retourne dans le foyer le morceau que l'on chauffe pour le réduire en barres, de façon que l'on oppose au vent tantôt un de ses côtés, tantôt l'autre, afin qu'il soit également adouci par-tout par le feu.

L'opération qui se fait au gros marteau dure ordinairement une heure & demie ou deux heures, pendant lesquelles on a soin de retirer les scories toutes les fois qu'on porte le fer au foyer de la forge. Quand le fer est suffisamment applani & alongé, on finit par le polir. Pour faire cette opération, on fait aller le marteau moins vîte, & un enfant jette de l'eau qui, découlant du gros marteau sur la bande de fer & sur l'enclume, humecte toute la superficie de la bande d'où la chaleur la fait sur le champ dissiper en vapeurs. C'est ainsi qu'on polit le fer, & ces percussions froides enlevent toutes les inégalités & les pailles. On expose ensuite à l'air la barre forgée, pour qu'elle y refroidisse.

Les gros marteaux dont on se sert ordinairement dans les forges sont très gros & très pesants : ils ne sont pas tous du même poids, les uns ne pesent que neuf cents, d'autres douze cents. Le marteau tombant toujours sur un corps dur se brise à la fin soit à la tête, soit aux jointures du col, ou bien il se dessoude ailleurs, & ne peut plus être de service : il faut dans ces cas en faire un autre pour le remplacer. Le fer étant amolli par le feu, c'est à l'aide des marteaux de diverses grosseurs qu'on l'étend facilement sur l'enclume de la maniere qu'on le veut, soit en *barres* quarrées, rondes ou plates, en *carillons*, en *bottes*, en *courçon*, en *cornettes*, en *plaque*, en *tôle*, &c.

Adoucissement du fer fondu.

Tout fer forgé, tout fer fondu, n'est plus fusible par la force du feu de nos fourneaux. Il peut au plus être réduit en une sorte de pâte assez molle pour tomber par gouttes ; mais il ne peut plus être rendu liquide comme les autres métaux. On parvient pourtant à le fondre à l'aide de divers fondants ; mais, ainsi refondu, il perd sa malléabilité & sa souplesse, & redevient dur & cassant. Le fer forgé ne se travaille qu'au marteau, à la lime, au ciseau. On ne peut donc en faire des pieces qui aient des ornements recherchés & finis qu'avec un temps & des frais considérables. On connoît le marteau de la porte cochere de l'hôtel de la Ferté, rue de Richelieu à Paris ; il a coûté 700 livres dans une année où tout étoit à sa commune valeur ; au lieu que par le moyen de l'adoucissement du fer fondu, dont la découverte est due à feu M. *de Réaumur*, un pareil marteau reviendroit aujourd'hui environ à dix écus. On ne pouvoit de même rien travailler en grand, comme les balcons, les grilles, qu'avec des dépenses énormes. Les fameuses portes du château de Maison, près de Poissy, qui ne consistent qu'en trois battants, ont été autrefois payées soixante & neuf mille écus, mais elles coûteroient aujourd'hui beaucoup moins cher.

Si l'on en croit la tradition des ouvriers, le secret de l'adoucissement du fer fondu a été perdu & retrouvé plusieurs fois : tout ce que nous voyons de grand & de surprenant en fer, comme les ferrures des portes de l'église de Notre-Dame de Paris, ils veulent que ce soient des ouvrages de fer fondu.

En général on distingue les fontes en deux classes, par

rapport à la couleur de leur cassure; les unes sont des *fontes blanches*, les autres sont des *fontes grises*.

On peut prendre pour une regle à laquelle on ne connoît point d'exception, qu'elles sont d'autant plus dures qu'elles sont plus blanches; il n'y a ni lime ni ciseau qui puisse mordre dessus: & les grises en général sont d'autant plus limables, que leur couleur est plus foncée: mais si elles cedent à la lime, il ne faut pas espérer pour cela d'en faire des ouvrages finis, elles s'égrenent comme les parties d'une pierre de grès.

Le fourneau qui donne de la fonte grise ne la donne pas telle constamment; il en donnera quelquefois de blanche & nullement limable, & cela par des circonstances qu'il n'est possible ni de prévoir, ni d'éviter; mais quand on pourroit en faire des ouvrages en entier, jamais on ne pourroit leur faire prendre la blancheur & le brillant du beau fer.

De ces observations il résulte que les difficultés à lever pour avoir des ouvrages de fer fondu beaux & finis, se réduisent à trouver les moyens de se procurer des ouvrages de fonte qui se laisse réparer, & qui après avoir été réparée ait une belle couleur & de l'éclat.

Si on ne veut fondre du fer que pour jetter en moule de petites pieces, une forge ordinaire est un fourneau suffisant; en moins d'une demi-heure on y rendra très fluide une livre ou deux de ce métal; il n'est question que de pousser le vent du soufflet, & d'être attentif à tenir le creuset bien entouré de charbons.

Quant à la maniere de fondre le fer en le tenant exposé immédiatement à l'action du feu, il est certain que les fourneaux de réverbere, tels que ceux où l'on fond le cuivre pour faire les grands ouvrages, des cloches, des statues, des canons, n'agiroient pas assez puissamment sur le fer. Non seulement le fer veut un plus grand degré de chaleur, mais il demande à être fondu brusquement; ainsi, quelles que soient les especes de fourneaux & de creusets dont on veuille se servir, on se souviendra toujours qu'il faut faire en sorte que le fer soit fondu avec le plus de promptitude qu'il sera possible. S'il éprouve d'abord une chaleur trop foible, il perd peu à peu de sa fusibilité, & passe enfin à un état où il n'est plus possible de le rendre fluide.

On se souviendra encore de s'attacher à rendre la fonte très liquide, & à lui conserver sa liquidité jusqu'à l'intant qu'elle entre dans les moules ; mais que ce ſoit par la ſeule ardeur du feu qu'on la rende ainſi liquide, & qu'on n'y mêle point de fondants, parcequ'ils donnent des diſpoſitions contraires à l'adouciſſement qu'on veut procurer au fer fondu.

On n'oubliera pas non plus qu'il importe extrêmement que les moules ſoient non ſeulement bien ſecs, mais encore tenus très chauds ; le degré de chaleur ne doit finir que là où commence la crainte qu'il ne s'y faſſe intérieurement des fentes & des gerçures.

Le fer fondu eſt preſque caſſant comme le verre, qui ſe caſſe ſi on le laiſſe refroidir trop ſubitement. Il faut donc, comme au verre, lui donner une eſpece de recuit : pour cela on fera la dépenſe d'un four ſemblable à ceux des pâtiſſiers ou des boulangers ; on le chauffera comme les leurs avec le bois ; on le tiendra chaud pendant tout le temps qu'on jettera du fer en moule ; auſſi-tôt que la matiere y aura été jettée, on retirera des moules l'ouvrage tout rouge ; &, ſans perdre un inſtant, on le mettra dans le four où il ſe refroidira peu à peu.

Il eſt aiſé de voir pourquoi plus une piece eſt grande, plus elle eſt expoſée à ſe caſſer ; car elle ne ſe caſſe que parceque toutes ſes parties, ne diminuant pas également, ne ſe retirent pas en même proportion : s'il y en a qui ne ſuivent pas les autres, c'eſt là que ſe fait une fracture.

Pour adoucir la fonte, on ſe ſert des mêmes matieres qu'on emploie pour ramener l'acier à l'état de fer, c'eſt-à-dire des os calcinés. Mais pour rendre l'opération parfaite, & que cette fonte, devenue limable, ne s'écaille pas, il faut ajouter de la poudre de charbon très fine avec de la poudre d'os calcinés : enfin pour que la compoſition ſoit plus active, on peut y mêler du ſel marin, du vitriol, de l'alun, du ſel de ſoude, &c. mais le ſublimé corroſif & le verd de gris l'affoibliroient : l'antimoine gâte le grain de la fonte.

Il faut avoir ſoin de bien pulvériſer les os & le charbon, & de les bien mélanger. Lorſque la poudre eſt trop groſſe, il arrive que de petits endroits proportionnés à la groſſeur des plus gros grains d'os s'écaillent.

On peut ſe ſervir du fer même pour adoucir le fer fondu. On met des plaques de fer dans un fourneau. Après qu'elles ont ſoutenu le feu pendant un ou pluſieurs jours, & que le feu est entiérement éteint, on recueille une poudre rouge appellée par les chymistes *safran de mars*, qui se trouve sur la surface de chaque plaque. Cette poudre n'est autre chose qu'un fer brûlé, dépouillé de son phlogistique, & par-là très propre à adoucir le fer : elle l'emporte même sur les os calcinés.

Pour adoucir le fer fondu, il faut luter le vaisseau où il est contenu, parceque si le creuset avoit de l'air, le charbon brûleroit : d'ailleurs c'est une regle générale que tout fer qui chauffe long-temps dans un endroit où l'air peut entrer librement, est sujet à s'écailler. Avant de mettre le fer fondre dans le fourneau, il faut avoir grand soin de bien ôter le sable qui seroit resté attaché à chaque piece, parceque venant à fondre, il formeroit un enduit qui empêcheroit l'effet de la poudre d'os & de charbon.

La chaleur ne sauroit être trop grande dans le recuit, pourvu qu'elle n'aille pas jusqu'à faire fondre les pieces.

Si l'adoucissement est porté jusqu'à un certain point, l'ouvrage de fer fondu est devenu un ouvrage d'acier ; s'il est poussé plus loin, il est d'acier revêtu de fer ; enfin un adoucissement encore plus long rend l'ouvrage de fer fondu de même nature que celui de fer forgé.

La flamme est capable d'empêcher l'adoucissement, &, qui plus est, de rendurcir ce qui a été adouci : elle rend au fer ce qui lui a été ôté ; mais ce n'est que dans le cas où son action sera très forte & longue.

Le fer qui, après son adoucissement, n'a pas la couleur d'un brun café, a surement la surface brûlée ; il est recouvert d'une écaille dure que les coups de marteau feront tomber.

Passons aux matieres les plus propres à adoucir les ouvrages de fer fondu. M. de Réaumur a trouvé que le *plumbago*, improprement nommé *mine de plomb*, dont on se sert pour faire des crayons, est la matiere la plus convenable à cet usage.

Après avoir réduit cette matiere en poudre, on la tamise, on la délaie avec l'eau, on en forme une pâte très molle, une espece de bouillie, & avec un pinceau l'on en couche à diverses reprises des enduits d'environ une demi-ligne ou une ligne d'épaisseur sur les ouvrages qu'on veut adoucir ; par ce moyen ils sont très bien & très promptement adoucis.

Mais il faut bien prendre garde à donner le degré de chaleur

eur suffisant ; autrement on pourroit retirer les ouvrages aussi durs & aussi peu adoucis qu'auparavant, quoiqu'après un feu d'une longue durée : c'est au degré de force & d'activité du feu, plutôt qu'à sa durée, qu'il faut faire attention.

Quant à l'épaisseur de l'enduit fait avec la mine de plomb, quelque mince qu'il soit, pourvu qu'il soit universel, & qu'il enveloppe toute la surface, l'adoucissement n'en est ni moins prompt, ni moins parfait. C'est la force du degré de feu qui rend le succès de l'opération plus prompt, & même à un point surprenant, puisqu'un morceau de certaines fontes, épais de plus d'un pouce, peut être rendu limable en moins d'un quart d'heure, si l'on emploie une chaleur assez violente.

Un trop grand degré de chaleur peut produire un effet contraire : quand on réduit de la fonte en fusion dans un creuset, quoique cette fonte ait été mise dans le creuset douce & limable, ordinairement dès qu'elle a été refondue on la trouve excessivement dure en entier ou en partie, soit qu'on l'ait coulée à terre, soit qu'on l'ait retirée du creuset avec une cuiller rougie. Mais on ne doit pas être inquiet sur la difficulté de saisir précisément les degrés convenables ; l'étendue des termes entre lesquels ils se trouvent compris, est grande.

Un ouvrage de fer bien enduit doit être renfermé dans une espece de creuset dont les parois soient très minces & exactement moulées sur cet ouvrage.

S'il s'y fait des fentes, des gerçures, le feu attaquera le métal & l'écaillera. Les plus petites même sont dangereuses, ne laissassent-elles le fer à découvert que d'un sixieme d'une ligne ; en voici la raison. Le fer commence à s'écailler à l'endroit découvert ; l'écaille ensuite gagne insensiblement plus loin, & le feu continué la peut faire aller très avant.

Dans les endroits où la mine de plomb manque, on pourra se servir de sable fin, qui, bien réduit en poudre & délayé, donnera un bon enduit : mais il a un inconvénient que la mine n'a pas ; l'action du feu lie fortement ses parties. Si le fer qu'elles couvrent vient à se courber, il se fera un vuide entre la surface concave & l'enduit qui est trop tenace pour suivre l'inflexion du fer ; la flamme s'introduit dans ce vuide & produit des écailles sur la surface du fer, qui par la suite soulevent l'enduit de plus en plus,

& enfin le font tomber : au lieu que les parties de la mine n'ont d'autre appui que le fer même, & se prêtent beaucoup plus à son inflexion.

Le *talc* qu'il ne faut pas *confondre* avec le *gyps* qui en a la transparence, mais qui est très calcinable, peut aussi remplacer avec succès la mine de plomb.

Pour tous les ouvrages épais & massifs, il suffit de les couvrir de lut, c'est-à-dire de ce sable gras dont les chymystes font leurs luts ordinaires, mais non pas pour les ouvrages minces qui courent risque de se plier lorsque la chaleur les aura ramollis.

Une regle générale, c'est de proportionner la force du lut au degré du feu qu'on voudra employer, c'est-à-dire de composer un lut plus difficile à fondre, selon que les ouvrages doivent souffrir une plus longue & plus violente chaleur. Ce ne seroit pas une mauvaise pratique que celle d'enduire légérement les pieces de mine de plomb, & de recouvrir le premier enduit d'un lut d'une terre extrêmement sablonneuse.

Au moyen de ces enduits, les ouvrages de fer fondu peuvent être adoucis par tout feu d'une activité suffisante; qu'il soit de bois ou de charbon, il n'importe : la forme du fourneau n'importe aussi qu'autant qu'elle conserve ou augmente davantage la force du feu, & qu'autant qu'elle donne plus de commodité pour arranger les pieces.

Un des inconvénients des plus à craindre dans le recuit des pieces de fer fondu, c'est que les ouvrages ne s'y tourmentent : c'est à quoi sont exposés sur-tout ceux qui sont plats & minces.

Mais puisque, dans le recuit, les ouvrages se courbent sans se casser, parcequ'ils sont ramollis, & que la force qui tend à leur faire prendre le pli, agit avec lenteur sans contraindre aucune partie à céder brusquement, il n'y a qu'à suivre cette indication : ainsi, quand on veut redresser des ouvrages qui ont été adoucis, il ne s'agit que de leur donner le même degré de chaleur qu'ils avoient ; & lorsqu'ils se sont courbés & ramollis au même point, on les redresse doucement par le moyen d'un étau ou d'une presse de fer.

Comme les pieces qui ont des ornements ou des parties très saillantes, ne seroient pas facilement redressées entre des surfaces plates, il faut avoir des *matrices* ou des mo deles pareils sur lesquels on puisse en les pressant leur faire reprendre la figure qu'ils doivent avoir.

Des ouvrages creux, sans être chargés d'ornements, comme des casseroles, des marmites, peuvent se redresser avec des mandrins de différents diametres, dont le plus grand sera précisément égal au diametre intérieur du vase, & on les forcera d'entrer les uns après les autres par la percussion, ou mieux avec une presse : des mandrins de bois suffisent.

Au reste, quelque faciles, quelque prompts que soient les recuits, il est encore plus commode de pouvoir s'en passer; c'est ce qui a engagé M. *de Réaumur* à faire sur cela des expériences qui l'ont conduit à découvrir que pour conserver aux fontes grises leur couleur & leur douceur naturelle, il ne s'agit que de les refondre avec de la poudre de charbon & d'os calcinés, à laquelle, pour un succès encore plus certain, on peut ajouter du sublimé corrosif jusqu'à concurrence d'un vingtieme ou d'un quarantieme du poids total de la fonte.

La fonte refondue dans ce mêlange est toujours douce, & elle conserve sa fluidité sans prendre de dureté pendant un temps considérable, même pendant plusieurs heures.

Il est bon cependant d'observer & de se souvenir que la fonte conserve d'autant mieux sa douceur qu'elle avoit avant d'être mise dans le creuset, qu'elle est fondue plus promptement.

Les meilleures de toutes les fontes, ou au moins celles qu'on peut fondre avec le moins de précaution, sans craindre de les rendurcir, sont celles qui, étant noires, ont un grain très fin & très distinct. Généralement parlant, il faut encore plus compter sur le grain que sur la couleur; celles qui, bien considérées, semblent plutôt composées de lames que de grains, sont inférieures aux grenées; les meilleures ont les lames plus fines, plus détachées les unes des autres : les plus mauvaises de toutes ont des amas de lames qui forment comme de gros grains applatis.

Après le secret de conserver aux fontes, pendant une seconde fusion, la douceur qu'elles avoient naturellement, ou celle qu'elles avoient acquise dans les recuits, il restoit à trouver celui de corriger le défaut de leur couleur, parce qu'elles restent trop grises, & qu'elles ne pourroient pas prendre un beau poli.

C'est l'alun mêlé avec de la poudre de charbon, ou de la poudre de charbon & d'os, qui, sans rendurcir la fonte, lui donnent la blancheur convenable qui la met en état de paroître brillante après qu'elle aura été limée. Mais si on outroit la dose d'alun, au lieu d'une fonte douce on en auroit une très dure. Deux gros de ce sel avec demi-once de charbon sur une once de fonte grise, sont un exemple d'une des proportions heureuses; mais il sera prudent dans les essais de pécher plutôt par le trop peu que par le trop: on aura toujours un ouvrage limable. S'il n'a pas une couleur assez vive & assez blanche, on augmentera la dose d'alun dans la composition qu'on fondra dans la suite pour en couler de semblables ouvrages.

Une précaution absolument essentielle qu'il faut prendre avant de couler la fonte radoucie, est de faire bien chauffer les moules & à un très grand degré; car il est certain que la fonte qui eût été douce & grise si elle eût été coulée dans un moule chaud à un certain degré, devient de la fonte blanche & intraitable, si elle est coulée dans un moule moins chaud où elle se fige plus promptement, & où elle reçoit une espece de trempe; ainsi il paroît qu'en général on peut dire que de la fonte blanche est de la fonte trempée.

Les moules ordinaires des fondeurs sont maintenus par des chassis de bois; mais pour avoir la commodité de pouvoir chauffer les moules autant qu'on veut, & autant qu'il est nécessaire, il faut leur substituer des chassis de fer. Les moules étant plus chauds, les traits des ouvrages moulés seront plus vifs; il n'y aura plus de précautions à prendre pour empêcher les ouvrages minces de se casser dans les moules où ils se refroidiront peu à peu comme dans un four chaud.

C'est un principe que plus les matieres des moules seront aisées à chauffer, & moins on aura à craindre qu'elles endurcissent le métal.

Si à un mélange de chaux & de sable, ou de chaux & de poudre d'os, on ajoute de la poudre de charbon, on aura une composition qui rassemblera toutes les qualités qu'on peut souhaiter pour mouler la fonte adoucie. A l'égard des moules de terre, les meilleurs sont ceux qu'on fait avec de bonne terre à creuset, mêlée avec de la mine de plomb passée au tamis. Il faut ne mettre qu'autant de terre qu'il est nécessaire pour donner du corps à la mine de plomb;

& avoir attention de faire sécher parfaitement les moules avant de s'en servir. Ces moules sechent sans diminuer considérablement de volume, ils reçoivent les impressions les plus délicates, & soutiennent parfaitement le métal en fusion.

Supposé les moules faits & arrangés, on mesurera le temps nécessaire à fondre sur la quantité de matiere dont on veut les remplir, de façon qu'elle ne soit en bain que quand ils seront assez chauds. Selon la différente épaisseur de leur sable, ils demandent des durées de chaleur différentes; ils veulent être aussi plus ou moins chauds, selon la qualité de la fonte dont on doit les remplir. Enfin le moule doit être plus ou moins chaud, selon que les pieces qui y sont moulées ont moins ou plus d'épaisseur. Il est aisé dans la pratique de s'assurer s'ils le sont assez, en commençant par les chauffer à un grand degré, & diminuant d'essai en essai jusqu'au point suffisant. D'ailleurs, on sait assez comment s'en assurer par l'état intérieur du moule; plus l'intérieur devient chaud, plus les nuances de la flamme blanchissent.

Il est très essentiel que les verseurs soient bien maîtres de leur creuset; dès que la fonte commence à couler, elle doit couler sans interruption. Le fil, le jet du liquide doit être continu, & tomber autant qu'il est possible dans le milieu de l'embouchure du moule. Un instant d'interruption cause quelquefois un défaut sensible; si la fonte tombe sur les bords, souvent il se fait dans l'ouvrage d'autres défauts appellés *gouttes froides*.

Quelquefois la fonte qui est entrée dans un moule en sort sur le champ par bouillons; c'est une marque que le moule a conservé de l'humidité: & il peut être humide, quelque chaud qu'il soit, s'il n'a pas été bien séché.

L'inspection du jet de fonte qui tombe dans le moule, fait prédire assez surement de quelle qualité sera l'ouvrage. Si elle est extrêmement pâteuse, épaisse, il y a lieu de craindre que l'ouvrage ne soit flou, c'est-à-dire qu'il ne soit pas moulé vif. Si au contraire elle est extrêmement fluide, il court risque d'être dur si le moule n'est pas extrêmement chaud, & si la fonte en elle-même n'est pas excellente.

FORGERON. Ce nom est commun aux serruriers, taillandiers, couteliers, & à tous les ouvriers qui travaillent le fer à la forge & au marteau.

FORGEUR. On nomme ainsi dans plusieurs atteliers l'ouvrier qui préside à la forge, & qui conduit l'ouvrage pendant qu'il chauffe, & quand il est sous le marteau. Les arquebusiers portent le nom de forgeurs d'arquebuses à rouet dans leurs statuts de 1575.

FORMIER-TALONNIER. Le Formier est l'ouvrier qui fait ou vend des formes de souliers à l'usage des cordonniers & des savetiers.

L'art de fabriquer des formes est aussi ancien que l'usage des chaussures ; l'impossibilité de pouvoir monter les souliers sans moules les fit imaginer, & leur procura à-peu-près la figure qu'on vouloit donner aux souliers : elles ont suivi nécessairement les diverses variations de ceux-ci.

Les formes à faire des souliers se fabriquent de bois de hêtre & de charme. On les ébauche avec une hache sur un billot ; ensuite on les travaille à la plane. Cette plane est attachée par le bout de la lame à un anneau de fer fixé dans un banc sur lequel l'ouvrier est assis en travaillant. Après l'opération de la plane on rape les formes pour commencer à les polir ; & pour mettre la derniere perfection à ce poli, on y passe la peau de chien de mer.

Les cordonniers ont deux sortes de formes, toutes deux de bois ; l'une sur laquelle ils bâtissent avec des clous, cousent & finissent les souliers ; l'autre avec laquelle ils les mettent ordinairement en forme pour les élargir.

La premiere sorte de forme est tout d'une piece, & représente assez bien la figure du pied de l'homme, où les doigts ne sont néanmoins pas représentés. Il y en a de rondes & de carrées pour les souliers d'hommes, & de pointues pour ceux de femmes : les unes & les autres servent aussi à faire les mules, pantoufles, babouches, & autres chaussures de cuir.

La forme à renformer ou élargir un soulier est faite comme celle qui est destinée à travailler ; à la réserv qu'elle est fendue en deux dans sa longueur, & que chaque partie a une rainure dans laquelle, après que la forme réunie a été placée dans le soulier, on pousse une espece de coin de bois à languette, qui, entr'ouvrant la forme avec effort, étend les empeignes & élargit le soulier : on l'appelle *forme brisée*.

Dans les formes ordinaires, les renflements & les rétrecissements du contour de la plante du pied sont égaux à droite & à gauche, de façon que le dessous de la forme représente une figure réguliere qui n'est point dans la nature, parceque le dessous du pied humain est inégal dans sa circonférence, & par conséquent doit poser irréguliérement sur la terre; ce qui fait qu'étant forcé d'appuyer davantage sur un côté que sur un autre, on rejette nécessairement en dehors la semelle du soulier; & pour peu qu'on soit marcheur, on est obligé de changer tous les jours ses souliers de pied, pour faire revenir les semelles en leur place, ce qui les use beaucoup plutôt.

Pour remédier à ces défauts, il y a des personnes qui font couler du plâtre dans des moules pris de leurs pieds avec de la terre glaise, & qui les font copier en bois par un Formier-Talonnier, pour les remettre à leur cordonnier; par ce moyen, quelque marche que l'on fasse, on n'est point obligé de changer ses souliers de pied; ils ne gênent & ne blessent jamais. Cet usage est établi chez les cordonniers pour les pieds défectueux. Pourquoi ne pas l'imiter pour ceux qui sont bien faits?

Les Formiers font aussi des *embouchoirs* qui sont des especes de formes brisées destinées à *emboucher* ou monter les bottes & bottines. Ces embouchoirs sont de deux sortes, les uns à pied & les autres sans pied. Ceux-ci sont les plus ordinaires, & ceux dont les cordonniers se servent le plus souvent. Les uns & les autres sont composés de deux pieces de bois qui forment ensemble la figure d'une jambe jusqu'au dessous du genou; tous les deux sont garnis d'une feuillure pour conduire la clef; mais l'un porte le derriere du genou, le mollet & le talon; & l'autre le genou, le devant de la jambe, le coudepied, & quelquefois le pied entier. On se sert aussi, mais fort rarement, d'autres embouchoirs, qui, au lieu d'être coupés comme les précédents, le sont en sens contraire, & sont composés de deux demi-formes. Les embouchoirs pour monter les bottines, ou les petites bottes en brodequin, ne different des premiers qu'en ce qu'ils sont coupés vers le milieu, & ne vont que jusques vers la moitié de la jambe.

Ils font encore des *bouisses*, especes de sebilles de toutes grandeurs, & de même bois que les formes, qui sont garnies d'un manche, creusées en forme de calote ovale, & qui servent aux cordonniers à *emboutir*, ou donner une forme creuse au cuir des semelles.

Les Formiers ne composent point à Paris un corps de communauté : ce sont des artisans sans qualité qui s'occupent de cette espece de métier pour gagner leur vie. Il est vrai que les maîtres cordonniers ont seuls essentiellement le droit de faire & de vendre des formes ; & en effet il y a quelques pauvres maîtres qui en font, & qui vivent de ce négoce : il n'a pas néanmoins jusqu'ici été possible aux jurés de revendiquer entiérement cette partie de leur métier.

Les Formiers fabriquent aussi des talons ; mais rarement ils font l'un & l'autre commerce. Les faiseurs de talons, qui sont ordinairement de pauvres maîtres cordonniers, s'appellent *talonniers*. Ils se servent pour cette fabrique du même bois & des mêmes outils que pour faire les formes.

FORT. On donne ce nom, à Paris, à un homme vigoureux & robuste, dont la profession consiste à remuer ou porter de pesants fardeaux dans la douane & dans les halles & marchés.

Les Forts se tiennent ordinairement à Paris à la douane, à la halle aux draps, à la halle aux toiles, aux ports S. Paul & S. Nicolas ; ceux de la douane dépendent des Fermiers Généraux ; ceux de la halle aux draps sont préposés par les Maîtres & Gardes Drapiers & Merciers ; ceux de la halle aux toiles sont établis par les Officiers de cette halle, & ceux des ports sont autorisés par le Prévôt des Marchands & les Echevins.

Le nombre des Forts est fixé dans chacun de ces endroits, & il n'est pas permis à d'autres personnes de la ville d'y venir travailler à leur préjudice.

FOSSOYEUR. Dans l'ancienne église on donnoit le nom de *fossaires* à des clercs dont l'emploi étoit, comme l'est à présent celui des Fossoyeurs, de faire des fosses pour enterrer les morts.

Les ecclésiastiques des premiers siecles, qui, à l'exemple de Tobie, s'étoient destinés à l'inhumation de leurs freres, ont substitué peu à peu pour cette fonction des personnes mercenaires qui les remplacent.

FOUASSIER. En Provence, & dans quelques autres provinces, on donne ce nom à ceux qui font & vendent des *fouasses ou fougasses*, qui sont des pains cuits sous les cendres, ou bien des gâteaux ou galettes tels que les villageois en cuisent dans leurs fours lorsqu'ils font du pain.

FOULEUR DE DRAPS, ou MAITRE FOULON. Le Fouleur de draps, qu'on appelle auſſi *Foulon*, eſt l'ouvrier qui prépare les étoffes de laine, en les faiſant fouler au moulin : on le nomme auſſi quelquefois *Foulonnier* ou *Moulinier*.

Avant que les Romains euſſent l'uſage du linge, ils jugeoient d'une ſi grande importance le métier de laver, nettoyer, & mettre les draps en état de ſervir, qu'ils avoient fait des loix pour preſcrire la maniere dont les Foulonniers devoient exécuter leur ouvrage. Pline dit, dans le ſeizieme chapitre du ſeptieme livre de ſon hiſtoire naturelle, que *Nicias*, fils d'*Hermius*, fut le premier inventeur du métier de Foulon ; & le ſieur *Wheler* aſſure, dans ſon voyage de Dalmatie, qu'il paroît par une inſcription que ce même *Nicias* gouvernoit en Grece du temps des Romains. D'autres prétendent que cet art fut découvert longtemps auparavant en Aſie & dans l'Egypte, & qu'il n'a été connu en Europe que depuis la guerre de Troie. Dès qu'il eſt certain que les moulins à foulon n'étoient pas connus de l'antiquité, l'opération du foulage devoit être bien imparfaite & bien pénible ; on peut en juger par la maniere dont les habitants de l'Iſlande foulent leurs draps ; car cette maniere eſt probablement la même à-peu-près dont les anciens ſe ſervoient. Après avoir arroſé leurs draps d'urine chaude, les Iſlandois les roulent, les jettent par terre, les pêtriſſent avec les pieds pendant toute une journée : le foulage de leurs gants & de leurs bonnets ne differe qu'en ce qu'il eſt fait avec les mains. Quelque robuſte & quelque habile que ſoit un Fouleur, il travaille beaucoup lorſque dans ſa journée il a foulé une camiſole ou trois paires de bas.

Comme le foulage donne plus de conſiſtance aux draperies, & que, par les coups redoublés qu'elles reçoivent, elles deviennent plus fermes & plus unies, c'eſt de la maniere dont on les foule que dépend leur bonté.

La foule des draps & autres étoffes de laine ſe fait dans des moulins à eau, que, de leur uſage, on nomme *moulins à foulon*. Ces moulins, à la réſerve des meules & de la trémie, ſont ſemblables à ceux qui ſervent à la mouture des grains : *voyez* MEUNIER.

Les principales parties d'un moulin à foulon ſont la roue avec ſes pignons, ou lanterne, l'arbre avec ſes dents de rencontre, les pilons ou maillets, & les piles, qu'on nomme autrement *pots*, & quelquefois simplement *vaisseau à fouler*. Ces piles sont des especes d'augets où l'on met l'étoffe que l'on veut fouler.

C'est la roue qui donne le mouvement à l'arbre; & c'est l'arbre qui, par le moyen de ses dents, le communique aux pilons qu'il fait hausser & baisser alternativement, suivant que quelqu'une des dents rencontre ou quitte le mentonnet qui est au milieu de chaque pilon.

Les pilons & les piles sont de bois. Chaque pile a deux pilons au moins, assez souvent trois. Le nombre des piles n'est pas réglé, les moulins en ayant plus ou moins, suivant la volonté du Foulon, ou la force du courant d'eau qui fait mouvoir la roue.

C'est dans les piles que l'on met les draps qu'on veut fouler; & les pilons, en tombant dessus, les foulent, c'est-à-dire les frappent & les battent fortement, ce qui les rend plus forts & plus serrés.

La grosseur des pilons ou maillets doit être proportionnée à l'espece de l'étoffe ou du drap que l'on veut fouler, & relative à la force de l'eau qui les fait mouvoir. Le bout des maillets qui frappent sur l'étoffe est dentelé ou évidé en espece de crans, de maniere qu'en frappant ils retournent peu à peu l'étoffe dans les piles, & ne battent jamais deux fois de suite sur le même endroit des pieces. Les piles doivent être assez grandes pour contenir les étoffes à fouler; si elles étoient trop petites, l'étoffe seroit déchirée par le frottement.

On doit sortir les draps des piles au moins quatre ou cinq fois pendant qu'ils foulent, pour les tirer par les lisieres, 1°. afin d'empêcher qu'il ne s'y fasse des faux plis qui, étant consolidés par l'effet de la foule, ne pourroient plus être effacés; 2°. afin de disposer les draps dans les piles de façon à les faire fouler sur la longueur, proportionnément à la largeur des toiles, & leur faire acquérir l'exacte feutration à laquelle on ne peut parvenir qu'en faisant rapprocher les parties dans une proportion mesurée tant sur la longueur que sur la largeur, & sans laquelle on ne peut avoir des draps parfaits.

On doit, pour ce qui concerne la maniere de parvenir à cette exacte feutration, être autant en garde contre la négligence & l'ignorance des Foulonniers que contre la cupidité de certains fabricants qui préferent ordinairement quelques aunes de longueur de plus par piece, au foulage parfait dont on vient de parler. C'eſt ſans doute par cette conſidération que les longueurs des pieces ont été fixées par pluſieurs réglements.

La foule ſe fait avec de l'eau chaude où l'on a fait diſſoudre du ſavon.

La plupart des Foulons ſe ſervent d'abord d'urine, enſuite de terre graſſe qu'on nomme *terre à foulon*, & en dernier lieu de ſavon que l'on a fait diſſoudre dans l'eau chaude; mais le meilleur ſeroit de ſe ſervir uniquement de ſavon.

On fait uſage de l'urine le moins qu'il eſt poſſible, parceque la portion âcre qui ſe trouve dans cette liqueur, quoique mêlée de parties ſavonneuſes, durcit la laine des draps. Il y a cependant des circonſtances où il eſt très à propos de s'en ſervir; telles ſont celles des ſaiſons où les huiles fermentent; car dans ce dernier cas la terre à foulon ſeule n'a pas aſſez de force ou d'activité pour les faire parfaitement ſortir des draps. On a remarqué que, vers les mois de Février & de Mars, temps auquel les oliviers entrent dans leur ſeve, & dans les mois de Juillet & Août, lorſque les chaleurs ſont fortes & que les huiles fermentent, elles tiennent beaucoup plus fortement dans les draps: alors on doit ſe ſervir d'urine ſi la terre ou le ſavon ne nettoient pas parfaitement les toiles des draps.

Un drap de couleur, de quarante-cinq aunes ou environ, doit être mis, en la maniere ordinaire, dans les pots ou piles des moulins à fouler, ſans le faire auparavant tremper dans l'eau, comme on a coutume de faire en pluſieurs endroits.

Pour fouler cette *pilée* de drap il faut quinze livres de ſavon, dont d'abord on n'en doit faire fondre que huit livres dans deux ſeaux d'eau bien chaude, en ſorte pourtant qu'on y puiſſe ſouffrir la main; puis la jetter peu à peu ſur le drap en le mettant dans la pile, & le faire ainſi fouler pendant deux heures; après quoi il faut l'en tirer pour le *liſer*, c'eſt-à-dire le tirer par les liſieres ſur ſa largeur afin de le bien étendre.

Il faut auſſi-tôt après remettre ce drap dans la même pile, ſans pourtant y mettre de nouveau ſavon, & l'y laiſſer encore fouler deux heures; après quoi il le faut retirer pour le faire bien tordre à la cheville, afin d'en exprimer &

faire ſortir toute la graiſſe & l'ordure qui pourroit être dedans.

Après cette ſeconde foule, il faut faire fondre les ſept livres de ſavon qui reſtent, dans deux ſeaux d'eau chaude, ainſi qu'il a déja été dit, que l'on jettera à quatre différentes fois ſur le drap, & peu à peu, en obſervant de le retirer de la pile de deux en deux heures pour le liſer de nouveau ; & quand on s'appercevra que le drap ſera ſuffiſamment foulé, & qu'il aura acquis aſſez de force ſuivant ſa qualité, il le faudra faire dégorger tout-à-fait à l'eau chaude, en le laiſſant dans la pile juſqu'à ce qu'il ſoit entiérement net.

A l'égard des draps blancs, comme ils foulent plus facilement & en moins de temps que ceux de couleur, il faudra retrancher un tiers de la doſe du ſavon.

La foule des autres étoffes de laine qui ſe fait au ſavon, ſe pratique à proportion comme celle des draps.

La façon de préparer les draps & autres étoffes au *dégrais* & au *foulage*, peut être perfectionnée, ainſi qu'il eſt dit dans un nouveau mémoire ſur les manufactures de draps, ſi les moulins à foulons ſont ſitués ſur des rivieres abondantes ou dans des endroits dans leſquels on puiſſe ménager des *trempoirs*, pour y mettre tremper les draps en toile pendant 5, 6, 7 ou 8 jours.

La dépenſe pour établir des trempoirs à la portée des foulons eſt très médiocre, ſi l'eau & le local le permettent. Il ne s'agit que d'enceindre de pieux dans la riviere un eſpace de dix toiſes de longueur, ſur deux ou trois de largeur ; & de nettoyer exactement le fond de ce canal pour en ôter la vaſe, les pierres & les racines des arbres, afin que ce fond ſoit aſſez uni pour que les draps ne puiſſent être accrochés ni déchirés. On met les pieces de draps dans ces trempoirs, on les y aſſujettit bien, & on les y laiſſe pluſieurs jours. Il réſulte de cette opération deux avantages inconteſtables ; le premier qu'une partie de la graiſſe, de la colle & autres ſaletés les plus groſſieres eſt emportée par l'eau courante qui paſſe continuellement ſur les toiles ; & le ſecond, que la laine de la chaîne & celle de la trame étant mouillées, s'ouvrent, deviennent plus mollettes & conſéquemment mieux diſpoſées à être nettoyées & feutrées, ce qui forme les deux points eſſentiels pour la perfection de la draperie. De plus il faut un ſixieme de temps de moins pour les fouler, en ſorte que chaque pile du moulin peut fournir une ſixieme partie d'ouvrage de plus, & produire au propriétaire des moulins à-peu-près une augmentation d'une ſixieme partie du revenu ordinaire. On voit avec regret que cette méthode, ſuivie en pluſieurs grandes & belles manufactures du royaume, n'eſt point établie dans d'autres où elle pourroit l'être très facilement. L'invention de cette méthode eſt due au ſieur *Colinet*, qui, ayant entrepris une manufacture de ſavon dans Paris, fit imprimer un mémoire très curieux où il enſeignoit la véritable maniere de bien faire la foule des draps avec le ſavon. M. le Marquis *de Louvois*, qui étoit pour lors Surintendant des arts & manufactures de France, ordonna que dans les manufactures françoiſes de draperies les plus conſidérables, on fît des expériences relatives à cette méthode, qui réuſſirent très bien.

On ajoute avec ſuccès à cette façon de préparer les draps, celle de les entaſſer les uns ſur les autres après qu'ils ont trempé pendant un temps ſuffiſant, & qu'ils ſe ſont égouttés, & de les tenir exactement couverts pendant 5, 6, 7 ou 8 jours, avec une groſſe couverture de laine, juſqu'à ce qu'ils ſoient échauffés, non pas à la vérité au point de brûler ni de noircir, mais au point de les trouver effectivement chauds lorſqu'on y met la main.

Cette préparation n'eſt ſuſceptible d'aucun inconvénient, excepté pour les draps fabriqués en couleurs mêlangées, dont les nuances foibles, tendres, ou de fauſſe teinture, pourroient être endommagées par la chaleur dont on vient de parler; elle ſe peut pratiquer ſurement ſur les couleurs ſolides & ſur les laines en blanc, ainſi qu'on le fait à la manufacture des Gobelins: cette opération ouvre de plus en plus les laines, prépare les toiles des draps à être mieux dégraiſſées, & elle les rend très diſpoſées à être parfaitement feutrées & liées par la foule.

L'effet des fouleries eſt donc double; c'eſt 1°. de dégraiſſer l'étoffe à fond, & 2°. de la feutrer plus ou moins. On y bat à la *terre* & à *ſec*. On y bat l'étoffe enduite de terre glaiſe qui eſt propre à ſaiſir tous les ſucs onctueux, & on aide à ce travail par un robinet d'eau. L'étoffe ſe dégorge par ce moyen à diverſes repriſes, de ſa terre, de ſes taches, de ſon huile, des impuretés de ſa teinture, & de la colle de parchemin bouilli dont les fils de la chaîne ont été enduits pour être plus glissants à la fabrique. Après ce premier dégorgement, dont certaines étamines délicates n'ont pas besoin, les autres sont plus ou moins *foulées à sec*, & drapées à la *légere*, ou *foulées en fort*, c'est-à-dire fortement, suivant l'intention qu'on a de les tenir plus rases ou plus enflées. Les pilons par leurs chocs insinuent fortement les poils de la trame dans ceux de la chaîne, & arrêtent mieux dans l'intérieur de l'étoffe ceux qui, ayant un de leurs bouts par dehors, serviroient à la velouter. C'est l'opération de la foulerie qui donne proprement aux draperies la consistance, les coups de maillet produisant sur l'étoffe l'effet d'ajouter le mérite du feutre à la régularité du tissu.

Il y a à Paris une communauté de maîtres Foulons & Pareurs de draps, dont les premiers statuts sont du 18 Mai 1443, comme il paroît par lettres-patentes du roi Louis XII, du 24 Juin 1467, où ils sont rappellés, réformés & confirmés quant aux articles qui n'y ont point été changés.

Les maîtres Foulons n'ayant depuis ce temps-là obtenu aucunes lettres-patentes de confirmation des Rois successeurs de Louis XII, en obtinrent du roi Henri IV, en date du 22 Février 1606, par lesquelles lesdits statuts furent continués & confirmés malgré le laps de temps, dont, en tant que de besoin seroit, Sa Majesté les a relevés.

Ces dernieres lettres-patentes, aussi-bien que celles de Louis XII, furent enregistrées le 22 Juin suivant au neuvieme registre des bannieres du Châtelet.

Suivant ces statuts la communauté est conduite & gouvernée par quatre Jurés & Gardes, dont deux sont élus chaque année; & il est permis à chaque maître de tenir deux apprentifs obligés pour trois ans, sauf à eux, s'ils le veulent, d'en prendre encore un dans la derniere année de l'apprentissage des deux autres. Il n'y a aujourd'hui à Paris qu'environ vingt maîtres de cette communauté.

Il y a encore des Foulonniers différents de ceux dont on vient de parler, qu'on nomme *Foulons* ou *Reniqueurs*, dont le métier est de fouler aux pieds les petites étoffes fines, soit pour les dégorger de l'empois ou colle qu'on y a mis en les fabriquant, soit aussi pour les dégorger de la teinture. Les manufactures d'Amiens se servent particuliérement de cette espece de Foulonnier.

On nomme aussi *Foulons* & *Fouleurs*, en terme de machand bonnetier, ceux qui foulent & apprêtent les bas, les bonnets, &c. Pour être reçus en cette qualité, il faut qu'ils donnent des preuves de leur capacité en présence des maîtres & gardes du corps de la bonneterie.

Après avoir dégraissé les ouvrages faits au métier, ces ouvriers sont obligés de leur donner au moins deux eaux vives, & ne peuvent point se servir de *pommelle*, qui est un instrument propre à tirer des ouvrages de bonneterie en les foulant & apprêtant, ni de cardes de fer, conformément à l'article XVIII du réglement pour les bas au métier du 30 Mars 1700, pour apprêter, appareiller & draper ces sortes d'ouvrages, parceque le chardon est la seule chose qui convienne pour donner ces sortes d'apprêts, en observant cependant de ne pas se servir de chardon pour les bas d'estame.

FOULON (Maître). *Voyez* FOULEUR.

FOULONNIER. *Voyez* FOULEUR.

FOURBISSEUR. Le Fourbisseur est celui qui fourbit les épées, qui les monte & qui les vend.

Quoiqu'il ne soit pas possible de déterminer exactement l'origine de cet art, il doit être aussi ancien que la férocité des animaux qui nécessitoit les hommes à se défendre contre eux; aussi ancien que l'intérêt & l'ambition des nations qui chercherent à s'agrandir ou à faire des esclaves. En parlant des héros de l'antiquité la plus reculée, les historiens sacrés & profanes s'accordent sur la beauté & le poli de leurs armes.

L'art du Fourbisseur se divise en deux parties; il ne doit pas moins connoître les différents métaux & la maniere de les travailler, que celle d'en fabriquer tous les ouvrages qui sont de sa profession.

Les métaux que les Fourbisseurs emploient le plus communément, sont l'acier, le fer, le cuivre, l'argent & l'or. L'acier pur est quelquefois employé tout seul à faire des lames; quelquefois il est mêlé avec le fer; on nomme ce mélange *étoffe*. Les autres métaux sont réservés pour les gardes qui en sont faites en entier, ou dans lesquelles ils sont seulement incrustés, ou qui quelquefois sont enrichies de brillants & autres pierres précieuses.

Ce que les Fourbisseurs nomment *étoffe* se fait de deux manieres. La premiere consiste à mêler autant d'acier que de fer, en les corroyant tous les deux ensemble à différeutes reprises; mais comme la qualité des métaux n'est pas toujours la même, la quantité de l'un ou de l'autre varie relativement à la roideur qu'ils veulent donner aux lames. Un acier trop roide a besoin d'un peu plus de fer doux pour l'amollir, lui donner du liant & l'empêcher de casser; un fer trop mou & filandreux a besoin à son tour d'un peu plus d'acier pour lui donner du corps. La seconde maniere de faire cet alliage consiste à donner à la lame de fer la forme qu'elle doit avoir à-peu-près, à y faire ensuite une entaille propre à recevoir le tiers ou la moitié d'une lame d'acier, & à l'y insinuer à froid, pendant que le fer est encore chaud. En corroyant le tout ensemble d'un bout à l'autre, le taillant de la lame se trouve en acier, & le dos en fer; ce qui lui donne tout le corps & la fermeté dont elle a besoin.

Dans les endroits où l'on fabrique les lames d'épées, on se sert pour les fourbir d'une machine que fait mouvoir un courant d'eau. Cette machine, qui est des plus simples, est composée d'une quantité de meules de pierre & de bois. Les premieres servent à aiguiser les lames, & les secondes à les polir. Les unes & les autres sont mues par plusieurs petites poulies, ou petites roues dont le mouvement commun vient d'une grande roue de charpente qui est mue à son tour par une seconde roue placée en dehors & garnie d'*aubes* ou petites planches attachées aux coyaux sur la jante de la roue que le courant d'une riviere fait mouvoir. Lorsqu'on veut arrêter ce courant d'eau, on se sert d'une vanne qu'on leve au moyen d'une bascule.

Les meules de pierre propres à aiguiser les lames ont cinq à six pouces d'épaisseur, & depuis quatre jusqu'à cinq pieds de diametre. Celles qui sont en bois ont quatre pouces d'épaisseur au milieu, un pouce sur les bords, & depuis dix-huit pouces jusqu'à deux pieds & demi de diametre.

L'épée est composée d'une lame, d'une garde, d'une poignée & d'un pommeau, à quoi l'on peut ajouter la tranche de la garde, le fourreau, le crochet & le bout.

La *lame* est un morceau d'acier qui a deux tranchans, deux plats, une pointe, & la soie.

Le tranchant (en terme d'escrime le *vrai tranchant*) est la partie de la lame avec laquelle on se défend; c'est celui qui est du côté gauche de la lame quand on a l'épée placée dans la main.

L

Le *faux tranchant* eſt celui dont on fait rarement uſage, & qui eſt du côté droit de la lame.

Le tranchant ſe diviſe en trois parties qu'on appelle le talon, le foible & le fort.

Le *talon* eſt le tiers du tranchant le plus près de la garde.

Le *foible* eſt le tiers du tranchant qui fait l'extrémité de la lame.

Le *fort* eſt le tiers du tranchant qui eſt entre le foible & le talon.

Le *plat* eſt la partie de la lame qui eſt entre les deux tranchants.

La *pointe* eſt la partie de la lame avec laquelle on perce l'ennemi.

La *ſoie* eſt la partie de la lame qui enfile la garde, la poignée & le pommeau.

La *garde* eſt une eſpece de coquille qui garantit la main.

La *poignée* eſt la partie de l'épée avec laquelle on la tient.

Le *pommeau* eſt la partie à l'extrémité de laquelle on rive la ſoie, & où elle eſt attachée.

Il y a des maîtres Fourbiſſeurs qui ne s'appliquent qu'à la fabrique des fourreaux; d'autres qui ne font que des montures; & d'autres qui montent les épées, c'eſt-à-dire qui y mettent la garde & la poignée.

Le bois qui ſert à la monture des fourreaux ſe tire de Villers-côte-rez; on n'y emploie guere que du hêtre qu'on achete en feuilles de quatre pouces de large, & de deux ou trois lignes d'épaiſſeur, & qu'après avoir dreſſé avec des rapes, on coupe le long d'une regle avec un couteau pour les réduire & partager en une largeur convenable à la lame qui doit y être enfermée: ces feuilles de hêtre ſe vendent ordinairement au cent.

On n'emploie point d'autre moule pour faire ces fourreaux que la lame même de l'épée, ſur laquelle on place d'abord le bois qu'on couvre enſuite de toile, & enfin d'un cuir bien paſſé qu'on coud par-deſſus, après avoir collé le tout enſemble. On met un bout de métal à la pointe, & un crochet au haut.

Les Fourbiſſeurs de Paris ne forgent point les lames qu'ils montent; ils les tirent d'Allemagne, de Franche-Comté, de S. Etienne en Forez; ces dernieres ne ſervent que pour les troupes: celles d'Allemagne ſont les meilleures & les plus estimées ; celles de Franche-Comté tiennent le milieu ; elles se vendent toutes au cent, à la grosse, à la douzaine, ou à la piece.

Pour monter une épée on commence par limer la *soie* de la lame, afin de la proportionner au trou qui est pratiqué à la garde, à la poignée & au pommeau ; ensuite on enfile la soie dans les trous de ces trois parties, & on assujettit la poignée en mettant entre elle & la soie de petites éclisses de bois de hêtre.

Après ces opérations on fixe le pommeau sur la poignée, en rivant le bout de la soie sur le petit trou du pommeau. Il y a des épées quarrées, il y en a de plates, d'autres à trois quarres, de longues & de courtes.

On faisoit autrefois usage d'une espece d'épée nommée *espadon ;* c'étoit une large épée qu'on tenoit à deux mains, & qu'on tournoit si vîte qu'on en étoit toujours couvert.

Les épées, dans les premiers temps de la troisieme race de nos Rois, étoient larges, fortes, & d'une trempe convenable, pour ne point se casser sur les casques & sur les cuirasses : on a vu de ces épées qui pesoient jusqu'à cinq livres ; ce qui pourroit peut-être rendre moins incroyable, dit *Ducange*, les histoires de ces guerriers des Croisades qui d'un coup d'épée fendoient un homme en deux.

Les maîtres Fourbisseurs forment à Paris une communauté : ils sont qualifiés de maîtres *Jurés Fourbisseurs & Garnisseurs d'épées & bâtons au fait d'armes.* Leurs anciens statuts, confirmés par Henri II, furent renouvellés sous le regne de Charles IX : les lettres de confirmation & renouvellement du mois de Mars 1666 les qualifient des titres dont on vient de parler.

Les maîtres de cette communauté peuvent dorer, argenter, damasquiner, & ciseler les montures & garnitures d'épées & autres armes ; comme aussi y faire & mettre des fourreaux : ils sont aujourd'hui à Paris au nombre de deux cents quarante.

Les armes qu'ils ont droit de fourbir, monter, garnir & vendre, sont les épées, les lances, les dagues, les hallebardes, épieux, masses, pertuisanes, haches, enfin tous autres bâtons maniables à la main, servant audit fait d'armes.

Quatre Jurés, dont deux sont élus tous les ans, veillent à l'observation des réglements, & doivent faire les visites deux fois le mois. C'eſt aux Jurés qu'il appartient de donner le chef-d'œuvre à ceux qui aſpirent à la maîtriſe, & d'appeller quatre *bacheliers* de ceux qui ſont les derniers ſortis de jurande, pour juger ſi le chef-d'œuvre eſt recevable.

Nul n'eſt reçu au chef-d'œuvre qu'il n'ait fait apprentiſſage de cinq ans chez les maîtres de Paris; les apprentifs des autres villes y peuvent néanmoins être reçus en juſtifiant de trois années d'apprentiſſage, & en le continuant encore trois autres à Paris.

Aucune marchandiſe foraine ne peut être achetée par les maîtres qu'elle n'ait été viſitée des Jurés; & même après la viſite elle eſt ſujette au lotiſſage.

L'article XVIII du réglement général du 30 Décembre 1679 enjoint aux maîtres de cette communauté d'avoir leurs forges & fourneaux ſcellés en plâtre dans leurs boutiques & ſur rue, & leur défend de fondre ailleurs & en d'autres temps qu'aux heures portées par les ordonnances.

L'arrêt de la Cour des Monnoies du 10 Février 1676 leur défend de ſe ſervir d'aucun modele d'argent qui ne ſoit au titre; & celui du 10 Décembre 1681 leur enjoint d'avoir un poinçon qu'ils ſont obligés de faire inſculper ſur la table de cuivre qui eſt au Greffe de cette Cour. Par l'article XIII des lettres-patentes du 3 Septembre 1710, il eſt enjoint aux veuves de rapporter leur poinçon au bureau de la communauté, pour y être rompu; ſauf à elles à faire marquer leurs ouvrages dûment eſſayés par tel maître qu'elles voudront choiſir.

FOURNALISTE. Le Fournaliſte eſt l'artiſan qui fait les fourneaux de terre qui ſervent aux hôtels des Monnoies pour les affinages & fonte des métaux, aux diſtillations, enfin à tous les ouvrages d'orfévrerie, de fonderie & d'opérations de chymie.

Les fourneaux qui ſe fabriquent à Paris ſe font avec de la terre glaiſe ou argille bleue, & des teſſons de poterie de grès réduits en poudre groſſiere à-peu-près comme du ciment; c'eſt ce mêlange que les Fournaliſtes appellent *terre à creuſet*.

Quelques perſonnes ajoutent dans cette compoſition du mâche-fer : mais cette matiere ne vaut rien; elle augmente conſidérablement la fuſibilité de la terre; & elle rend les fourneaux d'un moins bon ſervice. Il eſt même défend aux Fournaliſtes de s'en ſervir à cet uſage, par l'article 1 de leurs ſtatuts.

Lorſque le Fournaliſte a préparé ſon ciment de poteri de grès, il le mêle avec une ou deux parties d'argille bleu des environs de Paris, & il en ſépare avec grand ſoin le pyrites qui s'y trouvent, & que les Fournaliſtes nommen *féramine*.

On pêtrit ce mêlange avec les pieds le plus uniformé ment qu'il eſt poſſible, en ajoutant de l'eau juſqu'à ce qu'i ait une conſiſtance mollette & qu'il puiſſe ſe pêtrir avec l mains ſans y adhérer. C'eſt avec cette pâte qu'on fabriqu les fourneaux.

On prend une motte de cette terre ainſi mêlangée, o la poſe ſur une pierre plate, ſaupoudrée d'un peu de ſabl ou de cendre tamiſée; on applatit cette terre pour lu donner une épaiſſeur convenable, & on l'étend de la lar geur qu'on veut donner au fourneau; enſuite on l'arrond au compas, ou bien on lui donne une forme quarrée l'équerre: cette partie eſt deſtinée à former le fond d fourneau.

Alors on prend une ſeconde motte de terre; on la pêtr avec les mains & on en forme un rouleau un peu long. O applique ce rouleau ſur la piece qui doit ſervir de fond a fourneau, & on la ſoude tout autour, en appuyant ave les pouces & les doigts index des deux mains; on contin d'appliquer ainſi de ſuite des rouleaux de terre juſqu'à que le fourneau ait la hauteur qu'on deſire. Après cela o ratiſſe avec le bout des doigts l'intérieur & l'extérieur d fourneau, afin d'unir & de lier intimement ces différen rouleaux qui ont été appliqués les uns ſur les autres.

Lorſque le fourneau qu'on fabrique doit avoir pluſieu pieces, on en ſaupoudre les bords de ſable ou de cendr afin que la piece que l'on va fabriquer deſſus n'y adhe point; on continue enſuite d'y appliquer des rouleaux terre, comme nous venons de le dire, & on rétrecit ou élargit le fourneau à meſure & ſuivant que cela eſt néc ſaire. On arrange pareillement la terre avec le bout d doigts pour unir ces nouveaux rouleaux.

Quand le fourneau eſt dans cet état, on le laiſſe ſéch à demi dans un endroit à l'abri du feu & du ſoleil, af u'il ne se fende point. Lorsque la plus grande humidité st dissipée, on le bat avec une palette de bois pour le orroyer, c'est-à-dire pour entasser la terre & la rendre plus ompacte.

Le Fournaliste doit savoir prendre le fourneau dans le egré de siccité convenable pour le corroyer ainsi ; lorsqu'il est trop mou les coups de palette le déforment, & orsqu'il est trop sec ils le font fendre.

Quand le fourneau a été suffisamment battu, on le polit vec une palette de bois, unie & propre. On perce alors les rous, & on coupe avec un couteau les endroits où doivent re les portes. Le morceau qu'on a coupé pour faire la orte est saupoudré de cendre ou de sable, & on le refourre ans son trou après y avoir soudé une poignée de la même erre. On laisse sécher ce fourneau à l'ombre presque entérement ; & ensuite on acheve de le faire sécher au soleil, u avec un peu de feu qu'on met dedans.

Lorsqu'il est entiérement sec, on le fait cuire dans un our semblable à celui de carreleur.

Lorsqu'on fait cuire les fourneaux, on a soin de les disoser de maniere qu'ils ne portent que sur trois points ; arcequ'en cuisant, la terre dont ils sont composés prend de retraite, & que portant sur peu de surface, les parties retirent sur elles-mêmes sans se fendre.

Pour les *creusets*, on se sert de moules de bois plus ou oins grands suivant l'ouvrage, & qui doivent avoir la gure de l'ouvrage même. Ces moules se tiennent par une ueue ou manche aussi de bois ; & après qu'on les a saupudrés d'un peu de sable, on les couvre d'une quantité nvenable de terre bien corroyée, qu'on arrondit ensuite ut autour, & qu'on applatit par dessous avec la palette. n fait cuire les creusets dans le même four que les fouraux.

Les outils pour la fabrique des ouvrages du Fournaliste nt en petit nombre. Un maillet, ou masse de bois à long anche, dont la tête est armée de clous, sert à battre le ment ; & un petit rabot aussi de bois, ou, plus simplement ; une palette faite d'une douve, sert à le corroyer & mêler avec la terre glaise.

Les qualités essentielles d'un bon creuset sont de résister plus grand feu sans se casser & sans se fendre ; il ne doit n fournir aux matieres que l'on traite dedans, & enfin il ne doit pas être pénétré par ces matieres & les laisser échapper à travers ses pores, ou à travers les trous qu'elles pratiquent dans les parois & dans le fond du creuset.

La matiere la plus propre à former des creusets qui réunissent dans le plus grand nombre de cas les trois conditions que nous venons d'assigner, est une excellente terre glaise purifiée de toute terre calcaire, & mêlée d'un peu de sable. Cette matiere, étant bien préparée & cuite avec soin, prend une dureté considérable, & ses parties se lient par une sorte de demi-vitrification. La terre cuite réduite en poudre, celle des fragments des vieux creusets, par exemple, mêlée avec de bonne argille, fournit un mélange très propre à donner de bons creusets.

Le grand défaut des creusets ordinaires est d'être susceptibles de se laisser entamer, pénétrer & percer par certaines substances, entre lesquelles le salpêtre, l'alkali fixe, le verre de plomb, sont les plus connues; en sorte que tenir long-temps ces substances en fonte dans un creuset, c'est lui faire subir l'épreuve la plus propre à bien faire juger de sa bonté. C'est pourquoi cet état demanderoit beaucoup plus de connoissance d'histoire naturelle, de physique & de chymie, que ces ouvriers n'en ont communément.

Les petits pots de grès dans lesquels on apporte à Paris le beurre de Bretagne, & les creusets d'Allemagne à trois cornes, ont été reconnus pour être les meilleurs de tous les creusets. Ils contiennent le verre de plomb en fonte pendant un peu de temps sans le laisser échapper à travers leurs pores.

Les Fournalistes ne sont point du corps des potiers de terre; ils forment à Paris une très petite communauté qui a été créée en corps de maîtrise & jurande, & soumise à la jurisdiction de la Cour des Monnoies par édit du mois d'Avril 1701. En exécution de cet édit, la Cour des Monnoies fit, le 31 Mars suivant, des statuts par lesquels le nombre des maîtres est fixé à dix, & celui des jurés à deux, qui doivent être élus au Parquet en présence du Procureur Général de la Cour. Ces jurés doivent faire les visites à jours & heures non prévus, & peuvent requérir, lorsqu'ils le jugent à propos, l'assistance des huissiers de la Cour.

L'apprentissage est de cinq ans, & le service chez les

maîtres après l'apprentissage est de trois autres années. Les brevets doivent être enregistrés au Greffe de la Cour des Monnoies, & sur le registre de la communauté. Les apprentifs, compagnons, fils de maîtres, ne peuvent aller travailler chez les potiers de terre, ou chez d'autres maîtres que ceux de leur communauté. Les maîtres doivent avoir deux marques insculpées sur une table de cuivre au Greffe de la Cour des Monnoies, pour en marquer leurs ouvrages. Les maîtres ou les veuves ne peuvent affermer leur privilege à peine de déchéance & de deux cents livres d'amende.

Il est défendu aux maîtres de vendre des fourneaux & des creusets propres aux fontes des métaux & aux distillations, qu'à des personnes qui ont le droit de faire ces sortes d'ouvrages, ou avec permission obtenue par écrit des Magistrats de la Cour des Monnoies : mais cette formalité ne s'observe pas.

Outre les fourneaux de toute espece, les maîtres Fournalistes ont seuls le droit, à l'exclusion des potiers de terre, de faire toutes sortes de creusets, moufles, aludelles, chapes, contre-cœurs, cheminaux, alambics, coupelles, lingotieres, capsules, cornues, & autres ustensiles servant pour l'usage des orfevres, fondeurs, apothicaires, distillateurs, chymistes, & autres personnes qui ont droit de s'en servir.

Ces statuts ont été confirmés par lettres-patentes du mois d'Août 1701, registrées à la Cour des Monnoies le 13 du même mois.

FOURNIER. C'est celui qui prépare quelque matiere que ce soit dans un four, ou dans un fourneau. Ce nom signifie *boulanger* dans beaucoup de provinces, & quelquefois le fermier d'un seigneur, qui seul a le droit de faire cuire le pain des particuliers, qui sont obligés de venir au four bannal.

FOURRELIER. Les marchands gaîniers prennent ce nom dans leurs statuts, à cause de la faculté qu'ils ont de fourrer & garnir une partie de leurs ouvrages de *reveche*, ou étoffe de laine grossiere non croisée, peu serrée, & dont le poil est fort long ; & parcequ'ils sont du nombre de ceux qui peuvent faire des fourreaux de pistolets : *voyez* GAINIER.

FOURREUR : *voyez* PELLETIER.

FRANGIER : *voyez* RUBANNIER.

FRERES CORDONNIERS : *voyez* CORDONNIER.

FRERES TAILLEURS : *voyez* TAILLEUR.

FRIPPIER. Le Frippier est le marchand & ouvrier qui fait profession d'acheter, vendre & raccommoder de vieux meubles & de vieux habits.

La communauté des Frippiers de la ville de Paris n'a point de statuts plus anciens que ceux qui lui furent dressés sous le regne de François I, & approuvés par lettres-patentes de ce Prince du mois de Juin 1544.

Henri II au mois d'Avril 1556, Charles IX en Mai 1561, & Louis XIII en Septembre 1618, leur accorderent aussi des lettres-patentes portant confirmation de leurs premiers statuts.

Enfin, en 1664, sous le regne de Louis XIV, ces statuts furent réformés en plusieurs articles, & confirmés en ce qui n'avoit pas eu besoin de correction. Le vu de ces derniers statuts expédié par le Lieutenant Civil & le Procureur du Roi, en conséquence de l'arrêt du Conseil du 8 Juillet 1664, est du 24 Août de cette même année, & l'enregistrement des lettres-patentes en Parlement est du 9 Février 1665.

Les apprentifs doivent être obligés pour trois ans, & doivent encore servir les maîtres trois autres années après leur apprentissage : au bout des six années ils peuvent être reçus à la maîtrise, mais seulement après avoir fait le chef-d'œuvre, & avoir payé les droits.

Il est permis aux maîtres marchands Frippiers de vendre & acheter, troquer & échanger toutes sortes de meubles, hardes, linges, tapisseries, étoffes, dentelles, galons, passements, manchons, fourrures, ouvrages de pelleterie, chapeaux, ceintures, épées, éperons, baudriers, cuivre, étain, fer, vieilles plumes en balle, ouvrages neufs & vieux de menuiserie, & toutes autres sortes de marchandises vieilles & neuves, & non revendiquées. Mais il leur est défendu d'acheter en temps de contagion les meubles ou hardes des malades, que la Justice n'en ait ordonné. *La Marre, Traité de la Police, tome I, page 627.*

Chaque maître doit tenir bon & fidele registre de toutes les hardes tant vieilles que neuves qu'il achete, avec le nom de celui de qui il les a achetées ; il doit même prendre des répondants en certains cas ; le tout afin que pour les vieilles hardes on puisse être sûr qu'elles n'ont point été volées, & pour les meubles, habits neufs, & ouvrages de menuiserie pareillement neufs, il puisse apparoître qu'il ne les a pas faits lui-même, ou fait faire par des ouvriers à lui, mais qu'il les a achetés des marchands tapissiers, maîtres tailleurs & menuisiers, à qui seuls il appartient de travailler en neuf de ces sortes d'ouvrages & marchandises.

Les Frippiers peuvent toutefois faire eux-mêmes, ou faire faire par leurs apprentifs, compagnons ou autres, toutes sortes d'habits neufs d'étoffe de laine, poil & soie, pour hommes, pour femmes & petits enfants, sans mesure certaine, pourvu que lesdits habits ne passent pas le prix de dix livres chacun.

Ils ont pareillement permission d'acheter des marchands merciers & drapiers toutes sortes de coupons de serges, draps, passements, dentelles, galons, &c. & de les vendre, pourvu que ces restes achetés ou vendus n'excedent pas cinq aunes chacun.

Les maîtres Frippiers sont actuellement à Paris au nombre de plus de sept cents.

Le nombre des Frippiers privilégiés est fixé à quatre; & quoiqu'ils aient des lettres-patentes du Prince, ils sont sujets à la visite des Jurés de la communauté, lorsque le Roi est absent de la ville de Paris.

La fripperie paie pour les droits de sortie des vieux habits & manteaux trois livres dix sols du cent pesant.

FRISURE DES ÉTOFFES DE LAINE (Art de la). Friser ou ratiner une étoffe, c'est y former avec le poil plusieurs petits boutons très drus, en sorte qu'on a peine à appercevoir le fond de l'étoffe; ce qu'on appelle en terme de l'art *peupler une étoffe de boutons*.

Il y a des étoffes qu'on frise à l'envers, comme les draps noirs; d'autres à l'endroit, comme les draps de couleur, les ratines, les frises, les reveches, &c.

L'opération de friser ou ratiner quelque étoffe de laine, comme l'envers des draps noirs, les ratines, peluches, &c. consiste à rouler les uns sur les autres les poils qui sont au-dessus de l'étoffe, & qu'on laisse exprès un peu plus longs qu'à l'ordinaire, afin que ces petits filaments réunis par petits paquets, & roulés les uns sur les autres, forment autant de petits boutons.

Cette manœuvre se fait par le moyen d'une machine très ingénieuse, qui est un moulin appellé *machine à friser*, qu'un courant d'eau ou des chevaux font mouvoir; deux ouvriers pourroient aussi friser à bras en conduisant l'instrument à friser ; mais on préfere l'usage du moulin comme ayant un mouvement plus uniforme, mieux réglé, & propre à rendre plus égaux les boutons de la frisure.

Pour cet effet on commence par *coucher l'étoffe*, c'est-à-dire la plier en zigzag sur une forte table rembourrée de *nopes*, ou laines courtes que les tondeurs levent de dessus les draps. Cette table a par dessous un *faudet*, espece de cage dans laquelle on arrange l'étoffe à mesure qu'elle passe sur la table, afin qu'elle ne se salisse pas.

Lorsque toute l'étoffe est rangée ou pliée en zigzag, & qu'il n'en reste plus que le dernier bout sur la table, on y enlace un morceau de drap blanc avec deux broches de fil de fer. On ôte ensuite les bâtons qui servent d'appui au *frisoir*, qui est une table de même longueur & largeur que la table ci-dessus. Ce frisoir est incrusté d'un mastic composé de colle forte, de gomme arabique, saupoudré de sable fin, & formant une couche bien unie d'un quart de pouce d'épaisseur; on le souleve par le moyen d'un fléau au bout duquel il y a un poids suffisant pour l'élever. Au-dessus du frisoir est la table à friser qui est immobile, & sur laquelle on pose le morceau de drap blanc qu'on a attaché au bord de la piece qui est rangée dans le faudet, & qu'on met de façon à le faire pendre en bas, pendant que le commencement de la piece est exactement couché sur la table à friser. On descend ensuite le frisoir sur le côté de l'étoffe qu'on veut friser, & en faisant tirer les chevaux, on lui donne un mouvement ou trémoussement un peu circulaire & très lent, qui tord & roule en boutons les longs poils de l'étoffe.

Pour éviter que l'étoffe ne s'use en demeurant trop long-temps sous le frisoir, on la tire peu à peu, & on y fait passer successivement toute sa longueur par un mouvement doux & régulier. Pendant que l'étoffe passe, il y a deux ouvriers qui veillent, l'un à ce qu'elle ne fasse point de plis, & l'autre à la détacher avec une bequille lorsqu'elle s'entortille trop autour du *hérisson* ou cylindre qui est hérissé de pointes comme une corde, & lorsqu'elle s'y attache de façon à ne pas tomber dans le faudet.

Cette premiere opération ne suffisant pas pour friser parfaitement l'étoffe, on la leve de dessous le frisoir, on l'étend de toute sa longueur sur une table, on la frotte d'un bout à l'autre avec une brosse faite en forme de balai;

& après avoir ôté avec une vergette la laine hachée qui étoit par dessus, on range de nouveau l'étoffe pour la faire passer sous le frisoir; ce qu'on réitere jusqu'à trois fois afin de perfectionner la frise ou la ratine de l'étoffe.

Lorsqu'il y a des *queues de rat*, c'est-à-dire que l'étoffe n'a pas été également frisée à cause des plis qu'elle a faits, on répare ce défaut en passant par dessus le peigne qu'on nomme *rebroussette*, ou bien une espece de *droussette* ou carde, afin d'alonger les poils qui se frisent ensuite aussi bien & même mieux que le reste de l'étoffe.

Quand on veut friser un drap à l'envers, on couche son endroit sur la *panne* de la table à friser, qui est une espece d'étoffe ou de tripe de laine dont le poil est très rude & très ras, & qui est bien tendue par des clous & des crochets. Lorsqu'on veut ratiner l'endroit, on couche le drap sur son envers du côté de la panne.

La manœuvre du Friseur varie selon la finesse & l'espece de l'étoffe; & on ne l'apprend jamais bien que par une longue expérience.

Lorsqu'on veut friser à la main, les ouvriers imitent autant qu'ils le peuvent avec leur frisoir le mouvement lent, égal, & demi-circulaire de la machine à friser. Leur frisoir n'a qu'environ deux pieds de long sur un de large, au lieu que celui de la machine, ainsi que la table à friser, a dix pieds de longueur sur quinze à seize pouces de large. Pour former plus aisément les boutons de la frisure, ces ouvriers mouillent légérement la superficie de l'étoffe avec de l'eau mêlée de blancs d'œufs ou de miel.

On fait des étoffes frisées de plusieurs especes. Il y en a de drapées ou apprêtées en draps, des ratines à poil non drapées, des ratines dont le poil est frisé du côté de l'endroit qu'on appelle ordinairement ratines frisées; il s'en fabrique beaucoup à Sommieres, Rouen, Dieppe & Beauvais. Par l'article VII du réglement général des manufactures, du mois d'Août 1669, il est dit que les ratines larges auront une aune & un tiers de largeur, les lisieres comprises; & les étroites une aune de large & quinze à seize aunes de long.

La Hollande nous fournit des ratines qui sont très recherchées, malgré que leur tissure & leur fabrique soient inférieures à nos draps fins : la manufacture d'Abbeville en fait faire aujourd'hui à meilleur marché, & qui ne leur cedent ni pour la finesse & le serré du tissu, ni pour la beauté du lainage.

Il y a encore des ratines à longs poils dont on se sert pour faire des couvertures de lit.

Par les tarifs du 29 Mai 1699 & 22 Décembre 1739, arrêtés entre la France & les Etats Généraux, les ratines de Hollande drapées, ou apportées en draps, de cinq quarts ou d'une aune de largeur sur vingt-cinq aunes de longueur, paient par piece trente-cinq livres de droit d'entrée. Celles de deux tiers & qui sont drapées paient vingt-sept livres dix sols; les frisées de cinq quarts ou une aune de large, quarante-deux livres; & les frisées de deux tiers de largeur, vingt-deux livres.

Toutes les ratines qui se font en Hollande & dans les autres pays étrangers, ne peuvent entrer en France que par Calais & S. Valery, suivant l'arrêt du Conseil du 8 Novembre 1687; & depuis la révocation du privilege des Hollandois faite le 31 Décembre 1745, elles paient les mêmes droits que les draps qui viennent de leur pays.

FROMAGER. C'est celui qui fait ou qui vend des fromages. Les maîtres marchands fruitiers, orangers, beurriers, coquetiers, prennent la qualité de Fromagers; *voyez* FRUITIER: & pour la façon de faire le fromage, *voyez* LAITIERE.

FROTTEUR. C'est celui dont le métier est de mettre en couleur les parquets, ou les carreaux des appartements, de les cirer & de les entretenir luisants, en en ôtant la poussiere ou les taches avec une forte brosse qui est attachée au coude-pied avec une large courroie de cuir.

FRUITIER. Le Fruitier est celui qui vend des fruits. Son art principal est de bien conserver les fruits, afin de les faire paroître en quelque sorte nouveaux par le grand éloignement de la saison où on les recueille d'ordinaire. Il choisit pour mettre son fruit un lieu sec, ni trop froid ni trop humide, dont les croisées soient tournées au midi, & fermées exactement par de doubles chassis & de bons rideaux. L'usage le plus ordinaire est de mettre les fruits sur des tablettes, la queue en haut, sans qu'ils se touchent, & en ayant soin de mettre les poires sur le côté. La mousse du pied des arbres, séchée au soleil & battue, est ce qu'il y de mieux pour poser le fruit dessus, & l'empêcher de contracter aucun mauvais goût.

Pour conserver de belles poires très long-temps, il faut les cueillir lorsque le soleil a passé dessus, & avec les précautions suivantes. On passe entre le fruit & l'œil où tient la queue, un fil que l'on noue à double nœud, & avec des ciseaux on coupe la queue au-dessus du nœud. La poire étant détachée, on la pose dans un cornet de papier, la queue en haut : on fait tomber une goutte de cire à cacheter sur le bout coupé de la queue : on fait passer le fil par l'ouverture de la pointe du papier, en sorte que le fruit demeure suspendu dans le cornet : on ferme la pointe du cornet avec de la cire molle : on suspend ensuite le fil à une solive & dans un lieu sec & tempéré. Cette même méthode réussit aussi très bien pour les fleurs.

Les raisins sont du nombre des fruits que l'on voit quelquefois conservés dans une saison très avancée. Comme en général tout l'art pour conserver les fruits est de les garantir le plus exactement qu'il est possible du contact de l'air qui donne lieu à la fermentation, on couche les grappes de raisin dans un tonneau sur un lit de son, sans les serrer, ni les mettre l'une sur l'autre. Sur cette couche de grappes, on met un nouveau lit de son ou de cendres, & ainsi alternativement jusqu'au haut du tonneau que l'on bouche ensuite, de maniere que l'air n'y puisse pénétrer. Le raisin se peut conserver ainsi très sain pendant tout l'hiver. Si on veut lui faire reprendre sa fraîcheur, il n'y a qu'à couper le bout de la branche de la grappe & la faire tremper dans du vin, comme on fait tremper un bouquet dans l'eau ; observant de mettre les raisins blancs dans du vin blanc, & les rouges dans du vin rouge : l'esprit de vin, comme plus volatil, est encore plus propre à leur faire reprendre ce qu'ils auroient perdu de leur qualité.

On distingue de deux sortes de fruits, des *fruits frais* & des *fruits secs*. Les *fruits frais* sont ceux qui se vendent tels qu'on les cueille sur l'arbre lorsqu'ils sont mûrs ; ils font partie du négoce des marchands Fruitiers. Les *fruits secs* sont ceux qu'on fait sécher au soleil ou au feu, & qui se vendent par les marchands épiciers. Quant aux fruits verds, les Fruitiers de Paris, & ceux de toutes les villes bien policées, ont une heure déterminée pour acheter après les bourgeois les fruits qui ſont propres pour confire. Le commerce de tous les fruits ſecs eſt conſidérable pour les pays chauds : ils en envoient beaucoup dans les pays froids.

Les fruits ſecs de toute eſpece paient pour droit de ſortie douze ſols du cent peſant.

Les Fruitiers de la ville de Paris ſont en communauté, & ont des ſtatuts dès l'an 1412, renouvellés en 1499, & confirmés par Henri IV en 1608, & par Louis XIII en 1612.

Les Rois dans leurs lettres-patentes leur donnent la qualité de Maîtres Marchands de fruits égruns & ſavoureux : cela s'entend, non ſeulement de toutes ſortes de fruits, comme poires, pommes, ceriſes, marrons, citrons, grenades, oranges, &c. mais cela comprend encore les œufs, le beurre, le fromage, &c. que les Fruitiers ont permiſſion de vendre.

Cette communauté a cinq maîtres Jurés qui ſe renouvellent tous les deux ans, & qui ſont inſtallés par le Procureur du Roi, entre les mains duquel ils prêtent ſerment.

Chaque maître ne peut avoir qu'un apprentif ou apprentie à la fois : on ne peut être reçu maître ſans avoir fait apprentiſſage de ſix ans.

Il y auſſi des maîtreſſes dans cette communauté; c'eſt pourquoi il s'y fait des apprenties.

L'ordonnance du 28 Mai 1698 fait défenſes à tous maîtres Fruitiers d'être facteurs des marchands forains.

On donne auſſi le nom de *Fruitier* à quantité de pauvres gens qui font un petit négoce d'herbages, de légumes, d'œufs, de beurre & de fromages, en conſéquence de lettres qu'on appelle lettres de regrat.

Un arrêt du Conſeil du 9 Février 1694 décharge les Fruitiers Regratiers des droits de viſite que prétendoient ſur eux les maîtres Fruitiers. La Communauté de ces derniers eſt compoſée aujourd'hui à Paris de trois cents vingt maîtres ou maîtreſſes.

FUMISTE. On appelle ainſi celui dont la profeſſion eſt de rechercher & de mettre en œuvre les divers moyens qu'on peut employer pour empêcher les cheminées de fumer.

La ſituation la plus ordinaire d'une cheminée eſt d'être placée dans le milieu d'une piece, ſoit ſur ſa longueur, ſoit ſur ſa largeur; de maniere que dans la face qui lui eſt oppoſée l'on puiſſe placer quelque autre partie eſſentielle d la décoration, telle qu'un trumeau de glace, une porte ou une croisée. On a soin aussi de la placer sur le mur de refend, qui est opposé à la principale entrée, plutôt que sur le mur où cette porte est percée. Si, par la disposition du lieu, il arrivoit qu'on fût indispensablement obligé de la placer de cette derniere maniere, il faudroit laisser un dosseret de deux pieds entre le chambranle de cette même porte & l'un des jambages de la cheminée. On place quelquefois les cheminées dans des pans coupés; mais cette situation ne convient qu'à de petites pieces, & ne peut raisonnablement être admise dans la décoration d'un appartement principal. Une des principales parties de la construction des cheminées consiste aujourd'hui dans l'art de conduire & de dévoyer les tuyaux dans l'épaisseur des murs; de maniere que, sans nuire à la solidité de ces mêmes murs, les languettes & les faux manteaux de cheminée ne nuisent point à la symmétrie des pieces.

Anciennement on étoit dans l'habitude d'élever les tuyaux de cheminée perpendiculairement, & de les adosser les uns devant les autres à chaque étage : il paroît que dans cette construction les cheminées doivent être moins sujettes à fumer que celles qui sont dévoyées; mais on a vraisemblablement discontinué de faire les cheminées de cette maniere, parceque les tuyaux ainsi adossés les uns sur les autres, non seulement chargeoient beaucoup les planchers, mais aussi diminuoient considérablement le diametre des pieces des étages supérieurs.

Aujourd'hui qu'il semble que l'art soit parvenu à surmonter toutes les difficultés, l'on dévoie d'une part les tuyaux sur leur élévation sans altérer la construction, & de l'autre, quand le cas le requiert, on les incline sur leur plan. Une partie essentielle de la construction d'une bonne cheminée consiste encore à donner au foyer une profondeur convenable qui doit être d'environ vingt-quatre pouces.

La meilleure construction des cheminées, quant à la matiere, est de faire usage de la brique posée de plat, bien jointoyée de plâtre & garnie de fentons; à moins qu'on ne puisse les construire de pierre de taille, ainsi qu'on le pratique dans les maisons royales, dans les édifices publics, &c. en observant néanmoins de ne jamais les dévoyer dans les murs mitoyens.

Nos cheminées, par leur multiplication & la forme actuelle de leur construction, ont la plupart l'inconvénient très incommode de fumer souvent.

Pour obvier à cette incommodité, on a employé plusieurs inventions, comme les éolipyles de *Vitruve*, les soupiraux de *Cardan*, les moulinets à vent de *Jean Bernard*, les chapiteaux de *Sébastien Serlio*, les tabourins & les girouettes de *Padnanus*, & plusieurs autres moyens plus ingénieux qu'utiles. Il est le plus souvent nécessaire, pour remédier à la fumée, de rendre les cheminées plus profondes, d'en abaisser le manteau, de changer le tuyau de communication, ou de faire des soupapes. Il est certain en général qu'il faut diversifier les remedes suivant la position des lieux & la cause de la fumée; cependant les ouvriers qui s'occupent de cet objet, n'ont pour l'ordinaire qu'une routine aveugle qui les dirige dans leurs opérations. Cet art devroit être uniquement du ressort des architectes éclairés par les lumieres de la physique.

Il est quelquefois bien difficile de déterminer précisément ce qui peut faire fumer une cheminée, parceque cela dépend d'une infinité de circonstances & de causes, quelquefois si éloignées & si peu apparentes, qu'on ne s'avise guere de les soupçonner.

Les causes extérieures les plus ordinaires sont, si une cheminée est placée dans la direction de plusieurs vents, ou si elle reçoit ces mêmes vents réfléchis par la proximité des batiments, ou enfin si elle est placée dans une position à recevoir long-temps le soleil.

La meilleure construction est insuffisante pour prévenir l'inconvénient de la fumée lorsqu'une cheminée se trouve placée dans les positions dont nous venons de parler.

Les causes intérieures qui peuvent faire fumer une cheminée sont, si elle est trop large ou trop étroite à proportion de sa hauteur, si le foyer n'est pas suffisamment profond, ou si les portes & les fenêtres de la chambre ferment avec trop d'exactitude.

Il sera facile de sentir tout ce que nous venons de dire, si l'on fait attention à ce qui se passe lorsque l'on fait du feu dans une cheminée.

On doit regarder une cheminée comme un fourneau, ou comme un poële qui a deux parties distinctes: savoir, le le tuyau par où s'échappe la fumée, & le foyer qui est l'endroit où l'on brûle les matieres combustibles.

Lorsqu'on allume du feu dans le foyer, il raréfie l'air qui se trouve renfermé dans le tuyau; la fumée, trouvant moins de résistance dans cette partie, s'éleve dans le tuyau; elle est d'ailleurs conduite à s'y élever par le courant d'air qui se forme, & qui tend à se porter dans le tuyau où l'air est raréfié. Lorsqu'on est auprès du feu, on s'apperçoit facilement de ce courant d'air, par le froid singulier qu'on ressent dans les parties du corps opposées au feu. On s'en apperçoit encore en laissant tomber devant la cheminée quelques corps très légers, tels que de petites parcelles de laine ou de coton cardés. Ils sont sur le champ poussés dans le feu par l'air de la chambre qui se porte vers la cheminée.

D'après cela il est facile de concevoir qu'il doit fumer, par exemple, dans une petite chambre, sur-tout lorsqu'elle est exactement fermée, & qu'on ne peut s'y garantir de la fumée qu'en ouvrant un peu une porte ou une fenêtre, afin de faciliter un courant d'air qui puisse emporter avec lui la fumée dans la cheminée.

Sans cette précaution, l'air de la chambre, se trouvant raréfié par la chaleur, devient incapable de surmonter le poids de l'air du dehors. L'air extérieur alors rentre par la partie supérieure de la cheminée, & fait refluer avec lui la fumée qui s'oppose à son passage.

Les cheminées dont le foyer est profond & le manteau fort bas, approchent davantage de la construction des poëles, & sont par conséquent beaucoup moins sujettes à fumer que les cheminées très élevées, & où le courant d'air devient moins rapide.

Voilà à-peu-près les principes généraux qu'on peut donner sur la meilleure construction des cheminées, & pour remédier aux défauts de celles qui sont sujettes à fumer.

FUNEUR. C'est celui qui fournit les *funins* ou cordes à un vaisseau, ou qui les y met : *voyez* AGRÉEUR.

FUTAINIER. On nomme ainsi le tisserand qui travaille à la fabrique des futaines, & le marchand qui en fait le commerce.

La *futaine*, étoffe qui se fait sur le même métier que la toile, est ordinairement toute de fil de coton, tant en trame qu'en chaîne; elle paroît comme croisée d'un côté &

& elle est cotonneuse de l'autre; quoique moins fine que le basin, elle y a cependant quelque rapport. Les futaines dont la chaîne est de fil de lin ou de chanvre sont défendues par les réglements.

La manufacture de futaine qui est établie à Troyes en Champagne, a paru au Gouvernement être d'une si grande importance pour le commerce, qu'il fit un réglement particulier pour elle au mois de Janvier 1701, par lequel il régla la qualité des futaines, la quantité de fils qui devoient entrer dans la chaîne, la façon de les fabriquer, leur largeur & leur marque.

Suivant la qualité des futaines, & les lieux d'où elles viennent, elles paient différents droits d'entrée, ainsi qu'on peut le voir dans le tarif de 1664.

G A I

GABARIER. On donne ce nom à celui qui conduit une *abare*, eſpece de bateau plat & large, qui va à la voile, la rame, & qui ſert à tranſporter les cargaiſons des vaiſeaux à bord quand ils ſont en charge, ou à décharger eurs marchandiſes après qu'ils ſont arrivés dans un port. On donne auſſi le même nom aux manouvriers qui charent & déchargent les gabares, ainſi qu'aux commis des ermes qui ſont dans une *patache*, ou petit bâtiment ancré ans une riviere, à l'effet de percevoir les droits d'entrée & e ſortie ſur les marchandiſes qui ſont dans les bateaux, ui la deſcendent ou qui la remontent.

GADOUARD : *voyez* VUIDANGEUR.

GAGNE-DENIER. Les Gagne-deniers ſont en général es hommes forts & robuſtes, qui portent des fardeaux ou es marchandiſes, ou s'emploient à des ouvrages qui n'exient que le travail des bras, en les payant le prix dont on ſt convenu avec eux à l'amiable. Ils ſont ordinairement onnus ſous les noms de *porte-faix*, *crocheteurs*, *forts*, *ommes de peine*, *plumets*, *garçons de la pelle*, *tireurs de oulins*, &c. *voyez* chaque article à ſon nom.

GAGNE-PETIT. C'eſt un compagnon coutelier qui roule evant lui, ou qui porte ſur ſon dos, une petite boutique arnie d'une meule, d'un marteau, & d'une pierre à affiler, our aiguiſer & raccommoder divers ouvrages de menue outellerie. Pour ſe diſtinguer des couteliers, qui ſont auſſi *mouleurs*, ils s'appellent entre eux *rémouleurs à petite anchette*, à cauſe de la petite planche qui eſt ſous leur ed, & par le mouvement de laquelle ils font tourner leur eule.

GAINIER. Le Gaînier eſt l'artiſan qui fabrique des ines. Les ouvrages que font les maîtres Gaîniers, ſont s écritoires, des boîtes, des écrins, des fourreaux d'épées de piſtolets, des petits coffres & des porte-feuilles. Ils traillent auſſi à faire des flacons, des bouteilles, & autres reils ouvrages de cuir bouilli.

La gaîne ſe fait avec des mandrins de la forme de l'inſment auquel on deſtine la gaîne. On ajuſte à la lime &

à la rape des éclisses sur ces mandrins, de la figure, longueur, largeur, épaisseur, concavité, ou convexité convenables : on double ces éclisses en dedans de papier ou de parchemin colorés, & quelquefois d'étoffe : on les fixe ensemble avec de bonne colle-forte ; on les couvre en dessus d'un parchemin sur lequel on colle de la peau de chagrin, de la roussette, du chien de mer, &c. Pendant tout ce travail, on tient le mandrin entre les éclisses & les éclisses fixées l'une contre l'autre sur le mandrin par des cordes bien serrées qu'on ne détache que quand on est assuré que les éclisses tiennent fortement ensemble ; c'est alors qu'on applique la couverture à la gaîne ou à l'étui. Cet art qui ne paroît rien, & qui en effet est peu de chose en lui-même, demande une propreté, une habileté, une main d'œuvre & une habitude particulieres : il y a peu de commerce de détail plus étendu que celui de la gaînerie.

Les Gaîniers de la ville de Paris sont qualifiés par leurs statuts de maîtres Gaîniers-Fourreliers & ouvriers en cuir bouilli. Leur corps fut érigé en jurande dès l'an 1323 ; mais ce n'est proprement que par les réglements du 21 Septembre 1560, donnés sous le regne de François II, que leur communauté a reçu sa derniere perfection.

Suivant les statuts des Gaîniers, aucun ne peut être reçu maître s'il n'a fait un apprentissage de six ans chez un maître de Paris, & fait chef-d'œuvre tel qu'il lui a été prescrit par les jurés de la communauté. Ceux qui ont appris le métier de Gaînier dans quelque ville de France ne peuvent être reçus maîtres à Paris s'ils n'ont auparavant servi les maîtres de cette ville l'espace de quatre années, & fait chef-d'œuvre de même que les autres apprentifs.

Les fils de maîtres sont dispensés du chef-d'œuvre, & peuvent être admis à la maîtrise après une légere expérience, pourvu qu'ils aient appris leur métier pendant six ans chez leur pere, ou autre maître de la communauté.

Tous ceux qui se font recevoir maîtres, doivent faire choix d'une marque pour marquer leurs ouvrages ; l'empreinte de laquelle doit être mise sur la table de plomb gardée à la chambre du Procureur du Roi du Châtelet de Paris.

Enfin les marchandises foraines concernant l'état de Gaînier, qui viennent à Paris pour y être vendues, doivent être vues & visitées lors de leur arrivée par les jurés Gaîniers, & ensuite loties entre les maîtres. On compte actuelement à Paris environ cent vingt-quatre maîtres Gaîniers.

GALONNIER. C'est celui qui fabrique toutes sortes de galons. Le galon est un tissu étroit qui se fabrique avec l'or, l'argent, la soie, & quelquefois avec le fil seul. Cette fabrique ne differe en rien d'essentiel de celle du ruban que l'on fait avec les mêmes matieres ; aussi les Galonniers sont-ils de la même communauté que les Rubanniers-Frangers : *voyez* RUBANNIER.

On fait des galons de plusieurs especes ; il y en a d'or & d'argent, de soie, de laine, & de soie mêlée de laine de diverses couleurs & façons ; tels sont les galons de livrée dont on orne les habits des domestiques pour faire paroître la magnificence du maître, & pour faire connoître sa qualité & sa maison. Il y a plusieurs édits du Roi, arrêts du Parlement, & sentences de la Police qui défendent aux maîtres de permettre que leurs domestiques sortent sans juste-au-corps où il y ait du galon, autre cependant que celui d'or & d'argent, ces derniers étant réservés aux domestiques des Ambassadeurs & des étrangers à qui il est permis d'en faire porter à leurs gens. Ces loix sages sont presque tombées en désuétude ; & on ne distingue presque plus par les habits les domestiques d'avec certains bourgeois, quoiqu'un arrêt du Conseil d'Etat, rendu sous Louis XIV, ait en quelque façon fixé l'état des livrées & des couleurs, en ordonnant que tous les gens de livrée seront obligés de porter en tous temps un ou plusieurs bouts de galon appliqués en travers sur leurs habits, tant devant que derriere, environ à hauteur de ceinture.

Pour empêcher que les particuliers ne soient exposés à acheter du galon faux pour du fin, le Roi par sa déclaration du 21 Mai 1746, portant réglement pour la fabrication des galons, &c. a défendu de mêler des traits, lames ou filés d'or & d'argent faux, ou autres métaux, avec l'or & l'argent fins, à peine de galeres pour neuf ans. Sa Majesté a défendu pareillement aux Galonniers & autres fabricants d'employer du trait d'or & d'argent faux, filé sur soie, à peine de trois ans de galeres, la soie étant expressément réservée pour filer le trait d'or & d'argent fins. Il est seulement permis aux Galonniers d'employer le fleuret, la filoselle & la galette pour la chaîne des galons faux, & la soie crue pour la trame & le liage des glands, & autres enjolivements desdits galons ; à la charge cependant par les fabricants de galons en faux d'y insérer dans la chaîne & dans toute la longueur des deux lisieres, un fil ou filoselle rouge qui soit apparent, en quelque endroit qu'on coupe lesdits galons, pour servir de marque distinctive du faux d'avec le fin.

Cette déclaration a été adressée à la Cour des Monnoies, qui l'a enregistrée le 18 Juin 1746.

GANTIER. C'est l'ouvrier & marchand qui fait & vend toutes sortes d'ouvrages de ganterie, comme gants, mitaines, &c. On en porte aujourd'hui dans toutes les saisons, & les femmes sur-tout ne peuvent guere s'en passer. Les gants se font ordinairement de peaux d'animaux passées en huile ou en mégie : telles que celle du chamois, de la chevre, du mouton, de l'agneau, du daim, du cerf, de l'élan, &c. *Voyez* CHAMOISEUR & MÉGISSIER. On fait aussi des gants à l'aiguille & sur le métier avec la soie, le fil, la laine, le coton, &c. *Voyez* BONNETIER. Il y en a de velours, de satin, de taffetas, de toiles, & d'autres étoffes.

Le Gantier ne prépare point les peaux, il doit seulement s'attacher à faire un bon choix dans l'achat qu'il en fait, sur-tout lorsque la partie de peaux qu'il achete est considérable.

L'usage des gants est très ancien. Comme on se revêtoit autrefois de peaux pour mettre son corps à l'abri des injures de l'air, on en fit usage aux mains pendant l'hiver pour ne pas ressentir la rigueur du froid.

Cette profession exige beaucoup de propreté & peu d'outils; les principaux dont elle se sert sont le ciseau de tailleur, ou la force, le couteau à doler, & le tournegant.

Le Gantier commence par faire parer les peaux. S'il veut, par exemple, couper des chevreaux en blanc, & que les peaux aient un peu plus d'épaisseur au dos qu'à la tête, ou sur les flancs, il commence par lever une petite lisiere de la seconde peau à l'endroit qui est trop épais : à l'aide de son pouce & de son ongle, il suit la coupe de cette portion de la peau dans toute sa longueur. Par cette opération il la rend d'égale épaisseur; c'est ce qu'on appelle *effleurer à la main*. Ensuite il a une brosse de crins rudes, il brosse chacune des peaux du côté de la chair, & il observe de ranger ses peaux la fleur sur la chair. Il en place un grand nombre sur une table bien nettoyée; ensuite il prend une éponge qu'il trempe dans de l'eau fraîche; il passe cette éponge le plus légérement qu'il peut sur une des peaux. Après cela il prend la peau par les pattes de derriere, il la retourne & l'étend sur une autre table du côté où elle a été humectée sur la fleur. Il éponge une seconde peau qu'il étend sur la premiere, chair contre chair. Il en éponge une troisieme qu'il étend sur la seconde, fleur contre fleur ; & ainsi de suite, un côté humide d'une peau toujours sur un côté humide de la suivante, & la chair de l'une toujours contre la chair d'une autre.

Après cette premiere manœuvre, il roule toutes les peaux, & en fait un paquet rond, ce qu'il appelle les *mettre en pompe*. Il les tient dans cet état jusqu'à ce qu'il soit assuré que les peaux ont bu assez d'eau. Alors il ouvre le paquet ; il prend une de ces peaux qui a conservé un peu de son humidité ; il tire la tête à deux mains & l'étend, ce qui s'appelle la *mettre sur son large*. Il continue de manier ainsi toute la peau, & la mettre sur son large de la tête à la culée, pour en tirer le plus d'ouvrage qu'il est possible : c'est l'étendue de la peau qui décidera de la longueur des gants.

Après qu'il a tiré la peau sur son large, il la manie, la tire *sur son long*, & donne à ses étavillons la forme & les dimensions convenables (on appelle *étavillons* les grandes pieces d'un gant coupé). Il renferme ses étavillons dans une nappe où ils conservent encore un peu de leur humidité, jusqu'à ce qu'il puisse les dresser. Il les assortit de pouces & de *fourchettes*. Il a soin de donner à la peau du pouce un peu plus d'épaisseur qu'à celle de l'étavillon, & un peu moins à la fourchette. Il colle ses *fourchettes* trois à trois les unes sur les autres. Les fourchettes sont de petits morceaux de peau quarrés qu'on met entre les doigts des gants. Il reprend ses étavillons, observant que la fente du milieu détermine la longueur & les autres dimensions du gant. La fente est d'autant plus longue que le gant doit être plus large, & les fentes suivent l'ordre de celles des doigts de la main ; c'est-à-dire que la fente du premier au second doigt est un peu moins profonde que celle du second au troisieme, celle-ci un peu moins profonde que celle du troisieme au quatrieme, & cette derniere un peu moins profonde que celle du quatrieme au cinquieme.

Les enlevures étant faites à une distance proportionnée pour placer les pouces, on fait les *arriere-fentes*, c'est-à-dire les fentes qui sont pratiquées aux gants du côté qui se trouve ſur la main. On replie l'étavillon, on poſe le pouce, on donne aux doigts leur longueur, on les *raſile*, c'eſt-à-dire qu'on les rogne avec des ciſeaux pour enlever le ſuperflu de la peau : on poſe les pieces aux *rebras*, qui ſont les parties de la peau qui couvrent le bras. On plie le gant en deux, on le garnit de ſes fourchettes, & on l'envoie à la couturiere : on coud les gants avec de la ſoie, ou avec une ſorte de fil très fort, qu'on appelle *fil à gant*.

Les gants, au retour de chez la couturiere, ſont vergetés paire par paire avec une broſſe qui ne doit être ni dure ni molle : on prend enſuite du blanc d'Eſpagne, on en frotte les gants, & on en ôte le ſuperflu en les battant par un temps ſec ſur une eſcabelle, ſix paires à ſix paires, juſqu'à ce qu'ils n'en rendent plus. On les broſſe de nouveau, & pour lors les gants ſont prêts à être gommés. Pour cet effet on fait diſſoudre de la gomme dans de l'eau, on la paſſe à travers un linge, & on la fouette avec des verges juſqu'à ce qu'elle blanchiſſe & s'épaiſſiſſe. Quand elle paroît avoir une conſiſtance légere, on étend le gant ſur un marbre, on trempe dans la gomme diſſoute une éponge fine, & on gomme le gant à toute ſa ſurface : cette opération eſt deſtinée à y attacher le blanc qu'il a reçu.

A meſure qu'on gomme, on jette les gants paire par paire ſur une petite ficelle tendue. Quand ils ſont à moitié ſecs, on les plie en deux, on les dreſſe, on veille à ce qu'il n'y ait point d'endroits où la gomme paroiſſe : on les renforme ſur le large ; on les dreſſe encore, on les rétend ſur les cordons, d'où on les porte au magaſin.

Lorſqu'il s'agit de mettre des peaux de chamois en *humide*, on les expoſe ſeulement au brouillard pendant quelques heures, ou on les ſuſpend dans un lieu frais.

Il y a un grand nombre de ſortes de gants qu'on appelle *gants ſur poil*, *ſur chair* ou retournés, *gants effleurés* & non *effleurés*, *gants retrouſſés* ou à l'Angloiſe, *gants de fauconniers*, *gants ſimples*, *brodés*, *fournis*, *fourrés*, *demi-fourrés*, *bourrés*, *glacés*, *parfumés*, de *cannepin*, &c.

Les *gants ſur poil* ont le côté du poil en dehors, & le côté de la chair en dedans.

Les *gants ſur chair* ou retournés ſont dans le contre-ſens des premiers.

Les *gants effleurés* ſont des gants ſur poil dont on a ôté la *fleur*, c'eſt-à-dire la ſurface luiſante & déliée, qui, étant enlevée de dessus la peau, fait qu'elle est moins roide, & s'étend plus facilement.

Les *gants non effleurés* sont des gants sur poil dont on n'a pas enlevé la fleur.

Les *gants retroussés*, ou à l'Angloise, sont ceux dont le haut étant retroussé, l'envers devient l'endroit, & a la même couleur & la même préparation que le reste du gant.

Les *gants de fauconnier* sont épais, faits de peaux de buffle ou d'élan, couvrent les mains & la moitié du bras pour garantir de la serre de l'oiseau.

Les *gants simples* different des *brodés* en ce que la jonction des doigts, le pourtour de l'enlevure du pouce, le bord d'en haut, & presque toutes les coutures ne sont point brodés en fil, soie, or, ou argent.

Les *gants fournis* sont ceux dont l'intérieur est garni de la laine ou du poil de l'animal.

Les *gants fourrés* sont plus gros & plus chauds que les autres, parcequ'ils sont garnis au dedans de fourrures fines ou communes.

Les *demi-fourrés* n'ont que demi-fourrure, aussi sont-ils un peu moins chauds que les précédents.

Les *gants bourrés* sont garnis au dedans de chiffons ou de laine pour se garantir des coups de fleuret quand on tire des armes.

Les *gants glacés* sont ceux dont le côté de la chair a été passé dans un mêlange d'huile d'olive & de jaunes d'œufs arrosés d'esprit de vin & d'eau, & qui ont été foulés pendant un quart d'heure avec ce même mêlange sans eau.

Les *gants parfumés* sont ceux qui ont contracté dans des boîtes pleines d'odeurs le parfum qu'on a voulu leur donner.

Ceux de *cannepin* sont faits de la superficie déliée qu'on enleve de la peau des agneaux & chevreaux passée en mégie. Rome & plusieurs autres villes d'Italie nous en fournissoient beaucoup autrefois. Nous n'avons plus recours aux Italiens pour cette marchandise. Les gants, spécialement ceux de cuirs, qui sortent des fabriques de Paris, de Vendôme, de Grenoble, de Grace, de Montpellier, d'Avignon, sont très recherchés; les étrangers les préferent même à ceux d'Espagne & d'Italie.

Les gants de Blois sont de peaux de chevreaux bien choisies, & sont cousus à l'Angloise; ils portent le nom de la ville d'où on les tire. C'étoit autrefois un proverbe, que, pour qu'un gant fût bon & bien fait, il falloit que trois royaumes y contribuassent ; l'Espagne pour en préparer la peau, la France pour le tailler, & l'Angleterre pour le coudre.

On appelle *gants de castor* ceux qui sont fabriqués avec des peaux de chamois ou de chevre, parceque cette peau, par le secours de l'apprêt, approche de la douceur du poil de castor.

Les Gantiers ne perdent rien des peaux qu'ils achetent aux mégissiers, parcequ'ils en vendent les *enlevures* ou retailles aux tissiers & aux blanchisseurs de murailles, pour faire ce qu'on appelle de la *colle de gant*.

Les statuts des maîtres Gantiers-Parfumeurs sont du mois d'Octobre 1190, sous le regne de Philippe Auguste. Ils ont été renouvellés, confirmés & augmentés par Louis XIV en Mars 1656, par lettres-patentes enregistrées au Parlement le 25 Mai suivant. Ces statuts leur donnent le titre de *Maîtres & Marchands Gantiers-Parfumeurs*. Comme Gantiers, il leur est permis de faire & vendre toutes sortes de gants & mitaines d'étoffes & de peaux : comme parfumeurs, ils ont droit de mettre sur les gants & de débiter diverses sortes de parfums & d'odeurs : *voyez* PARFUMEUR. Ils ont aussi le droit de vendre des peaux lavées, des cuirs propres à faire des gants, de la poudre à poudrer, des pommades dans lesquelles ils mettent différentes essences pour les rendre plus agréables.

Par l'article XXIII de leurs nouveaux statuts du mois de Mars 1656, ils ne peuvent vendre leur marchandise de ganterie que dans leur boutique ou échoppe ; & il leur est défendu sous peine d'amende de la colporter ou donner à colporter par la ville & fauxbourgs.

A la tête de cette communauté sont quatre Maîtres & Gardes Jurés, chacun desquels doit rester deux ans en place ; en sorte que tous les deux ans les deux plus anciens en doivent sortir, & à leur place il en doit entrer deux nouveaux.

Il faut quatre années d'apprentissage avant de parvenir à la maîtrise, avoir servi les maîtres trois autres années après l'apprentissage en qualité de garçon ou compagnon, & fait chef-d'œuvre, excepté les fils de maîtres qui sont tenus de faire légere expérience. Mêmes privileges aux veuves que dans les autres corps.

La communauté des Gantiers est actuellement composée à Paris de deux cents cinquante maîtres.

Les gants paient les droits d'entrée & de sortie relativement à leur qualité & aux endroits d'où on les fait venir. On peut voir les différents tarifs qui ont été faits à ce sujet. Par l'arrêt du Conseil du 6 Septembre 1701, les gants venant d'Angleterre sont mis au rang des marchandises prohibées ; ceux qui viennent des autres pays étrangers ne peuvent entrer en France que par Marseille & par le Pont-de-Beauvoisin.

GARANCEUR. C'est l'ouvrier qui, par le moyen de la garance, donne aux laines & aux étoffes une couleur d'un rouge nacarat. A Rouen les *guesdrons* ou teinturiers en bleu, les *noircisseurs* ou teinturiers en noir, composent avec eux le corps des teinturiers de cette ville.

La garance est une plante dont il y a plusieurs especes, qui toutes fournissent plus ou moins de teinture. L'*azala*, ou *isari* de Smyrne qui donne les belles teintures incarnates, & qu'on emploie à Darneral & à Aubenas, est une vraie garance. Il en vient naturellement dans les haies, dans les bois, & dans les joints des pierres des jardins, dont les racines, séchées avec précaution, teignent aussi bien que l'azala de Smyrne. La *petite garance*, ou garance sauvage, est commune sur les côtes de la Méditerranée ; quoiqu'on n'en fasse pas usage en Europe, les Indiens s'en servent pour leurs belles couleurs qui sont si estimées par-tout. On ne cultive ordinairement pour la teinture que celle qui est de la grande espece, & qu'on nomme en latin *rubia tinctorum*.

Comme la racine de cette plante est extrêmement utile pour la teinture, & qu'il sortoit tous les ans du royaume des sommes considérables pour s'en procurer, le Grand *Colbert* a été le premier Ministre qui ait senti les avantages qu'il y auroit de la cultiver en France, & qui soit entré dans tous les détails relatifs à cet objet. On peut consulter là-dessus l'*instruction générale pour les teintures* du mois de Mars 1671. Louis XV, toujours attentif à l'augmentation des différentes branches du commerce qui sont établies en France, informé que plusieurs terreins en marais & inondés seroient propres à produire de la garance qu'on est obligé de tirer des pays étrangers, a accordé par l'arrêt de son Conseil d'Etat du 24 Février 1756, à tous ceux qui entreprendroient de cultiver des plantations de garance dans des marais, ou autres lieux de pareille nature qui ne sont point cultivés, l'exemption de toute imposition pendant l'espace de vingt années, à compter du jour que les desséchements auront été commencés; que ni les entrepreneurs, ni ceux qui seront employés, ne pourront être compris dans le rôle de la taille, même pour leurs autres biens, facultés & exploitations; qu'ils jouiront de tous les privileges portés par l'édit de 1607 & la déclaration de 1641, en faveur des entrepreneurs des desséchements; & qu'ils pourront avoir, tant dans Paris que dans les autres villes & lieux du royaume, des magasins de la garance venant de leur exploitation, la vendre tant en gros qu'en détail, sans qu'on puisse les troubler ni inquiéter; Sa Majesté évoquant à Elle & à son Conseil tous les procès & contestations, tant en demandant qu'en défendant, qui surviendront aux cultivateurs de la garance. Pour ce qui concerne la culture de cette plante, *voyez* le *Dictionnaire raisonné d'Histoire Naturelle.*

La garance que l'on vend dans le commerce pour l'employer à la teinture s'appelle *garance grappe;* elle est sous la forme d'une poudre rougeâtre, d'une odeur un peu forte; elle est en quelque sorte grasse & onctueuse, & elle se pelote sous les doigts lorsqu'on la manie. Tels sont les caracteres d'une bonne garance: car lorsqu'elle est trop vieille, elle perd son onctuosité, & elle est en poudre seche.

Ce n'est que par bien du travail qu'on parvient à amener la garance en cet état, où elle se conserve & peut être transportée par-tout où on le desire. Il faut cueillir les racines de garance, les bien faire sécher à l'étuve, sans quoi elles se gâteroient, se corromproient & ne seroient plus bonnes en teinture. On les pulvérise ensuite au moulin, après quoi on passe cette poudre dans des tamis pour la *rober*, c'est-à-dire, enlever l'épiderme qui recouvre les racines, & qui n'est propre qu'à altérer la couleur rouge de la garance qui est inhérente pour la plus grande partie dans l'écorce des racines. Ces divers procédés de l'art sont assez importants pour être exposés avec quelques détails.

Les racines de garance, suivant l'expérience qu'on en a faite, étant employées toutes vertes, débarrassées seulement de la terre, donnent une très belle couleur rouge; & on obtient autant de couleur & plus belle avec moitié moins de racines, que lorſqu'elles ſont deſſéchées & réduites en poudre. Mais comme les teinturiers ne ſe trouvent point toujours placés auprès des garancieres, & qu'il faut transporter la garance dans les pays éloignés, on eſt obligé de la faire ſécher & de la pulvériſer. Voici la maniere dont on s'y prend. A meſure que des hommes renverſent la terre avec des hoyaux, les femmes qui ſuivent ramaſſent les racines. Si le temps eſt ſec, que le ſoleil brille, & qu'il faſſe du vent, on les y expoſe pour commencer à les deſſécher; mais comme c'eſt aſſez ordinairement dans l'automne que l'on fait cette récolte, la chaleur du ſoleil ne ſuffit pas pour les deſſécher parfaitement, & on eſt obligé de les mettre enſuite à l'étuve. Si on ne fait que de petites récoltes de garance, on peut ſe ſervir de la chaleur du four à cuire le pain, pourvu qu'elle n'excede pas 45 à 50 degrés du thermometre de M. *de Réaumur*. On peut auſſi pratiquer au-deſſus du four un petit cabinet dans lequel on mettra les racines pour commencer à leur faire perdre leur humidité. Mais lorſqu'on cultive beaucoup de garance, il faut néceſſairement avoir une étuve; & comme cet établiſſement eſt aſſez diſpendieux, les payſans vendent leur garance à ceux qui ont des étuves.

Les *étuves* peuvent avoir des formes différentes, toutes auſſi bonnes les unes que les autres; mais les objets principaux qu'on doit ſe propoſer dans leur conſtruction, ſont de les faire aſſez grandes pour contenir beaucoup de garance, de rechercher la conſtruction qui peut économiſer le plus la matiere combuſtible, & celle où on peut entretenir une chaleur modérée & égale.

Les *étuves* que l'on voit dans les environs de Lille en Flandre, où l'on cultive beaucoup de garance, different peu des *tourrailles* dont font uſage nos Braſſeurs pour deſſécher l'orge germée dont ils font la biere. *Voyez* BRASSEUR.

Voici en général ce que c'eſt qu'une étuve à deſſécher la garance.

Il faut imaginer un grand fourneau dans lequel on allume un grand feu, & que ce fourneau eſt établi au fond d'un ſouterrain; la fumée & l'air échauffé par la flamme s'élevent dans une tour à jour établie au-deſſus du fourneau, & qui ſe trouve au milieu d'un eſpace formé en entonnoir ou en pyramide renverſée, dont la partie ſupérieure eſt fermée par un plancher à jour, ſur lequel on étend les racines de garance; ce plancher se trouve donc placé au dessus de cette tour, qui reçoit l'air échauffé & la fumée qui, passant à travers les trous, se répandent d'abord dans cet espace en forme d'entonnoir qui l'entoure, mais s'élevent ensuite à travers les trous du plancher qui le recouvre, & dans leur passage dessechent les racines de garance qui reposent dessus.

Au plancher supérieur de cette espece de chambre, où l'on met sécher la garance, sont des trous fermés avec des tôles, que l'on ouvre à volonté pour laisser échapper la fumée lorsqu'elle est trop abondante. On étend sur les carreaux du plancher inférieur, qui sont percés d'une multitude de petits trous, la garance à l'épaisseur d'un pied & demi: on entretient une chaleur égale, & on remue les racines de temps en temps, parceque celles qui sont sur la surface du tas ne s'échauffent point comme celles qui touchent le plancher; de cette maniere on les fait sécher également dans toutes leurs parties. Ces étuves ont, comme on le sent naturellement, un grand inconvénient; la fumée qui se mêle avec l'air chaud & qui traverse les racines de garance, les charge de fuliginosités, qui alterent probablement la partie colorante, & mettent cette différence considérable que l'on trouve dans la garance de Lille & dans celle de Smyrne, la premiere ne pouvant servir à teindre les cotons de ce beau rouge du Levant, quoique par l'examen que l'on a fait de la garance du Levant & de celle de Lille, on reconnoisse exactement la même plante. Un autre défaut de ces étuves, est aussi de ne pas pouvoir y graduer le feu convenablement.

On pourroit, dit M. Duhamel, corriger ces défauts en faisant la tour du milieu close, & en la terminant par un tuyau de fer fondu ou de forte tôle, qui porteroit la fumée dehors; on pourroit encore se dispenser de faire le plancher avec des barreaux de fer & des carreaux: un plancher de bois latté, ou garni de claies ou d'un grillage de fer, seroit suffisant; car une fois que la tour sera close & terminée par un tuyau, on ne craindra point le feu.

La garance étant suffisamment desséchée, il s'agit de la *grapper*, c'est-à-dire, de la réduire en poudre; ce qui se peut faire de deux manieres, c'est-à-dire, ou dans des moulins à pilons, ou sous une meule. Dans quelques endroits on la pulvérise sous une meule verticale, semblable celle dont on se sert pour écraser les olives, excepté qu'il faut que cette meule soit très pesante. Une ou deux femmes sont occupées continuellement à mettre les racines de garance sous la meule, pendant qu'elle est mise en mouvement, soit par l'eau, soit par un cheval. On passe ensuite la garance au crible, & on remet de nouveau sous la meule ce qui reste sur le crible. Ces especes de meules n'écrasent point aussi bien la garance que les moulins à pilons, & ne sont vraiment bien bonnes que pour broyer la garance verte, dans le cas où les teinturiers l'emploieroient en cet état.

Les moulins à pilons sont formés par un arbre, au haut duquel est une roue dentée qui s'engrene dans une lanterne traversée par une piece de bois qui fait jouer les pilons; un cheval fait mouvoir un grand levier placé dans l'axe de l'arbre, & en marchant, il fait jouer la machine & battre les pilons; ces pilons ont pour armure à leur extrémité un sabot de fer à lames tranchantes, & ils pilent les racines dans un auget de bois garni de mortiers; chaque mortier contient environ six livres de racines. Un moulin dirigé par un seul homme peut piler cinq cents pesant de racines en vingt-quatre heures. La garance étant pilée, on la passe sur-le-champ au tamis, jusqu'à ce qu'elle soit à peu près comme de la sciure de bois. On la met tout de suite dans des barils bien fermés, qu'on a grand soin de tenir dans un lieu sec.

Les tamis à passer la garance ont un pied de hauteur sur deux pieds & demi de diametre; ils ont la forme d'une caisse de tambour; ils sont recouverts de peau par-dessus & par-dessous, pour empêcher la dissipation de la poudre fine: la toile qui est au milieu de ces tamis est de crin; il y en a de plus ou moins fines, suivant la qualité qu'on veut donner à la garance.

La garance grappée ou pilée se distingue en deux especes, savoir, en *garance robée*, & en *garance non robée*. La garance non robée est la racine qui n'a été que simplement pilée, & qui est encore mêlée avec l'épiderme qui recouvroit la racine, laquelle ne contient point de parties colorantes. La *garance robée* qui est la plus précieuse, parce qu'elle donne la meilleure teinture, est celle dont on a enlevé l'épiderme après qu'elle a été pilée. Voici comme on s'y prend pour l'obtenir. On retire la garance de dessous les pilons, lorsqu'elle n'a encore reçu que quelques coups;

on la tamiſe groſſiérement pour enlever l'épiderme, & o la remet enſuite de nouveau au moulin pour achever de l' pulvériſer. On voit à Corbeil un moulin à pulvériſer l garance, dans la conſtruction duquel on a cherché à évite les défauts qui ſe trouvent dans ceux dont on ſe ſert Lille.

Lorſqu'on veut ſe procurer une très belle garance, pro pre à donner une couleur même ſupérieure à la garance d Smyrne, il faut, ainſi qu'on le tient de M. *Pagnier* d Darnetal, choiſir les racines de garance les plus belles, l plus ſaines, bien ſeches, bien épluchées & bien propre Il faut enſuite les ſecouer & les agiter dans un ſac pour en lever l'épiderme ; le frottement du ſac & celui des racine les unes contre les autres détachent preſque entiéremen l'épiderme qu'on acheve aiſément de ſéparer au moyen d van, & par cette méthode on n'enleve point du tout à l garance les particules de racines qui contiennent la matier colorante.

Comme il eſt important de reconnoître la beauté de l garance que l'on veut acheter pour employer en teinture voici la maniere dont il faut s'y prendre, ainſi que l'in dique M. *Hellot* dans ſon Traité *de la Teinture des Laines* On en peut faire l'épreuve ſur une livre de laine filée : pou cet effet on fait un bain avec cinq onces d'alun & une onc de tartre rouge fondus dans ſuffiſante quantité d'eau : o imbibe bien de ces ſels la laine qu'on veut teindre : enſuit on jette une demi-livre de racine de garance en poudre da de l'eau chaude, mais dans laquelle on puiſſe tenir la mai ſans ſe brûler : après avoir mêlé cette poudre dans l'eau ave une ſpatule de bois, on plonge la laine dans ce bain qu'o entretient chaud pendant une heure, ayant ſoin qu'il n bouille pas, parceque s'il bouilloit, la couleur de la laine de viendroit terre ; néanmoins vers la fin de l'opération, o échauffe le bain juſqu'à le faire bouillir, mais on retire l laine ſur le champ. Pour pouvoir juger de la beauté de l garance, il eſt bon de teindre en même temps de la lain avec de la belle garance de Zélande ou de Smyrne ; la beau des écheveaux teints décidera de la bonté de la garance.

Il n'eſt pas moins néceſſaire de ne pas ſe laiſſer tromp quand on achete de la garance, parcequ'il y a des étran gers qui, ſous le nom de *Billon de poudre de garance*, ven dent de la terre rougeâtre, mêlée avec un peu de poud d de garance, ou avec des *grappes* qui ont déja servi chez eux; ce qui occasionne un dommage d'autant plus considérable, que la terre ronge la laine des étoffes si elle s'y attache.

La garance paie pour droit d'entrée seize sols six deniers au cent pesant, & vingt-six sols pour droit de sortie, conformément au tarif de 1664.

GARDE-MALADE. *Voyez* INFIRMIER.

GARGOTIER. C'est celui qui tient une petite auberge ou cabaret, où les valets & les pauvres gens prennent les repas à bas prix.

GARNISSEUR. C'est celui qui garnit les chapeaux, il differe du maître marchand chapelier, en ce qu'il ne les fabrique pas.

GAUFFREUR. Le Gauffreur est l'ouvrier qui s'occupe à gauffrer différentes étoffes.

Cet art est très ancien, si on veut en juger par un passage d'*Hérodote*, qui porte que les peuples des environs de la Mer Caspienne imprimoient sur leurs étoffes des desseins d'animaux ou de fleurs dont la couleur ne s'effaçoit jamais, & qui duroient aussi long-temps que la laine dont les habits étoient faits.

La gauffrerie s'exécute à l'aide de différentes plaques de métal, figurées comme le sont les fers où l'on façonne les gauffres. Pour gauffrer une étoffe, on fait chauffer la plaque dont on veut se servir, & ensuite on l'applique fortement sur l'étoffe par le moyen d'une presse. Par l'effet de cette compression, aidée de la chaleur, il arrive que toutes les parties de l'étoffe qui répondent aux endroits creux de la plaque, s'y enfoncent & en prennent la forme; & au contraire toutes les parties de l'étoffe qui répondent aux endroits de la plaque qui n'ont point été évidés, se catissent & s'enfoncent par l'effet de la compression; au moyen de quoi tous les desseins qui étoient tracés en creux dans la plaque, se trouvent exécutés en relief sur l'étoffe. Ces desseins peuvent même se trouver colorés, par l'opération du gauffrage, d'une autre nuance que le fond de l'étoffe. Pour produire cet effet, on enduit la plaque toute chaude de matiere propre à teindre, & ensuite on l'essuie bien, jusqu'à ce qu'il ne reste plus de teinture que dans les creux; en sorte que quand on vient à faire l'application de la plaque, les parties de l'étoffe qui entrent dans les creux, en prennent en même temps la teinture & la forme. C'est par cette petite industrie qu'on a vu il y a quelque temps à Paris un homme qui rajeunissoit les vieux habits, en les couvrant de desseins & de fleurs d'une autre nuance que le fond de l'étoffe.

On peut mettre la gauffrure des étoffes au rang de ces modes qui durent peu, & qui se renouvellent de temps en temps : quoique le brillant qu'on donne à ce qu'on gauffre, se dissipe facilement & ne soit point d'un bon usage, cela n'a pas empêché que l'imagination des ouvriers n'ait travaillé à trouver un moyen plus aisé & plus prompt de gauffrer les rubans. Ce fut en 1680 que cette espece de ruban parut pour la premiere fois. Comme cette mode plut beaucoup, & que le travail en étoit fort long par l'application successive de plaques d'acier gravées de divers ornements, le nommé *Chandelier*, las d'une opération qui emportoit beaucoup de temps, imagina une espece de *laminoir* assez semblable à ceux dont on se sert pour applatir les lames des métaux, mais beaucoup plus simple. Il étoit composé de deux cylindres, sur lesquels étoient gravées les figures qu'il vouloit imprimer sur les rubans. Ces deux principales pieces étoient posées l'une sur l'autre entre deux autres pieces de fer plates, d'un pied & demi de hauteur, placées perpendiculairement, & attachées sur un banc de bois très fort & très pesant, qui soutenoit toute la machine. Chaque cylindre tournoit sur ses tourillons, avoit du même côté, & à son extrémité, une roue à dents, qui, en s'engrenant dans les dents de l'autre, recevoit le mouvement par le moyen d'une forte manivelle attachée à l'une de ces deux roues.

Lorsqu'il vouloit se servir de sa machine, il donnoit à ses cylindres une chaleur convenable, plaçoit son ruban dans l'espace qui étoit entre eux, resserroit ensuite cet espace par le moyen d'une vis qui pressoit le cylindre de dessus, tiroit le ruban du côté opposé à celui où il l'avoit mis, &, à l'aide de la manivelle qui faisoit tourner les cylindres, il gauffroit une piece entiere de ruban en moins de temps que les autres ouvriers n'en gauffroient une aune. *Chandelier* fit une fortune considérable par le grand débit de ses rubans gauffrés.

Pour gauffrer le carton, & en même temps le dorer ou argenter, on se sert de moules de bois ou de corne, sur lesquels on fait graver en creux les figures dont on veut le orner ; on couche ensuite sur le carton, dont on a humecté le derriere avec une éponge, un mordant fait avec quelque gomme claire, sur lequel on applique, quand il est sec, de l'or ou de l'argent en feuille; après quoi on met le carton sur la planche qu'on passe sous la presse, & d'où on l'ôte promptement, de peur que l'or ne s'attache au creux de la planche.

Lorsqu'on veut gauffrer des écrans, des papiers d'éventails, ou autre chose, en fleurs d'or sur un fond de couleur, on se sert de planches de cuivre jaune, épaisses d'un demi-pouce au moins, & évidées dans les *champs* ou espaces qui restent entre les desseins, soit en y laissant mordre l'eau forte, soit en *échopant* ou les évidant avec de forts & larges burins. Quand les planches sont prêtes, on commence par dorer à l'eau froide le papier qu'on veut gauffrer, en appliquant les feuilles en plein sur la couleur du papier: quand l'un & l'autre sont secs, on met le papier du côté de la dorure sur la planche de cuivre un peu chaude, qu'on fait passer sous la presse pour faire l'impression: par ce moyen l'or ou l'argent se trouvent fortement attachés sur tous les endroits du papier où le cuivre a appuyé & marqué. On épousse te ensuite avec une patte de lievre, ou avec du coton, de façon qu'il n'y reste que les fleurs & les figures.

A Paris les Gauffreurs sont aussi appellés, par leurs lettres de maîtrise, *Maîtres Découpeurs-Egratigneurs*, parce-qu'outre la gauffrure ils ont le droit de découper, piquer & moucheter les taffetas, les satins & autres étoffes, avec des fers ou instruments destinés à cet usage: *voyez* DÉCOUPEUR. Ce sont aussi eux qui font les mouches dont se servent les femmes.

GAZETIER. On donne indifféremment ce nom à celui qui écrit la Gazette, & à celui qui la distribue au public. *Théophraste Renaudot*, Médecin de Montpellier, en fut le premier auteur en 1631. Il y a des gens qui font leur état d'aller acheter les Gazettes au bureau, & de les distribuer à ceux qui les veulent lire, moyennant une certaine somme par mois.

GAZIER. Le Gazier est le marchand ou le fabriquant de gaze.

La gaze est un tissu léger très clair, ou tout fil, ou tout soie, ou fil & soie, travaillé à claires voies, & percé de trous comme le tissu de crin dont on fait les cribles. Il y en a d'unies, de rayées, de brochées. Les unes & les autres servent aux ornements & habillements des femmes.

Pour fabriquer la gaze, il faut commencer par dispose la chaîne, comme si on vouloit fabriquer une autre étoffe de soie, c'est-à-dire la dévider sur l'*ourdissoir*, qui est pour l'ordinaire, une espece de moulin haut de six pied ou environ, & dont l'axe est posé perpendiculairement Cet axe a six grandes ailes, sur lesquelles s'ourdit la soie; il a ordinairement quatre aunes & demie de circonférence. De l'ourdissoir il faut porter la chaîne sur le *plioir*, & du plioir sur les *ensubles*: il faut ensuite l'encroiser, & achever le montage du métier. Le *plioir* est un instrument composé de plusieurs légers morceaux de bois, qui sert à ourdi & monter les soies dont on fait les chaînes de la gaze.

Le métier du Gazier est assez semblable aux autres métiers de la fabrique des étoffes en soie, soit unies, soit figurées, & il se monte exactement de la même maniere *voyez* le travail des étoffes en soie, *au mot* FERRANDINIER.

La partie qui distingue le métier du Gazier des autres métiers à ourdir, est une lisse qui porte de petits grains de chapelets qu'on appelle des *perles*. C'est cette lisse qui, en tenant les fils de la chaîne & ceux de la trame écartés les un des autres, empêche que la gaze unie ne soit une toile ou satin, & qui en fait une gaze.

Pour se mieux représenter ceci, que l'on s'imagine de fils horizontaux & paralleles les uns aux autres, comm sur le métier du tisserand; que l'on nomme le premier d ces fils *a*, le second *b*, le troisieme *a*, le quatrieme *b*, l cinquieme *a*, le sixieme *b*, & ainsi de suite. Si vous faite lever tous les fils *a*, *a*, *a*, *a*, les fils *b*, *b*, *b*, *b*, restan horizontaux & paralleles, & que vous donniez un coup de navette pour faire passer un fil de trame; qu'ensuite vou fassiez baisser les fils *a*, *a*, *a*, *a*, & que, les laissant horizontaux & paralleles, vous fassiez lever les fils *b*, *b*, *b*, *b* & que vous donniez un second coup de navette pour fair passer un second fil de trame; il est clair que le battan pressera l'une contre l'autre ces deux portions des fils d trame, & que vous feriez de la toile en continuant toujour ainsi. Mais si après avoir fait lever les fils *a*, *a*, *a*, *a*, laissé le fils *b*, *b*, *b*, *b*, dans la situation horizontale & parallele donné un coup de trame, & laissé retomber les fils *a*, *a*, *a*, *a* au lieu de lever les fils *b*, *b*, *b*, *b*, vous levez une second fois les fils *a*, *a*, *a*, *a*, mais en les faisant passer de l'autr côté des fils *b*, *b*, *b*, *b*; en sorte qu'au lieu de se trouve ans la situation *a b*, *a b*, *a b*, *a b*, comme au premier oup de navette, ils se trouvent au second coup de navette ans la situation *b a*, *b a*, *b a*, *b a* : il est évident que les ils *b*, *b*, *b*, *b*, seront toujours restés immobiles & paralleles, mais que les fils *a*, *a*, *a*, *a*, auront perpétuellement serpenté sur eux une fois en dessus, une fois en dessous de gauche à droite, une fois en dessus, une fois en essous de droite à gauche, & que ces petits serpentements es fils *a*, *a*, *a*, *a*, empêcheront les fils de trame, lancés chaque coup de navette, de se serrer & d'être voisins, ce ui fera une toile à claire voie. Or c'est précisément là ce ui s'exécute par le moyen de la *lisse à perle* & de la *lisse à aillon* ; aussi ces perles sont-elles enfilées dans des brins e fil ou de soie d'une certaine longueur.

Outre ces deux lisses, il y en a une troisieme au métier u Gazier. Cette troisieme lisse est pour le fond. L'on distingue donc dans la fabrication de la gaze trois pas, le *pas e gaze*, le *pas de fond*, & le *pas dur*.

Voilà pour les gazes unies ce qu'il falloit savoir pour istinguer le métier & la manœuvre du Gazier de tout aue ourdissage.

Quant aux gazes figurées ou brochées, elles s'exécutent omme toutes les autres étoffes figurées, tantôt à la petite re, tantôt à la grande tire, comme cela est expliqué au ot FERRANDINIER.

Les anciens faisoient aussi des gazes très fines : celle qui oit connue sous le nom de *gaze de Cos* étoit si déliée, si ansparente, qu'elle laissoit voir le corps comme à nud ; est pourquoi Publius Syrus appelloit ingénieusement les abits qui en étoient faits *ventum textilem* (du vent tissu). ette gaze avoit été inventée par une femme nommée *Pamila*, au rapport de Pline, qui dit qu'il ne faut pas frustrer tte femme de la gloire qui lui appartient, d'avoir trouvé merveilleux secret de faire que les habits montrent les mmes toutes nues. On faisoit la *gaze de Cos* d'une soie ès fine qu'on teignoit en pourpre avant que de l'employer, arcequ'après que la gaze étoit faite, elle n'avoit pas assez corps pour souffrir la teinture. C'étoit auprès de l'isle de os qu'on pêchoit les coquillages qui produisoient la pourre dont on teignoit la gaze pour en rendre encore les hats plus précieux. *Voyez le Dictionnaire raisonné d'Histoire aturelle*.

Les gazes que l'on fabrique à Paris ne le cedent pas en finesse à celles que les anciens avoient imaginées ; mais la température du climat, l'élégance de la taille des femmes grecques, & la différence des mœurs, sont des raisons pour que l'habillement de gaze, qui est celui des graces & de la beauté, ait été en vogue parmi les femmes de la Grece ; au lieu que la gaze ne s'emploie ici que pour les coeffures, les manchettes, &c.

Il vient de la Chine & des Indes des gazes à fleurs d'or & d'argent. Parmi celles de la Chine il s'en trouve de gauffrées.

Les gazes paient les droits de la douane de Lyon, suivant leur qualité ; savoir :

Les gazes avec or, trois livres dix sols de la livre, tant d'ancienne que de nouvelle taxation ; les gazes sans or, quarante-quatre sols ; & les gazes sans or faux & tocque fausse, seize sols.

Ceux qui fabriquent la gaze à Paris sont du nombre des ferrandiniers : *voyez* FERRANDINIER.

GIBECIER : *voyez* BOURSIER.

GLACES D'OFFICE (Art de faire les). Les glaces d'office sont composées de divers liquides que l'on fait geler pour les rendre plus rafraîchissants & plus agréables.

On n'est point d'accord sur l'origine & l'antiquité de l'art de rafraîchir les liqueurs. Il paroît certain que presque tous les peuples qui habitent des climats chauds le connoissent depuis un temps immémorial ; mais la maniere d'y procéder n'a point toujours été la même : à mesure que les hommes ont acquis plus de connoissances, les rafraîchissements dont ils se sont servis ont été mieux faits & plus délicieux ; & on en est venu enfin aux congelations artificielles dont le célebre Chancelier *Bacon* parle dans ses ouvrages comme d'une chose qui, dans son siecle, étoit déja connue depuis long-temps. Nous n'entrerons pas dans un plus grand détail sur l'origine des congelations artificielles ; les curieux pourront s'en instruire dans l'ouvrage qui a pour titre *l'art de bien faire les glaces d'office*. Nous nous bornerons à ce qui est du ressort de la pratique de cet art.

On fait geler les liqueurs pour faire les glaces artificielles par le moyen du sel ammoniac, du sel gemme, de la potasse, de l'esprit de nitre, du sel marin, & du salpêtre brut. Le *sel marin*, ou le sel ordinaire, & le salpêtre brut, sont les moyens les moins dispendieux & les plus usités; le salpêtre brut est même préféré au raffiné: au reste, plus le salpêtre & le sel marin sont secs lorsqu'on les emploie, mieux ils réussissent pour les congelations.

De tous les différents liquides qui entrent dans la composition des glaces, les uns prennent plus facilement que les autres; d'autres pendant la congelation se séparent des sucs avec lesquels on les a mêlés. Comme c'est de l'union des liquides avec les sucs que dépend la perfection des glaces, on ne sauroit faire trop d'attention à leur degré de fluidité.

Comme l'eau est le premier & le plus fréquent des liquides qu'on mêle avec les sucs des fruits, elle s'en sépareroit facilement en se congelant la premiere, si, avant de l'employer, on n'avoit soin de la mêler avec du sucre clarifié, & de les bien amalgamer en les faisant bouillir ensemble; sans cette précaution les glaces seroient seches & sableuses; on trouveroit dans leur intérieur des duretés & des filets qui les empêcheroient de bien réussir & d'être aussi bonnes.

Pour clarifier le sucre qui entre dans la composition des glaces, on commence par mettre dans une terrine un blanc d'œuf avec un demi-verre d'eau; on fouette ce mêlange avec de petites branches d'osier; & lorsque le tout est bien mousseux, on y ajoute trois ou quatre pintes d'eau qu'on fouette aussi, & dans lesquelles on jette une suffisante quantité de sucre pour qu'il puisse se fondre sans se noyer.

Cette premiere opération finie, on met la poële sur le feu, on y fait fondre le sucre, on laisse venir son écume au-dessus; & lorsqu'elle s'éleve comme du lait, on y jette un peu d'eau, ce qu'on continue demi-verre par demi-verre jusqu'à ce qu'elle ait remonté une troisieme fois. On retire ensuite la poële de dessus le feu, on en ôte l'écume & on la replace sur le bord du fourneau, afin que le sucre bouille & chasse le reste de l'écume qu'on enleve à mesure qu'elle paroît. Par ce moyen le sucre devient fin & transparent.

Lorsque la trop grande quantité d'eau l'empêche de se clarifier, on le laisse bouillir plus long-temps. En y plongeant le premier doigt & le pouce, on sent entre les deux doigts si la cuite est *grasse*; c'est ce qu'on nomme le *petit lissé*, ou le premier point du sucre qui sert à diverses opérations de l'office. En ôtant ce sucre du feu on le passe au travers d'une serviette mouillée.

Quand on a besoin d'un sucre dont la cuite soit plus grasse, on remet la premiere cuite sur le feu pour lui faire prendre quelques bouillons de plus ; c'est ce qu'on nomme *sucre au grand lissé*. On donne le nom de *perlé* à la cuite qui rend le sucre très gras & collant entre les doigts. La cuite que l'on nomme la *petite plume*, se connoît à l'écumoire & entre les doigts ; à l'écumoire, lorsqu'après l'avoir trempée dans le sucre & soufflé au travers des trous de l'écumoire, il en sort de petites bulles bien légeres ; aux doigts, lorsqu'en trempant le premier doigt dans le sucre, & en le frottant contre le pouce, on sent que le sucre pince, blanchit, & qu'il forme un filet en ouvrant les doigts. La *grande plume*, ou le *soufflé*, est le nom qu'on donne à la même cuite, lorsqu'après lui avoir fait prendre quelques bouillons de plus & y avoir trempé l'écumoire, il sort quantité de grosses bulles quand on souffle au travers des trous.

Le sucre étant ainsi préparé, on travaille à la cuite des fruits. Ils ne doivent être ni trop verds, ni trop mûrs, ni gâtés, ni tachés, de peur de faire contracter aux glaces quelque mauvais goût. Les fruits étant réduits après leur cuite en espece de marmelade, on les passe selon leur qualité dans des tamis plus ou moins clairs ; on y mêle du sucre clarifié avec les ingrédients propres à relever leur goût, ou à leur donner une odeur plus agréable ; on les met ensuite dans une *sarbotiere*, ou vase d'étain dans lequel on fait geler les compositions. On ne remplit ces vases qu'aux deux tiers ou à moitié, afin que les liquides prennent plus vîte, & qu'on puisse les travailler plus commodément. Quand la *sarbotiere* est pleine au point qu'il le faut, on la met dans un seau ; on jette dans ce seau douze ou quinze livres de glace pilée, suivant que la composition est plus ou moins grasse ; & on y met à-peu-près autant de sel marin ou de salpêtre brut. Plus les compositions sont grasses, plus il faut de glace pour les faire prendre. Il en est de même dans les temps orageux, pluvieux ou neigeux. Il en faut moins au contraire lorsque les compositions sont maigres, ou que le temps est sec, froid, ou chaud.

En mettant la glace dans le seau, on commence par la coucher dans le fond à la hauteur de deux pouces ; on jette sur cette couche un demi-doigt de sel ou de salpêtre ; on pose la *ſarbotiere* ſur cette glace ; & juſqu'au bord du ſeau on la garnit tout autour de divers lits de glace & de ſel, ou de ſalpêtre. En mettant ainſi le ſel ou le ſalpêtre par couches, on eſt bien plus sûr de réuſſir que ſi on les mêloit avec la glace, parceque l'action du froid ſe communiquant par degrés, les liquides ſe congelent plus facilement.

Cinq ou ſix minutes après que la glace, le ſel, ou le ſalpêtre, ont été mis par lits, on tourne la *ſarbotiere* dans le ſeau avec vîteſſe, & environ pendant un quart d'heure. On ouvre enſuite la *ſarbotiere*, on eſſuie les bords du couvercle & ceux du ſeau, de peur qu'en l'ouvrant il n'entre de l'eau ſalée qui geleroit les liquides. Lorſque la congelation ſe forme, on le reconnoît à une croûte qui s'attache aux parois de la *ſarbotiere*, & qu'on détache avec une *houlette*, ou ſpatule de fer blanc ou de cuivre, de la même forme que la houlette d'un berger, & de la grandeur d'une cuiller à ragoût. Cette opération finie, on referme la *ſarbotiere* qu'on tourne pendant dix minutes ou un quart d'heure comme la premiere fois, très vivement & par ſecouſſes, en lâchant la main de temps en temps. On la rouvre une ſeconde fois pour en détacher la compoſition & la *travailler*, c'eſt-à-dire mêler avec le dos de la houlette ce qui eſt pris avec ce qui ne l'eſt pas. Pendant ce travail qu'on fait de la main droite, on tourne lentement la *ſarbotiere* de la gauche.

Si la compoſition n'eſt pas bien priſe, on rafraîchit juſqu'à deux, trois & quatre fois de ſel ou de ſalpêtre & de glace pilée les compoſitions qui ſont *graſſes*, c'eſt-à-dire qui ſont chargées de ſucre ou de ſucs acides ; ce qui arrive quelquefois en faiſant trop cuire le ſucre lorſqu'on veut faire des glaces moelleuſes.

Dans le cas où après avoir ſuffiſamment tourné la *ſarbotiere* la compoſition ne ſe congeleroit pas à ſes parois, on y remédie en en prenant deux ou trois cuillerées qu'on délaie dans de l'eau mêlée avec un peu de ſucre cuit au *petit liſſé* ; on remet cet amalgame dans la *ſarbotiere*, & on l'incorpore en le remuant avec le reſte. On bouche enſuite la *ſarbotiere*, on la force de ſel ou de ſalpêtre, & on tourne à tour de bras ; mais ce remede ne peut être employé que pour les glaces de fruit, de vin & de liqueur, & jamais pour les crêmes.

Si la compoſition eſt *maigre*, c'eſt-à-dire ſi elle eſt trop claire, parcequ'elle n'a pas été aſſez nourrie de ſucre ou de fruit, elle devient ſeche & ſableuſe après la congelation & au coup d'œil elle paroît grumeleuſe. On corrige ces défauts en y mettant dans le milieu un peu de *ſucre à la plume*.

Lorſqu'on ne peut pas ſervir les glaces auſſi-tôt après qu'elles ſont faites, on les conſerve en ayant ſoin de les relever contre les parois de la *ſarbotiere* qu'on rebouche, & dont on couvre le couvercle de glace, de ſel ou de ſalpêtre; dans les temps humides on met un torchon par deſſus. L'inſtant avant de ſervir les glaces, on les *travaille*, c'eſt-à-dire qu'on les mêle bien, de crainte qu'il ne ſe ſoit fait une croûte plus dure aux parois que dans le milieu. Pour ſervir les glaces en taſſe, on les tire de la *ſarbotiere* avec une cuiller à ragoût; & après en avoir formé une eſpece d'œuf avec une cuiller à bouche, on les fait tomber dans des gobelets de cryſtal, de façon qu'elles ſoient dreſſées en pointe auſſi proprement qu'il eſt poſſible.

Il faut beaucoup moins de temps pour avoir des glaces moulées que des glaces en taſſe; il ne s'agit que de les faire prendre dans des moules de plomb ou de fer blanc de la forme & de la figure qu'on veut : c'eſt ainſi qu'on fait des cannelons & des fromages glacés. La façon de mouler eſt la même pour toutes les eſpeces de glaces. Les moules étant pleins, on les met dans un baquet ou ſeau percé par le bas pour que l'eau qui s'y formeroit puiſſe s'écouler & ne pas retarder la congelation. Après que les glaces ſont faites on les range dans une *cave à glaces* pour les maintenir fermes juſqu'à ce qu'on les ſerve. Sans le ſecours de cette cave dont le couvercle a un rebord de deux pouces ſur lequel on met de la glace avec du ſel ou du ſalpêtre qui entretiennent une fraîcheur égale, on ne pourroit conſerver les fruits, cannelons & fromages glacés; les premiers faits ſeroient fondus avant que les autres fuſſent prêts; ce qui rendroit le ſervice impoſſible. Le couvercle de cette cave a une goulote par où s'écoule l'eau qui vient de la glace qui eſt ſur les rebords. Il y a un ou deux étages dans cette cave, afin que les glaces ſoient poſées de façon à ne pas s'écraſer mutuellement. On la met dans un baquet de même forme, mais plus large que la cave de deux pouces, & l'on remplit cet intervalle avec de la glace & du ſel ou du ſalpêtre.

Lorſqu'on veut mouler, on manie les moules avec un torchon de peur que la chaleur de la main ne faſſe fondre les glaces qu'on prend avec une cuiller à bouche, & qu'on enfonce bien dans les moules pour leur en faire prendre la figure. On a ſoin de remplir les moules un peu plus qu'il ne faut, afin de démouler plus facilement; ce qu'on fait en preſſant le moule entre ſes mains, après l'avoir fait tremper auparavant dans de l'eau tiede pour que les glaces ſe décollent plus aiſément. Après que les moules ſont un peu plus pleins, on les ferme, on les enveloppe de papier, on les place ſur un lit de glace préparée, on les range rang par rang, on remplit tous les vuides de glace pilée ſur laquelle on met du ſel ou du ſalpêtre, on les couvre d'un double torchon afin que le froid ſe concentre davantage dans le baquet. Les petits moules n'ont beſoin d'y demeurer que deux heures; les plus gros, comme ceux des fromages glacés, y reſtent trois heures. Si les moules ſont pleins de crême, on les laiſſe moins de temps dans la glace, parcequ'elle prend plus vîte que les liquides.

Une demi-heure avant de démouler, on met la cave de fer blanc à la glace comme une *ſarbotiere*. Quand on veut démouler, on a de l'eau tiede dans une terrine où l'on trempe les moules qu'on arroſe tout de ſuite avec de l'eau fraîche : on ouvre le moule; & lorſque les fruits, cannelons, ou fromages ne peuvent pas ſortir en entier, on y paſſe la lame d'un couteau ſur ſon plat & de biais.

L'art ne s'eſt pas contenté de porter les glaces à leur perfection par la maniere de les compoſer, de les faire prendre & de les finir, on a encore imaginé de leur donner un coup d'œil agréable en leur faiſant prendre des couleurs ſi vraies qu'elles repréſentent des fruits naturels. Cette invention n'ajoute rien au goût, elle ne flatte que la vue; mais elle ſeroit dangereuſe pour la ſanté ſi on n'avoit grand ſoin de n'y employer que des drogues qui peuvent entrer dans les aliments.

On a pouſſé l'art juſqu'à faire des glaces avec la mouſſe de la crême, avec laquelle on mêle diverſes ſortes de vins, liqueurs & ratafias, pour lui donner une ſaveur piquante & agréable.

Pour y bien réuſſir on choiſit de la crême douce, légere, peu épaiſſe, & qui ne ſoit point aigre, parceque la bonté des *mouſſes* eſt toujours relative à la douceur de la crême qu'on emploie. On la met dans une terrine avec une ſuffiſante quantité de ſucre en poudre qu'on remue avec une cuiller pour le faire fondre. On fouette la crême sur les bords de la terrine afin de la rendre plus légere & la faire mieux mousser. A mesure que la mousse se forme on l'enleve avec une écumoire; on la met sur un tamis clair qui est au-dessus d'une terrine, afin de recevoir la crême qui dégoutte de la mousse. On continue de fouetter & d'ôter la mousse à mesure qu'elle se forme.

Lorsque toute la crême est en mousse, on la remue avec une grande cuiller pour lui faire prendre corps; on en remplit les gobelets, & on les met comme les glaces dans une cave à mousse, qui ne differe de la cave à glace qu'en ce qu'elle a deux goulotes, l'une au couvercle & l'autre en bas, pour l'écoulement de l'eau qui provient de la glace.

GLACERIE, ou l'ART DE FABRIQUER LES GLACES. L'invention des glaces est une des plus brillantes. Les glaces introduisent dans nos demeures exactement fermées toute la splendeur du jour, ou, à l'aide d'une feuille d'étain, elles nous présentent la peinture fidele d'une infinité d'objets, dans le moment qu'il nous seroit naturellement impossible de les voir: elles multiplient les objets, répandent la clarté, la gaieté dans un sallon, sur-tout à la lumiere des bougies.

C'est de Venise que la France tiroit autrefois ses glaces. Aujourd'hui la France en fournit l'Europe entiere; & au lieu des glaces de quarante ou cinquante pouces de hauteur qu'elle recevoit autrefois d'Italie, elle y en envoie aujourd'hui de quatre-vingt-dix & même de cent pouces.

On fait des glaces soufflées à la maniere de Venise, & des glaces de grand volume qu'on nomme autrement *glaces coulées*. Nous parlerons de la fabrique des unes & des autres.

Les matieres dont on fait les glaces de miroirs sont la *soude* & le *sable*.

Le *sable* se trouve en France près de la petite ville de *Creil*, où il se tire d'une carriere, & d'où il se transporte dans des sacs à *Saint-Gobin* & à *Tour-la-Ville* près de *Cherbourg*. A l'égard de la *soude*, c'est l'Espagne qui la fournit, parcequ'on n'emploie que de la soude d'Alicante dans ces deux manufactures des glaces.

La *soude en pierre* se forme par la combustion d'une plante appellée *soude* qui croît le long des côtes de la mer.

Il faut choisir la soude d'Alicante seche, sonnante, d'un gris blanchâtre en dedans, & percée en dehors de petits trous en forme d'œil de perdrix, & qu'étant mouillée elle ne donne point une odeur de marécage, sur-tout qu'il n'y ait aucun mêlange d'autres pierres, & que celles de soude ne soient point couvertes d'une croûte verdâtre.

Quand la soude a été bien nettoyée de tous les corps étrangers qui peuvent s'y trouver, on la concasse d'abord dans des moulins à pilons, & ensuite on la passe dans un tamis médiocrement fin.

A l'égard du sable, on le tamise, & on le lave jusqu'à ce que l'eau en sorte bien claire ; & quand il est bien sec, on le mêle avec la soude tamisée, en les faisant passer ensemble par un nouveau tamis ; après quoi on les met dans le four à recuire, où ils doivent rester environ huit heures, c'est-à-dire jusqu'à ce que la matiere soit devenue blanche & légere. La soude & le sable en cet état portent le nom de *frittes* : on les conserve dans des lieux bien secs & bien propres pour les laisser prendre corps (les plus vieilles étant toujours les meilleures).

Quand on veut se servir des *frittes*, on les repasse quelques heures dans le four, & l'on y mêle des *cassons* de verre provenant des glaces mal faites & des rognures, en observant de faire auparavant calciner les *cassons*, c'est-à-dire de les faire rougir dans un fourneau, & de les jetter encore tout rouges dans de l'eau ; il faut aussi y mettre de la manganese pilée pour les aider à fondre, & de l'azur pour en ôter la rougeur. Cette matiere est également propre aux glaces soufflées & aux glaces coulées.

Les atteliers des manufactures des glaces sont des especes de grandes halles couvertes sous lesquelles sont disposés les différens fourneaux nécessaires pour la préparation des *frittes*, pour la fonte du verre, & pour la recuite des glaces. On en parlera plus bas lorsqu'il sera question des glaces coulées. Nous ferons seulement remarquer ici que les halles à couler les glaces sont beaucoup plus vastes que celles qui sont destinées à les souffler.

Les pots à fondre les matieres destinées au soufflage des glaces ont trente-sept pouces de diametre, & trente-quatre de hauteur. Après que ces matieres ont été vitrifiées par l'ardeur du feu, & que le verre est affiné, le maître ouvrier le prend avec la *felle*, qui est une espece de sarbacane de fer ; & après qu'il l'a suffisamment chargée, ce qu'il fait à plusieurs reprises, il monte sur un bloc ou espece d'estrade de bois haute d'environ cinq pieds, pour lui donner avec plus de facilité le balancement qui l'alonge à mesure qu'il la souffle.

Si l'ouvrage est trop pesant pour que le verrier soutienne seul la *felle*, deux ou plusieurs compagnons lui aident, en passant des morceaux de bois par-dessous la glace à mesure qu'elle s'avance, crainte que, sans ce secours, elle ne se détache de la *felle* par son trop grand poids.

Lorsqu'après plusieurs *chauffées* la glace est enfin parvenue à la longueur que demande & son épaisseur & la quantité de matiere qu'on a prise, on la coupe, pendant qu'elle est encore toute rouge, avec des forces à l'extrémité opposée à la felle ; & c'est de ce côté là qu'on la *pointille*, afin de la pouvoir chauffer & élargir de l'autre côté.

Le *pointil* est une longue & forte verge de fer, à l'un des bouts de laquelle il y a une traverse aussi de fer, qui, avec la verge, forme une espece de T. Quand on veut pointiller la glace, on enfonce le pointil du côté de la traverse, dans un des *pots à cueillir ;* & avec le verre liquide qu'on en rapporte, on l'attache par les deux bouts de cette traverse à l'extrémité de la glace qui a été coupée. Les *pots à cueillir* sont ceux qui contiennent le verre en fusion, & tout prêt à être employé.

Lorsque le *pointil* est suffisamment assuré, on sépare de la felle l'autre extrémité de la glace, & l'on se sert du pointil au lieu d'elle pour la porter aux fours destinés à cet usage, où, par plusieurs chauffes qu'on lui donne, on acheve de l'élargir également dans toute sa longueur. C'est après cette façon qu'on coupe la glace avec des *forces*, non seulement du côté qu'elle a tenu à la felle, mais encore dans toute la longueur du cylindre qu'elle forme, afin qu'ayant été encore suffisamment chauffée, on puisse parfaitement l'ouvrir, l'étendre & l'applatir, ce qui se fait à-peu-près comme au verre de Lorraine : *voyez* au mot VERRIER.

Enfin quand les glaces sont applaties, on les met recuire dans des fours qu'on nomme des *estrigues*, où on les dresse à mesure qu'on les y met ; & quand les estrigues sont pleines, on en bouche l'ouverture.

Les glaces sont dix ou quinze jours à se recuire, suivant leur volume & leur épaisseur.

Il faut remarquer que les ouvriers travaillent continuellement, & qu'ils se relaient de six en six heures pour souffler le verre.

Les glaces soufflées pour être parfaites ne peuvent avoir au-delà de cinquante pouces environ de hauteur sur une largeur proportionnée.

C'est dans le château de S. Gobin, situé dans la forêt de la Fere, élection de Laon, dans le Soissonnois, que se font les glaces coulées.

Le bâtiment où l'on coule les glaces se nomme *halle* : cette halle peut avoir onze toises de long sur dix & demie de large dans œuvre. Le four est au centre & a trois toises de long sur deux & demie de large : ce four est composé de bonne brique.

Il y a deux portes de trois pieds de haut de chaque côté de deux toises & demie, & une porte de trois pieds & demi sur le côté de trois toises : les deux premieres sont pour jetter continuellement du bois dans le four, & l'autre pour entrer & sortir les pots & cuvettes, comme on le dira plus bas.

Ce four est sur de bonnes fondations, & carrelé de terre bien cuite, de la même qualité que les pots où l'on met fondre la matiere : il est voûté en dedans à la hauteur de dix pieds : le tuyau pour la fumée est au centre.

Autour du four sont les murs de la halle bien bâtis en pierre de taille : il regne sur ces murs intérieurement des ouvertures comme celle des fours ordinaires ; & à deux pieds & demi du raiz-de-chaussée est le plancher de ces ouvertures qui peuvent avoir quatre toises & demie de profondeur. Ces petits fours s'appellent *carquaisses* ; ils sont destinés pour faire recuire les glaces lorsqu'elles sont coulées.

Le verre qui forme les glaces est composé, comme nous l'avons déja dit, de soude & d'un sable très blanc qui se tire du côté de Creil. Il y a plus de deux cents personnes occupées sur des tables, dans les salles, à nettoyer & trier la soude & le sable pour en ôter les corps étrangers. Le tout est ensuite lavé plusieurs fois & séché au point d'être mis en poussiere dans un moulin à pilons que des chevaux, les yeux bandés, font mouvoir. Cela fait, l'on passe ce sable dans des tamis de soie, & on le porte sécher dans des réduits qui sont pratiqués aux coins du four à quatre pieds & demi du raiz-de-chaussée, pour de là le faire fondre dans les pots, comme on le verra ci-après.

Le grand four dont nous avons parlé ci-dessus n'est

échauffé qu'après qu'il a consumé cinquante cordes de bois : pour lors il est en état de fondre la soude & le sable. On lui conserve cette chaleur en y jettant continuellement du bois. C'est l'occupation de deux hommes en chemise, qui sont relayés de six heures en six heures.

Le four contient plusieurs pots en forme de creusets de la hauteur de trois pieds, & d'environ trois pieds de diametre, d'une terre bien cuite, & d'une couleur blanchâtre, tirant cependant sur celle du tripoli.

Ces pots étant dans le four, l'on y enfourne la soude & le sable, ce qui se fait par les ouvriers du coulage qui ont en main une pelle de fer en forme d'écope à vuider l'eau d'un bateau, & pleine de sable ou de soude : ils passent tour à tour devant le *maître tiseur* qui met sur chaque pelletée une pincée de composition pour en faciliter la fonte, & ils jettent les pelletées dans les pots jusqu'à ce qu'ils soient pleins. La soude & le sable séjournent dans les pots pendant trente-six heures : & au bout de ce temps la matiere est prête à couler.

C'est alors que tous les ouvriers s'apprêtent à cette opération. L'on commence à survuider avec une grande cuiller de fer ou de fonte la matiere d'un des pots, dans une cuvette qui se met dans le four pour cet effet. Cette cuvette est de la même terre que les pots, & peut avoir trente-six pouces de long sur dix-huit de large & dix-huit pouces de haut. Il y a le long de ces cuvettes des hoches de trois pouces de large, pour qu'elles puissent être arrêtées aux côtés du chariot qui doit porter les cuvettes chargées de la matiere à couler. Ce chariot est tout de fer & fort bas ; sa queue forme une pince quarrée, de façon qu'étant fermée elle embrasse la cuvette dans ses hoches. Les deux côtés de cette pince, alongés en X, forment le brancard du chariot. Le mouvement de cette pince se fait sur l'aissieu du chariot où il y a une grosse cheville qui le traverse & qui s'arrête par une clavette. L'on arrête la cuvette chargée sur le chariot avec une chaîne de fer du côté du brancard.

Plusieurs ouvriers voiturent le chariot vis-à-vis de l'une des carquaises allumée, où doit se couler la glace sur une table de fonte posée de niveau à la hauteur du plancher de cette carquaisse. Cette table a dix pieds de long sur cinq pieds de large, & est posée solidement sur un pied de charpente.

L'on pose parallèlement sur cette table deux tringles ou réglets

églets de fer plat de l'épaisseur que l'on veut donner à la glace, & qui servent aussi par leur écartement pour en fixer a largeur. Au côté droit de la table, l'on pose une mahine en forme de grue, qui tient par en haut au mur, & înit par bas à un pivot pour la faire rouler suivant le beoin. Cette machine a environ trois toises de haut, sa raverse une toise, & la piece de bois montante huit à dix ouces d'épaisseur : elle est mobile & se transporte à toutes s carquaisses. Son usage est d'enlever la cuvette au-dessus e la table par le moyen de deux barres de fer de neuf pieds e long, forgées de façon à embrasser la cuvette pour pouoir l'incliner & en faire couler la matiere sur la table. Il a quatre chaînes de fer pour soutenir la pince; elles se éunissent à une grosse corde qui passe par deux poulies dans traverse de la potence : le tout hausse ou baisse à l'aide un cric.

Il y a au pied de la table, sur deux chevalets de charnte, un rouleau de fonte de cinq pieds de long & d'un ed de diametre. Ce rouleau étant posé sur les tringles de la ble, l'on éleve la cuvette au-dessus de la table; & pendant tte opération, elle est conduite par deux hommes, qui, nant les deux côtés des barres qui la saisissent en forme de ce, font faire la bascule à la cuvette pour renverser la atiere au devant du rouleau qui est tenu par deux hommes. ux-ci avec promptitude le font rouler parallèlement sur matiere du côté de la carquaisse, & le font revenir par la me route pour le remettre à sa place. Ces hommes ont la itié du corps & le visage cachés d'une serpilliere épaisse r se garantir des coups de feu.

l y a aux trois côtés libres de la table de petites auges de s pleines d'eau pour recevoir le superflu de la matiere vient d'être coulée. Les ouvriers pour le coulage sont noins une vingtaine, qui s'entendent si bien, que le ser- se fait promptement & sans confusion, chacun ayant exercice particulier.

orsque la glace est coulée, le directeur de la manufac- examine s'il ne s'y trouve point de *bouillons*. Ce sont etites places qui brillent comme des étoiles quand la e est chaude; s'il s'en trouve, tout de suite on coupe lace en cet endroit.

a glace étant refroidie & décidée bonne ou sans bouil-, on la pousse de dessus la table dans la carquaisse qui est de niveau ; ce qui se fait avec un rateau de fer de la largeur de la table, & dont le manche est de deux toises de longueur.

De l'autre côté de la carquaisse, ou en dehors, il y a des ouvriers avec des crochets de fer qui attirent la glace à eux & la rangent dans la carquaisse. Elle peut contenir six grandes glaces ; quand elle est pleine, l'on en bouche les ouvertures avec les portes qui sont de terre cuite, & l'on mastique tous les joints afin que les glaces soient étouffées & mieux recuites. Elles restent en cet état pendant quinze jours, au bout desquels on les tire de la carquaisse avec de grandes précautions pour les encaisser & les envoyer par eau à Paris où on leur donne le poli.

Il reste à dire que la fournée ou la quantité ordinaire de matiere préparée fournit le coulage de dix-huit glaces, qui s'accomplit en dix-huit heures ; ce qui fait une heure pou chacune.

La glace, au sortir du four à recuire, n'a plus besoin que de poliment, & ensuite d'être mise au tain, si elle est desti née à en faire un miroir. Nous ne parlerons ici que du po liment, la maniere de mettre au tain étant détaillée au mo Miroitier.

Le poliment consiste en deux choses ; savoir, le *dégrossi* qu'on nomme aussi *adouci* ; & le *parfait poliment*, dont l opérations sont différentes.

La glace brute qu'on veut dégrossir est d'abord couché horizontalement sur une pierre de liais, & on l'y scelle e plâtre d'une façon qui la rend immobile. On en adoucit l inégalités à force de frottement, par le moyen d'une gla de moindre volume que l'on glisse par-dessus. Celle-ci tie à une table de bois parfaitement nivelée. On la charge d' bord d'un poids plus ou moins fort, puis d'une roue qu'o y attache fortement avec le poids. Cette roue ne sert qu donner prise en tout sens à la main de l'ouvrier, pour fai aller & venir la glace supérieure sur la glace dormante.

Les moindres glaces se polissent pareillement l'une s l'autre, & de chaque face tour à tour, comme il se pratiq pour les grandes. La roue est inutile pour le maniement d petites, & on la remplace par quatre poignées de bois q tiennent aux quatre coins du moellon de pierre dont la ta d'attache est chargée. Le dégrossi des grandes & des petit glaces se pousse & se perfectionne par le secours de l'eau du sable qu'on verse entre les glaces : on se contente d'abord d'un assez gros sable ; on l'emploie ensuite plus fin, & cette finesse augmente par degrés.

De l'attelier du dégrossi les glaces vont à celui du poli, où on acheve d'abattre leurs plus petites inégalités.

Pour leur donner cette perfection, qu'on appelle aussi le *lustre*, on se sert de la pierre de tripoli & de celle d'émeri, parfaitement pulvérisées. L'instrument de ce travail est une planche garnie d'un morceau de feutre, & traversée par un petit rouleau qui de ses extrémités y forme un double manche pour la faire aller en avant & en arriere, & en tous sens. L'ouvrier la tient assujettie au bout d'un grand arc de bois qui fait ressort, & facilite l'action des bras, en ramenant toujours la planche mobile vers le même point.

Les glaces sont alors en état de servir aux carrosses, ou d'éclairer les temples & les palais sous la garde d'un fil de laiton, qui les préserve de la grêle & des insultes du dehors. Celles dont on veut faire des miroirs sont mises à l'étain, ou, si l'on veut, au tain, suivant le langage des ouvriers.

Les principaux défauts des glaces sont les mauvaises couleurs, l'obscurité, les bouillons, les filandres & la rouille. Une belle glace doit avoir l'éclat & la couleur de l'eau. Elle obtient principalement cette couleur d'une certaine dose d'azur en poudre que l'on ajoute au mêlange des matieres premieres. Son obscurité vient du défaut de ce mêlange, soit que les substances propres à donner à la glace une transparence & une limpidité parfaites aient été ménagées, soit que la trop grande activité du feu les ait fait évaporer en partie.

Les *bouillons* sont de petits ronds occasionnés par les vuides qui se forment lorsque la matiere est fortement agitée par la violence du feu. Il a été dit plus haut qu'on coupoit la glace lorsqu'on appercevoit des bouillons après qu'elle étoit coulée.

Les *filandres* procedent du mêlange de quelques parties de matieres moins disposées que les autres à la vitrification, & qui ne peuvent s'allier avec elles.

On doit considérer la *rouille* comme une espece de tache ou de nuage grisâtre dans le principe, & qui avec le temps se colore des couleurs de l'arc-en-ciel. Elle procede de la trop grande quantité d'alkali dont la glace est chargée, & que l'humidité saisit.

Un autre défaut auquel les glaces peuvent être sujettes, c'est d'être fausses ou de changer la proportion des objets; ce qui provient d'une surface inégale, qui réfléchit différemment les rayons de lumiere.

Les glaces se vendent en France suivant le prix marqué par un tarif qui est imprimé. La perfection d'une glace montée consiste dans la netteté de la représentation & la solidité du plateau; ce qui la met en état de résister aux accidents. Ces deux points, la solidité & la netteté, sont d'autant plus difficiles à réunir, qu'ils se contrarient; car, moins la glace est épaisse, plus elle paroît blanche, fidelle & brillante.

Venise, comme nous l'avons dit plus haut, a été longtemps seule en possession de fournir des glaces à toute l'Europe. Ce fut M. Colbert qui enleva aux Vénitiens un art qui étoit en quelque sorte leur patrimoine. Il se trouvoit beaucoup d'ouvriers François dans la manufacture de cette république; il les rappella à force d'argent. Ce ministre, pour favoriser un établissement si utile, & qui exigeoit nécessairement beaucoup de frais, accorda en 1665 un privilege exclusif aux entrepreneurs. On ne connoissoit alors que les *glaces soufflées*; c'étoit du moins les seules que l'on fabriquoit à Mourra près de Venise, & ensuite à Tour-la-Ville près de Cherbourg en Normandie. Les grandes glaces ou les *glaces coulées* ne furent imaginées qu'en 1688. La nouvelle compagnie demanda pour sa fabrique un privilege exclusif. On établit d'abord les atteliers à Paris; mais on les transféra à Saint-Gobin, où ils sont encore présentement. L'ancienne compagnie pour les glaces soufflées ne vit point ce privilege sans jalousie: il s'éleva entre ces deux compagnies plusieurs contestations sur l'étendue de leur privilege, à cause du vuide qui se trouvoit entre la grandeur de 45 pouces, terme des plus grandes glaces soufflées, & celle de 60 pouces, à laquelle commençoit le privilege des glaces coulées. D'ailleurs, ces glaces venant à se casser formoient des glaces de petites dimensions, dont les propriétaires vouloient profiter. Ces discussions ne purent être bien terminées que par la réunion des deux privileges.

L'établissement que les privilégiés ont à Tour-la-Ville s'occupe uniquement des glaces soufflées; celui de Saint-Gobin, des glaces coulées & soufflées. Elles sortent brutes de ces manufactures: c'est à Paris que s'en fait l'apprêt, qui consiste dans le *douci*, le *poli*, & l'*étamure*, opération de crite au mot MIROITIER. On peut même regarder cet apprêt comme ce qui constitue la glace proprement dite, & la sépare en quelque sorte du verre & du crystal.

Il s'exporte beaucoup de nos glaces coulées & soufflées chez l'étranger. Les Vénitiens ont néanmoins toujours conservé la majeure partie du commerce des glaces soufflées, par le bon marché de leur main-d'œuvre. Il se fait un grand débit de ces glaces au Levant & dans les Colonies Espagnoles & Portugaises. Les tremblements de terre auxquels ces pays sont sujets, & qui obligent d'avoir des maisons extrêmement basses, empêcheront toujours qu'on puisse introduire dans ces Colonies des glaces d'un plus grand volume que celles des Vénitiens.

L'art de peindre en dessous les glaces, ou de mettre entre elles & leur tain, ainsi que le font les Chinois, des figures & des desseins qui ne soient point des couleurs appliquées, est si difficile à imiter, qu'à peine est-il connu en France. En faveur des curieux, nous allons rapporter ce que l'auteur du Dictionnaire du Commerce dit à l'occasion de l'expérience qu'en a fait M. D***.

En 1745, à Port-Louis, on fit présent à M. le Marquis de Rhotelin d'un miroir de la Chine, sur la glace duquel on voyoit une Chinoise à sa toilette, un perroquet placé sur son bâton, & un singe en bas. Ce fut à cette occasion que M. D***. frappé de la beauté de cette glace, & de l'art avec lequel elle étoit travaillée, chercha le moyen de l'imiter. Il réussit en faisant dessiner & peindre à la détrempe & très légérement un dessein sur une feuille d'étain avant qu'on l'appliquât sur la glace; & après avoir laissé reposer la peinture pendant deux ou trois jours, afin que toute l'humidité s'évaporât, il fit servir pour étamure la feuille d'étain sur laquelle il avoit fait peindre: à peine fut-elle exactement appliquée à la glace, que la peinture fit un effet très agréable: *voyez* PEINTURE A L'HUILE SUR GLACE.

GLACEUR. C'est celui qui glace les indiennes après les avoir dégraissées, & qui leur donne un air neuf.

Lorsque l'étoffe est bien nette, on y met avec un goupillon un apprêt de colle de parchemin délayée très clairement. Dès que l'étoffe est seche, on la frotte avec de la cire, & on l'étend sur un établi où il y a une perche perpendiculaire au bout de laquelle est une rainure dans laquelle on a enchassé un verre de l'épaisseur de sept à huit lignes, qui eſt ſaiſi & arrêté par une vis qu'on ſerre avec un écrou. La table ſur laquelle on poſe l'étoffe pour y paſſer le verre eſt garnie de quelques cannelures.

Dès que les indiennes ne furent plus prohibées, quelques perſonnes s'aviſerent de les glacer. Les teinturiers, jaloux de ce que ces ouvriers empiroient ſur leurs travaux, leur intenterent un procès. Par ſentence du Lieutenant de Police les Glaceurs furent obligés ou de travailler chez les teinturiers, ou de ſe faire recevoir maîtres teinturiers, ſous peine d'être ſaiſis.

Le ſieur *Martinet*, maître & marchand teinturier à la barriere du fauxbourg S. Martin, a trouvé le ſecret de glacer des robes & des jupons tout entiers, doublés & garnis, au moyen d'un morceau de bois cannelé de la longueur d'une aune, & preſque de deux pouces en quarré ſur chaque face, lequel bois il paſſe dans l'intérieur du jupon ſans le découdre, & le glace en tournant l'étoffe ſur le bois à meſure qu'il la polit avec le verre qui eſt enchaſſé au bout de la perche ci-deſſus. Pour rétablir les plis des falbalas qui ont été froiſſés par le frottement du verre, il ſe ſert d'un morceau d'ivoire de ſept à huit pouces de longueur ſur huit à dix lignes de largeur; & en le paſſant dans chaque pli, il le releve & lui donne ſa premiere forme.

GOBEUR : *voyez* HALEUR.

GOUDRON : *voyez* POIX.

GOUJAT. C'eſt celui qui porte ſur ſes épaules une machine qu'on appelle *l'oiſeau*, qui eſt une eſpece de petite hotte de bois, plate, & compoſée de quatre morceaux de bois dont les deux qui portent ſur les épaules ſont couverts de planches juſqu'à la moitié, & dont l'autre moitié demeure vuide, afin que le Goujat y paſſe ſa tête, & que de chaque main il tienne chacun de ces bouts. Sur le milieu à peu près de ces deux bois de longueur, il y a une mortaiſe où l'on enchâſſe un bois debout de la hauteur de douze ou quinze pouces, & que l'on recouvre auſſi de planches, afin que l'on puiſſe mettre ſur l'oiſeau une certaine quantité de mortier, & qu'étant retenu par ces planches il ne tombe ni ſur la tête ni ſur le cou du Goujat.

Lorſque l'oiſeau eſt chargé de mortier par l'aide-maçon ſur un bois debout qui eſt poſé exprès proche du tas de mortier, le Goujat le prend ſur ſes épaules, monte à l'échelle du bâtiment, le porte ſur tous les échafauds où ſont les ma-

[...]ons, &, ſans quitter l'oiſeau de deſſus ſes épaules, ſe penche de côté, de maniere que le poſeur vuide avec ſa truelle [p]our le mortier de l'oiſeau ſur le mur qu'il bâtit. Dans les [e]ndroits où l'on n'emploie que du plâtre, à la place de l'oiſeau on ſe ſert d'un *auget* plein de plâtre & d'eau, que le Goujat porte par-tout où l'on en a beſoin.

On donne auſſi le nom de Goujats aux valets qui ſervent [d]ans les armées.

GOUREUR. On donne ce nom à ces petits épiciers ambulants qui courent la campagne, & qui diſtribuent dans les villages du poivre, du gingembre, & autres drogues qui ſont ordinairement falſifiées.

GOURMET. C'eſt celui qui eſſaie le vin, en le goûtant pour en connoître la qualité.

Sur les ports de Paris, & dans les halles où les vins ſe vendent, il y a des maîtres tonneliers dont l'emploi conſiſte à ſervir de Gourmets aux bourgeois qui viennent faire [l]eur proviſion.

Dans le Sénégal & autres lieux des côtes d'Afrique, on donne le nom de Gourmets aux Maures qui remorquent les barques ſur les rivieres, en les tirant avec des cordes tout le long du rivage, comme le font nos matelots ſur certaines rivieres où, faute de tirage, on n'eſt pas dans l'uſage de faire remonter les bateaux par des chevaux.

GRAILLONNEUSE. On donne ce nom, à Paris, à des femmes qui, moyennant des lettres de regrat, ont la permiſſion de vendre publiquement des reſtes de viandes qui ont été deſſervis de deſſus une table bourgeoiſe ou celle d'un traiteur.

GRAINETIER : *voyez* GRENETIER.

GRANGER : *voyez* MÉTAYER.

GRAVATIER. On nomme ainſi le charretier qui ne fait autre choſe que de charrier les plâtras dans les atteliers des ſalpêtriers; les décombres des maiſons démolies, ou les terres des excavations, dans les endroits qui lui ſont déſignés par la police; les terreaux, ſable, *blan* ou terre dont on a tiré le ſalpêtre, pour mettre dans les jardins des particuliers.

Les Gravatiers ſont obligés, comme les autres charretiers, de mettre en groſſes lettres ſur le bois du collier de leur limonnier, & ſur le devant ou à côté de leur tombereau, leur nom, leur profeſſion, & le nom de la rue où ils demeurent, afin que ceux qui les emploient sachent de qui ils ont à se plaindre en cas de quelque malversation.

Par le sixieme article des statuts des salpêtriers, on a réglé le nombre des Gravatiers que chaque salpêtrier peut envoyer à la recherche des terres propres à faire le salpêtre. *Voyez* SALPÊTRIER.

GRAVEUR. Le Graveur est en général l'artiste qui, par le moyen du dessein & de l'incision sur les matieres dures, imite les objets visibles. Il y a plusieurs sortes de gravures, en creux ou en relief, sur les pierres, sur le bois, sur l'or & l'argent, sur le cuivre, le laiton, l'étain, le fer ou l'acier. Nous parlerons successivement de ces différentes sortes de gravures.

Gravure à l'eau-forte.

On n'a connu, dans l'antiquité, que la gravure en relief & en creux des crystaux & des pierres. Nous devons trouver bien étonnant que les anciens, ayant trouvé le secret de graver sur le marbre & sur le bronze leurs loix & leurs inscriptions, n'aient point tenté de graver sur le cuivre les plus excellentes peintures. Mais cette découverte étoit réservée aux modernes, & au temps du renouvellement des arts.

Maso Finiguerra, orfevre de Florence, fut le premier qui trouva la gravure des planches. Des artistes italiens la firent connoître en France sous le regne de François I : elle étoit encore informe, & peu propre à donner du goût pour ce genre de travail. Ce ne fut que sous les regnes suivants qu'elle parut avec quelque éclat : depuis elle a été portée à sa perfection par nos célebres artistes.

Ces Graveurs sont du nombre des artistes que leurs talens font admettre dans l'Académie Royale de Peinture & Sculpture, ou qui se font recevoir maîtres dans celle de S. Luc: *voyez* PEINTRE.

La gravure sur le cuivre, soit au burin, soit à l'eau-forte, est presque la seule dont on se serve présentement pour les estampes, ou pour les planches gravées, dont on orne les livres ; celle en bois, autrefois si estimée, n'est plus guere d'usage que pour les petits ouvrages de peu de conséquence, ou pour de très grands, comme sont les tapisseries de papier & autres.

Le cuivre dont on se sert pour la gravure des estampes, doit être rouge. Ce choix est fondé sur ce que le cuivre jaune est communément aigre, que sa substance n'est pas égale, qu'il s'y trouve des pailles, & que ces défauts sont des obstacles qui s'opposent à la beauté des ouvrages auxquels on le destineroit. Le cuivre rouge qui a les qualités les plus propres à la gravure, doit être plein, ferme & liant.

Lorsqu'on a fait choix d'un cuivre propre à graver, on doit lui faire donner la préparation qui lui est nécessaire pour l'usage auquel on le destine. Les chauderonniers l'applanissent, le coupent, le polissent; mais il est essentiel que les Graveurs connoissent eux-mêmes ces préparations.

Une planche de cuivre de la grandeur d'environ un pied sur neuf pouces, doit avoir environ une ligne d'épaisseur, & cette proportion peut régler pour d'autres dimensions. La planche doit être bien forgée, & bien planée à froid; par ce moyen le grain du cuivre devient plus serré & moins poreux.

Il s'agit, après ce premier soin, de la polir: on choisit celui des deux côtés de la planche qui paroît être plus uni & moins rempli de gerçures & de pailles. On attache la planche par le côté contraire sur un ais, de maniere qu'elle y soit retenue par quelques pointes ou clous; alors on commence à frotter le côté apparent avec un morceau de grès, en arrosant la planche avec de l'eau commune: on la polit ainsi le plus également qu'il est possible en passant le grès fortement dans tous les sens, & en continuant de mouiller le cuivre & le grès jusqu'à ce que cette premiere opération ait fait disparoître les marques des coups de marteau qu'on a imprimées sur la planche en la forgeant.

Ces marques étant disparues, ainsi que les pailles, les gerçures, & les autres inégalités qui pouvoient s'y rencontrer, on substitue au grès une pierre ponce bien choisie: on s'en sert en frottant le cuivre en tous sens, & en l'arrosant d'eau commune: l'on efface ainsi les raies que le grain trop inégal du grès a laissées sur la planche; après quoi, pour donner un poli plus fin, on se sert d'une pierre à aiguiser, qui est ordinairement de couleur d'ardoise. Enfin le charbon & le brunissoir achevent de faire disparoître de dessus la planche les plus petites inégalités.

Voici comme on doit s'y prendre pour préparer le charbon qu'on doit employer. On choisit des charbons de bois de saule qui soient assez gros & pleins, qui n'aient point de fentes ni de gerçures. On ratisse l'écorce de ces charbons, on les range ensemble dans le feu, on les couvre ensuite d'autres charbons allumés, & de quantité de cendre rouge, de sorte qu'ils puissent demeurer sans communication avec l'air pendant environ une heure & demie, & que le feu les ayant entiérement pénétrés, il n'y reste aucune vapeur. Lorsqu'on juge qu'ils sont en cet état, on les plonge dans l'eau & on les laisse refroidir.

On frotte la planche qui a déja été unie par le grès, la pierre ponce, la pierre à aiguiser, avec un charbon préparé comme on vient de le dire, en arrosant d'eau commune le cuivre & le charbon, jusqu'à ce que les marques que peuvent avoir laissé les pierres différentes dont on a indiqué l'usage, soient disparues.

La derniere préparation qu'il doit recevoir, ou de la main de l'ouvrier en cuivre, ou de celle de l'artiste, c'est d'être bruni. On se sert pour cela d'un instrument qu'on nomme *brunissoir*. Cet instrument est d'acier : l'endroit par où l'on s'en sert pour donner le lustre à une planche, est extrêmement poli, il a à-peu-près la forme d'un cœur. L'usage qu'on en fait après avoir répandu quelques gouttes d'huile sur le cuivre, est de le passer diagonalement sur toute la planche en appuyant un peu fortement la main. Par cette derniere opération, on parvient à donner à la planche de cuivre un poli pareil à celui d'une glace de miroir.

Les deux manieres les plus usitées de graver les estampes sur cuivre, sont la gravure à l'eau forte, & la gravure au burin.

Pour parvenir à faire usage de l'eau-forte, il faut couvrir la planche d'un vernis, dont il y a deux especes : savoir, le vernis dur, & le vernis mou. Les Graveurs en taille-douce ont différentes recettes pour la composition de ces vernis.

Avant que d'appliquer le vernis sur la planche, il faut encore prendre soin d'ôter de sa surface la moindre impression grasse qui pourroit s'y rencontrer ; pour cela on la frotte avec une mie de pain, un linge sec, ou bien avec un peu de blanc d'Espagne mis en poudre, & un morceau de peau : on doit avoir soin, sur-tout, de ne pas passer les doigts & la main sur le poli du cuivre lorsqu'on est sur le point d'appliquer le vernis. Pour l'appliquer ſur la planche, on l'expoſe ſur un réchaud dans lequel on fait un feu médiocre; lorſque le cuivre eſt un peu échauffé, on le retire & on y applique le vernis avec une petite plume, un petit bâton, ou une paille; on poſe ce vernis ſur la planche en aſſez d'endroits, pour qu'on puiſſe enſuite l'étendre par-tout, & l'en couvrir par le moyen de quelques tampons faits avec de petits morceaux de taffetas neuf, dans leſquels on renferme du coton, qui doit être neuf auſſi.

Cette opération étant faite, il faut noircir le vernis, pour qu'il ſoit plus facile d'appercevoir les traits qu'on y formera enſuite avec les inſtruments qui ſervent à graver.

Pour noircir le vernis, on ſe ſert de pluſieurs bouts de bougie jaune que l'on raſſemble, afin qu'étant allumés, il en réſulte une fumée graſſe & épaiſſe. Cela fait, on attache au bord de la planche un, deux, trois ou quatre étaux, ſuivant la grandeur de la planche. Ces étaux qui, pour la plus grande commodité, peuvent avoir des manches de fer propres à les tenir, donnent la facilité d'expoſer tel côté de la planche que l'on veut à la fumée des bougies.

Pour donner au vernis, ainſi noirci, le degré de conſiſtance convenable, on allume une quantité de charbon proportionnée à la grandeur de la planche; on forme avec ces charbons, dans un endroit à l'abri de la pouſſiere, un braſier plus large & plus long que la planche; on expoſe la planche ſur ce braſier à l'aide de deux petits chenets faits exprès, ou de deux étaux, avec leſquels on la tient ſuſpendue à quelques pouces du feu, par le côté qui n'eſt pas verniſſé. Lorſqu'après l'eſpace de quelques minutes, on voit la planche jetter de la fumée, on ſe prépare à la retirer; & pour ne pas riſquer de le faire trop tard, ce qui arriveroit ſi l'on attendoit qu'elle ne rendît plus de fumée, on éprouve, en touchant le vernis avec un petit bâton; s'il réſiſte, ou s'il cede au petit frottement qu'on lui fait éprouver; s'il s'attache au bâton, & s'il quitte le cuivre, il n'eſt pas encore durci; s'il fait réſiſtance, & s'il ne s'attache point au bâton, il faut le retirer; alors le vernis dur eſt dans ſon degré de perfection.

A l'égard du vernis mou, on en forme de petites boules, que l'on enveloppe dans du taffetas pour ſervir comme nous allons le dire.

On tient, au moyen d'un étau, la planche de cuivre ſur

un réchaud dans lequel il y a un feu médiocre ; on lui donn une chaleur modérée ; & passant alors le morceau de taffetas, dans lequel est enfermée la boule de vernis, sur la planche en divers sens, la chaleur fait fondre doucement le vernis, qui se fait jour au travers du taffetas, & se répand sur la surface du cuivre. Lorsqu'on croit qu'il y en a suffisamment, on se sert d'un tampon fait avec du coton enfermé dans du taffetas, & frappant doucement dans toute l'étendue de la planche, on porte par ce moyen le vernis dans les endroits où il n'y en a pas, & on ôte ce qu'il y en a de trop dans les endroits où il est trop abondant.

Quand cette opération est faite, on remet un instant la planche sur le réchaud ; & lorsque le vernis a pris une chaleur égale, qui le rend luisant par-tout, on le noircit de la même maniere que nous avons expliquée en parlant du vernis dur.

La planche en cet état ne présente plus d'un côté qu'une surface noire & unie, sur laquelle il s'agit de tracer le dessein qu'on veut graver.

La façon la plus usitée de transmettre sur le vernis les traits du dessein qu'on doit graver, est de frotter ce dessein par derriere avec de la sanguine mise en poudre très fine, ou de la mine de plomb. Lorsqu'on a ainsi rougi ou noirci l'envers du dessein, de maniere cependant qu'il n'y ait pas trop de cette poudre dont on s'est servi, on l'applique sur le vernis par le côté qui est rouge ou noir : on l'y maintient avec un peu de cire qu'on met aux quatre coins du dessein; ensuite on passe avec une pointe d'argent ou d'acier qui ne soit pas coupante, quoique fine, sur tous les traits qu'on veut transmettre, & ils se dessinent ainsi sur le vernis, c'est ce qu'on appelle *calquer* le dessein ; après quoi on ôte le dessein, & pour empêcher que ces traits légers qu'on a tracés en calquant ne s'effacent lorsque l'on appuie la main sur le vernis en gravant, on expose la planche un instant sur un feu presque éteint, ou sur du papier enflammé, & on la retire dès qu'on s'apperçoit que le vernis rendu un peu humide, a pu imbiber le trait du calquage.

Cette façon de calquer, la plus commune & la plus facile, n'est pas sans inconvénient. Les objets dessinés ainsi sur la planche & gravés, se trouveront, dans les estampes qu'on imprimera, placés d'une façon contraire à celle dont ils étoient disposés dans le dessein; il paroîtra conséquemment dans les estampes, que les figures feront de la main gauche les actions qu'elles sembloient faire de la main droite dans le dessein qu'on a calqué.

Voici les différents moyens qu'on a pour éviter cet inconvénient. Si le dessein original est fait avec la sanguine ou la mine de plomb, il faut, au moyen de la presse à imprimer les estampes, en tirer une contre-épreuve, c'est-à-dire, transmettre une empreinte de l'original sur un papier blanc, en faisant passer le dessein & le papier qu'on a posé dessus sous la presse; alors on a une représentation du dessein original dans un sens contraire. En faisant ensuite à l'égard de cette contre-épreuve ce qu'on vient de prescrire pour le dessein même, c'est-à-dire, en calquant la contre-épreuve sur la planche, les épreuves qu'on tirera de cette planche, lorsqu'elle sera gravée, offriront les objets placés du même sens qu'ils le sont sur l'original.

Si le dessein n'est pas fait à la sanguine ou à la mine de plomb, & qu'il soit lavé, dessiné à l'encre, ou peint, il faut se servir d'un autre moyen que voici. On prend du papier fin vernissé avec l'esprit de térébenthine, ou le vernis de Venise, qui sert à vernir les tableaux; on applique ce papier qui doit être sec, & qui est extraordinairement transparent, sur le dessein ou sur le tableau; on dessine alors les objets que l'on voit au travers avec le crayon ou l'encre de la Chine. Ensuite ôtant le papier de dessus l'original, on le retourne. Les traits qu'on aura formés & qu'on voit au travers, y paroissent disposés d'une façon contraire à ce qu'ils sont dans l'original. On applique sur la planche le côté du papier sur lequel on a dessiné : on met entre ce papier vernissé & la planche, une feuille de papier blanc, dont le côté qui touche à la planche, doit avoir été frotté de sanguine ou de mine de plomb : on assure les deux papiers avec de la cire, pour qu'ils ne varient pas, & on calque avec la pointe en appuyant un peu plus que s'il n'y avoit qu'un seul papier sur la planche. Par ce moyen on a un calquage tel qu'il faut qu'il soit pour que l'estampe rende les objets disposés comme ils le sont sur le dessein.

Pour se conduire dans l'exécution de la planche, il faudra consulter la contre-épreuve ou le dessein qu'on aura fait: & si, pour une plus grande exactitude, on veut se servir du dessein ou du tableau original, il faut le placer de maniere que se réfléchissant dans un miroir, il puisse présenter les objets du sens dont ils sont tracés sur la planche.

Donnons présentement une idée générale de la gravure à l'eau-forte; ensuite nous dirons de quels instruments on se sert.

Le vernis dont on a enduit la planche est de telle nature, que si on verse de l'eau-forte dessus, elle ne produira aucun effet; mais si on découvre le cuivre en quelque endroit en enlevant ce vernis, l'eau-forte s'introduisant par ce moyen, rongera le cuivre dans cet endroit, le creusera, & ne cessera de le dissoudre, que lorsqu'on l'en ôtera. Il s'agit donc de ne découvrir le cuivre que dans les endroits que l'on a dessein de creuser, & de livrer ces endroits à l'effet de l'eau-forte, en ne la laissant opérer qu'autant de temps qu'il en faut pour creuser les endroits dont on aura ôté le vernis; on se sert pour cela d'outils qu'on nomme *pointes* & *échopes*.

La façon de faire des pointes la plus facile, est de choisir des aiguilles à coudre de différentes grosseurs, d'en armer de petits manches de bois de la longueur d'environ cinq ou six pouces, & de les aiguiser pour les rendre plus ou moins fines, suivant l'usage qu'on en veut faire. Quant à la maniere de les monter, c'est ordinairement une virole de cuivre qui les unit au bois, au moyen d'un peu de mastic ou de cire d'Espagne. On appelle du nom de *pointes* en général toutes ces sortes d'outils; mais le nom d'*échopes* distingue celles des pointes dont on applatit un des côtés, en sorte que l'extrémité n'en soit pas parfaitement ronde, mais qu'il s'y trouve une espece de biseau.

Quand on a tracé sur la planche, en ôtant le vernis avec les pointes & les échopes, tout ce qui peut contribuer à rendre plus exactement le dessein ou le tableau qu'on a entrepris de graver, il faut examiner si le vernis ne se trouve pas égratigné dans les endroits où il ne doit pas l'être, soit par l'effet du hasard, soit parcequ'on a fait quelques faux traits; & lorsqu'on a remarqué ces petits défauts, on les couvre avec un mélange de noir de fumée en poudre, & de vernis de Venise. Après avoir donné à ce mélange assez de corps pour qu'il couvre les traits qu'on veut faire disparoître, on l'applique avec des pinceaux à laver ou à peindre en miniature.

L'eau-forte dont on doit se servir n'est pas la même pour le vernis dur & pour le vernis mou. Les Graveurs ont aussi des recettes particulieres pour ces eaux-fortes. Ils appellent *eau-forte à couler*, celle qu'ils emploient pour le vernis dur; & *eau-forte de départ*, celle dont ils se servent pour le vernis mou; cette derniere est en effet la même que celle que les Affineurs emploient pour le départ : *voyez* AFFINEUR.

Quand on veut mettre l'eau-forte sur la planche dans le vernis de laquelle on a gravé le dessein, on commence par border la planche avec de la cire, afin qu'elle puisse retenir l'eau-forte. La cire dont les sculpteurs se servent pour leurs modeles est très propre à cet usage. On l'amollit assez aisément en la maniant, si c'est en été; si c'est en hiver, on l'amollit au feu. Avec cette cire ainsi ramollie, on fait autour de la planche un bord haut d'environ un pouce, en forme de petite muraille; en sorte qu'en posant la planche à plat & bien de niveau, & y versant ensuite l'eau-forte, elle y soit retenue par le moyen de ce bord de cire, sans qu'elle puisse couler ni se répandre. On pratique à l'un des coins de cette petite muraille de cire, une gouttiere ou petit canal, pour verser plus commodément l'eau-forte.

La planche étant ainsi bordée, on y verse l'eau-forte affoiblie au degré convenable, jusqu'à ce qu'elle en soit couverte d'un travers de doigt. Quand on juge que l'eau-forte a agi suffisamment dans les touches fortes, & qu'elle commence à faire son effet sur les touches tendres (ce qui est facile à connoître en découvrant un peu le cuivre avec un charbon doux sur les lointains), on verse l'eau-forte dans un pot de faïance, & l'on remet tout de suite de l'eau commune sur la planche, pour en ôter & éteindre ce qui peut rester d'eau-forte dans la gravure.

Pour ôter le vernis de dessus la planche, après que l'eau-forte y a fait tout l'effet que l'on desire, on se sert d'un charbon de saule, que l'on passe sur la planche en frottant fortement, & en mouillant d'eau commune ou d'huile la planche & le charbon.

Lorsque le vernis est ôté de dessus la planche, le cuivre demeure d'une couleur désagréable, qu'on enleve aisément en le frottant avec un linge trempé dans de l'eau mêlée d'une petite quantité d'eau forte. Ensuite après l'avoir essuyée avec un linge sec & chaud, on l'arrose d'un peu d'huile d'olive : on la frotte de nouveau assez fortement avec un morceau de feutre de chapeau, & enfin on l'essuie avec un linge bien sec.

Mais cette opération fait perdre beaucoup de temps à l'artiste : il n'est pas possible d'évaluer précisément celui pendant lequel on doit laisser l'eau forte sur les planches, parceque les calculs & les observations dépendent de trop de causes accidentelles, pour qu'on puisse agir d'une maniere fixe & invariable. L'eau-forte agit plus ou moins sur les planches, selon sa qualité : le cuivre, d'ailleurs, n'est pas toujours également docile ; celui qui est aigre se dissout trop tôt, celui qui est mou résiste davantage : l'air influe sensiblement aussi sur l'effet de l'eau-forte, en le retardant par sa fraîcheur, l'accélérant par sa chaleur, & en y causant des différences sensibles par son humidité : enfin, la maniere de se servir des outils, la différence des pointes émoussées ou coupantes, ne contribuent pas moins à faciliter à l'eau-forte l'entrée du cuivre, qu'à lui laisser plus de peine à l'entamer. Tous ces inconvénients empêchent souvent qu'une planche ne soit à un certain degré de perfection : les tailles n'étant pas approfondies avec une juste dégradation, elles sont souvent trop creuses ; & lorsqu'on les remplit avec le noir d'impression, les objets paroissent trop noirs sur l'estampe, & ne font pas l'illusion qu'ils devroient causer.

Quelle sagacité, quelle intelligence ne sont donc pas nécessaires au Graveur, pour estimer le temps qui est suffisant pour l'opération de l'eau-forte sur les tailles ! Combien de fois ne faut-il pas qu'il suspende cette opération pour voir si elle a assez mordu, pour remettre sa planche en état, la recouvrir de vernis, l'exposer de nouveau à l'action de l'eau-forte, & réitérer son travail jusqu'à ce qu'il soit parvenu à la juste dégradation des traits qu'il a tracés.

Pour surmonter toutes ces difficultés, simplifier l'opération de l'eau-forte, & la rendre plus sure, la planche étant préparée à l'ordinaire & couverte de vernis, on l'attache horizontalement dans le fond d'une boîte plus grande que la planche de cuivre, & enduite de suif, pour qu'elle contienne mieux l'eau-forte. Pour que la vapeur de cette liqueur corrosive ne nuise pas à celui qui est chargé de la faire mordre, on adapte à la boîte un couvercle dans lequel est enchâssée une vitre ou une glace dans un cadre de fer blanc ou d'un autre métal. Après avoir placé cette boîte sur ses genoux, on la balotte en haussant & baissant les bords alternativement, afin que l'eau-forte qui passe sur le vernis au au premier mouvement, y repasse au second, & ainsi de suite. En la balottant ainsi on la fait beaucoup mieux prendre. L'artiste par ce moyen gagne un temps considérable; ce qui n'est pas un objet des moins importants.

Quoique cette maniere de balotter l'eau-forte sur les genoux, en tenant les deux côtés de la boîte avec les deux mains, & en les soulevant un peu l'une après l'autre, soit meilleure que celle de la laisser séjourner sur les planches, cette manœuvre ne laisse pas d'employer un temps considérable, & d'occuper un homme qui seroit nécessaire ailleurs. C'est ce qui a fait imaginer une machine composée d'une cage de fer qui renferme deux roues & deux pignons. Sur la premiere roue est rivé un *tambour* ou barillet contenant un fort ressort dont l'arbre commun porte un *rochet* ou roue dont les dents ont une figure à-peu-près semblable à celles d'une cremaillere de cheminée; & l'un des montants de la machine a un *encliquetage*, c'est-à-dire un rochet, un *cliquet* & son ressort. Ce cliquet est une espece de petit levier qu'on emploie lorsqu'on veut qu'une roue tourne dans un sens, sans qu'elle puisse tourner dans un sens contraire. Tous ces instruments servent à remonter le grand ressort & à lui donner la bande nécessaire. La deuxieme roue est enarbrée sur le premier pignon, & s'engrene dans le second qui porte sur un de ses pivots un rochet à trois dents, qui est extérieur à la cage. Au moyen de cette machine on donne à l'eau-forte le balancement qui lui est nécessaire pour mordre également sur la planche de cuivre & y faire un belle gravure.

Gravure au burin ou *en taille-douce.*

Le cuivre rouge est aussi celui qu'on choisit pour graver au burin; il faut qu'il ait les mêmes qualités pour être propre à cette sorte de gravure que pour servir à graver à l'eau-forte; il faut aussi qu'il soit préparé de même, & sur-tout qu'il soit parfaitement propre, uni & lisse.

Les outils qu'on nomme *burins* se font de l'acier le plus pur & le meilleur; ils sont ordinairement ou en losange, ou quarrés. Le burin le plus commode en général, & qui est d'un plus fréquent usage, est celui qui n'est ni trop long ni trop court, dont la forme est entre le losange & le quarré, qui est assez délié par le bout, mais en sorte que cette finesse ne vienne pas de trop loin, pour qu'il conserve du corps & de la force : car il casse ou plie s'il est délié dans toute sa longueur, ou aiguisé trop également.

Il faut observer que le Graveur doit avoir soin que son burin soit toujours parfaitement aiguisé, & qu'il n'ait jamais la pointe émoussée, s'il veut que sa gravure soit nette & que son ouvrage soit propre. Le burin a quatre côtés; il n'est nécessaire d'aiguiser que les deux dont la réunion forme la pointe de l'outil. C'est sur une pierre à l'huile bien choisie que se fait l'opération d'aiguiser le burin. Quant à la monture du burin dont on n'a pas encore parlé, elle se fait de bois : on la tient plus longue ou plus courte, selon qu'on le juge à propos.

Pour graver sur le cuivre au burin, il faut peu d'apprêt & peu d'outils. Une planche de cuivre rouge bien polie; un coussinet de cuir rempli de son ou de laine pour la soutenir; une pointe d'acier pour tracer; divers burins bien acérés pour inciser le cuivre; un outil d'acier qui a d'un bout un *brunissoir* pour polir le cuivre ou réparer les fautes, & de l'autre bout un grattoir triangulaire & tranchant pour le ratisser; une pierre à huile montée sur son bois pour affûter les burins; enfin un tampon de feutre noirci dont on frotte la planche pour en remplir les traits, & les mieux distinguer à mesure que la gravure s'avance, sont tout l'équipage d'un Graveur au burin, n'ayant besoin d'ailleurs d'aucun autre apprêt pour préparer sa planche ni pour la graver : tout dépend d'un grand goût de dessein pour la disposition, & d'une main sure & légere pour l'exécution. Aussi un Graveur, soit à l'eau forte, soit au burin, ne sauroit trop s'y appliquer, parceque c'est de son habileté en ce genre & de la hardiesse de ses traits que dépend la beauté de ses ouvrages; il ne doit jamais s'astreindre à copier servilement les sujets qu'il veut graver, qu'il ne les rectifie quelquefois lorsque le peintre ou le sculpteur y a laissé quelque défaut. Il ne doit pas oublier que pour travailler proprement il faut que son burin glisse toujours horizontalement sur le cuivre; qu'après avoir commencé un trait d'une finesse extrême, pour peu qu'il souleve son poignet il approfondit & élargit la taille; & qu'en remettant sa main dans sa premiere position, il finit par un trait aussi délicat que celui par lequel il a commencé; que lorsqu'il est question des tailles courtes, il doit tourner doucement la planche avec sa main gauche, & faire en sorte que son mouvement réponde à celui que fait le burin; qu'il doit connoître comment les tailles s'ajustent entre elles, celles qui conviennent à chaque sujet, & quels sont les ouvrages qu'il faut ébaucher à l'eau-forte ou exécuter en entier au burin. Enfin lorsque ses burins sont trop durs, & par conséquent trop cassants, il doit savoir les adoucir au point qu'il convient par le moyen de la trempe dans l'eau ou dans le suif, & en changer à propos dès que leur pointe commence à s'émousser.

Gravure en maniere noire.

Cette gravure a l'avantage d'être beaucoup plus prompte & plus expéditive que celle en taille-douce. La préparation du cuivre en est longue & ennuyeuse, mais on peut se reposer de ce travail sur des gens qu'on aura dressés à cela; il ne s'agit que d'un peu de soin, d'attention & de patience.

Pour cette préparation on se sert d'un outil d'acier appellé *berceau*, qui est d'une forme circulaire, afin qu'on puisse le conduire sur la planche sans qu'il s'y engage; il est armé de petites dents très fines, formées par les hachures que l'on a faites à l'outil en gravant dessus des traits droits, fort près les uns des autres, & très également.

On balance ce berceau sur la planche sans appuyer beaucoup, en sens horizontal, en sens vertical, & en diagonale. Il faut recommencer cette opération environ vingt fois pour que le grain marqué sur le cuivre soit d'un velouté égal par-tout & bien moelleux; car c'est de l'égalité & de la finesse des hachures marquées par l'instrument sur la planche de cuivre que dépend toute la beauté de cette gravure. C'est cette finesse de hachures en tous sens que l'on appelle grain velouté & moelleux, parceque si on imprimoit avec cette planche ainsi préparée, elle donneroit au papier l'apparence d'un velours de la même couleur qu'on auroit employée pour l'impression.

Quand la planche est entiérement préparée comme nous venons de le dire, on calque son trait sur le cuivre en frottant le papier du trait par derriere avec de la craie: comme elle ne tient pas beaucoup, on peut le redessiner ensuite avec de la mine de plomb ou de l'encre de la Chine.

Cette gravure se fait en grattant & usant le grain de la

planche, de façon qu'on ne le laisse pur que dans les touches les plus fortes. On commence d'abord par les masses de lumiere : on va peu-à-peu dans les reflets ; après quoi l'on noircit toute la planche avec un tampon de feutre pour en voir l'effet.

Cette gravure n'est pas propre à toutes sortes de sujets comme celle au burin : ceux qui demandent de l'obscurité, comme les effets de nuit & les tableaux où il y a beaucoup de bruns, sont les plus faciles à traiter. Elle a le défaut de manquer de fermeté, & ce grain dont elle est composée, lui donne une certaine mollesse qui n'est pas facilement susceptible d'une touche hardie. Elle est cependant capable de grands effets, par l'union & l'obscurité qu'elle laisse dans les masses ; mais elle ne se prête pas assez aux saillies pleines de feu que la gravure à l'eau-forte peut recevoir d'un habile dessinateur.

D'ailleurs, il est beaucoup plus difficile à imprimer, parceque les lumieres & les coups de clair qui doivent être bien nettoyés, sont creux sur la planche ; ce qui demande beaucoup de soin & d'attention.

Le papier sur lequel on veut imprimer doit être vieux trempé, & d'une pâte fine & moelleuse. Pour l'encre, il faut employer le plus beau noir d'Allemagne, encrer la planche fortement, & l'essuyer avec la main, & non avec un torchon. Il est encore à remarquer que cette gravure ne tire pas un grand nombre de bonnes épreuves, & que les planches s'usent fort promptement.

Gravure en plusieurs couleurs.

La gravure coloriée imite assez bien la peinture ; c'est la gravure en maniere noire qui a donné occasion de l'inventer.

Elle se fait avec plusieurs planches qui doivent représenter un seul sujet, & qu'on imprime chacune avec sa couleur particuliere sur le même papier. Jusqu'à présent on ne s'est servi, pour cette gravure, que de trois planches de cuivre de même grandeur. Ces trois planches sont grenées, c'est-à-dire, gravées & préparées comme pour la maniere noire, & l'on dessine sur chacune le même dessein. Chaque planche est destinée à être imprimée d'une seule couleur : il y en a une pour le rouge, l'autre pour le bleu, & la derniere pour le jaune. On efface ſur celle qui doit être imprimée en rouge, toutes les parties du deſſein où il ne doit pas entrer de rouge. Sur la planche qui doit être tirée en bleu, on efface tout-à-fait les choſes qui ſont rouges, & l'on ne fait qu'attendrir celles qui doivent participer de ces deux couleurs. On en fait de même ſur la planche deſtinée pour le jaune. On imprime enſuite chacune de ces planches ſur le même papier, avec la couleur qui lui convient.

Toutes les couleurs qu'on emploie pour cette impreſſion doivent être tranſparentes, en ſorte qu'elles paroiſſent ſur l'épreuve l'une au travers de l'autre : il en réſulte un mêlange qui imite plus parfaitement le coloris du tableau.

On eſt quelquefois obligé de graver deux planches pour la même couleur.

Pour faire un plus grand effet, & pour conſerver plus long-temps ces épreuves, & les faire mieux reſſembler à la peinture, on paſſe par-deſſus un vernis pareil à celui que l'on met ſur les tableaux.

Cette peinture réuſſit aſſez bien à imiter les plantes, les fruits, les anatomies. Le défaut général de cette production eſt que le bleu y domine trop, ce qu'on pourroit éviter en employant plus de trois planches & plus de trois couleurs. M. le Blond, Anglois, auteur de cette invention, n'y a employé que le rouge, le jaune & le bleu, parcequ'il prétendoit qu'avec le mêlange de ces trois couleurs on peut compoſer toutes les autres : mais il eſt certain que le mêlange de ces trois couleurs ſeules eſt toujours dur & mal entendu.

On voit, par ce qui vient d'être dit, que cet art ſe réduit à repréſenter un objet quelconque avec trois couleurs, par le moyen de trois planches qui doivent ſe rapporter ſur le même papier ; à faire les deſſeins ſur chacune de ces trois planches, de façon que les trois deſſeins s'accordent exactement ; enfin à tirer les trois planches avec aſſez d'adreſſe, pour qu'on ne s'apperçoive point, après l'impreſſion, de la façon dont elles ont été tirées.

Lorſqu'on veut opérer plus promptement on ſe ſert de quatre planches ; il eſt même des cas où l'on en emploie une cinquieme lorſqu'il eſt queſtion de rendre les tranſparents d'un tableau, comme les vitres dans l'architecture, les voiles dans les draperies, & les nuées dans les ciels. Pour cet effet on charge la premiere planche de tout le noir du tableau ; & pour que l'ensemble ne tienne pas trop de la maniere noire, on ménage dans les autres planches de la grenure qui puisse *glacer* ou laisser appercevoir sur ce noir ; c'est pourquoi on a soin de tenir les demi-teintes de cette premiere planche un peu foibles pour que son épreuve reçoive la couleur des autres planches sans les salir. La seconde planche qui doit imprimer en bleu doit être beaucoup moins forte de grenure qu'elle ne l'est lorsqu'on n'emploie que trois planches. La troisieme & la quatrieme planche qui sont destinées pour le jaune & le rouge, & qui servent à foncer les ombres lorsqu'on ne se sert que de trois planches, ne doivent être chargées que des parties qui impriment en jaune & en rouge, quoiqu'on puisse y ajouter quelquefois des couleurs qui *glaceront* ou seront assez transparentes pour fondre ensemble les deux couleurs & en produire d'autres par leur réunion. C'est ainsi que le mêlange du bleu & du jaune produit le verd, & que celui du rouge & du bleu donne la couleur de pourpre.

On grene sur toute sa superficie le cuivre destiné pour la planche noire ; & en laissant sur les autres des grandes places qui demeurent polies, on s'évite la peine de grener, de ratisser, & de polir des endroits qui ne doivent rien fournir à l'impression.

Lorsqu'il est question de faire sentir la transparence que ne peut plus donner le papier blanc qui fait le clair des teintes, comme étant chargé de différentes couleurs, on est obligé d'avoir recours à une cinquieme planche, ou plutôt à l'une des quatre qu'on a déja travaillées. Ainsi, en supposant qu'on veuille rendre les vitres d'un palais, la planche rouge n'ayant rien fourni pour ce palais, doit avoir une place fort large sans grenure, dont on profite pour y graver au burin quelques traits qui, imprimés en blanc sur le bleuâtre des vitres, rendront la transparence de l'original, & épargneront une cinquieme planche ; de sorte qu'on peut profiter des places vuides de chaque planche pour donner de certaines touches propres à augmenter la force de la peinture, parceque la même planche peut imprimer sous un même tour de presse plusieurs couleurs à la fois, & qu'on peut mettre des teintes différentes dans des parties assez éloignées les unes des autres pour pouvoir les étendre & les essuyer sans les confondre. Un imprimeur intelligent, maître de disposer de toutes ses nuances, &

de les éclaircir avec le blanc ajouté, a l'attention de consulter le ton dominant des couleurs pour en conserver l'harmonie.

Le papier dont on se sert pour l'impression doit avoir trempé au moins vingt-quatre heures, ou même un peu plus, avant d'être mis sous la presse. On peut tirer quatre ou cinq planches de suite sans laisser sécher les couleurs; elles se marient beaucoup mieux, à moins que quelque obstacle ne s'y oppose; pour lors on laisse sécher le papier à chaque couleur, & on a soin de le mouiller pour recevoir de nouvelles planches.

Gravure en bois.

Le Graveur en bois est celui qui, par des incisions qu'il fait dans le bois, le rend propre à en tirer des figures.

L'origine de la gravure en bois remonte à la plus haute antiquité. Le desir de transmettre à la postérité le souvenir de tout ce qui pouvoit l'intéresser fit inventer cet art, qui fit bientôt des progrès considérables, & qui se répandit insensiblement chez beaucoup de nations. Parvenu plus tard en Europe, nous n'avons profité de cette ingénieuse découverte qu'après avoir commercé en Asie avec les Chinois & les Indiens. Quoique la gravure sur bois en *camaïeu* ou en clair-obscur soit également très ancienne, & qu'elle doive sa naissance à la peinture, qui ne se servoit d'abord que d'une seule couleur, son époque en Europe, ainsi que celle de la gravure en bois, ne date pas de plus loin que le quinzieme siecle.

On distingue la gravure en bois en quatre especes; celle qui est matte & de relief; la gravure en creux; celle qu'on emploie pour les estampes, les vignettes & l'impression; & enfin la gravure en clair-obscur, que les artistes nomment *gravure en camaïeu*. De toutes ces especes différentes de gravure, celle qui demande le plus de connoissances, qui est la plus délicate & la plus parfaite, est celle des estampes, les autres n'étant, à proprement parler, que des ébauches de celle-ci.

Les outils du Graveur en bois sont totalement différents de ceux du Graveur en cuivre. On peut voir leur figure tant ancienne que moderne, la maniere de les fabriquer, la méthode de les tremper, & les pierres les plus propres à les aiguiser, dans le second tome du *Traité historique & pratique de la Gravure en bois*, par M. *Papillon*; on y apprendra la situation dans laquelle doit être le corps du Graveur, la position des mains, & les regles d'un art que la longueur d'une pratique réfléchie, jointe à la lecture des bons livres & à la connoissance des ouvrages des plus fameux maîtres, a fait trouver à un artiste aussi intelligent que zélé pour son art. C'est sous un tel guide que ceux qui voudront s'y appliquer sauront quels sont les bois les plus propres à la gravure; comment on doit les vuider proprement, en dégager les contours, y faire des *tailles* ou des traits en long, des *entretailles* ou traits plus courts, insérés entre les longs, & des *pointillés* ou traits formés par des points séparés les uns des autres; comment ils doivent donner l'ordonnance aux différentes parties de leur dessein, & représenter toute sorte de sujets par le moyen des différentes tailles. Peu content d'avoir perfectionné son art par tout ce qu'il a pu inventer d'utile, cet artiste célebre enseigne encore la meilleure façon de faire le vernis, l'encre pour imprimer en bois, les couleurs pour l'impression en camaïcu; la méthode d'imprimer nettement les planches gravées sur bois; le moyen de tirer les contre-épreuves des anciennes estampes, & de faire reparoître l'impression des livres, & l'écriture.

Quoiqu'on fasse sur cuivre de très belles gravures, M. Papillon prétend que la gravure en bois mérite la préférence, en ce qu'elle est d'une plus difficile & plus longue exécution; qu'elle exige de plus grands soins & une plus forte attention; qu'elle épargne aux imprimeurs la dépense d'une seconde impression; qu'elle se tire avec la lettre; qu'on n'est pas obligé de se servir de l'imprimeur en taille-douce; qu'après avoir tiré une immense quantité d'épreuves, les dernieres ne paroissent pas moins belles que les premieres; qu'il ne faut point mouiller plusieurs fois le papier, l'exposer ainsi à se salir, s'échauffer ou se moisir.

On ne sera point surpris qu'une planche de cuivre donne moins d'épreuves qu'une planche en bois, si on fait attention que pour imprimer la planche en cuivre on la barbouille d'encre avec un tampon, & que pour faire entrer cette encre dans les traits de la gravure, on essuie fortement la planche avec des torchons, ce qui découvre & efface entiérement la gravure en peu de temps; au lieu que les planches en bois, après qu'elles ont été imbibées d'encre avec les balles, n'ont besoin d'aucun frottement, ce qui les conserve toujours également bonnes à donner de nouvelles épreuves aussi belles que les premieres. Il y a même cette différence entre les deux gravures, c'est que les épreuves d'une planche en bois qui commence à s'user, viennent plus noires; au lieu que les planches en cuivre, qui sont dans cet état, ne donnent aucune figure sensible.

Pour avoir des estampes gravées en bois aussi belles que celles qui se font sur le cuivre, & pour empêcher que les tailles d'une planche qui a beaucoup tiré ne se pâtent, ou ne se bouchent point, voici le méchanisme ingénieux qu'a inventé M. Papillon. On grave d'abord une planche sur bois sans y faire des entretailles; on en fait ensuite une seconde sur laquelle les tailles, faites à propos dans les masses, forment des entretailles en entrant très juste dans les tailles de la premiere planche. Lorsqu'on veut tripler ou quadrupler les tailles, on augmente les planches à proportion; & quand tout est correctement compassé & bien ajusté, les masses ombrées se font avec de l'encre ordinaire des imprimeurs; les foibles, moins foncées, avec une encre moins chargée de noir de fumée; & ainsi en diminuant par degré la noirceur de l'encre, on rend les tailles des épreuves plus légeres, plus douces, & presque en partie éteintes, & on parvient à la tendresse des lointains des gravures en cuivre. Lorsqu'on veut tirer une épreuve parfaite, on ne met point d'encre sur la planche qui a servi pour les précédentes épreuves; l'estampe est alors quelquefois plus belle, ou du moins elle est aussi parfaite que si elle eût été tirée sur une planche en cuivre.

Malgré le soin qu'on a de bien laver les planches en bois, il arrive quelquefois que lorsqu'elles ont servi trop long-temps, les tailles sont en partie bouchées d'encre: pour remédier à cet inconvénient, la bien nettoyer & la rendre comme neuve, il ne faut pas moins de patience que d'adresse; pour cet effet on se sert d'une pointe à calquer aussi fine que la pointe d'une aiguille, on la passe dans chaque entre-deux des tailles, on l'essuie à mesure qu'elle se charge de la matiere qui y est insérée; & on prend bien garde de l'appuyer sur le plein des tailles, de peur de les noyer ou de les gâter. Les tailles étant une fois bien nettoyées, on y passe une brosse à poil doux pour en enlever les petites parties d'encre seche qui auroient pu retomber en les enlevant.

Quoique les Graveurs en bois n'aient point de réglements de police particuliers, que chacun puisse librement exercer cet art, ils jouissent cependant de divers privileges qui leur ont été accordés par l'arrêt du Conseil d'Etat du 26 Mai 1660. Ce fut en vain qu'en 1708 la communauté des peintres, en 1729 les syndic & adjoints des libraires, en 1732 & en 1733 les imprimeurs en taille-douce, ont voulu les attaquer; les uns & les autres ont toujours été déboutés de leurs demandes.

L'arrêt du Conseil du 23 Janvier 1742 leur permet d'étaler, vendre & débiter par-tout leurs estampes, à la charge de se présenter devant les Juges de Police des lieux pour en obtenir la permission par écrit, laquelle doit leur être accordée gratis. Par celui du 27 Février 1765, pour faciliter l'exportation des estampes à l'étranger, Sa Majesté veut qu'elles ne paient que dix sols du cent pesant, & que celles qui entreront dans le royaume paient cent sols du quintal.

La gravure en bois ne sert aujourd'hui parmi nous que pour quelques vignettes, pour les fleurons, & pour certains ornements qui s'impriment avec les lettres ordinaires.

La planche sur laquelle on veut graver de cette sorte ayant été choisie bien seche & sans nœuds, & ayant été réduite par le menuisier à une épaisseur raisonnable, bien dressée & parfaitement unie du coté qu'on veut la travailler, le Graveur, s'il sait assez de dessein, y trace à la plume celui qu'il y veut représenter; & ensuite, avec les instruments dont on vient de parler, il acheve son ouvrage, auquel il donne plus ou moins de relief, & à ses traits plus ou moins d'épaisseur, suivant que la lumiere ou les ombres le demandent, ou qu'il le faut pour l'usage auquel l'ouvrage gravé est destiné.

Il est à propos de remarquer que cette gravure se fait sans aucune hachure, c'est-à-dire sans trancher, couper ni traverser les premiers traits, ainsi qu'il se pratique dans les gravures au burin & à l'eau-forte, mais en les tirant seulement les uns contre les autres. Cependant on a vu quelques morceaux en bois gravés d'une si grande délicatesse, & où les doubles traits ou traits croisés imitent si bien ceux des gravures au burin ou à l'eau-forte, qu'ils sont dignes de leur être comparés.

Si le Graveur en bois sait peu de dessein, il fait faire à

l'encre par le peintre un dessein de la grandeur précisément de sa planche; & l'ayant collé avec de la colle de farine & d'eau où il met un peu de vinaigre, il le laisse parfaitement sécher, observant en le collant que les traits du dessein soient tournés du côté de la planche, & appliqués sur le bois. Quand la colle est bien seche, on imbibe d'eau le papier, doucement & à plusieurs reprises, jusqu'à ce qu'il en soit bien pénétré, ce qu'on fait ordinairement avec une petite éponge; & lorsque le papier est bien détrempé, on l'enleve en le frottant peu-à-peu avec le bout du doigt; ce qu'on continue jusqu'à ce qu'il ne reste plus sur le bois que les traits d'encre qui forment le dessein.

On se sert beaucoup de la gravure en bois pour ces especes de tapisseries de papier qu'impriment & vendent les marchands & ouvriers que l'on nomme communément *dominotiers* : voyez *ce mot*.

C'est aussi de la sorte que l'on grave le plus communément ce qu'on nomme les *enseignes* des marchands & des ouvriers, c'est-à-dire ces billets imprimés & ornés de quelque gravure où ils mettent leur demeure & le détail des ouvrages qu'ils font & qu'ils vendent.

La gravure en bois est très difficile, & donne beaucoup de peine lorsqu'il faut exécuter des plantes, des animaux, des fleurs & des objets délicats. Une planche qui n'aura occupé un Graveur en cuivre que quatre ou cinq jours, occupera un mois entier un Graveur en bois, parceque les tailles de relief marquant l'impression dans la gravure en bois, il faut pour les former quatre coups de l'instrument du Graveur en bois pour un coup de burin du Graveur en cuivre. Si l'on y ajoute les coups de fermoir ou de gouge qui sont nécessaires pour évider la planche, on trouvera que le travail de l'un est beaucoup plus long que celui de l'autre; ce qui est cependant compensé en quelque façon, parcequ'on peut tirer avec une planche de bois un bien plus grand nombre d'épreuves qu'avec une planche de cuivre.

Outre les outils nécessaires à l'enlevement du bois, le Graveur doit avoir un *garde-vue*, ou morceau de carton d'environ sept pouces de large & cinq de haut, pour garantir les yeux du grand jour & mieux suivre la finesse des traits qu'il trace; il faut aussi qu'il soit muni d'une *mentonniere*, qui est une toile piquée comme les bonnets piqués des femmes, qu'il attache sur sa bouche avec deux cordons, pour empêcher pendant l'hiver que son haleine ne se porte sur le bois, ne le mouille, ne détrempe l'encre du dessein, ne fasse renfler le bois, & ne l'empêche de bien passer sa pointe pour marquer le lieu des recoupes après avoir fait les coupes.

Il n'est presque point de morceau gravé en bois qui n'ait besoin d'être retouché après la premiere épreuve, pour diminuer l'épaisseur de quelques traits. On sent combien la science du dessein est nécessaire dans cette opération pour ne pas estropier un contour, rendre clair ce qui doit être obscur, courber ce qu'il faut redresser, ou redresser ce qu'il faut courber. Le Graveur doit avoir son épreuve devant lui, ne pas oublier que les tailles de la planche sont à contre-sens de l'estampe, & travailler à diminuer les épaisseurs du côté convenable, égaliser autant qu'il lui est possible la distance d'une taille à l'autre, veiller à ne pas trop ôter de bois, & brosser sa planche à mesure qu'il la rectifie, afin que les petits copeaux ne restent pas dans la gravure.

Gravure de la musique.

On se sert pour cette gravure de planches d'étain d'environ une ligne d'épaisseur, planées, polies & préparées par le *potier d'étain*. Le Graveur les reçoit ainsi prêtes à graver.

Il prend d'abord ses mesures pour déterminer la quantité de *portées* qu'il veut mettre sur la planche (on appelle *portées* les cinq lignes ou barres sur lesquelles l'on écrit les notes de musique); ensuite il prend la mesure des distances & des lignes, & les pique de la pointe du compas.

Si l'on doit graver des paroles sous la musique, c'est par là qu'il faut commencer: l'on trace d'abord deux petites lignes très légeres pour déterminer la hauteur des lettres, ensuite l'on trace de même les distances des lettres & des paroles relativement à la quantité de notes de musique que l'on doit mettre sur chaque syllabe. C'est un Graveur en taille-douce qui grave les paroles.

La planche étant ainsi préparée, on grave les lignes des portées avec un instrument appellé *couteau*, que l'on conduit le long d'une regle de fer ou de cuivre; ensuite, avec un instrument à trois quarts, appellé *grattoir*, l'on ébarbe ces lignes, après quoi on les polit avec un autre instrument d'acier très poli, que l'on appelle *brunissoir*. Cela fait, l'on pose la planche sur un morceau de pierre ou de marbre pour y frapper aux endroits convenables toutes les différentes figures de la musique que l'on appelle *clefs*, *noires*, *croches*, *rondes*, *blanches*, *dieses*, *b mols*, *b quarres*, *soupirs*, *demi-soupirs*, les *signes des renvois*, & même le *point*.

Toutes ces notes ou figures se frappent avec des poinçons au bout desquels elles sont gravées en relief.

Le poinçon avec lequel on frappe la tête de la *noire*, sert aussi pour toutes les têtes de *croches* & *doubles croches*, &c. dont la figure ne differe de celle de la *noire* que parcequ'elles ont au bout de leur queue un crochet simple ou double, triple, &c. Le poinçon de la *ronde* sert de même pour frapper la *blanche* qui ne differe de la *ronde* qu'en ce qu'elle a une queue dont la *ronde* est privée.

Quand une note passe les cinq lignes gravées, on reprend avec le compas un entre-deux de ces lignes, que lon rapporte en haut ou en bas autant de fois que la note qu'il s'agit de placer a d'inrervalles au-dessus ou au-dessous.

Lorsque toutes les têtes des notes & les autres figures sont frappées, on plane la planche sur une espece d'enclume ou tas très poli, pour la redresser & rendre plus nettes & plus unies toutes les figures qui ont été frappées. Les queues des *noires*, *blanches*, *croches* & *doubles croches* se gravent avec le burin. Si plusieurs *croches* ou *doubles croches* sont liées ensemble, pour lors on se sert d'un instrument appellé *échope* pour graver les barres qui les lient ensemble. Les *pauses* & *demi-pauses* se gravent aussi avec l'*échope*. Certains demi-cercles, que l'on appelle *liaisons*, se font avec le burin. Les *accolades*, que l'on emploie pour joindre deux ou trois *portées* ensemble, & quelquefois plus, se gravent avec l'échope.

Toutes ces opérations étant faites, on polit la planche avec le brunissoir & un peu d'eau, pour effacer tous les petits traits ou rayures qui peuvent y avoir été faites par ces différentes manœuvres, & qui empêcheroient la netteté de la gravure si on les laissoit subsister; ensuite on envoie la planche chez l'imprimeur en taille-douce qui en tire une épreuve. Si, en examinant cette épreuve, il se trouve quelques notes, principalement des têtes de noires, blanches, ou autres figures qui aient été frappées mal-à-propos, on prend un compas que l'on appelle *compas à repousser*, dont les deux pointes sont retournées en dedans & se rejoignent ensemble. On pose une pointe de ce compas sur la fausse note, & de l'autre pointe on fait une marque à l'envers de la planche ; ensuite on repousse cette note par l'envers avec un poinçon. Cette opération occasionne dans cet endroit de l'envers de la planche un creux assez considérable pour être obligé d'y faire couler de la soudure ; ce que l'on fait en plaçant une chandelle allumée sous la planche, à l'endroit de la faute à corriger ; & à l'envers de la planche, on place un morceau de soudure sur le petit creux : aussi-tôt que la soudure est fondue, on ôte la lumiere promptement ; ensuite on plane cette place d'un côté & de l'autre, après quoi on y frappe la note telle qu'elle devoit être, & enfin on la plane de nouveau. Si la faute ne consiste qu'en une queue de note qui n'ait point été gravée profondément, il suffit, après l'avoir grattée avec le *grattoir*, de repousser la place, à l'envers de la planche, sur le *tas* avec le marteau, pour y graver ensuite la figure telle qu'on la desire. On tire communément deux épreuves. Il est rare que l'on en tire jusqu'à trois. Ordinairement à la troisieme épreuve on tire en dernier ressort, ce que l'on appelle *tirer au vrai*.

Il y a quelques anciennes musiques gravées sur cuivre, mais l'ouvrage est plus long à faire, plus difficile à corriger, & la dépense des planches est beaucoup plus considérable.

Gravure sur pierres fines.

Le Graveur sur pierres fines est celui qui a l'art de faire sur diverses especes de pierres précieuses, des représentations en creux & en relief.

L'art de graver sur les pierres précieuses est un de ceux où les anciens ont le plus excellé, & l'on voit encore quantité d'agates, de cornalines, & d'onyces antiques qui surpassent de beaucoup tout ce que les modernes ont pu faire de meilleur en ce genre.

Il est difficile de fixer l'origine de cette sorte de gravure qui ne fut pas inconnue aux Égyptiens. Cette nation transmit cet art, avec les autres sciences & arts qu'elle professoit, aux Etrusques, aux Phéniciens, & à quelques autres peuples de l'Orient, qui, à leur tour, les firent passer en Italie & parmi les nations policées de la terre. Tous les sujets qu peuvent être executés par le dessein, l'ont pareillement été par la gravure en creux. Des pierres fines gravées, on a fait des cachets pour mettre le sceau à ses volontés, des anneaux pour servir d'ornement, & des monuments pour conserver quelques faits mémorables : on y a représenté des Dieux, des figures humaines, des animaux, des hiéroglyphes, des sujets symboliques, historiques, fabuleux, &c. Les plus belles pierres gravées nous viennent des Grecs. Soit que ces habiles artistes voulussent renfermer de grandes compositions dans de petits espaces, soit qu'ils se bornassent à une seule figure ou à une seule tête, il ne sortoit presque rien de leurs mains qui ne fût accompli dans toutes ses parties : la correction du dessein, l'élégance des proportions, la finesse des expressions, la naïveté des attitudes, enfin un caractere sublime, saisissent l'admiration des connoisseurs.

Quant à la pratique de cette gravure, l'artiste commence d'abord par modeler en cire sur un morceau d'ardoise les figures qu'il veut graver ; puis il fait choix d'une pierre fine taillée par le lapidaire ; ensuite il met en mouvement le *touret* qui consiste principalement en une petite roue d'acier, laquelle engrene avec une autre grande roue de bois que le Graveur fait aller avec le pied. La roue d'acier fait marcher suivant le besoin plusieurs petits outils de fer doux non trempé, ou de cuivre jaune, qu'on enchâsse dans une espece de tuyau ou calonniere. De ces outils, les uns ont à leur extrémité la forme d'une tête de clou tranchante sur les bords, ce qu'on appelle *scie ;* les autres ont une petite tête exactement ronde comme un bouton ; on les nomme *bouterolles.* La pierre qu'on veut graver est ordinairement montée sur la tête d'une petite poignée de bois où elle est cimentée avec du mastic. Le Graveur la prend de la main gauche & la présente contre l'outil mis en action par le *touret*, & de la main droite il tient une petite spatule de fer dont le bout a été trempé dans de l'huile d'olive où est délayée de la poudre de diamant, qui est la seule propre pour bien mordre sur les pierres précieuses. C'est avec cette spatule que l'artiste abreuve quand il est nécessaire l'outil qui agit sur la pierre.

La gravure en creux est plus difficile que la gravure en relief ; on n'y travaille qu'à tâtons & comme dans l'obscurité, parcequ'on ne peut bien juger du travail qu'en faiſant à tous moments des épreuves avec des empreintes d[e] pâte ou de cire.

Cet art, dont on avoit perdu les procédés, reparut ver[s] le commencement du quinzieme ſiecle, ſous le pontifica[t] du Pape Martin, cinquieme du nom. *Jean delle Carniuole*[,] Florentin de nation, fut le premier qui en fit l'eſſai & qu[i] réuſſit. Il eut pluſieurs imitateurs qui excellerent comm[e] lui dans ce genre de gravure, entr'autres *Dominique Camai*[,] Milanois, qui grava ſur un rubis balais le portrait de *Louis* dit le *Maure*, duc de Milan.

Le diamant qui étoit la ſeule pierre précieuſe ſur laquell[e] on n'avoit pas encore eſſayé de graver, a été ſoumis à c[e] travail dans ces derniers ſiecles. Avant *Clément Birague*[,] Milanois de nation, que Philippe II fit venir à Madri[d] en 1564, perſonne ne s'étoit aviſé de tenter cette opération. Cet ingénieux artiſte grava ſur un diamant le portrait de l'infortuné Dom Carlos, & ſur un autre les arme[s] de la monarchie eſpagnole : ce dernier diamant ſervoit d[e] cachet à ce prince.

Quelque précieuſes que ſoient ces gravures, elles ont l[e] défaut de n'être ni bien profondes, ni fort arrêtées, & elle[s] ne ſont jamais faites ſur des diamants parfaits. Celles qu'o[n] fait voir dans pluſieurs cabinets, & qu'on fait paſſer pou[r] être ſur des diamants, ne ſont faites que ſur des ſaphir[s] blancs.

Depuis ce temps-là on a annoncé dans le Nouvelliſt[e] Economique de 1758, tome XXIII, page 165, une nouvelle maniere de graver en pierre pour abréger des troi[s] quarts la main-d'œuvre des Graveurs, & pour nous mettr[e] en état de faire en ce genre des morceaux bien ſupérieur[s] à ceux des Romains. Pour cet effet M. *de Rivaz* a imagin[é] un outil dont il ne donne pas la deſcription, & avec leque[l] on peut copier dans la plus grande préciſion les plus beau[x] modeles, en rendre les enſembles les plus purs, les contours les plus délicats, avec tant de ſureté qu'on ne ſauroit entamer la pierre au-delà des bornes preſcrites ; & enfin exécuter les ouvrages de la plus grande étendue en creux, en bas-relief, en ronde-boſſe, ſur les pierres les plus dures, & ſur les matieres les plus capables de réſiſter aux injures du temps. MM. *de Rivaz* & *Vaſſé*, ſculpteurs du Roi, ont exécuté avec cet outil ſur une pierre de *jade*, qui eſt une pierre

pierre verdâtre tirant ſur la couleur d'olive, un modele qui repréſente le triomphe de Louis XV après la bataille de Fontenoi. Ce chef-d'œuvre, qui a mérité à juſte titre les éloges de Sa Majeſté, a tellement été admiré de tous les connoiſſeurs, que les plus habiles maîtres en ce genre ſont convenus qu'il y avoit dans cet ouvrage des détails d'une difficulté preſque inſurmontable, & des fineſſes qu'ils ne ſe flatteroient pas d'atteindre en bien des années.

Lorſque les pierres ſont gravées, on les polit avec du tripoli ſur des roues garnies de broſſes faites de poil de cochon.

On nomme auſſi les Graveurs ſur pierres fines maîtres *Cyſtalliers*, parcequ'ils gravent ſur le cryſtal. Ils ſont du corps des maîtres lapidaires & ne font qu'une même communauté avec eux : *voyez* LAPIDAIRE.

Gravure ſur métaux.

Les Graveurs ſur métaux ſont ceux qui gravent & font toutes ſortes de cachets, les ſceaux de la Chancellerie, & autres ſceaux particuliers ; les marteaux à marquer les cuirs dans les halles, ou le bois dans les forêts ; les poinçons pour frapper les plombs des marchandiſes & étoffes, les poinçons de friſe, de bordure, & autres ornements pour les orfevres ; les poinçons pour les relieurs, les doreurs sur cuirs, & les potiers d'étain ; les cachets pour les particuliers ; enfin tous autres ouvrages de gravure ſoit en creux, soit en relief, ſur l'or & l'argent, ſur le cuivre, le laiton, l'étain, le fer ou l'acier.

Au commencement du ſiecle dernier il n'y avoit pas dans Paris de particuliers établis & autoriſés à composer une communauté ſous le titre de Graveurs ; on ne connoiſſoit de Graveurs ſur métaux que ceux qui étoient employés dans l'hôtel des Monnoies à graver les matrices & quarrés d'acier pour la fabrique des eſpeces, des médailles & jettons. Juſqu'alors le talent de la gravure ſur l'or & l'argent avoit été dépendant de l'art de l'orfévrerie, comme celui de tailler les pierres précieuſes avoit toujours été uni à cette autre partie du même art qui concerne la joaillerie ; & de même que les orfevres avoient occupé des compagnons à la taille de la pierrerie, ils en occupoient auſſi à la gravure de leurs ouvrages.

Ces compagnons s'aſſemblerent le 1 Décembre 1623, &

convinrent de se pourvoir pour obtenir des statuts & se faire ériger en communauté avec maîtrise & jurande à Paris. Le Roi, par lettres-patentes du 10 Mars 1629, les renvoya en la Cour des Monnoies pour voir & examiner les dix-sept articles des statuts par eux présentés ; & en effet cette Cour, par arrêt du 10 Septembre suivant, approuva ces statuts, & ordonna, sous le bon plaisir du Roi, que le métier de Graveur en or, argent, cuivre, laiton, fer, acier & étain, seroit érigé en maîtrise & jurande à Paris. Ces statuts furent homologués par lettres-patentes données au mois de Mai 1631, enregistrées à la Cour des Monnoies le 12 Août 1632.

La communauté des Graveurs sur métaux est de la jurisdiction privative de la Cour des Monnoies, & cette jurisdiction est confirmée par plusieurs édits, arrêts & réglements.

Le nombre des maîtres Graveurs & Tailleurs pour la Monnoie est fixé à vingt par ces statuts ; mais il y a actuellement à Paris plus de cent vingt autres maîtres Graveurs sur métaux travaillant pour les particuliers.

Aucun maître ne peut prendre plus d'un apprentif, & pour moins de six années consécutives, & avant l'âge de douze ans : le brevet d'apprentissage doit être enregistré au Greffe de la Cour des Monnoies huit jours après l'obligation faite.

Les maîtres ou autres ne peuvent vendre & débiter aucuns cachets aux marchands merciers, joailliers, ou autres personnes, de quelque métal, pierres, ou matieres que ce soit, pour en faire trafic & revente.

Nulles personnes, autres que lesdits maîtres Graveurs, ne peuvent tenir aucunes lettres d'alphabet à droite, servant à faire marques ou cachets, ni avoir aucunes fleurs de lis, couronnes & écussons, pour éviter tous abus & malversations.

Nul que lesdits maîtres ne peut graver de grands & petits sceaux, cachets, chiffres, marques, & généralement tous & chacun les ouvrages concernant leur art & profession.

Les Graveurs sur métaux ne peuvent tenir qu'une boutique ouverte.

Les veuves des maîtres jouissent des mêmes privileges que dans les autres communautés.

La communauté est gouvernée par deux Gardes élus de deux en deux ans à la pluralité des voix, pardevant le Pro cureur Général en la Cour des Monnoies, le lendemain de S. Eloi; & tous les ans le plus ancien Garde sort de charge, l'autre restant deux ans consécutifs pour instruire le nouvel élu.

Les filles de maîtres Graveurs Tailleurs pour la Monnoie venant à être pourvues par mariage avec un de la vacation qui aura fait son temps d'apprentissage; s'il est fils de maître, il est préféré pour sa réception, y ayant place vacante & non remplie, à tout autre, au cas qu'il ait fiancé ladite fille; & s'il n'est fils de maître, il est seulement préféré aux compagnons & exempté des deux années de service après l'apprentissage expiré.

Les maîtres Graveurs peuvent inciser sur tous métaux: il n'est permis qu'à eux de mettre en étalage ou autrement au devant de leur boutique tableaux d'empreinte de sceaux & cachets des armes de France, princes & princesses, & autres armes.

Les maîtres Tailleurs Graveurs peuvent fondre & apprêter la matiere pour faire des sceaux, cachets, soit or, argent, cuivre, laiton, fer & acier, même faire les modeles en cire, bois, plomb, sans qu'ils puissent être empêchés par qui que ce soit; néanmoins le tout sujet à la visite des maîtres Jurés.

Au mois de Juin 1722, les maîtres Graveurs présenterent requête à la Cour des Monnoies, afin d'avoir un poinçon pour marquer les ouvrages qu'ils feroient en or ou en argent; ce que la Cour leur a accordé par arrêt du 6 Juin de la même année, à la charge par eux de faire insculper leurs poinçons sur une table de cuivre déposée au Greffe de la Cour.

Pour donner une idée de la gravure sur métaux, nous croyons ne pouvoir mieux faire que d'exposer les différentes opérations des Graveurs sur acier, qu'on nomme plus ordinairement *Tailleurs* dans les hôtels des Monnoies. Ce sont eux qui gravent les poinçons, les matrices & les quarrés propres à frapper & fabriquer toutes sortes de monnoies, de médailles & de jettons.

Ces especes de Graveurs sont en titre d'office, ce qui est presque la seule différence qu'il y ait entr'eux & les Graveurs de médailles & jettons, à la réserve cependant que les Tailleurs des monnoies peuvent graver des médailles & les jettons, & que nul Graveur, s'il n'est Tailleur, ne peut, ſous peine de punition corporelle, & d'être réputé coupable du crime de fauſſe monnoie, graver des poinçons ou matrices ſervant au monnoyage.

La gravure des monnoies & celle des médailles & des jettons ſe font de la même maniere, & on ſe ſert des mêmes inſtruments ; toute la différence ne conſiſte qu'au plus & au moins de relief qu'on leur donne.

L'ouvrage des Graveurs en acier ſe commence ordinairement par les poinçons qui ſont en relief, & qui ſervent à faire les creux des *matrices* ou *quarrés*. Quelquefois cependant on travaille d'abord en creux, mais ſeulement quand ce qu'on veut graver a peu de profondeur.

La premiere choſe que fait le Graveur c'eſt de deſſiner ſe figures, & enſuite de les modeler & ébaucher en cire blanche, ſuivant la grandeur & la profondeur qu'il veut donner à ſon ouvrage. C'eſt d'après cette cire que ſe grave l *poinçon*, qui eſt un morceau de fer bien acéré, ſur lequel avant que de l'avoir trempé, on ciſele en relief la figur que l'on veut graver & frapper en creux ſur la matrice o quarré.

Les outils qu'on emploie pour cette gravure en relief ſon des ciſelets, des échopes, des rifloirs, des onglets, des ma toires, &c.

Il y a auſſi diverſes ſortes de burins & quantité d'autre petits inſtruments ſans nom, parmi leſquels il y en a de tran chants, de hachés, de droits, de coudés, enfin de conſtrui de différentes manieres, ſuivant le génie & le beſoin d Graveur qui les invente & qui s'en ſert. Tous ces outils ſ trempent, & après qu'ils ont été trempés on les *découvre* c'eſt-à-dire qu'on les nettoie en les fichant à pluſieurs repriſ dans un morceau de pierre-ponce. Le poinçon étant achevé on lui donne une forte trempe pour le durcir, afin qu'il puiſ réſiſter aux coups de marteau, ou de cet inſtrument qu'o appelle une *ſonnette*, dont on ſe ſert pour faire l'emprein en creux ſur la matrice : *voyez* MONNOYEUR.

Pour adoucir le morceau d'acier dont eſt faite la matri ou quarré, on le recuit, c'eſt-à-dire qu'on le fait roug au feu ; & quand il a été frappé à chaud ou à froid, o acheve avec quelques-uns des outils dont nous avons par ci-deſſus, de perfectionner dans le creux les traits qui, à cau de leur délicateſſe ou du trop grand relief du poinçon, n'o pu ſe marquer ſur la matrice.

La figure étant parfaitement finie on acheve de graver le reste de la médaille, telles sont les moulures de la bordure, les grenetis, les lettres, &c.

Comme l'on se sert de poinçons pour graver en creux des quarrés, on se sert aussi en certains cas des quarrés pour graver des poinçons en relief; mais ce n'est guere que dans les hôtels des Monnoies que l'on fait ce travail; le tailleur général envoie des matrices aux tailleurs particuliers, pour s'en servir à fabriquer des poinçons, comme il leur envoie des poinçons pour fabriquer des matrices ou quarrés.

Comme les Graveurs ne peuvent voir l'ouvrage en creux avec la même facilité que celui qu'ils font en relief, ils ont imaginé diverses manieres d'en avoir l'empreinte à mesure que leur quarré s'avance. Ils emploient quelquefois une composition de cire ordinaire, de térébenthine, & d'un peu de noir de fumée. Cette composition se conservant toujours assez molle prend aisément l'empreinte de l'endroit du creux contre lequel on la presse; mais ils ont deux ou trois autres moyens de tirer la figure toute entiere.

Le premier est ce qu'ils appellent *plomb à la main;* c'est du plomb fondu qu'ils versent sur un morceau de papier sur lequel, renversant le quarré & le frappant de la main, le plomb à demi liquide en prend & en conserve aisément le relief.

La seconde maniere de prendre une empreinte est avec du soufre lentement liquéfié & à feu doux: on s'en sert après l'avoir versé sur du papier comme le plomb à la main, avant qu'il soit refroidi.

Enfin la troisieme maniere, mais qui n'est propre qu'à tirer des empreintes peu profondes, telles que sont celles des monnoies & des jettons, consiste à mettre sur le creux un morceau de carte légere; & l'ayant couverte d'une lame de plomb, on donne sur le plomb quelques coups de marteau jusqu'à ce que la carte ait pris l'empreinte du quarré.

Quand le quarré est entiérement achevé, on le trempe, puis on le découvre, & on le frotte avec la pierre ponce; ensuite on le nettoie avec des brosses de poil: enfin on se sert de la pierre à huile; & pour achever de le polir, on prend de l'huile & de l'émeril que l'on porte dans tous les enfoncements du creux avec un petit bâton pointu mais émoussé.

Le quarré en cet état peut être porté au balancier pour frapper des médailles, des especes ou des jettons: ce genre de travail n'est pas l'ouvrage du Graveur ; on en parle au mot MONNOYEUR, où l'on peut avoir recours.

GRAVEUR EN CARACTERES : *voyez* FONDEUR.

GRENETIER, ou GRAINIER. On doit regarder comme une suite des effets salutaires qu'a produit l'établissement des sociétés policées, la prévoyance & le soin de faire des provisions dans les années abondantes pour remédier aux malheurs de la disette & de la stérilité. Les sauvages ignorent ces sortes de précautions : ils ne prennent aucunes mesures pour les besoins à venir ; ils consument à mesure qu'ils recueillent : ils n'ont ni greniers ni magasins pour mettre les productions de la terre en réserve ; aussi sont-ils dans un danger continuel de périr de faim & de misere, souvent même y succombent-ils : c'est la raison pour laquelle ces peuples sont si peu nombreux. Les nations policées ont prévu les temps de disette & de calamités : c'est pour y remédier qu'elles ont songé à renfermer les grains qu'elles ne pouvoient pas consommer, dans des endroits propres à les conserver long-temps. *Voyez* FERMIER.

On donne le nom de *Blatiers* aux marchands qui font le commerce des grains en gros, & celui de *Grenetier*, *Grenier* ou *Grainier* au marchand qui vend en détail & à petites mesures toutes sortes de grains, graines, légumes, même du foin & de la paille. Le nom de *Grenetier*, qui est le plus usité, est cependant impropre, les ordonnances & les statuts concernant cette profession ne portant que le nom de *Grainier* ; & d'ailleurs le nom de *Grenetier* a une autre signification.

A Paris les Greniers & Grenieres ne font qu'une même communauté : ils sont qualifiés, dans leurs statuts, de maîtres & maîtresses, marchands & marchandes Grainiers & Grainieres de la ville & fauxbourgs de Paris.

Les graines, légumes & autres denrées qu'ils ont la faculté de vendre, sont toutes sortes de pois, feves & lentilles, tant crues que cuites, de l'orge en grain & de l'orge mondé, de l'avoine, du gruau d'avoine, du millet en grain & du millet mondé, du riz, du bled, du seigle, du sarrazin, de la navette, du chenevis, de la vesce, du sainfoin, de la luzerne, &c. comme aussi toutes sortes de graines de jardin.

Toutes sortes de farines entrent aussi dans leur négoce, mais le tout en détail & à petites mesures. Voyez, au mot

BOISSELIER ; les différentes regles prescrites pour la grandeur des mesures.

A la tête de la communauté des Grainiers & Grainieres sont deux jurés & autant de jurées, le corps étant indifféremment composé de marchands & de marchandes. Les jurés & jurées doivent également veiller à la conservation de leur art & métier, tenir la main à l'exécution de leurs statuts, faire les visites chez les maîtres & maîtresses, & recevoir les apprentifs & les apprenties à l'apprentissage, & les aspirants & aspirantes à la maîtrise. L'élection s'en fait tous les ans; savoir, d'un nouveau juré & d'une nouvelle jurée, en sorte que chaque juré & jurée puisse rester deux ans en charge.

Les marchands & marchandes ont la liberté, par leurs statuts, de faire venir de toutes sortes d'endroits du royaume au delà de vingt lieues à la ronde de Paris, même des pays étrangers, tant par terre que par eau, toutes sortes de marchandises concernant leur état & métier.

Par les ordonnances de la Ville de Paris, art. 7, 8 & 9 du chapitre 6, il est défendu aux maîtres & maîtresses d'aller au-devant des marchands & laboureurs pour acheter leurs grains, ni d'en acheter ailleurs que sur les ports. Il leur est encore défendu d'acheter ou de faire acheter des grains & farines sur les ports, qu'aux jours de marché, & après midi.

Ils ne peuvent non plus enlever à la foire plus de six septiers d'avoine & deux septiers des autres grains, ni avoir dans leurs maisons plus de deux muids d'avoine & huit septiers de chaque sorte des autres grains & légumes, pour leur vente & débit.

Enfin ils sont tenus de ne se servir que de petites mesures de bois, comme boisseau, demi-boisseau, litrons, &c. bien & duement étalonnées, & marquées à la lettre courante de l'année, leur étant absolument défendu de se servir de picotins & autres mesures d'osier. Lorsqu'ils veulent vendre à plus grande mesure que celle du boisseau, ils sont dans l'obligation d'appeller les jurés mesureurs de grains pour faire leur mesurage. Cette communauté est aujourd'hui composée à Paris de deux cents soixante maîtres ou maîtresses.

GROS DE TOURS ET DE NAPLES (Manufacture de). Le Gros de Tours est une étoffe de soie dont la chaîne & la trame sont beaucoup plus fortes que celles du taffetas broché; il differe de ce dernier en ce que le taffetas reçoit deux coups de navette entre les lacs & les broches, au lieu que le gros de Tours n'en reçoit qu'un. Le liage n'en est pas aussi le même, parcequ'on le prend sur chaque lisse pour les gros de Tours, afin qu'à chaque coup de navette on puisse faire baisser la lisse sur laquelle sont les fils qui doivent lier.

Dans les gros de Tours façonnés les fils sont doubles à chaque maille, & sont passés comme dans les satins brochés; pour empêcher que les fils de dessous ne suivent ceux de dessus, on a soin de mettre autant de lisses pour rabattre que de lisses pour lever, parceque ces étoffes levent la chaîne moitié par moitié.

Lorsqu'on fabrique des gros de Tours dans lesquels on ne fait point baisser les lisses, & dont on veut embellir le fond, on emploie la soie la plus belle pour que les fils qui ne levent point ne suivent pas en partie ceux qui levent.

Les gros de Naples se manufacturent comme les gros de Tours, à cela près que la trame & la chaîne des gros de Naples sont beaucoup plus fortes que celles du gros de Tours; ce qui donne à cette étoffe un grain beaucoup plus saillant. On en tiroit autrefois beaucoup d'Italie, mais les Tourangeaux ont si bien réussi à les faire qu'il n'en vient plus de ce pays-là.

Les gros de Tours sergés sont des especes de serges, quelquefois unies & quelquefois façonnées.

La largeur ordinaire de ces étoffes est d'une demi-aune moins un douzieme de Paris.

GROSSIER. C'est celui qui fabrique les plus gros ouvrages de taillanderie, comme crémailleres, âtriers, sommiers, chenets, & autres ustensiles de cuisine. Ils font un des quatre métiers qui composent la communauté des maîtres taillandiers de Paris : *voyez* TAILLANDIER. On donne aussi ce nom à celui qui fait le commerce des marchandises en gros; comme marchand grossier d'épiceries, de draperies, & de soiries.

GUESDRONS : *voyez* GARANCEUR.

HAM

HABILLEUR. C'est chez les pelletiers l'ouvrier qui *habille* ou prépare les peaux. *Voyez* PELLETIER FOURREUR.

HACHEUR DE LAINE. C'est celui qui prépare les laines pour être employées aux tapisseries de tonture : *voyez* TONTURE.

HALEUR. C'est celui qui remonte un bateau en le tirant avec un cable sur la riviere de Loire. On donne à ces bateliers le nom de *gobeurs*.

HALLEBARDIER : *voyez* ARCHITECTE.

HALLIER. Marchand qui étale aux halles. Les cordonniers qui vendent aux halles des souliers, des bottes, & autres ouvrages de cordonnerie qu'ils n'ont pas faits, & qu'ils ne peuvent acheter que des maîtres de la communauté, ou autres qui ont droit de travailler, portent ce nom, ainsi que les gardes des halles, c'est-à-dire ceux qui ont le soin de les fermer & d'y garder les marchandises qu'on y laisse.

HAMACS (Fabrique des). Le *Hamac* est un lit de coton à la maniere des Indiens. Il est plus commode & plus agréablement fabriqué que les *branles* dont les matelots se servent dans les vaisseaux. Aux Indes on suspend les hamacs entre deux arbres, deux poteaux ou deux crochets, & l'on s'y couche pour passer la nuit à couvert des bêtes sauvages & des insectes qui ne manqueroient pas de nuire si on couchoit par terre.

La maniere de les fabriquer quoique très simple exige en même temps tant de patience de la part de ceux qui y travaillent, qu'elle nous donne une idée de l'état où étoient les manufactures dans le premier âge, & quelles étoient pour lors les étoffes dont on se servoit.

Le métier sur lequel les Indiens les travaillent consiste en quatre pieces de bois ; savoir, deux rouleaux & deux traverses. Les rouleaux ont neuf à dix pieds de longueur sur trois à quatre pouces de diametre. Les deux bouts de l'un de ces rouleaux portent sur les deux traverses à huit ou dix pieds de terre, selon la longueur que l'ouvrier veut donner au lit ; l'autre rouleau qui est au-dessous porte contre terre.

On pose ensuite la chaîne sur ces rouleaux de façon qu'elle soit perpendiculaire à l'horizon.

Le métier étant ainsi préparé, on fait la trame de l'ouvrage en passant fil à fil un outil chargé d'un fil du coton qu'on emploie pour ourdir les hamacs, & non en lançant la navette entre les fils entr'ouverts, comme on le fait dans les métiers qui sont montés horizontalement.

Si l'ouvrage est façonné, ce qui arrive souvent, il faut beaucoup plus de patience & de temps pour le faire, ce qui en augmente considérablement le prix. Ce sont les Indiennes qui travaillent ordinairement ces étoffes; elles les font avec tant de goût & de variété, que de cent lits qui sortent de leurs mains, à peine en trouve-t-on deux qui aient les mêmes desseins & les mêmes façons. Les hommes se chargent de les peindre pendant que l'ouvrage est encore sur le métier; ce qu'ils font pour le conserver & empêcher la vermine de s'y attacher. Le *raucourt*, qui donne un jaune rougeâtre, est ce qu'ils emploient ordinairement pour cela; ils les teignent aussi en verd & en bleu; quelquefois ils y mêlangent les trois couleurs, mais pour lors ils n'y emploient que du fil de coton qu'ils ont déja teint en chacune de ces couleurs. Il y a de ces hamacs qui ne pesent que quatre livres, ce qui les rend très commodes pour les voyageurs qui n'ont qu'à les attacher à quelque branche d'arbre pour avoir tout de suite des lits tout faits.

Les Brésiliens fabriquent leurs hamacs à jour en forme de réseau, avec des *franges* au bord, qui sont des bouts de fil qui excedent la lisiere d'environ huit pouces, & qu'ils disposent par écheveaux dont ils forment des boucles dans lesquelles ils passent des petites cordes de quatorze ou dix-huit pouces de longueur, qui leur servent à faciliter l'extension & le développement du hamac.

Les habitants de la Guyane serrent plus leurs hamacs que les Brésiliens, & les font de façon qu'ils ressemblent assez à une étoffe de laine qui seroit lâchement frappée. Les hamacs de ces derniers sont plus estimés que les autres, parcequ'ils durent davantage, & qu'ils sont moins sujets à se rompre & à se percer.

Quoiqu'on fasse ordinairement ces lits suspendus avec du coton filé & retors, il y a des nations, comme celles qui habitent le long du fleuve des Amazones, qui les font de fil de *pite*, espece de chanvre ou de lin qu'on recueille en plusieurs endroits de l'Amérique équinoxiale, & sur-tout sur les terres qui sont sur les bords de la riviere d'*Orenoque*. Quoique ces hamacs soient moins ornés & moins enjolivés que ceux des Brésiliens, ils ont cependant la préférence sur eux.

HANOUARD. C'est un juré porteur de sel : *voyez* ce mot. Il en est fait mention dans la grande ordonnance du roi Jean du 30 Janvier 1350; avant que la gabelle fût établie ils étoient soumis à la jurisdiction de la Ville.

HAQUETIER. C'est celui qui conduit ou qui tire un *haquet*, espece de charrette sans ridelles, qui fait la bascule quand on veut, & qui a sur le devant un moulinet par le moyen duquel on tire les gros fardeaux pour les charger plus commodément.

Les haquets à timon sont tirés par des chevaux; ceux qui sont à tête ou à timon sont tirés par des hommes.

HARENGS (Art de saler les). Le hareng est un petit poisson de mer assez connu dans toute l'Europe pour ne pas avoir besoin d'en faire la description.

La pêche de ce poisson, & l'art de le saler, sont devenus dans le temps des objets si intéressants, qu'Amsterdam leur doit en particulier le fondement de sa grandeur, & les Hollandois la puissance & la richesse de leur état. De toutes les branches de leur commerce, c'est celle qui s'est le mieux soutenue. On n'est point d'accord ni sur l'époque de cette pêche, ni sur les peuples qui s'en sont avisés les premiers; quelques-uns la font remonter à l'année 1163, d'autres la mettent à l'an 1389.

Quelque apparence qu'il y ait que les peuples voisins des François aient appris d'eux à faire la pêche du hareng, que la présomption soit en faveur des Normands & des Picards, & sur-tout des habitants de Calais, il y a cependant lieu de croire que les pêcheurs du détroit du *Sund*, les Norvégiens & les Danois, ont profité les premiers du passage abondant de ce poisson que la providence envoie réguliérement tous les ans des mers du Nord pour satisfaire aux besoins d'une infinité de peuples.

Le hareng paroît réguliérement tous les ans vers le commencement de Juin; on ne sait pas précisément quel est le lieu de la mer qui nous le fournit; on croit cependant que c'est des mers les plus reculées du Nord que se fait sa migration pour venir couvrir une partie des nôtres. Leur prodigieuſe multitude eſt auſſi innombrable qu'elle paroît incroyable. On voit très peu de ce poiſſon ſur les côtes du Sud, de l'Eſpagne, du Portugal, de l'Afrique & de la France; on ne ſait point ce qu'il devient après avoir abandonné l'Angleterre d'où il paſſe vers le Sud où il paroît en très petite quantité. Les Ecoſſois & les Hollandois ſont les plus fameux pêcheurs de harengs.

La pêche de ce poiſſon ſe fait ordinairement en deux ſaiſons; l'une au printemps, le long de toutes les côtes d'Ecoſſe; & l'autre en automne ſur celles d'Angleterre, au nord de la Tamiſe. Il n'eſt point d'années où les Hollandois n'emploient à cette pêche plus de mille *buyſſes* ou vaiſſeaux. Les bâtiments dont ſe ſervent les François pour le même ſujet s'appellent *touques* ou bateaux: les uns & les autres vont de compagnie, & ſont tenus, pour le maintien du bon ordre, à ſe conformer aux réglements que chaque nation a preſcrits à ſes pêcheurs.

Chaque vaiſſeau eſt muni de cent filets qui ont mille à douze cents pas de longueur. On les jette dans la mer en ramant doucement, & en allant contre le flux autant qu'on le peut, parceque le hareng eſt ſouvent emporté en arriere par la force des courants; comme ce poiſſon ſuit la lueur de la lumiere, & que d'ailleurs pendant l'obſcurité il jette une ſorte de clarté qui indique l'endroit où il eſt, on ne le pêche ordinairement que la nuit, & on ne retire qu'une ſeule fois le filet vers le matin, parceque ce poiſſon mourant au ſortir de l'eau, il faut néceſſairement le ſaler ou le fumer tout de ſuite. On appelle *hareng d'une nuit* celui qu'on ſale le même jour qu'on le pêche, & *hareng de deux nuits* celui dont on remet la ſalaiſon au lendemain. Comme ce poiſſon eſt très ſujet à ſe corrompre, on eſtime beaucoup moins la derniere ſalaiſon que la premiere.

Lorſque le temps eſt beau, & que quelque pêcheur veut faire la pêche, le pilote du vaiſſeau eſt obligé de faire hiſſer la voile d'*artimon*, qui eſt le mat du navire placé le plus près de la pouppe, & pour lors ceux qui ne pêchent point ſe tiennent dans un certain éloignement pour ne point ſe mêler avec les pêcheurs, & ne les point embarraſſer dans leur manœuvre. Les maîtres des bâtiments, ni les matelots, ne ſont point ſalariés à tant par mois ou par voyage, mais chacun d'eux a part à la pêche dont le produit eſt diviſé en quatre-vingts lots ou quatre-vingts parties ſur leſquelles le propriétaire du bâtiment a six lots pour la fourniture ou équipement du vaisseau, & sept pour les quatorze filets qu'il est obligé de fournir. Le reste se divise également entre le maître de l'équipage & les matelots. Indépendamment des treize lots ci-dessus, le propriétaire du vaisseau a le sol pour livre provenant du total de la vente du hareng, comme répondant à l'équipage de la sureté des fonds ; & en outre deux sols pour livre à cause des avances qu'il a faites pour l'achat des vivres nécessaires à la subsistance de l'équipage, dont le montant, ainsi que les deux sols pour livre, se prélevent sur le produit de la vente.

La maniere industrieuse d'encaquer le hareng, de le conserver par la salaison, de le rendre plus parfait, & de lui donner un meilleur goût, est due à *Guillaume Buckelz*, natif de *Bieruliet* dans la Flandre Hollandoise, qui trouva, ou qui, pour mieux dire, perfectionna & enseigna aux Hollandois l'art de les saler en 1397 ; art qu'il avoit sans doute appris des Norvégiens & des Danois qui, au rapport de *Philippe de Mazieres*, dans son ouvrage publié en 1389, étoient en usage de *recueillir* ou pêcher ce poisson, & *saler en casques* ou caques des *harengs*.

Dès que les harengs sont mis à bord du vaisseau, le caqueur les ouvre, en tire les *treuilles* ou entrailles, n'y laissant que les laites & les œufs, & les met dans la saumure pendant douze à quinze heures ; ensuite il les *varande* ou fait égoutter ; il les *lite* ou les arrange par lits dans les caques ou barils ; enfin il met au fond & au-dessus des barils une couche raisonnable de sel, & ferme les barils exactement afin qu'ils conservent la saumure & ne prennent point l'évent, sans quoi le hareng ne se conserveroit pas.

Le propriétaire ni les matelots n'ont plus la liberté de saler leur poisson dès que le vaisseau qui en est chargé est arrivé à Dieppe ou dans quelque autre port ; on le crie à l'enchere, & il est adjugé au plus offrant ; ce qui occasionne souvent des monopoles, parceque ceux qui les achetent pour en faire des salaisons concertent quelquefois ensemble le prix jusqu'où ils veulent pousser leurs encheres, & préjudicient ainsi au propriétaire & à l'équipage.

Dès que le vaisseau chargé de harengs salés est en rade, on met à terre les barils, on les porte chez le marchand saleur qui les défonce, en ôte les harengs qu'il jette dans des cuves où ils sont lavés & nettoyés dans leur propre saumure ; après quoi des femmes les litent dans de nouveaux barils, & les pressent de façon que de trois barils on n'en fait que deux.

Les Hollandois, lorsqu'ils sont arrivés au port, encaquent leurs harengs dans d'autres barils comme à Dieppe; mais ils se servent d'une presse pour les fouler davantage, & les salent avec du sel de Portugal, qui, quoique plus âcre & plus corrosif que celui de France, donne une plus belle apparence au poisson.

Le hareng rouge, ou *hareng sor*, *saur*, *soret*, ou *sauret*, est ainsi nommé parcequ'on le fait *saurer* ou sécher à la fumée. On l'apprête comme les harengs blancs, à cela près qu'on le laisse moitié plus de temps dans la saumure. Dès qu'on en a ôté les harengs qu'on veut sécher, on les attache par la tête à des broches de bois, on les accroche dans un four préparé pour cet effet, qui en contient ordinairement douze mille, & on allume au-dessous du bois qui fait plus de fumée que de flamme : on les laisse ainsi exposés pendant vingt-quatre heures, ce qui les rend suffisamment secs. On préfere ceux qui sont gros, gras, frais, tendres, d'un bon sel, d'une couleur dorée, & qui ne sont point déchirés. Lorsqu'on veut les fumer chez soi, on les met en brochette, & on les attache au plancher de maniere qu'on puisse y atteindre en étendant les bras ; on fait ensuite sur le pavé de la chambre un feu de bois clair que l'on entretient pendant quelques heures ; on ferme ensuite toutes les ouvertures de la chambre, & au bout d'un mois ils sont en état d'être vendus.

Le Roi retire annuellement pour ses droits le sixieme de la valeur du coût & mise de toutes les barques que ses sujets envoient à la pêche du hareng.

Les harengs blancs & autres qui proviennent de la pêche des Hollandois ne peuvent entrer en France qu'en *urac*, c'est-à-dire sans être achevés de saler, devant recevoir leur parfaite salaison dans le royaume avec du sel de Brouage, suivant le tarif de 1699, & l'arrêt du Conseil d'Etat du Roi de 1700.

HARENGERE. Ce nom se donne aux marchandes qui vendent des harengs ou toute autre espece de saline, comme morue, saumon, maquereau, &c. & autres marchandes des halles. Leur *trempis*, ou l'endroit où elles font dessaler leur poisson, doit être éloigné du milieu des villes.

HARNACHEUR. On nomme ainsi parmi les selliers ceux qui ne travaillent qu'aux harnois des chevaux de selle : voyez SELLIER.

HARPONNEUR. C'est celui qui, dans les navires qu'on destine pour la pêche des baleines, est choisi comme le plus robuste & le plus propre de l'équipage à lancer le harpon sur ce poisson monstrueux : *voyez* BLANC DE BALEINE.

HASTEUR ou HATEUR. On nomme ainsi dans les grands atteliers celui qui a l'œil sur les maçons & les autres manœuvres, afin qu'ils ne perdent pas leur temps. On lui donne aussi le nom de *chasse-avant*.

HAUBANNIER. On donne ce nom aux pelletiers-fourreurs à cause d'un certain droit de *hautban* ou de souveraineté qu'ils payoient pour le lotissage de leur marchandise dans les foires & marchés de Paris : *voyez* PELLETIER-FOURREUR.

Il y avoit autrefois des marchands privilégiés qu'on nommoit *Haubanniers du Roi*, qui avoient le droit d'acheter & de vendre dans la ville, fauxbourgs & banlieue de Paris, toutes sortes de hardes vieilles & nouvelles, en payant une certaine somme au Domaine de Sa Majesté & au *Grand Chambrier* qui étoit un des cinq premiers officiers de la Couronne, dont la charge fut supprimée en 1545 par François I, après la mort de son fils Charles de France, Duc d'Orléans. Ces Haubanniers étoient une espece de frippiers semblables à ceux qu'on appelle *maîtres des lettres* dans cette communauté. Ces privilégiés sont aujourd'hui réduits à quatre : *voyez* FRIPPIER.

HAUBERGINIER. C'est celui qui fait des *hauberts* ou des cottes de mailles : *voyez* CHAÎNETIER.

HAUTE-LISSEUR. Ouvrier qui, dans la saïetterie établie à Amiens, travaille aux étoffes de *haute-lisse*, ainsi nommées à cause des figures, des fleurs, & autres ornements dont elles sont embellies ; ce qui leur donne quelque rapport avec ces anciennes tapisseries de haute-lisse qu'on fabriquoit autrefois en France, & dont on voit encore quelques vieilles tentures dans les garde-meubles des grandes maisons.

Les Haute-Lisseurs font corps avec les *bourachers* : voyez *ce mot*. Ils ne peuvent point travailler dans les fauxbourgs & hors des murs d'Amiens ; leur ouvroir doit être sur la rue : quelque nombre qu'il y ait d'*estilles* ou métiers, il ne peut y avoir qu'un seul maître dans chaque *ouvroir* ou attelier : ils ne peuvent s'associer ensemble pour raison d leurs ouvrages. Aucun Haute-Lisseur étranger ne peut tr vailler dans cette capitale de la Picardie qu'il ne justifie au paravant qu'il a été reçu maître de saïetterie en *ville de lo* c'est-à-dire où il y a établissement de maîtrise autorisée pa le Prince ; ils ne peuvent point s'écarter dans la fabriqu de leurs étoffes du nombre des fils, des longueurs & la geurs portées par les réglements, ni les exposer en ven au sortir de leur métier qu'auparavant elles n'aient été po tées aux halles en blanc pour y être marquées du plom d'aunage, à peine de confiscation & de dix livres d'amend tant pour le vendeur que pour l'acheteur.

Dans toutes les étoffes qu'ils manufacturent, comm serges de Rome, lisses croisées ou demi-croisées des deu côtés, dauphines, ferrandines, droguets de soie, & au tres, il leur est défendu de se servir du pur fil de saïette soit retors ou non, l'emploi de ce fil étant réservé au seuls saïetteurs ; les Haute-Lisseurs ne peuvent s'en servi qu'en trame sur des chaînes de lin, de chanvre, ou d laine filée au grand rouet.

L'ouvrage de chaque Haute-Lisseur doit être marqué d'u côté du nom & du surnom de l'ouvrier, & de l'autre de armes de la ville d'Amiens. Aucun maître ne peut fai d'apprentif qu'il n'ait au moins deux métiers, un pour lu & un pour son éleve ; il peut cependant montrer à ses en fants lorsque ses facultés ne lui permettent pas d'avoir u second métier. Lorsqu'un apprentif quitte son maître pou entrer en apprentissage chez un autre, il perd tout le temp qu'il a déja fait, doit commencer son temps de nouveau se faire enregistrer une seconde fois, & payer les même droits que pour la premiere.

On peut voir le détail de leurs statuts dans les réglement généraux de la saïetterie rédigés en 1666.

Il s'est établi depuis quelques années des manufacture de *fausses haute-lisses* ; ce sont des toiles ou coutils sur les quels on imite au pinceau toutes sortes de tapisseries, so paysages, soit histoire, & même tous les tableaux qu'o juge à propos de faire copier. Ces tapisseries ne coûtent pa plus que du papier collé sur toile ; elles se tendent auss aisément que la haute-lisse ; la chaleur ni l'humidité n peuvent les altérer ; les insectes s'en éloignent. Dans le déménagements elles se transportent aisément, s'ajusten par

[p]ar-tout, parcequ'il eſt facile d'y ajouter ou retrancher, [é]tant composées de bandes de toile couſues enſemble ; on [p]eut en découdre une ou pluſieurs bandes ſi une piece en[t]iere eſt trop grande pour la place. On peut plier, rouler, [&] même frotter ces tapiſſeries ſans craindre de les écailler, [l]e mordant étant d'une compoſition maniable ſans être dur.

On fait de ces tapiſſeries en fond *brételé*, ou faites en [f]orme de bandes croiſées, en fond de moſaïque en or ou [e]n argent, & les ramages en bleu, en rouge, ou en telle [a]utre couleur que l'on ſouhaite.

HAUTE-LISSIER. Le Haute-Liſſier eſt l'ouvrier qui tra[v]aille aux tapiſſeries de haute-liſſe, ou le marchand qui les [v]end & en fait commerce : on le nomme auſſi *Haute-Liſſeur* ; [m]ais ce dernier terme n'eſt guere en uſage qu'en Picardie.

La haute-liſſe eſt une eſpece de tapiſſerie de ſoie & de laine, [q]uelquefois rehauſſée d'or & d'argent, & qui repréſente de [g]rands & petits perſonnages, ou des payſages ornés de figu[re]s & d'animaux.

La *haute-liſſe* eſt ainſi appellée de la diſpoſition des liſſes, [o]u plutôt de la chaîne qui ſert à la travailler, qui eſt tendue [p]erpendiculairement de haut en bas ; ce qui la diſtingue de [la] baſſe-liſſe, dont la chaîne eſt miſe ſur un métier placé [h]orizontalement. *Voyez* BASSE-LISSIER.

L'invention de la haute-liſſe ſemble venir du Levant ; & [le] nom de *Sarraſinois*, qu'on donnoit autrefois en France à [ce]s tapiſſeries auſſi bien qu'aux ouvriers qui ſe mêloient de [le]s travailler, ou plutôt de les raccommoder, ne laiſſe guere [li]eu d'en douter. On croit que ce ſont les Anglois & les [Fl]amands qui, au retour des Croiſades & des guerres contre [le]s Sarrazins, ont apporté en Europe l'art de la haute-liſſe, [&] qu'ils ſont les premiers qui y ont excellé.

Outre la manufacture des Gobelins établie en 1667, & [ce]lle de Beauvais en 1664, qui ſubſiſtent depuis ce temps [av]ec grande réputation, il y a encore deux autres manufac[tu]res Françoiſes de haute & baſſe-liſſe, l'une à Aubuſſon en [Au]vergne, & l'autre à Felletin dans la haute Marche. Ce [ſo]nt les tapiſſeries qui ſe fabriquent dans ces deux derniers [en]droits qu'on nomme ordinairement *tapiſſeries d'Auvergne.*

Il n'y a point de manufactures de tapiſſeries qui puiſſent [en]trer en parallele avec celle des Gobelins. Depuis que le [de]ſſein eſt enſeigné aux moindres ouvriers de cette manu[fac]ture, les tapiſſeries qui en ſortent peuvent être regardées comme des chefs-d'œuvre pour la correction du dessein, la fonte des couleurs & la perfection de la main-d'œuvre. Les grandes pieces qu'on a exécutées d'après plusieurs peintres de notre académie, surpassent tout ce que l'on a vu de plus beau en ce genre ; les demi-teintes y sont observées comme dans les tableaux mêmes, & font naître la même illusion dans l'ame du spectateur.

La Flandre s'est acquis beaucoup de réputation par ses tapisseries. On en fabrique aussi à Beauvais & à Amiens qui sont recherchées. On a essayé depuis peu dans cette derniere ville de fabriquer des tapisseries qui ne fussent point sujettes à être rongées des insectes. C'est une propriété qui pourroit les faire préférer à des tentures plus précieuses, sur-tout pour les ameublements de campagne, qui sont plutôt dans le cas d'être détruits par les vers & par les teignes.

A l'habileté des ouvriers qui travaillent les belles tapisseries, se joint aussi la beauté de la teinture des laines, objet du ressort du teinturier. *Voyez ce mot.*

Le métier sur lequel on travaille la haute-lisse est dressé perpendiculairement : quatre principales pieces le composent ; savoir, deux longs madriers ou pieces de bois, & deux gros rouleaux ou *ensubles*.

Les madriers se nomment *cotterets*, & sont placés tout droits : les rouleaux sont placés transversalement, l'un au haut des cotterets, & l'autre au bas. Ce dernier est à un pied & demi de distance du plancher ou environ. Tous les deux ont des tourillons qui entrent dans des trous convenables à leur grosseur, qui sont aux extrémités des cotterets.

Les barres avec lesquelles on les tourne se nomment des *tendois* ; celle d'en haut le grand *tendoi*, & celle d'en bas le petit *tendoi*.

Dans chacun des rouleaux est ménagée un rainure d'un bout à l'autre, capable de contenir un long morceau de bois rond, qu'on y peut arrêter & affermir avec des fiches de bois ou de fer. Ce morceau de bois, qui a presque toute la longueur des rouleaux, s'appelle un *verdillon*, & sert à attacher les bouts de la chaîne. Sur le rouleau d'en haut est roulée cette chaîne, qui est faite d'une espece de laine torse, & sur le rouleau d'en bas se roule l'ouvrage à mesure qu'il s'avance.

Tout le long des cotterets sont des trous percés de distance en distance du côté que l'ouvrage se travaille, dans lesquels se mettent des morceaux ou grosses chevilles de fer qui ont un crochet aussi de fer à un des bouts. Ces morceaux de fer, qu'on nomme des *hardilliers*, sont percés aussi de plusieurs trous dans lesquels on passe une cheville qui approche ou éloigne la perche, & par ce moyen on peut bander ou lâcher les lisses suivant le besoin.

La *perche de lisse*, ainsi nommée parcequ'elle enfile les lisses qui font croiser les fils de la chaîne, fait à-peu-près dans le métier de haute-lisse ce que font les marches dans celui des tisserands.

Les *lisses* sont de petites cordelettes attachées à chaque fil de la chaîne avec une espece de nœud coulant aussi de ficelle, qui forme une sorte de maille ou d'anneau : elles servent pour tenir la chaîne ouverte, afin qu'on puisse y passer les *broches* qui sont chargées de soie, de laine, ou autres matieres qui entrent dans la fabrique de la tapisserie de haute-lisse.

Enfin il y a quantité de petits bâtons que le Haute-Lissier tient auprès de lui dans des corbeilles, pour s'en servir à croiser les fils de la chaîne, en les passant à travers. Ces petits bâtons sont nommés par cette raison *bâtons de croisure* ; & afin que les fils ainsi croisés se maintiennent toujours dans un arrangement convenable, on entrelace aussi entre les fils, mais au-dessus du bâton de croisure, une ficelle à laquelle les ouvriers donnent le nom de *fleche*.

Quand la chaîne est montée, le dessinateur trace sur les fils de cette chaîne les principaux contours des figures du tableau qu'il faut imiter ; ce qui se fait en appliquant du côté qui doit servir d'envers des cartons conformes au tableau que l'on veut copier, & en suivant leurs contours avec de la pierre noire sur les fils du côté de l'endroit, en sorte que les traits paroissent également devant & derriere ; & afin qu'on puisse dessiner plus surement & plus correctement, on soutient les cartons avec une longue & large table de bois.

A l'égard du tableau d'après lequel l'ouvrage doit s'achever, il est suspendu derriere le Haute-Lissier, & roulé sur une longue perche ; on le déroule autant qu'il est nécessaire, & à mesure que la piece s'avance.

Outre toutes les pieces dont on a parlé, qui composent le métier, ou qui y sont pour la plupart attachées, il faut trois principaux outils ou instruments pour placer les laines ou soies, les arranger & les serrer dans les fils de la chaîne.

Ces outils sont une broche, un peigne de bois & une aiguille de fer.

La *broche* est faite de bois dur, comme du buis ou autre semblable. C'est sur cet instrument qui sert comme de navette que sont dévidées les soies, les laines, ou l'or & l'argent que l'ouvrier doit employer.

Le *peigne* est de huit à neuf pouces de longueur, & d'un pouce d'épaisseur du côté du dos, allant ordinairement en diminuant jusqu'à l'extrémité des dents, qui doivent être plus ou moins distantes les unes des autres, suivant le plus ou le moins de finesse de l'ouvrage.

Enfin l'aiguille de fer qu'on appelle *aiguille à presser*, a la forme des aiguilles ordinaires, mais elle est plus grosse & plus longue; elle sert à presser les laines & les soies, lorsqu'il y a quelque contour qui ne va pas bien.

Le fil de laine, de soie, d'or ou d'argent, dont se couvre la chaîne des tapisseries, & que dans les manufactures d'étoffe on appelle trame, se nomme *assure* parmi les Haute-Lissiers François; les Flamands lui donnent le nom d'*inslach*.

Lorsque tout est préparé pour l'ouvrage, & que l'ouvrier le veut commencer, il se place à l'envers de la piece, le dos tourné à son dessein, de sorte qu'il travaille pour ainsi dire à l'aveugle, ne voyant rien de ce qu'il fait & étant obligé de se déplacer & de venir au devant du métier quand il veut en voir l'endroit & en examiner les défauts pour les corriger avec l'aiguille à presser.

Avant que de placer ses soies ou ses laines, le Haute-Lissier se tourne & regarde son dessein; ensuite de quoi ayant pris une broche chargée de la couleur convenable, il la place entre les fils de la chaîne qu'il fait croiser avec les doigts, par le moyen des lisses attachées à la perche; ce qu'il recommence chaque fois qu'il change de couleur. La soie ou la laine étant placée, il la bat avec le peigne; & lorsqu'il en a mis plusieurs rangées les unes sur les autres, il va voir l'effet qu'elles font, pour en réformer les contours avec l'aiguille à presser, s'il en est besoin.

Si les pieces sont larges, plusieurs ouvriers y peuvent travailler à la fois. A mesure qu'elles s'avancent, on roule sur l'ensuble d'en bas ce qui est fait, & on déroule de dessus celle d'en haut autant qu'il faut de la chaîne pour continuer de travailler; c'est à quoi servent le grand & le petit tendoi. On en fait à proportion autant du dessein que les ouvriers ont derriere eux.

L'ouvrage de la haute-lisse est bien plus long à faire que celui de la basse-lisse, qui se fait presque deux fois aussi vîte, & qui par conséquent coûte moins de façon que l'autre. Toute la différence qui paroît aux yeux entre ces deux especes de tapisserie, consiste en ce qu'à la basse-lisse il y a un filet rouge large d'environ une ligne, qui est mis de chaque côté du haut en bas, & qu'à la haute-lisse ce filet n'y est point : *voyez* le travail de la basse-lisse au mot BASSE-LISSIER.

Les tapisseries de haute & basse-lisse paient en France les droits d'entrée & de sortie suivant leurs qualités & les lieux où elles se fabriquent ; savoir, à l'entrée :

Les tapisseries neuves & vieilles d'Oudenarde, & des autres villes & lieux des Pays-Bas, excepté Anvers & Bruxelles, le cent pesant, 120 liv.

Les tapisseries neuves & vieilles d'Anvers, de Bruxelles & d'Angleterre, 240 liv.

Les tapisseries rehaussées de soie, d'or & d'argent desdits lieux, vingt pour cent de leur valeur, le tout suivant l'arrêt du 21 Août 1691.

Les tapisseries de Felletin & d'Auvergne paient, conformément au tarif de 1664, quatre livres du cent pesant.

A l'égard des droits de sortie réglés par le même tarif de 1664, ils se paient : savoir, les tapisseries fines, neuves & vieilles, de la Marche, Flandre, & d'ailleurs, mêlées d'or & d'argent, à raison de six pour cent de leur valeur : les tapisseries fines de la Marche, sans or ni argent, vingt-six livres du cent pesant : les tapisseries de Flandre & d'ailleurs, excepté de Felletin, treize livres du cent pesant ; & les tapisseries de Felletin, quatre livres.

Par les lettres-patentes données à Vincennes au mois d'Août 1664, pour les manufactures royales de haute-lisse, registrées en Parlement le 3, & à la Chambre des Comptes le 19 du mois de Septembre de la même année, les apprentifs sont tenus à faire six ans d'apprentissage & deux ans de compagnonage, après lequel temps ils peuvent être reçus maîtres & marchands tapissiers sans qu'on puisse exiger d'eux aucuns frais de réception à ladite maîtrise, en rapportant leurs brevets duement quittancés par leurs maîtres, & leurs certificats de service expédiés par le surintendant des bâtiments, arts & manufactures de France.

Tous les ouvriers étrangers qui ont été employés & qui ont travaillé dans lesdites manufactures pendant l'espace de huit années entieres & consécutives, sont réputés regnicoles & naturels François, sans qu'ils aient besoin de prendre des lettres de naturalisation, ni de payer pour cela aucune taxe & finance, aux conditions cependant de demeurer toujours dans le royaume.

Toutes les tapisseries travaillées par ceux qui les entreprennent doivent être marquées en les fabriquant de la marque qui leur est donnée par le surintendant des bâtiments, sans qu'aucun autre Haute-Lissier puisse la contrefaire, ni imiter les desseins des tapisseries qui auront été faites par un autre ouvrier, à peine de dix mille livres d'amende & de confiscation de leurs ouvrages.

Il est défendu à tous manufacturiers de tapisseries de se débaucher réciproquement leurs ouvriers, ceux-ci ne pouvant quitter une tenture qu'ils auront commencée qu'après l'avoir finie, avoir averti leur maître un mois auparavant, & en avoir obtenu leur congé par écrit : au cas que les maîtres refusassent de le leur donner en la forme ordinaire, les ouvriers & les compagnons sont en droit de se pourvoir devant les juges des manufactures, lesquels sont obligés de leur donner sans frais des congés qui leur tiennent lieu du consentement de leurs maîtres.

Aucun maître des manufactures royales ne peut employer aucun ouvrier soit étranger ou François qui auroit déja travaillé dans quelque autre manufacture du royaume, que le dernier maître chez lequel il a demeuré n'y soit consentant, à peine d'amende, & de renvoyer à ses dépens les susdits ouvriers dans les manufactures qu'ils ont quittées.

HEAUMIER. C'est celui qui fait ou qui vend des heaumes, casques, cuirasses, & autres pieces de l'ancienne armure des chevaliers : *voyez* ARMURIER.

HÉRALDIQUE (L'art). C'est celui de blasonner les armoiries des maisons nobles, & d'en expliquer toutes les parties dans les termes qui leur conviennent.

On n'est point d'accord sur l'origine des armoiries. Ceux qui les font remonter à la plus haute antiquité prétendent que les enfants de Noé en ont fait usage. Les uns les rapportent au temps d'*Osiris*, les autres aux Hébreux : il y en a qui regardent les Assyriens, les Medes & les Perses comme en étant les inventeurs ; qui croient qu'Alexandre le Grand donna des regles aux armoiries & à l'usage du blason : & il s'en trouve aussi qui assurent qu'elles ont commencé sous le regne d'Auguste.

Quoi qu'il en ſoit de leur origine & de leur antiquité, il eſt certain que de temps immémorial il y a eu parmi les hommes des marques ſymboliques pour les diſtinguer dans les armées, dont on décoroit les boucliers & les enſeignes, dont on a fait dans la ſuite des ſignes honorables pour récompenſer le mérite, & qui ſont aujourd'hui des marques héréditaires de la nobleſſe d'une maiſon.

Originairement il n'y avoit que les ſeuls nobles qui euſſent le droit d'avoir des armoiries ; mais depuis que Charles V, par la charte de 1371, ennoblit tous les Pariſiens & leur permit de porter des armoiries, les bourgeois les plus notables des autres villes du royaume, autoriſés par cet exemple, ſe crurent auſſi en droit d'en avoir.

Il y a cette différence entre les armes & le blaſon que les premieres ſont des deviſes ou des figures dont on charge un écuſſon, & que le blaſon n'en eſt que la deſcription verbale.

Pour rendre toutes les figures qu'on emploie dans l'art héraldique, les *hérauts d'armes*, ou ceux qui compoſent les armoiries, ſe ſervent de deux métaux & de cinq couleurs. Les métaux ſont l'or & l'argent ; les couleurs ſont les *gueules*, l'*azur*, le *ſinople*, la *carnation* & le *ſable*. Ils repréſentent l'or par la couleur jaune, l'argent par la blanche, les gueules par la rouge, l'azur par la bleue, le ſinople par la verte, la carnation par la couleur de pourpre, le ſable par la couleur noire. Lorſqu'on ne colorie point les *émaux*, c'eſt-à-dire les métaux & les couleurs dont on ſe ſert dans le blaſon, qu'on les grave ſur quelque matiere ſolide, ou qu'on les figure ſur le papier, on repréſente l'or par des petits points, l'argent par un ſimple uni, les gueules par des traits perpendiculaires, l'azur par des traits horizontaux, le ſinople par des traits diagonaux de droite à gauche, le pourpre par des traits ſemblables, mais de gauche à droite, & le ſable par des hachures en tous ſens. On y emploie encore deux fourrures qui ſont l'hermine & le vair.

Cet art a ſes regles propres comme tous les autres en ont. Pour bien blaſonner il faut connoître toutes les partitions d'un écu ; ſavoir celles par où l'on doit commencer ; nommer le métal ou la couleur du champ de l'écu ; en ſpécifier la diviſion, & donner le nom propre aux lignes qui ſont perpendiculaires ou horizontales ; les diſtinguer quand elles sont d'une figure différente, comme lorsqu'elles sont engrelées ou dentelées; dire ce que porte le champ de l'écu; commencer par sa principale partie; distinguer les pieces les plus honorables de celles qui le sont le moins; éviter la répétition des termes en blasonnant; faire attention que lorsqu'il y a métal sur métal, ou couleur sur couleur, ce sont des armes fausses ou armes à *enquerre*, c'est-à-dire qui paroissent fausses, afin qu'on demande ou qu'on dise la raison pour laquelle les hérauts d'armes les ont ainsi données; enfin ne point ignorer tous les termes qui sont particuliers à cet art, & toutes les différentes variétés qu'on donne à chaque piece, soit dans sa figure, soit dans sa position.

Les armoiries étant ordinairement les signes de la valeur militaire, ou des services particuliers qu'ont rendu à la patrie ceux qui en sont décorés, les pieces qui les composent sont ordinairement relatives aux exploits & aux belles actions de ceux qui les ont faites : mais lorsque le nouvel ennobli ne doit son illustration qu'à des titres de cloche ou de finance que l'Etat a été obligé de recevoir dans certains besoins; que ces particuliers, sortant de leur classe pour entrer dans une qui est plus distinguée, n'ont rien par devers eux qui puisse être transmis à la postérité, & dont la mémoire doive être conservée dans leurs armoiries, on leur en donne de *parlantes*, c'est-à-dire de relatives, autant que faire se peut, au nom de la personne pour qui le héraut d'armes les compose. Quoique cette espece d'armoirie ne soit pas aussi honorable que celles dont nous avons parlé plus haut, il y a cependant des maisons aussi anciennes qu'illustres, comme les Mailly, les Crequy, les Ailly, qui ont des armoiries qui désignent leur nom, comme un mailler, un crequier, un allier.

Ce qu'on nomme brisures dans les armoiries sont des pieces ajoutées ou diminuées de l'écu principal; elles ont été instituées pour les cadets de famille, parcequ'il n'y a que l'aîné qui puisse porter en plein les armes de sa maison.

Comme les bâtards des gentilshommes jouissoient autrefois des privileges de la noblesse, qu'ils portoient les armes & le nom de leurs peres, que cela pouvoit accasionner des discussions dans les familles, Henri IV, par son ordonnance de 1600, titre 20, ordonna de barrer leurs armes & leurs noms, pour que ces signes fussent des symboles publics de leur bâtardise.

HERBIERE. C'eſt une vendeuſe d'herbes potageres dans les marchés. Les fruitieres & les femmes qui prennent des lettres de regrat, ſont celles qui font ordinairement ce négoce à Paris.

HERBORISTE. Quoique ce nom puiſſe convenir à ceux qui connoiſſent les plantes & qui en font une étude particuliere, il ne ſe dit guere plus que de celui qui vend des plantes médicinales. On les nommoit anciennement *coupeurs de racines* ou *cueilleurs d'herbes*, parceque c'étoient eux qui les vendoient autrefois aux droguiſtes & aux médecins. Auſſi Pline reproche-t-il aux médecins de ſon temps qu'ils négligeoient la connoiſſance des drogues, qu'ils recevoient les compoſitions telles qu'on les leur donnoit, & qu'ils les employoient ſur la bonne foi des marchands. Pour mieux faire valoir leur métier, les Herboriſtes affectoient ſuperſtitieuſement de cueillir les ſimples en de certains temps particuliers, avec certaines précautions & des cérémonies ridicules.

Les Herboriſtes compoſent à Paris une eſpece de petite communauté où ils ne peuvent entrer qu'après avoir été examinés ſur la connoiſſance des plantes & racines qui ſont en uſage en médecine. On ſent que leur ignorance ſur ces objets ſeroit d'une dangereuſe conſéquence en ſubſtituant une plante à une autre. Il leur eſt même défendu d'en diſtribuer à toutes ſortes de perſonnes, parcequ'il y en a de dangereuſes qu'ils ne peuvent vendre qu'aux apothicaires, ou du moins à des perſonnes connues, à cauſe du mauvais uſage qu'on pourroit en faire. Ils vendent les plantes ſeches ou fraîches, ſelon les beſoins & les demandes qu'on leur en fait. Depuis que le zele de quelques membres de la faculté de médecine, & ſur-tout celui de M. *Barbeu Dubourg*, ont établi des cours gratuits d'herboriſation pour les plantes uſuelles des environs de Paris, ils vont les chercher eux-mêmes à la campagne, ſur les montagnes & quelquefois dans des lieux d'un accès aſſez difficile.

Comme ce métier intéreſſe beaucoup le public, & qu'il ne ſeroit pas prudent d'en confier l'exercice au premier venu, on attend inceſſamment des réglements autoriſés par le Prince, qui, en leur preſcrivant des ſtatuts, les réuniſent en corps de jurande.

HERNIAIRE. C'eſt celui dont l'art eſt de faire rentrer les hernies, d'empêcher qu'elles ne ſortent de nouveau,

& qui eſt reçu expert pour la conſtruction & l'applicatio
des *bandages* ou brayers propres à les contenir.

La hernie eſt une tumeur contre nature, produite par l
déplacement de quelques-unes des parties molles qui ſon
contenues dans la capacité du bas-ventre, comme l'*inteſtin*
l'*épiploon*, ou par les deux enſemble. Elle prend dive
noms ſuivant les différents endroits où elle ſe manifeſte
On la nomme *bubonocele* ou *inguinale*, quand les parties qu
la forment paſſent par l'anneau du muſcle grand oblique
crurale, lorſqu'elle s'échappe par-deſſus les ligaments d
Fallope; umbilicale, ou *exomphale*, quand elle paroît a
nombril; *ventrale*, quand elle ſe fait ſentir à l'un d
points de la capacité du bas-ventre; *périnéale* & *vaginale*
lorſqu'elle a ſon ſiege dans le périnée ou le vagin. La *herni*
d'eſtomac, quoique très rare, eſt occaſionnée par une por
tion de ce viſcere qui forme une tumeur herniaire à la ré
gion épigaſtrique, & qui s'y trouve pincée & même étran
glée. On donne auſſi le nom d'*enterocele* aux deſcentes d
l'inteſtin; d'*épiplocele* à celles de l'épiploon; de *ciſterocel*
à celles de la veſſie; & d'*hiſterobubonocele* lorſqu'elle e
formée par la matrice qui, renfermant un enfant, ſort pa
l'anneau inguinal, & pend ſur la cuiſſe de la malade.

La curation de toutes ces hernies demande d'autant plu
d'attention qu'elles ſont plus communes, puiſqu'on pré
tend qu'il y a au moins la huitieme partie des hommes qu
en eſt attaquée, & qu'il n'en eſt aucune qui ne differe d
autres; c'eſt un fait dont les plus grands praticiens con
viennent, en aſſurant que juſqu'à préſent ils n'en ont poin
trouvé deux parfaitement reſſemblantes. Les variétés qu'o
a diſtinguées dans les cauſes qui produiſent les hernies
dans les lieux qu'elles occupent, dans les accidents qui le
accompagnent, ſont ſi multipliées & ſi peu éclaircies e
pluſieurs points, qu'il manque encore à cette partie de l
chirurgie un corps d'obſervations ſur toutes les différente
connoiſſances qu'on peut acquérir ſur ces maladies.

De toutes les opérations que pratique la chirurgie, il e
eſt peu d'auſſi difficiles, d'auſſi délicates, & d'auſſi dange
reuſes que celle des hernies, parceque leur déplacemen
peut avoir des ſuites d'une extrême conſéquence. Comm
il eſt très eſſentiel aux malades d'être traités par d'habile
artiſtes, tant pour la réduction des parties ſorties que pou
leur guériſon, & pour empêcher qu'elles ne ſortent d

nouveau, plusieurs édits, & notamment celui du mois de Novembre 1634, défendent à toutes personnes, si elles ne sont reçues à la maniere ordinaire des chirurgiens, de faire l'opération pour la guérison des descentes.

Autrefois les anciens, moins instruits que nos chirurgiens modernes sur la guérison des hernies, ne balançoient pas à faire des incisions à l'anneau, qui ont toujours été redoutées par les plus grands maîtres. Cette maladie, mieux étudiée aujourd'hui, & plus connue par l'expérience, est traitée d'une maniere moins douloureuse, plus sure & plus facile à pratiquer. A la coupe dangerense de l'incision on a substitué la *dilatation graduée*, ou l'extension de l'anneau & du passage de l'arcade crurale, comme étant un procédé plus doux, plus naturel, & moins susceptible d'inconvénients. Cette opération, qui consiste à étendre, dilater, ou agrandir par degrés l'issue d'une hernie pour la faire rentrer, n'est point sujette comme l'incision à faciliter la récidive de la hernie, même après la cicatrisation de la plaie, ni aux accidents attachés au débridement, & empêche ce que ne peut pas faire le bandage le plus artistement fait & le mieux appliqué, qui est de laisser échapper quelquefois, ou d'étrangler une hernie habituelle.

Comme il y a des circonstances où la dilatation ne peut pas se faire avec le doigt, M. *le Blanc*, chirurgien-lithotomiste de l'hôtel-dieu d'Orléans, a imaginé un *dilatatoire* dont on peut se servir dans tous les cas. Cet instrument est d'un acier poli, formant par sa courbure une portion de cercle de onze pouces quelques lignes de diametre depuis l'extrémité du manche jusqu'à l'autre bout, & est composé de deux branches qui forment avec le manche deux pieces jointes ensemble par une charniere faite à-peu-près comme celle qui est à tête d'un compas; ces deux branches sont arrêtées par une vis qui lui sert d'axe; cette vis arrête un ressort qui, par son élasticité, maintient l'adossement des deux branches, de maniere que les extrémités forment ensemble par leur adossement une sonde mousse & plate, propre à être introduite dans l'issue herniaire.

Quoique ceux qu'on nomme communément *experts pour les hernies* se servent dans leurs opérations du bistouri boutonné, du bistouri courbe, tranchant sur sa convexité, de ciseaux & de la sonde cannelée; qu'ils mettent sur la plaie des pelotes de linge remplies de charpie fine & de compresses; qu'ils fassent des embrocations avec l'huile rosat, & qu'ils appliquent des bandages convenables; qu'ils soient reçus aux écoles de chirurgie de S. Côme; qu'ils soient interrogés par le premier chirurgien du Roi ou son lieutenant & les quatre prévôts en charge, sur la structure & l'usage des parties par où les hernies se font, sur les signes qui les distinguent les unes des autres, sur la situation où il faut mettre les malades pour la réduction des parties, sur la construction des bandages & la méthode de les appliquer; ils ne sont cependant pas de la communauté des chirurgiens, ne peuvent prendre que le titre ci-dessus, & dans le cas où il surviendroit un accident qui exigeât l'usage de quelques médicaments, ou qu'il y eût un étranglement qui empêchât la réduction, ils ne peuvent faire aucune opération ni incision sans avoir appellé un chirurgien herniaire, qui, s'étant particuliérement attaché à cet objet, est réputé avoir acquis plus d'expérience & de lumieres par l'étude des principes généraux & particuliers de son art.

Lorsqu'un expert pour les hernies se présente pour entrer dans la communauté des maîtres chirurgiens, & qu'il en est jugé capable, il est reçu après avoir fait la légere expérience, & payé les droits portés par l'art. 123 des statuts des chirurgiens, aux conditions cependant qu'il fera sa soumission au greffe du premier chirurgien du Roi de n'exercer que la chirurgie herniaire, & qu'il en sera fait mention dans son acte de réception. L'article 108 des mêmes statuts porte qu'aucun ne sera reçu à la qualité d'expert qu'il n'ait servi pendant deux années entieres & consécutives chez un maître chirurgien, ou chez l'un des experts établis à Paris, ou trois ans chez plusieurs maîtres ou experts; ce qu'il sera tenu de certifier par des certificats.

HOMME D'AFFAIRES. C'est celui qui est l'agent des riches bourgeois qui ne peuvent ou ne veulent pas se donner la peine qu'exige d'eux la culture des biens, ou qui n'ont pas assez d'intelligence pour faire valoir leurs terres. L'Homme d'affaires fait à-peu-près les mêmes fonctions chez le bourgeois que l'économe ou le procureur dans les monasteres, & l'intendant dans les grandes maisons. Les uns & les autres doivent commencer par se former un plan général d'administration, & dès qu'ils l'ont bien fait il leur est très aisé d'en exécuter toutes les parties. Etant bien au fait des intérêts qu'on leur a confiés, ils doivent se transporter par-tout pour qu'on ne les trompe pas; connoître la saison & le temps qui est propre à chaque culture, y employer les ouvriers nécessaires, & veiller à ce qu'ils ne perdent pas leur temps; donner leurs ordres aux maîtres valets qui sont sous leur direction; vendre & acheter pour le plus grand profit de leur maître; faire faire toutes les réparations nécessaires tant aux terres qu'aux bâtiments avec le moins de dépense possible; prendre garde à ce que personne n'usurpe ou ne détériore les biens qu'on leur a confiés; connoître les vassaux des terres qu'ils font valoir; percevoir exactement & ne laisser jamais accumuler les rentes & les cens auxquels ils sont sujets; savoir suffisamment l'arpentage pour n'être pas trompés dans les prix faits qu'on donne à certains ouvriers pour la culture de différentes terres; être bien instruits de la matiere des fiefs afin que quelque autre seigneur n'empire pas sur ceux de leur maître, ou que les tenanciers n'en diminuent pas les rentes en divisant ou en augmentant leur patrimoine; avoir un livre ouvert de recette & de dépense pour être toujours en état de rendre leurs comptes en quelque temps qu'on le leur demande; n'écarter jamais l'argent de leur caisse; ne point l'employer à leur profit, & sur-tout ne faire aucune espece de commerce, pour éviter tout soupçon.

HONGROYEUR. C'est celui qui fait ou qui vend des cuirs préparés à la façon de Hongrie.

Cet art qui nous vient de l'étranger fut apporté en France vers le milieu du seizieme siecle par un nommé *Boucher*, fils d'un tanneur de Paris, qui, ayant voyagé dans le Sénégal en Afrique, fut le premier, à ce qu'on prétend, qui le mit en usage dans cette ville. Cet art s'étant répandu en même temps en Hongrie, & les cuirs qu'on y travailloit ayant acquis beaucoup plus de réputation que ceux de France, ils ont retenu le nom de cette premiere contrée.

M. *Colbert* ayant appris que ce cuir de manufacture étrangere se vendoit en France jusqu'à quarante sols la livre, crut qu'il étoit de l'intérêt de l'Etat d'envoyer quelqu'un en Hongrie pour en étudier la préparation. Il choisit pour cet effet un tanneur nommé *la Rose*, très habile dans la connoissance des cuirs, & lui ordonna de voir par lui-même ce qui contribuoit à la qualité & à la réputation des cuirs de Hongrie. De retour à Paris, *la Rose* établit une manufacture à S. Cloud en 1698. En 1702 on transféra cette manufacture à la *Roquette*, fauxbourg S. Antoine, & de là à S. Denis où elle a existé jusqu'en 1716, que le Roi permit la fabrication de ces cuirs.

Toutes sortes de peaux peuvent être hongroyées, comme celles de bœufs, de chevaux, de vaches, de veaux, de chevreaux, &c. mais on préfere les grands cuirs de bœuf, surtout ceux du Limousin, comme étant plus nerveux, plus égaux dans leurs différentes parties, & étant les meilleurs cuirs de France. Les cuirs des chevaux se trouvent rarement forts, prennent peu de suif, sont creux & spongieux, s'alongent à la pluie & se rétrecissent ensuite, ne sont point d'un usage aussi bon & aussi étendu que le cuir de bœuf; ils ne valent rien pour les soupentes; il est même défendu aux bourreliers de s'en servir.

Les cuirs étant arrivés de la boucherie chez l'Hongroyeur, il les écorne, les fend en deux, les décrotte lorsqu'ils sont sales, les met sur un chevalet, & enleve légérement la graisse & les plus grosses chairs, les rince dans la riviere pour en ôter le sang & le gravier, & les rase ensuite.

Lorsque les cuirs sont difficiles à raser, sur-tout en hiver, il les étend sur un chevalet, de façon qu'étant pliés en deux ce qui est dessous sert de couche à celui qui est dessus & l'empêche de faire de faux plis, de peur que la *faux* ne les coupe.

Dès que les cuirs sont rasés on les attache à une corde par les trous des yeux ou par ceux des cornes, & on les fait tremper dans la riviere pendant vingt-quatre heures pour les bien dessaigner. Lorsqu'on est trop éloigné de quelque riviere, on les met dans des baquets pleins d'eau où on les laisse pendant trois jours en changeant d'eau une fois le jour si c'est en hiver, & deux fois le jour dans les grandes chaleurs, pour éviter que l'eau, infectée par les parties animales, ne corrompre les cuirs. Au sortir des baquets on les fait égoutter sur des perches ou des chevalets, & dès qu'ils sont secs on les met en alun.

Pour quatre-vingt-dix livres pesant de cuir on fait dissoudre dans de l'eau chaude six livres d'alun & trois livres & demie de sel ordinaire, ou sel marin, que les Fermiers délivrent aux Hongroyeurs le premier mardi de chaque mois. Lorſque les Hongroyeurs craignent que leurs cuirs ne deviennent *caſques*, c'eſt-à-dire durs, ils augmentent la doſe de ſel marin qui conſerve au cuir un certain degré de molleſſe. Leur eau étant ainſi préparée, ils font une *fonte*, c'eſt-à-dire qu'ils alunent & travaillent enſemble cinq, ſix, neuf, douze, quelquefois même quinze cuirs : mais pour que le travail ſoit plus sûr & plus prompt, on ne fait ordinairement la fonte que de neuf cuirs.

Les *bandes*, ou moitiés d'une peau entiere, étant pliées, arrangées dans la cuve les unes ſur les autres, la fleur en dehors, & ayant la tête de l'une ſur la culée de l'autre, on prend trois ſeaux d'eau alunée tiede qu'on verſe ſur les *bandes*. Cette opération faite, un homme vigoureux entre dans la cuve, foule pli par pli les parties de chaque bande, les fait deſcendre & remonter ſucceſſivement d'une extrémité de la cuve à l'autre, & continue ce procédé trois fois de ſuite; ce qu'on appelle *donner les trois tours*. Le fouleur frappe d'abord ſur les bandes à grands coups de talon, deux fois ſur le dos & une fois ſur le ventre des cuirs. Ces trois tours finis, c'eſt ce qu'on nomme *donner la premiere eau*. Il faut quatre eaux pour chaque *encuvage* qui eſt de trois cuirs ou de ſix *bandes*.

Quand il n'eſt pas poſſible d'avoir du ſel pour mettre dans la chaudiere en même temps que l'alun, & que les cuirs riſquent de ſe gâter, on y remédie en les faiſant ſéjourner dans de l'eau ſalée après qu'ils ont été paſſés à l'alun.

Après que les cuirs ont été foulés dans les cuves, & qu'ils ont eu leurs quatre eaux, on les fait tremper dans des baquets dans leſquels on les laiſſe pendant huit jours pliés & couverts de la même eau dans laquelle ils ont été foulés. En hiver on peut les y laiſſer pendant trois ou quatre mois, & ils en ſont meilleurs; mais on a ſoin dans les grandes chaleurs de les transférer chaque jour dans un autre baquet, en mettant deſſous ce qui étoit deſſus, ſans quoi ils riſqueroient de devenir bleus, de ſe ramollir & de fermenter; la fleur ſe ſépareroit de la chair, & ils perdroient leur force. On appelle *fleur* le côté de la peau où l'on a enlevé le poil ou la laine, & *chair* le côté oppoſé.

De tous les cuirs qu'on prépare, celui de Hongrie eſt le plutôt fabriqué, quelquefois même on en précipite ſi fort les opérations qu'on le fait en huit ou quinze jours; mais lorsqu'on veut le rendre parfait on ne le finit qu'en deux mois de travail.

Dès que les cuirs ont été alunés & *repassés*, c'est-à-dire alunés une seconde fois, on les laisse égoutter, après quoi on les porte au *séchoir* ou grenier. Mais comme il arrive qu'ils se replient en séchant, lorsqu'ils sont à moitié secs on les passe à une baguette qui a deux pieds de long sur neuf lignes de diametre, c'est-à-dire que l'ouvrier étant à genoux sur la bande qu'il plie en deux, la tête & la culée vers lui, & la fleur en dedans, met la baguette dans l'intérieur de la bande afin de la redresser. A mesure que les bandes se redressent les unes sur les autres, elles se trouvent empilées. On les laisse reposer ainsi pendant quelques heures après lesquelles on les met sur des perches pour les faire entiérement sécher.

En hiver on ne porte point les cuirs au grenier parceque le froid empêcheroit le sel de les pénétrer, & que même il le feroit sortir de la peau en forme de grains; c'est pourquoi on les porte à moitié secs dans une étuve où l'on acheve de les faire sécher à un feu de charbon qu'on a allumé sur la grille de l'étuve.

Quand les cuirs sont en cet état on les conserve aussi long-temps qu'on le veut sans craindre la putréfaction; on a seulement soin de les garantir du grand hâle pour que les extrémités ne se racornissent pas en séchant trop.

Lorsqu'on veut mettre la derniere main aux cuirs de Hongrie on les met *en suif*, c'est-à-dire qu'on les frotte de suif bien chaud. Deux ouvriers tenant chacun un *gipon* à la main, c'est-à-dire un paquet fait avec de la grosse laine ou avec des pennes de tisserand, prennent du suif dans la chaudiere, en jettent sur la chair ce qu'ils jugent à propos, cependant beaucoup plus que du côté de la fleur, l'étendent sur la partie de la tête le plus promptement qu'ils peuvent, relevent les bords de la bande pour que le suif ne découle pas jusqu'à terre, continuent par en frotter le corps & la culée, retournent ensuite la bande du côté de la fleur, & la frottent légérement avec le même gipon sans prendre de nouveau suif, de peur de brûler la fleur. Après qu'ils les ont laissé pendant une demi-heure boire leur suif, ils les passent pendant une minute sur une flamme de charbon, la chair du côté du feu & la fleur en haut; ils les mettent ensuite en *refroid*, c'est-à-dire qu'ils les placent sur des perches

perches au grand air, la tête pendante d'un côté & la culée de l'autre.

Les Hongroyeurs de Paris forment une communauté dont les réglements sont du mois de Décembre 1734, enregistrés en Parlement le 23 Janvier 1741. Quoique les tanneurs & les bourreliers n'usent pas de leurs droits, ils peuvent cependant, depuis la suppression du privilege exclusif en 1716, faire librement des cuirs de Hongrie.

Par l'art. VIII de leurs statuts, il est dit que les cuirs de Hongrie étant d'un apprêt différent des cuirs tannés, & de nature à ne pouvoir être transportés à la halle sans être exposés à perdre leur fleur & leur qualité, les jurés de la communauté se transporteront chez les maîtres au moins une fois le mois pour examiner s'ils emploient des matieres convenables à la fabrique dudit cuir de Hongrie, comme bon alun, bon suif & bon sel, & en cas de contravention, saisir & confisquer les marchandises & matieres au profit de la communauté.

L'article XI défend à toutes personnes sans exception, privilégiés, ou prétendus tels, autres que les maîtres Tanneurs-Hongroyeurs, de faire des cuirs de Hongrie.

Par la déclaration du Roi du 26 Mars 1768, registrée en Parlement le 22 Avril de la même année, Sa Majesté a permis la libre circulation d'une province à une autre des cuirs & des peaux, soit en poil, soit en laine, apprêtées ou non apprêtées, sans que personne puisse y apporter aucun empêchement pour quelque raison & sous quelque prétexte que ce soit.

HORLOGER. L'horlogerie est l'art de construire des machines qui, par le moyen d'un rouage, mesurent le temps en le partageant en parties égales, & en marquant le partage par des signes intelligibles.

Pour ne pas confondre l'Horloger artisan avec l'Horloger artiste, il est bon de savoir que le premier est ordinairement un ouvrier qui fabrique diverses pieces d'horlogerie & les assemble sans connoître la justesse des proportions, & sans être en état de rendre raison des principes qui le font agir; au lieu que le second joint au génie du méchanisme qui est un présent de la nature, la physique, la géométrie, la science du calcul, & l'art de faire des expériences; il n'exécute rien sans en sentir les effets; il cherche à les analyser; rien n'échappe à ses observations;

il profite des découvertes qu'on a faites avant lui ; & il en fait souvent lui-même.

Nous n'entrerons point dans le détail de la main-d'œuvre de l'Horloger, il est si étendu qu'il suffiroit pour former un volume. On peut consulter là-dessus le trente-sixieme chapitre de la premiere partie de l'*essai sur l'horlogerie*, par M. *Berthoud*, imprimé à Paris en 1763.

Les anciens se contentoient de compter le temps d'un lever du soleil à l'autre comme les Babyloniens, ou bien d'un coucher à l'autre comme les Romains. Cette derniere façon de partager le temps est même encore d'usage à Rome, & dans plusieurs autres villes de l'Italie : par exemple, lorsque le soleil se couche on compte vingt-quatre heures ; celles qui suivent sont nommées *une*, *deux*, *trois*, &c. *heures de nuit :* de sorte qu'au mois de Décembre, lorsqu'il est à Paris cinq heures du soir, on compte à Rome *une heure de nuit* & lorsque vers la Saint Jean au mois de Juin on compte par tout ailleurs huit heures du soir, on dit en Italie *vingt-quatre heures*. Cela fait que l'heure du midi n'est jamais égale ; car enfin dans le solstice d'été elle marque seize heures, & en augmentant toujours vers l'hiver, il se trouve qu'au solstice du mois de Décembre vingt heures sonnent au moment de midi. Il y a même dans presque tous les almanachs de l'Italie des tables qui marquent de jour en jour l'heure de midi selon la façon de compter de ce pays-là, qui semble être tirée de celle que les anciens Romains employoient pour compter les jours physiques.

Toute la connoissance que les anciens pouvoient avoir pour mesurer le temps étoit bornée aux cadrans solaires, aux *clepsydres* ou horloges d'eau, aux *sabliers*, & on a ignoré absolument jusqu'au douzieme siecle la division du temps par le moyen des roues dentées & des *pignons* qui y engrenent. On appelle *pignons* en terme d'art des petites roues d'acier peu nombrées, qui communiquent le mouvement de la premiere roue à la derniere, & sur lesquelles ces mêmes roues sont fixées. Dans les gros ouvrages on emploie aussi des *lanternes*, qui sont deux plaques de fer rondes & percées par autant de trous que les pignons ont d'ailes, ou qu'on veut mettre de chevilles. Ces chevilles entaillées par les deux bouts, & rivées avec les deux plaques ci-dessus à une distance proportionnée de la roue mouvante, forment ce qu'on appelle une lanterne. On nomm ées chevilles des *fuseaux*. Il est bon d'observer que les engrenages des lanternes valent mieux que ceux des pignons. Ce n'est que depuis ce temps qu'on a commencé à travailler aux grandes horloges placées aux clochers des églises, qui, moyennant un poids attaché à la plus grande roue, faisoient aller tout le reste du rouage ; un cadran divisé en douze parties égales, avec une aiguille portée sur l'axe d'une roue, indiquoit le temps en marquant douze heures à midi, & en faisant deux tours de cadran d'un midi à l'autre. Par la suite des ouvriers adroits & intelligents enchérirent sur cette découverte en y ajoutant un rouage qui étoit correspondant à un marteau destiné à frapper sur un timbre sonore les heures indiquées par le cadran : de sorte que par le moyen de cette addition on pouvoit savoir les heures de la nuit sans le secours de la lumiere, ce qui devint d'une très grande utilité, principalement pour les monasteres ; car avant l'invention de ces horloges il falloit que les religieux préposassent des gens pour observer les étoiles pendant la nuit afin d'être avertis des heures de leurs offices.

Il a quelques auteurs qui, sur un passage de *Ditmar* mal interprété, attribuent la premiere invention des horloges à *Gerbert*, né en Auvergne, d'abord Religieux dans l'Abbaye de Saint-Géraud d'Orillac, depuis Archevêque de Rheims, ensuite Archevêque de Ravenne, & enfin Pape sous le nom de Sylvestre II. Ils prétendent qu'en 996 il fit à Magdebourg une horloge fameuse regardée comme un prodige. Mais il n'en existe pas le moindre vestige dans cette ville du Nord, ni même aucune tradition reconnue authentique par les Historiens de ce pays. On trouve ce fait très savamment discuté à la fin du seizieme tome de l'histoire littéraire de France, mise au jour par les PP. Bénédictins, qui concluent que cette prétendue horloge n'étoit qu'un cadran solaire.

D'autres prétendent que *Pacificus*, Archidiacre de Vérone, qui vivoit sous le regne de Lothaire, fils de l'Empereur Louis le Débonnaire, fut le premier inventeur des horloges à roues.

La premiere horloge dont l'histoire ait fait mention, & qui paroisse avoir été construite sur les principes de la méchanique, est celle de *Richard Waligfort*, Abbé de Saint-Alban en Angleterre, qui vivoit en 1326.

La seconde est celle que *Jacques de Dondis* fit faire à Padoue en 1344, on y voyoit le cours du soleil & des planetes. *Meziere*, dans son *songe du vieux pélerin*, le nomme *maître Jéhan des Horloges.*

La troisieme est l'horloge du Palais à Paris, executée en 1370 par *Henri de Vic*, que Charles V fit venir d'Allemagne.

Peu à peu toutes les villes les plus considérables de l'Europe eurent des horloges ornées & enrichies de différentes machines, & de singularités quelquefois assez baroques.

Ces horloges de gros volume amenerent insensiblement les artistes à en construire de plus petites à l'usage des appartements, en forme de *pendules*, & qui étoient très imparfaites au commencement. Enfin d'autres habiles ouvriers imaginerent de faire des horloges portatives auxquelles on a donné le nom de *montres*. Dans les premiers temps ces montres étoient d'une grandeur peu commode, relativement au gousset dans lequel elles doivent être portées ; mais dans la suite elles ont été rapetissées au point qu'on en a fait dans des pommes de cannes, dans des boutons d'éventail, & même dans des bagues dont la grandeur n'excede pas beaucoup celle d'une piece de six sols.

Les artistes Anglois sont les premiers qui, par des ouvrages d'horlogerie, conduits avec génie, & exécutés avec précision, se sont acquis une réputation générale en Europe. Mais depuis que le célebre *Sully*, l'un d'entre eux, qui s'établit à Paris pendant la minorité de Louis XV, eut communiqué ses idées aux plus habiles artistes de cette capitale, qui étoient alors *Turet* & *Gaudron*, cet art y a acquis une telle perfection, que, de l'aveu de tous les vrais connoisseurs, les artistes du premier ordre qui se distinguent aujourd'hui à Paris, l'emportent beaucoup sur les Horlogers Anglois, tant par la bonté que par la propreté de leurs ouvrages ; ils y mettent un goût qui n'est propre qu'à la nation françoise, & que les Anglois n'atteignent jamais, qu'ils n'imitent que très mal. *Thiout*, *du Tertre*, *le Bon*, *Gaudins* & *Charots*, ont été les premiers qui, en suivant les principes de *Sully*, ont rectifié les pendules & les montres faites à Paris ; enfin *Julien le Roi*, & plusieurs autres artistes célebres, ont donné à cet art le degré de la plus grande perfection.

La théorie de l'horlogerie est donc de la plus vaste étendue & d'une très grande difficulté. Elle pénetre jusques dans es plus secrets replis de la science des mathématiques, & elle en tire les principes les plus utiles pour l'exécution des ouvrages que la main-d'œuvre produit. En sorte qu'on pourroit diviser les Horlogers en deux classes : savoir, celle des Horlogers vraiment artistes, qui possedent la théorie & la pratique de ce bel art ; & celle des Horlogers qui ne sont qu'artisans, & qui n'ont d'autre talent que celui de l'exécution & de la main-d'œuvre.

Les *Horlogers grossiers* sont des especes de serruriers machinistes qui font eux-mêmes tout ce qui concerne ces horloges ; ils forgent les montants dans lesquels doivent être placées les roues ; ils forgent aussi les roues qui sont de fer ordinairement : mais quelques-uns pour rendre leurs ouvrages meilleurs & plus durables les font de cuivre. Il faut être plus qu'un simple ouvrier pour disposer à propos ces sortes d'ouvrages : car la construction de ces machines varie selon les lieux où elles doivent être placées ; les conduites des aiguilles, souvent bien éloignées du corps qui les fait mouvoir, sur-tout lorsqu'elles sont répétées en plusieurs endroits, ne sont pas aisées à exécuter. La grandeur totale de la machine & des roues, &c. est relative à la grandeur des aiguilles qu'elle doit faire mouvoir, & à celle de la cloche qui doit être employée pour sonner les heures.

On nomme *Horlogers Penduliers* ceux qui ne s'adonnent qu'à faire des *pendules*. Il y a deux sortes de pendules : savoir, celles qui sont *à poids*, & celles qui sont *à ressort*.

Pour parvenir à concevoir parfaitement les divers effets d'une horloge qui mesure le temps, il n'y a qu'à supposer, dit M. *Berthoud*, que n'ayant aucune notion d'une machine propre à mesurer le temps, on cherche à en composer une. Pour cet effet, prenant un poids que l'on attache à une verge, on suspend ce *pendule* par un fil ; les vibrations qu'il fait lorsqu'on l'a écarté de la verticale, servent à mesurer le temps. Mais comme il faudroit compter tous les battements ou vibrations, on imagine un *compteur* placé auprès de ce pendule : une roue dentée portant une aiguille en opere l'effet, en entourant l'axe de cette roue d'une corde à laquelle on suspend un poids. Cette roue, entraînée par le poids, communique avec une piece portant deux bras, qui est attachée au pendule ; de sorte qu'à chaque vibration du pendule, la roue avance d'une dent, y étant entraînée par le poids, & la roue restitue en même temps au pendule la force que la résistance de l'air & la suspension lui font perdre à chaque vibration ; c'est ce qui forme l'*échappement* de la machine, dont le pendule est le *régulateur*, le poids le *moteur* ou *agent*, & la roue le *compteur*, parceque son axe porte une aiguille qui marque les parties du temps sur un cercle gradué. Ces premiers effets bien conçus, on aura une idée générale de toutes les machines qui mesurent le temps ; car quelle que soit leur construction, elles se rapportent à ces premiers principes.

L'art parvenu jusques-là ne procure encore qu'une pendule qui demande à être parfaitement fixe, & qui n'est point portative. Que de difficultés n'a-t-on pas eu à surmonter pour parvenir à faire des *montres* ! Pour construire une horloge portative, il a fallu substituer un autre moteur que le poids, & un autre régulateur que le pendule. Pour moteur on y a mis un *ressort* d'acier plié en spirale, & pour régulateur un *balancier*. Ce ressort spiral, qu'on a ajouté aux montres portatives, & qui assure la régularité du mouvement par des vibrations toujours égales, est de l'invention de l'ingénieux Abbé d'*Hautefeuille*, d'Orléans.

Pour se former une idée bien nette de ces ingénieuses machines, il n'y a qu'à supposer, ainsi que nous l'avons fait pour les horloges à pendule, continue M. *Berthoud*, que l'on n'a jamais vu de montre, & qu'on cherche les moyens d'en construire une qui ne soit pas susceptible de dérangement par les agitations qu'elle éprouve lorsqu'on la porte sur soi. Pour cet effet, il n'y a qu'à s'imaginer que sur un axe terminé par deux pivots, est attaché un anneau circulaire, également pesant dans toutes les parties de sa circonférence ; cet anneau que l'on nomme *balancier* (supposé placé dans une cage dans les trous de laquelle roulent les pivots de son axe) a la propriété de continuer le mouvement qu'on lui a imprimé, sans que les cahotages le troublent sensiblement : ce balancier devient le régulateur qui sert à modérer la vîtesse des roues de la machine portative ; car en attachant sur l'axe du balancier deux bras qui communiquent à une roue entraînée par un agent qui ait la propriété d'agir, quelle que soit la position de la machine (cet agent est le ressort plié en spirale), ces bras, dis-je, de l'axe du balancier formeront avec cette roue un échappement qui fera faire des vibrations au balancier ; cette roue marquera les parties du temps divisé par le balancier.

Il est à propos de faire observer que, dans les horloges à pendule, la force motrice ne doit être que suffisante pour restituer au pendule (d'abord mis en mouvement) celle que le frottement de l'air & la suspension lui font perdre : mais, dans les montres, la force motrice doit être capable de donner le mouvement au régulateur, sans quoi la montre pourroit être arrêtée par de certaines secousses.

Voici donc l'idée générale de la méchanique des pendules à poids & de celles à ressort. Les premieres, enfermées dans une boîte dont la hauteur est ordinairement de cinq pieds six pouces, reçoivent leur mouvement par un balancier long de 3 pieds 8 lignes $\frac{57}{100}$. Elles marquent ordinairement les heures, les minutes, & les secondes : c'est ce qu'on appelle des *pendules simples.* Lorsqu'elles sonnent l'heure marquée par l'aiguille, & la demie d'un seul coup, on les appelle *pendules à sonnerie ;* & alors elles ont deux poids, un pour le mouvement, l'autre pour la sonnerie. On fait aussi des pendules qui sonnent les quarts d'heure sur différents timbres sonores. On les nomme des pendules à quarts. Il y a des *pendules à répétition* qui, moyennant un cordon qu'on tire autant qu'il est nécessaire, battent l'heure & les quarts correspondants aux aiguilles du cadran. On fait aussi des *pendules à réveil*, qui, à l'heure qu'on choisit, font un bruit assez grand pour réveiller celui qui est à portée de l'entendre. Ces sortes de pendules marchent ordinairement huit jours sans être montées. On en fait d'autres qui vont quinze jours, un mois, trois mois, six mois, même une année entiere ; & il en existe à Paris qui, moyennant un poids de deux livres, font remuer un balancier auquel est attachée une lentille de soixante & douze livres pesant, & dont le poids moteur dans l'espace d'une année entiere ne descend qu'environ de dix-huit pouces.

Il se fait même de pendules qui, une fois montées, ne se remontent jamais & vont toujours ; mais pour cela elles ne sont pas des mouvements perpétuels, puisqu'une cause extrinseque (savoir l'air & le vent secretement introduits dans un corps séparé de la machine) fait remonter le poids moyennant un moulinet ou volant, correspondant par deux roues à la poulie où ce poids est attaché par une corde sans fin. Ce remontoir pneumatique est très sûr dans ses opérations, pourvu que l'artiste qui l'exécute ait soin de faire en sorte que dès que le vent ou l'air extérieur aura suffisamment remonté le poids moteur, une soupape qui se ferme hermétiquement par le moyen d'une bascule, & qui fait une partie essentielle de cette machine, empêche le vent d'entrer dans le conduit ménagé à cette fin. Cette ingénieuse invention est de feu M. *le Plat*, maître Horloger, qui l'imagina en 1736. On voit à Paris une pendule de cette espece exécutée par M. *le Paute*, Horloger du Roi. Elle est placée dans la salle de l'Académie de Peinture & Sculpture depuis plusieurs années, & fait réguliérement ses fonctions sans être autrement remontée que par l'air.

L'art de simplifier les pendules & de les faire à une seule roue étoit connu en Suisse avant 1740. M. *Rivas* a fait la premiere; elle a été annoncée dans les journaux de 1739. Quelques célebres Horlogers de Paris y ont ensuite parfaitement réussi. L'on voit chez M. *le Paute* dont nous venons de parler, ainsi que chez M. *Pierre le Roi*, fils du célebre *Julien le Roi*, de ces pendules qui, avec une seule roue, marchent aussi bien que d'autres qui en ont le nombre ordinaire. Cette invention, estimée des connoisseurs, n'a pas généralement pris dans le public, apparemment parce que la machine pourroit être sujette à se gâter plus souvent qu'on ne le croit : c'est plutôt une invention curieuse qu'utile.

Parmi les avantages que nous procure l'invention des horloges à roues, on peut compter celui de marquer & battre les secondes comme un des plus essentiels. La division du temps en petites parties étant nécessaire dans beaucoup d'opérations de physique & de méchanique, on en a fait un objet de perfection, & on y est parvenu par le moyen d'un pendule qui marque & bat les secondes à chaque vibration. On voit aujourd'hui dans beaucoup de cabinets des pendules à secondes; & elles seroient plus multipliées si la longueur de trois pieds huit pouces, qu'exige le régulateur, n'étoit un obstacle pour placer ces horloges dans des *cartels*, ou boîtes propres à la décoration des appartements. On a essayé cependant de faire usage des cartels pour les pendules à secondes, en adaptant à des mouvements de court pendule des rochets qui marquent les secondes par un sautoir ou par d'autres moyens qui, tout ingénieux qu'ils sont, ne rendent pas cependant l'effet du pendule de trois pieds huit pouces, dont les battements sont distincts; au lieu que dans les pendules à cartel le battement des vibrations étant plus précipité, empêche d'entendre nettement celui des secondes qui lui est étranger.

Un amateur des beaux arts, & très habile artiste lui-même, M. *Vincent de Montpetit*, a imaginé depuis quelque temps de donner à un mouvement ordinaire de court pendule les mêmes effets d'un long; & afin qu'il convînt à toutes les horloges d'ornement & de commodité, il a fait choix du pendule dont les vibrations sont d'une demi-seconde, & qui n'exige que la longueur d'environ neuf pouces. Pour y réussir il n'a été obligé que de rendre muette une des vibrations; & il y est parvenu en rendant mobile une des palettes de l'échappement, & la plaçant de maniere que dès qu'elle a échappé, au lieu d'achever la vibration, elle revient au contraire au devant de la dent qui doit la pousser; de sorte que, quoiqu'il y ait la même impulsion, il n'y a point de battement à cette partie de l'échappement. Ainsi, de deux vibrations il n'y en a qu'une qui se fait entendre; & comme elles sont chacune d'une demi-seconde, le battement est d'une seconde entiere, ce qui donne le même effet qu'un pendule de trois pieds & demi. Afin que l'aiguille marque en même temps les secondes, on place un rochet de soixante dents derriere la cage, dont l'axe traverse tout le mouvement, & porte l'aiguille des secondes au centre du cadran. Ce rochet est traversé perpendiculairement par un petit pendule qui porte une pelote mobile en cliquet, lequel fait avancer une dent à chaque double vibration par le moyen d'une petite cheville qui est rencontrée à chaque retour par la verge du pendule. La difficulté de l'art consiste à ajuster parfaitement ces pieces en équilibre afin qu'elles n'exigent point une augmentation sensible de la force motrice.

Par ce moyen on peut avoir sur son bureau, ou sur sa cheminée, une pendule de peu de hauteur, qui marque & batte les secondes comme une grande de quatre à cinq pieds, qui embarrasseroit beaucoup & dont le transport n'est pas facile. On peut même ajuster ce méchanisme à une ancienne horloge qui auroit un pendule de neuf pouces, ou si elle ne l'avoit pas, on pourroit le lui donner en changeant quelque chose à la cadrature. On peut voir dans le cabinet de l'inventeur, rue du Gros Chenet, une de ces anciennes pendules à laquelle ce méchanisme est appliqué, sans qu'il y ait eu rien de changé au mouvement. Un petit cadran à jour, placé au-dessus, marque les secondes & laisse voir le jeu des pieces, ce qui produit un effet charmant. Le sieur *le Nepveu*, maître Horloger de Paris, a déja beaucoup exécuté de ces pendules; & il est encore le seul qui se soit appliqué à rendre avec succès les idées de l'auteur.

Les *pendules à équation* marquent le temps qu'une pendule parfaitement bien exécutée doit marquer, c'est-à-dire les vingt-quatre heures justes d'un midi à l'autre, ce qu'on appelle *le temps moyen;* & elles font en même temps la différence de celui que le soleil parcourt d'un midi à l'autre, & qui est *le temps vrai.*

Ces deux temps ne se rencontrent jamais précisément à la même seconde, parceque le soleil ne revient jamais au même point de son midi en vingt-quatre heures justes, ou pour mieux dire en 86400 secondes précises. La différence est très inégale & change tous les jours, de sorte qu'il arrive que le soleil retarde même jusqu'à 14 minutes & 44 secondes, tandis que dans un autre temps de l'année il avance par degrés jusqu'à 16 minutes 9 secondes. Nous en parlerons plus au long à la fin de cet article : ici il nous suffit de dire que les pendules à équation, moyennant une roue annuelle qui fait son tour en 365 jours 5 heures 49 minutes 12 secondes, & une courbe correspondante à cette roue, marquent le temps vrai par une troisieme aiguille; ou bien, selon l'invention nouvelle encore plus sure & moins compliquée, par un cadran mouvant sur lequel sont gravées les minutes de la différence du soleil, de sorte que d'un seul coup-d'œil on peut voir *le temps moyen* que la pendule marque par sa justesse, & *le temps vrai* ou les variations du soleil qui deviennent quelquefois très considérables.

On peut très utilement se dispenser de faire faire à la roue annuelle les cinq heures quarante-neuf minutes douze secondes de plus que les 365 jours, qui sont le nombre de ceux qui composent l'année civile, parcequ'il faut également remettre tous les ans, le premier de Mars, l'équation à l'heure du soleil : sans cette précaution la pendule ne seroit pas long-temps à l'heure précise.

Cette réunion des deux temps est une des plus utiles découvertes que l'art de l'horlogerie ait jamais faites. Les plus fameux Horlogers de Paris & de Londres sont arrivés à un tel point de perfection, que leurs pendules à équation, une fois bien ajustées, sont presque toujours parfaitement d'accord avec les tables d'équation reconnues pour les meilleures.

Les premieres pendules à équation ont paru en Angleterre. On eſt redevable de cette belle invention à un Horloger de Londres qui la mit au jour vers l'an 1692. Ce ne fut qu'environ vingt-cinq ans après qu'on en vit à Paris. Comme celles qu'on fit en France eurent une indication du temps vrai différente de celles des Anglois, on a admis deux ſortes d'équations, une grande & l'autre moyenne. Celle-ci produit exactement les effets dont on vient de parler, & qui, à tous égards, ſont les plus naturels; celle-là eſt indiquée dans la *Connoiſſance des temps* ſous le nom d'*équation d'horloge*; elle marque le temps vrai d'une maniere louche & embarraſſante, parcequ'on a jugé à propos de la faire avancer en tous temps de ſeize minutes neuf ſecondes, en ſorte qu'elle ne peut ſe trouver d'accord qu'une ſeule fois l'année avec le ſoleil, ce qui arrive le ſecond de Novembre, jour auquel cet aſtre devance le temps moyen de ſeize minutes neuf ſecondes. De ces deux eſpeces d'équation la moyenne eſt celle qui ſe conforme avec plus de préciſion au mouvement du ſoleil, puiſqu'elle le fait trouver quatre fois l'année parfaitement d'accord avec le temps moyen.

Ce ne fut qu'après de grandes recherches & d'ingénieux eſſais qu'on parvint à procurer aux pendules à ſecondes ſimples le double avantage d'indiquer exactement l'heure du ſoleil & l'heure ordinaire. Avant l'invention de ces pendules qu'on a nommées à *équation*, parcequ'elles rendent les heures du temps vrai égales à celles du temps moyen, on étoit obligé de remettre chaque mois cinq à ſix fois une pendule à l'heure, lorſqu'on vouloit qu'elle ſuivît à-peu-près le cours du ſoleil. La premiere pendule à équation dont on ait connoiſſance parut en Eſpagne en 1698, elle venoit d'Angleterre & fut miſe dans l'appartement de Charles II. Ces pendules n'ont été connues en France que vers l'année 1717. C'eſt depuis ce temps-là que chaque artiſte a voulu ſe diſtinguer en en donnant chacun une de ſa façon. On vit pour lors éclore preſque autant de pendules à équation de conſtruction différente qu'il y avoit d'artiſtes; & ceux-ci préférer de paſſer pour inventeurs de ce qui n'étoit que des eſſais informes & groſſiers, à donner, pour ainſi dire, la vie à cette invention en la perfectionnant par des nouveaux degrés d'excellence & d'utilité.

Tout ce que nous venons de détailler ſur les pendules à poids peut de même s'exécuter dans des pendules à reſſort qu'on place ſur des cheminées, conſoles ou bureaux, ou qu'on accroche contre la boiſerie des appartements. Ces pendules ne ſont pas tout-à-fait auſſi exactes que celles qui ſont à poids, mais elles ſont ſuſceptibles d'aſſez de juſteſſe depuis qu'on ajoute une *fuſée* au barillet. Cette fuſée artiſtement entaillée en forme de vis, & attachée au barillet par une chaîne d'acier, attire à elle le reſſort moteur qui ſe trouve enfermé dans ce barillet, & fait que ce reſſort agit toujours avec une force auſſi parfaitement égale qu'il eſt poſſible.

Tous ceux qui ont la moindre connoiſſance des montres ſavent que la fuſée eſt ce cône tronqué auquel eſt attaché un bout de la chaîne qui correſpond au barillet, & que le *barillet* ou *tambour* eſt une cage en forme cylindrique qui renferme le reſſort. Quelques Horlogers ſont encore dans la perſuaſion que le reſſort moteur peut avoir une égalité aſſez juſte en lui faiſant faire moins de tours; & par cette raiſon, pour ſimplifier les pendules, ils retranchent la chaîne & la fuſée: mais ces ſortes de pendules ne ſont jamais d'un ſervice durable.

Quelques Horlogers prétendent qu'on peut ſe paſſer de la fuſée dans les pendules en leur appliquant de longs & peſants balanciers, & en pratiquant à leur mouvement des échappements à repos pour corriger l'inégalité de la force des reſſorts; ce qui peut rendre ces mêmes pendules plus ſimples, pourvu qu'on faſſe faire peu de tours à leur reſſort. Ils aſſurent encore que ces pendules peuvent durer tout autant & même plus que celles qui ont des fuſées. Mais quelque précaution qu'on puiſſe prendre, les pendules à reſſort n'approcheront jamais de la juſteſſe & de la ſolidité de celles qui ſont animées par des poids dont la peſanteur eſt toujours la même.

Toutes les horloges, pendules ou montres ont des *échappements*, qui ſont, comme on le ſait, ces mouvements alternatifs que la derniere roue, à compter de celle à laquelle eſt attaché le poids ou reſſort moteur, eſt obligée de faire en vibrations égales, lorſqu'elle ſe trouve arretée pour un inſtant dans ſon cours, & qu'elle communique par-là ce mouvement à tout le reſte du rouage.

Ces échappements de pendules tant à reſſort qu'à poids ſe réduiſent principalement à deux eſpeces, ſavoir, les échappements *à recul*, & les échappements *à repos*. Pour en donner une idée claire, il faudroit une diſſertation entiere. Il ſuffira donc de dire que pour distinguer du premier coup-d'œil un échappement à recul d'avec un échappement à repos, on n'a qu'à regarder pendant quelques instants l'aiguille des secondes; si l'on voit qu'après chaque battement elle rebrousse chemin, comme si elle rencontroit une espece de ressort qui la fait revenir, on conclura que c'est un échappement *à recul*; si au contraire on voit qu'elle reste fixe sur le point de la seconde marquée après chaque oscillation ou vibration jusqu'à celle qui la suit, on reconnoîtra par-là l'échappement *à repos*, & c'est celui qui est aujourd'hui le plus usité. Mais cet échappement à repos, aussi bien que celui à recul, s'exécutent, pour ainsi dire, d'autant de différentes façons qu'il y a d'artistes célebres; chacun d'eux a son invention en ce genre. On estime beaucoup celui que M. *le Paute* a présenté au Roi en 1753.

C'est celui qui, bien exécuté, soit en grand, soit en petit, pouvoit passer alors pour le meilleur; mais celui de *Graham* l'emporte pour la simplicité, & même pour la solidité. La facilité de son exécution, les bons effets qu'il procure aux pieces de l'art auxquelles on l'applique, le font admirer des ouvriers qui l'emploient.

Les artistes doivent d'autant plus adopter l'échappement à repos, qu'il est supérieur aux échappements à ancre & à recul, en ce qu'il transmet au pendule les forces telles qu'il les reçoit du rouage, & qu'il n'en exige que très peu de force motrice au moyen des petites vibrations qu'il permet au pendule. Sa supériorité consiste encore en ce qu'il ne permet au rouage aucun mouvement rétrograde; que ce rouage est sans action pendant qu'une des dents de la roue d'échappement est sur l'arc de repos des leviers, & qu'il n'a d'action que dans l'instant où l'aiguille passe d'une seconde à l'autre; par ce moyen il rend au pendule ce qu'il perd d'une vibration à l'autre, en transmettant au pendule les forces telles qu'il les reçoit; la marche de toute la machine est plus constamment la même.

Comment des artistes intelligents & de bonne foi, s'écrie M. *Ridereau* dans ses recherches sur les pendules à équation, peuvent-ils sacrifier la perfection de leur art à l'habitude & à la prévention!

Pour ce qui regarde l'extérieur des pendules, rien n'est comparable à la beauté & à l'élégance qu'on donne à Paris à celles qui sont à ressort. La boîte ou cage qui les renferme, est ordinairement artistement travaillée en cuivre doré d'or moulu, enrichie d'ornements les plus recherchés & d'un goût singulier. On y ajoute même quelquefois des carillons de timbres qui exécutent de petits airs avec une précision étonnante. Enfin on met aussi quelquefois ces pendules dans des caisses du plus beau vernis, d'une forme très agréable, accompagnée de quelques ornements légers en cuivre doré d'or moulu. Les nations voisines qui veulent copier ces ornements avouent qu'elles ne sauroient y réussir aussi parfaitement qu'on les exécute à Paris.

On appelle *Horlogers en petit* ceux qui ne font que des montres à gousset; mais il y a de ces montres de bien des especes différentes. On fait des montres simples qui se remontent toutes les vingt-quatre heures, & qui n'indiquent que les heures & les minutes. On en fait qui indiquent les secondes par une aiguille qui fait ordinairement quatre petits mouvements d'une seconde à l'autre, & qui part du même centre que l'aiguille des minutes; il y a des *montres à secondes* qui marquent les secondes par deux mouvements; on en a exécuté même qui font une seule vibration par seconde, mais les Horlogers n'y trouvent pas assez de justesse à cause de la lenteur des vibrations, & ils aiment mieux celles qui en font deux par seconde. On fait aussi des *montres à répétition*, qui par le moyen d'un *poussoir* adapté au sommet de la montre, frappent l'heure qui est indiquée par l'aiguille du cadran, & les quarts ensuite à deux coups chacun.

Cette invention est due à un Anglois, nommé *Barlow*, qui l'imagina en 1676; il l'appliqua d'abord aux pendules, & ensuite aux montres. Cette belle découverte a reçu à Paris son dernier degré de perfection, par l'application de ce qu'on appelle, *le tout ou rien*, c'est-à-dire, d'une piece qui est telle, que, lorsqu'on tire le cordon d'une pendule, ou qu'on pousse le bouton d'une montre à répétition, lorsque ces deux actions ne sont pas suffisantes pour faire agir *le tout ou rien*, les répétitions ne donnent aucun coup de marteau; au lieu que dans les pendules à répétition où cette piece essentielle n'existe point, si on veut se servir de la répétition, elle ne rendra que le nombre de coups proportionnés au degré de force qu'on aura employé, & relativement au chemin qu'il pourra rester à la roue pour arriver à *son tout*, c'est-à-dire, pour qu'elle puisse rendre exactement ce que les aiguilles marquent sur le cadran.

On sent par-là combien il est avantageux d'avoir des répétitions complettes, puisqu'on est sûr qu'en tirant le cordon des unes, & poussant le bouton des autres, elles répéteront juste ou point du tout : c'est ce qui a fait donner à la piece qui produit cet effet le nom de *tout ou rien.* Autrefois ces sortes de montres à répétition frappoient l'heure sur un timbre; mais comme ce timbre augmentoit considérablement le volume & la hauteur de la boîte, on l'a retranché, & on y a substitué deux petits morceaux d'acier, ou deux chevilles attachées à la boîte de la montre, sur lesquelles frappent les marteaux qui répetent l'heure & les quarts correspondants aux aiguilles du cadran. On fait des *montres à réveil*, qui, à l'heure qu'on veut, font retentir un timbre avec beaucoup de bruit pendant deux ou trois minutes.

On appelle *montres à trois parties* celles qui d'elles-mêmes répetent à chaque quart d'heure l'heure & le quart correspondants au cadran, & qui en même temps ont la répétition à volonté, avec un poussoir à-peu-près pareil à celui des montres à répétition. Elles ont aussi la *demi-sonnerie*, c'est-à-dire les quarts seuls, lorsqu'on le veut ainsi ; & enfin en les mettant au *silence* elles ne sonnent rien d'elles-mêmes, & n'ont alors que la répétition à volonté, ainsi que nous venons de l'expliquer. Ces sortes de montres sont d'une exécution très difficile.

Il y a aussi des *montres à deux cadrans* qui servent pour les villes d'Italie; un cadran marque l'heure telle qu'elle est en Italie, tandis que l'autre indique le midi à douze heures. On a poussé même l'industrie jusqu'à faire des *montres à équation*, qui, par le moyen d'un cadran mobile placé au milieu du cadran ordinaire, marquent le temps vrai & le temps moyen presque avec la même précision qu'une pendule à poids le peut faire. On rend ces montres à équation encore plus intéressantes en y ajoutant le mois, le jour du mois, & même la répétition.

Les montres à gousset, ainsi que les pendules, ont deux sortes d'échappements, l'un *à recul*, & l'autre *à repos*. Le premier est celui qui est fait *à roue de rencontre*, qui est une roue verticale ayant des dents taillées en biais, & qui fait mouvoir alternativement les deux palettes du balancier de deux côtés opposés. Le second est aussi nommé *échappement à cylindre* ; il a été inventé par le célebre *Graham*, Horloger Anglois de ce siecle : c'est en effet un vrai cylindre creux dans son milieu ; il sert de tige au balancier horizontal, &

une roue pareillement horizontale, dont les dentures ont une forme tout-à-fait singuliere ressemblante à des maillets très petits, fait mouvoir le balancier de deux côtés opposés avec beaucoup moins de frottement & de violence que ne le fait la roue de rencontre dans les échappements à recul.

On raffine sans cesse sur cette partie de l'horlogerie qui est réputée pour une des plus essentielles; & les plus fameux Horlogers de Paris inventent souvent de nouvelles especes d'échappements, dont la plupart ont été présentés à l'Académie des Sciences & approuvés avec éloge. Mais l'échappement de *Graham* a tellement pris le dessus, que les Horlogers même du premier rang n'en font presque point d'autre dans leurs ouvrages d'un certain prix. Il y a lieu de penser que dans quelques années on ne verra plus d'échappement à roue de rencontre, à moins que ce soit dans les montres les plus ordinaires.

Ce qui a déterminé les meilleurs artistes à préférer l'échappement de *Graham* à tous les autres, c'est qu'il est aussi simple que celui de la roue de rencontre; qu'il est moins susceptible des mêmes secousses; qu'il n'est point sujet au contrebattement, au renversement, ni aux accrochements, quand même les trous s'agrandiroient beaucoup; qu'il corrige mieux que tout autre les inégalités de la force motrice & celles du rouage; que les engrenages des dernieres roues sont plus constants que ceux des roues de champ qu'on doit exclure de toutes les pieces de l'art, quelles qu'elles soient; que la montre se regle plus aisément sur toutes sortes de positions; qu'il n'est pas aussi sujet à se déranger que les autres, & qu'il se soutient plus longtemps dans une parfaite égalité.

Tous ces avantages seroient plus considérables si, pour les conserver, on n'étoit pas obligé de nettoyer ces montres tous les ans pour y remettre de l'huile fraîche qu'il est nécessaire d'y introduire pour vaincre plus aisément les frottements du cylindre avec les roues d'échappement.

Le *régulateur*, qu'on nomme aussi *ressort spiral*, est un ressort d'acier très mince, quelquefois même très imperceptible, qui, placé au dessous de la circonférence du balancier au centre duquel il est fixé, lui donne l'égalité du mouvement, & par conséquent la justesse du rouage.

C'est de ce petit ressort & de l'arrangement du balancier que dépend essentiellement la justesse du rouage d'une montre,

montre, & les célebres artistes s'attachent à cette partie avec le plus grand soin. Aussi par les recherches ingénieuses qu'ils ont faites sur cet objet, ils sont parvenus à faire des montres qui vont huit jours & même un mois entier sans avoir besoin d'être remontées, & sans que pour cela le nombre des roues du mouvement ait été augmenté. On a même vu à Paris, il y a quelques années, deux montres d'une grandeur ordinaire, ou, pour mieux dire, moyenne, qui alloient une année entiere sans être remontées. La premiere a été faite par M. *Romilly*, connu par les articles savants qu'il a écrits sur l'horlogerie, & qui se trouvent dans l'Encyclopédie. Cet artiste, sans augmenter le nombre de quatre roues, est parvenu à donner toute la perfection possible à cette piece; il y a même ajouté la répétition en plaçant le rouage entre le cadran & la platine sans gêner la quadrature. La seconde, également parfaite quoique sans répétition, a été exécutée par un jeune Horloger très habile, nommé M. *Clément*, qui, ayant ajouté une cinquieme roue au mouvement, a rendu par-là l'ouvrage plus solide, les roues n'ayant point été chargées d'un aussi grand nombre de dents que celles de M. *Romilly*, qui a été obligé de donner à plusieurs de ses roues quatre-vingt-seize & même à la derniere cent huit dents. La denture en est devenue plus forte & plus durable. Ces deux montres faisant le même effet quoique travaillées dans des principes différents, ont été admirées des connoisseurs; la premiere par la légéreté de sa marche, la seconde par la solidité de son rouage. Ces deux célebres artistes ont vendu leurs ouvrages dans les pays étrangers à un prix très haut, mais proportionné au mérite de leur travail.

Les *Horlogers penduliers* & les *ouvriers en petit* sont aidés dans leurs ouvrages par un grand nombre d'artisans dont nous allons faire ici le dénombrement, pour faire voir au lecteur par combien de mains une pendule ou une montre doit passer avant que d'être parfaitement achevée. Ils ne doivent jamais s'écarter du calibre qui a été tracé par le maître Horloger. Parmi ceux-là on compte:

1°. Les *faiseurs de mouvements en blanc* autrement appellés *blanquiers* ou *blantiers*; ils ne font qu'ébaucher l'ouvrage, en faisant les roues, les pignons & les détentes d'une durété proportionnée à la grandeur de l'ouvrage, les dents des roues d'une égale grosseur & d'une égale distance entr'elles & dans les formes & les courbures requises.

2°. Les *finisseurs* sont ceux qui terminent les dents de roues; ils finissent leurs pivots; ils font les trous dans lesquels ces pivots doivent tourner, ainsi que les engrenages & échappements. Ils sont chargés des effets de la sonnerie ou de la répétition, &c. ils ajustent les aiguilles & la lentille; enfin ils font marcher l'horloge ou la pendule; bien entendu que tout cet ouvrage doit être ensuite soigneusement examiné par l'Horloger qui en a donné le calibre. Pour ce qui regarde les ouvriers en petit, ils ont deux sortes de finisseurs, savoir, ceux qui finissent les mouvements des montres simples, & ceux qui terminent le rouage des montres à répétition. L'un & l'autre finissent les pivots, les roues & les engrenages: ils égalisent la fusée avec son ressort, font les échappements ordinaires, ajustent le mouvement dans la boîte, de sorte que la montre marche avec aisance & avec égalité de vibrations.

3°. Un *faiseur de rouages*, qui ne s'occupe qu'à faire le rouage des montres à répétition.

4°. Un *quadraturier*, qui fait la partie de la répétition ou sonnerie enfermée entre les deux platines sous le cadran dont le méchanisme est tel que lorsqu'on pousse le bouton ou poussoir de la montre, cela fait répéter l'heure & les quarts marqués par les aiguilles. Dans les montres à trois parties dont nous avons fait mention plus haut, la quadrature devient encore plus difficile, vu qu'outre la répétition à volonté, ces sortes de montres sont obligées de sonner d'elles-mêmes chaque quart d'heure accompagné de l'heure par le moyen d'une sonnerie.

5°. Les *fendeuses de roues*, qui, moyennant des machines faites pour cet usage, fendent les dents dans les roues en telle quantité que l'Horloger le leur a prescrit.

6°. Les *faiseurs de ressorts*, qui ne s'occupent uniquement qu'à cela, y réussissent si supérieurement, que les ressorts de Paris sont vendus & recherchés dans toute l'Europe préférablement à ceux d'Angleterre qui sont souvent sujets à se casser. Ceux qui sont fort longs & de bon acier trempé assez dur pour ne pas perdre son élasticité, ont l'avantage qu'en se débandant leur action est égale autant qu'il est possible, & que les lames ne se frottent pas en se développant.

7°. Les *faiseurs de lentilles* pour les pendules: ces m

mes ouvriers font aussi les aiguilles d'acier des pendules, les poids de cuivre, les aiguilles, & argentent, ou plutôt blanchissent, les cadrans des pendules.

8°. Les *graveurs* pour les aiguilles de cuivre, or, &c. tant pour pendules que montres. Dans les petits ouvrages à gousset, les graveurs font aussi les ornements des coqs, rosettes, &c. Il y a encore d'autres graveurs qui font les cadrans de cuivre pour les pendules à secondes.

9°. Les *polisseurs* ou *polisseuses*, qui ne font que polir les pieces du mouvement qui sont de cuivre & qui ne se dorent pas; car pour ce qui est des pieces d'acier, c'est le finisseur qui les termine & qui les polit. Il y a deux sortes de polisseurs & de polisseuses pour les pendules & les montres, d'autant qu'on ne dore point toutes les pieces des dernieres. Il y a encore les polisseurs en acier pour toutes les pieces de répétition. Les polisseurs ne polissent que les pieces les plus délicates.

10°. Les *émailleurs* ou *faiseurs de cadrans*. Ceux qui font les cadrans de montres ne font pas ceux de pendules.

11°. Il y a des ouvriers occupés à faire des *nez*, ou quarrés d'acier pour mettre aux clefs des montres; il y en a d'autres qui ne font autre chose que ces mêmes clefs, soit en or, en argent, en cuivre, ou en acier.

12°. Les *ciseleurs*, qui font les boîtes & cartels pour les pendules.

13°. Les *ébénistes*, qui font des boîtes de marqueterie & autres: ils sont dirigés, dans leur ouvrage, ou par les Horlogers qui l'ont commandé, ou par d'habiles architectes & dessinateurs capables d'y mettre du goût & de la nouveauté.

14°. Les *doreurs*, pour les bronzes & les cartels, lorsqu'on les dore en or moulu.

15°. Les *metteurs en couleur*, qui donnent la couleur aux bronzes des boîtes de pendules, aux cartels, aux cadrans, &c. Cette couleur imite assez bien la dorure, mais elle n'est pas de longue durée.

16°. Les *fondeurs*, pour les roues de pendules & différentes pieces qui s'emploient au mouvement, ainsi que ceux qui font les timbres, les tournent & les polissent. Les Horlogers se servent de deux sortes de fondeurs: les premiers leur fournissent les mouvements des horloges & des pendules; les seconds font les boîtes, les cartels, ornent les boîtes d'ébénisterie, font les lunettes propres à recevoir les mouvements & les crystaux.

17°. Les *faiseurs d'aiguilles* pour les montres à gousset, qui ne travaillent qu'à cela uniquement.

18°. Les *doreuses;* ces femmes ne font que dorer les platines, les coqs & autres parties des montres à gousset. Elles se servent pour cela d'un amalgame d'or & de mercure: mais il faut qu'elles usent de beaucoup de précaution pour que le degré de chaleur qu'elles donnent à ces pieces ne les amollisse pas: *voyez* le DICTIONNAIRE DE CHYMIE.

19°. Les *ouvriers* qui polissent les pieces d'acier, les marteaux, &c. à moins que le finisseur ne veuille se charger de cet ouvrage.

20°. *Ceux qui taillent les fusées*, & les roues d'échappement. La justesse d'une roue d'échappement dépend essentiellement de la justesse de la machine qui sert à la tailler; elle dépend encore des soins de celui qui la fend. Il faut une très grande attention sur cet objet.

21°. Les *faiseurs d'échappements* des montres à cylindre. Ceux-ci ne font que ces échappements, c'est-à-dire, la roue du cylindre, & le cylindre même sur lequel ils fixent le balancier. Ils ajustent la coulisse & le spiral, conduits en tout cela par l'Horloger qui prescrit la disposition & les dimensions que ces échappements doivent avoir, fixe le nombre des vibrations, la grandeur des arcs qu'ils doivent faire parcourir, détermine le poids du balancier relativement à la force du ressort d'où dépend toute la justesse des montres, sur-tout de celles qui sont faites avec l'échappement à cylindre qui doit corriger mieux que tous les autres échappements pour les montres, les inégalités de la force motrice: pour ce qui est des échappements à roue de rencontre, ce sont les finisseurs en petit qui les font & qui les ajustent selon les ordres reçus par le maître Horloger.

22°. Les *monteurs de boîtes* des montres, soit en or, argent ou autre métal; ils livrent la boîte brute à l'ouvrier Horloger, afin qu'il fasse la charniere & y ajuste le mouvement; celui-ci il la rend au monteur qui la finit ou fait finir par le graveur, le ciseleur, ou le peintre émailleur, qui la remettent au maître Horloger.

23°. Les *graveurs & ciseleurs*, que l'on emploie pour orner les boîtes des montres, exécutent les desseins qui leur sont prescrits par le maître Horloger; ils y réussissent parfaitement, sur-tout depuis qu'on aime à se servir des ornements anciens dans le goût grec, qui, employés avec génie & goût, surpassent tous les ornements modernes, du moins aux yeux des vrais connoisseurs.

24°. Les *faiseurs d'étuis* de galluchat, qui ne font que cela.

25°. Les *peintres émailleurs*, qui peignent les figures & les fleurs dont on décore les boîtes : dans cette partie on réussit merveilleusement à Paris ; les habiles artistes dans ce genre font paroître à chaque instant de nouvelles inventions, où le bon goût se fait admirer même par les nations voisines qui n'y atteindront jamais. Il paroît depuis quelques années une façon de peindre qui surpasse en beauté celles en miniature & en émail : c'est la *peinture éludorique*, inventée par M. *Vincent de Monpetit*, exercée par lui seul, & souvent employée pour les peintures livrées au Roi, qui en fait un grand cas : c'est une miniature à l'huile, travaillée dans de l'eau extrêmement claire & couverte ensuite d'un crystal très fin, moyennant un mordant qui attache ce crystal d'une maniere inébranlable à la peinture : les boîtes de montres ornées de ces petits tableaux éludoriques sont de la plus grande beauté.

26°. Les *ouvriers* qui font des chaînes d'or, d'argent ou d'acier pour les montres, soit pour hommes, soit pour femmes : ces dernieres sont souvent embellies de peintures en émail, & de ciselures les plus exquises, de sorte qu'elles coutent souvent aussi cher que la montre même qui y est attachée.

27°. Les *joailliers*, qui embellissent les montres en diamants ou pierreries. Les mêmes joailliers font aussi les aiguilles en petits diamants fins, qui sont beaucoup en vogue depuis quelque temps, sur-tout pour des montres d'un certain prix ou d'un travail singulier.

Après avoir fait le dénombrement de tous les ouvriers empoyés dans l'horlogerie, il est à propos de parler aussi des machines & instruments qu'on emploie pour faciliter l'exécution des ouvrages de ce bel art. Parmi ces machines on fait un grand cas & un usage continuel de celle qui fend la denture des roues de montres & de pendules. Cette invention est encore due aux Anglois, ainsi que celle de l'acier cannelé pour faire les pignons des montres, sans quoi les faiseurs de mouvements en blanc & en petit seroient très embarrassés s'ils étoient réduits à prendre leurs pignons à la piece. Avant qu'on eût trouvé cette machine on étoit obligé de faire la denture des roues à la main ; & cette denture, sur-tout dans les divisions trop chargées ou de nombres inégaux, ne réussissoit souvent que très imparfaitement. Mais à présent on est sûr, moyennant cette machine ingénieuse & simple, de diviser la circonférence de telle ou telle roue donnée, de quelque grandeur ou petitesse qu'elle soit, en autant de parties que l'Horloger le veut, & de fendre les dents de telle profondeur qui puisse être prescrite. Le tout se fait avec la plus grande aisance & avec promptitude par le moyen d'un archet ou manivelle attachée à une petite lime ronde & affermie au milieu de la machine : mais il faut que celui qui fend la roue ait beaucoup d'attention pour se servir de la vraie division marquée sur la plateforme, autrement d'un seul coup de lime mal-à-propos appliqué, toute la roue seroit gâtée. La description détaillée de cette belle machine avec une gravure qui la fait voir dans toutes les parties, se trouve dans l'ouvrage savant que M. *Berthoud* vient de donner sur l'horlogerie, & qu'il a modestement appellé *un essai* de cet art.

Au reste, la machine dont nous venons de parler ne fait que partager les roues en brut ; c'est au finisseur à adoucir les inégalités que la lime a laissées ; c'est lui qui doit donner à la denture le poli qui y est indispensablement nécessaire ; sans compter que ce même finisseur est encore obligé de donner à chaque dent de la roue une courbure parfaitement égale au bout de sa pointe, telle qu'elle est prescrite par l'Horloger, relativement à l'engrenage. Pour épargner cet ouvrage au finisseur, & pour l'exécuter même avec beaucoup plus de vîtesse & de précision, M. *Vincent de Montpetit*, auteur de la peinture éludorique, & qui est également versé dans l'art de construire des machines utiles, en a imaginé une qui finit parfaitement toutes les roues, de telle grandeur qu'elles puissent être, sortant des mains de la fendeuse : elle polit les divisions des dents, & leur donne la plus parfaite égalité, ainsi que telle courbure que le maître Horloger puisse exiger pour le bien de sa montre. Cette machine fait dans une heure autant d'ouvrage que trois finisseurs en peuvent faire dans un jour entier. A cette diligence à laquelle elle joint la plus grande perfection possible, elle ajoute encore le mérite de pouvoir être manœuvrée par un enfant, même aveugle. Dès que le maître

Horloger a placé sa roue, il n'y a qu'à tourner une manivelle. Quand l'ouvrage est fini, la machine s'arrête par le moyen d'un *tout ou rien* qui suit les roues à travailler dans leurs mouvements les plus imperceptibles. Quand une dent se présente à être finie, si elle n'est pas exactement dans sa vraie place, ou qu'elle ait déja été travaillée, la machine s'arrête d'elle-même, & demeure immobile, quelque puissante que soit la force motrice, sans qu'il y ait rien à craindre de son arrêt. De cette maniere on travaille avec sureté & hardiment sur des petites parties qui exigent ordinairement de la main & de l'œil d'un bon finisseur, une scrupuleuse & fatigante attention, soutenue pendant plusieurs heures. Beaucoup d'Horlogers de Paris en ont fait usage, & ils avouent que jamais la main des hommes ne pourroit donner à la denture cette extrême justesse que la machine leur donne avec la plus grande promptitude & à peu de frais.

Le modele de cette machine fut présenté à l'Académie des Sciences à Paris au mois de Janvier 1753. Les freres *Castel*, Horlogers à *Bourg en Bresse*, sont les premiers qui l'ont exécutée en 1757. Depuis ce temps-là les Horlogers de Paris en ont fait usage jusqu'en 1766, que cette machine a été achetée par la province de Bresse pour être placée dans une manufacture d'horlogerie établie à Bourg.

Outre les machines dont nous venons de parler, il y a:

Une machine à centrer les roues, ou bien à mettre chaque roue dans son juste & parfait centre; avantage que la main seule obtiendroit difficilement.

Une machine à tailler les fusées, de l'invention de M. *le Lievre*, Horloger, & qui a été perfectionnée par M. *Gédéon Duval*. Cette machine est extrêmement intéressante: elle taille en vis avec une exactitude parfaite. C'est dommage que ces messieurs ne se soient pas occupés des moyens de tailler les grandes fusées pour les pendules. Le sieur *Dutour*, Horloger, en a fait une qui réunit à son exactitude la facilité d'y tailler toutes sortes de fusées avec quelque quantité de tours qu'on demande, & en quelque sens qu'on les veuille.

Une machine à égaliser les fusées, ou à les rendre partout de la même force; ce qui contribue essentiellement à la marche égale du balancier, & par conséquent à la bonté de la montre.

Un outil très commode *pour placer les roues dans la cage, en sorte qu'elles soient parfaitement droites.*

Un instrument pour mesurer la force des ressorts des montres, & pour servir à déterminer la pesanteur des balanciers. Cet instrument, inventé par M. *Berthoud*, abrege beaucoup le travail des ouvriers en horlogerie; il leur indique la vraie pesanteur du balancier, & les met en état d'agir en conséquence, & de rendre les montres beaucoup plus justes qu'elles ne le seroient sans cette machine.

Une autre machine, construite par le même Horloger, *pour faire des expériences sur la durée des vibrations* grandes & petites, & observer le mouvement du balancier lorsqu'il se meut verticalement ou horizontalement.

Un outil pour déterminer exactement la grosseur des pignons & faire de bons engrenages. Cet instrument est très nécessaire aux ouvriers qui s'attachent à rendre leur ouvrage aussi parfait qu'on puisse le desirer. On peut même se servir de cet outil pour former des échappements à ancre, à cylindre, &c.

Une machine à fendre les dents de la roue du cylindre, très ingénieusement inventée, & qui a l'avantage de donner une parfaite égalité aux dents, qui sont, comme nous l'avons dit, bien différentes de celles des autres roues.

Il y a encore une infinité de petits outils d'horlogerie, très commodes pour rendre la main-d'œuvre aussi exacte qu'elle doit être. On en trouve une description détaillée dans l'essai sur l'horlogerie donné par M. *Berthoud*.

Parmi les nouvelles inventions de notre temps, la *pendule polycamératique*, dont M. *le Paute* est l'auteur, mérite d'être citée. Elle remplit plusieurs objets à la fois, & sert en même temps à plusieurs appartements de différents étages. Placée dans un des appartements du maître de la maison ou du château, & y faisant même un très beau meuble, elle donne en même temps le mouvement à des cadrans sur des jardins & sur les cours; elle fait sonner les heures & les demies au-dessus du bâtiment sur des timbres de deux cents pesant s'il le faut: de sorte que le maître peut la remettre à l'heure, & d'un tour de clef fixer l'heure tout à la fois au dedans & au dehors, en donnant l'ordre à sa maison, sans être exposé à la multiplicité de pendules qui ne sont jamais d'accord. Cette pendule marque aussi les secondes & les jours du mois sur un cadran renfermé derriere une glace. Elle a outre cela trois avantages considérables, qui ſont, 1°. qu'elle marque le temps vrai, le ſeul donné par la nature, & que les horloges ordinaires ne donnent cependant point, ſi ce n'eſt à force d'être avancées ou retardées chaque jour, ſelon que la table de l'équation le marque. C'eſt par le moyen d'un petit cadran diviſé ſuivant les jours du mois, & par une roue annuelle diviſée en 365 dents, qui éleve ou rabaiſſe le pendule, ſelon que l'exige l'avancement ou retardement du ſoleil, que l'on obtient cet avantage.

2°. Elle évite l'effet de la chaleur & du froid ſur le métal par le moyen d'une courbe dont les rayons inégaux ſont toujours proportionnés aux dilatations de la verge du balancier, tandis que les angles de chaque rayon avec le commencement de la diviſion croiſſent comme les degrés du thermometre.

3°. Elle corrige par le même méchaniſme le défaut qui provient de l'huile dont les pivots de chaque pendule doivent de toute néceſſité être entretenus. Cette huile, qui ſe congele en hiver, devient coulante en été, & occaſionne par conſéquent plus ou moins de liberté dans les mouvements : ainſi en été les oſcillations du balancier devenues plus grandes, ne ſe font plus dans le même eſpace de temps, & l'horloge retarde conſidérablement ; tandis qu'en hiver, lorſque les huiles ſe congelent, l'horloge doit néceſſairement avancer, vu que les vibrations deviennent beaucoup plus courtes. Une machine ſemblable à la premiere, puiſqu'elle ſuit également les mouvements du thermometre, remédie à cet inconvénient avec tout le ſuccès poſſible, & fait aller dans tous les temps la pendule avec une juſteſſe parfaitement égale.

Comme nous venons de parler de la dilatation & contraction des métaux cauſée par une grande chaleur, & reſpectivement par un grand froid, nous croyons devoir indiquer à notre lecteur une machine ingénieuſe que M. *Berthoud* a conſtruite, & par laquelle il fait voir de combien une verge de laiton, ou d'acier, ſe ralonge ou ſe raccourcit à un tel ou tel degré de chaleur ou de froid. Cela ſe fait par le moyen d'une étuve pour la chaleur, & par celui d'un réſervoir de glace pilée pour le froid. Cette machine porte le nom de *pyrometre :* on en peut voir la deſcription dans ſon *Eſſai d'Horlogerie*, tom. 2, chap. 19.

Les grands artiſtes ſe ſont occupés depuis long-temps à

ſe procurer des balanciers qui fuſſent à l'abri des variation[s] cauſées par l'excès de la chaleur & du froid ; ils ont fai[t] divers eſſais pour découvrir le juſte rapport qu'il y a entr[e] la dilatation & la contraction des métaux, & ont trouvé d'après leurs expériences, qu'il n'étoit pas poſſible de par[-] venir à une préciſion deſirée & néceſſaire, à cauſe de l'in[-] ſenſibilité des degrés de dilatation.

Quand bien même on parviendroit à compoſer un pen[-] dule non dilatable, qu'en réſulteroit-il pour les autre[s] pieces qui entrent dans la compoſition d'une pendule, & qu'on ne peut faire que d'une matiere dilatable ?

Ce ſavant Horloger a auſſi inventé trois ſortes d'*horloge[s] marines* d'une conſtruction ſinguliere, & ſi bien imaginées que le roulis & le tangage du vaiſſeau ne peuvent nuire à l[a] juſteſſe de la marche.

La pendule aſtronomique, conſtruite & inventée par le mêm[e] M. *Berthoud*, mérite auſſi beaucoup d'éloges. Elle enſeign[e] à celui qui ſait s'en ſervir ſelon les loix de l'art, l'heure[,] la minute & la ſeconde du paſſage du ſoleil ſur le méridien[,] ainſi que du paſſage de chaque étoile prête à traverſer tell[e] ou telle partie du firmament. Cette horloge, travaillée ave[c] tout le ſoin imaginable, a un pendule compoſé de neu[f] verges, ou barres étroitement ſerrées l'une contre l'autre[,] pour obvier à l'inconvénient de la dilatation & de la contrac[-] tion des métaux, & pour trouver cette compenſation du chau[d] & du froid, par la différence des métaux dont ce pendul[e] eſt compoſé. Par exemple, les verges d'acier ſe dilatent pa[r] la chaleur; défaut qui peut être corrigé en appliquant [à] côté de la verge une barre d'un métal plus extenſible, qui en ſe dilatant, remonte autant la lentille que la verge d'a[-] cier la fait deſcendre; de ſorte que le pendule ne chang[e] point de longueur, & que par conſéquent l'horloge ne re[-] tarde ni n'avance jamais.

On fait auſſi des *ſpheres mouvantes*, qui ſont des ma[-] chines tellement diſpoſées qu'elles indiquent & imitent [à] chaque moment la ſituation des planetes dans le ciel, [le] lieu du ſoleil, le mouvement de la lune, les éclipſes; e[n] un mot, elles repréſentent en petit le ſyſtême planétair[e.] Ainſi, ſelon le dernier ſyſtême reçu par les aſtronome[s] (qui eſt celui de *Copernic*), on place le ſoleil au centre [de] cette machine qui repréſente la ſphere du monde : autou[r] du ſoleil tourne *mercure*; enſuite ſur un plus grand cerc[le] on voit *vénus*, puis la *terre* avec la *lune*, après elle *mars*, ensuite *jupiter* avec ses quatre satellites, & enfin *saturne* avec ses cinq satellites ou petites lunes. Chaque planete est portée par un cercle concentrique au soleil : ces différents cercles sont mis en mouvement par les roues d'une horloge, & ces roues sont cachées dans l'intérieur de la machine. Chaque planete emploie dans son cours le temps de la révolution que les astronomes ont déterminé. Ainsi mercure tourne autour du soleil en 88 jours, vénus en 224 jours 7 heures, la terre en 365 jours 5 heures 49 minutes & environ 12 secondes. La lune fait sa révolution autour de la terre en 29 jours 12 heures 44 minutes, mars sa révolution autour du soleil en un an 321 jours 18 heures, jupiter en 11 ans 316 jours, & enfin saturne en 29 ans 155 jours 14 heures.

Les spheres mouvantes ne sont pas une invention moderne puisqu'*Archimede*, qui vivoit il y a deux mille ans, & *Possidonius*, qui vivoit du temps de Cicéron, en avoient déja alors composé, avec la différence que ce n'étoit pas la terre qui tournoit autour du soleil, mais le soleil qui tournoit autour de la terre. La plus parfaite sphere mouvante qui ait été faite dans ces derniers temps, & dont on ait connoissance, est celle qu'on trouve placée dans les appartements du Roi à Versailles depuis quelques années. Elle a été calculée par M. *Passemant*, & exécutée sous sa direction par M. *Dauthiau*, Horloger.

On a aussi composé des *planispheres*, ou des horloges qui marquent les mouvements des astres, comme fait la sphere mouvante, avec cette différence que dans ces machines les révolutions des planetes sont marquées sur un même plan par des ouvertures faites au cadran, sous lequel tournent les roues qui représentent les mouvements célestes. On voit un très beau planisphere chez M. *de Montmartel*, & un autre chez M. *Stollenwerk*, Horloger, qui l'a imaginé & exécuté.

On a encore enrichi l'horlogerie d'un grand nombre d'inventions qu'il seroit trop long d'expliquer dans ce Dictionnaire. Les curieux pourront se satisfaire là-dessus dans le Traité de M. *Thiout*, dans celui du *P. Alexandre*, & dans le *Recueil des machines* présentées à l'Académie Royale des Sciences.

C'est une chose connue de tous les astronomes & de tous

les physiciens, que le soleil avance deux fois l'année, & qu'il retarde deux fois. De là vient que le temps est distingué en *temps vrai* & en *temps moyen*, ainsi que nous l'avons expliqué plus haut. Ainsi toute montre, quelque parfaite qu'on puisse la supposer, doit nécessairement être réglée quatre fois par an, en tournant d'un degré ou d'un degré & demi la rosette : savoir, deux fois de droite à gauche pour faire retarder la montre, & deux fois de gauche à droite pour la faire avancer.

Les tables d'équation constatent que le *soleil* ou le *temps vrai*, qui, au premier Janvier, ne retarde que de trois minutes cinquante-neuf secondes vis-à-vis d'une bonne *pendule* ou du *temps moyen*, retarde ensuite tous les jours de plus en plus ; de sorte que le 11 Février la différence entre ces deux temps est de quatorze minutes quarante-quatre secondes. Le jour d'après, le retardement du soleil diminue d'une seconde, & cette diminution continue jusqu'au 14 Avril où le *temps vrai* se trouve égal avec le *temps moyen*, à six secondes de retardement près. Le 15 Avril le soleil avance de quinze secondes, de sorte qu'il y a une différence de neuf secondes entre les deux temps. Cet avancement du soleil augmente peu à peu jusqu'au 28 Mai où il avance de quatre minutes : le jour d'après il se ralentit de deux secondes ; & en diminuant son avancement jusqu'au 15 de Juin, il se rapproche encore du *temps moyen* à cinq secondes près. Le lendemain il retarde de huit secondes, & continue cette course tardive jusqu'au 26 Juillet, où il se trouve retarder de cinq minutes cinquante-six secondes : ensuite il diminue encore son retard, & se trouve le 31 d'Août égal au *temps moyen*, à huit secondes près. Dans le mois de Septembre le soleil avance, & continue ainsi pendant deux mois ; en sorte que le 2 de Novembre il devance le *temps moyen* de seize minutes neuf secondes. Le jour d'après il se ralentit insensiblement, & se rapproche du *temps moyen* de plus en plus ; de sorte que le 24 de Décembre, entre un cadran solaire & une pendule exactement juste, il ne doit se trouver qu'une différence de quatre secondes. Le lendemain il retarde de vingt-six secondes, & augmente ce retardement jusqu'au dernier du même mois, de sorte que ce dernier jour il retarde de trois minutes cinquante-deux secondes ; & ce retardement devient encore plus considérable dans les mois de Janvier & de Février, ainsi que nous venons de le dire dans la page précédente.

L'observation que nous venons de faire ne convient que dans les années bissextiles, parcequ'à pareils jours que nous avons rapportés ci-dessus, le soleil retarde encore plus dans les trois années suivantes; c'est ce dont on peut se convaincre en consultant les tables d'équation pour chaque année en particulier. Ces erreurs de retard sont si considérables que le premier Janvier de la seconde année après la bissextile, elles vont à vingt & une secondes de plus; la troisieme année à quinze, & la quatrieme à six secondes.

Ces écarts du soleil fidellement rapportés conformément à la table d'équation, font assez concevoir que les jours où le soleil commence à ralentir, ou bien ceux où il commence à presser sa course, sont justement ceux dans lesquels il faut de toute nécessité toucher à la rosette intérieure qui regle l'avancement ou le retardement de la montre, si l'on veut qu'elle suive le *temps vrai* ou celui qui est marqué par le soleil. Par conséquent comme le soleil commence à presser sa course le 12 Février & le 27 Juillet, il faut, ces jours-là, avancer l'aiguille de la rosette d'un degré ou d'un degré & demi. Comme au contraire le soleil commence à ralentir sa course le 19 Mai & le 3 Novembre, il faut, ces jours-là, reculer la rosette à proportion, & alors on pourra être sûr que la montre marque exactement le temps du soleil, sur-tout en ayant soin, le plus souvent qu'il sera possible, de consulter un bon méridien, pour voir la différence, à l'heure du midi, de ce méridien à la montre.

Voilà la seule & la vraie façon de conduire une montre que l'on veut faire aller avec le soleil, & marquer le temps vrai. Ceux qui au contraire sont bien aises que leur montre marque le *temps moyen*, & ait le mouvement uniforme des bonnes pendules, n'ont qu'à remettre, pendant un certain temps, tous les jours leur montre à l'heure marquée par une pendule connue pour être rectifiée à ce sujet : ils toucheront en même temps à la rosette intérieure jusqu'à ce que leur montre approche le plus près qu'il sera possible de la justesse de la pendule, & alors ils la laisseront aller, en la comparant souvent à un bon méridien & aux tables d'équation qui indiquent la différence d'une bonne montre avec un cadran solaire chaque jour de l'année.

On trouve ces tables d'équation dans la plupart des Traités d'Horlogerie, & entre autres dans un petit livre que

M. *Berthoud* a mis au jour en 1759, & dans lequel il enseign à ceux qui n'ont aucune connoissance de l'horlogerie, *l'ar de conduire & de régler les pendules & les montres*. Ce peti traité détruit beaucoup de préjugés vulgaires en matier d'horlogerie : il enseigne la vraie façon de connoître l bonté d'une montre ou d'une pendule, & donne les conseil les plus utiles pour bien conserver les unes & les autres.

Les Horlogers font à Paris une des communautés des art & métiers.

Par arrêt du Conseil du 8 Mai 1643, rendu contradictoi rement entre eux & le corps des orfevres, il est ordonn qu'ils pourront faire & vendre toutes sortes de boîtes d'or & d'argent, émaillées, gravées, avec toutes sortes d'ornement à la charge qu'ils travailleront au même titre que son obligés de travailler les orfevres, & qu'à cette fin ils seron tenus de mettre leur nom sur leurs boîtes & ouvrages, san que les maîtres & gardes de l'orféverie puissent entreprendr aucune visite sur eux, à peine de cinq cents livres d'amende

Il paroît qu'ils reçurent leurs premiers statuts en 148 sur la fin du regne de Louis XI. Ils leur furent confirmé en 1544 par François I, en 1554 par Henri II, en 157 par Charles IX, & en 1600 par Henri IV.

Ces statuts furent réformés & renouvellés par Louis XI en 1646, le 20 Février. Ces dernieres lettres-patentes obligen les maîtres & gardes de cette communauté à faire dire & cé lébrer une messe tous les premiers dimanches du mois pou la prospérité du Roi, des Princes de sa maison, & des Sei gneurs de son Conseil.

Le nombre des maîtres & gardes est fixé à trois : leur éle tion se fait en la même forme que dans les autres corps.

L'apprentissage est de huit années, pendant lesquelles u maître ne peut obliger qu'un seul apprentif, sinon après septieme du premier expirée.

Si un fils de maître est obligé comme apprentif chez u autre maître que chez son pere, il est tenu d'achever temps pour lequel il s'est obligé.

Défense aux compagnons de prendre un nouveau maît qu'à la fin de leur engagement avec le premier, ou du moin de son consentement.

Les maîtres ne peuvent faire travailler les compagnon ailleurs que dans leurs boutiques.

Pour être reçu maître il faut faire montre d'un chef

d'œuvre, qui est au moins un réveille-matin, & avoir fait le temps de son brevet.

Le nombre des maîtres étoit originairement limité à soixante : mais aujourd'hui on compte à Paris environ cent quatre-vingts maîtres de cet art.

Les veuves jouissent des mêmes droits que dans les autres corps.

Il est défendu aux maîtres Horlogers d'effacer ou changer les noms qui sont sur les ouvrages d'horlogerie qui ne sont pas de leur fabrique, à peine de confiscation & d'amende.

Par arrêt du Conseil du 19 Novembre 1740, contradictoire avec le Procureur du Roi au Châtelet, Sa Majesté a ordonné que, conformément à l'arrêt de la Cour des Monnoies du 11 Décembre 1739, les gardes-visiteurs Horlogers seront tenus, dans huitaine après leur élection, de se présenter à cette Cour pour y prêter serment de faire observer par les maîtres de leur communauté les réglements concernant les matieres d'or & d'argent qu'ils emploient.

La Cour des Monnoies a renouvellé toutes les anciennes ordonnances concernant cette discipline, par son arrêt de réglement du 20 Mars 1741, qui assujettit les Horlogers à des regles de police à-peu-près semblables à celles qui sont prescrites aux orfevres : *voyez* ORFEVRE.

HOTTEUR. C'est celui qui gagne sa vie à porter une hotte sur son dos pour le transport de divers fardeaux, dans les halles, dans les marchés, ou dans les atteliers publics & particuliers.

La *hotte*, qui est un ouvrage des vanniers, est un panier d'osier, étroit par le bas, large par le haut, plat du côté par lequel elle s'applique sur le dos du Hotteur, de figure conique du côté opposé, & qu'on attache sur les épaules avec des bretelles.

HOUILLEUX. Dans les diverses minieres de charbon de terre, on donne indifféremment ce nom, ou celui de *borin*, à celui qui en retire de la *houille*, ou charbon de terre, qui est une substance minérale, de couleur noire, & qu'un peu de bitume, dont elle est mêlangée, rend inflammable.

Nous n'entrerons point dans le détail de la configuration & des especes différentes de charbon de terre qu'on trouve en divers endroits ; les curieux peuvent consulter là-dessus l'*Art d'employer les mines de charbon de terre* que l'Académie des Sciences a donné ; nous dirons seulement que le charbon de terre est généralement divisé en trois especes, en charbon commun, qu'on nomme *charbon de poix* ou *charbon de forge*, parcequ'il est principalement employé à cet usage : le second & le troisieme n'ont point de noms particuliers ; mais on les reconnoît à ce que la texture de l'un differe du *charbon de poix*, donne un feu clair, se réduit en cendres, & sert à chauffer les appartements ; & que l'autre, beaucoup plus léger que les précédents, renferme très peu de soufre, & donne un feu vif, ardent & âpre.

Indépendamment de la houille, qui est un corps fossile qui se fait par la concrétion d'une matiere bitumineuse qui, après sa réunion avec diverses substances minérales ou végétales, s'est durcie & confondue avec elles, on trouve aussi en France & ailleurs du charbon de bois fossile. Il en est même dont le corps ligneux est encore dans son intégrité, se change au feu en bon & véritable charbon végétal, & qui, lorsqu'il est à demi brûlé, devient propre à l'usage des serruriers. Ce charbon ne differe du fossile qu'en ce que celui-ci se consume plus vîte & laisse plus de crasse.

En travaillant aux mines, les Houilleux rencontrent souvent des feux & des exhalaisons de différentes especes. Il y en a qui ne font point mortelles, & dont l'odeur approche de celle que répand la fleur de pois ; celles qu'on nomme *fulminantes* prennent feu dès qu'on en approche un corps allumé, & produisent une lumiere à-peu-près semblable à un éclair, ou à celle de la poudre à canon. Les exhalaisons ordinaires occasionnent une difficulté de respirer qui conduiroit à de violentes convulsions & à l'évanouissement si l'on y demeuroit trop long-temps exposé. On reconnoît facilement cette espece d'exhalaison à son mouvement orbiculaire autour de la flamme d'une chandelle dont elle diminue & éteint insensiblement la lumiere. Il y en a d'une autre espece qui est suspendue en forme de ballon au haut des voûtes des houilleres ; cette exhalaison est la plus dangereuse de toutes, parceque lorsque ce ballon s'ouvre, il étouffe tout ce qui respire dans son voisinage : pour prévenir un accident aussi funeste, les Houilleux le crevent de si loin qu'ils le peuvent avec un bâton muni d'une longue corde, & font, dès qu'il est crevé, un grand feu pour purifier l'air.

Lorsque

Lorsque les Houilleux interrompent leurs travaux pendant quelques jours, ils ne rentrent jamais dans les mines sans prendre les précautions nécessaires pour s'y exposer avec sureté. Comme les houilleres different beaucoup entre elles, qu'il ÿ en a de beaucoup plus inflammables les unes que les autres, relativement à la quantité de matieres sulfureuses qu'elles contiennent, le grand usage leur apprend à connoître celles où il y auroit un danger évident de mort s'ils y entroient sans lumiere, & celles dans lesquelles il faut qu'ils travaillent dans la plus grande obscurité, parcequ'ils savent par expérience qu'ils ne peuvent y porter de la lumiere sans s'exposer à y périr.

Les Houilleux prétendent qu'il y a des signes certains pour reconnoître une mine de charbon à la surface d'un terrein; mais ces signes sont si équivoques que ce seroit très imprudemment qu'on s'y fieroit. Tout ce qu'on peut dire de plus vrai à ce sujet, c'est que la houille plus ou moins enfouie dans la terre ne contribue pas peu à la fertilité du quartier où elle se trouve, & que quelque influence que cette sorte de mine ait sur tout ce qui croît dans son voisinage, ces indices ne sont point désignés sur la superficie du sol qui la couvre. Les *bures*, ou les fosses & puits des mines, devroient, ce me semble, donner quelque indication favorable; cependant elles ne suffisent pas toujours pour guider surement dans la découverte des mines. Les terres, ou les pierres ordinaires qui avoisinent le charbon de terre, sont rarement assez près de la surface du sol pour se laisser appercevoir. La *thiroule*, *téroule*, ou terre légere, tendre, & tirant sur le noir, seroit peut-être l'indice le plus sûr de l'existence d'une houillere, si on ne savoit qu'elle n'est aussi quelquefois qu'une *tête* ou extrémité de veine, qu'on a autrefois travaillée & ensuite abandonnée.

Lorsque les *bures* sont en train, on les étaie en plusieurs endroits de gros bois, ou de grandes planches, pour soutenir les terres.

Les lits d'une étendue considérable en profondeur & en superficie, qu'on trouve communément au-dessus & au-dessous des bancs de houille, sont des terres *apyres*, c'est-à-dire qui résistent au plus grand degré de feu connu; des terres calcaires qui font effervescence avec les acides, & des terres *vitrifiables* ou fusibles : quelquefois ils forment une couverture pierreuſe qu'on trouve ordinairement après l[...] couches précédentes.

Avant que la houille ſe manifeſte aux ouvriers, elle e[...] enveloppée de tous les côtés de matieres terreuſes, ou que[...] quefois plus ſolides, dont la grande épaiſſeur retarde [...] travail des Houilleux. Ils rencontrent auſſi des *folles*, o[...] des rochers de quinze à vingt toiſes d'épaiſſeur, qui [...] trouvent parmi la houille, dérangent leurs travaux & ren[...] dent l'exploitation de la mine plus difficile, parcequ'elle[...] interrompent & détournent le cours d'une mine qu'on n[...] retrouve ſouvent qu'après des manœuvres très rebutantes[...] & avoir eſſayé toute ſon intelligence.

Pour retrouver plus ſurement un cours de mine qu'on [...] perdu, on va en montant de l'eſt à l'oueſt, parcequ'on [...] remarqué que les mines ſuivent plus communément cet[...] direction; au lieu que lorſqu'elles vont du nord au midi[...] les Houilleux appellent cette allure de mine *caprice de pier[...]* ou un écart accidentel, parcequ'on a toujours obſervé q[...] la mine revient conſtamment à l'allure qui lui eſt propr[...] c'eſt-à-dire qu'elle reprend ſon vrai cours du levant au co[...] chant.

On diſtingue encore ces veines en *régulieres* & *irrégulier[...]* Les régulieres ſont celles dont les rameaux conſervent to[...] jours leur vraie direction ſans aucune interruption, & co[...] tiennent de la houille dans toute leur longueur; les ir[...] gulieres ſont ordinairement ſemées de petits clous ſembl[...] bles à ceux qu'on rencontre dans les enveloppes de la vein[...] & qui ſont interrompus par des folles ou par d'autres obſ[...] cles qui leur ſont particuliers. C'eſt une regle générale q[...] plus une veine eſt éloignée de la ſuperficie de la terre, pl[...] elle eſt épaiſſe, riche & abondante; celles qui ſont [...] plus près de la terre n'ont communément que cinq à [...] pouces d'épaiſſeur, & ſont abandonnées des Houille[...] comme nuiſibles à leurs opérations. On a même remarq[...] que le charbon acquiert une bonté relative à la profonde[...] de la mine.

Le charbon de terre *fort* ou *foible*, que les Houille[...] déſignent ſous le nom de houille graſſe, ou houille ma[...] gre, ſe diviſe en trois eſpeces, dont la premiere, qui ſ[...] aux forges, eſt connue ſous le nom de charbon d'*uſine*; [...] ſeconde, qui eſt d'une moindre qualité, ſert à l'uſage d[...] maréchaux & des cloutiers; la troiſieme, comme la p[...]

inférieure, est employée à la cuite des briques & à la calcination des pierres à chaux.

Le charbon *à usine*, ou charbon fort, s'emploie pour les feux d'une grande violence, comme les verreries aux gros verres, les aluneries, soufreries, forges à martinets, & fenderies; le charbon foible sert aux petites forges, comme donnant un feu moins vif & beaucoup plus doux. Le *charbon mixte* est celui qui tient de la nature du charbon & de la téroule. Le *faux charbon* est presque toujours en poussier, & se trouve quelquefois en masse dans les houillères foibles ou maigres.

Dans les houilleries les mesures different des mesures ordinaires. Le pouce commun n'y vaut que dix lignes, & le pied dix pouces. La *poignée*, qui est la hauteur verticale du poing fermé, surmonté du pouce, fait environ quatre pouces de haut. La toise est de six ou de sept pieds, selon les différents endroits. La verge est relative à la toise: la petite verge a seize pieds quarrés, & la grande verge contient vingt petites verges.

HOUPPIER. Ouvrier qui houppe ou peigne la laine.

Quoique les Houppiers ne fassent qu'un corps avec tous ceux qui composent la saïetterie d'Amiens, comme saïetteurs, haute-lisseurs, teinturiers, foulons, calandreurs, corroyeurs & passementiers; ils forment cependant dans cette ville une espece de communauté qui a ses jurés, ses apprentifs, son chef-d'œuvre, sa maîtrise & ses statuts particuliers; on les trouve dans les réglements généraux dressés en 1666 pour les différents maîtres dont nous venons de parler.

Le métier des Houppiers est si intéressant pour tous ceux qui travaillent les laines, qu'il ne leur pas est permis de garder chez eux plus de huit jours des ouvriers étrangers à la journée, à moins que les jurés de la communauté ne les aient reconnu par expérience être très habiles dans le peignage des laines; il leur est aussi défendu de houpper d'autres laines que des laines meres ou de bonnes pelures, & de les laver avec des eaux soufrées, des cendres serrées, des cendres de buis, du savon blanc, de l'eau salée, & autres tels ingrédients; il ne leur est permis de les laver qu'avec une lessive claire faite avec du savon noir; ils doivent aussi les rincer en eau pure, claire, & nette, à peine de trente livres d'amende: ils leur est également défendu de peigner des laines venant du Rhin, & celles que l'on tire des bêtes mortes. Les laines qu'ils apprêtent dans la ville d'Amiens ne peuvent point être vendues qu'elles n'aient été visitées par leurs jurés, ainsi que celles qui y sont apportées par les marchands forains.

On donne aussi le nom de Houppier au fileurs de laine des environs d'Abbeville.

HUCHER. C'est celui qui fait des *huches* ou coffres de bois servant à différents usages.

Par leurs premiers statuts de 1396, les menuisiers prennent la qualité de Huchers menuisiers; ce qui leur a été continué depuis dans toutes les lettres-patentes du Roi, portant confirmation de leur communauté, & notamment celles de 1580 & de 1645 : *voyez* MENUISIER.

HUILIER. L'Huilier est celui qui tire par expression l'huile de diverses especes de graines ou de fruits.

L'huile est un fluide d'une utilité & d'un usage extrêmement étendus. Les Grecs, qui attribuoient à Minerve la découverte de l'olivier, ont fait présider cette Déesse à tous les arts, parcequ'en effet il en est peu qui puissent se passer du secours de l'huile : aussi voyons-nous que tous les peuples ont cherché à s'en procurer & à en tirer de toutes les différentes matieres qu'ils y ont cru propres. L'invention & l'usage de cette liqueur remontent à la plus haute antiquité. Il est dit que Jacob versa de l'huile sur la pierre qu'il avoit érigée à Béthel, en mémoire du songe qu'il y avoit eu.

Il y a quantité de plantes & de fruits dont on peut faire de l'huile : mais celle qu'on tire du fruit de l'olivier l'emporte sans contredit sur toutes les autres; & cet arbre a été connu & cultivé dès les temps les plus reculés. La tradition de presque tous les peuples de l'antiquité portoit que l'olivier avoit été le premier arbre dont les hommes eussent appris la culture. Les Egyptiens prétendoient être redevables de cette découverte à l'ancien Mercure. Les Atlantides disoient que Minerve avoit enseigné aux premiers hommes à planter les oliviers, à les cultiver, & à tirer l'huile des olives. L'extrême antiquité de ce travail est d'autant plus probable, que le gouvernement de l'olivier est des plus aisés & des plus faciles, cet arbre ne demandant presque aucun soin. On ne peut pas douter que dès les premiers siecles plusieurs peuples n'aient su l'art de tirer l'huile des olives; mais il ne paroît pas qu'on employât alors les machines dont nous nous servons aujourd'hui pour cette opération. Elle se réduit au travail de la meule sous laquelle on brise les olives à l'entrée de l'hiver, à celui du pressoir qui en exprime l'huile pure, & à quelques précautions de gouvernement.

La bonté de l'huile dépend de la nature du terrein où croissent les oliviers, de l'espece d'olives qu'on exprime, & des précautions qu'on prend pour la récolte & pour l'expression de ces fruits. Les olives qui ne sont pas assez mûres laissent à l'huile une amertume désagréable. Lorsqu'on est dans une position favorable, on s'attache à cultiver par préférence les especes d'olives qui donnent des huiles fines; sinon on s'applique à cultiver les especes qui sont recommandables par l'abondance de leurs fruits, & on en fait de l'huile pour les savonneries ou pour les lampes : *voyez* SAVONNIER.

Vers les mois de Novembre & Décembre on fait la cueillette des olives : on trie les plus saines; on les brise dans une auge circulaire, sous une meule cylindrique qui se meut horizontalement dans l'auge, & qui est attachée par son aissieu à un arbre tournant. Cette auge, semblable à celle où l'on brise les pommes pour les porter ensuite au pressoir à cidre, se nomme la *mare*. Un garçon, qu'on nomme le *diablotin*, suit le travail du moulin, &, la pelle à la main, amene les olives sous le passage de la meule, ce qu'on appelle *paître la meule*.

Quand elles sont en pâte, un ouvrier prend un *scouffin*, qui est un petit sac à deux ouvertures, tissu d'un jonc qu'on apporte d'Alicante à Marseille; il emplit de pâte un de ces sacs, dont il tient l'ouverture inférieure fermée, en la soutenant du creux de sa main droite; de la gauche il l'emplit de pâte d'olives, & va poser le *scouffin* au pressoir; il en empile plusieurs l'un sur l'autre, & les met sur la *maye*, qui est une espece de pierre creusée pour recevoir l'huile, & inclinée pour donner l'écoulement à la liqueur. On fait tourner la vis, & l'huile qui s'exprime est l'*huile vierge*. L'huile est d'autant plus belle & meilleure, que les olives ont été exprimées aussi-tôt après avoir été cueillies.

L'*huile commune* est celle qu'on retire du marc qui reste dans les scouffins, en versant sur ces sacs assez d'eau chaude pour en détacher l'huile restée dans le marc. Le seau, qui se remplit de tout ce qui provient de ce lavage, est porté dans un cuvier, où, au bout de trois ou quatre heures, l'huile surnage, & où on la recueille avec une feuille de fer blanc en forme de cuiller. Si le froid l'empêche de monter, on aide l'opération par le moyen de quelques baquets d'eau bouillante. Les résidus de ces cuviers s'écoulent dans un souterrain qu'on nomme l'*enfer*. On en prévient la putréfaction par des visites réglées : ce qu'on en tire est l'*huile d'enfer*, qui est la plus basse sorte.

Ceux qui ne font de l'huile que pour les savonneries, laissent les olives entassées pendant quelque temps dans leurs greniers, & les expriment ensuite : de cette maniere ils en retirent une plus grande quantité. Ceux qui recueillent l'huile dont on fait usage dans les aliments, laissent aussi quelquefois les olives fermenter en tas, dans la vue de tirer une plus grande quantité de liqueur : cette mauvaise méthode est cause que l'huile bien fine est toujours très rare. Le marc qui reste lorsqu'on a exprimé toute l'huile se nomme *grignon*, & ne peut plus servir qu'à faire des mottes à brûler. Quant à la maniere de confire les olives pour l'usage de la table, voyez le *Dictionnaire raisonné universel d'Histoire Naturelle*.

On retire plusieurs autres especes d'huiles de divers fruits ou graines, tels que les noix, la graine de lin, la navette, le colsa, &c. L'art d'exprimer ces huiles se rapproche beaucoup de celui que nous avons décrit. Ces diverses especes d'huiles ont des usages différents dans les arts.

La *premiere huile de noix*, tirée par expression, est très bonne pour les aliments quand elle est bien récente : quelques personnes la préferent même au beurre & à l'huile d'olive pour faire des fritures. On met la pâte dont on a exprimé la premiere huile de noix dans de grandes chaudieres, sur un feu lent, avec de l'eau bouillante : on exprime cette pâte de nouveau, & on retire une *seconde huile* qui a une odeur désagréable, mais qui est bonne pour brûler, pour faire du savon, & qui est excellente pour les peintres, surtout quand on a soin d'y mêler de la litharge : cette huile lithargée a la propriété de faire sécher plus promptement les couleurs. L'huile de noix, mêlée avec de l'essence de térébenthine, est propre à faire un vernis gras, qui est assez beau, & qu'on peut appliquer sur les ouvrages de menuiserie.

L'huile tirée de la *navette*, qui est une espece de navet sauvage, se retire par expression des graines de cette plante, & se nomme *rabette* ou *huile de navette* : on s'en sert pour brûler à la lampe, & les ouvriers en laine l'emploient dans leurs ouvrages. *Voyez* DRAPIER.

Le Languedoc & la Provence fournissent tous les ans à la France une abondante récolte d'huile. L'huile la plus fine & la plus estimée se recueille aux environs de Grace & de Nice. Cette marchandise est sujette au coulage. Les huiles d'olives, sur-tout les fines, s'engraissent & se gâtent par une trop longue garde. Les marchands qui vendent les huiles dans le pays les falsifient quelquefois : non seulement ils mêlent autant qu'ils peuvent de la lie dans l'huile qu'ils vendent, mais ils sont encore accusés d'y insérer quelquefois de la décoction de la plante du concombre sauvage, qui s'incorpore avec l'huile de maniere à n'en pouvoir plus être séparée. Nos facteurs établis à Mételin sont très attentifs sur cette fraude : ils ont toujours la précaution de laisser reposer sur un chevalet les outres où sont les huiles qu'ils reçoivent, & d'en arrêter le chargement lorsqu'ils s'apperçoivent qu'elles coulent avec l'eau & la crasse qui s'en est détachée. On falsifie aussi l'huile d'olive avec l'huile d'œillette ou de graine de pavot blanc. Comme cette derniere huile ne s'emploie que pour la peinture, les employés aux barrieres ont ordre de mêler dans toutes les bariques d'huile d'œillette qui entrent à Paris une certaine quantité d'essence de térébenthine : au moyen de cette précaution, il n'est plus possible de s'en servir pour la mêler avec l'huile d'olive.

Toutes les huiles végétales, comme celles d'olives, de noix, de navette, de lin, d'amandes douces, de pavot, &c. se tirent par expression ; on donne le nom d'huiles essentielles à celles qu'on obtient par la distillation de la cannelle, du girofle, du cédrat, de la lavande, du genievre, &c. On a aussi les huiles animales, comme celles de baleine, de morue, de chien de mer, de cheval, de bléreau, &c. Par le moyen de la liquéfaction de toutes ces huiles, les unes servent à éclairer, & les autres à préparer les laines ou à corroyer les cuirs ; quelques-unes entrent dans nos aliments, & on en emploie d'autres à la peinture, comme nous l'avons déja dit.

On est redevable à M. *Blondeau*, Médecin à la *Chaux-Neuve* en Franche-Comté, de l'invention d'une huile animale qu'il extrait des abattis de bœuf, vache, mouton, &c. Pour cet effet on place trois chaudieres sur la même ligne, chacune sur son fourneau. Après avoir rempli la premiere, qui est plus grande que la seconde & la troisieme, d'abattis & d'une quantité suffisante d'eau, on fait bouillir le tout avec modération autant de temps qu'il en faut pour que les abattis ſoient aſſez cuits pour être mangés ; cela fait, on enleve l'huile & la graiſſe qui nagent ſur l'eau, & on les jette dans une ſeconde chaudiere dont l'eau eſt prête à bouillir. Afin que les parties glutineuſes & graſſes aient le temps de ſe diſſoudre & de ſe ſéparer des parties huileuſes, on les laiſſe pendant vingt-quatre heures, & quelquefois plus, dans cette ſeconde chaudiere. Lorſque les matieres groſſieres ſe ſont précipitées au fond, on prend avec une cuiller l'huile qui ſurnage, pour voir ſi elle eſt épurée au point qu'il le faut, ce que l'on reconnoît à ſa couleur jaune & claire ; pour lors on la tire par un robinet qui eſt adapté à cette chaudiere. Dès que l'huile eſt ſoutirée, on la verſe dans la troiſieme chaudiere dont l'eau eſt aſſez chaude pour que les graiſſes mêlées avec l'huile ne puiſſent s'y figer. Vingt-quatre heures après que ces matieres y ont été miſes, on laiſſe refroidir l'eau ; alors la graiſſe ſe fige au-deſſus de l'huile, & au moyen de trois robinets adaptés les uns au-deſſus des autres, on tire de trois eſpeces d'huiles. M. *Blondeau* appelle la premiere *eſſence animale*, la ſeconde *huile ſupérieure*, & la troiſieme *huile animale*. Il prétend que ce procédé peut s'étendre aux abattis de toutes ſortes d'animaux, & que ſi on ſuivoit cette pratique en faiſant l'huile de baleine & d'autres poiſſons, elle donneroit une lumiere plus vive & plus belle.

Pour que l'huile d'olive puiſſe ſe conſerver dans le même état, on la renferme dans des vaſes bien nets dès qu'elle eſt faite, & on la met dans un endroit aſſez chaud pour qu'elle ne puiſſe pas ſe gâter. Plus on maintient l'huile dans ſa fluidité, mieux elle ſe dégage de ſes parties groſſieres qui ſe dépoſent au fond. Lorſqu'elle eſt bien tranſparente, ce qui arrive vers la fin du mois de Juin, & que la gelée de l'hiver ne l'a point gâtée, on en tranſvaſe la partie ſupérieure & claire, & on laiſſe dans le fond celle qui eſt la plus épaiſſe & dont la couleur eſt différente. La premiere eſt celle qu'on nomme *huile vierge*, comme je l'ai déja dit. Quoique la ſeconde puiſſe ſervir à nos uſages ordinaires, elle eſt cependant bien inférieure à l'autre. On ne peut trop ſe hâter de ſéparer l'huile claire de celle qui ne l'eſt pas, parceque plus elle ſéjourne avec la lie, plus elle court riſque de contracter une mauvaiſe odeur & un mauvais goût, ce qu'on appelle ſe *rancir*.

Lorſque l'huile la plus fine eſt tranſvaſée, on la conſerve dans des endroits qui ne ſont ni trop chauds pendant l'été, ni trop froids pendant l'hiver ; ces deux extrémités nuiſent à ſa qualité par l'un ou l'autre de ces défauts, elle perd de ſa délicateſſe pour le goût, & de ſon agrément pour la vue. On ne doit point auſſi ignorer que plus une huile eſt vieille plus elle perd de ſa couleur, de ſa fineſſe, & de ſes autres qualités.

Dans un mémoire que M. *Sieuve* de Marſeille préſenta à l'Académie des Sciences de Paris le 21 Janvier 1769, cet auteur indique une nouvelle méthode pour extraire des olives une huile plus abondante & plus fine par le moyen d'un nouveau moulin, & enſeigne la maniere de la garantir de toute ranciſſure.

Pour faire de bonne huile d'olive, il eſt abſolument néceſſaire de cueillir ce fruit à propos : lorſqu'on ne prend pas le point précis de ſa maturité, qu'on le prévient, qu'on empêche ce fruit d'acquérir tous les ſucs qui lui ſont néceſſaires pour donner une bonne huile, on n'en retire que des ſucs appauvris & ſans ſubſtance : lorſqu'on le cueille trop tard, les olives deviennent ſi molles, que pour peu qu'on tarde à les *détriter*, c'eſt-à-dire, à les paſſer ſous la meule, elles noirciſſent, & parviennent bientôt à une entiere putréfaction ; ce qui occaſionne une double perte pour le propriétaire, en ce qu'elles donnent peu d'huile, & que cette huile eſt d'une odeur forte & déſagréable. Le vrai temps de cueillir les olives eſt lorſqu'elles ſont parvenues par degré à un *rouge noirâtre :* paſſé ce temps, elles s'obſcurciſſent, ſe rident, s'appauvriſſent, ſe moiſiſſent, & tombent en pourriture. Indépendamment de cette précaution, on doit encore bien choiſir ſes olives, lorſqu'on veut en extraire une huile qui ſoit parfaite ; ne point les mêler avec des olives piquées par les vers, parcequ'étant appauvries & corrompues par la ſuccion de ces inſectes, elles altéreroient l'huile tant par la qualité que par la quantité.

Pour donner à l'huile une qualité douce, limpide, & qui ne ſoit point ſujette à la ranciſſure, il faut avoir la précaution en *détritant*, c'eſt-à-dire, en paſſant l'olive ſous la meule, d'en ſéparer la chair d'avec le noyau, & de n'extraire que l'huile des chairs ; on doit auſſi éviter l'uſage de l'ancienne méthode, qui est d'écraser le noyau & l'amande de l'olive avec sa chair. Quoique l'huile que donne l'amande soit aussi belle, & presque aussi claire, que celle qui est extraite de la chair des olives, elle a cependant une odeur plus forte, & elle est âcre au goût. Celle qu'on tire du bois des noyaux est d'une couleur brune & chargée de parties visqueuses, fétides & sulfureuses, qui en accélerent la rancissure & la corruption. Lorsque l'huile n'est extraite que de la chair des olives, qu'elle est dépouillée des vices que lui communiquent l'amande & le bois de noyau, elle se conserve facilement pendant neuf à dix ans ; au lieu qu'en suivant l'ancienne méthode, elle devient défectueuse au bout de deux ans.

Après avoir démontré combien les anciens moulins sont peu propres à faire de bonne huile, M. *Sieuve* propose le sien, en fait voir tous les avantages, dont le principal est de donner beaucoup plus d'huile & d'une qualité supérieure, en séparant la chair d'avec le noyau au moyen d'un *détritoir*, qui est un fort madrier, cannelé en dessous, & qui s'emboîte avec beaucoup d'aisance dans la partie supérieure de la caisse qui renferme le moulin.

Dans une des extrémités de ce détritoir est un creux en talut, formé en demi-cercle, dans lequel tombent les olives qui sont dans une trémie qui est placée au-dessus. Ce détritoir, qui est suspendu par une corde, est armé de deux boutons sur ses extrémités, afin que les impulsions qu'on lui donne, n'écrasent point les noyaux qui pourroient se rencontrer entre l'épaisseur du détritoir & les parois intérieures de la caisse. Lorsque par le moyen de la trémie il y a une couche de quatre ou cinq doigts d'épaisseur sur la table trouée & cannelée qui est au fond de la caisse, on baisse le détritoir, de maniere que l'impulsion qu'on lui donne fasse rouler les olives sur les cannelures, & en détache les noyaux.

Ce nouveau moulin, quelque avantageux qu'il soit, n'exclut point absolument l'usage de l'ancien, parceque l'huile qu'on extrait des noyaux, ainsi que des olives qui tombent avant leur maturité, étant également bonne à brûler, & utile pour les fabriques de savon & autres manufactures, on doit écraser le tout ensemble sous la meule l'ancien moulin, afin d'en tirer le parti le plus avantageux.

A l'invention de ce moulin aussi ingénieux qu'utile dont on peut voir un plus long détail dans son mémoire & journal d'observations, imprimé chez *Lambert*, M. *Sieuve* a ajouté la maniere de conserver l'huile d'olive au moyen d'une éponge fine & préparée qui a la vertu d'attirer & de retenir les parties crasses, aqueuses & visqueuses, que cette liqueur acquiert par la fermentation, de conserver sa limpidité malgré son agitation portée à un certain point, & de pouvoir la transvaser sans courir risque d'y mêler le dépôt. Mais comme c'est un secret que l'auteur s'est réservé, nous ne pouvons en rien dire.

L'huile d'olive, suivant le tarif de 1664, paie pour les droits de sortie une livre quatre sols par cent pesant; celles de chenevis, de noix, de navette, & toutes celles qu'on tire des graines, paient vingt sols. Les droits d'entrée pour les huiles d'olives venant des pays étrangers sont de dix livres par pipe pesant huit cents; celles du Levant & de Barbarie paient vingt livres par cent pesant, suivant l'arrêt du Conseil d'Etat du 22 Décembre 1750.

HYDRAULIQUE (L'Art de l'). L'art d'élever les eaux par différents moyens, & de construire des machines qui servent à augmenter les forces mouvantes, appartient à l'hydraulique, ainsi que l'examen de la dépense des eaux, de leur vîtesse, leur poids, leur nivellement, leur conduite, la proportion des tuyaux où elles doivent couler, celle de leurs ajutages & de leurs réservoirs.

Les plus belles machines qu'on ait exécutées en ce genre, sont celles de *Marly*, de *Nymphenbourg* en Baviere, de Londres, & celle de feu *M. Dupuis*, intendant du Canada.

Comme la description de chacune de ces machines seroit d'une trop grande étendue, on peut consulter sur l'art de conduire, d'élever & de ménager les eaux pour les différents besoins de la vie, l'*Architecture hydraulique* de M. *Belidor*, qui est l'ouvrage le plus complet qui ait paru sur cette matiere, & le seul qui embrasse l'objet de cet art dans toute son étendue.

On en exécute encore pour l'agrément. Le sieur *Bourrier*, machiniste de feu le Roi de Pologne, Duc de Lorraine, s'est diſtingué par un artifice hydraulique, où l'eau imite tous les jeux dont le feu eſt ſuſceptible, & où avec le ſecours de cet élément, indépendamment des berceaux, des pyramides, des luſtres dont l'eau ſort de tous les côtés par toutes les branches, il repréſente encore des ſoleils qui forment des cercles concentriques, qui tournent en ſens contraires, & qui imitent parfaitement tout ce que l'art pyrique peut exécuter de plus magnifique en ce genre; il rend auſſi avec toute la préciſion poſſible, tout ce qu'on peut imaginer en caſcades & en ſtatues qui verſent de l'eau dans des vaſes; enfin il diſtribue avec tant de juſteſſe les forces mouvantes de l'eau, que, conformément aux loix de l'hydraulique, il embellit la nature par l'art, lui donne de nouveaux agréments, & traite tous les ſujets poétiques, ou fabuleux, dont on deſire la repréſentation.

M. *Frédéric Knaus*, inſpecteur du cabinet de phyſique & de méchanique de la cour de Vienne, a inventé une nouvelle machine, utile & propre à beaucoup d'ouvrages. 1°. Elle rend fluides toutes les eaux dormantes, ſavoir, celles des étangs, foſſés, citernes, puits, lacs, & réſervoirs. Ces eaux, que cette machine fait monter à quarante ou cinquante pieds, en coulant ſur des roues à eau, peuvent faire aller toute ſorte de moulins & de machines qu'un grand fleuve pourroit faire mouvoir, ſans qu'on ait beſoin pour tous les mouvements néceſſaires, que d'une eau croupiſſante, qui, après avoir été élevée juſqu'à la hauteur néceſſaire, revient au même endroit dont on l'a tirée, remonte de nouveau & revient ſans ceſſe au même endroit. 2°. Cette machine ſert auſſi à ſaigner les étangs, vuider les foſſés, les puits, & les lieux marécageux. 3°. Propre à l'épuiſement des eaux ſouterraines des mines, elle eſt encore d'un grand ſecours pour toutes les autres opérations qui concernent leur exploitation. 4°. Quant à ce qui eſt de pur agrément, elle peut fournir des jets d'eau artificiels aux jardins, parcs, &c. ſans qu'on ait beſoin de riviere, ni d'eau vive, la ſeule eau dormante étant ſuffiſante pour tous ces effets.

La force opérante de cette machine conſiſte en un ſimple pendule ou balancier, qui, dans ſon degré d'effet, travaille toujours d'une force égale, & ne s'arrête jamais, à moins qu'on ne l'arrête avec la main; alors toute la machine reste tranquille : mais dès qu'on a ôté l'obstacle qui l'arrêtoit, elle se remet d'elle-même en mouvement. Quand l'opération de cette machine n'exige que le travail d'une heure, pour la mettre en train un homme n'a besoin d'y être qu'une seule minute; si elle doit agir pendant vingt-quatre heures, il faut que le même homme y soit vingt-quatre minutes de suite, sans qu'il ait besoin d'y plus revenir pendant les vingt-trois heures & demie : sans qu'il soit nécessaire de toucher à cette machine, elle opérera huit jours entiers, si pendant trois heures & douze minutes de suite, un homme s'y arrête pour l'arranger pour l'espace de huit jours; de sorte que si ce même homme y demeuroit douze heures & quarante-huit minutes, la machine travailleroit toute seule pendant un mois de suite, ce qui prouve que cette machine est disposée de façon qu'elle s'accommode au temps & à la volonté d'un seul homme.

Si l'auteur avoit jugé à propos de nous communiquer la description de cette machine, nous l'aurions détaillée d'après lui pour la satisfaction particuliere des personnes qui seroient bien aises d'en faire de semblables pour leur agrément ou pour leur utilité; mais M. *Knaus* n'a pas encore jugé à propos de révéler un secret qui, selon toutes les apparences, ne peut pas l'être long-temps, parcequ'à la premiere inspection de cette machine, il sera très aisé à un ouvrier intelligent d'en dessiner toutes les parties, & d'en imiter l'ensemble.

Quoique la machine de M. *Knaus* ne soit pas moins intéressante que curieuse, que même elle puisse passer pour nouvelle dans son genre; il n'est cependant ni le premier ni le seul qui ait inventé des machines relatives aux opérations de la sienne. Au lieu de *Residan*, paroisse de *Bouillier*, à une lieue de Belfort en haute Alsace, M. *Laborde* a fait construire depuis long-temps un moulin à eau sur le même étang qui reçoit l'eau qu'il lui fournit pour le faire aller. Il y a quinze à seize ans que le sieur *Cantoi*, hydraulicien à Bourdeaux, & qui a la direction des fontaines de cette ville, avoit demandé à la Cour la permission d'établir dans sa maison un moulin à eau, qui auroit toujours été au moyen de l'eau qu'il auroit prise dans le puits de la même

maiſon, & qui y ſeroit revenue après avoir fait march
les roues de ce moulin. La Cour ne jugea pas à prop
d'accorder à ce particulier la demande qu'il lui avoit f
te, ſur ce qu'une ſemblable invention auroit vraiſembl
blement porté un préjudice conſidérable aux autres mo
lins à eau qui ſont établis ſur des rivieres ou ſur des ru
ſeaux.

JAR

JARDINIER. Le Jardiner est proprement celui qui cultive les plantes qu'on a réunies dans un jardin ou dans un enclos. Son travail s'étend aux arbres, aux fleurs, aux plantes potageres; & tel est en effet l'ouvrage des Jardiniers qui entretiennent les jardins de campagne des particuliers. Dans l'origine, qu'on peut faire remonter jusqu'aux temps les plus reculés, tout Jardinier étoit fruitier, fleuriste, pépiniériste, botaniste, & marager. Le goût particulier qu'on eut pour chacune de ces classes, l'heureux succès de diverses expériences, firent qu'on porta son industrie du côté pour lequel on avoit le plus de penchant: c'est ainsi que dans les environs des grandes villes, les uns se sont attachés à la culture des légumes, & sont nommés *maragers*; les autres à celle des fleurs, & portent le nom de *Jardiniers fleuristes*; les autres à celle des arbres, & sont appellés par cette raison *Jardiniers marchands d'arbres*; & enfin les *Jardiniers planteurs* s'occupent uniquement de l'agriculture des forêts. C'est à chacun de ces mots que l'on peut voir en quoi consiste l'art de chacun d'eux, les moyens qu'ils emploient, & que doit nécessairement savoir tout bon Jardinier.

Le Jardinier reçoit du marchand d'arbres ceux qu'il plante, & dont la forme est déja commencée; mais c'est à lui à les tailler avec art, pour leur faire faire de belles palissades: c'est à lui à former les bosquets, les berceaux, à ceintrer les branches encore jeunes, à tailler les charmilles au croissant, pour qu'elles ne présentent à l'œil qu'un beau tapis de verdure; c'est à lui à former & à entretenir ces arbres qui représentent de superbes portiques. La taille des arbres fruitiers est aussi un de ses grands ouvrages; mais c'est le même art que celui du *marchand d'arbres*.

Le Jardinier s'attache particuliérement à procurer à son maître de beaux fruits: il y parvient par la taille, par le soin, & même il lui en procure de beaux & de bonne heure, s'il a un espalier bien exposé, bien crépi, qui réfléchisse bien les rayons de lumiere, si le haut du mur est garni de petites barres de bois, propres à ſoutenir des planches que l'on ôte à volonté, mais qui garantiſſent les arbres de ces coups de grêle, de ces égouts d'eaux qui, en tombant ſur les branches, les pourriſſent & les gâtent. Lorſque ſes arbres ſont en fleur, il les garantit avec des paillaſſons, les fait jouir du temps doux, & à l'approche du mauvais temps il les abrite : par ces ſoins il parvient à obtenir de très bons fruits, auxquels il fait prendre un beau coloris en les découvrant petit à petit, ou en paſſant deſſus de l'eau avec un pinceau, lorſque le ſoleil eſt ardent.

Dans cette quantité & cette variété immenſe d'arbres & de plantes que la nature offre à nos yeux, il y en a pluſieurs qui, ſans aucun ſoin & ſans aucune précaution, fourniſſent à l'homme un aliment convenable, & même délicat; ces ſortes d'arbres & de plantes ont ſans doute attiré de fort bonne heure ſon attention. L'idée de tranſplanter ces eſpeces, & de les renfermer dans des endroits particuliers pour être plus à portée de veiller à leur entretien, s'eſt d'abord préſentée naturellement. Telle eſt l'origine des jardins, dont l'uſage remonte à des temps très reculés. Le nombre des plantes que l'homme avoit adoptées, s'étant de plus en plus multiplié par les nouvelles propriétés ou par les beautés inconnues qu'il découvroit dans pluſieurs eſpeces différentes, il les rangea ſéparément, ce qui donna lieu de former des *potagers* pour les plantes légumineuſes, des *vergers* pour les arbres fruitiers, & des *plates-bandes* ou des *parterres* pour réunir toutes les fleurs ſous un même point de vue.

L'antiquité vante comme une des merveilles du monde, & un des plus beaux ouvrages de l'art, les jardins de *Sémiramis*, Reine de Babylone : ils étoient ſoutenus en l'air par un nombre prodigieux de colonnes de pierre ſur leſquelles étoit un aſſemblage immenſe de poutres de palmier qui ſupportoient de la terre excellente dans laquelle on avoit planté toute ſorte d'arbres, de fruits & de légumes qu'on cultivoit avec beaucoup de ſoin. Les jardins des Romains étaloient toute la magnificence de ces maîtres du monde; ils étoient ornés de ſuperbes palais : malgré leur étendue immenſe, ils n'en portoient pas moins l'empreinte du bon goût. Avant *la Quintinie* & *le Noſtre*, nos jardins ſe reſſentoient de l'ancienne barbarie; nous ignorions l'art de de les décorer & d'en tirer un parti avantageux ; nous devons aux talents de ces deux hommes tout ce que nos jardins les plus délicieux ont d'utile & d'agréable.

La maniere de cultiver les arbres fruitiers, pour leur faire rapporter abondamment du fruit, se réduisit, dans les premiers temps, à les émonder, à les tailler, à les fumer ; les connoissances même de ces opérations ont été dues au hasard, ainsi que nous l'apprennent les anciennes traditions. On dit que ce fut une chevre qui donna l'idée de tailler la vigne ; cet animal ayant brouté un cep, on remarqua que l'année suivante il donna du fruit plus abondamment que de coutume : on profita de cette découverte pour étudier la maniere la plus avantageuse de tailler la vigne. *Acosta* rapporte qu'anciennement en Amérique les rosiers profitoient tellement qu'ils donnoient fort peu de roses. Le hasard fit que le feu prit à un rosier : il en resta quelques rejettons qui, l'année suivante, porterent des roses en quantité. Les Indiens apprirent de cette maniere à émonder cet arbuste, & à en ôter le bois superflu.

Quoique la taille paroisse d'abord une opération de l'art opposée à l'intention de la nature, & contraire à l'institution des arbres, qui ne sont point faits pour être coupés, raccourcis, élagués, arrêtés dans leur action de végéter, & assujettis à des incisions qui troublent l'ordre & le méchanisme de leurs parties organiques, & dérangent la circulation de la seve à qui elles font prendre un cours opposé à celui que la nature a réglé : quoique les arbres des forêts subsistent sans qu'on les taille ; la suppression de certaines branches, le raccourcissement des autres, sont cependant nécessaires aux arbres fruitiers pour leur donner une forme plus réguliere, les rendre plus hâtifs & plus féconds, & leur faire porter des fruits plus beaux & plus savoureux. Il importe donc aux Jardiniers de bien posséder la taille des arbres fruitiers, pour éviter le reproche que M. *de la Quintinie* faisoit à ceux de son temps, *que beaucoup de gens coupoient, mais que peu savoient tailler.* Quel désagrément, en effet, l'impéritie d'un Jardinier ne procure-t-elle pas aux arbres de son jardin, lorsqu'on y voit des *chicots*, ou restes de branches mortes ou vives, qu'on a laissés de la longueur d'un pouce, au lieu de les couper près de l'écorce ; des *argots*, qu'on confond ordinairement avec les chicots, mais qui en different en ce que l'argot est en talut en forme de courson qu'on a laissé à l'endroit où l'on a coupé une branche ; des *onglets*, ou petites saillies formées au bout de la branche coupée, & que la seve ne recouvre jamais ; des branches mortes, de la mousse, de la *gale*, ou mousse d'une plus petite espece, qui est éparse en forme de tache, d'un verd un peu plus jaunâtre que la mousse, & qui s'attache également à la peau des arbres ; de la vieille gomme ; des *chancres*, ou petites taches noires & livides qui viennent à la tige ou aux branches par une extravasion de seve qui seche sur la peau & la fait mourir ; d'anciennes plaies non recouvertes & desséchées ; des *faux bois*, ou branches qui viennent directement de l'écorce à travers laquelle la seve se fait jour ; des *branches chiffonnées*, ou *folles*, qui viennent sur les arbres peu vigoureux, ou par accident, ou par une suite d'un mauvais gouvernement ; & enfin des coupes défectueuses par leur forme, ou par le vice de l'incision.

La pratique d'émonder, de tailler & de fumer les arbres, ne suffit pas pour leur faire porter des fruits doux, sains & agréables ; ce secret dépend d'une opération beaucoup plus difficile & bien plus recherchée, je veux dire de *la greffe*, découverte qui peut être mise hardiment au rang de celles qui sont entiérement dues au hasard.

On soupçonne que l'idée de la greffe peut être venue après des réflexions qu'auront occasionné la vue & la découverte de deux branches de différents arbres fruitiers réunies ensemble & incorporées sur un même tronc. On voit assez communément les branches & même les troncs de certains arbres plantés assez proche les uns des autres, s'attacher & se réunir très intimement. Le vent ou quelque hasard aura fait frotter les branches de deux arbres fruitiers assez fortement l'une contre l'autre, pour pouvoir s'écorcher & se réunir ensuite. L'écorce rompue aura donné lieu à la seve de s'introduire réciproquement dans les pores de ces arbres. Cet accident leur aura fait porter des fruits plus beaux & meilleurs que ceux qu'ils avoient coutume de produire. En examinant l'état des arbres qui les produisoient, on aura remarqué qu'ils étoient réunis par quelques branches à un arbre voisin, & on aura conséquemment attribué l'excellence de leurs fruits à cette union. Il est assez probable que dès-lors on a tâché d'imiter cette opération de la nature, & de suivre les indications qu'elle-même avoit données.

force d'essais, de tentatives & de réflexions, on est parvenu à trouver les différentes manieres de greffer.

Pour que les greffes puissent se réunir, il est essentiel que le *sujet* ou le *sauvageon* soit d'une nature un peu analogue à la *greffe* qu'on y applique; aussi ne voit-on réussir que les greffes de pepins sur pepins, & de noyaux sur noyaux. En vain travailleroit-on à vouloir greffer les uns sur les autres des arbres dont la seve se met en mouvement dans des temps différents. L'art est parvenu à découvrir plusieurs especes de greffes, au moyen desquelles on peut greffer les arbres pendant toutes les saisons de l'année.

La *greffe en fente* se fait dans les mois de Février & de Mars, lorsque l'écorce ne quitte point encore l'aubier. Pour cette greffe on ôte la tête entiere du sauvaveon qu'on veut greffer, ou seulement les maîtresses branches, s'il est trop gros. On se sert d'une scie pour couper la tête de l'arbre, & on la coupe en pente afin de donner l'écoulement aux eaux de pluie : on fend ensuite la tige avec un fort couteau, qu'on enfonce à coups de maillet, après quoi on donne quelque profondeur à la fente par le moyen d'un coin de fer ou de bois; enfin on insere dans cette fente une branche d'arbre de bonne nature, qui ait au moins trois bons yeux, c'est-à-dire, trois nœuds, qu'on sait renfermer autant de paquets de feuilles. L'extrémité de la bonne branche doit être applanie à deux faces : on fait en sorte en la plaçant dans la fente, que l'écorce de la greffe, au moins d'un côté, touche exactement à l'écorce du sujet; car ce n'est que par la partie la plus fine des écorces que se fait la réunion des vaisseaux dans lesquels circulent les sucs. Lorsque l'insertion est bien faite, on recouvre la fente avec quelques morceaux d'écorce croisés en sorte que rien n'y puisse entrer. On met dessus de la terre glaise mêlée avec un peu de foin : on emmaillote le tout avec du linge pour écarter plus surement la pluie & la sécheresse. Ces especes de greffes se nomment aussi *poupées*, à cause de leur enveloppe. On peut mettre deux greffes sur le même sujet, & même quatre s'il est gros; c'est ce qu'on nomme alors la *greffe en croix*, qui n'est toujours que la même opération.

Lorsque les arbres sont en seve dans les mois de Mai & de Juin, on *greffe en couronne* les arbres qu'on a trouvé trop épais pour les greffer en fente, & qu'on craignoit d'éclater : on sépare alors assez facilement l'écorce d'avec le bois, en y enfonçant un petit coin ; ensuite on glisse dans ces différentes ouvertures jusqu'à huit ou dix branches qui aient quatre ou cinq bons yeux, & qui soient outre cela taillées ou applaties par le bout d'une maniere proportionnée aux ouvertures ; on revêt le tout comme à la *greffe en fente.*

Dans les cas où l'on craint d'éclater l'arbre, au lieu d'insérer les greffes dans la fente, on fait avec un ciseau de menuisier un cran ou une entaille un peu profonde dans l'écorce & dans le bois ; & après que la piece en est emportée, on y ajuste une bonne branche, dont le bout soit coupé de maniere à remplir exactement l'entaille, & que les écorces se touchent exactement, point essentiel pour la réussite ; c'est ce qui s'appelle *greffe à emporte-piece.*

La *greffe en flûte* est la plus difficile de toutes les méthodes de greffer : elle se fait au mois de Mai, lorsque les arbres sont en pleine seve, & que l'écorce par conséquent s'en détache facilement. On choisit deux branches de grosseur exactement semblable, l'une sur un sauvageon, l'autre sur l'arbre dont on veut tirer une greffe ; on laisse sur pied la branche qui doit être greffée, on en coupe seulement le bout ; ensuite on fait une incision circulaire à cette branche, dont on détache, en la tortillant légérement avec les doigts, un petit tuyau d'écorce qui ait deux boutons ou deux yeux. On prépare ensuite la branche du bon arbre dont on veut tirer la greffe ; pour cela on coupe circulairement & on détache de même un tuyau de longueur semblable au précédent : on fait entrer cette écorce comme un anneau sur la partie de la branche du sauvageon qu'on a dépouillée, & on recouvre l'extrémité avec de la glaise ; c'est ce qu'on nomme la *greffe en flûte* à cause de sa forme : cette méthode de greffer est peu usitée, si ce n'est pour le châtaignier, le noyer, l'olivier & le figuier, dont il seroit difficile de faire réussir les greffes d'une autre façon.

La *greffe en écusson* est d'un usage très étendu pour *les fruits à noyau.* Pour faire cette opération, le Jardinier s'arme d'un instrument qu'on nomme *greffoir ;* c'est une espece de petit couteau à lame mince & bien tranchante, dont le manche, qui est d'ivoire ou d'un bois très dur, a son extrémité plate, mince & arrondie : il détache légérement des branches d'un bon arbre, un petit morceau d'écorce triangulaire un peu plus long que large, au milieu duquel est un œil ou un commencement de branche; il s'assure bien si le petit nœud qui contient le germe de l'arbre, est resté attaché à l'écorce : il va ensuite faire une incision en forme de T dans un endroit uni qu'il choisit sur le sauvageon; puis avec le bout applati du greffoir il souleve les deux levres de l'écorce qui se détache aisément dans le temps de la seve, & glisse ensuite sous cette écorce le morceau d'écorce triangulaire, le fait descendre par sa pointe la plus longue jusqu'à ce qu'elle ait gagné le bas du T, & qu'elle soit entiérement recouverte de l'écorce du sauvageon, à l'exception de l'œil; il lie doucement ces écorces en y passant plusieurs tours de fil de laine. On préfere la laine au chanvre qui résiste trop, & empêcheroit les écorces de se dilater à l'aise. Lorsque cette greffe se fait dans l'été, temps où la seve est très abondante, on coupe la tête du sauvageon à quatre ou cinq doigts au-dessus de l'écusson, afin que la seve l'inonde & le mette en action, & pour lors on donne à cette opération le nom de *greffe à la pousse*. Si, au contraire, on n'écussonne que lorsque les arbres ne sont presque plus en seve, on ne hâte point cette greffe, on la laisse dormir ou agir foiblement en conservant la tête de l'arbre, pour ne l'abattre qu'au printemps prochain, lorsque la seve s'éveillera; aussi nomme-t-on la greffe pratiquée de cette maniere, *greffe à œil dormant*.

La greffe est ce qu'il y a de plus ingénieux dans le jardinage; c'est le triomphe de l'art sur la nature. Par cette opération on vient à bout de faire rapporter les fruits les meilleurs à des arbres qui n'en auroient donné que de revêches. Par son secours on releve la qualité des fruits, on en perfectionne le coloris, on leur donne plus de grosseur, on en avance la maturité, on les rend plus abondants; mais on ne peut créer d'autres especes : si la nature se soumet à quelque contrainte, elle ne permet pas qu'on l'imite. Tout se réduit ici à améliorer ses productions, à les embellir & à les multiplier; & ce n'est qu'en semant les graines, en suivant ses procédés, qu'on peut obtenir des variétés dans les especes qu'elle a produites. Encore faut-il pour cela tout attendre du hasard, & rencontrer des circonstances aussi rares que singulieres.

Comme de tous les arbres fruitiers que les Jardiniers cultivent, le pêcher est celui dont les especes sont plus variées, dont le bon choix est le plus difficile, & qui exige plus leur soin & leur intelligence, nous allons détailler de quelle maniere on doit cultiver cet arbre qui donne un des plus excellents fruits que nous ayons en Europe.

On commence par choisir dans les pépinieres, des jeunes plants qui ne soient point rabotés, que la gomme n'ait pas attaqués, qui soient bien arrachés, suffisamment pourvus de racines, & dont la tige soit droite, unie, claire & sans mousse. Ces arbres, qui ne réussissent jamais bien en plein vent, qui craignent les pluies froides & les gelées blanches, doivent être placés dans une exposition heureuse, afin que leurs fruits viennent à leur maturité, & qu'ils conservent l'eau & la finesse qui les fait rechercher: les situations qui leur conviennent le mieux, sont le midi & le levant; il est rare qu'ils réussissent au couchant: on doit bien prendre garde, lorsqu'on les plante, de ne pas les adosser contre des murs de terrasse, parceque l'humidité qu'ils communiquent, ruineroit presque toujours la fleur qui couleroit au lieu de nouer.

Ce n'est pas assez de bien tailler, ébourgeonner & palisser ces arbres, de garantir leurs fruits des divers insectes qui les mangent; il y a encore des précautions à prendre pendant l'été pour les conserver. S'ils sont plantés dans un sable aride & brûlant, qu'on craigne que la sécheresse les fasse périr, ou du moins les rende languissants, & que leurs fruits n'aient ni qualité ni grosseur; il faut toutes les trois semaines faire jetter quelques voies d'eau au pied de chaque arbre, quelques heures après y donner une petite façon avec la ratissoire, &, pour entretenir la fraîcheur de la terre, couvrir chaque pied d'une bonne brassée de grande litiere, en envelopper le corps & les tiges de l'arbre d'une paille longue liée avec des osiers. Dans les pays extrêmement chauds, il faut les couvrir avec des paillassons pendant la plus grande chaleur du jour, afin que l'ardeur du soleil ne brûle pas les fruits & ne fasse pas périr l'arbre en peu de temps.

Lorsque pendant le printemps ces arbres commencent à être en fleur, il n'y a pas moins de précautions à prendre pour celles-ci, que pour la conservation des fruits pendant les chaleurs excessives: de toutes les méthodes qu'on a expérimentées pour les garantir des injures du temps, la meilleure & la moins dispendieuse est celle de faire attacher avec des oſiers, de ſix pieds en ſix pieds, à la derniere maille du treillage, des petites potences de bois léger, qu'on poſe en talut pour favoriſer l'écoulement des eaux de la couverture qu'elles doivent porter, & de les garnir pendant tout le temps critique de petits paillaſſons de deux pieds environ de largeur ſur douze & demi de longueur.

Quelque attention qu'on ait pour la conſervation des pêchers, ils ſont ſujets à des maladies, dont la plus conſidérable, qui eſt ſans remede, comme ſans nom déterminé, eſt celle qui attaque tout à la fois les branches, les feuilles & les fruits, & les rend noirs & gluants : de peur que cette maladie, qui eſt contagieuſe, ne gagne les autres eſpaliers, le plus court eſt d'arracher l'arbre qui eſt attaqué de ce mal. La gomme eſt auſſi une maladie à laquelle il n'y a point de remede, lorſqu'elle ſe répand ſur toutes les parties de l'arbre : les fourmis ſont également dangereuſes lorſqu'elles s'obſtinent à venir ſur le même arbre deux ou trois années de ſuite.

Lorſque ces arbres languiſſent ſans qu'on en connoiſſe la cauſe, il faut les faire déchauſſer, & viſiter leurs racines qu'on trouve quelquefois mangées par des vers de hannetons, ou des fourmis rouges ; dans ce cas, on ratiſſe bien les racines pour détacher ces inſectes, on jette la terre qui en étoit infectée, & on y remet de la terre neuve : ſi le mal vient de quelque racine gâtée, on la coupe juſqu'au vif ; mais lorſque la maladie n'eſt occaſionnée que par une grande ſéchereſſe, qui fait languir l'arbre, on eſſaie ſi quelques voies d'eau ne le rétabliroient pas.

On doit auſſi être bien attentif à donner les labours à propos, & ne point laiſſer venir de mauvaiſes herbes qui abſorbent les ſels de la terre, qui l'appauvriſſent, qui ſont déſagréables à la vue, & qui attirent beaucoup d'inſectes.

Il n'eſt point douteux qu'on fait très bien de fumer ces arbres tous les trois ans, quoiqu'on penſe communément qu'en donnant de la vigueur à l'arbre & de la groſſeur au fruit, le fumier lui ôte le goût, comme il ôte la qualité au vin. Il eſt prouvé par l'expérience que ce raiſonnement n'eſt pas juſte, & que ſi les fruits des arbres fumés n'ont pas plus de goût, du moins ils ont plus d'eau & de délicateſſe parcequ'ils ſont mieux nourris.

Ce que nous venons de dire de la culture & des ſoins

qu'on doit apporter pour la conservation des pêchers, peut s'appliquer, à peu de chose près, à tous les arbres fruitiers.

On ne s'imagineroit jamais combien les diverses productions qui viennent de la terre par l'art du jardinage, font à Paris un négoce considérable : la quantité qui en arrive tous les matins n'est pas moins étonnante que la production abondante que fournissent tous les jardins & marais des fauxbourgs & de la banlieue de cette capitale.

Comme la bonne ou mauvaise qualité de toutes ces productions, dont la plus grande partie sert à la nourriture du peuple, a toujours été un des principaux objets de la Police, les commissaires y veillent, & il y a d'ailleurs une communauté de Jardiniers soumise à des statuts.

Comme les taupes nuisent beaucoup aux Jardiniers par leurs labours, qui renversent les pieds de fleurs, arrachent & détruisent les plantes qu'on voudroit le plus conserver dans les jardins, il n'est aucun d'eux qui ne soit bien aise de connoître un moyen propre à les détruire à peu de frais. Ce moyen consiste en une petite machine, qui est d'autant moins couteuse, que chacun peut s'amuser à la faire soi-même : elle est composée d'une petite planche en forme de quarré long, de cinq pouces & quelques lignes de longueur sur deux pouces & demi de largeur, percée de sept trous, dont celui du milieu a environ trois lignes de diametre ; d'un à chacun des quatre coins, à quatre ou cinq lignes des bords de la planche, pour recevoir les extrémités de deux petites baguettes de bois pliant auxquelles on fait prendre la forme d'un demi-cercle d'environ deux pouces de rayon, en sorte que chaque baguette forme une petite arcade ; & de deux autres petits trous à cinq ou six lignes près des deux qui sont dans les coins d'un côté de la planche, pour recevoir avec l'extrémité des baguettes, le bout de deux ficelles qu'on y introduit de maniere que les nœuds qui sont au bout de chaque ficelle, conjointement avec l'extrémité des baguettes, servent à les y maintenir fermes & inébranlables ; quand ces ficelles sont arrêtées dans ces deux trous par leurs extrémités, on les passe par chacun de leurs autres bouts au travers des deux autres trous qui sont aux deux coins opposés de l'autre côté de la table, & on les réunit ensemble au point du milieu : ces ficelles de dix à douze pouces de longueur chacune, étant ainsi réunies, on les attache à une autre ficelle de cinq à six pouces de longueur, non compris la patte qui sert à l'attacher au bout d'une perche. Cette ficelle qui s'alonge de deux ou trois pouces au-delà de la jonction des deux autres ficelles, a un nœud à son extrémité, & un autre à son milieu, pour retenir les deux ficelles, & les empêcher de glisser lorsque la taupe se prend.

Cette planche ainsi préparée, on l'assure sur la terre avec quatre crochets de bois, pour empêcher, quand la taupiere est tendue, que l'effort de la petite perche ne l'enleve de terre. Dans le trou du milieu de cette planche on met une cheville de bois pour arrêter le nœud qui est à l'extrémité de la ficelle, & pour l'empêcher de s'échapper du trou quand la perche la tient tendue. Quand la taupiere est tendue, cette machine doit être perpendiculaire à la planche, moins longue que les arcades, & on ne doit l'enfoncer qu'autant qu'il le faut pour empêcher le nœud qui est à l'extrémité de la ficelle de passer au travers du trou quand la perche la tient tendue.

Pour faire usage de cette machine, on commence par découvrir la *motte* ou taupiniere que la taupe a faite dans le jardin; on voit quelle est la direction de son passage souterrain, & avec la bêche on coupe le terrein à côté de la longueur & de la largeur de la taupiere, c'est-à-dire, de cinq pouces & quelques lignes de longueur sur trois pouces de largeur; on tend ensuite la machine & on la place dans cette petite tranchée en observant que les deux bouts où se trouvent les arcades, qui portent sur la terre, répondent exactement aux deux extrémités du passage de la taupe. A la place de ficelles on peut se servir de fil de fer ou de laiton adouci au feu.

On doit observer de boucher avec un peu de terre, ou avec des gazons, les petits jours qui pourroient se trouver aux deux bouts de la taupiere. Lorsqu'elle est bien assurée, on prend une petite perche qu'on enfonce par son plus gros bout d'un bon demi-pied dans la terre, à deux ou trois pieds de distance de la taupiere; on la plie ensuite en la baissant jusqu'à ce qu'elle passe dans la patte de la ficelle qui tient réunies les deuxqui sont à côté des petites arcades. De quelque côté que la taupe vienne, il faut nécessairement qu'en passant sous une des deux arcades, elle fasse tomber en poussant la petite cheville qui est au milieu, & le bout de la ficelle, qui, n'étant plus retenu par cette cheville, s'échappe par le moyen de la perche qui fait redresser la ficelle du milieu, & tire violemment celles qui sont dans les deux arcades; au moyen de quoi la taupe se trouve prise par la ficelle de l'une ou de l'autre arcade : la détente de la perche est un signe certain de la prise de l'animal.

On doit encore observer de ne jamais placer la taupiere à l'endroit même où la taupe a *butté*, ou poussé la terre en dehors, parcequ'en poussant la terre devant elle, elle rempliroit la taupiere & ne se prendroit pas.

Il y a une communauté de Jardiniers établie à Paris, & dont les plus anciens statuts sont du mois de Février 1473. Par plusieurs articles de ces statuts, il paroît que cette communauté en avoit eu bien auparavant, puisqu'il y est parlé des maîtres jurés Jardiniers comme d'un corps déja établi, & d'une assez grande antiquité. Ces statuts furent publiés à son de trompe en 1545, & depuis confirmés par Henri III en 1576, & enregistrés en Parlement la même année.

Les maîtres *Jardiniers Préoliers* & *Maraischers*, comme ils sont qualifiés dans leurs statuts, ayant trouvé à propos d'en dresser de nouveaux en 1599, en obtinrent la même année l'approbation & autorisation de Henri IV, alors regnant, par des lettres-patentes enregistrées au Parlement le 17 Avril de l'année suivante.

Ces statuts furent confirmés au mois de Juin 1645, au commencement du regne de Louis XIV. De nouvelles lettres de confirmation furent données en 1654, & enregistrées en Parlement le 14 Avril 1655.

Les jurés sont au nombre de quatre, dont l'élection se fait en la même forme que dans les autres corps.

Les apprentifs sont obligés pour quatre ans, & doivent ensuite servir les maîtres pendant deux ans comme compagnons, pour aspirer à la maîtrise, & ils sont obligés au chef-d'œuvre.

Mêmes droits pour les veuves que dans les autres corps.

Il est ordonné aux jurés de faire deux fois l'année leurs visites dans les terres, marais, & jardinages des fauxbourgs & banlieue de Paris, pour veiller à ce que les Jardiniers ne se servent point d'immondices, fientes de pourceaux, ou des boues de Paris, pour fumer les terres qu'ils veulent ensemencer; ce qui leur est défendu expressément.

Les maîtres sont maintenus en possession de vendre tous les matins leurs légumes & herbages dans les halles, depuis la halle au bled jusqu'à la rue Saint-Honoré & rues adjacentes. Les maîtres de cette communauté sont aujourd'hui à Paris au nombre d'environ douze cents.

JARDINIER FLEURISTE. C'est celui qui s'occupe particuliérement de la culture des fleurs, & aussi de celle des arbustes à fleurs & à fruits.

Cette culture demande un terrein convenable, une parfaite connoissance des terres bonnes à planter & semer toutes sortes de fleurs, des lumieres sur leur nature & leur caractere, un travail assidu, des expériences répétées.

Le Jardinier Fleuriste éleve les fleurs, ou dans des terres sur des couches, ou en planche, ou dans des pots : il a grand soin d'avoir toujours d'excellente terre mêlangée, meuble, légere, très favorable à la végétation, & dont il varie le mêlange suivant la nature des fleurs. La maniere la plus ordinaire dont il prépare ses terres, est de prendre un tiers de bonne terre neuve, un tiers de vieux terreau, & un tiers de bonne terre de jardin : il prend cette terre mêlangée & la jette sur une claie, au travers de laquelle toute la terre bien meuble passe facilement; celle qui ne l'est point, ainsi que toutes les petites pierres, retombent au bas de la claie.

C'est avec cette terre si fine, si meuble, qu'il garnit les planches où il se propose de semer ses graines & de planter ses oignons. Il multiplie les fleurs de diverses façons. Lorsqu'elles sont à oignon, comme les jacinthes, les tulipes, il en détache des *caïeux* qui sont autant de petits oignons qui, remis en planche, y acquierent de la nourriture, de la force, &, au bout de deux ans, donnent des fleurs tout-à-fait semblables à celles qui sont produites par les oignons dont il les a détachés. Si ce sont des fleurs à racines ou à griffes, il les éclate & les détache; telles sont les renoncules : d'autres fleurs, telles que les œillets, se multiplient par les *boutures* ou par les *marcottes*, opération semblable à celle dont fait usage *le Jardinier marchand d'arbres* pour multiplier certains plants : *voyez* à ce mot en quoi consiste cette partie de l'art du jardinage.

Les Fleuristes, par leurs soins & par leur art, sont parvenus à multiplier en Europe les fleurs les plus belles & les plus estimées, qui, presque toutes, comme les tulipes, les renoncules, les anémones, les tubéreuses, les jacinthes, les narcisses, les lis, &c. viennent originairement du Levant.

L'intérêt des Fleuristes est de se procurer des especes nouvelles, & ils y parviennent en semant. Cette voie est à la vérité très longue, il faut attendre plusieurs années pour voir paroître les fleurs : mais quel plaisir & quel profit pour eux, lorsque parmi ce nombre prodigieux de plantes qu'ils ont élevées, il se trouve quelque espece nouvelle qui attire les yeux des amateurs, par la noblesse de son port, par la richesse & par la beauté de ses rares couleurs ! Le Fleuriste s'attache alors avec soin à la multiplier de toutes les manieres possibles : c'est sur-tout pour ces fleurs qu'il redouble de soins & de vigilance ; il en laboure légérement la terre pour ôter les mauvaises herbes ; il les visite pour tuer les insectes ; il les met à l'abri sous des paillassons ou sous des toiles en forme de tentes soutenues par des cerceaux ; il en soutient les tiges avec de petites baguettes coloriées en verd ; il en arrose le pied avec des arrosoirs à bec, afin de ne point détruire & gâter la fleur par une pluie trop abondante.

Le Jardinier Fleuriste avant que de semer ses graines, s'assure de leur bonté en voyant si elles tombent au fond de l'eau, ce qui désigne qu'elles sont pleines de farine ; & pour les empêcher d'être mangées par les insectes qui vivent en terre, il les fait tremper dans une infusion de joubarbe.

Pour hâter la croissance de ses fleurs, il les arrose quelquefois avec une lessive faite avec des cendres ; & même lorsque la plante n'est pas trop rare, il les arrose avec une lessive de cendres de plantes semblables à celle qu'il veut faire venir. Les sels qui se trouvent dans cette lessive, contribuent merveilleusement à donner ce qui est nécessaire à la végétation des plantes, sur-tout à celles avec lesquelles ces sels ont de l'analogie.

Les terreaux & autres engrais dont se servent en général tous les agriculteurs, & principalement les Jardiniers Fleuristes, sont communément d'une grande dépense, & ne font pas toujours végéter les plantes au gré des cultivateurs ; quelquefois même ces engrais deviennent nuisibles par la trop grande quantité de parties salines qu'ils contiennent, & qui brûlent souvent certaines plantes au lieu de leur donner les progrès d'une bonne végétation. Ces inconvénients, quoique fréquents, demeuroient presque toujours sans remede, parcequ'on ne connoissoit pas assez la nature des engrais qu'on employoit, & occasionnoient des pertes presque irréparables, ſoit du côté du temps du cultivateur, ſoit pour n'avoir pas une récolte telle qu'il devoit naturellement l'attendre de ſes dépenſes & de ſes ſoins. Pour n'être plus exposé à des dommages auſſi conſidérables, M. le Baron d'*Eſpuller* a trouvé un nouvel engrais ſous le nom de *terre végétative*, qui réunit en lui tous les avantages des meilleurs engrais ordinaires, ſans être ſujet à aucune de leurs qualités nuiſibles.

Après pluſieurs expériences, cet ingénieux patriote eſt heureuſement parvenu à compoſer une terre végétative au moyen de laquelle il ſupplée par un petit volume à la quantité de fumier, ou autres engrais, qu'on eſt obligé d'employer pour fumer les terres, vignes, arbres fruitiers, plantes potageres & fleurs de toute eſpece. Cette terre, propre à toute ſorte de culture, eſt très eſſentielle pour les marais, parceque l'abondance des fumiers qu'on y emploie & qu'on trouve ſi abondamment dans les environs des grandes villes, les terreaux dont on ſe ſert pour les couches, font éclore une quantité de courtillieres & autres inſectes qui rongent les racines des plantes & détruiſent les ſuccès que les maragers s'étoient promis de leurs ſoins & de leurs peines. Le moyen de ſe préſerver de ces animaux deſtructeurs, c'eſt d'employer un peu de la terre végétative ci-deſſus à la place des engrais ordinaires.

L'auteur enſeigne enſuite quelle eſt la couleur que ſa terre contracte par la vétuſté, quelles ſont les bonnes qualités qu'elle acquiert en vieilliſſant, quelle eſt la maniere dont on doit l'employer; & ſur les épreuves réitérées qu'il en a faites, il répond du ſuccès des diverſes applications de la ſuſdite terre; ſoit dans les enſemencements de toutes ſortes de grains; ſoit par les avantages qu'elle procure aux arbres fruitiers ou à tous autres quand on les plante, ou quand leur végétation languit, en mettant à chaque pied d'arbre la doſe de terre qui lui convient, ce qui augmente la bonté & la qualité des fruits, des fleurs, & des arbuſtes qui donnent l'un ou l'autre; ſoit dans la culture des vignes pour empêcher que le vin, qu'elles produiſent en plus grande quantité, prenne en certains endroits ce goût déſagréable qu'on nomme *goût de terroir;* ſoit dans la maniere de s'en ſervir lorſqu'il eſt queſtion de graines potageres, de planter des oignons de fleurs, ou bien des plants à replanter dans les jardins potagers, comme ſalades, céleris, choux, artichauts ; soit enfin dans les arrosements faits avec de l'eau impregnée de la susdite terre, dont il résulte beaucoup de bien par la destruction de toutes sortes d'insectes & par la non existence des nouveaux que les sels que cette terre contient empêchent d'éclore.

L'auteur est si certain des bons effets de sa terre végétative, qu'il est persuadé qu'en la délayant dans de l'eau, & en en frottant les oliviers, la Provence verroit avec plaisir que les arbres dont elle retire le plus de profit, ne seroient plus endommagés par les insectes auxquels ils ne sont que trop sujets. Au reste on emploie si peu de cette terre, à quelque usage qu'on veuille s'en servir, qu'elle est beaucoup moins couteuse que les moindres engrais ; &, sans craindre qu'elle puisse nuire aux plantes, elle a la propriété de leur procurer une végétation plus abondante.

Ceux qui voudront connoître par principes la gradation des différentes qualités des terres, les moyens dont il faut s'en servir pour les améliorer, & avoir une démonstration plus détaillée de tous les avantages de la terre végétative, peuvent consulter l'*Agrologie* qui se vend chez le même Libraire.

Les Fleuristes ont des secrets pour panacher les fleurs, & les chamarrer de diverses couleurs : ils font paroître des roses vertes, jaunes, bleues ; ils donnent en très peu de temps deux ou trois couleurs à un œillet, outre son teint naturel. Un de ces secrets est de pulvériser de la terre grasse, cuite au soleil, & de l'arroser pendant une vingtaine de jours d'une eau rouge, jaune, ou d'une autre teinture, après qu'on y a semé la graine d'une fleur de couleur contraire à cet arrosement artificiel. Il y en a, dit-on, qui ont semé & greffé des *œillets* dans le cœur d'une ancienne racine de chicorée sauvage, qui l'ont liée étroitement, & qui l'ont environnée d'un fumier bien pourri ; & on en a vu sortir un œillet bleu, aussi beau qu'il étoit rare.

Le Fleuriste aide la nature dans sa marche, il la voit s'embellir par ses soins, & nous procure un renouvellement perpétuel de fleurs qui se succedent les unes aux autres, & qui nous ravissent par leur odeur, ou par leurs couleurs.

Celui qui peut se procurer pendant l'hiver, lorsque toute la nature est attristée, les fleurs du printemps, retire ses dépenses avec usure : il y parvient par le moyen des serres chaudes dans lesquelles il conserve les plantes des climats chauds de l'Asie, de l'Afrique & de l'Amérique qu'il éleve pour les curieux. Sa serre, lorsqu'elle est bien située & bien faite, est tournée toute entiere au midi, & formée en demi-cercle pour concentrer la chaleur du soleil depuis le matin jusqu'au soir : les murailles en sont épaisses pour empêcher le froid d'y pénétrer, & bien blanchies par dedans, pour mieux réfléchir la lumiere qui colore & anime les plantes. Elle est peu élevée, afin qu'elle n'ait pas un trop grand volume d'air à échauffer, & étroite afin que le soleil frappe aisément la muraille du fond. Tout le côté du midi est en vitrages garnis de fort rideaux, & presque sans aucuns trumeaux, s'il est possible, pour tenir tout également fermé & également exposé au soleil sans aucune ombre. Pour faire regner dans cette serre une chaleur égale, il y a des tuyaux de poëles qui sont couchés par dedans, le long des murs; mais les poëles sont servis en dehors, & pratiqués dans l'épaisseur de la maçonnerie, en sorte que ni le feu, ni les étincelles, ni la fumée n'aient aucun accès par dedans. Pour échauffer l'air intérieur d'une façon sure & réguliere, on éleve au-dessus du poële une chambrette ou espece de fourneau qu'on emplit de cailloutages; cette chambrette communique par un tuyau avec l'air extérieur, & par un autre canal avec l'air intérieur de la serre : celui de dehors qu'on laisse entrer dans la chambrette s'échauffe en séjournant & en avançant au travers de ces cailloux brûlants. On le distribue en telle quantité qu'on juge à propos dans l'intérieur de la serre, par un robinet que l'on gouverne suivant l'avis du thermometre, en corrigeant même, s'il est nécessaire, le trop grand chaud par l'air froid qu'on est toujours maître d'y recevoir. Dans cette serre regne une température d'air qui approche beaucoup de la douceur des beaux jours d'été.

L'oranger, cet arbre si beau, qui est couvert en même temps, dans toutes sortes de saisons, de boutons, de fleurs & de fruits, est tellement recherché que les Jardiniers Fleuristes s'occupent beaucoup à en élever. Ils font venir de Genes ou de Provence, tous les ans, de jeunes orangers; ou bien ils sement en Mars, sur une couche, des pepins de bigarades, c'est-à-dire d'oranges ameres & sauvages, qui, à l'aide d'un chassis vitré dont il recouvrent la couche, montent de près de deux pieds dès la premiere année. A la seconde année ils les mettent dans des pots, & les greffent. Cette greffe se fait en écusson ou en approche : *voyez* à l'article

Jardinier, page 452, la maniere dont s'exécute cette opé-ration, qui est le chef-d'œuvre de l'art du jardinage.

Comme ce bel arbre ne vient pas aussi naturellement ic que dans nos provinces méridionales, on répare la lenteu de nos terres par une composition qui y mêle à-peu-près c qu'il trouve dans des climats plus chauds. Le Jardinier pré pare une terre mêlangée de terreau de brebis, reposée depui deux ans, d'un tiers de terreau de vieille couche, & d'u tiers de terre grasse de marais : il prépare une caisse propor tionnée à la grandeur de l'oranger; il met au fond de cett caisse des briques ou plâtras pour faciliter l'écoulement de eaux; il la remplit de la terre préparée, & il y plante se orangers. A sept ou huit ans il les transplante de nouvea dans des caisses qui doivent avoir environ vingt-quatr pouces de large.

C'est par la taille que le Jardinier forme aux orangers ce belles têtes arrondies qui font l'ornement des jardins. S l'oranger se trouve défiguré par la grêle, les vents, ou pa quelque autre accident, il ravale l'arbre jusqu'à cet endroit c'est-à-dire qu'il coupe & raccourcit toutes les branches jus qu'à l'endroit où il apperçoit les préparatifs de nouvelle branches; il veille à détruire les *punaises d'orangers* qu sucent les feuilles & les dessechent; il lave ces feuilles ave du vinaigre; il les arrose légérement pour les tenir humi des : lorsqu'ils languissent, que les feuilles jaunissent, il le arrose avec un peu de lie de vin, qui les ranime & leu donne une nouvelle vigueur.

A l'approche de l'hiver il rentre dans une serre les oran gers, grenadiers, lauriers, & tous les arbustes à fruit ou fleur qui redoutent le froid. Comme ces plantes s'accommo dent fort bien à l'air de notre ciel, il suffit que cette serr soit bien fermée, saine, & tournée au midi, pour recevoi la chaleur du soleil à travers les vitres : on la tapisse d nattes de paille, pour garantir les plantes de l'humidité de murs.

JARDINIER MARCHAND D'ARBRES. C'est celui qu s'attache particuliérement à élever des arbres, soit de se mences, soit de marcottes, de boutures, ou de toutes le autres manieres que l'art a découvertes.

Les jardins des marchands d'arbres sont nommés *pépinie res*, parcequ'ils sont en effet remplis de jeunes plants don plusieurs viennent de pepins. Ils ont d'ordinaire quatre sorte de pépinieres.

1°.

1°. La *pépiniere de ſemence & de fruits à pepin.* Ils choiſiſſent les pepins ſur des fruits bien mûrs ; avant que de les ſemer, ils les font tremper pendant une journée dans de l'eau qui contient un peu de nitre, afin d'en faciliter la germination ; ils les ſement au mois de Mars dans une terre bien préparée par des labours ; au bout de deux ans ils tranſplantent les jeunes plants dans une autre pépiniere, où ils les mettent par rangs, à deux pieds l'un de l'autre.

2°. La *pépiniere de fruits à noyau.* Les Jardiniers n'élevent ordinairement de cette maniere, c'eſt-à-dire de pepin, que l'amandier & le prunier de damas noir ; ils ſe ſervent de la greffe pour les pêchers & les abricotiers.

3°. La *pépiniere de plant champêtre.* Dans les mois de Septembre & Décembre, les Jardiniers Marchands d'arbres recueillent les graines de tilleul, frêne, érable & hêtre ; mais ils cueillent la graine d'orme au mois de Mai, & la ſement tout de ſuite. Ils ſement en planches les différentes graines dont nous avons parlé, & les tranſplantent lorſqu'elles ſont un peu fortes. A l'égard des ifs, des houx, pins, ſapins, ils les élevent plutôt de boutures que de graines. Les noix, noiſettes, glands, châtaignes, ſe ramaſſent dans les mois d'Octobre & de Novembre ; on les fait germer pendant l'hiver dans des mannequins, ſur des lits de ſable, & on les plante au printemps.

4°. La *pépiniere de plants enracinés* eſt celle qui eſt formée de plants enracinés, comme rejettons, boutures, ſauvageons deſtinés pour être greffés & leur faire porter le fruit qui leur eſt le plus analogue lorſqu'ils ſeront aſſez forts. Le Jardinier marchand d'arbres a grand ſoin de faire ſouvent ratiſſer & de tenir ſes pépinieres nettes de toutes herbes étrangeres, qui dévoreroient la ſubſtance de la terre.

Il fait uſage de toutes les différentes manieres de multiplier, ſuivant que les diverſes eſpeces de plants en ſont ſuſceptibles : par exemple, il ſape par le pied un tilleul, un aune, ou autre de même nature, & enſuite il le rehauſſe de terre ; on voit croître ſur cette ſouche une multitude de branches qui prennent racine, & qui ſont propres à former du plant ; ce ſont ces ſouches qu'il nomme des *meres*, parcequ'elles lui fourniſſent du plant en abondance. Dans d'autres circonſtances, il coupe un jeune arbre à deux pieds de terre, & l'année ſuivante il couche ſes branches en terre, pour qu'elles y prennent racine : c'eſt ce qu'on nomme *marcotter*, &, quand on parle de la vigne, *provigner*. S'il craint de rompre les branches, ou qu'elles ſoient trop élevées pour être couchées, il les fait entrer dans un petit panier qu'il remplit de bonne terre, & qu'il ſuſpend à quelque branche. Lorſque la marcotte a pris racine, il la coupe & la tranſplante ; c'eſt la méthode qu'on emploie ordinairement pour les *orangers*. Les Jardiniers marchands d'arbres ont grand ſoin d'avoir toujours auſſi des arbriſſeaux dans des paniers, & c'eſt ce qu'ils nomment *arbuſtes en mannequin*. Ces arbuſtes ont l'avantage de pouvoir être plantés en toutes ſaiſons, même l'été, parcequ'on les leve de terre avec leurs paniers.

Ils multiplient auſſi par *boutures* les arbres qui réuſſiſſent bien de cette maniere ; ce ſont ſur-tout ceux qui ont beaucoup de moëlle. Pour cela le Jardinier prend les branches les plus vives, les taille par le bout en pied de biche, & les pique en terre dans un lieu frais, où elles prennent racine. M. *Duhamel* a donné les moyens de faire réuſſir les boutures, même les plus rebelles, telles que ſont celles du *catalpa*, qui reſte dix à douze ans en terre ſans y produire la moindre racine. Suivant cette méthode, pour faire donner à la branche encore attachée à l'arbre une partie des productions qu'elle donneroit en terre, on coupe & on enleve circulairement une ligne ou deux de l'écorce de la jeune branche dont on veut faire une bouture ; on recouvre ce bois découvert de quelques tours de fil ciré ; on enveloppe enſuite cette partie avec de la mouſſe que l'on aſſujettit, ou bien avec de la terre humide. Dans le mois de Mars ſuivant, on y voit paroître un bourrelet chargé de mamelons, qui ſont les embryons des racines, & alors la réuſſite eſt certaine. On coupe les boutures au-deſſous du bourrelet, on les met en terre, & elles y pouſſent très bien. Si à la portion des boutures qui doit être en terre, il y avoit des boutons, on les arrache, en ménageant ſeulement les petites éminences qui les ſupportent, parcequ'on a reconnu qu'elles ſont diſpoſées à fournir des racines.

Le marchand d'arbres ſépare auſſi les plants enracinés qui croiſſent aux pieds des ſauvageons : c'eſt cette même opération que l'on nomme *œilletonner* en fait de fleurs. C'eſt par tous ces moyens divers qu'il ſe fournit d'une multitude de plants. Lorſque ſes arbres à fruits ſont aſſez forts, il les greffe pour leur faire rapporter de bons fruits ; & pour cela il a recours aux diverſes eſpeces de greffes, ſuivant la nature des arbres & la ſaiſon.

C'eſt par la greffe qu'il multiplie les variétés qui s'offrent de temps en temps ; telles, par exemple, que les arbres à feuilles panachées. Les eſpeces rares ſe multiplient de même ; on les greffe ſur d'autres arbres, & les jets qui ont réuſſi donnent des ſemences, qui ſont ſans contredit le fonds le plus riche & le plus fécond de la multiplication.

Lorſque les arbres greffés ont fait de belles pouſſes, le marchand d'arbres les taille, pour donner plus de durée & de propreté à ſes arbres à fruits, & pour leur faire donner du fruit en plus grande abondance. Cette opération eſt une des plus eſſentielles de l'art du jardinage, & c'eſt même celle qui demande le plus d'intelligence.

Pour l'exécuter, le Jardinier s'arme d'une ſcie à main, par le moyen de laquelle il ſcie les branches fortes, ou endommagées, qu'il veut retrancher : il ſe ſert d'une ſerpette bien affilée pour tailler les branches moins fortes, & fait ſa taille en pied de biche, pour que les eaux puiſſent s'écouler & ne ſéjournent point ſur la plaie : il retranche toutes les branches trop foibles, qui ne deviendroient ni bon bois, ni branches à fruits : il exſerpe les *branches gourmandes*, qui pouſſent en bois avec trop de vigueur, & qui enlevent la ſubſtance de l'arbre ; mais il conſerve les branches à fruit & celles qui promettent de le devenir. Il a attention de donner à ſon arbre une belle forme, & dans cette vue il ménage les branches qui pourront y contribuer l'année ſuivante.

Dans l'été, lorſque la ſeve abondante fait pouſſer les arbres vigoureuſement, il détruit avec l'ongle ou la ſerpette l'extrémité des branches ; opération que l'on nomme *pincer*, & dont l'effet eſt de faire développer pendant l'été des boutons qui donneront des fruits l'année ſuivante.

La Quintinie fut le premier parmi nous qui décrivit la méthode de tailler fructueuſement un arbre, & de le contraindre à donner du fruit aux endroits où l'on veut qu'il en vienne, même à le répandre également ſur toutes ſes branches.

Le marchand d'arbres a grand ſoin d'aligner tous enſemble, dans ſes pépinieres, les arbres de même nature, dont il tient un registre, afin d'être en état dans l'hiver de donner les especes d'arbres qu'on lui demande; cependant, par l'habitude, les marchands d'arbres peuvent même distinguer à la couleur & à la disposition des boutons presque toutes les especes d'arbres. Trois ans après que les arbres ont été greffés, on les transplante dans une autre place, où ils peuvent rester dix ou douze ans, & où ils deviennent en état de bien représenter, lorsqu'on les replante dans les jardins. On nomme ces quarrés des *bâtardieres*. Ces arbres ainsi transplantés plusieurs fois sont beaucoup plus francs que ceux qu'on plante à demeure au sortir de la pépiniere.

JARDINS MODERNES (L'art de former les), ou L'ART DES JARDINS ANGLOIS. En traitant des diverses especes de Jardinier, comme du *marager*, du *fleuriste*, du Jardinier *marchand d'arbres*, du Jardinier *planteur de bois*, & du Jardinier proprement dit, qui est celui qui cultive les plantes qu'on a réunies dans un jardin ou dans un enclos, nous avons cru qu'il étoit à propos de parler du Jardinier *dessinateur*, ou de celui qui crée & trace un jardin dans un endroit où il n'y en avoit pas.

Quoiqu'il y ait eu des jardins dans tous les temps, il est à présumer qu'ils ne présentoient pas ce coup d'œil enchanteur que donne une agréable variété, & qu'ils étoient informes jusqu'à ce que l'art les eût perfectionnés.

Le fameux *le Nostre* est le premier qui ait donné, sur cet art, des regles qui ont été adoptées de toute l'Europe. *Le Blond*, & tous les autres auteurs qui nous ont donné la théorie du jardinage, se sont tous fondés sur les principes d'une régularité agréablement variée, que le génie de *le Nostre*, cet homme dont les talents étoient si supérieurs en ce genre, appliqua si heureusement à toutes sortes de sujets.

Dufreny, dont l'imagination étoit extrêmement vive, crut devoir changer une méthode dont la noble simplicité donnoit tant d'agrément, & préféra une disposition bizarre & inégale à cette merveilleuse régularité qui avoit pour elle tous les suffrages. C'est ainsi que, sous prétexte d'imiter la nature, il forma sur son nouveau plan les jardins de *Mignaux* près de *Poissy*, ceux de l'Abbé *Pajot* près de *Vincennes*, & les jardins du *Moulin* & du *Chemin creux*, dans le Fauxbourg St. Antoine à Paris.

Kent, moins connu par ses talents dans l'architecture & la peinture, que par les changements qu'il a introduits dans les jardins, est le premier Anglois qui, en suivant les principes de *Dufreny*, ait osé, en 1720, s'écarter des regles généralement adoptées.

Les desseins de *Kent* ayant eu en Angleterre tout le succès qu'ils pouvoient espérer, *Sir Thomas Whately* réunit tous les principes de son compatriote dans *ses Observations sur les Jardins Anglois*. Cet ouvrage, qui vient d'être traduit de l'Anglois en notre langue par M. *la Tapie*, est imprimé chez *Jombert* en 1771, sous le titre de l'*Art de former les Jardins modernes*, ou l'*Art des Jardins Anglois*.

Quoique cette nouvelle méthode soit, selon les auteurs Anglois, celle de toutes qui donne aux jardins plus de grandeur & de simplicité par le juste emploi qu'on y fait des beautés de la nature, & parceque le choix, l'arrangement, la composition, l'embellissement, & la conservation, ces signes de l'art qui doivent paroître dans chaque partie d'un jardin, s'y montrent d'une maniere plus sensible aux environs de la maison principale, nous croyons que cette méthode aura bien de la peine à réussir en France, où l'on préférera toujours, dans les jardins ordinaires, ce coup d'œil agréable qui naît de l'ordre & de la symmétrie, à cette espece de confusion que peut former une certaine variété, & qui ne peut se rencontrer que dans un terrein immense, tel que celui qui renferme des parcs d'une grande étendue; aussi les Anglois donnent-ils communément à leurs jardins le nom de parcs, parcequ'ils sont réellement un composé d'un parc, d'une ferme, d'un paysage, d'une église avec son cimetiere, d'un village, & de tout ce qui peut former l'ensemble d'un endroit considérable par son étendue.

Quelque ennemi de la régularité que paroisse être le nouveau goût Anglois, & quoique l'auteur des observations prétende qu'on ne doit point assujettir à des regles uniformes certains objets de la nature, à cause de leur voisinage avec d'autres objets qui doivent y être soumis; il a cependant assez de bonne foi pour convenir que la symmétrie n'est pas encore entiérement bannie de l'Angleterre; qu'une avenue réguliere donne un air d'importance à la maison la moins considérable; & que des bâtiments qui marquent des deux côtés l'entrée d'une avenue ou d'un parc, produisent le même effet.

L'art de former les jardins Anglois est si peu susceptible d'une pratique déterminée sur certaines regles, que, de l'aveu de *Sir Wathely*, il faut qu'un Jardinier soit bien intelligent pour faire un choix habile & un emploi heureux de tout ce qu'il y a de grand, d'élégant, de caractérisé & d'avantageux pour l'exécution, dans tout le terrein dont on veut former un jardin; pour corriger les défauts de la nature, & en augmenter les beautés dans tout ce qui s'appelle terrein, bois, eaux & rochers.

Après avoir traité de tout ce qu'il y a à faire dans les quatre objets ci-dessus, & que l'auteur appelle les *matériaux de la nature*, il passe à l'art qui sert à la corriger ou à l'embellir, aux différents effets qui peuvent résulter d'un même sujet, & conclut son ouvrage en disant que tout étant propre à suggérer à un habile Jardinier une suite d'idées agréables, il doit profiter de tout ce que la nature lui offre depuis les parterres jusqu'aux forêts, & qu'un de ses soins les plus importants est de rassembler dans une seule enceinte les objets les plus beaux & les plus agréables qui se trouvent épars dans plusieurs campagnes; que, pour faire une application heureuse de tous ces objets, il doit observer attentivement le local auquel on les destine; qu'il seroit dangereux de vouloir détruire le caractere du lieu, parceque toute tentative qui en balanceroit les effets par des contrastes, seroit sans succès, & que les beautés propres à un endroit ne conviennent pas toujours à celui qui lui est opposé, quoique tous les deux paroissent se ressembler; d'autant que pour vouloir imiter trop servilement une perspective agréable, on ne tire pas toujours tous les avantages qu'on auroit trouvés dans certaines beautés locales, & que la copie reste bien au-dessous de l'original.

Indépendamment de la quantité de jardins qu'on nous dit être très curieux, & qu'on a formés en Angleterre sur un plan aussi peu méthodique, *Sir Wathely* avoue qu'ils n'offrent cependant qu'une petite partie des beautés de la nature; qu'à moins qu'un Jardinier ne se soit rendu familiers ces tableaux si diversifiés que les campagnes nous présentent par-tout avec tant de profusion, on sentira combien, relativement à la nature, ses idées sont stériles quant au choix & à l'ordonnance; qu'un tel Jardinier sera toujours embarrassé pour trouver des sujets analogues à la nature, & que ses compositions se réduiront à l'imiter foiblement; qu'il n'acquerra jamais une connoissance bien étendue que dans les pays où ces beautés se trouvent naturellement abondantes, & que ce n'est qu'après les avoir choisies & combinées avec un art exquis qu'il pourra les disposer avec goût.

En rendant justice au mérite du traducteur, qui nous a paru avoir rendu son original avec toute la grace & toute l'énergie de notre langue, nous croyons que l'art de former les jardins Anglois trouvera en France peu de personnes disposées à s'en servir, & encore moins de sujets qui s'étudieront à réduire en pratique des principes qui ne sont point fixes.

JARDINIER PLANTEUR. La partie de l'agriculture qui contient les forêts forme une branche très étendue; on a donné aux ouvriers qui font cette espece d'ouvrage le nom de *Jardiniers Planteurs.*

L'art de ces Jardiniers est d'abord de bien disposer & aligner le terrein où ils doivent former le bois ou la forêt qu'ils ont à planter. Si le terrein est uni (ce qui est très rare, parcequ'on réserve ordinairement ces terres pour les grains), le Jardinier planteur ménage diverses allées qui partent d'un centre, & vont rejoindre d'autres allées de traverse, qui servent pour le charroi des voitures, pour la chasse, & pour les promenades. Mais c'est principalement dans les lieux montagneux & irréguliers que son art doit briller. Après avoir fait une étude réfléchie d'un pareil terrein, il contourne les endroits les plus escarpés; il y ménage des rampes assez douces pour arriver, par un plus long chemin, au sommet de la montagne; s'il trouve de temps en temps des terreins qui soient à peu près de niveau, il y ménage des repos & des points de distribution commodes, des points de vue intéressants; il cherche à couper le bois de routes quelquefois droites, souvent circulaires, & qui fournissent des commodités pour en tirer le bois abattu, pour l'agrément de la chasse, ou de la promenade.

Avant de semer un bois, ou une forêt, il commence par sonder la nature du terrein, pour juger de la qualité des terres à la profondeur de quatre ou six pieds, & se déterminer sur le choix du semis qu'on doit faire. Voici la maniere dont on s'y prend pour faire cette opération. On a une longue tariere, qui est un morceau de fer terminé en une cuiller bien acérée, emmanchée à un morceau de bois long, avec un autre en travers qui sert à tourner la tariere lorsqu'on veut sonder. Pour la faire enfoncer en terre, on a pratiqué au haut une espece de caisse que l'on emplit de grosses pierres. La tariere, ainsi chargée, s'enfonce en terre à mesure que l'on tourne, de la même maniere qu'une vrille dans du bois. On la retire à diverses reprises; & examinant à chaque reprise les terres qui se trouvent dans la cuiller, on juge par l'inspection, de leur disposition, de leur profondeur, de leur nature.

Il y a plusieurs manieres différentes de semer un bois. On peut commencer à *écobuer* la terre; opération que l'on a décrite au mot *Agriculture*. Ensuite on trace avec la charrue des sillons de quatre pieds de distance, dans lesquels on place les glands, ou autres graines d'arbres, à environ deux pouces de distance, après quoi on les recouvre exactement. Pendant les premieres années, on tient la terre bien nette, en donnant des labours entre les rangées. Au bout de trois ans on enleve les plants qui sont trop serrés, & on les réduit enfin à la distance de huit ou dix pieds. Cette méthode, quoique très couteuse, n'est pas la plus favorable. La gelée agit trop vivement sur cette terre si bien remuée, les racines du jeune plant sont attaquées, & dès le premier printemps on y observe un dépérissement qui augmente par les chaleurs. Les expériences ont démontré à M. *de Buffon* qu'on réussit mieux par une méthode toute opposée. Cette méthode consiste à ménager de l'abri, semer abondamment, & couper souvent. On peut semer le gland de trois façons dans les terreins qui sont garnis de buissons; 1°. en cachant le gland sous l'herbe; 2°. en le semant avec la pioche, dont on sape un coup qui souleve la terre, & laisse assez d'ouverture pour y placer deux glands; 3°. ou enfin à la charrue, en répandant le gland avec les graines d'arbrisseaux qui croissent le plus aisément dans le terrein. Le jeune plant réussit à merveille sous ces abris. Au bout de deux ou trois ans que le plant commence à croître avec moins de vigueur, on le récepe; & par ce moyen la seve se portant aux racines, donne lieu aux germes tendres & herbacés des racines de se développer : elles deviennent fortes, pénetrent le terrein, & se garnissent de chevelu qui porte de la nourriture à l'arbre ; & même dès la premiere année il donne un jet plus élevé & plus vigoureux que ne l'étoit l'ancienne tige de trois ans. Les Jardiniers Planteurs se servent pour *récéper* d'un sabot auquel est attaché une serpette ; d'une main ils saisissent le plant, & avec le pied armé de sa serpette, ils le récepent très vîte & sans l'ébranler.

Ce sont aussi les Jardiniers Planteurs qui repeuplent les parties des bois qui sont dégarnies : lorsque les espaces sont grands, on peut faire tout autour un large fossé qui coupe la communication avec les bois environnants ; on met le feu aux bruyeres qui couvrent la surface du terrein, on y fait passer la charrue, & on plante dans les rayons de jeunes bouleaux : on peut aussi semer des glands qui viendront & s'éleveront à l'ombre des bouleaux ; car à la seconde ou troisieme coupe les bouleaux périssent.

Les Jardiniers Planteurs sont aussi chargés du soin d'enceindre de treillages les semis ou bois nouvellement coupés, pour empêcher les animaux des forêts, & même les lievres, d'y entrer, parcequ'en rongeant les bourgeons ils font un tort infini & empêchent le bois de pousser.

JAUGEUR D'EAU. Cette partie de l'hydraulique appartient également à l'ingénieur & au fontainier ; & lorsque l'un & l'autre veulent connoître la quantité d'eau que produit une source, un ruisseau, une petite riviere, une pompe à bras ou à cheval, un moulin, &c. ils se servent des divers instruments dont nous allons parler.

Pour savoir au juste le volume d'eau que donne une fontaine, on se sert de la machine qu'a inventé M. *Mariotte*, & qui consiste en une cuvette percée par devant de diverses ouvertures circulaires d'un pouce, d'un demi-pouce, d'une ligne & d'une demi-ligne de diametre. On commence l'opération par fermer tous les trous de la cuvette, après quoi on l'expose à l'entrée de la source, ou à l'orifice d'un tuyau dont on veut connoître le produit. Lorsque l'eau est montée dans la cuvette une ligne au-dessus des trous, on laisse échapper par les trous ouverts autant d'eau qu'elle en reçoit de la source ; si cette eau ne remplit pas entiérement l'ouverture d'un pouce, on la ferme & on ouvre celle d'un demi-pouce, d'un quart, d'un demi-quart, & ainsi jusqu'aux plus petites dimensions : si la fontaine est abondante, on ouvre plusieurs trous d'un pouce afin d'avoir au juste la quantité de pouces d'eau qu'elle donne par ces diverses évacuations.

Lorsque nous avons dit qu'on faisoit monter l'eau dans la cuve une ligne au-dessus des trous, c'est afin qu'elle soit un peu forcée dans son écoulement, & que l'ouverture s'entretienne toujours pleine. Si au lieu d'une ligne on faisoit monter l'eau à deux ou trois lignes au-dessus de l'orifice des trous qui servent de jauge, elle se trouveroit trop forcée dans sa sortie par son propre poids, dépenseroit beaucoup plus qu'il ne faudroit, & ne donneroit pas une mesure exacte de la quantité d'eau qu'elle peut continuellement fournir.

Les fontainiers se servent pour le même effet d'un instrument tout différent, qu'ils nomment une *quille*. Elle est de cuivre ou de fer blanc, d'une figure pyramidale, dont la grosseur diminue par étage, & dont la base est de douze lignes. Sa diminution étant d'une demi-ligne à chaque seau, le plus petit terme de sa division est d'une ligne & demie, le second de deux lignes, le troisieme de deux & demie, & ainsi de suite; parmi ces nombres, qui sont chiffrés sur vingt-trois séparations, les uns désignent les diametres des jauges, les autres leur superficie. Le manche qui soutient cette quille sert à l'introduire la pointe la premiere dans l'ouverture des jauges de la cuvette ci-dessus. On bouche aussi le trou de la jauge de maniere qu'il n'y passe pas une goutte d'eau; & après avoir marqué avec le doigt l'endroit où l'eau s'arrête, en retirant la quille on connoît si la mesure est exacte & à quel orifice elle répond. Cet instrument n'est pas aussi juste que le premier, parcequ'il n'est pas fait dans toute la rigueur géométrique, & que la dépense d'une jauge qui a trois lignes de diametre ou neuf lignes de sortie, ne donne pas précisément la même dépense d'eau par proportion que celle qui a six lignes de diametre ou trente-six lignes de sortie.

Pour mesurer la quantité d'eau que donne un ruisseau, ou une petite riviere, on en arrête le cours par une digue ou un batardeau, au devant duquel on met une planche percée de plusieurs trous d'un pouce de diametre, & garnie de tuyaux de fer blanc de même calibre, rangés sur une même ligne. Par l'écoulement de l'eau qui se fait au travers de ces trous, on connoît la quantité de pouces d'eau que le ruisseau ou la petite riviere donne.

Lorsqu'on veut connoître la quantité d'eau que fournit une pompe à bras ou à cheval, même un moulin, on fait tomber l'eau dans une cuvette à jauger ; par la quantité de pouces d'eau qui s'écoulent dans une minute, on sait quel est le volume d'eau que la machine produit.

JAUGEUR DE FUTAILLES. C'est celui qui exerce l'art de jauger les tonneaux ou futailles à liqueurs, & qui a le droit d'en faire le jaugeage.

L'art du jaugeage, si nécessaire dans le commerce, est celui de réduire à une mesure connue la capacité ou contenance inconnue de divers tonneaux.

L'instrument dont les Jaugeurs se servent pour faire ces sortes de réductions est ordinairement un bâton de bois, ou une tringle de fer quarrée, de quatre à cinq lignes de grosseur, sur quatre pieds deux ou trois pouces de longueur. Sur un de ses côtés est gradué un pied-de-roi, contenant douze pouces, chaque pouce marqué par douze lignes. Sur ce même côté, & sur les trois autres, sont des caracteres qui désignent la mesure de neuf différentes sortes de vaisseaux réguliers, laquelle mesure est marquée par deux points qui donnent la longeur & la hauteur. Sur le premier côté sont gradués le muid & le demi-muid ; sur le second, la demi-queue & le quarteau d'Orléans ; sur le troisieme, la pipe & le *bussard*, futaille usitée en Anjou & dans le Poitou, elle fait la moitié de la pipe, & revient aux trois quarts du muid de Paris ; sur le quatrieme, la demi-queue, le quarteau & le quart du muid de Champagne. La graduation de ces neuf especes de tonneaux est placée en deux endroits sur la *jauge*, pour que l'une serve à mesurer le fond, & l'autre la longueur du tonneau : les points qui sont placés d'espace en espace au-dessous de la marque qui désigne les mesures dont nous avons parlé, valent chacun un *septier*, ou huit pintes de liqueur, mesure de Paris, excédant la juste contenance du tonneau jaugé : ainsi on trouve tout de suite combien un tonneau tient de vin, d'eau-de-vie, &c.

Lorsque le Jaugeur veut commencer son opération, & avoir les *aires*, ou l'espace que contiennent les cercles dont il trouve le diametre au bondon & au fond, il prend les deux tiers de l'aire du cercle au bondon, & un tiers de l'aire du cercle du fond, & fait une somme de ces tiers qu'il multiplie par la longueur intérieure du tonneau, ce qui lui en donne la capacité en pouces solides ; par ce moyen le jaugeage s'exécute très promptement, sans avoir besoin d'un plus grand calcul.

Pour ne pas se tromper dans l'excédent que contient un tonneau, le Jaugeur appuie l'extrémité de son bâton, où est marqué le pied-de-roi, sur le *jable* ou la partie des douves qui excede le fond des deux côtés, faisant en sorte de couper le fond en deux parties égales, afin de ne pas prendre un faux diametre, & il regarde quel point paroît au-dessous du jable opposé à celui où le bâton est appuyé. Si le point donné est conforme à la marque qui est sur le bâton, la jauge est bonne pour la hauteur du fond; mais si le point qui est au-dessus de la marque ordinaire entre sous le jable, la mesure excede pour lors d'un septier; s'il y entre plusieurs points, il compte autant de septiers excédents, qu'il joint à ceux qu'il doit trouver en mesurant la longueur des douves au-dessus du tonneau.

La connoissance d'un des fonds du tonneau ne suffit pas; il faut qu'il les connoisse tous les deux pour savoir le rapport qu'il y a de l'un à l'autre, parcequ'il arrive quelquefois que l'un a moins de circonférence que l'autre, & que par conséquent son diametre étant moindre, il doit contenir moins de septiers, ce qu'il doit rabattre à proportion. Après avoir mesuré les deux fonds, il pose l'extrémité de son bâton, où est marqué le pied-de-roi, sur l'extrémité d'une douve le long du tonneau, & après avoir remarqué le point où va l'autre extrémité de la même douve, il voit s'il n'y a pas d'excédent; s'il y en a, comme chaque point donne un septier d'excédent de longueur, il les joint aux septiers excédents qu'il a trouvés de hauteur ou de fond, & en fait un total d'excédent.

La hauteur & la longueur d'un tonneau étant connues, le Jaugeur doit encore examiner si la piece n'a pas trop de *bouge* ou de circonférence dans son milieu; si les jables sont plus courts qu'à l'ordinaire, ce qui augmente l'excédent; si les fonds ne sont pas renfoncés en dedans; si les douves de dessus sont longues & plates; si le tonneau n'a pas été rogné, ou s'il est de mauvaise fabrique, ce qui doit occasionner une diminution sur l'excédent qu'il peut trouver ailleurs.

Pour savoir ce que le trop de circonférence d'un tonneau donne d'excédent, il y fait entrer perpendiculairement son bâton jusqu'au fond; il met le doigt à la surface intérieure de la douve du bondon, voit l'intervalle qu'il y a entre cette ligne & le diametre du fond, prend la moitié de cette différence & la rapporte à l'espace qui marque les septiers du fond sur le bâton de jauge, & en compte autant qu'il y a de marques.

On se sert dans divers endroits du royaume, d'un autre instrument pour jauger : c'est une verge de bois ou de fer, mais plus communément de baleine, recourbée à l'une de ses extrémités, longue de trois pieds sept pouces huit lignes, qui sert à mesurer particuliérement les pieces à eau-de-vie, & qui porte divers noms selon les différents lieux où elle est en usage.

A Bourdeaux & à Bayonne, on l'appelle *verge* ; à la Rochelle, Cognac, l'isle de Ré, & dans le pays d'Aunis, on la nomme *verte*, & *velte* en Anjou & en Bretagne. Les hauteurs & les diametres de plusieurs mesures égales & certaines d'eau-de-vie, de vin & autres liqueurs, étant exactement graduées sur cette jauge, lorsqu'on veut s'en servir on la fait entrer dans la futaille jusqu'au bas de la circonférence des deux fonds, tant d'un côté que d'autre ; suivant qu'elle est plus ou moins enfoncée, elle désigne le plus ou moins de quantité de liqueur, & marque les hauteurs & les diametres des mesures que la futaille contient : ainsi on dit, cette piece d'eau-de-vie contient tant de verges, de vertes ou de veltes, pour dire tant de mesures ; chaque verge de liqueur est estimée un peu moins de trois pots & demi, le pot valant deux pintes de Paris.

Chaque juré Jaugeur doit imprimer sa marque avec une rouanette sur un des fonds de la futaille qu'il a jaugée : si la jauge est bonne, il y fait un B ; si elle est trop foible ou moindre, il y met la lettre M ; & si elle est plus forte, il y marque un P avec un chiffre qui fait connoître la quantité de pintes qu'il y a de plus ou de moins. En cas de fausse jauge, le Jaugeur de la marque duquel la piece se trouve empreinte, est responsable envers l'acheteur si elle est moindre, & envers le vendeur si elle est excédente : chacun est en droit de demander une nouvelle jauge, dont les frais sont payés par le premier Jaugeur si sa jauge se trouve défectueuse, & par celui qui se plaint lorsqu'elle est juste. L'ordonnance de la ville de Paris de 1672 défend à tout apprentif Jaugeur de faire aucune jauge sans avoir servi auparavant au moins pendant un an chez un maître Jaugeur ; & au cas qu'il eût jaugé par ordre de son maître, & que sa jauge se trouvât fausse, le maître en est responsable.

On trouve les Jaugeurs établis dans les ordonnances de S. Louis de 1258, dont l'institution & la réception appartenoient aux Prévôt des Marchands & Echevins. En 1415 Charles VI en fixa le nombre à douze ; savoir, six maîtres & six apprentifs. En 1596, Henri IV érigea leur maîtrise en titre d'office tant à Paris que dans les autres villes de son royaume, avec attribution de douze deniers pour chaque muid. Louis XIII augmenta le nombre de leurs offices & leurs droits en 1633. En 1645, Louis XIV fixa le nombre des Jaugeurs à treize, & leur accorda cinq sols par muid ou demi-queue de vin, cidre, biere, eau-de-vie, verjus, vinaigre, & autres liqueurs entrant à Paris tant par eau que par terre. En 1703 il y eut une nouvelle création de cinquante-deux Jaugeurs, sous le titre d'Essayeurs & Contrôleurs d'eau-de-vie, qui, avec les trente-deux de la création du mois de Décembre 1689, & les cinquante de 1690, faisoient en tout le nombre de cent cinquante Jaugeurs ; mais par son édit du mois de Septembre 1719, Louis XV les supprima, & chargea les Prévôt des Marchands & Echevins de commettre quelqu'un à leur place pour la jauge & l'essai des vins & eaux-de-vie, en leur payant des droits qu'il fixa par un tarif, & qui sont bien au-dessous de ceux qu'on exigeoit auparavant. Ces commis furent fixés par l'arrêt du Conseil du douze Septembre même année, au nombre de vingt-quatre : mais les officiers Jaugeurs ont été rétablis par l'édit de Juin 1730.

JAUGEUR DE NAVIRES. Si les Jaugeurs dont nous venons de parler sont nécessaires au commerce, les Jaugeurs de navires ne le sont pas moins à la navigation. L'ordonnance de la Marine du mois d'Août 1681 veut que pour connoître le port & la capacité d'un navire, le *fond de cale*, qui est le lieu de sa charge, soit jaugé & mesuré à raison de quarante-deux pieds cubes pour chaque tonneau estimé peser deux mille livres.

Comme le jaugeage des vaisseaux est une des opérations les plus difficiles & les plus importantes, on a souvent consulté l'Académie des Sciences sur cet objet, afin de savoir quelle étoit la meilleure de toutes les méthodes qu'on pratiquoit tant en France que dans les pays étrangers. Celles que MM. *de Varignon* & *de Mairan* ont données sont trop savantes & trop géométriques pour être exécutées par de ſimples praticiens. Comme il eſt extrêmement difficile de donner une regle certaine & uniforme de jauge pour toutes ſortes de vaiſſeaux, à cauſe de leurs différents *gabaris* ou modeles, que les bâtiments à deux ponts ne doivent pas être jaugés comme ceux qui n'en ont qu'un, qu'on ne peut point meſurer une frégate comme un vaiſſeau ordinaire; on ſe ſert communément de la méthode ſuivante, comme étant la plus facile & celle qui demande le moins de travail.

On a un bâton de trois pieds, ou de la longueur d'une barique. Après avoir meſuré combien un vaiſſeau ordinaire, dont le fond de cale eſt égal par-tout, contient de bariques de long, on voit combien il y a de pieds de profondeur & de largeur; on multiplie la moitié de la largeur par la moitié de la profondeur; le produit ayant donné la quantité de rangs de bariques, on le diviſe par quatre pour en compoſer le nombre des tonneaux, parceque chaque tonneau eſt compoſé de quatre bariques.

Si le vaiſſeau eſt *frégaté*, ou fait en façon de frégate, on prend la longueur des bariques comme pour un vaiſſeau ordinaire; en faiſant attention pour la profondeur que le fond eſt plus étroit & le haut plus large, & que par conſéquent il faut compenſer l'un par l'autre. Si le vaiſſeau eſt plus large de derriere que de devant, on prend les largeurs & on les partage par moitié; ce qu'on fait auſſi pour les hauteurs de devant & de derriere lorſqu'elles ſont inégales.

Un vaiſſeau à deux ponts ſe jauge également par ſes longueurs, profondeurs & largeurs, en lui donnant une ſixieme partie d'augmentation, à cauſe que les ponts ſont ordinairement chargés de marchandiſes.

Les Jaugeurs viſiteurs de navires doivent obſerver exactement ſi ceux qu'ils jaugent ſont *parqués* ou renfoncés de *courbatons*, ou pieces de bois fourchues qui ſervent à lier les membres d'un vaiſſeau; s'il y a des *bancs*, ou longues pieces de bois faites en forme de madriers; & des *genoux*, ou pieces de bois très courbes qu'on place entre les varangues & les alonges; ſi les *varangues*, ou pieces de bois entées & rangées de diſtance en diſtance entre la quille & la carlingue, ſont hautes & plates, parceque cela change les proportions & par conſéquent le port du vaiſſeau: ils doivent augmenter plus ou moins ſur la jauge, ſelon qu'il y a plus de hauteur entre les deux ponts, & obſerver qu'un vaiſſeau vieux porte moins qu'un neuf. On peut conſulter ſur les deux articles ci-deſſus la *Pratique du jaugeage des navires & des tonneaux*, par le P. *Pezenas*, profeſſeur royal d'hydrographie à Marſeille.

IMAGER. C'eſt celui qui fait ou vend des images. Ce commerce qui paroît de peu de conſéquence, eſt très conſidérable par le débit qui s'en fait à Paris, par les envois qu'on en fait dans les provinces, & par la quantité qu'il en ſort tous les ans pour les pays étrangers, ſur-tout pour l'Eſpagne qui les fait paſſer juſques dans le Mexique & dans le Pérou. Les vrais Imagers ſont ceux qu'on nomme *Dominotiers*. Voyez ce mot.

IMPRIMERIE (L'art de l'). Cet art ingénieux qui fixe la parole & la penſée, & qui, ſupérieur à l'art d'écrire, multiplie les copies avec une rapidité auſſi ſurprenante que la reſſemblance parfaite qu'il leur donne à toutes, étoit inconnu aux anciens à qui nous devons tant de ſecrets & d'inventions utiles.

La difficulté de répandre les connoiſſances acquiſes a été ſans doute le plus grand obſtacle que les Sciences & les Arts ont eu à vaincre pour franchir l'intervalle des climats & des ſiecles, & pour ſurmonter les barrieres que la barbarie, la diſcorde & l'ignorance leur ont oppoſées dans tous les pays, dans tous les temps. Que de richeſſes de l'eſprit humain, que d'inventions curieuſes, que de réſultats de la longue & pénible expérience des nations policées, étoient dépoſés ou plutôt enſevelis dans les immenſes bibliotheques d'Alexandrie & de Conſtantinople, lorſqu'elles furent conſumées, la premiere par le feu de la guerre, du temps de Jules Céſar, l'an 48 avant Jéſus-Chriſt, & la ſeconde par celui du fanatiſme, ſous les Empereurs Turcs! Il a donc fallu de nouveaux efforts du génie, & les travaux de l'active & infatigable induſtrie, pour recréer en quelque ſorte les arts, & réparer les pertes des tréſors de l'expérience, dont la fatalité d'un moment, ou l'imbécille caprice d'un Deſpote, avoit privé le genre humain.

Heureuſement il n'eſt plus au pouvoir des Souverains d'anéantir & d'étouffer comme d'un ſeul coup les Sciences & les Arts : l'Imprimerie leur aſſure une exiſtence auſſi permanente que celle du monde, en les repréſentant, les multipliant & les perpétuant en même temps dans toutes les parties de la terre. L'Imprimerie a pénétré, ſous les auſpices du fameux Czar Pierre le Grand, en Ruſſie, où elle attire à sa suite les arts, les sciences & le commerce des nations célebres. Cet art a osé même se montrer en Turquie, où il fait renaître dans la capitale du Grand-Seigneur l'étude des lettres que l'ignorance & le fanatisme y avoient voulu autrefois anéantir. Tels sont les avantages de cet art, qu'il est bien étonnant que les Egyptiens, les Grecs & les Romains n'aient point trouvé, puisqu'ils avoient imaginé les moyens de graver des caracteres sur les métaux & sur le marbre. On peut voir, aux articles ECRIVAIN & LIBRAIRE, les premiers efforts des hommes pour se communiquer leurs idées par des signes sensibles.

On a tenté d'enlever aux Modernes & aux Européens l'honneur de cette invention, la conservatrice de toutes les autres. On a prétendu que les Chinois & les Japonois se servoient de l'Imprimerie long-temps avant qu'elle fût connue en Europe. Des auteurs même ont avancé, mais avec assez peu de vraisemblance, que ces nations peuvent représenter des ouvrages imprimés dont l'antiquité remonte à trois cents ans avant la naissance de J. C.; d'autres soutiennent, avec plus d'apparence, qu'ils ont commencé seulement à graver leurs pensées vers le IXe ou X^e^ siecle de l'ere chrétienne. Quoi qu'il en soit de l'origine plus ou moins ancienne de l'Imprimerie Chinoise, elle est si différente de celle de l'Europe, qu'elle ne peut lui être comparée. Ce n'est que le procédé de l'art de la gravure, puisqu'elle se réduit à des planches de bois gravées, pareilles à celles que nous faisons avec le burin sur le cuivre, ou sur l'étain, & qu'il faut renouveller pour chaque page du livre. Au contraire, l'art de l'Imprimerie Européenne consiste à ne se servir que de caracteres mobiles, qu'on peut unir & séparer à volonté, & combiner ainsi à l'infini.

L'invention de l'Imprimerie est si importante, que plusieurs villes ont revendiqué la gloire d'avoir donné naissance à ses premiers auteurs. Nous ne rapporterons point ici les témoignages que chaque écrivain donne en faveur de l'inventeur de cet art, & de la ville qui lui a servi de berceau; le patriotisme a des yeux tout particuliers : nous nous contenterons de dire que, parmi les villes rivales, Mayence a, suivant l'opinion commune, le plus de droit dans ses prétentions. *Jean Guttemberg*, habitant de cette ville & le premier qui ait eu l'idée de l'Imprimerie, fit, vers 1440, plusieurs tentatives pour réussir; mais n'ayant point eu le succès qu'il en espéroit, il eut recours à *Jean Faust* ou *Fust*, homme riche de la même ville. Leurs efforts réunis ne produisirent encore que des essais très imparfaits; & leurs premiers travaux se réduisirent à graver des caracteres sur des planches de bois, ce que les Chinois avoient fait avant eux. Ils s'associerent ensuite *Pierre Schœffer*, domestique de l'un d'eux, qui devint depuis le gendre de *Jean Fust* son maître; & ce nouvel associé, beaucoup plus intelligent & plus industrieux, leur fit sentir bientôt les inconvénients de cette méthode longue & embarrassante de graver sur des planches de bois. Ce fut alors qu'ils imaginerent des caracteres mobiles. Ils les firent d'abord en bois: mais ces lettres n'avoient jamais entre elles la même ressemblance pour l'œil; d'ailleurs, par le défaut d'égalité parfaite, elles formoient toujours un alignement vicieux. A force de recherches *Schœffer* imagina enfin de graver des poinçons avec lesquels il frappa des matrices qu'il surmonta d'un moule dans lequel il coula du métal fondu. Cette idée heureuse donna pour lors naissance à l'Imprimerie telle qu'elle est & qu'elle devoit être; & le premier ouvrage que l'on croit avoir été imprimé avec ces caracteres est une *Bible Latine* sans date, en 2 *vol. in-fol.* exécutée entre les années 1450 & 1455 (*scripturâ grandiori.*)

Les plus anciens livres imprimés à Mayence, & qui suivirent l'exécution de cette Bible, sont: 1° un *Codex Psalmorum* in-fol. en 1457: 2° un autre *Codex Psalmorum* in-fol. en 1459: 3° le *Rationale Durandi*, in-fol. en 1459: 4° le Vocabulaire Latin, *intitulé* CATHOLICON, in-fol. en 1460, avec les *Clémentines* aussi dans la même année *in-fol.* & la fameuse *Bible Latine* de 1462, en 2 *vol. in-fol.* dont on connoît plusieurs exemplaires à Paris dans les cabinets des riches Bibliophiles.

L'art de l'Imprimerie fut bientôt connu & imité dans toutes les villes où l'étude des lettres étoit en honneur. On imprima dans le monastere de Soubiac, peu distant de la ville de Rome, les *Œuvres de* LACTANCE, in-fol. en 1465 & ensuite, dans la ville même, la *Cité de Dieu de* S. AUGUSTIN, in-fol. en 1467. Jean de Spire imprima à Venise en 1469 les *Epîtres familieres de* CICÉRON, & la célebre & premiere édition de PLINE le Naturaliste, *in-fol.* Cet art acquit dans cette derniere ville un nouveau degré de per fection par l'invention des caracteres *italiques* qu'Alde Manuce imagina vers 1495.

Jean de la Pierre, Allemand de nation & Prieur de Sorbonne, attira à Paris Martin Crantz, Ulric Gering & Michel Friburger, Imprimeurs Allemands, & les logea dans cette maison où ils imprimerent des ouvrages dès 1470.

Les deux plus belles Imprimeries qui soient dans l'univers, sont, sans contredit, 1°. celle du *Vatican* ou l'*Imprimerie Apostolique*, pour laquelle le Pape Sixte V fit construire un édifice magnifique. Le dessein du Souverain Pontife étoit de faire imprimer les livres saints dans toute la pureté du texte, & en toutes sortes de langues. On fondit pour la premiere fois des caracteres Arabes dans cette Imprimerie. 2°. Celle du *Louvre*, ou l'*Imprimerie Royale de France*, dont on peut rapporter l'origine au regne de François I, le Pere des lettres : mais ce fut principalement le Cardinal de Richelieu qui, sous Louis XIII, l'enrichit & la rendit célebre. On y imprima pour premier ouvrage en 1640 l'*Imitation de J. C.* en latin, in-folio.

Les Imprimeurs les plus renommés ont été les Manuces, & Bomberg en *Italie*; Amerbach, Commelin & les Wechels en *Allemagne*; les Froben & Oporin à *Bâle*; les Morets & Plantin à *Anvers*; les Elzevirs & Janssons de Blaew en *Hollande*; & en *France* les Etiennes, les Colines, les Vascosan, les Patisson, les Griphes (ceux-ci établis à *Lyon*), les Morel, les Vitré, les Nivelle, les Cramoisy, &c. &c.

Ces illustres Imprimeurs étoient pour la plupart versés dans les langues anciennes. Le célebre Robert Etienne étoit si jaloux de donner des éditions correctes, qu'il en faisoit exposer publiquement les feuilles ou *épreuves*, promettant une récompense à ceux qui pourroient y découvrir une faute : ce fut lui qui publia en 1536 le *Trésor de la Langue Latine*, ouvrage excellent de sa composition.

Il y a encore aujourd'hui des Imprimeurs qui méritent d'être distingués par leurs connoissances, & par leurs talents dans l'art typographique. Mais comment, à la honte des lettres, souffre-t-on des Imprimeurs dont le vil métier est d'altérer les bons ouvrages en les contrefaisant clandestinement à la hâte, & de vendre ensuite à bas prix ces éditions furtives & remplies de fautes grossieres ?

Avant que de décrire la maniere dont se fait l'impression des livres avec des caracteres mobiles, il conviendroit de parler de la gravure & de la fonte des caracteres : mais, comme on en a traité dans un article particulier, on y renvoie le lecteur : *voyez le mot* FONDEUR EN CARACTERES D'IMPRIMERIE.

Nous n'avons qu'un seul ouvrage sur la pratique de l'art de l'Imprimerie. Martin Dominique Fertel, Imprimeur de S. Omer, le publia en 1740 : mais cette production unique ne fait qu'augmenter notre impatience de recevoir des mains de l'Académie des Sciences la description d'un art si utile. En attendant mieux, essayons ici de donner quelques notions d'une Imprimerie.

IDÉE GÉNÉRALE D'UNE IMPRIMERIE.

Le méchanisme de l'art typographique se réduit à deux opérations distinctes, qui exigent deux especes d'ouvriers.

La premiere opération est la *composition*, ou l'art d'assembler les lettres conformément à une copie donnée. La seconde est l'*impression*, ou l'art de fixer sur le papier, d'une maniere indélébile, avec le secours d'une encre & d'une pression suffisante, l'empreinte des caracteres combinés suivant cette copie.

Les premiers ouvriers se nomment *compositeurs*, ou *ouvriers à la casse ;* les seconds *imprimeurs*, ou *ouvriers à la presse*. Ces ouvriers se donnent entre eux le nom d'*imprimeurs*, en supprimant le prénom de *compagnons*.

Celui qui dirige, sous l'ordre du maître, les travaux d'une Imprimerie, à qui est confiée la garde des matériaux nécessaires pour leur exécution, qui est chargé de la distribution des manuscrits, de la visite des ouvrages, de la lecture des épreuves, ou au moins de la vérification des dernieres corrections, & de qui ces deux sortes d'ouvriers prennent l'ordre, afin qu'il puisse entretenir parmi eux l'harmonie & la correspondance du travail, se nomme *Prote*, c'est-à-dire premier.

Entrons dans un détail plus circonstancié des opérations d'une imprimerie ; opérations que nous diviserons en deux parties, suivant les *fonctions* particulieres à chaque ouvrier. Nous détaillerons d'abord celles du compositeur, ensuite celles de l'imprimeur.

FONCTIONS DU COMPOSITEUR.

Les fonctions de l'ouvrier compositeur ont pour objet quatre parties : la *composition*, l'*imposition*, la *correction* & la *distribution*. Avant que d'entrer dans le détail de ces opérations, il est nécessaire de donner une idée de la casse & des différents caracteres.

De la Casse.

La *casse* est composée de deux *casseaux*, l'un supérieur & l'autre inférieur. Le casseau est une espece de long tiroir de bois, d'environ 33 à 34 pouces de long sur 14 de large & 22 lignes de profondeur : il est divisé en deux parties égales par une barre parallele à la largeur, aussi forte que celle de la bordure ; & chaque partie est sous-divisée, par des lattes mises de champ, en plusieurs compartiments nommés *cassetins*, égaux dans le casseau supérieur, & de grandeurs différentes dans le casseau inférieur.

On pose les casses deux ou trois à côté l'une de l'autre sur des treteaux en pente en forme de pupitre : le casseau inférieur, ou *bas de casse*, placé au bas de la pente, retient le casseau supérieur, ou *haut de casse*. Les casses ainsi assemblées & montées sur des treteaux se nomment *rang de deux* ou *de trois casses*. Chaque compositeur doit avoir son rang, & quelquefois plusieurs, si l'ouvrage qu'il fait est susceptible de trois ou de quatre sortes de caracteres différents en grosseur, avec leur italique.

Dans le casseau supérieur, dont les cassetins, égaux en grandeur, sont au nombre de quatre-vingt-dix-huit, savoir, sept de long sur sept de large dans une moitié de casseau & autant dans l'autre, on met du côté gauche, selon l'ordre alphabétique, les majuscules ou grandes capitales ; du côté droit les petites capitales suivant le même ordre ; & au-dessous des unes & des autres, les lettres accentuées, quelques lettres liées, comme *ct*, *st*, plusieurs autres moins courantes, & quelques signes, comme crochets, parenthèses, paragraphes, &c.

Dans le casseau inférieur, qui est composé de cinquante-quatre cassetins de grandeurs différentes (*), on place les lettres minuscules pour le discours ordinaire ; on les nomme

(*) Nous nous bornons à parler de la casse ordinaire ; car la casse pour les caracteres grecs, hébreux, &c. est divisée différemment.

de bas de casse, ou simplement *lettres du bas*, à cause de leur local. Ces lettres ne sont point rangées par ordre alphabétique comme les capitales, mais leurs cassetins sont disposés de maniere que les plus grands, destinés pour les lettres qui sont le plus employées, telles que les *voyelles*, &c. se trouvent sous la main de l'ouvrier. On met aussi dans le bas de casse les chiffres, quelques-unes des lettres liées, les signes de ponctuation, les quadrats, quadratins, demi-quadratins, & les espaces.

Des Caracteres.

Les *caracteres* sont des pieces de métal fondu. La superficie d'un de leurs bouts est formée par le relief d'une lettre de l'alphabet, figurée à contre-sens, afin qu'elle vienne du sens naturel sur le papier.

Les *quadrats* sont des pieces de différentes épaisseurs, & du même métal que les lettres. On les met au bout des lignes non pleines, & dans les endroits d'une page où l'on veut conserver du blanc.

Les *quadratins*, plus petits, sont quarrés étant vus de bout : on les met au commencement des alinéa.

Les *demi-quadratins* ont la moitié de l'épaisseur des quadratins & l'épaisseur juste d'un chiffre : on les emploie principalement pour les opérations d'arithmétique.

Les *espaces* sont des pieces encore moins épaisses : elles servent à séparer les mots.

Ces quatre pieces sont beaucoup moins hautes que les caracteres, afin que, n'étant point atteintes par l'encre, elles ne marquent point sur le papier ; car ce sont les reliefs qui, au moyen de l'encre & de la pression, laissent sur le papier l'empreinte de la lettre ; les creux forment les blancs : c'est le contraire dans l'impression en taille-douce.

Tous ces parallélipipedes, étant supposés debout (situation qu'on leur donne lorsqu'on les emploie), ont les trois dimensions géométriques *longueur*, *largeur*, & *profondeur*, nommées en imprimerie *Corps*, *Epaisseur*, & *Hauteur*.

Le *Corps* est la distance qui se trouve dans l'intervalle pris entre deux lignes depuis le dessus des lettres de la premiere ligne jusqu'au dessus pareillement des lettres de la seconde ligne. Celles qui ont tête & queue, comme *ſſ*, occupent tout le corps : les autres, comme les voyelles, & les lettres sans tête ni queue, n'en occupent qu'un peu plus du tiers ;

sorties des mains du même fondeur, l'une portera 43 *i* dans une justification donnée, tandis que l'autre n'en portera que 40 : quatriémement les mots sont souvent, & même nécessairement, plus espaciés dans une composition que dans l'autre : ainsi ces diverses causes peuvent occasionner une différence assez considérable dans la correspondance que nous avons cherché à établir.

Les caracteres que l'on nomme *gros-œil*, sont ceux dont l'*œil*, ou contour des lettres, fondu sur un des corps ci-dessus, a plus de grosseur que n'en a ordinairement l'œil de ce corps. Les lettres à queue, comme les *p*, les *g*, &c. l'ont très courte dans ces sortes de caracteres ; & il y a très peu de blanc entre les lignes ; ce qui n'en facilite pas la lecture.

Les *lettres de deux points*, ou lettres initiales, que l'on nomme aussi *lettres grises* parcequ'elles sont ornées, sont de grandes lettres majuscules qui, occupant tout le corps sur lequel elles sont fondues, n'ont aucun blanc dessus ni dessous. Ce sont ces lettres que l'on met au commencement du discours, & des grandes divisions de l'ouvrage qu'on imprime. Autrefois on plaçoit ces lettres initiales, de maniere que leur tête répondoit à la premiere ligne, & leur queue à la seconde ligne. On en employoit aussi de *trois points* & même de *quatre* : alors le bas de ces lettres disproportionnées descendoit jusqu'à la troisieme ou quatrieme ligne. Depuis peu on a reconnu le mauvais effet de cette position ; &, dans les bonnes Imprimeries, on leur donne la situation naturelle, en les relevant de maniere qu'elles s'alignent par le pied avec les lettres du mot dont elles font partie.

Les caracteres ordinaires, appellés *romains*, ou *lettres rondes*, ont des *italiques* fondues sur leur corps. Ces lettres, comme on peut le remarquer dans ce mot (*italique*), sont des caracteres plus couchés que les lettres rondes. On s'en sert pour distinguer les titres, les citations, & certains passages, mais lorsqu'ils sont courts, parceque l'*italique* donne à une page un ton de noir désagréable à la vue.

Après avoir donné quelques notions de la casse & des différents caracteres, sur lesquels nous nous sommes peut-être un peu trop étendus, essayons de faire comprendre les diverses opérations du compositeur.

De la Composition.

Le compositeur, debout vers le milieu de sa casse, commence par mettre sur le *visorium* (espece de petit chevalet composé d'une seule planche mince & étroite, terminée par une pointe qu'il place dans un trou pratiqué à cet effet dans la bordure de la casse), quelques feuillets de *copie* ou de manuscrit, qu'il y retient par le moyen de deux *mordants*, qui sont de petites tringles de bois, quarrées & refendues en chape.

L'ouvrier prend ensuite de la main gauche son *composteur*, qui est une lame de fer ou de cuivre, coudée en équerre dans toute sa longueur, & terminée d'un bout par un talon fixe : un semblable talon est attaché à une coulisse qui s'avance ou se recule sur cette lame suivant la *justification*, c'est-à-dire suivant la longueur qu'on veut donner aux lignes. Une vis serrée fortement arrête cette coulisse sur le *composteur* d'une maniere invariable. C'est entre ces deux talons, & sur le rebord formé par le coude longitudinal de la lame, que le compositeur place les lettres qu'il leve les unes après les autres, en les prenant par la tête, & fixant la vue sur le *cran*, qui est une espece de petit sillon tracé sur le corps & vers le pied du caractere, qui lui indique le sens de la lettre. Il continue à lever les lettres en lisant environ une demi-phrase de sa copie, & ayant attention de séparer les mots, à mesure qu'il les forme, par une forte *espace* ou par deux minces, jusqu'à ce que la derniere lettre levée, formant la fin d'un mot ou d'une syllabe, soit près du talon fixe. Alors il *justifie* sa ligne, c'est-à-dire qu'il *espacie* plus ou moins, mais le plus également possible, les mots qui sont entrés dans le *composteur*, de maniere que la ligne soit un peu pressée entre les deux talons. Il prend ensuite une petite regle de bois, nommée *réglette*, qu'il place sur cette ligne afin d'éviter qu'elle ne se rompe entre ses doigts lorsqu'il l'enleve de dedans le composteur pour la porter sur la *galée*. Il répete la même opération sur les lignes suivantes, qu'il *justifie* de même, & qu'il porte dans la *galée* à la suite des lignes précédemment faites.

La *galée* est une planche en quarré long, plus grande que la page que l'on y dépose, bordée en dessus des trois côtés par un rebord qui soutient les lignes que l'on y porte.

& plus bas que les *quadrats*. La *galée* se place sur le haut de casse à droite, où deux chevilles qui sont en dessous l'arrêtent sur les cassetins, de peur qu'elle ne glisse en suivant la pente de la casse. Dans les *galées* qui servent pour les grands formats, tels que les *in*-4°. & *in-folio*, on insere entre les rebords & sur le fond de la *galée* une *coulisse*, qui est une volige de chêne, de la grandeur juste du corps de la *galée*, & terminée par un manche du côté opposé à son entrée. Cette coulisse donne une grande facilité pour prendre la page qu'on y a assemblée ligne à ligne, lorsqu'elle est d'un volume trop grand pour être soutenue par la main seule.

Quand le nombre des lignes est complet pour former une page, le compositeur la lie en l'entourant d'une ficelle par dessus les bords de la *galée*; il souleve ensuite de la main gauche cette *galée* presque perpendiculairement, enleve de la main droite la page qu'il pose sur un *porte-page* (c'est une feuille de papier pliée en trois ou quatre doubles), & la place sous son rang de casse. S'il se sert d'une *galée* à coulisse, après avoir lié sa page, il la tire avec la coulisse qui la soutient, place l'une & l'autre sous son rang; &, remettant une autre coulisse dans la *galée*, il continue à former des pages jusqu'à ce qu'il en ait suffisamment pour completter une feuille, c'est-à-dire *quatre* pour le format *in-folio*, *huit* pour l'*in*-4°, *seize* pour l'*in*-8°, *vingt-quatre* pour l'*in*-12, &c.

En posant les pages sous son rang, le compositeur observe de laisser seule la premiere page de chaque feuille, & d'accoupler constamment les suivantes deux à deux, en posant la troisieme page sur la seconde, la cinquieme sur la quatrieme, & ainsi des autres, jusqu'à la derniere page de la feuille qui doit rester non accouplée comme la premiere. Cet ordre est essentiel pour qu'il évite les transpositions des pages lors de l'imposition dont nous allons parler.

De l'Imposition.

L'ouvrier, après avoir composé une feuille, doit l'*imposer*, c'est-à-dire placer les pages dans l'ordre qui leur convient, les entourer de différentes pieces de bois qui formeront la marge de ces pages, & serrer fortement le tout dans un chassis de fer. Voici la maniere d'opérer.

Il prend de dessous son rang la premiere & la derniere des pages de sa feuille & les porte sur le *marbre*, qui est une dalle de pierre de liais très unie, montée ſur une table haute de deux pieds neuf à dix pouces : il les y place l'une à côté de l'autre en retirant les *porte-pages* ou les *couliſſes* qui étoient deſſous ; il retourne enſuite à ſon rang, où, laiſſant la ſeconde & la troiſieme pages qu'il y a placées l'une ſur l'autre, comme on l'a dit lors de la compoſition, il prend les deux ſuivantes, c'eſt-à-dire la quatrieme & la cinquieme, qu'il range pareillement ſur le marbre dans l'ordre qui convient à chaque format. Il laiſſe ainſi alternativement deux pages, & prend les deux ſuivantes, juſqu'à ce qu'il ait porté ſur le marbre la moitié du nombre total des pages pour faire la premiere *forme*. La ſeconde forme s'impoſe avec les pages reſtées ſous le rang & priſes pareillement deux à deux. Ces deux formes font la feuille complette.

Si le compoſiteur a le moindre ſoupçon d'avoir tranſpoſé quelque page, il vérifie, en ſuivant l'ordre des chiffres qui ſont au haut des pages, ſi chacune eſt dans l'ordre qui lui convient : ordre qu'il ſait par habitude, & dont on prendra facilement connoiſſance ſi l'on veut ſe donner la peine de plier une feuille de papier blanc en deux, puis en quatre ſans la couper, & de coter le premier feuillet 1, ſon verſo 2, le ſecond feuillet 3, ſon verſo 4, & ainſi de ſuite juſqu'au verſo du quatrieme feuillet qui ſe trouvera coté 8. En déployant cette feuille on aura un patron d'impoſition ; & la plaçant de maniere que le chiffre 1 ſe trouve en deſſous & à gauche, on reconnoîtra que la 1ere page doit être placée devant ſoi à gauche afin qu'elle vienne à droite lors de l'impreſſion, & que la 8 doit être placée à côté de la 1 & à droite ; que la 4 doit être tête à tête avec la 1 & à côté de la 5 qui ſe trouvera tête à tête avec la 8 : on aura ainſi l'ordre des pages pour la premiere forme d'un in-4° : cette forme ſe nomme *côté de premiere*, parce-qu'elle contient la 1ere page. Pour les quatre autres pages qui doivent faire la ſeconde forme, nommée *côté de ſeconde* ou *de 2 & 3*, en retournant la feuille de papier de gauche à droite, on verra que la page 2 doit être placée devant ſoi à droite & à côté de la 7 qui ſera par conſéquent à gauche, & que la 3 doit être tête à tête avec la 2 & à côté de la 6 qui ſe trouvera ainſi tête à tête avec la 7.

L'impoſition peut auſſi ſe vérifier en additionnant les

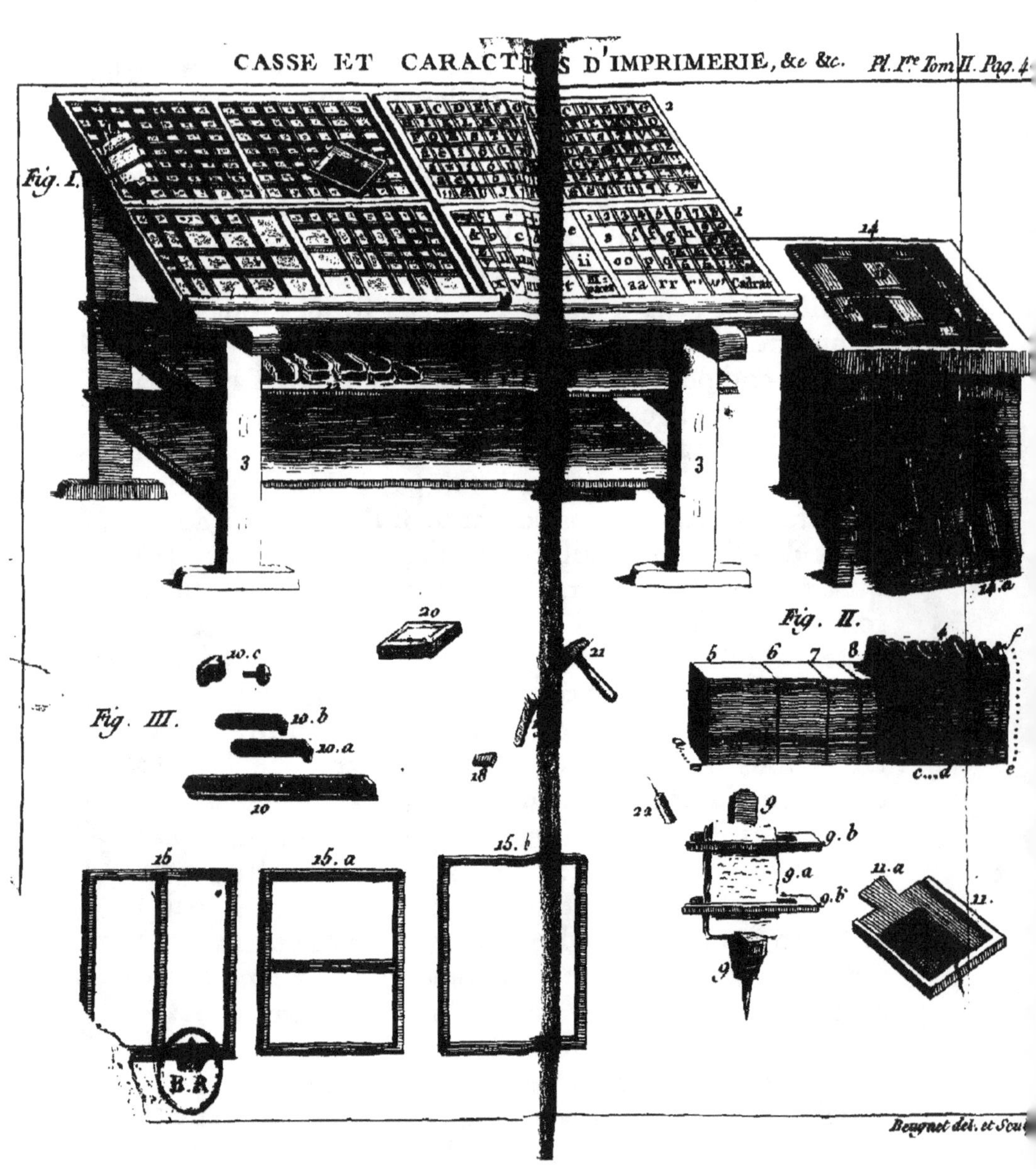
CASSE ET CARACT[ÈRE]S D'IMPRIMERIE, &c &c.
Pl. Ire Tom II. Pag. 4
Fig. I.
Fig. II.
Fig. III.
Cadrats
Beugnet del. et Scu

ffres de deux pages qui sont côte à côte : si la somme est le à celle que donnent les chiffres de la premiere & de derniere page, l'imposition est juste. Prenons pour mple le format in-4°. Les pages 1 & 8 sont côte à côte, es deux nombres font 9 ; les pages 2 & 7 devant être à côte, ces deux nombres font également 9 : il doit en ainsi des pages prises deux à deux & côte à côte dans tes les impositions.

On parviendra à connoître l'ordre des pages pour l'imition in-8°, si, après avoir plié une feuille de papier huit, on cote les huit feuillets & leur verso comme on oté ceux de l'in-4°. En déployant la feuille comme ciant, on trouvera facilement la place de chaque page.

L'imposition in-12 est plus compliquée : cependant des pages qui entrent dans ce format, les deux tiers, c'estire les 8 premieres & les 8 dernieres, s'imposent comme -8° ; à l'égard des 8 pages formant l'autre tiers, & qui vent s'insérer entre les 16 autres, on les impose comme -4°, à la différence que ces 8 pages doivent être placées unes à côté des autres sur la même ligne, & non tête à & sur deux lignes. Pour donner connoissance de l'imition in-12, essayons de faire plier une feuille en 12 ties, nous coterons ensuite les pages, & cette feuille vira de patron pour imposer ce format.

On étendra en son entier une feuille de papier blanc, en çant devant soi la bordure d'un des grands côtés : on tera cette bordure, qui est devant soi, sur l'autre grande dure pour plier cette feuille en deux dans sa longueur. aut actuellement plier en travers cette longueur en trois ties égales : on prendra pour cet effet le bout à droite cette longueur pour la plier au premier tiers (1), & on uiera sur le pli pour le reconnoître : on dépliera ensuite premier tiers en l'étendant comme il étoit avant ce pli ; s prenant de la main droite ce pli même on le portera

(1) Ce premier tiers, qui doit contenir les 8 pages du milieu de la ille, c'est-à-dire depuis la page 9 inclusivement jusques & y compris 6, & qui s'insere entre les 8 premieres & les 8 dernieres pages du nd carton, se nomme *petit carton*, ou *carton d'en-haut*. Lorsqu'on une feuille in-12 imprimée, on sépare ce petit carton du reste de euille en le coupant dans le pli. On ne le fait pas couper ici parcen a besoin de la feuille dans son entier pour faire connoître l'or- des pages : on s'est contenté de le faire dépasser, pour le tirer hors grand carton comme s'il en étoit séparé.

II. Pag. 485.
Fig. I.
14. a
f
e
11.
et Sculp.

à gauche jusqu'à l'autre bout de la longueur, en faisan dépasser le premier tiers, & le considérant comme s'il avoi été séparé du reste de la feuille. Il ne s'agit plus à présen que de plier le tout en deux, mais dans sa longueur, en ra menant vers soi les bordures longitudinales sur les do formés par le premier pli en longueur. On aura ainsi l *grand carton* de 16 pages, auquel le *petit carton* de 8 page servira comme de queue.

Pour coter les 12 feuillets, on commencera par ceux d la bordure qui doivent toujours se trouver en dessus dan tous les cahiers. Le premier feuillet du grand carton ser coté 1; & afin de reconnoître le premier feuillet du peti carton qui est à la queue du grand, on le cotera tout d suite 9. Remontons au grand carton : le premier feuille étant déja coté 1, son verso sera coté 2; le second feuillet 3 son verso 4; le troisieme feuillet 5, son verso 6; le qua trieme feuillet 7, son verso 8. Descendons au petit carton son premier feuillet étant coté 9, son verso sera coté 10 le second feuillet 11, & enfin son verso 12. Quand on aur ainsi coté les 12 pages extérieures ou de bordure, on co tera facilement les 12 pages intérieures, en déployant l feuille en son entier, si l'on se rappelle que la somme de chiffres réunis de deux pages côte à côte est égale à la somm des chiffres réunis de la premiere & de la derniere pag d'une feuille. Dans l'imposition in-12 les chiffres 1 de l premiere page, & 24 de la derniere, font 25; par consé quent la page côte à côte de la 4 doit être cotée 21, cell côte à côte de la 5 doit être cotée 20, &c.

Lorsque les 24 pages seront cotées, on se sera fait un modele pour l'imposition in-12. En déployant cette feuill & la plaçant de maniere que le chiffre 1 se trouve devan soi en dessous & à gauche, on reconnoîtra que la page doit être à gauche devant soi; que la 4 doit être à l'op posé à droite, & la 5 tête à tête avec la 4; que la 8 doi être à gauche, à l'opposé de la 5, tête à tête avec la 1 & que la 9 doit être à l'angle opposé à celui de la 1, & au pied de la 5, &c. Pour imposer la seconde forme nommé *côté de* 2 & 3, on retournera le modele de gauche à droite de maniere que le chiffre 2 se trouve devant soi en dessous & à droite; on verra que la 2 doit être à droite devant soi, & la 3 à l'opposé & à gauche, &c. On reconnoîtra ainsi facilement la place des 24 pages pour l'imposition in-12.

Dans

Dans toutes les impoſitions, l'ordre des pages de la ſeonde forme eſt inverſe de l'ordre des pages de la premiere orme; c'eſt-à-dire que ſi dans la premiere forme on va 'abord de gauche à droite, puis de droite à gauche, &c. ans la ſeconde forme, on doit aller d'abord de droite à auche, puis de gauche à droite, afin que les pages puiſſent rencontrer les unes ſur les autres.

Les autres impoſitions qui diviſent une feuille en un us grand nombre de feuillets, comme l'in-16, l'in-18, in-24, ſont les mêmes que celles ci-deſſus, mais répétées ne ou pluſieurs fois dans la même feuille.

Lorſque les pages d'une forme ſont placées ſur le marbre ans l'ordre qui convient à chaque format, il faut ne faire u'un tout de ces diverſes pages, qui cependant doivent re iſolées & ne pas ſe toucher : pour cela le compoſiteur end un *chaſſis* formé en quarré long par quatre barres de r, & diviſé au milieu par une cinquieme barre parallele à largeur : dans les *chaſſis* pour le format in-12, cette barre t longitudinale ou parallele à la longueur : ceux qu'on emoie pour les placards, les affiches, &c. n'ont point de barre milieu; on les nomme *ramettes*. Il entoure avec ce *chaſſis* s pages d'une forme, & remplit l'intervalle qui doit ſe trour entre elles par des pieces de bois qui formeront les mars en tous ſens : ces bois s'appellent *garniture*. La *garniture* terminée par les *biſeaux*, qui ſont d'autres pieces de bois peu moins longues que les barres du chaſſis, &, comme fait entendre leur nom, plus fortes par un bout que par utre. C'eſt entre les *biſeaux* & les barres du chaſſis que ſe ettent encore d'autres pieces de bois beaucoup plus courtes, illées auſſi en biſeau, nommées les *coins*, qu'il chaſſe à ups de marteau, à l'aide d'un *cognoir* ou *décognoir*, qui un véritable coin de bois. Avant que de chaſſer les coins ec le marteau pour ſerrer la forme, il paſſe deſſus le *taoir* : c'eſt une planchette à-peu-près de la grandeur de ce lume, d'un bois tendre pour ne point endommager l'œil la lettre, & ſur laquelle il frappe à petits coups de marau, afin de baiſſer les lettres qui pourroient ſe trouver us élevées que les autres, & d'établir entre elles un niveau rfait. Lorſque la forme eſt entiérement ſerrée, il la nde en la ſoulevant un peu à diverſes repriſes, pour exaner s'il n'y a rien qui puiſſe tomber; puis la leve perpenculairement ſur le marbre, & en cette ſituation la porte à la preſſe aux épreuves pour en tirer une premiere *épreuv* que le Prote lit, & ſur la marge de laquelle il marque le mots paſſés ou doublés, les lettres miſes les unes pour le autres que l'on nomme *coquilles*, &c. *Voyez* Pl. II.

De la Correction.

Quand le compoſiteur a reçu du Prote, ou de tout autr Correcteur, l'épreuve où les fautes ſont indiquées ſur le marges, il faut qu'il la corrige : pour cela il couche le deux formes horizontalement ſur le marbre, deſſerre le coins pour rendre aux lettres leur mobilité, puis avec l *pointe* (petit poinçon d'acier) il enleve les lettres fautive pour leur ſubſtituer celles qui conviennent ; enſuite il preſſ latéralement avec le doigt la ligne dans laquelle il a fait quel que correction, pour juger ſi elle eſt *juſtifiée*, c'eſt-à-dir ſi elle eſt plus longue ou plus courte que celles de deſſus & d deſſous. Si cela étoit, il changeroit quelques eſpaces & e ſubſtitueroit de plus épaiſſes ou de plus minces ſuivant l beſoin. A l'égard des mots oubliés ou ajoutés, il eſt oblig pour leur faire place de retirer les deux ou trois dernie mots plus ou moins de la ligne, pour les faire entrer a commencement de la ſuivante, & ainſi de ſuite juſqu l'alinéa : ce qui s'appelle *remanier*.

Lorſque les deux formes ſont corrigées, il les ſerr comme il a fait en impoſant, & il les reporte à la preſſ aux épreuves où l'on en fait une *ſeconde* qui s'envoie l'Auteur ou à l'Editeur de l'ouvrage. Les corrections ou le changements qu'on y fait, s'exécutent comme nous venon de le dire en parlant de la correction de la premiere épreuv

De la Diſtribution.

Un des avantages de l'invention des caracteres de font c'eſt de pouvoir, avec cinq ou ſix feuilles de lettres env ron, compoſer un ouvrage qui peut avoir cent feuilles. Ma cet avantage ceſſeroit ſans l'opération de la *diſtribution* qui eſt l'action de replacer dans les caſſes les lettres q ont ſervi aux premieres feuilles d'un ouvrage, afin de l employer de nouveau à la compoſition des feuilles ſu vantes. Voici comme cette diſtribution ſe fait. Sitôt q la feuille aura été lavée par l'ouvrier imprimeur dans u diſſolution de potaſſe pour enlever l'encre de deſſus l'œil d la lettre, le compoſiteur doit coucher chaque forme ſu

DE LA CASSE, DES CARACTERES D'IMPRIMERIE, &c. &c.

Fig. I. Rang de deux casses.

1. Casseau inférieur.
2. Casseau supérieur.
3. Tréteaux.

Fig. II. Caracteres.

4. Le mot *plaisir*. vu typographiquement.
5. Cadrat.
6. Cadratin.
7. Demi-cadratin.
8. Espaces, de différentes épaisseurs.

a .... *b*.	Corps	des caracteres.
c .... *d*.	Epaisseur	
e .... *f*.	Hauteur	

9. Visorium.

9. *a*. Copie.

9. *b*. Mordants qui fixent la copie sur le visorium.

Fig. III. Composteur et ses diffeérentek parties.

10. Composteur, vu en son entier.

10. *a*. Premiere coulisse du composteur.

10. *b*. Seconde coulisse, qui se place sur la premiere.
(*C'est entre les talons de ces coulisses que se composent les sommaires marginaux*, &c.).

10. *c*. Vis du composteur, & son écrou.

11. Galée. 11 *a*. Coulisse de la galée.
12. Pages composées, & placées deux à deux l'une sur l'autre dans leur porte-page.
13. Marbre sur son pied.
14. Forme in-4°. couchée sur le marbre.

14. *a*. Forme in-12°. debout, & accottée contre le pied du marbre.

15. Chassis pour le format in-12.

15. *a*. Chassis pour les formats in folio, in-4°. in-8°. &c.

15. *b*. Ramette, ou chassis pour les placards.

16. Bois de la garniture. 17. Bizeaux. 18. Coins.
19. Cognoir ou décognoir. 20. Taquoir. 21. Marteau.
22. Pointe, pour corriger.
23. Jatte pleine de cadrats.

MANIERE DE CORRIGER LES ÉPREUVES QUE L'ON ENVOYE DE L'IMPRIMERIE.

Lettres et mots à changer . .	On réporte à celui quatze	ap / l'année / or
Mots à ajouter	cent/l'invention / Imprimerie.	quarante / de l' /
Lignes à ajouter	De tous les arts c'est celui des Lettres a retiré et retire	+ dont l'Église et la République
Mots à supprimer	encorre plus plus de secours.	∂ / ∂ /
Mots à retourner	l'Église and son moyen	∂ / ∂ /
Mots à transposer	est plus en de repandre état	∩ / ⊔⊓ /
Ligne à transposer . . .	en mettant entre les mains des et de multiplier ses instructions,	Transposés
Blanc à ajouter	Peuples les ouvrages qui établis-	# /
Blanc à supprimer . . .	( )	( ) /
	sent sa foi et sa Doctrine.	
Mots à séparer	Chacun/peut/aujour d'hui/parce	# / # / # / # /
Lettres à rapprocher . . .	sec ours et udier sa Rel igion,	= / = / = /
Mots à redresser	et le Ministre trouve plus d'accès dans	/
Lettres trop hautes . . .	les esprits pour insinuer des	× / × / × /
Lettres trop basses	veri/és que l/s yeux o/t	t / e / n /
Lettres à nettoyer	déja fait connoître. Quand	
Espaces à abbaisser	il n'y avoit que des Manus-	× / × /
Corrections de Ponctuation.	cripts/Comme ils étoient fort	, / c /
d'Apostrophe	rares,il n/y avoit que des Gens	' /
d'Accent	de Lettres qui étudiassent. Il	é /
De Lettres doubles	falloit nécessairement être riche.	ss /
Alinéa à marquer	Ce ne fût qu'au commencement de	⊏
Pet. et Grandes capitales.	1470, que Ulrich Gering introduisit	= / ≡ /
Blanc à supprimer	à Paris l'usage de l'Imprimerie.	— /

Lorsqu'il y a plusieurs fautes dans une épreuve, l'on peut, pour éviter la confusion, se servir des signes suivans à chaque ligne. 1.re faute / 2.e + 3.e # 4.e # 5.e ### &c. Les corrections doivent toujours se faire sur la marge de dehors, c'est à dire à droite sur le folio recto *et à gauche sur le* verso. *Les Lettres surmontées se corrigent dans M.s M.s M.s comme dans la correction d'Apostrophe. Quand il y a quelques phrases de passées ce que l'on appelle* Bourdon, *l'on fait le renvoi + et on la transcrit au bas de la page avec le meme renvoi + ou l'on renvoye à la copie en marquant les premiers mots*

PRESSE D'IMPRIMERIE, ET SES DIFFERENTES PARTIES. *Pl. III. Tom. II. Pag. 4*

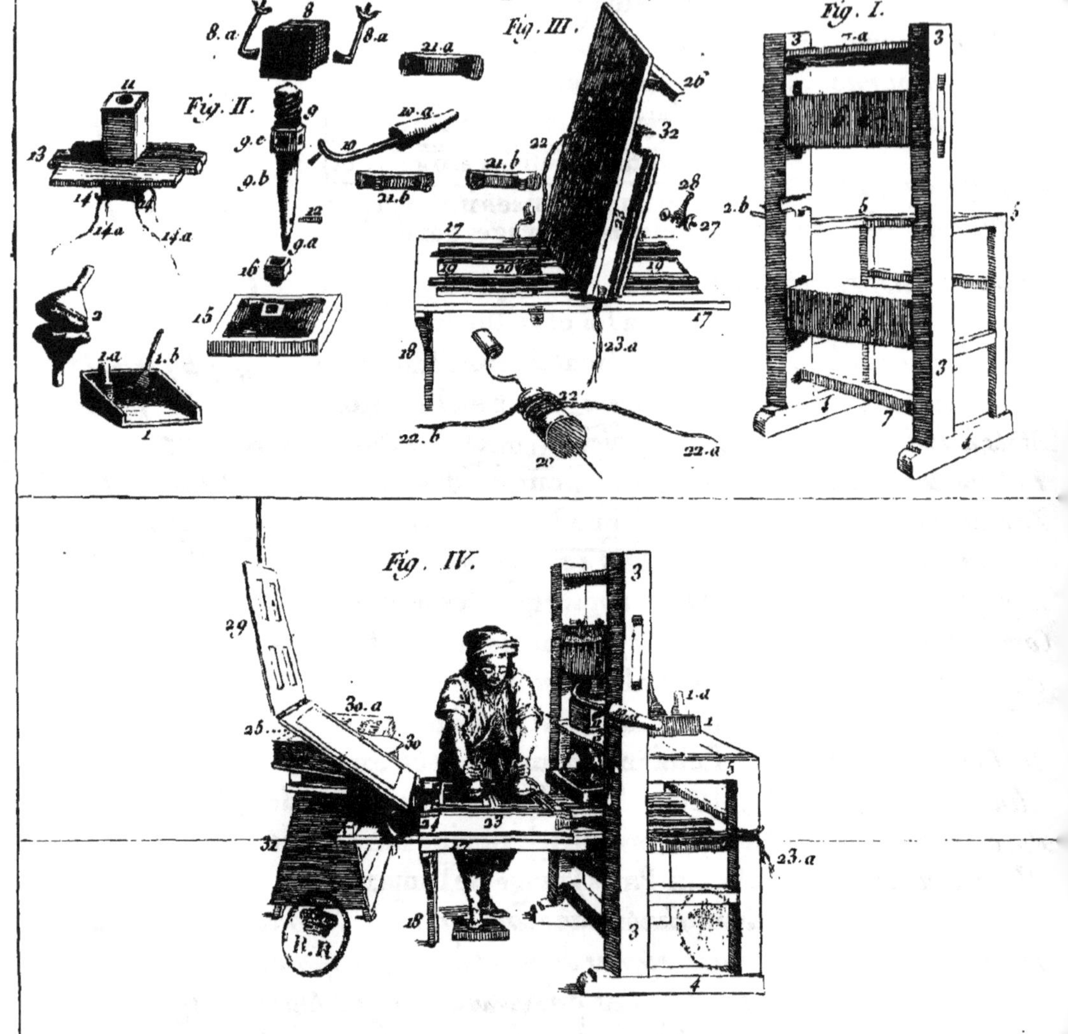

Beaunet del. et Sculp

ESSE D'IMPRIMERIE, ET SES DIFFÉRENTES PARTIES.

Encrier. 1. *a.* Broyon. 1. *b.* Palette.

Balles montées, & posées l'une sur l'autre.

b. Chevilles, pour porter les Balles.

FIG. I. CORPS DE LA PRESSE.

Jumelles. 4. Patin. 5. Le derriere de la Presse.

a. Sommier d'en haut. 6. *b.* Sommier d'en bas.

Traverse d'en bas.

a. Traverse d'en haut, nommée chappeau de la Presse.

FIG. II. LA VIS, ET SES DÉPENDANCES.

Ecrou. 8. *a.* Boulons à talon qui fixent l'écrou dans le sommier d'en haut.

Tête de la vis portant 4 filets. 9. *a.* Pivot de la vis.

b. Arbre de la vis. 9. *c.* Carré de la vis, percé en croix d'outre en outre, pour l'entrée du barreau.

Barreau. 10. *a.* Manche du barreau. 10. *b.* Clavette pour fixer le barreau dans le carré de la vis. 11. La Boîte.

Clavette passant à travers l'arbre de la vis pour soutenir la boîte.

Tablette de la boîte. 14. Crochets de la boîte.

a. Ficelles qui attachent la platine au bout du pivot.

Platine. 16. Grenouille.

Le Berceau. 18. Pied du berceau.

Poutrelles recouvertes d'une tringle de fer carré.

Le Rouleau, garni de sa corde.

IG. *III.* TRAIN DE LA PRESSE, ET SES DIFFÉRENTES PARTIES.

La Table. 21. *a.* Crampons. 21. *b.* Crampons à talon.

Corde du rouleau.

a. Bout de la corde du rouleau, qui s'attache au devant de la table, pour reculer le Train.

b. Autre bout de cette corde, qui s'attache au derriere de la table pour avancer le Train.

Le Coffre. 23. *a.* Cordes qui attachent le Train au derriere de la Presse.

Les cornieres. 25. Le Tympan. 26. Le chevalet.

Boulon à tête platte, & taraudé à son extrêmité pour fixer la Pointure sur le tympan.

La Pointure avec son ardillon.

La Frisquette.

FIG. IV. PRESSE MONTÉE ET ROULANTE.

Feuilles à imprimer. 30. *a.* Feuilles imprimées.

Banc. 32. Gouttiere de fer blanc.

deux ais qui forment ensemble la grandeur du chassis ; il desserre les coins, jette de l'eau dessus avec une éponge, en remuant les lettres avec les doigts afin que l'eau puisse passer à travers. Il ôte ensuite le chassis, met à part les bois de la garniture, & prend une certaine quantité de lignes avec une réglette qu'il pose sur les deux derniers doigts de la main gauche, le pouce soutenant le côté, & les deux autres doigts le derriere de cette poignée : ensuite avec deux doigts & le pouce de la main droite, il prend un ou deux mots, les lit & les distribue lettre à lettre dans chaque cassetin, en faisant attention à l'orthographe & aux mots en italiques, de crainte de les mêler avec le romain : même attention pour les titres courants, les sommaires marginaux & les notes, s'il y en a, qu'il doit avoir séparés pour les distribuer dans leurs casses propres. Cette opération se fait ordinairement le soir, afin que la lettre ait le temps de sécher pendant la nuit.

Ici se bornent les fonctions de l'ouvrier compositeur, voyons actuellement celles de l'ouvrier imprimeur.

FONCTIONS DE L'IMPRIMEUR.

Il ne suffit pas, pour imprimer, d'avoir des caracteres mobiles, de savoir les combiner à volonté, & de faire de tant de pieces différentes un seul tout, nommé vulgairement *planche*, & en termes d'imprimerie *forme ;* il faut encore *apprêter le papier* pour le rendre souple, *préparer une encre* qui ne bouche point l'œil du caractere, *employer & distribuer cette encre* très également sur la forme, & *fouler le tout* suffisamment & uniformément : opérations qui constituent les fonctions de l'ouvrier imprimeur, & dont nous allons donner les détails.

De l'Apprêt du papier.

Le papier doit être extrêmement souple pour pouvoir prendre exactement les contours du relief des lettres, & enlever presque toute l'encre dont leur superficie est enduite : on lui donne cette souplesse nécessaire en le trempant. Pour cet effet l'ouvrier en prend une main par le dos & la passe légérement dans l'eau d'un baquet ; il la pose ensuite sur un ais garni de quelques feuilles de gros papier, & il en ouvre environ le tiers ou la moitié qu'il étend dans toute sa grandeur, en appuyant sur le milieu pour abattre le pli du dos : il réitere la même opération sur le reste de la main, & sur chacune de celles qu'il doit tremper. Chaque main se trempe plus ou moins de fois, selon que le papier est plus ou moins collé ; ce que l'ouvrier reconnoît au changement plus ou moins subit de la couleur du papier dans l'eau. Il couvre ensuite son papier trempé d'un ais qu'il charge d'un poids suffisant pour le presser & lui communiquer une moiteur égale, sans qu'il reste aucune partie d'eau sur la surface du papier ; car alors il refuseroit de prendre l'encre. On parvient à cette moiteur égale par le *remaniement* qui se fait plusieurs heures après, en mettant les faces mouillées contre celles qui ne l'ont pas été, & le rechargeant de nouveau. Les papiers collés demandent à être remaniés plusieurs fois.

On trempe encore le papier relativement à la grosseur des caracteres, l'impression en petits caracteres exigeant qu'il soit plus trempé que l'impression en gros caracteres. Ordinairement on ne trempe pas le papier pour certains ouvrages qui se font en gros caracteres, comme billets d'enterrement, & quelques autres : mais ces ouvrages tirés à papier sec sont toujours désagréables à la vue, parce qu'il faut alors charger la forme de beaucoup d'encre, ce qui fait perdre aux caracteres toute leur précision, comme on le remarque dans les billets d'enterrement.

Préparation de l'Encre.

L'encre d'imprimerie est composée de noir de fumée, broyé avec de l'essence de térébenthine & de l'huile de noix ou de lin, réduites par la cuisson en une sorte de pâte, à la consistance d'un sirop très épais. *Voyez l'article* ENCRE D'IMPRIMERIE.

L'encre doit être plus ou moins épaisse, suivant que le papier est plus ou moins collé. On donne plus de consistance à cette encre soit en faisant cuire davantage l'essence de térébenthine & l'huile de noix ou de lin, qu'on appelle *vernis*, soit en mêlant à ce vernis une plus grande quantité de noir. Cette consistance de l'encre l'empêche de boucher l'œil de la lettre & d'y faire pâté.

On se sert aussi d'une autre sorte d'encre qu'on nomme *rosette*, c'est une encre rouge, en usage principalement dans les livres d'église pour la partie des rubriques, & qu'on emploie aussi quelquefois dans les titres & frontispices.

Le *vernis* de cette encre eſt le même que celui de l'encre noire ; & pour faire le rouge, on y broie une quantité de vermillon proportionnée à la conſiſtance que l'on veut donner à cette encre.

L'ouvrier doit tous les matins broyer l'encre dans l'*encrier*, qui eſt une planche d'environ un pied en quarré avec trois rebords, deux ſur les côtés & un par derriere : il ſe ſert pour cela du *broyon*, qui eſt une molette de bois ; puis il repouſſe l'encre avec la *palette* ſur le derriere de l'encrier, n'en laiſſant ſur le devant qu'une très mince ſuperficie qu'il broie toujours chaque fois qu'il en prend.

Emploi & diſtribution de l'Encre.

Pour employer cette encre ſi épaiſſe, on ſe ſert de deux *balles* ; la *balle* eſt un morceau d'orme ou de noyer, d'environ huit à neuf pouces de diametre, creux & formé en entonnoir, au ſommet duquel on cheville le manche qui ſert à la tenir. L'ouvrier en remplit le creux d'une quantité ſuffiſante de laine, qu'il a ſoin de carder de temps en temps pour lui rendre ſon élaſticité, & qu'il recouvre de deux cuirs crus de mouton, ramoitis dans l'eau & roulés ſous les pieds pour les corroyer. Le cuir de deſſous, nommé *doublure*, eſt ordinairement un vieux cuir bien nettoyé : cette doublure préſerve la laine d'être noircie par l'encre qui pourroit pénétrer le cuir de deſſus, auquel en outre elle communique par ſa fraîcheur la ſoupleſſe néceſſaire. Il les cloue l'un & l'autre ſur les bords extérieurs de la balle qui, en cet état, ſe nomme *balle montée*. Il enduit les cuirs des deux balles avec de l'huile de navette, les ratiſſe avec un couteau pour enlever les ſaletés qui pourroient s'y trouver, & les eſſuie avec quelques morceaux de papier de rebut : opération qu'il renouvelle dans le cours de la journée toutes les fois qu'il s'y amaſſe de l'ordure. Lorſque les balles ont été ainſi préparées pour recevoir l'encre, il en poſe une très légérement par un coin ſur le bord de l'encrier, puis les agite l'une ſur l'autre & d'un bord à l'autre, en les faiſant tourner entre les mains en ſens contraire pour varier les points de contact & leur *diſtribuer* ainſi l'encre très également. En cet état il les poſe ſur deux chevilles le long de la jumelle qui eſt de ſon côté, pour paſſer à d'autres fonctions.

De l'Impreſſion, ou du Tirage.

Avant que de rien dire ſur cette partie eſſentielle, où tendent toutes celles dont nous avons parlé juſqu'à préſent, il eſt néceſſaire d'entrer dans le détail d'une preſſe d'Imprimerie : détail que nous allons eſſayer de faire le plus clairement qu'il nous ſera poſſible.

Deſcription d'une Preſſe d'Imprimerie.

Le méchaniſme d'une Preſſe d'Imprimerie eſt aſſez compliqué, quoique ſimplifié autant qu'il puiſſe l'être.

Pour en faciliter l'intelligence, nous conſidérerons la preſſe relativement à ſa deſtination, qui eſt le foulage, & nous la diviſerons en trois parties principales : 1° celle entre laquelle ſe fait le foulage, c'eſt le *corps de la preſſe :* 2° celle qui l'occaſionne, c'eſt-à-dire la *vis & ſes dépendances :* 3° celle qui le reçoit, nommée le *train.*

I. Le corps de la preſſe eſt composé de deux *jumelles* & de deux *ſommiers*, dont l'un eſt nommé *ſommier d'en haut*, l'autre *ſommier d'en bas.*

Les *jumelles* ſont deux pieces de bois de charpente, paralleles & perpendiculaires, d'environ 4 ſur 8 pouces de gros, hautes de ſix pieds, & éloignées entre elles de 20 à 24 pouces : elles ſont aſſemblées haut & bas par deux traverſes chevillées à demeure, & le bout d'en bas de chaque jumelle, terminé par un tenon, entre dans une mortaiſe entaillée vers le bout d'une piece de bois de deux pieds & demi de long & couchée à plat ſur le ſol, que l'on nomme *patin.* L'autre bout de chaque patin ſe prolonge en arriere pour recevoir un aſſemblage de pieces de menuiſerie nommé le *derriere de la preſſe :* c'eſt ſur cette partie qu'on poſe l'encrier.

Les *ſommiers* ſont deux pieces de charpente de 7 ſur 8 pouces de gros, dont la longueur eſt la diſtance qui ſe trouve entre les jumelles. Les deux bouts des ſommiers ſont terminés par un fort tenon qui entre dans des mortaiſes percées à jour dans les jumelles au-deſſous de la traverſe d'en haut nommée *chapeau*, & au-deſſus de celle d'en bas. Ces mortaiſes ſont d'environ quatre pouces plus longues que les tenons ne paroiſſent l'exiger, afin que les ſommiers puiſſent ſe hauſſer ou ſe baiſſer ſuivant la commodité de l'ouvrier qui garnit avec des morceaux de feutre le vuide restant au-dessus du tenon du sommier d'en haut, dont la résistance, lors de la pression, est rendue par là plus moelleuse & conséquemment moins fatigante pour son bras.

En dessous & au centre du sommier d'en haut, est percé bien perpendiculairement un trou d'environ 4 pouces en quarré, & de 5 pouces de profondeur, pour recevoir l'*écrou* de la vis qui est à-peu-près de cette dimension : cet écrou est de cuivre.

C'est entre les deux sommiers, supportés par les jumelles, que se fait l'effort de la pression, au moyen de la *vis*, qui s'alonge en sortant de son écrou fixé dans le sommier d'en haut, & tend d'un côté à soulever ce sommier, & de l'autre à fouler sur le sommier d'en bas & sur le *train* qui se trouve entre la vis & lui.

II. La *vis* est une piece de fer ronde, dont le diametre est de trois pouces, & la longueur d'environ 18 à 20. Un des bouts de cette piece, dans la longueur de 4 pouces, sur 2 & demi de diametre, est taillé en vis à 4 filets quarrés & profonds ; l'autre bout terminé en pointe se nomme *pivot ;* ce qui est entre deux, *arbre de la vis*.

A quelque distance & au-dessous des filets, sont deux ouvertures percées d'outre en outre & qui se croisent, dans l'une desquelles, pour faire tourner la vis, on fait entrer un des bouts du *barreau*, qui est un levier de fer coudé, de deux pieds & demi de longueur ; l'autre bout où s'applique la force mouvante, qui est la main de l'ouvrier, est garni d'un morceau de bois tourné, nommé *manche du barreau*.

Au-dessous des ouvertures pour le barreau se trouve la *boite :* c'est un morceau de bois de quatre pouces en quarré, & de 9 pouces de long, percé dans sa longueur en cône renversé, suivant les dimensions de l'arbre de la *vis* qui entre dedans, & ferré dessus & dessous d'une rondelle de fer, percée de même, qui embrasse exactement l'arbre. La boîte est arrêtée en dessous par une clavette qui passe au travers de l'arbre à trois ou quatre pouces du pivot : elle suit le mouvement perpendiculaire de la vis, sans obéir au mouvement circulaire ; c'est-à-dire qu'elle descend avec la vis sans tourner avec elle, parcequ'elle est maintenue par la *tablette* composée de deux planches de chêne entaillées quarrément dans leur milieu, & qui, étant rapprochées l'une de l'autre, embrassent exactement la boîte, & ne lui laissent que le jeu perpendiculaire : les bouts de la tablette sont fixés dans les jumelles.

Aux quatre coins de la boîte sont placés vers le bas quatre crochets qui servent à attacher la *platine* au bout du pivot, par le moyen d'une ficelle en plusieurs doubles. La *platine* est une plaque de fer ou de cuivre d'environ 15 à 16 pouces de long sur 11 de large, dont la superficie de dessous est plane ; celle de dessus est convexe, & reçoit dans son renflement la queue de la *grenouille*, espece de petit godet dans lequel tourne le bout du pivot. On met un grain d'acier au centre de la grenouille, & un autre grain d'acier au bout du pivot, parceque ces parties s'useroient très promptement par leur frottement continuel l'une contre l'autre.

Quelques presses, au lieu de *boîte*, ont un collier de fer doublé de cuivre, qui embrasse l'arbre de la vis, & au lieu de ficelles on emploie quatre boulons de fer, dont un bout accroche la *platine ;* l'autre bout passe au travers des branches du collier, où un écrou le fixe à la longueur convenable. Mais cette construction, dont l'apparence est plus solide, ne remédie pas plus exactement que la boîte au balancement de la platine, qui, attachée au bout du pivot, & assez éloignée du point fixe, occasionne si souvent par son balottement le doublage de l'impression. Nous dirons en passant que, s'il reste encore quelque partie de la presse à perfectionner, nous croyons que c'est de ce côté là qu'il faut diriger les tentatives ; & que, de plusieurs essais, celui qui a paru le mieux réussir est le prolongement de la platine jusqu'aux jumelles, avec un enfourchement qui les embrasse, & ne laisse ainsi à la platine que le mouvement perpendiculaire sans aucun jeu latéral.

Avant que de parler du train, troisieme partie de la presse, décrivons le chemin sur lequel il roule, nommé le *berceau :* c'est un chassis de menuiserie composé de quatre pieces de longueur, dont les bouts sont assemblés dans une traverse. La longueur du berceau est d'environ quatre pieds & demi, & sa largeur est la distance des deux jumelles, entre lesquelles on le place horizontalement à environ la moitié de sa longueur : le bout de dehors est supporté par un pied fait en potence. Des quatre pieces dont il est composé, les deux du milieu, nommées *poutrelles*, sont recouvertes chacune dans toute leur longueur d'une tringle de fer d'un pouce en quarré, polie en dessus, qu'on nomme *bandes*, parcequ'anciennement elles étoient plates.

Entre les deux poutrelles & à quelque distance du milieu du berceau, est placé le *rouleau* qui est un cylindre de bois d'environ cinq pouces de diametre, dont l'axe est de fer, & coudé en manivelle par un de ses bouts; une corde passée autour de ce rouleau fait glisser sur les bandes du berceau le *train* qui est la troisieme partie de la presse dont nous allons parler.

III. Le *train* est composé de la *table*, du *coffre* garni de son marbre, des *tympans* & de la *frisquette*.

La *table* est formée de deux ou trois planches de chêne d'environ trois pieds de long; elle est garnie en dessous de douze *pattes* ou *crampons* qui sont de petites bandes de cuivre à-peu-près de deux pouces de long sur un pouce de large & 7 à 8 lignes d'épaisseur, posées transversalement sur deux files correspondantes aux bandes sur lesquelles la table glisse ainsi très facilement. Le premier, ainsi que le dernier crampon de chaque file, a, vers une de ses extrémités, un petit talon ou rebord qui, embrassant le côté de dehors des bandes, empêche la table de varier de latéralement, & ne lui laisse que le mouvement en avant & en arriere; mouvement qui lui est communiqué par la corde du rouleau. Un des bouts de cette corde est attaché au devant de la table; l'autre bout, après deux ou trois tours sur le rouleau, commençant en dessus de gauche à droite, finissant par la droite & en dessus, passe au travers d'un trou pratiqué vers l'autre extrémité de la table, & va s'attacher sur un petit cylindre de bois qui sert à la bander. Ordinairement cette corde est de deux pieces: alors l'une des deux, fixée par un bout au rouleau vers la droite, passe en dessus par la gauche & va s'attacher au devant de la table; cette corde recule le train: l'autre, qui doit l'avancer, fixée également par un de ses bouts au côté opposé du rouleau, passe aussi en dessus, mais par la droite, & va s'attacher sur le cylindre à l'autre extrémité de la table.

Le *coffre* est un simple chassis de bois de chêne, de trois pouces de hauteur sur deux d'épaisseur; sa longueur est d'environ 26 pouces, & sa largeur de 21 environ: il est attaché sur la table qui lui sert de fond. Le vuide qu'il forme est rempli par le *marbre* qui est une pierre de liais très unie, sur laquelle on pose la forme à imprimer. A chaque angle du coffre, & en dessus, on attache en saillie une bande de fer plat, posée sur champ, coudée un peu moins qu'en équerre : on nomme ces quatre pieces les *cornieres ;* elles servent à fixer la forme sur le marbre d'une maniere invariable, par le moyen de coins de bois que l'on chasse entre la forme & les cornieres.

Le *tympan* est un autre chassis de bois, beaucoup plus léger, mais de la même grandeur que le coffre. Le devant de ce chassis est formé par une bande de fer plat, afin qu'il puisse passer aisément sous la platine. On étend sur ce chassis une peau entiere de parchemin que l'on colle sur ses bords. Un autre chassis plus petit, nommé *petit tympan*, garni sur le devant d'une semblable bande de fer plat, & collé aussi d'une peau de parchemin, s'insere dans le tympan. C'est entre les peaux de ces deux tympans, que l'on place les *blanchets*, qui sont deux morceaux d'étoffe de laine pliés en double & dont le poil est tiré des deux côtés. L'effet des *blanchets* est de rendre le foulage plus moelleux, & d'empêcher que la platine n'écrase les caracteres & ne perce le papier, ce qui arriveroit si elle fouloit immédiatement dessus.

Lorsque le tympan est ouvert, il forme (avec le coffre auquel il est attaché par derriere au moyen de deux forts couplets à charniere) un angle d'environ 145 degrés : il est soutenu dans cette situation par le *chevalet* qui est attaché derriere le coffre sur le bout de la table ; les montants de ce chevalet reçoivent l'axe du petit cylindre de bois qui sert à bander la corde du rouleau comme on l'a dit.

Les deux côtés du tympan sont percés d'outre en outre vers le milieu, pour recevoir un boulon de fer à tête plate & taraudé à l'autre bout ; on fait passer sous la tête de ce boulon le bout fourchu d'une petite lame de fer mince & étroite, nommée *pointure*, longue de deux à quatre pouces, & qui porte vers l'autre extrémité une petite pointe ou *ardillon* en saillie ; un écrou à oreille, qui se visse en dessus du tympan, assujettit cette pointure contre le tympan, & l'y tient assez ferme pour qu'elle ne varie point. Les deux pointures, au moyen de leur ardillon, font chacune un petit trou vers le bord latéral de la feuille de papier blanc lorsqu'on l'étend sur le tympan pour être imprimée d'un côté, & quand on met cette feuille en *retiration*, c'est-à-dire lorsqu'on l'imprime de l'autre côté, on fait passer les ardillons dans les trous précédemment faits, afin que les pages se rencontrent l'une sur l'autre, & ligne sur ligne, ce qu'on nomme *être en registre*.

La *frisquette* est un chassis composé de quatre bandes de fer plat, de la largeur & à-peu-près de la longueur du tympan, au devant duquel de petits couplets à charniere l'attachent à la partie opposée aux grands couplets. On étend sur ce chassis deux ou trois feuilles de papier, ou, ce qui vaut encore mieux, du parchemin, que l'on colle sur ses bords, & que l'on découpe ensuite à l'endroit où doivent se rencontrer les pages, de maniere que la frisquette ne laissant à découvert que ce qui doit être imprimé, garantisse le reste de la feuille de papier, & l'empêche de se noircir sur la forme enduite d'encre.

Tel est le méchanisme d'une presse d'imprimerie: essayons maintenant de la mettre en jeu, & de faire connoître l'usage de ses différentes parties, dont le résultat est de communiquer au papier blanc l'empreinte des caracteres enduits d'encre, en conduisant le papier & la forme sous la vis, d'une maniere prompte & facile, pour leur y faire recevoir une pression suffisante.

Lorsque l'ouvrier entre le matin dans l'imprimerie, il commence par broyer son encre, il ramoitit ensuite avec une éponge mouillée le parchemin du grand tympan en dessus & en dessous pour lui donner de la souplesse, monte les balles comme nous l'avons dit plus haut, puis couche les blanchets dans le tympan en les y assujettissant avec le petit tympan qui les recouvre.

Ensuite il prend la forme à tirer, la couche sur le marbre de la presse, & l'y place de façon que la platine puisse fouler sur le bord extérieur de toutes les pages; il avance le train sous la platine pour examiner si elle portera partout, & si elle ne déborde pas plus d'un côté que de l'autre; il l'assujettit ensuite avec des coins qu'il chasse entre la forme & les cornieres afin qu'elle ne varie point. Alors il plie en deux bien exactement une feuille du papier qu'il doit employer, & la pose sur une moitié de la forme, le dos exactement au milieu, observant de ne pas laisser plus de marge d'un côté que de l'autre: il baisse ensuite le tympan un peu humecté pour cet effet à l'endroit qui doit toucher la ſurface de cette feuille pliée qui s'y attache & , relevant légérement le tympan , il l'y colle par le coins pour la fixer , après l'avoir étendue dans toute ſ longueur ſans déplacer la partie qui s'étoit attachée au tympan. Cette feuille , nommée la *marge* , ſert de mo dele pour placer ſucceſſivement toutes les feuilles à tirer qui doivent couvrir exactement cette marge , & ne poin la déborder ; ſans cela elles ne ſe rencontreroient pas di rectement ſur la forme , & il ſe trouveroit plus de marg extérieure d'un côté que de l'autre.

Lorſque la marge eſt fixée ſur le tympan , l'imprimeu prend deux pointures & en met une de chaque côté du tym pan ſur la marge , en obſervant de placer l'ardillon de l pointure au-deſſus du pli fait précédemment ; chaque feuill de papier qu'il mettra ſur la marge ſera percée par les ar dillons , & ces trous ſerviront pour faire le *regiſtre* à la *re tiration* , c'eſt-à-dire pour faire rencontrer les pages l'un ſur l'autre lorſqu'il remettra ſur le tympan les feuilles déj imprimées d'un côté pour les imprimer de l'autre , en fai ſant entrer les ardillons dans ces trous, ce que l'on nomm *pointer*. Pour juger ſi le regiſtre eſt bon , il tire en blanc c'eſt-à-dire ſans encre , quelques feuilles de papier qu'i retourne enſuite en les pointant , & il les foule en retiratio auſſi en blanc , afin de vérifier la rencontre de l'emprein du ſecond foulage ſur celle du premier : ſi elle n'eſt pa exactement juſte , il bouge la forme ſuivant le beſoin , e lâchant les coins des cornieres & chaſſant ceux qui ſont l'oppoſite ; ou bien il hauſſe ou baiſſe un peu chaque poin ture , juſqu'à ce que le regiſtre ſoit fait. Pour lors il attach la friſquette au tympan en faiſant entrer les broches dan les charnons , & il la fait fouler ſur la forme pour e prendre l'empreinte dont il ſuit le pourtour en la décou pant , & ne découvrant que ce qui doit marquer à l'im preſſion.

Quand le regiſtre eſt fait , il deſſerre les coins de l forme ſur laquelle il paſſe le taquoir qu'il frappe à petit coups avec le manche d'un marteau , pour baiſſer les lettre dont le pied ne porteroit point ſur le marbre , & pour éta blir entre elles un niveau parfait : il prend avec les balle un peu d'encre qu'il diſtribue bien également , & il e *touche* toute la ſuperficie de la forme à pluſieurs coups , e tenant les balles droites , & les appuyant à chaque coup. I place sur le tympan une feuille du papier à tirer, dont il couvre bien exactement la marge, baisse la frisquette sur le tympan, & l'une & l'autre sur la forme, porte la main gauche sur la manivelle à laquelle il fait faire un peu plus d'un tour pour avancer à moitié le train sous la platine, ce qu'on appelle au *premier coup*, le foulage de la feuille entiere se faisant en deux temps; & il prend de la main droite le manche du barreau pour le tirer à lui en portant en arriere le poids de son corps. Par ce quart de mouvement circulaire, la vis sort de son écrou d'un quart de tour, descend verticalement d'environ 9 à 10 lignes, & baisse dans la même proportion la platine sur le train qu'elle foule en raison de l'effort contre le barreau. L'ouvrier lâche ensuite mollement le barreau, qui, retournant à sa place, fait rentrer la vis dans l'écrou, & remonte ainsi la platine; puis par un demi tour qu'il donne à la manivelle, il acheve de conduire le reste du train sous la platine, au *second coup*, reprend le barreau contre lequel il fait un nouvel effort, puis le laisse retourner à sa place comme au premier coup. Alors il déroule la manivelle en sens contraire pour reculer le train de dessous la platine, leve le tympan, puis la frisquette, & prend la feuille imprimée sur laquelle il examine si la frisquette n'a pas *mordu*, c'est-à-dire si elle a été coupée suffisamment pour ne pas couvrir quelques lettres du bord des pages: il fait aussi attention au foulage; & lorsqu'il voit des endroits moins noirs que les autres, parcequ'ils ont moins foulé, il y remédie en collant sur la feuille de papier nommée *marge*, un morceau de papier de même grandeur que l'endroit non foulé, ce que l'on nomme *mettre des hausses*. Cette premiere feuille tirée se nomme la *tierce*: on la porte au Prote qui vérifie si les corrections faites sur la derniere épreuve ont été fidellement exécutées. Alors la feuille est en *train*, & l'imprimeur n'a plus qu'à *rouler*, c'est-à-dire qu'à répéter les mêmes opérations pour chaque feuille de papier, jusqu'à ce qu'il en ait tiré le nombre déterminé.

Pour accélérer l'impression ou le tirage des feuilles, il y a deux ouvriers pour le service d'une presse: l'un touche la forme avec les balles (ayant soin de bien broyer l'encre, de la distribuer également, & de n'en prendre que de trois en quatre feuilles au plus, pour suivre le même ton de couleur, & ne point faire des feuilles noires & d'autres grises); l'autre place les feuilles sur le tympan, les tire, &

les porte ensuite sur un banc près de lui. Tous deux doivent de temps en temps jetter un coup d'œil sur les feuilles tirées, pour voir s'il n'y a pas d'ordures, si quelques lettres qui se bouchent, si le ton de couleur est le même, & si le foulage est uniforme, ce qu'on connoît mieux en regardant la feuille en dessous où l'empreinte du foulage doit paroître d'un relief égal.

Lorsque le nombre déterminé des feuilles est tiré, on serre un peu plus les coins de la forme en les chassant, pour l'enlever sans la rompre : on la porte dans une auge de pierre, & on l'y lave avec une lessive faite par une dissolution de potasse dans de l'eau de riviere, en la brossant avec une grande brosse à long poil, pour enlever l'encre qui gâteroit l'œil de la lettre si on l'y laissoit sécher : on rince ensuite cette forme avec de l'eau nette, & on la place debout, en lui donnant un peu de pente, dans un endroit frais, afin que les bois de la garniture ne se sechent point trop promptement, ce qui la feroit *tomber en pâte*, c'est-à-dire se rompre d'elle-même.

Pour la retiration, c'est-à-dire pour l'impression de l'autre côté de la feuille, l'ouvrier prend la forme correspondante, la couche sur le marbre de la presse, & exécute pour cette forme les mêmes opérations que pour la premiere ; si ce n'est qu'il ne fait point de marge, parceque l'ardillon des pointures restées fixes au tympan, doit entrer dans les trous faits en papier blanc, & qu'en place de cette marge il met sur le tympan une feuille de papier gris un peu humectée que l'on nomme *décharge*, & qu'il a soin de renouveller de temps en temps, afin que le côté déja imprimé ne se macule pas par le foulage de la retiration.

Telle est l'idée sommaire qu'on peut donner de l'*Art Typographique :* nous finirons par l'explication de quelques parties dont nous n'avons pas encore parlé.

Les *vignettes* sont des ornements de la largeur de la *justification* d'une page, gravés en relief sur bois ; il y en a aussi qui sont composées de différentes pieces de fonte combinées à volonté : on les emploie à la tête & au commencement des grandes divisions d'un ouvrage.

Les *culs-de-lampe* sont aussi des ornements gravés en bois, ou de fonte, dont on se sert pour remplir le blanc d'une page à la fin d'un chapitre, &c.

On tire aussi quelquefois à part, & sous la presse de

l'Imprimeur en taille douce, les *vignettes* & les *culs-de-lampe*, lorſqu'ils ſont gravés ſur cuivre.

Les *guillemets*, inventés par un nommé *Guillaume*, Imprimeur, d'où ces caracteres ont pris leur nom, ſont un ſigne repréſentant deux eſpeces de virgules miſes à côté l'une de l'autre en ce ſens » pour diſtinguer certains morceaux cités d'un ouvrage.

La *ſignature* eſt une lettre de l'alphabet qu'on met au bas de la premiere page de chaque feuille pour déſigner & indiquer l'ordre qu'elle doit avoir dans le volume : on met auſſi la même lettre accompagnée d'un chiffre arabe ou romain, au bas des feuillets de la premiere moitié d'une feuille (ainſi A, A ij, A iij, &c.) afin de faire connoître l'ordre que les feuillets doivent avoir entre eux. L'alphabet donne 23 lettres, & on recommence après ces 23 lettres en les doublant A a, ce que l'on appelle *double ſignature*.

La *réclame* eſt le premier mot de la feuille ſuivante, qui s'imprime au bas de la derniere page de la feuille précédente, pour faire connoître la liaiſon de l'une à l'autre.

Les Imprimeurs & les Libraires ne font qu'une ſeule & même communauté ſous le nom de *Corps de la Librairie & Imprimerie*, à laquelle ſont demeurés unis les Fondeurs de caracteres d'Imprimerie, par l'édit de Louis XIV du mois d'Août 1686, & de laquelle ont été ſéparés les Relieurs & Doreurs de livres, par le même édit qui les érige en corps particulier de jurande.

L'édit de 1686, & la déclaration du 23 Octobre 1713, enregiſtrée le 26 du même mois & donnée en interprétation dudit édit, doivent être regardés comme les véritables ſtatuts de la Librairie. Ces réglements compoſent ſoixante & neuf articles, dont quelques-uns ont ſouffert des modifications dans pluſieurs occaſions. Enfin l'arrêt du Conſeil d'Etat du Roi du 10 Décembre 1725, porte que la communauté des Libraires-Imprimeurs de Paris prendra, comme par le paſſé, le titre de *Communauté des Libraires & Imprimeurs Jurés de l'Univerſité de Paris*.

Les Libraires & Imprimeurs demeurent dans l'enceinte de l'Univerſité : les apprentifs doivent avoir un certificat du Recteur pour être reçus maîtres.

Les Imprimeurs ne peuvent être au-delà de trente-ſix à Paris ; le nombre des Imprimeries a été auſſi fixé dans les autres villes du royaume. Chaque Imprimerie doit être composée de quatre presses au moins, & de neuf sortes de caracteres romains avec leurs italiques depuis le gros-canon jusqu'au petit-texte inclusivement.

Les Syndic & Adjoints doivent faire tous les trois mois la visite des Imprimeries.

Lorsqu'un Imprimeur décede sans veuve ou sans enfants qui aient qualité pour exercer l'Imprimerie, les vis des presses de son Imprimerie sont transportées, à la diligence des Syndic & Adjoints, en la Chambre de la Communauté, pour y être déposées jusqu'à la vente de cette Imprimerie en ladite Chambre. *Voyez* Libraire, Relieur.

IMPRIMEUR EN TAILLE-DOUCE. L'Imprimeur en taille-douce est celui qui imprime des estampes & images, ou autres semblables ouvrages gravés au burin ou à l'eau-forte sur des planches de cuivre, d'étain ou d'autres matieres.

La presse des Imprimeurs en taille-douce est composée de deux jumelles, de quatre pieds de hauteur chacune, sur un pied d'épaisseur, jointes en haut & en bas par des traverses qu'on nomme des *sommiers*. Ces jumelles, qui sont éloignées l'une de l'autre d'environ vingt-six pouces, posent sur un pied aussi de bois, dont les pieces, qui sont placées de champ & qui soutiennent toute la presse, ont quatre pieds & demi de longueur, sur quatre pouces d'épais.

Quatre especes de petites colonnes qui appuient aussi sur le pied & qui tiennent aux jumelles, portent quatre tringles de bois à coulisse, qui servent à avancer ou reculer la table de la presse lorsqu'on la veut faire passer entre les deux rouleaux dont nous allons parler. Cette table a quatre pieds trois pouces de long, deux pieds de large & un pouce & demi d'épaisseur.

Les *rouleaux* ont trois pieds deux pouces de long y compris les tourillons, & ont six pouces de diametre; ils portent tous deux dans les jumelles, chaque tourillon tournant dans deux boîtes faites en demi-cercle, & garnies de fer poli pour la facilité du mouvement. Les boîtes du rouleau d'en haut sont mises par-dessus, & celles du rouleau d'en bas placées au dessous. On remplit le dessus & le dessous avec du papier ou du carton, afin de les hausser ou baisser, en sorte qu'il ne reste d'espace entre les rouleaux qu'autant qu'il en faut pour y faire passer la table chargée de la planche

qu'on

qu'on veut imprimer, & du papier & étoffes qui sont nécessaires pour cela.

Enfin à un des tourillons du rouleau d'en haut est attachée la *croisée*, c'est-à-dire deux pieces de bois qui se traversant en croix forment une espece de moulinet : la croisée, dont les bras ont environ deux pieds, sert à donner le mouvement aux rouleaux qui le communiquent à la table qui passe entre deux ; elle tient lieu dans cette presse de la manivelle qui, dans celle des Imprimeurs en lettres, sert a avancer ou reculer le train & la forme sous la platine.

A côté de la presse est *l'encrier*, c'est-à-dire une espece d'auge de bois avec des bords relevés autour, dans laquelle on met le noir composé, qui sert à l'impression. Sur la même table où est posé l'encrier est aussi le *tampon* qui sert à donner l'encre aux planches, & encore les vieux linges avec lesquels on les essuie quand elles en ont suffisamment reçu.

L'encre pour l'impression des tailles-douces est une composition de noir de fumée & d'huile mêlés & cuits ensemble dans certaines proportions, tant pour le mêlange que pour la cuisson.

Le *noir* est une composition qu'on tiroit autrefois d'Allemagne ; mais celle que l'on fait présentement à Paris passe pour être plus douce & meilleure que celle que les ouvriers Allemands fournissoient auparavant aux Imprimeurs François.

Les principaux ingrédients qui entrent dans la fabrique de ce noir sont des noyaux de pêches & d'abricots, des os de pieds de mouton, & de l'ivoire, le tout bien brûlé, bien broyé, & bien tamisé : la liaison de ces drogues se fait avec de la lie de vin, quelquefois seulement avec de l'eau. Le meilleur noir est fait avec l'ivoire tout seul, & la lie.

L'huile qui sert à délayer le noir, doit être de l'huile de noix de la meilleure qualité, mais cuite différemment, suivant les différents ouvrages qu'on veut imprimer : on en fait ordinairement de trois sortes, de la claire, de la grasse, & de la forte, qui ne sont différentes que par leur degré de cuisson. On destine l'huile forte aux plus beaux ouvrages, les deux autres s'emploient à proportion de l'estime que l'on fait des tailles-douces qu'on veut imprimer ; la claire servant aux moindres, & la grasse aux médiocres. L'huile se cuit dans une marmite de fer.

Lorsqu'on veut composer l'encre, on pulvérise exactement le noir qui est en forme de pierre, & on le passe à travers un tamis très fin; puis on le broie sur un marbre avec celle des trois huiles qui convient aux tailles-douces qu'on veut tirer, après quoi on le met dans l'encrier avec une *amassette* de tôle ou de fer. La maniere de broyer cette encre sur le marbre est la même que celle des peintres qui préparent les couleurs en huile, & l'on s'y sert comme eux d'une molette de pierre.

L'encre étant préparée, & l'encrier en étant rempli, on en prend une petite quantité avec le tampon, qui est une espèce de molette faite de plusieurs bandes de linge roulées fortement les unes sur les autres; & avec ce tampon on noircit toute la superficie de la planche.

La planche, suffisamment remplie d'encre, s'essuie d'a[bord] avec quelque morceau de linge usé, ensuite avec l[a] paume de la main gauche, & puis avec celle de la mai[n] droite; après quoi on la met un peu chauffer avant que d[e] la mettre sur la table de la presse. La machine sur laquell[e] on la met chauffer s'appelle le *gril*, & elle est en effet com[]posée de plusieurs barres de fer, & soutenue de quatre pied[s] aussi de fer, de huit à neuf pouces de hauteur. On entretien[t] toujours sous ce gril un feu médiocre.

Quand la planche est bien *encrée* & essuyée, on la po[se] sur un papier collé sur la table de la presse, de la grande[ur] de la taille-douce qu'on veut imprimer; sur la planche o[n] couche bien uniment le papier qui doit en recevoir l'em[]preinte, & qu'on a eu soin de tremper auparavant; sur [] papier on met un papier gris qu'on appelle *maculature*; [] enfin par-dessus tout cela on applique les *langes*, c'est-à[-] dire quelques morceaux d'étoffe douce, ordinairement [] molleton ou de serge.

C'est en cet état que, par le moyen des ailes de la croi[]sée, on fait passer la planche entre les deux rouleaux de [] presse. Pour bien entendre comment cela s'opere, il fa[ut] observer qu'entre les deux rouleaux de la presse il n'y a p[as] tout-à-fait assez d'espace pour recevoir la table sur laquel[le] est tout l'appareil dont on vient de parler. Cette table e[st] formée en talut par les bords, pour pouvoir entrer un p[eu] entre les deux rouleaux. Le mouvement qu'on donne à [] croisée sert à faire tourner le rouleau supérieur, qui, éta[nt] pressé fermement contre la table, l'entraîne à mesure qu['il] tourne; & en même temps cette table s'appuyant elle-mêm[e] sur le rouleau inférieur, elle le fait rouler en sens contraire : en glissant ainsi entre les deux rouleaux, la table se trouve portée de l'autre côté de la presse, après y avoir reçu une forte compression qui imprime sur le papier tous les traits de la planche gravée, posée sur cette table.

Quand la table est ainsi passée, l'Imprimeur leve les langes & la maculature, & les renverse sur le rouleau : après quoi il prend par les deux coins la feuille de papier qui est sur la planche gravée, il la leve très doucement ; & ayant considéré un instant cette *épreuve*, pour voir si tout a bien marqué, il la pose à côté de lui & la couvre d'un papier gris.

Il y a des ouvrages que l'on fait passer une seconde fois entre les deux rouleaux, mais ce ne sont pas ceux qu'on exécute avec le plus de soin.

Il est bon d'observer que plus l'encre est forte, plus il faut que les rouleaux pressent fortement la planche gravée ; ce qui engage certains ouvriers à mettre dans leur encre plus d'huile grasse ou claire que d'huile forte, pour épargner leur peine : mais cela fait une mauvaise impression.

On doit toujours faire tremper le papier deux jours avant que de l'employer, afin qu'il soit plus mollasse & plus en état de tirer le noir qui est dans la planche ; il faut aussi, au sortir de l'eau, mettre le papier en presse entre deux ais que l'on charge de quelques pierres pesantes, pour que l'eau y pénetre davantage & plus également.

A mesure que les épreuves sont imprimées, on les étend sur des cordes pour les faire sécher.

Enfin quand on a tiré d'une planche le nombre d'épreuves qu'on trouve à propos d'en avoir ou dont on a besoin, on la frotte toute entiere d'huile d'olive avec un tampon d'étoffe, pour empêcher qu'elle ne se rouille, après quoi on l'enferme dans du papier pour la réserver à une nouvelle impression.

Avant l'année 1694, les Imprimeurs d'estampes & d'images n'étoient que de simples compagnons que les graveurs & imagers de Paris avoient chez eux pour faire rouler les presses de leur imprimerie.

Ces ouvriers ayant été compris dans le rôle des nouvelles communautés dressé au Conseil le 10 Avril 1691, ils furent en conséquence érigés en corps de jurande par la déclaration du 17 Février 1692 ; mais ce ne fut que par les lettres-patentes du mois de Mai 1694, qu'ils reçurent leurs ſtatuts & que leur communauté ſe trouva entiérement formée.

Il y a à la tête de cette communauté deux ſyndics, dont l'un eſt le tréſorier de la bourſe commune.

Le fonds de cette bourſe conſiſte au tiers des ſalaires que les maîtres reçoivent journellement du travail de leur preſſe; le produit s'en diſtribue tous les quinze jours, déduction faite des frais qu'il convient faire, & des rentes conſtituées par la communauté.

Mêmes privileges qu'aux veuves des autres corps.

Les apprentifs doivent être obligés pour quatre ans, & chaque maître n'en peut avoir qu'un ſeul à la fois.

Avant que l'apprentif puiſſe être reçu à chef-d'œuvre, dont il n'y a que les fils de maîtres qui ſoient exempts, il doit avoir ſervi de compagnon deux années depuis ſon apprentiſſage.

Les maîtres ne peuvent demeurer ailleurs que dans l'Univerſité, & n'y peuvent tenir plus d'une imprimerie.

IMPRIMEUR EN TOILE PEINTE. C'eſt celui qui imprime ou peint les toiles qu'on veut mettre en indienne; *voyez* TOILE PEINTE.

INDIENNE. *Voyez* TOILE PEINTE.

INDIENNEURS. On nomme ainſi ceux qui travaillent dans les manufactures d'indienne. *Voyez* TOILE PEINTE.

INDIGOTIER. On donne ce nom à l'ouvrier qui travaille à la préparation de l'indigo.

Le détail du procédé de cet art n'intéreſſe pas moins le commerce & les arts que la phyſique & la chymie. Lorſque l'Amérique ne cultivoit pas encore cette plante, & qu'elle n'étoit connue qu'aux Indes, les anciens naturaliſtes ignoroient ſon origine; ils croyoient que le produit de ſa *fécule* qui donne cette belle teinture en bleu, venoit d'une écume de roſeaux; quelques-uns la regardoient comme une eſpece de pierre. Les uns & les autres ſe trompoient, puiſque l'indigo n'eſt qu'un ſuc épaiſſi qu'on tire, par le moyen de l'art, de la tige & des feuilles de l'anil.

La préparation de l'*indigo* & de l'*inde* eſt un des arts que cultivent les habitants de nos Colonies en Amérique; c'eſt même une de leurs grandes richeſſes. Ces ſubſtances font un objet très important de commerce, par l'uſage dont elles ſont dans la teinture.

Les feuilles & les tiges de l'anil étant miſes dans des

facs pour qu'il ne s'en perde rien, on les transporte dans l'*indigoterie*, qui est le lieu où l'on prépare l'*indigo*. La disposition en est très simple. On pratique d'abord un réservoir qui doit toujours être rempli d'eau claire ; au-dessous de ce réservoir, on dispose trois cuves les unes au-dessous des autres ; on donne à la premiere, qui est la plus élevée, le nom de *trempoir ;* celle de dessous s'appelle la *batterie*, & la derniere & inférieure se nomme *reposoir* ou *diablotin*. On met dans la premiere cuve la tige & les feuilles de la plante nommée *anil* ou *indigo*, que l'on cultive avec de grands soins, & dont on fait de grandes récoltes en Amérique : *voyez le Dictionnaire d'Histoire Naturelle de M. de Bomare*.

Le *trempoir* est un bassin de figure à-peu-près quarrée, de dix-huit à vingt pieds de longueur sur quatorze à quinze de largeur, & trois & demi à quatre pieds de profondeur ; la *batterie* est moitié moins grande, & le *reposoir* n'a qu'un tiers de la grandeur de la batterie. On a soin de les construire de bonne maçonnerie, de les bien enduire de ciment, & de les établir autant que l'on peut aux environs de quelque ruisseau d'eau courante, ou de quelque petite riviere dont l'eau soit extrêmement claire, pour s'en procurer au moyen des écluses ou de quelques saignées.

La plante étant mise avec une suffisante quantité d'eau pour la submerger, de peur qu'elle ne surnage & ne s'éleve au-dessus des bords, on l'assujettit en la chargeant de morceaux de bois. Dans la premiere cuve, nommée le *trempoir*, elle s'y macere & y fermente plus ou moins vîte, relativement à la température de l'air, ce qui ordinairement ne passe pas les vingt-quatre heures. Les particules colorantes se développant, l'eau devient bleue : alors on la fait couler par un robinet placé au bas du trempoir dans la seconde cuve qu'on nomme *batterie ;* & on fait nettoyer tout de suite le trempoir pour y remettre de nouvelles plantes ; ce qu'on continue jusqu'à ce qu'on ait employé toutes les feuilles de la récolte.

Comme l'eau qui a passé du trempoir dans la batterie se trouve impregnée du sel de la plante & d'une huile qui est intimement liée par la fermentation à une terre très subtile qui constitue la fécule ou substance bleue qu'on cherche, on travaille à la séparer d'avec ce sel ; pour cet effet on agite cette eau, soit à force de manivelle, soit avec des ſeaux troués mis au bout d'un levier, juſqu'à ce que les parties colorantes & errantes qui nagent, diviſées dans l'eau, s'agglomerent en petits grains. Cette opération est la plus importante & en même temps la plus délicate & la plus difficile pour un Indigotier : pour peu qu'il manque d'attention, qu'il ſuſpende mal-à-propos l'action des ſeaux, il perd beaucoup de la partie colorante qui n'a pas été assez ſéparée du ſel de la plante : ſi au contraire il fait battre l'eau après que la ſéparation du ſel a été faite, les parties ſe rapprochent, forment une nouvelle combinaiſon ; le ſel, par ſa réaction ſur l'huile & ſur la terre, excite une ſeconde fermentation, altere la teinture, & noircit la couleur ; c'eſt ce que les Indigotiers appellent un *indigo brûlé*. Pour prévenir ces accidents, l'Indigotier obſerve ſoigneuſement les différents phénomenes qui ſe paſſent dans le travail de la batterie qui dure ordinairement deux ou trois heures, & il ſaiſit l'inſtant favorable où il doit faire couler l'eau chargée de fécule colorante dans le *repoſoir* ou *diablotin*, pour que cette fécule s'y agglomere & s'y raſſeye : pour en juger il tire de l'eau de la batterie dans une taſſe de cryſtal, & examine ſi la fécule ſe précipite ou ſi elle eſt encore errante. Dans ce dernier cas, il ordonne que l'on continue toujours de battre. Mais lorſqu'il s'apperçoit que les molécules colorées ſe raſſemblent & ſe ſéparent de la liqueur, que le grain en eſt bien nourri, bien rond, d'un œil brillant, que ſa ſurface eſt couverte de petites paillettes d'une apparence cuivreuſe, qui ſe diviſent en de points preſque imperceptibles, il fait ceſſer promptement le mouvement des ſeaux pour donner à la fécule le temps de ſe précipiter au fond de la cuve où on la laiſſe juſqu'à ce que l'eau paroiſſe extrêmement claire, ce qui eſt l'affaire de douze à quinze heures. On fait enſuite écouler cette eau au moyen de différents trous percés à diverſes hauteurs par leſquels on la répand hors de la batterie. Dès que la fécule qui eſt au fond a acquis la conſiſtance d'une boue liquide, on ouvre le robinet de la batterie & on laiſſe écouler l'eau chargée de la fécule dans le *repoſoir*. C'eſt là qu'elle ſe précipite & ſe dépoſe petit à petit. Lorſqu'elle eſt bien dépoſée, on la prend avec une cuiller & on en emplit des chauſſes de figure conique, de la longueur de quinze à vingt pouces, afin que l'eau s'écoulant & l'humidité s'évaporant, l'indigo acquiere une conſiſtance de pâte. On vuide alors les chausses dans des caissons quarrés ou oblongs d'environ deux à trois pouces de profondeur, & on y fait sécher l'indigo à l'ombre sous des hangards aérés, pratiqués exprès ; ensuite on le coupe en petits pains quarrés pour le distribuer dans le commerce.

Le bel indigo se reconnoît à sa sécheresse, à sa légéreté qui le fait surnager sur l'eau, à son inflammabilité, & à sa couleur bleue ou violette ; lorsqu'on le frotte sur l'ongle, il laisse une trace qui imite le coloris de l'ancien bronze. L'*inde* est une fécule que l'on tire de la même plante ; mais pour l'obtenir on n'emploie exactement que les feuilles de la plante, au lieu que pour la préparation de l'*indigo* on emploie les feuilles & la tige.

On distingue plusieurs sortes d'indigo qui tirent leurs noms des lieux où on les recueille. Le Cerquès, le Guatimalo, le Jamaïque, le Java, le Laure, le S. Domingue, sont bien connus ; mais les plus estimés sont le Guatimalo, le Laure & le S. Domingue. Cette marchandise est susceptible d'être falsifiée, mais il n'est pas toujours facile de découvrir la fraude. La plus difficile à distinguer, c'est lorsqu'on a mêlangé les qualités. Si on a mêlé dans la pâte de la rapure de plomb, qui prend facilement la couleur de l'indigo, on soupçonne facilement cette fraude par la pesanteur. L'indigo est d'autant plus beau qu'on a employé la plante plus verte ; mais aussi alors elle rend une moins grande quantité de parties colorantes.

Le Journal Economique de 1755 dit que M. de *S. Pée*, maître en chirurgie au quartier de la riviere Salée de la Martinique, a trouvé le secret de faire de l'indigo avec une plante différente de celle dont on s'est servi jusqu'à présent ; qu'elle n'est point sujette aux chenilles ; que les grandes pluies n'en font pas tomber les feuilles comme celles de l'anil, & que l'indigo qui en est provenu a été trouvé parfaitement beau par MM. *de Bompar*, gouverneur-général, & d'*Hurson*, alors intendant des Isles du Vent. Cette plante ne seroit-elle pas du nombre de celles qui sont beaucoup répandues dans les isles de l'Amérique, dont la fermentation donne à la vérité une couleur bleue plus parfaite & plus belle que celle de l'anil, mais en si petite quantité que les habitants la négligent & la regardent comme une mauvaise herbe du pays ?

L'indigo qui vient des Indes paie pour droit d'entrée dix

livres par cent pesant, & douze livres deux sols six deniers lorsqu'il entre par Lyon. Celui des Isles Françoises de l'Amérique paie cinq livres par cent, conformément aux arrêts du Conseil d'État des mois d'Octobre 1721 & Août 1728. Celui qui provient de la traite des Negres ne paie que moitié du droit, selon l'arrêt du 26 Mai 1720. L'indigo destiné pour les manufactures des draps de Sedan est exempt de tout droit d'entrée & de sortie.

Nous recueillons dans quelques-unes de nos provinces, & sur-tout en Languedoc, une plante qui fournit un bleu aussi solide que celui de l'indigo & qui nous donne toutes les nuances de cette couleur. Cette plante est le *pastel*, connu en Normandie sous le nom de *vouede* ou *guesde*. On pourroit peut-être parvenir avec des soins suffisants à tirer un bleu aussi parfait de cette plante que de l'*indigo*.

Voici la maniere dont on prépare ordinairement le pastel. On cueille les feuilles de cette plante, on les met en tas sous quelque hangard pour qu'elles se flétrissent, sans être exposées à la pluie, ni au soleil. On porte les feuilles au moulin où on les réduit en pâte, on fait ensuite des tas de cette pâte, que l'on pêtrit avec les pieds & avec les mains; on en fait des piles dont on unit bien la surface en la battant, afin que le tas ne s'évente pas. La superficie de ces tas se seche, il s'y forme une croûte, & au bout de quinze jours on ouvre ces petits monceaux; on les broie de nouveau avec les mains, & l'on mêle dedans la croûte qui s'étoit formée à la superficie; on met ensuite cette pâte bien broyée en petites pelotes. C'est là le pastel de Languedoc, que l'on apporte en balles qui pesent ordinairement depuis cent cinquante livres jusqu'à deux cents; il ressemble à de petites mottes de terre desséchée & entrelacée de quelques fibres de plantes. Le meilleur pastel vient du diocese d'Alby. C'est avec ces mottes de pastel que l'on fait les cuves de pastel pour teindre en bleu: *voyez* TEINTURIER.

Le *vouede* ou *pastel* de Normandie ne fournit pas autant de couleur que le pastel de Languedoc.

INFIRMIER. C'est celui qui, dans les hôpitaux, est préposé à la garde & au soulagement des malades, & que le peuple nomme trivialement un *garde-malade*.

Ce métier, dont l'emploi est aussi important pour l'humanité que l'exercice en est répugnant, ne doit pas être confié à toutes sortes de sujets, parceque la vie des malades dépend souvent des soins qu'on leur administre.

Dans les hôpitaux, les travaux des Infirmiers consistent à allumer le matin du feu dans les salles, & à l'entrenir pendant le jour; à porter & distribuer aux heures prescrites les vivres, les tisanes & les bouillons; à accompagner les médecins & chirurgiens pendant les pansements; à enlever les bandes, compresses, &c. à balayer les salles; à sécher & changer le linge des malades; à empêcher tout ce qui peut troubler leur repos; à avertir l'aumônier dès qu'ils les apperçoivent en danger; à transporter les morts & les ensevelir; à allumer les lampes le soir, visiter les malades pendant la nuit, veiller continuellement sur eux, & leur donner tous les secours nécessaires.

Non seulement on demande dans un Infirmier beaucoup d'attention pour ses malades, on exige encore de lui de la sobriété, & sur-tout beaucoup de probité. On sent bien qu'un Infirmier ivre ou convaincu d'avoir soustrait quelques aliments aux malades n'est pas propre à ce métier, & qu'il doit être puni; mais le cas est encore bien différent lorsqu'il a détourné des effets dont il est responsable, qu'il est convaincu de vol, ou qu'il a fait quelques autres malversations. On peut voir dans les réglements faits pour les hôpitaux en Janvier 1747, la police qui est prescrite pour maintenir le bon ordre dans cette partie qui est si difficile & si intéressante pour le service des malades.

On donne le nom de *garde-malade*, ou simplement de *garde*, à des femmes qui, dans les maisons particulieres où elles sont appellées, remplissent auprès du malade les mêmes fonctions dont les Infirmiers sont chargés dans les hôpitaux. Leur sensibilité & la douceur naturelle à leur sexe les rendent plus intelligentes, plus adroites, & infiniment plus propres que les hommes à servir les malades, à leur rendre des soins assidus, & à avoir pour eux mille petites attentions qui sont si consolantes pour les malades & si propres à hâter leur guérison.

INGÉNIEUR. C'est un Officier chargé de la fortification & des travaux, de l'attaque & de la défense des places. Il va reconnoître la place qu'on veut attaquer, en désigne l'endroit le plus foible, trace les tranchées, les lignes de circonvallation, les places d'armes, les galeries, les logements sur la contrescarpe & la demi-lune; conduit les travaux jusqu'au pied de la muraille; marque aux travailleurs l'ouvrage qu'ils doivent faire; fait construire dans une place de guerre les ouvrages qui ſont néceſſaires à ſa défenſe ; & fortifie les camps par les différents travaux qu'il y fait faire. On ſent combien doivent être étendues les connoiſſances néceſſaires pour bien remplir de ſi importantes fonctions.

Outre les ſciences fondamentales de cet art, qui ſont l'arithmétique, la géométrie élémentaire & pratique, les méchaniques & l'hydraulique, il ſeroit encore à deſirer que chaque Ingénieur poſſédât bien le deſſein, la phyſique, l'architecture civile, la coupe des pierres, & même la ſcience de la tactique.

L'eſprit de diſcorde a regné de tous temps ſur la terre ; il y a eu des querelles & des combats dès le moment qu'il y a eu des hommes. Semblables aux animaux féroces, les hommes ſe ſont diſputé dans les premiers âges leur nourriture, la jouiſſance d'une femme, la poſſeſſion d'un antre, le creux d'un arbre ou d'un rocher : les armes que la nature peut fournir, ſont les ſeules qu'on aura d'abord employées ; la fureur, l'unique guide qu'on aura ſuivi ; on n'aura connu d'autre bornes à la victoire que l'excès de la fureur & de la vengeance. Les familles ſe réunirent, les ſociétés ſe formerent, & dès-lors on vit commencer les hoſtilités de nation à nation ; on ravageoit le ſéjour de ſon ennemi, on enlevoit ſes troupeaux, & on tâchoit ſur-tout de faire des priſonniers pour les réduire en eſclavage. Vint enfin l'eſprit de conquêtes ; les conquérants ravagerent la terre. Enfin, les connoiſſances de l'homme ſe multipliant, on conſtruiſit des places, on les fortifia, on s'aſſura des endroits par où l'ennemi auroit pu pénétrer facilement : l'*artillerie* vint au ſecours : l'intérieur des grands Etats ceſſa d'être expoſé aux ravages & à la déſolation : la guerre s'éloigna du centre & ne ſe fit plus que ſur les frontieres. Les villes & les campagnes commencerent alors à reſpirer.

On qualifia du nom d'*Ingénieur*, ceux qui conſtruiſirent les places & les défendirent ; mais le génie s'oppoſant au génie, l'homme employa tout ſon ſavoir pour attaquer ces mêmes places.

Les Ingénieurs ſont, chez nous, un corps qui doit ſon établiſſement à M. le Maréchal *de Vauban*. Avant cet établiſſement, rien n'étoit plus rare en France que les hommes de cette profeſſion. Le petit nombre d'Ingénieurs obligés d'être toujours ſur les travaux, étoit ſi expoſé, que preſque tous se trouvoient ordinairement hors d'état de servir dès le commencement ou au milieu d'un siege. » Cet inconvénient joint à plusieurs autres défauts dans lesquels on » tomboit, dit M. le Maréchal *de Vauban*, ne contribuoit » pas peu à la longueur des sieges. »

Par l'établissement du corps du Génie, le Roi a toujours un nombre d'Ingénieurs suffisant pour servir dans ses armées en campagne, & dans ses places. On ne fait point de siege depuis long-temps, qu'il ne s'y en trouve trente-six ou quarante, partagés ordinairement en brigades de six ou sept hommes, afin que dans chaque attaque on puisse avoir trois brigades, qui se relevant alternativement toutes les vingt-quatre heures, partagent entr'elles les soins & les fatigues du travail, & le font avancer continuellement sans qu'il y ait aucune perte de temps. C'est à cet établissement que la France doit la supériorité qu'elle a, de l'aveu de toute l'Europe, dans l'attaque & la défense des places, sur les nations voisines.

L'*Artillerie*, qui avoit toujours formé un corps particulier, sous la direction d'un Grand-Maître d'Artillerie, depuis la suppression de cette importante charge, a été réunie à celui du Génie. Par l'ordonnance du 8 Décembre 1755, les deux corps n'en doivent plus faire qu'un seul, sous la dénomination de *Corps Royal de l'Artillerie & du Génie.*

La *fortification* ou *l'art de fortifier*, qui est du ressort de l'Ingénieur, consiste à mettre une place ou un autre lieu qu'on veut défendre, en état de résister avec très peu de monde aux efforts d'un ennemi supérieur en troupes qui veut s'en emparer. Les ouvrages qu'il construit pour cet effet, sont les *bastions*, les *demi-lunes*, les *ouvrages à corne*, les *fossés*, les *remparts*, &c. *Voyez le mot* Place.

Les fortifications sont de différente espece, c'est-à-dire qu'elles sont relatives à l'objet auquel on les destine, & aux machines avec lesquelles on peut les attaquer.

Les premieres fortifications furent d'abord très simples, elles ne consistoient que dans une enceinte de pieux ou de palissades; on les ferma ensuite de murs avec un fossé devant, qui empêchoit qu'on n'en approchât : on reconnut bientôt que l'enceinte d'une place ne devoit point être sur une même ligne continue, parcequ'on battoit trop aisément en breche; ainsi l'on construisit les murailles de maniere à présenter des parties saillantes & rentrantes; on éleva des tours aſſez près les unes des autres, ſur les remparts. Lorſque les ennemis vouloient appliquer des échelles, ou approcher des machines contre une muraille de cette conſtruction, on les voyoit de front, de revers, & preſque par derriere ; ils étoient comme enfermés au milieu des batteries de la place qui les foudroyoient.

L'uſage du canon dans les ſieges obligea de faire des parapets d'une plus grande épaiſſeur. Aux tours qui étoient abattues par le premier coup de canon, on ſubſtitua des *baſtions*, qui ſont de grandes maſſes de terre ordinairement revêtues de maçonnerie ou de gazon, qu'on place ſur les angles de l'eſpace que l'on fortifie, & même quelquefois ſur les côtés, lorſqu'ils ſont fort longs. Leur figure eſt à peu près celle d'un pentagone ; elle eſt compoſée de deux faces qui forment un angle ſaillant vers la campagne, & de deux flancs qui joignent les faces à l'enceinte. Ces baſtions doivent être capables de contenir un nombre de ſoldats ſuffiſant pour ſoutenir long-temps les efforts de l'ennemi.

Les maximes qui ſervent de baſe à l'art de la fortification peuvent ſe réduire en général aux quatre ſuivantes. 1°. Qu'il n'y ait aucune partie de l'enceinte d'une place qui ne ſoit vue & défendue par quelque autre partie. 2°. Que les parties de l'enceinte qui ſont défendues par d'autres parties de la même enceinte, n'en ſoient éloignées que de la portée du fuſil, c'eſt-à-dire d'environ 120 toiſes. 3°. Que les parapets ſoient à l'épreuve du canon. 4°. Que le rempart commande dans la campagne tout autour de la place à la portée du canon.

Ce ſont auſſi les Ingénieurs qui conduiſent les opérations & tous les différents travaux qu'on doit faire pour s'emparer d'une place, tels que *tranchées*, *ſapes*, *paralleles*, ou *places d'armes* ; ils déterminent le nombre qu'on en doit faire, les côtés ou les fronts par leſquels on doit attaquer la place fortifiée ; ils tracent les plans ſur leſquels les tranchées, les logements, les batteries doivent être faits.

En général les principes qu'on obſerve dans l'attaque, ſont de s'approcher de la place ſans être découvert, directement, obliquement, ou par le flanc. Si l'on faiſoit les tranchées directement à la place par le plus court chemin, on y ſeroit en butte aux coups des ennemis placés ſur les pieces de la fortification où la tranchée aboutiroit.

Il faut éviter de faire plus d'ouvrages qu'il n'en eſt beſoin pour s'approcher de la place ſans être vu, c'eſt-à-dire qu'il faut s'en approcher par le chemin le plus court qu'il eſt poſſible de tenir en ſe couvrant ou détournant des coups de l'ennemi. On doit ouvrir la tranchée le plus près de la place qu'il eſt poſſible, ſans trop s'expoſer, afin d'accélérer & de diminuer les travaux du ſiege. On doit éviter avec ſoin d'attaquer par des lieux ſerrés, comme auſſi par des angles rentrants, qui donneroient lieu à l'ennemi de croiſer ſes feux ſur les attaques.

On attaque ordinairement les places du côté le plus foible; mais il n'eſt pas toujours aiſé de le remarquer. On a beau reconnoître une place de jour & de nuit, on ne ſait pas ce qu'elle renferme, à moins qu'on n'en ſoit inſtruit par quelqu'un à qui elle ſoit parfaitement connue.

Avant l'invention de la poudre & du canon, on voyoit des villes médiocres ſe défendre pendant pluſieurs années. L'uſage du canon & des mines a donné depuis une telle ſupériorité à l'attaque, que notre fortification actuelle paroîtroit avoir beſoin d'une rectification qui mît plus d'équilibre entre la défenſe & l'attaque.

La multiplicité de connoiſſances néceſſaires pour former un Ingénieur, fait qu'on les diviſe en pluſieurs claſſes relativement à leurs différents emplois.

L'*Ingénieur de place* eſt celui qui eſt chargé dans une place de guerre de la conduite des différents travaux qui s'y font; qui, indépendamment de la ſcience de la fortification qu'il doit ſavoir ſupérieurement, doit être inſtruit de la maniere de diſpoſer le plus avantageuſement toutes les pieces qui ſervent à la défenſe d'une place.

L'*Ingénieur de place maritime* doit ſavoir de plus que l'Ingénieur de place, de qu'elle façon ſe conſtruiſent les ouvrages qui ſe bâtiſſent dans une ville maritime. Cette eſpece de fortification demande une étude particuliere, & il eſt difficile d'y réuſſir ſans beaucoup de travail & d'application : pour s'en convaincre on n'a qu'à lire les deux derniers volumes de l'architecture hydraulique par M. *Belidor*.

L'*Ingénieur de la marine* doit joindre aux connoiſſances d'un Ingénieur ordinaire celles de la conſtruction & de la manœuvre des vaiſſeaux, & de tout ce qui a rapport à la guerre & au ſervice de mer. En 1752 on a établi à Breſt une académie royale de marine, dont l'objet eſt de produire de bons Ingénieurs, d'habiles constructeurs de navires, & d'excellents officiers de marine.

L'*Ingénieur de campagne* est chargé de la fortification passagere, c'est-à-dire des travaux qui se font à la suite d'une armée, soit pour fortifier un camp ou quelque poste, soit pour former les attaques d'une place ou en diriger la défense : ce qui demande non seulement beaucoup de connoissance dans l'art de la guerre, mais encore beaucoup d'activité & d'intelligence pour imaginer & exécuter sur le champ tous les travaux nécessaires pour fortifier les camps & les postes qu'on veut défendre, parcequ'un moment perdu dans ces occasions est souvent irréparable. Quoique la fortification de campagne ait quelque rapport avec celle des places, la science de celle-ci ne suffit pas toujours pour développer pleinement ce qui concerne l'autre; c'est pourquoi l'Ingénieur de campagne ne sauroit trop s'appliquer à tout ce qui tient à la guerre & aux arts dépendants des mathématiques.

Les *Ingénieurs Géographes des camps & armées du Roi* doivent d'abord lever le plan du camp d'assemblée, & successivement tous ceux que l'armée occupe jusqu'à ce qu'elle rentre dans ses quartiers; ils levent aussi le plan des lignes, des retranchements & des postes importants. Dans les sieges ce sont eux qui levent le plan de la tranchée, & qui envoient tous les jours au Ministre de la guerre le détail des progrès de la nuit.

L'*Ingénieur des ponts & chaussées* doit être également instruit dans les mathématiques & le dessein, ainsi que dans l'architecture civile, militaire & hydraulique; il est chargé par état de conduire les travaux qui se font dans le royaume pour la construction & l'entretien des ponts, chaussées, chemins, &c. L'établissement de ces Ingénieurs date de Henri IV, qui donna des réglements de police à ce sujet, & destina des fonds pour la réparation des ponts & chaussées. Le Roi entretient à Paris une école pour les ponts & chaussées, où les plus habiles maîtres en chaque genre instruisent les éleves dans le dessein, les mathématiques, l'architecture civile, & toutes les sciences relatives à leurs opérations.

Il y a aussi des *Ingénieurs provinciaux*, ou *Directeurs de fortifications* dans les provinces, qui sont chargés de la direction générale de tous les travaux qui se font dans les places de leur département.

L'*Ingénieur machiniste* est celui dont l'habileté dans la méchanique lui fait inventer des machines propres à augmenter les forces mouvantes, traîner & enlever les plus grands fardeaux, conduire & élever les eaux.

Le nombre des Ingénieurs du Roi est fixé en France à trois cents; ils sont partagés dans les différentes places du royaume avec six cents livres d'appointement, qui augmentent ensuite selon le mérite & l'ancienneté, & dont les moindres sont pendant la guerre de cent cinquante livres par mois. En temps de guerre on fait des détachements d'Ingénieurs à la suite des armées; ceux qui servent dans les sieges sont partagés en brigades qui se relevent toutes les vingt-quatre heures, & à la tête desquelles est un ancien Ingénieur.

Les Ingénieurs des armées du Roi obtiennent les mêmes grades militaires & les mêmes récompenses que les autres officiers des troupes, pensions, majorités, gouvernements de places; ils peuvent même devenir Maréchaux de France, ainsi que l'a été M. de Vauban.

INSPECTEUR DES MANUFACTURES. C'est celui qui est préposé de la part du Gouvernement pour veiller sur la police des manufactures, & pour faire exécuter les réglements qui ont été faits à ce sujet.

Le devoir de l'Inspecteur est d'avoir l'œil à ce que les étoffes soient de la largeur & de la longueur prescrites, & qu'on n'emploie dans leur fabrique que les matieres ordonnées & permises. Il doit aussi être présent aux visites & marques qui se font par les maîtres & gardes des marchands & ouvriers, soit dans les halles & les marchés, soit dans les maisons des manufacturiers.

Il y a trente Inspecteurs établis pour toutes les draperies & étoffes de laine qui se manufacturent dans le royaume, six Inspecteurs pour les toiles, & deux pour les manufactures étrangeres. Ces deux derniers se tiennent à Calais & à S. Valery, comme étant les deux seuls ports de France par lesquels ces marchandises peuvent entrer.

A Paris il y en a deux, un au bureau de la douane, qui est en correspondance avec tous les Inspecteurs de province, & l'autre à la halle aux draps de la même ville. Celui qui est préposé pour les foires S. Germain & S. Denis n'est en exercice qu'autant que ces foires durent.

Chez toutes les nations étrangeres où le commerce est en vigueur, il y a de ces sortes d'Inspecteurs pour quelque marchandise que ce soit, afin d'en examiner la bonne qualité, & en rabattre du prix pour ce qui se trouve taré & endommagé.

INTERLOPE. C'est celui qui, sans en avoir obtenu la permission des intéressés ou des directeurs d'une compagnie, fréquente avec son vaisseau les côtes, havres & ports de mer éloignés, pour y faire un commerce clandestin au préjudice de ceux qui ont des privileges exclusifs.

L'appât d'un gain considérable fait mépriser à cette espece d'aventuriers les dangers qu'ils courent en faisant ce commerce, parceque les compagnies qui sont intéressées à l'empêcher, leur font donner la chasse par leurs vaisseaux, les combattent lorsqu'ils les rencontrent, & ne leur font aucun quartier. Les Hollandois, & sur-tout les Anglois, font ce commerce prohibé sur les côtes de la terre ferme de l'Amérique Espagnole, dans la mer du Nord & dans celle du Sud.

Lorsque les Interlopes négocient, comme ils le disent, *à la longueur de la pique*, ils mouillent leurs vaisseaux à quelque distance de la côte, derriere quelque rocher, ou à l'abri de quelque terre qui les mette à couvert du canon des forteresses. Cette précaution étant prise, ils envoient à terre quelqu'un qui parle la langue du pays, & annonce leur arrivée à ceux qui sont dans l'usage de trafiquer avec eux.

Lorsqu'ils croient pouvoir traiter sans craindre d'être inquiétés, ils font des signaux que les habitants du pays reconnoissent, & au moyen desquels ils se rendent la nuit sur le bord des Interlopes pour y acheter ce dont ils ont besoin, & pour y faire des échanges.

Ces Interlopes rapportent souvent de leur trafic dans la mer du Sud des cargaisons très riches qui consistent en or, argent, pierreries, perles, fruits, cochenille, indigo, & cacao, qu'ils ont eus en échange pour les étoffes de diverse espece, la mercerie & la clincaillerie dont ils sont chargés.

JOAILLIER. Le Joaillier est l'artiste qui met en œuvre toutes sortes de pierreries & de diamants, & qui en fait commerce.

Les

Les ouvrages qui sont l'objet de la joaillerie sont à l'infini, aujourd'hui sur-tout que le luxe & le goût de la parure sont poussés à l'excès.

Les principales pierres précieuses que l'on emploie dans les parures, sont le diamant, le rubis, l'émeraude, le saphir, le topaze, l'opale, la turquoise, l'améthyste, le grenat, l'aigue-marine, le péridot, la jacinthe, la perle, l'agate arborisée, &c.

On employoit fort rarement le diamant avant le regne de Louis XIII, parcequ'on n'avoit point encore trouvé le secret de le tailler; & ce n'est proprement que sous Louis XIV que l'on a commencé à en faire usage. Les anciens le connoissoient, mais ils en faisoient peu de cas; ils estimoient beaucoup plus les pierres de couleur, & sur-tout les perles. *Agnès Sorel*, qui aimoit la parure, est la premiere femme qui ait porté des pierreries en France. Anne de Bretagne est la seconde. Depuis François I, qui a chassé la barbarie & rappellé les arts, jusqu'à Louis XIII, toutes les parures n'étoient composées que de pierres de couleur, & de perles. On portoit des agraffes de différentes pierres de couleur, & quelquefois on y mettoit un diamant au milieu. Pour les perles, sur-tout les perles en poires, elles étoient si communes & si à la mode en France, sous Henri III & sous Henri IV, que les femmes & les hommes en avoient souvent leurs habits semés depuis le haut jusqu'en bas. Les femmes ont conservé l'usage des perles jusqu'à la mort de la Reine Marie Thérese d'Autriche. C'est à-peu-près l'époque où les diamants brillantés ont commencé à devenir en vogue, & à obtenir la préférence sur toutes les autres parures de pierres précieuses.

La dureté, la transparence, le jeu éclatant des reflets des diamants, & leur pesanteur spécifique, sont les principales qualités qui les font reconnoître parmi les autres pierres précieuses. On ne trouvoit autrefois des diamants que dans les Indes Orientales, principalement dans la partie inférieure de l'Indostan. En 1677 il y avoit vingt-trois mines de diamants ouvertes dans le royaume de Golconde; aujourd'hui c'est du Brésil, province de l'Amérique Méridionale appartenant aux Portugais, que l'on tire la plus grande partie des diamants qui se répandent en Europe; mais ils passent pour avoir moins de dureté que ceux d'Orient; aussi les Joailliers donnent-ils l'épithete d'*orientales* à toutes les pierres fines qui ont la perfection que l'on exige.

Les *diamants blancs*, & dont l'eau est bien nette, sont les plus estimés. Dans le commerce on entend par *eau*, la transparence du diamant. Les défauts qui peuvent se trouver dans la netteté de cette pierre précieuse, sont les couleurs sales & noirâtres, les glaces, les points rouges ou noirs, les filandres & les veines. Ces défauts que l'on exprime par différents noms, comme *tables*, *dragons*, *jardinages*, &c. viennent ou de ce que des matieres étrangeres sont incorporées dans le diamant, ou de ce que les ouvriers en cassant les roches à coups de masse, donnent quelquefois sur les diamants bruts des coups qui les fêlent.

La netteté & la transparence dans un beau diamant dépendent de la nature, mais l'éclat & la vivacité viennent de la *taille* que leur donne le *lapidaire* ou *diamantaire*. Voyez Lapidaire.

On distingue facilement les pierres fines naturelles, des factices, par le poids & par la dureté; mais la couleur des dernieres imite quelquefois bien celle des premieres. On connoît la dureté par l'essai de la lime, qui ne mord point sur les pierres fines naturelles; mais cependant le saphir, l'améthyste orientale, la topaze, la chrysolite, & toutes celles d'entre les pierres précieuses dures & transparentes qui ont la propriété de perdre leur couleur au feu, ont souvent donné des diamants factices, que les plus habiles connoisseurs avoient peine à discerner de ceux que la nature présente tout formés.

Les pierres fausses ou de composition les plus à la mode sont les *stras*, nom d'un Joailler de notre temps, qui, le premier, les a mis en vogue; elles ne different des fines que par moins de dureté & un plus grand poids. *Voyez* au mot Verrerie la composition de ces diamants factices.

Les deux plus beaux diamants que le Roi possede sont le *Régent* & le *Sancy*.

Le *Régent* fut acheté d'un Anglois par feu M. le Duc d'Orléans, Régent, qui lui a donné son nom : il pese 547 grains, ou 137 karats moins un grain, & a coûté deux millions cinq cents mille livres; mais il est estimé aujourd'hui cinq millions. Il est si parfait qu'il passe pour être le plus beau diamant du monde.

Le *Sancy* pese 226 grains : il est de figure oblongue, formant une double rose, d'une eau & d'une netteté parfaites. Ce fut M. de Harlay, Baron de Sancy, Ambassadeur de France à Conſtantinople, qui l'apporta au Roi, & lui donna ſon nom : il n'a coûté que ſix cents mille livres ; mais on l'eſtime bien davantage.

Pour donner une idée de la joaillerie, nous parlerons de la façon de mettre en œuvre, c'eſt-à-dire de monter une pierre, & d'en former une bague.

Pour faire une bague à une pierre ſeule, on prend une *ſertiſſure* d'or, qui eſt un fil d'or deſtiné à entourer la pierre, & on adapte cette ſertiſſure à la pierre.

Après cette opération on fait le fond de la bague ; on a une plaque d'or qu'on *emboutit*, c'eſt-à-dire qu'on creuſe dans un *dé à emboutir* avec une *bouterolle*.

Le dé à emboutir eſt un morceau de cuivre de deux pouces & demi en quarré, percé de pluſieurs trous de différentes grandeurs.

La *bouterolle* eſt un morceau de fer long d'environ trois pouces, proportionné à la grandeur d'un des trous du dé à emboutir, & qui doit former celle du fond de la bague.

On place cette plaque d'or ſur le trou du dé à emboutir, & la bouterolle ſur la plaque ; & en frappant avec un marteau ſur la bouterolle, on emboutit la bague comme elle doit l'être.

Quand le fond eſt embouti, on l'ajuſte ſous la ſertiſſure, & on le ſoude à la lampe, par le moyen d'un chalumeau, avec de la ſoudure d'or & du borax. On prend enſuite un fil d'or limé en quarré ; on le tourne avec des tenailles de la grandeur dont on veut faire le tour de la bague, ayant ſoin de laiſſer les deux extrémités plus épaiſſes que le milieu : on ajuſte le tout à la bague ſous ſon fond ; & quand il eſt ajuſté, on attache les deux parties avec du fil de fer pour les ſouder enſemble, comme nous avons déja dit.

Quand la bague eſt ſoudée, *on la taille*, c'eſt-à-dire qu'on y fait des filets tout autour avec l'*onglet*, qui eſt un morceau d'acier trempé, long de deux pouces & demi, emmanché dans un morceau de bois, & qui a au bout une de ſes faces tranchante, & l'autre ronde.

Quand la bague eſt taillée, on *la met en ciment*, ce qui conſiſte à l'enfoncer dans une poignée de bois, garnie de ciment, pour avoir la facilité de la ſertir ſans qu'elle vacille.

Pour la ſertir on commence par mettre du noir d'ivoire délayé avec de l'eau, dans l'endroit qui doit ſervir d'enceinte à la pierre ; & par le moyen d'un bâton de cire qui ſert à la prendre, on l'ajuste dans l'œuvre avec une échoppe qui a un de ses côtés rond, & l'autre presque tranchant; quand la pierre est ajustée & qu'elle est bien d'à-plomb, on prend une échoppe à arrêter, qui est plate, quarrée, & presque pointue par le bout avec lequel on serre le métal contre la pierre, pour éviter qu'il y ait du jour entre l'un & l'autre. On prend ensuite une échoppe plate pour former les *griffes* de la bague, qui sont ordinairement au nombre de huit, & qui servent à affermir la pierre & à la contenir.

Après ces différentes opérations, on ôte la bague du ciment & on la polit.

Pour la polir, on y passe d'abord une sorte de pierre qui mange tous les traits que la lime peut avoir faits, & qu'on nomme *pierre à passer*; on y passe ensuite de la pierre ponce délayée dans l'huile, & on frotte la bague avec un écheveau de fil imbibé de cette composition; on la frotte de la même maniere avec du tripoli en poudre délayé dans de l'eau; & enfin, pour l'aviver & lui donner l'éclat qu'elle doit avoir, on la nettoie avec une brosse; ce qui lui donne sa derniere perfection.

Il n'y a de différence entre la monture d'un diamant & celle d'une pierre de couleur, qu'en ce que la sertissure d'un diamant doit être d'argent, & que celle d'une pierre de couleur doit être d'or.

Les Joailliers de Paris ne polissent point leurs ouvrages; ce sont des ouvrieres appellées *polisseuses* qui y mettent la derniere main.

Les merciers & les orfevres de Paris sont appellés par leurs statuts *marchands Joailliers*, parceque les uns & les autres, à l'exclusion de tous marchands, ont la faculté de faire trafic de marchandises de joaillerie; mais les merciers ne peuvent tailler, monter, ni mettre en œuvre aucunes pierres précieuses ni joyaux, cela étant réservé aux seuls orfevres, qui sont les artisans de ces sortes de choses. *Voyez* ORFEVRE.

KER

KERMÈS. *Voyez* COCHENILLE.

LAC

LABOUREUR. *Voyez* FERMIER.

LACETS (Fabrique de). Le *lacet* est un petit cordon rond ou plat, de fil ou de soie, ferré par les deux bouts, qui sert à quelques vêtements de femmes & d'enfants.

Quoique les passementiers-boutonniers en fassent quelque peu sur un boisseau avec des fuseaux, & les tissutiers-rubaniers avec une navette, la plus grande quantité s'en fabrique à *Montbar*, petite ville de France en Bourgogne, dans l'Auxois, sur la riviere de *Braine*, qu'on travaille à-peu-près comme de la ficelle; & dans la Flandre Allemande, où il y a des manufactures de lacets façonnés au boisseau par le moyen de machines que l'eau fait mouvoir, & dont chacune revient à près de deux mille écus.

Le fréquent usage que les Hongrois font des cordons, gances & lacets, les a obligés à en faire eux-mêmes pour ne pas les payer aux Allemands le double de leur valeur. La maniere dont ils y procedent n'est pas moins industrieuse que commode; ils font leurs lacets tantôt plats, tantôt ronds, en passant une navette sur un métier; ces lacets ressemblent à ceux qu'on travaille au boisseau, & ont l'avantage d'être plutôt faits.

On fait avec le fil deux sortes de lacets. Le *fil de plain*, ou celui qui provient du chanvre le plus fort qui porte le chenevis, s'emploie pour la fabrique des meilleurs lacets qu'on ne teint jamais, parcequ'étant très fins on s'en sert dans cet état. Le fil d'étoupes, ou celui qui demeure après qu'on a ôté la meilleure filasse, sert à faire les lacets communs, qu'on teint ordinairement de différentes couleurs pour l'usage des habitants de la campagne.

Après que le fil est blanchi & dévidé sur un rouet ordinaire, on le distribue sur des bobines que l'on met sur un *tri* qui est au bas du métier à lacets. Il est composé de quatre petites colonnes rangées en ligne droite, hautes d'un pied & demi, éloignées d'un demi-pied l'une de l'autre, percées sur leur hauteur à une distance égale de quatre pouces, enclavées dans le marche-pied du métier, & arrêtées dans le haut par une petite traverse qui les embrasse & leur sert de chapiteau.

Le métier à lacets eſt une machine compoſée de deux colonnes d'un demi-pied d'équarriſſage en tous ſens, ſoutenues par deux petites pieces de bois couchées & longues de deux pieds, dans leſquelles elles ſont enclavées à la diſtance de trois pieds l'une de l'autre. Ces petites colonnes ſont fixées dans le bas par deux planches qui ſont clouées à leur côté ; & on met aux extrémités de chacune des deux pieces de bois qui les ſupportent, un poids d'environ cent livres peſant. Les deux colonnes ſont ſurmontées par une traverſe qui eſt percée ſur une ligne droite de vingt-quatre trous également diſtants les uns des autres, & ſur une ſeconde ligne de douze autres trous oppoſés aux vingt-quatre premiers, & dans leſquels on met les *fers à crochet*, ou manivelles qui ſervent à tordre le lacet, & dont le bout eſt recourbé par la pointe pour y attacher le fil qu'on veut tordre. Derriere cette premiere traverſe il y en a une ſeconde de même longueur, qui eſt attachée aux deux bouts par deux petits cordons, & qui, étant percée d'autant de trous que la premiere, reçoit les bouts des fers à crochet, & les fait tous tourner enſemble. La foible attache de cette ſeconde traverſe n'eſt faite qu'afin qu'elle puiſſe mieux ſe prêter au mouvement. Derriere ce métier eſt une eſcabelle où s'aſſied l'ouvrier.

Comme ce premier métier ne ſuffiroit pas pour faire les lacets, on lui en oppoſe un ſecond qu'on nomme le *chariot*, & qui conſiſte en un montant arrêté par deux *gouſſets* ou morceaux de planche en équerre, chantournés par devant, montés ſur deux roulettes, & terminés au-deſſous par une traverſe ſemblable à celle du premier métier, & percée de douze trous qui répondent aux douze autres trous de la ſeconde ligne. Derriere cette traverſe, ainſi qu'à celle du premier métier, il y a une autre double traverſe qu'on nomme la *poignée*, qui eſt percée de vingt-quatre trous, & qui reçoit également des fers à crochet. Cette ſeconde traverſe ſert à accélérer le mouvement des fers à crochet, en les faiſant tourner en ſens contraire de ceux du premier métier, & par ce moyen on double le tortillement des lacets. Ce ſecond métier eſt chargé, comme le premier, d'un poids de cent livres peſant, pour arrêter la force de l'ourdiſſement du lacet, qui ne doit ſe faire ſentir que d'une maniere imperceptible.

Ces deux métiers étant ainſi diſpoſés, on place le premier métier au bout d'une chambre, & on le rend solide par deux poids de cent livres chacun, qu'on met à chaque côté des colonnes, pour qu'il puisse supporter tout l'effort de l'ourdissement des lacets. On met ensuite le *chariot* à l'autre bout de la même chambre; & quoique le lacet le plus long ne doive avoir qu'onze pieds lorsqu'il est fini, on éloigne le chariot à la distance de treize pieds, parce-que la longueur que l'on a donnée aux fils diminue à mesure que le lacet s'ourdit. Dès que les métiers sont en place, l'ouvrier commence par tirer le fil des bobines qui sont placées au bas du premier métier, réunit en un seul les trois fils de trois bobines, accroche par un nœud ce triple fil au premier fer à crochet de la premiere rangée du premier métier, & va ensuite accrocher ce même triple fil au premier fer à crochet du chariot. Après cette opération, il revient attacher un second triple fil au premier crochet de la seconde rangée, opposé à celui où il a attaché le premier, & va l'arrêter de même sur le premier crochet du chariot; revient ensuite au premier métier où il accroche un troisieme triple fil au second crochet de la seconde rangée, dont il va attacher le bout sur le même crochet du chariot où il a attaché les deux autres; ce qui forme une espece de triangle. Ce procédé se continue ainsi de suite sur les trente-six fers à crochet du premier métier & les douze du second; en observant que les fils soient de même longueur, de même grosseur, & d'une tension égale; après quoi l'ouvrier fait tourner pendant un demi-quart d'heure la double traverse du premier métier, dont le mouvement fait aller tous les fers à crochet de gauche à droite jusqu'à ce que les neuf fils, dont chaque lacet est composé, soient ourdis en trois parties.

Dès que l'ourdissage est fait, l'ouvrier se sert du *sabot*, qui est un petit outil de bois à plusieurs coches, de cinq à six pouces de longueur, propre à assembler plusieurs cordons ou fils & à les tortiller ensemble pour en faire un plus gros. Au moyen du mouvement du second métier, ce sabot s'éloigne & glisse entre les fils jusqu'au premier métier, &, en les roulant les uns sur les autres, réunit en un seul les trois fils que contient chaque fer à crochet. Pour empêcher que plusieurs crochets ne s'embarrassent en tournant, par le frottement qui se fait contre la traverse, on a le soin de les frotter de temps en temps d'huile d'olive, dont l'ouvrier a toujours un vaiſſeau plein auprès de lui. Chaque *tirage* ou fabrique de lacets ſe faiſant en un quart d'heure, un bon ouvrier fabrique par jour juſqu'à dix *groſſes*, ou dix fois douze douzaines de lacets.

Après que les lacets ſont finis, on les cire avec un torchon ciré, on les détache des fers à crochet, on les raſſemble en groſſe, on teint ceux qu'on juge à propos, & on les garnit enſuite par les deux bouts de morceaux de fer blanc, qu'on prend ordinairement dans les retailles des ferblantiers, & qu'on coupe de la longueur qu'il faut avec des ciſailles qui ſont attachées ſur une table. Après que le fer à lacet eſt taillé, l'ouvrier le plie ſur l'une des cannelures dont ſon enclume eſt garnie ſur ſa largeur, & ferre enſuite ſes lacets. Dans un ſeul jour un homme coupe aſſez de morceaux de fer blanc pour la garniture de quatre-vingts groſſes de lacets.

Les lacets de laine ou de fil paient trois livres par cent peſant pour droit de ſortie, & deux livres lorſqu'ils ſont déclarés pour l'étranger; ceux de ſoie paient douze ſols de la livre, & ceux de fleuret vingt-cinq ſols, ſuivant le tarif de 1664.

LAINE (L'art de préparer la). *Voyez* DRAPIER.

LAINEUR, ou LANEUR. *Voyez* APPLAIGNEUR.

LAITIERE. C'eſt celle qui, dans les grandes villes, prépare le beurre, la crême, le fromage, ainſi que le fait la fermiere à la campagne.

L'art de la Laitiere eſt auſſi ſimple que les inſtruments qu'on y emploie; mais il exige une extrême propreté. Malgré cette ſimplicité, les anciens ont ignoré long-temps, à ce qu'il paroît, la maniere de faire le beurre. En Barbarie la méthode uſitée pour cette opération eſt de mettre le lait ou la crême dans une peau de bouc attachée à une corde tendue, & de le battre des deux côtés uniformément. Ce mouvement occaſionne une prompte ſéparation des parties butyreuſes d'avec les parties ſéreuſes.

Chez nous la Laitiere trait le lait des vaches en comprimant leurs pis entre ſes doigts. Elle reçoit ce lait dans un ſeau bien propre, & le porte à la laiterie dans de grandes jarres ou dans des terrines de grès. La laiterie doit être ſituée dans un endroit bien frais, & qui ne ſoit point expoſé au ſoleil; dans les grandes chaleurs on y jette de l'eau pour la tenir plus fraîche; tous les paſſages & ouvertres ſont interdits aux chats & autres animaux. Il y regne tout autour une banquette de pierre à hauteur d'appui, ſur laquelle on range toutes les jarres ; le mieux eſt qu'il y ait dans la longueur de ces banquettes des rainures qui conduiſent dans les cuviers la liqueur ſéreuſe qui découle des fromages.

La Laitiere met tout le lait qu'elle a trait dans ces vaſes de grès : lorſqu'il eſt refroidi & repoſé, la crême ſurnage ; pour lors elle l'enleve ſucceſſivement de toutes les jarres avec une large coquille bien propre, & la met dans un pot juſqu'à ce qu'elle en ait réuni une aſſez grande quantité, & qu'elle l'emploie. Lorſqu'elle veut faire le beurre, elle jette la crême dans la *baratte*, qui eſt un vaiſſeau de bois, fait de douves, plus étroit par en haut que par en bas, dans lequel on bat la crême pour en tirer le beurre.

L'ouverture de la *baratte* ſe couvre avec une ſébile troueé qui s'y emboîte, & par le trou de laquelle paſſe un long bâton qui ſert de manche au *bat-beurre*. Cette ſébile trouée empêche la crême de ſauter en l'air lorſqu'on la bat.

Le *bat-beurre* eſt une plaque de bois, épaiſſe d'environ un pouce, percée de pluſieurs trous, & emmanchée de plat au bout d'un long bâton. Les trous ſervent à donner paſſage au *lait de beurre*, c'eſt-à-dire aux parties ſéreuſes qui s'échappent d'entre les parties butyreuſes ou huileuſes qui ſe réuniſſent pour former le beurre, lorſqu'on bat la crême en hauſſant & baiſſant le *bat-beurre*.

Dans la plupart des laiteries où l'on fait beaucoup de beurre, on ſe ſert de la *baratte flamande*, qui eſt moins fatigante. Elle a la forme d'un petit tonneau couché ſur ſa longueur ; un morceau de bois le traverſe en dedans dans toute ſa longueur, & peut être mis en mouvement par une manivelle à bras. A ce morceau de bois, qui eſt dans l'intérieur du tonneau, en ſont attachés d'autres pour préſenter plus de ſurface ; au haut du tonneau eſt une large ouverture pour mettre la crême & retirer le beurre. L'on fait mouvoir la manivelle par le dehors ; auſſi-tôt les pieces de bois qui frappent à chaque inſtant la crême, font échapper toute la partie ſéreuſe, & le beurre ſe réunit : on le met en mottes ou en livres pour le vendre au marché : on le met auſſi en petits pains plats ou ſous quelque autre forme pour le ſervir ſur les tables.

On retire aſſez ordinairement de dix livres de lait trois

livres de beurre. Le trop grand froid ou la trop grande chaleur empêchent également le beurre de prendre : dans le premier cas, il faut le battre assez près du feu ; & dans le second, il faut mettre de temps en temps la *baratte* dans de l'eau fraîche. Le meilleur beurre, & le plus estimé, est celui qui est jaune naturellement.

Lorsque la Laitiere veut préparer des *crêmes fouettées*, elle prend de la crême bien douce, y met du sucre en poudre, une pincée de gomme adragant pulvérisée, un peu d'eau de fleur d'oranges, & elle fouette ensuite la crême avec une poignée de petits osiers blancs. L'air s'interpose entre la crême agitée, & la réduit en une masse très légere, que l'on dispose en pyramide, & dont on peut relever le goût & l'élégance, en y sursemant de petites dragées, & en la lardant de petits morceaux de citrons verds confits, & de conserves de différentes couleurs.

La Laitiere prépare aussi les *fromages :* elle en fait de deux especes ; les uns qui sont écrémés, & d'autres qui ne le sont pas. Elle fait ceux qui sont écrémés avec la partie caséeuse qui reste après que le lait a été écrémé pour faire du beurre. Mais lorsqu'elle veut faire ces fromages à la crême si délicats, qu'on sert sur les meilleures tables, elle prend autant de lait que de crême ; elle délaie dans deux cuillerées de lait gros comme une feve de *présure* (qui est un lait caillé & acide qu'on trouve dans l'estomac du veau), & la met avec le lait & la crême ; elle passe le tout à travers un tamis de crin dans une terrine, lui laisse prendre forme, & le met ensuite avec une cuiller dans de petits paniers d'osier, ou moules de fer blanc, pour le laisser égoutter : elle verse ensuite par-dessus ce fromage de la crême douce, dans laquelle elle a fait fondre du sucre en poudre.

Le fromage fait un objet de commerce considérable dans plusieurs contrées de l'Europe, & même en France où la consommation en est assez grande.

Il y a de tant de sortes de fromages, & sous des noms si différents, qu'il seroit assez difficile de les pouvoir détailler toutes. On se contentera de parler ici de quelques-unes des sortes qui sont de quelque considération dans le négoce des marchands épiciers.

Pour faire le fromage de Parmesan, on distribue le lait de vache dans la fromagerie par vingt livres pesant, dans des vaisseaux de bois de deux pieds de diametre, & dont les bords ont quatre pouces de hauteur ; le lendemain de la distribution, on leve la crême, ou fleur de lait, qui est à la superficie du vase, & qui est destinée à faire du beurre. Dès que le lait a été bien écrémé, on le met dans une chaudiere de cuivre étamée & faite en forme de cloche. Sur chaque vingt-cinq livres de lait écrémé on met une once de présure. On dissout cette présure dans un peu de lait, on la jette dans le lait écrémé pour le faire prendre, on y ajoute un gros de safran en poudre, & on mêle bien le tout ensemble ; lorsque le lait est caillé, on met sous la chaudiere du charbon de bois, afin d'y faire un feu clair & sans fumée ; on continue par un feu lent jusqu'à ce qu'on s'apperçoive que le petit lait commence à se séparer du caillé ; on ôte ensuite le feu ; on prend une *éclisse*, ou vase de bois de demi-aune de diametre, creux, & à-peu-près de la grandeur de la forme qu'on veut donner au fromage ; on pose par-dessus un cercle de bois de quatre à six pouces de hauteur, relativement à l'épaisseur qu'on veut donner à la piece de fromage. Cette éclisse étant percée de différents trous pour que le petit lait s'écoule plus facilement, on prend dans la chaudiere avec une grande cuiller du lait caillé qu'on met dans l'éclisse ; on le presse fortement avec les mains, & on le laisse ainsi tout un jour pour que le petit lait s'en sépare mieux ; le lendemain on leve le fromage avec le cercle, on le met dans un lieu sec jusqu'à ce qu'il se resserre de lui-même & se détache du cercle ; on le retourne de temps en temps, & on l'y laisse pendant huit à neuf mois, afin qu'il se forme mieux & qu'il prenne plus de consistance. Lorsqu'on juge qu'il est dans sa perfection, on le frotte tout autour d'huile d'olive mêlée avec un peu de vinaigre ; & pour le conserver long-temps on le met dans un endroit frais qui ne soit pas trop humide.

De toutes les especes de fromages qui se font en France, celui de *Roquefort* est un des plus renommés. Ce fromage se fait de lait de brebis, auquel on ajoute quelquefois un peu de lait de chevre pour le rendre plus délicat. Les brebis qui fournissent le lait paissent sur le Larzac, & dans quelques lieux voisins, comme sont le canton de Caussenegre dans le Gévaudan, & quelques pâturages du diocese de Lodeve. Cet espace de terrein est situé sur les frontieres du Languedoc & du Rouergue.

Les plantes que produisent les pâturages de ces cantons

ſont excellentes pour les beſtiaux : il eſt cependant des quartiers dans ce pays, & ſouvent dans la même paroiſſe, où les herbes ſont plus ſuaves, plus odoriférantes, plus ſucculentes; auſſi le lait des brebis eſt-il meilleur, & les moutons ſont-ils d'un goût plus délicat dans ces endroits que par-tout ailleurs.

On gouverne ces troupeaux avec une attention particuliere : pendant l'hiver on ne les fait ſortir que le jour, & même quelque temps après le lever du ſoleil. Mais depuis le mois d'Avril juſqu'à la fin de Novembre, ils ſont expoſés au grand air jour & nuit, excepté pendant les temps de pluie. Le berger alors, pour empêcher qu'ils ne ſe morfondent, les renferme dans des bergeries où ils n'ont d'autre nourriture que de la paille; il donne ſeulement un peu de foin aux agneaux les moins avancés & les moins forts; il fait manger tous les quinze jours à ceux qui ne ſont ſevrés que depuis peu de temps, du ſel & du ſoufre, mêlés par égale quantité, pour les dédommager de la privation du lait.

Durant l'hiver, & pendant que les troupeaux ſont renfermés dans les bergeries du Larzac, on leur donne du ſel, mais rarement & peu; on leur en donne plus ſouvent & en plus grande quantité lorſqu'ils demeurent continuellement expoſés à l'air.

On ne laiſſe boire ces bêtes que cinq heures après qu'elles ont mangé le ſel; on a ſoin ſur-tout de leur en faire manger toutes les fois qu'il y a des brouillards. L'expérience a appris que les bêtes à laine qui uſent du ſel, ſont plus belles, plus ſaines, plus vigoureuſes, ſe portent mieux, multiplient davantage, produiſent plus de lait, plus de laine, & d'une meilleure qualité.

Les bêtes à laine du Larzac ne meurent guere que de vieilleſſe, tandis que celles des autres cantons du Rouergue & du Languedoc, auxquelles on ne donne point de ſel, ne vivent que quatre ou cinq ans, & meurent preſque toutes de maladie.

La quantité de lait que donnent les brebis du Larzac, varie tous les ans ſelon la rigueur des temps, les intempéries de l'air, & elle eſt différente dans les différentes ſaiſons.

Le lieu de Roquefort eſt ſitué dans le Rouergue, & non dans le Languedoc, ainſi que quelques auteurs l'ont avancé.

Les caves dans leſquelles on prépare le fromage, ſont

pratiquées dans un rocher. La nature a eu plus de part à leur construction que l'art; on n'a fait que les agrandir pour les rendre plus commodes. Parmi ces caves, qui sont aujourd'hui au nombre de vingt-six, les unes sont entiérement logées dans le rocher, & les autres n'y sont qu'en partie. La saillie est formée par des murs de maçonnerie & couverte d'un toit: le devant de toutes les caves est pareillement construit en maçonnerie.

Toutes ces caves sont distribuées presque de la même maniere; leur hauteur est partagée par des planchers en deux ou trois étages. Le plus bas est un souterrain d'environ neuf pieds de profondeur, où l'on descend par une espece d'échelle à main. Le premier plancher est de niveau avec le seuil de la porte; le second plancher est à-peu-près huit pieds au-dessus; on y monte de même par une échelle. Autour de chacun de ces étages, il y a un ou deux rangs de planches, disposées en tablettes d'environ quatre pieds de largeur & à trois pieds de distance l'une de l'autre. On voit en différents endroits du rocher où les caves sont creusées, & sur-tout près du pavé, des fentes ou de petits trous irréguliers, d'où sort un vent froid, & assez fort pour éteindre une chandelle qu'on approche de l'ouverture, mais qui perd sa force & sa rapidité à trois pieds de sa sortie. C'est à sa froideur principalement qu'on attribue celle qui regne dans les caves.

Au commencement de Mai, on sevre les agneaux & on en fait des troupeaux séparés; c'est depuis ce temps jusqu'à la fin de Septembre qu'on travaille au fromage. Des bergers & des bergeres font la traite des brebis deux fois par jour, le matin vers cinq heures, & le soir vers deux heures; ils se servent, pour cet effet, de seaux de bois contenant environ vingt-cinq livres de lait. Pendant que ces bergers continuent la traite, d'autres portent les seaux pleins de lait dans les granges du Larzac, & dans les maisons des particuliers où se fait le fromage. Là on coule le lait à travers une étamine, on le reçoit dans une chaudiere de cuivre rouge étamée en dedans, & on observe sur-tout de ne jamais se servir une seconde fois des seaux, des couloirs & des chaudieres sans les avoir bien lavés. Les opérations de la laiterie exigent une grande propreté, jusques dans les menus détails; sans ce point rien ne réussiroit.

La traite étant faite & le lait coulé, on y jette une présure qui se fait de la maniere suivante. On égorge des chevreaux avant qu'ils aient pris d'autre nourriture que le lait, & l'on tire de leur estomac les caillettes où l'on trouve des grumeaux de lait. On sale ces caillettes avec une pincée de sel, & on les suspend en l'air dans un endroit sec. Lorsqu'elles sont suffisamment seches & qu'on veut faire la présure, on met dans une cafetiere de terre, qui contient environ quatre onces d'eau ou de petit lait, une partie d'une caillette qu'on y laisse vingt-quatre heures, afin que la liqueur puisse bien s'imprégner de ses sels; l'eau ou le petit lait dans cet état est ce que les habitants du pays appellent la *présure*.

On jette cette espece de levain dans le lait dont on veut faire le fromage; il cause dans toute la masse une espece de fermentation qui sépare la partie séreuse du lait d'avec les parties fromageuses; celles-ci flottent bientôt dans une liqueur plus aqueuse que le lait pur, s'accrochent, se lient & se joignent par pelotons : c'est là le lait caillé dont on fait le fromage.

La dose de la présure doit être proportionnée à la quantité du lait qui se trouve dans la chaudiere. Pour cent livres de lait, il faut à-peu-près une petite cuillerée de présure. Dès qu'elle est dans le lait, on brouille bien le tout ensemble par le moyen d'une écumoire à long manche; on laisse ensuite reposer le mêlange, & dans moins de deux heures le lait est entiérement caillé.

Alors une femme plonge ses bras dans le caillé & le tourne sans interruption en différents sens jusqu'à ce qu'il soit entiérement brouillé; elle les met ensuite en croix, & en cet état elle applique ses mains sur une portion de la surface du caillé, en le pressant un peu vers le fond de la chaudiere. Elle en fait successivement de même sur tout le reste de la surface pendant l'espace de trois quarts d'heure, & le caillé se trouve pris de nouveau; il forme une masse de la figure d'un pain, & se précipite dans le fond de la chaudiere, que deux femmes levent pour lors, afin de verser le petit lait dans un autre vase. L'une d'elles coupe ensuite le caillé par quartiers avec un couteau de bois, & les transporte de la chaudiere dans une forme placée sur une espece de pressoir.

La *forme* ou l'*éclisse* est une cuvette cylindrique de bois de chêne, dont la base est percée de plusieurs trous d'une ou de deux lignes de diametre : on se sert de formes plus ou moins larges, selon la grandeur & l'épaisseur qu'on veut donner au fromage.

En mettant le fromage dans la forme, la femme le briſe & le pêtrit de nouveau avec ſes mains; elle le preſſe autant qu'il eſt poſſible, & elle en remplit la forme à comble. On travaille alors à le faire égoutter, en le preſſant fortement. Quelques-uns ſe ſervent pour cette opération d'un preſſoir ordinaire; mais la plupart emploient des planches bien unies, dont ils couvrent le fromage qui eſt dans la forme, en les chargeant d'une pierre à-peu-près du poids de cinquante livres. On laiſſe le fromage dans la forme environ douze heures; pendant ce temps on le retourne d'heure en heure afin qu'il puiſſe s'égoutter parfaitement. Lorſqu'il ne ſort plus de petit lait par les ouvertures de la forme, on en tire le fromage, qu'on enveloppe d'un linge pour imbiber ſon humidité : on le porte enſuite dans la *fromagerie*.

La fromagerie eſt une chambre où l'on fait ſécher les fromages ſur des planches bien expoſées à l'air, & rangées à différents étages le long des murs. Afin que les fromages ne ſe gercent pas en ſe ſéchant, on les entoure de ſangles, faites d'une groſſe toile, que l'on ſerre le plus fortement qu'il eſt poſſible: on les range enſuite à plat ſur les planches, à côté les uns des autres, de façon qu'ils ne ſe touchent que par très peu de points. Ils ne ſont bien ſecs qu'après quinze jours, encore même faut-il durant ce temps les tourner & retourner au moins deux fois par jour. On a auſſi le ſoin de frotter, d'eſſuyer les planches, & même de les retourner. Sans ces précautions, les fromages s'aigriroient, ne ſe coloreroient pas dans les caves, s'attacheroient aux planches, & il ſeroit très difficile de les en détacher ſans les rompre.

Dès que les fromages ſont ſecs, & qu'on en a ſuffiſamment pour en faire une charge, on les porte dans les caves de Roquefort. Les formes dont chaque particulier ſe ſert pour faire les fromages, ſont marquées d'une lettre ou de toute autre empreinte qui lui eſt propre; par ce moyen chacun reconnoît les ſiens, & on évite la confuſion.

La premiere & la principale préparation qu'on donne aux fromages dans les caves de Roquefort, eſt de les ſaler; on emploie pour cette ſalaiſon du ſel de peccais, broyé dans des moulins à bled : on a éprouvé que le ſel de ſoude gâte le fromage. On jette d'abord du ſel de peccais, moulu & pulvériſé, ſur une des faces plates de chaque fromage; vingt-quatre heures après on les retourne, & on jette ſur l'autre face une même quantité de sel. Au bout de deux jours, on les frotte bien autour avec un torchon de grosse toile, ou avec un morceau de drap, & le surlendemain on les racle fortement avec un couteau; de ces raclures on compose une espece de fromage en forme de boule qu'on nomme *rhubarbe*, & qui se vend dans le pays trois ou quatre sols la livre.

Après qu'on a fait ces opérations, on met les fromages en pile les uns sur les autres, jusqu'au nombre de huit ou de douze. On les laisse dans cet état l'espace de quinze jours, au bout duquel temps, ou quelquefois plutôt, on apperçoit sur la surface une espece de mousse blanche fort épaisse, de la longueur d'un demi-pied, & une efflorescence en forme de grains qui ressemblent assez par la couleur & la figure à de petites perles. On racle de nouveau les fromages avec un couteau pour emporter cette mousse & cette efflorescence, & on les range sur les tablettes qui sont dans les caves. Ces procédés se renouvellent tous les quinze jours, & même plus souvent, pendant l'espace de deux mois. La mousse pendant ce temps paroît successivement blanche, verdâtre, rougeâtre; enfin les fromages acquierent cette écorce rougeâtre que nous leur voyons. Ils sont alors assez mûrs pour être transportés aux lieux où ils se débitent. Avant d'arriver à ce point de maturité, ils essuient dans les différentes opérations plusieurs déchets; de façon que cent livres de lait ne produisent ordinairement que vingt livres de fromage. Lorsqu'on le retire des caves, on paie aux propriétaires de ces caves quarante sols par cent pesant, pour les dédommager de leurs soins & du sel qu'ils ont employé.

Les bonnes qualités des fromages de Roquefort sont d'être frais, d'un goût agréable & doux, bien *persillés*, c'est-à-dire, parsemés en dedans de veines bleuâtres. Ils sont tous plats & de figure ronde; leur épaisseur dépend de la hauteur de la forme dans laquelle ils ont été faits; elle va depuis un pouce jusqu'à plus d'un pied, & leur poids depuis deux livres jusqu'à quarante.

Il sort tous les ans des caves de Roquefort environ six mille quintaux de fromage, ce qui fait un objet à-peu-près de trois cents soixante mille livres; aussi les habitants du Larzac & des lieux voisins trouvent-ils dans cette fabrique une ressource assurée: ils en font leur principale occupation. Ce genre de travail suffit pour occuper & faire subsister un grand nombre de familles.

Le détail que nous venons de donner sur le fromage de Roquefort, est tiré d'un mémoire de M. *Marcorelle*, correspondant de l'Académie Royale des Sciences. Cet auteur dit qu'on fait aussi environ douze cents quintaux de fromage dans différentes caves, qui sont à quelques lieues de distance de Roquefort, & où on le prépare de la même maniere. Mais il ajoute que les négociants qui achetent de ces fromages prétendus de Roquefort, ont remarqué que leur écorce est blanchâtre, qu'ils se carient facilement, qu'ils sont moins propres à être transportés, & qu'à la longue ils perdent plus de leur poids que les vrais fromages de Roquefort.

La ville de Toulouse fait un assez grand commerce de fromages de Roquefort; elle en fournit au haut Languedoc, à la Gascogne, au Roussillon, au pays de Foix; elle en envoie aussi une quantité assez considérable à Paris. De Nismes & de Montpellier on en fait passer à Lyon, dans le Dauphiné, la Provence, la Savoie, l'Italie. Au mois d'Octobre, dès que les grandes chaleurs sont finies, on envoie directement de Roquefort à Paris environ six cents quintaux de fromage, & deux cents quintaux à Bourdeaux; de ces deux dernieres villes, il en passe une partie en Angleterre, en Hollande & dans les Isles Françoises.

Les fromages de *Griers* ou de *Gruyere*, Bourg du Canton de Fribourg en Suisse, se font entiérement de lait de vache, & non d'autre, comme quelques-uns le prétendent.

Le fromage qu'on appelle de *premier lait*, est le plus gros & le plus estimé; il se fait tout de lait caillé, par gros pains plats & ronds, & c'est celui-là dont il se fait des envois considérables à Lyon pour la consommation de France.

A l'égard du fromage de *second lait*, il ne se fait que du petit lait du premier, & en pains plus petits de diametre, mais plus hauts de forme; celui-ci se consomme tout dans le pays, & en quelques autres endroits des environs.

Pour faire ces deux sortes de fromages, on se sert de deux différentes especes de présures; dont l'une, que l'on appelle simplement *présure*, est destinée pour le premier, & l'autre, que l'on nomme *azi*, s'emploie pour le second.

La présure pour le premier fromage est de l'eau chaude dans laquelle on fait tremper des caillettes de veau, qu'on a fait sécher avant de les employer à cet usage. On enveloppe dans ces caillettes une bonne pincée de sel; ces caillettes séchées doivent rester dans l'eau pendant vingt-quatre heures ; afin qu'elle puisse se bien impregner du sel qu'on y a mis.

A l'égard de l'azi, qui est la seconde présure, mais qui ne s'emploie qu'à faire la derniere sorte de fromage, ce n'est autre chose que du petit lait qu'on a mis aigrir dans une espece de fontaine de bois, après y avoir jetté de fort vinaigre. Il faut la laisser reposer huit ou dix jours avant que de s'en servir.

On commence à travailler au fromage le quinze Mai, qui est le temps où l'on met les vaches dans les pâturages des montagnes de Gruyere. Ce travail dure jusqu'au neuf Octobre, fête de Saint Denis, qu'on en retire les bestiaux.

La traite des vaches se fait deux fois le jour ; le matin sur les quatre à cinq heures, & l'après-midi sur les trois à quatre heures.

Il y a dans toutes les montagnes de Gruyere plusieurs bâtiments bas, uniquement destinés pour la fabrique du fromage. Chacun de ces bâtiments, que l'on nomme un *challet*, est composé d'une grande étable pour traire les vaches, d'un lieu particulier pour fabriquer le fromage, & d'une chambre propre à le mettre pour le saler, lorsqu'il est fabriqué ; le tout est au raiz-de-chaussée.

Quand on a fait la traite du lait, & qu'il a été purifié & filtré en le passant dans une espece de grand entonnoir de bois de sapin, dont le trou est garni d'un bouchon de paille ; celui qui fait le fromage, que l'on appelle *ermaillé*, & qui est comme le chef du challet, se lave les bras jusques vers les épaules, puis il les plonge dans la chaudiere, pour connoître si le lait est encore assez chaud ; s'il n'a plus le degré de chaleur convenable, il le fait chauffer doucement, jusqu'à ce qu'il soit un peu plus que tiede.

Lorsque le lait est à ce degré, on y jette une quantité de présure proportionnée à celle du lait ; on brouille bien le tout ensemble, on ôte la chaudiere de dessus le feu, & on laisse reposer jusqu'à ce que le lait soit intiérement pris ou caillé.

Le lait étant bien pris, on le détache doucement des bords de la chaudiere avec une cuiller de bois, & on tourne le caillé en augmentant toujours de vîtesse, jusqu'à ce qu'il soit entiérement *défait* ou *rompu*. On se sert pour cela d'une branche de sapin de la grosseur d'une bonne canne, dont on a ôté l'écorce, & dont on a coupé les rameaux à deux ou trois pouces de long, jusqu'au milieu de sa largeur.

Après cette façon, l'on remet la chaudiere sur le feu, où elle reste autant de temps qu'il en faut pour chauffer le caillé, au point d'y pouvoir souffrir le bras sans en être incommodé. Pendant ce temps on ne discontinue point de tourner avec la branche de sapin. Lorsque la chaleur devient trop grande, on ôte la chaudiere de dessus le feu, en continuant néanmoins de le tourner toujours; cette opération dure pendant une bonne demi-heure. On laisse ensuite reposer le caillé un moment, ce qui sert à le précipiter & à le rassembler tout en une masse dans le fond de la chaudiere. Alors deux hommes prennent un morceau de grosse toile claire, sur lequel ils le tirent hors de la chaudiere, pour le mettre, tout enveloppé de la toile, dans une forme qui est posée sur une espece de pressoir.

La forme est un grand cercle de bois de la hauteur dont on veut que le fromage soit fait; elle s'ouvre & se ferme quand on veut par le moyen de certains crans ou hoches.

Le caillé étant dans la forme, on le met sous le pressoir, qui est composé d'une planche bien unie, que l'on charge d'une pierre du poids de vingt-cinq à trente livres: on le laisse égoutter ainsi pendant une demi-heure, & lorsque l'on s'apperçoit que la planche touche le haut de la forme, on en ôte le fromage pour la resserrer d'un cran.

La forme ayant été resserrée, on y remet le fromage enveloppé d'un nouveau morceau de toile bien sec, & on recharge la planche de deux pierres de quarante à cinquante livres chacune, afin que le caillé puisse s'égoutter plus promptement. On continue ainsi d'heure en heure, retirant à chaque fois le fromage de la forme, & la resserrant toujours d'un cran, observant aussi à chaque fois d'envelopper le fromage d'un nouveau morceau de toile bien sec: on réitere cette opération jusqu'à douze & quinze fois; & lorsque les fromages sont parfaitement égouttés, on les porte dans la chambre pour les saler.

Pour cette salaison, l'on prend du sel bien sec, & pilé le plus menu qu'il a été possible, & l'on en jette environ deux pincées sur chaque pain de fromage. Une heure ou deux après que le sel est fondu, l'on prend un morceau de drap avec lequel on frotte les fromages tout autour avec exactitude, & on les laisse sécher. Lorsqu'ils sont secs, on les entoure de sangles faites d'écorce ou peaux de sapin, que l'on ſerre le plus fortement qu'il eſt poſſible ; & pour arrêter les bouts des ſangles, on pouſſe les fromages les uns contre les autres, à l'endroit où elles ſe croiſent.

Les fromages reſtent ſanglés juſqu'au lendemain, qu'on les deſſangle & qu'on les retourne. Après qu'ils ont été bien eſſuyés, de même que les planches ſur leſquelles ils ſont poſés, on ſeme deſſus deux nouvelles pincées de ſel : l'on continue ainſi à les ſaler pendant ſix ſemaines ou deux mois, & l'on connoît qu'ils le ſont ſuffiſamment, lorſqu'ils ne diſſolvent plus le ſel avec promptitude, ou en les goûtant par le moyen de la ſonde.

Il ne s'agit plus enſuite que de les laiſſer ſécher quelque temps, & alors il ſont en état d'être tranſportés.

Les fromages de Gruyere s'envoient dans des tonneaux par *meules* ou *pains* qu'on appelle auſſi *pieces*. Ces pains ſont du poids depuis 35 juſqu'à 60 livres.

Ce ſont ordinairement des marchands Suiſſes établis à Lyon qui y font des magaſins conſidérables de ces fromages, pour les vendre enſuite aux commiſſionnaires Lyonnois, qui les envoient aux marchands de Paris & des autres villes du royaume.

En Franche-Comté, en Lorraine, en Savoie & en Dauphiné, l'on contrefait les fromages de Gruyere ; mais ces ſortes de fromages contrefaits, quoique pour l'ordinaire fabriqués par des Suiſſes mêmes, ne ſe trouvent jamais ſi bons que ceux de Gruyere & de Berne, ce qui vient ſans doute de la différence des pâturages.

LAITON (Art de convertir le cuivre rouge en). Le cuivre rouge a toujours été regardé comme un objet très intéreſſant à cauſe des utilités qu'on en peut retirer. Sa ductilité le rend ſuſceptible d'une infinité de formes ; ſa fermeté fait qu'on peut le travailler fort mince ; ſa légéreté le fait employer à la fabrique de divers uſtenſiles propres à réſiſter à l'action du feu ; & le poli dont il eſt ſuſceptible le rend propre à divers ouvrages d'ornement. Il eſt vrai que le verd-de-gris auquel il eſt ſujet balance ces avantages ; mais pour certains uſages on peut remédier à cet inconvénient par un bon étamage. *Voyez* ÉTAMEUR. Un des principaux uſages du cuivre rouge eſt l'emploi qu'on en fait pour le convertir en laiton ou cuivre jaune, en y mêlant de la *calamine*, qui eſt une mine de *zinc* d'un blanc bleuâtre. Elle a la propriété de s'allier avec le cuivre rouge, & de lui donner une couleur jaune approchante de celle de l'or, & par conséquent fort différente de celle qu'il a naturellement : on joint encore à cet alliage du vieux cuivre jaune appellé *mitraille*.

Lorsqu'on a tiré la calamine des *burres*, ou puits des carrieres de cette espece de minéral, on en dresse une pyramide pour la faire calciner. Sur le premier lit de pierre calaminaire, qui porte sur un tas de gros bois, on forme un lit de charbon de sept à huit pouces d'épaisseur, sur lequel on étend un nouveau lit de calamine, & ainsi de suite jusqu'à ce qu'on ait formé le volume qu'on veut calciner.

Après dix ou douze heures de feu, qui suffisent pour la calcination, & après qu'on a donné à la calamine le temps de se refroidir, on en sépare les substances étrangeres, on la porte au moulin pour la faire pulvériser; l'ouvrier qui veille au cheval qui fait tourner la meule, a soin, comme dans les moulins à tan, de pousser avec une pelle la calamine sous la meule; dès qu'elle est pulvérisée, on la passe au *blutoir*, qui est un cylindre couvert d'une étamine de crin d'où elle sort en poudre très fine : on la met ensuite dans un baquet pour la porter à la fonderie où il y a des amas de *rosette*, ou cuivre rouge coupé par morceaux d'un pouce ou deux en quarré. Après avoir fait le mêlange, on le met fondre dans des creusets, & on reconnoît la bonté de la fusion à un bleu clair que donne la flamme, à sa légéreté & à sa vivacité. On prépare ensuite le moule en plaçant avec soin les barres de fer qui déterminent la longueur & l'épaisseur que l'on veut donner à la table de laiton.

Dans le moment qu'on jette la matiere dans les moules, on ferme exactement les portes & les fenêtres de la fonderie, de peur que l'air ne le refroidisse. Pendant qu'on la coule, les ouvriers ont la précaution de mettre entre leurs dents un bout de leur cravate, pour se faciliter la respiration, & ressentir moins les impressions du feu.

Les tables ordinaires de laiton ont depuis trois lignes jusqu'à quatre d'épaisseur; les extraordinaires & les plus fortes vont à neuf lignes, & n'ont pas plus d'étendue que les communes. Lorsqu'on a besoin de faire de ces grosses tables, on met dans les creusets un peu moins de calamine.

Après que le cuivre a été coulé en table, on le porte aux *usines*, ou batteries, dont le premier travail consiste à former toutes sortes d'ouvrages en plat au moyen des marteaux, comme tables de cuivre de toute épaisseur, chaudieres, chauderons, lames de cuivre droites pour faire le fil de laiton, lames contournées & arrondies en plat. Le second travail est la *tréfilerie*, ou la *tirefilerie*, qui s'opere au moyen des filieres où l'on fait passer le fil de laiton.

La partie de l'usine où se trouve la tréfilerie est à deux étages; le premier est de niveau avec les batteries où il y a une roue que l'eau fait mouvoir. Le second étage est un assemblage de charpente dont les montants sont percés d'une mortaise chacun, d'où partent autant de leviers mobiles autour d'un *boulon*, ou grosse cheville de fer, qui les traverse ainsi que les montants; au reste la tréfilerie du fil de laiton ne differe point de celle du fil de fer, c'est la même tenaille, le même mouvement, & le même effet: *voyez* FORGES.

Après que le fil de laiton a passé aux filieres, on le fait recuire dans une chaudiere pleine de suif de Moscovie, auquel les ouvriers donnent le nom de *talc*. On s'en sert aussi au premier tirage seulement, pour graisser à chaud le fil après qu'il a été coupé sur la *plate*, ou planche de cuivre bien dressée, & mise dans une égale épaisseur dans toute son étendue.

Comme il y a de la calamine de plusieurs especes, il y a aussi différentes façons de faire le laiton. Chaque pays a son usage particulier, tant pour la composition des creusets que pour la quantité & la qualité des ingrédients qu'on mêle avec le cuivre & la calamine.

Si la conversion du cuivre rouge en cuivre jaune est due en grande partie au *zinc* qui se trouve dans la calamine, on lui est aussi redevable de la couleur très approchante de celle de l'or qu'il donne au cuive rouge, qui porte alors le nom de *tombac*. Voyez ce mot.

LAMANEUR. C'est un pilote pratique des ports & entrées des rivieres navigables, qui y fait sa résidence, & qui est établi pour faciliter l'entrée & la sortie des vaisseaux dans les rades & dans les ports, lorsque les passages sont dangereux ou qu'ils ne sont pas assez connus. On lui donne aussi le nom de *Locman*, *Lorman*, ou *Lomens*.

L'ordonnance générale de la Marine du mois d'Août 1681, & l'ordonnance particuliere concernant les côtes de Bretagne du 18 Janvier 1685, veulent que tous Lamaneurs ne puissent être reçus qu'à vingt-cinq ans, & après avoir été examinés sur les manœuvres & la fabrique des vaisseaux, & sur la connoissance des marées, des bancs, des courants, & autres endroits difficiles des rivieres, ports & havres des lieux de leur établissement.

Aussitôt après leur réception ils sont obligés d'avoir toujours leurs chaloupes garnies d'ancres & d'avirons, pour se rendre, au premier signal, au secours des navires qui en ont besoin.

Les pêcheurs peuvent en l'absence des Lamaneurs faire entrer un navire en rade; mais supposé qu'il se présentât un Lamaneur avant que les lieux dangereux fussent passés, le maître du navire est obligé de s'en servir en déduisant sur son salaire le temps que le pêcheur a demeuré sur son bord pour le conduire en rade.

Lorsqu'un Lamaneur se présente dans un état d'ivresse pour piloter un vaisseau, il est condamné à l'amende & à l'interdiction de ses fonctions pendant un mois. Il est défendu aux Lamaneurs d'entrer un vaisseau plus éloigné au préjudice d'un qui est plus près, d'aller au devant des vaisseaux plus loin que les rades, de monter dans les navires contre le gré du maître, & d'en sortir avant qu'ils soient ancrés, sous peine de perdre leur salaire, & de trente livres d'amende.

Tout capitaine doit déclarer à son Lamaneur combien son vaisseau tire d'eau, à peine de vingt-cinq livres d'amende au profit du Lamaneur pour chaque pied recelé; & cela afin que le navire ne soit pas dans le cas d'échouer, & que le Lamaneur soit à l'abri de tout reproche.

Toutes promesses faites aux Lamaneurs dans le danger d'un naufrage sont nulles de droit; & ils ne peuvent exiger d'autres salaires en cas de tourmente & de péril évident, que ce qui est réglé par les officiers de l'Amirauté, & contenu dans les tarifs déposés au greffe de ce siege.

Les capitaines de vaisseaux, tant François qu'étrangers, ne peuvent point être contraints à prendre pour la sortie de leur navire les mêmes Lamaneurs dont ils se sont servis pour l'entrée.

Enfin les ordonnances portent en termes exprès que » les » Lamaneurs qui, par ignorance, auront fait échouer un » bâtiment, seront condamnés au fouet, & privés pour » jamais du pilotage; & à l'égard de celui qui aura mali- » cieusement jetté un navire sur un banc ou rocher, ou à

» la côte, il sera puni du dernier supplice, & son corps » attaché à un mât planté près du lieu du naufrage. «

Sur les bords de la Seine, du côté de Rouen, il y a des Lamaneurs jurés dont les demeures sont distribuées de deux en deux lieues.

LAMIER. C'est un ouvrier dont la profession est de faire divers instruments appellés *lames*, & qui servent aux manufacturiers en drap d'or, d'argent, de soie & de laine, aux tisserands, & à tous ceux qui travaillent sur le métier.

Les lames sont différentes, selon les divers métiers dans lesquels on les emploie. Chez les manufacturiers en soie, les lames sont des planches de noyer de cinq à six pouces de large & d'un pouce d'épaisseur, pour soutenir & porter le dessus du *battant*, ou de la poignée, au moyen d'une mortaise juste & bien chevillée, qui est pratiquée de chaque côté. Chez les gaziers, les lames sont trois tringles de bois qui servent à tirer ou baisser les lisses; & c'est par cette raison qu'on les appelle *tire-lisses*. Les rubaniers nomment *lames* de petites barres de bois que les marches font baisser par le moyen de leurs lacs; il y en a autant que de marches; & elles servent à faire hausser la haute-lisse au moyen de leurs tirants qui redescendent ensuite par le poids de la platine. Chez les tisserands, & autres ouvriers qui travaillent avec la navette, les lames sont cette partie de leur métier qui est faite de plusieurs petites ficelles attachées par les deux bouts à de longues tringles de bois que les ouvriers nomment des *liais*.

Le Lamier est encore une autre espece d'ouvrier qui prépare les lames d'or & d'argent pour le manufacturier en étoffes riches.

Ces lames sont de l'or ou de l'argent trait, fin ou faux, qu'on a battu & applati entre deux rouleaux d'acier poli, pour le mettre en état d'être tortillé ou fixé sur un brin de soie ou de fil. Ces lames peuvent aussi être employées sans être filées dans la fabrique de quelques étoffes, rubans, broderies, dentelles, galons, &c. pour les rendre plus riches & plus brillants.

LAMINAGE. Le laminage est l'action & la maniere de réduire en lames l'or, l'argent, le plomb, &c. par le moyen d'une machine nommée *laminoir*. *Voyez* PLOMBIER.

La manufacture de plomb laminé établie à Paris au faux-bourg S. Antoine en 1729, fit venir d'Angleterre deux laminoirs propres à cet effet. Comme cette machine est très compliquée, & que nous ne mettons point de planches gravées dans ce Dictionnaire, nous allons en donner la description la plus intelligible que faire se pourra.

Personne n'ignore que le laminage est l'art de réduire un métal quelconque en planches d'une certaine épaisseur, moyennant une forte compression. Cet art, connu en Angleterre depuis plusieurs années, ne s'est introduit en France que depuis peu de temps. Et comme l'invention du laminoir contribue beaucoup à diminuer la dépense des propriétaires qui ont besoin d'acheter du plomb pour les divers ouvrages qu'ils font faire, nous allons en décrire la composition.

Le laminoir est une machine faite avec un arbre vertical, qui, étant mobile sur son axe, porte une roue de champ horizontale. Indépendamment de ce premier arbre vertical, il y a deux autres arbres qui sont mobiles sur leurs axes comme le premier, mais qui sont situés horizontalement & parallèlement l'un sur l'autre. Le plus élevé de ces deux arbres porte trois roues verticales qui lui sont assujetties d'une maniere fixe. La roue qui est dans le milieu des deux autres, ressemble à un hérisson & en porte le nom; celles des extrémités sont faites en lanterne; & la roue de champ, ou le rouet, engrene dans celle dont elle est voisine. L'arbre inférieur ne porte que deux lanternes verticales qui ne sont point assujetties, & qui peuvent faire leur révolution indépendamment de leur axe commun. L'une de ces lanternes est sous la roue qui est en forme de hérisson, & l'autre répond à la derniere lanterne de l'arbre supérieur. Entre les deux roues des extrémités, dont le diametre n'est pas aussi grand que celui de la roue du milieu, il y a une roue de rencontre.

Pour faire tourner l'arbre vertical, on attele des chevaux à des leviers qui ont treize pieds de longueur; alors la roue de cet arbre agissant sur la premiere lanterne de l'arbre horizontal, qui est le plus élevé, met ce second arbre en mouvement; & le hérisson, qui est entraîné par les révolutions de son axe, fait mouvoir dans une direction opposée la lanterne inférieure qui y correspond, pendant que la roue de renvoi force l'autre lanterne à suivre la même direction que les roues opposées. Entre ces deux lanternes il y a un verrouil avec lequel on attache alternativement à chaque lanterne l'arbre qui lui ſert d'aiſſieu. On adapte encore à l'extrémité de cet arbre un cylindre qui eſt placé horizontalement. Ce cylindre, qui eſt de fer fondu, a un pied de diametre ſur cinq pieds de longueur, & peſe environ deux mille huit cents livres. A meſure que l'arbre eſt conduit par une des deux lanternes, ce cylindre tourne en différents ſens, & tourne beaucoup plus vîte quand il eſt mu par la lanterne la plus éloignée. Au-deſſus de ce cylindre il y en a un ſecond ſemblable en tout au premier, relativement à ſa poſition, ſon volume & ſa matiere; il ne differe du premier qu'en ce que dans ſes deux extrémités il y a un double collet qui lui donne la facilité de ſe mouvoir ſur ſon axe; & quoiqu'il ſoit traverſé par quatre colonnes tournées en vis dans leur partie ſupérieure, il peut monter ou deſcendre le long de ces deux colonnes parallèlement au premier cylindre.

Le double collet, qui ſaiſit le ſecond cylindre, eſt attiré par une baſcule, & s'éleveroit toujours ſi quatre forts écrous qũe les vis des colonnes retiennent, & dont chaque cerne eſt armé par le bas d'une roue de fer horizontale, ne s'oppoſoient à l'effort du contre-poids. A l'aide de deux pignons, une vis ſans fin fait monter les cernes dans le ſens qu'on veut, fait hauſſer ou baiſſer le double collet pour approcher ou éloigner des cylindres; & malgré leur grand poids, la moindre force ſuffit pour cette opération. Les différentes pieces qui ſervent à approcher ou reculer les cylindres, forment, par leur enſemble, ce qu'on nomme le *régulateur*.

Le laminage des tables de plomb entre ces deux cylindres s'opere par le mouvement que le cylindre ſupérieur reçoit de l'inférieur au moyen de la table qui y eſt interpoſée; & comme les révolutions de l'un & de l'autre ſe font en ſens oppoſé, cette diverſité de mouvement concourt à chaſſer la table vers le même point. Lorſqu'elle a paſſé en entier par le laminoir, on tire le verrouil, & alors le mouvement des cylindres changeant de direction, la table retourne au même endroit d'où elle eſt partie. C'eſt ainſi qu'en la faiſant aller & venir pluſieurs fois, on la réduit à l'épaiſſeur qu'on veut lui donner.

Pour que la table ne ſe boſſue point dans l'opération du laminage, elle eſt ſoutenue dans toute ſon étendue par des rouleaux qui ſont mobiles ſur leurs axes, & qui ſont portés par un chaſſis de cinquante pieds de long ſur ſix de large. Les cylindres ſont poſés en travers dans le milieu de la longueur de ce chaſſis.

A l'une des extrémités de ce chaſſis, & vis-à-vis de la forme où l'on coule le métal, eſt une grue tournante qui ſert pour tirer la table du moule & la porter au laminoir; mais comme cette table peſe près de deux mille ſix cents livres, & qu'elle ne ſeroit pas aiſée à remuer, le fondeur a le ſoin d'y former un anneau dans le milieu, du côté qu'elle préſente à la grue, & dans lequel anneau on paſſe un cable pour élever la table au point qu'il faut, au moyen d'un cric adapté fixement au cylindre ſur lequel ſe dévide le cable de la grue. Ce cric s'engrene dans une petite lanterne de fer dont l'aiſſieu eſt terminé des deux côtés par une manivelle que deux hommes tournent, & qui par ce moyen obligent le cable de ſe plier ſur le cylindre, & font monter la table à la hauteur qu'il eſt néceſſaire de l'élever.

Pour faire des tables d'un volume & d'un poids auſſi conſidérable que celles qu'on paſſe au laminoir, on ſe ſert d'une auge dans laquelle on fait fondre le plomb, qui eſt auſſi longue que le moule eſt large, qui préſente ſa longueur à la largeur du moule, & qui peut contenir trois mille cinq cents livres de métal. Afin que le plomb coule en nappe dans le moule d'un mouvement toujours égal, il y a un arbre horizontal, mobile ſur ſon axe, & qui eſt élevé de dix à douze pieds au-deſſus de l'auge, au moyen de deux leviers qui ſont ſitués horizontalement, ainſi que l'arbre, qui le traverſent à angles droits, & qui ſont armés d'une demi-poulie à leurs extrémités. On attache l'auge par deux de ſes angles à des cables qui paſſent ſur les demi-poulies, & qui, par les diverſes circonvolutions qu'ils font autour de l'arbre, lui ſont fortement aſſujettis. En baiſſant les leviers du côté oppoſé à l'auge, on la fait lever du côté où elle eſt attachée, & on fait écouler tout le plomb.

La machine dont nous venons de faire la deſcription, étant en ordre, ſix hommes ſuffiſent pour la ſervir; ſix chevaux peuvent la faire aller toute l'année onze heures par jour, & en dix heures de travail on peut réduire une table à une ligne d'épaiſſeur.

Le plomb laminé a pluſieurs avantages ſur le plomb forgé ou fondu. Indépendamment de ce que ſon prix n'excede pas de beaucoup celui du plomb ordinaire, il y a de l'épargne à se servir du premier, en ce qu'on consomm moins de matiere & qu'on emploie moins de soudure ; en c qu'il est par-tout d'une épaisseur parfaitement égale ; qu'i surcharge moins les charpentes ; que l'épaisseur étant l même dans toutes ses parties, il n'a point d'endroits foi bles qui soient sujets aux cassures ; qu'étant d'une surfac très unie, les tuyaux qu'on en fait sont moins sujets au fréquentes éruptions qu'occasionnent le limon ou le sédi ment que les eaux chartient en y coulant ; enfin en ce qu le plomb laminé n'est point sujet, ainsi que le plom fondu, à aucune altération par le déchirement ou par l division de ses parties, a plus de malléabilité & a moins d boussissures & feuillets qui se détachent les uns des autres Les vases qu'on en fait contiennent mieux l'eau que ceu de plomb fondu. Les reservoirs de la Pitié & de la Salpê triere, dont le dernier contient deux mille vingt-cinq pied cubes d'eau, qui sont faits de plomb laminé, dont l'extérieu est très sec quoiqu'exposé au grand air, sont une preuv de la supériorité du plomb laminé sur le plomb fondu aussi les Commissaires de l'Académie ont-ils déclaré dan leur rapport qu'on peut se servir très utilement de ces table pour la couverture des églises & des terrasses, qu'il es très propre à en construire des réservoirs & des bassins L'approbation de l'Académie des Sciences du 29 Janvie 1730 est conforme au rapport des Commissaires, & déclar » qu'étant chargée par l'arrêt du Parlement du 1 Décembr » 1729, pour examiner deux machines à laminer, venue » d'Angleterre, elle a reconnu que la premiere, qui est en » tiérement semblable à celle dont on se sert à Hambour » pour laminer le cuivre, a cette utilité de plus, qu'allan » toujours du même sens, on peut y faire passer & repasse » les tables de plomb entre les deux cylindres, sans perdr » de temps, & que par le moyen d'un régulateur simple & » ingénieusement imaginé, on peut déterminer précisé » ment l'épaisseur qu'on veut donner aux tables de plomb ; » qu'à l'égard de la seconde machine qui sert à mouler les » tuyaux de plomb, quoiqu'elle ne soit pas absolument » nouvelle, elle a pourtant l'avantage sur celle dont les » plombiers se servent, en ce que le noyau étant brisé en » trois dans toute sa longueur, on peut par ce moyen fon » dre & former des tuyaux d'un pied & de dix-huit pouces » de diametre avec la même facilité que de petits tuyaux ;

„ ce que les plombiers ne peuvent faire avec leur noyau „ d'une ſeule piece ; & qu'ainſi l'établiſſement de ces deux „ machines dans le royaume eſt très avantageux au public, „ & ne peut être onéreux aux plombiers. «

LANGUEYEUR. C'eſt un homme prépoſé pour viſiter & empêcher qu'il ne ſe vende des porcs ladres dans les foires & marchés où il ſe fait quelque commerce de ces animaux. On les viſite à la langue au moyen d'un bâton qu'on inſere entre leurs mâchoires, afin de voir s'il n'y a pas des *puſtules*, ou marques blanches, quelquefois même des ulceres qui indiquent la ladrerie.

LANTERNIER. C'eſt celui qui fait des lanternes : *voyez* FERBLANTIER. On donne auſſi ce nom à celui qui allume les lanternes qui éclairent pendant la nuit les rues des grandes villes.

Dans toutes les villes bien policées qui ont des lanternes pour éclairer pendant la nuit, il y a des gens prépoſés non ſeulement pour les allumer tous les ſoirs à l'heure & aux jours qui leur ſont indiqués par la Police, mais encore pour les entretenir toujours tranſparentes, & en ôter les matieres fuligineuſes qui s'attachent aux parois du verre de la lanterne, ou à ſon chapiteau. Pour cet effet l'allumeur de lanternes (chacun dans le diſtrict qui eſt confié à ſes ſoins) commence par nettoyer le globe qui ſert de lanterne, comme à Bourdeaux & ailleurs, ou les verres qui la compoſent, comme à Paris, avec une éponge & enſuite un linge pour en enlever les matieres graſſes & onctueuſes qui s'y ſont collées ; frotte avec du liege le *couvercle*, ou chapiteau de la lanterne qui eſt noirci par la fumée de l'huile, & paſſe après cela du tripoli, ou du blanc d'Eſpagne délayé avec de l'eau ſur le poli du *réverbere*, afin qu'il réfléchiſſe plus vivement la lumiere que donnent les meches allumées qui ſont dans la lampe qui eſt ſuſpendue dans le milieu de la lanterne. Le réverbere eſt une plaque de fer blanc polie, qui réfléchit vivement ſur les lieux voiſins les rayons de lumiere qui donnent deſſus. Les bourgeois de chaque ville ſont ordinairement taxés pour l'entretien des lanternes qui les éclairent pendant la nuit.

Les lanternes, qui ſont en général des vaiſſeaux d'une matiere tranſparente, propres à conſerver la lumiere qu'on tranſporte, & qui ſans cela ſeroit expoſée à la pluie ou au vent, varient dans leur matiere tout comme dans leur forme ; il y en a de verre, de corne, de papier, de talc; de toile & de vessies. Leur invention remonte à la plus haute antiquité. On prétend que celle dont se servoit *Epictete* fut vendue trois mille dragmes, & qu'on ne faisoit pas un moindre cas de celle de *Diogene.* L'Abbaye de Saint-Denis conserve dans son trésor, comme une piece curieuse & antique, la lanterne de *Judas.* Pour dérober pendant la nuit leur marche à leurs ennemis, les anciens se servoient comme nous de lanternes sourdes ; mais elles étoient différemment fabriquées, en ce qu'elles étoient couvertes de quatre peaux sur leurs quatre faces, pour cacher la lumiere & ne s'éclairer qu'eux-mêmes ; trois de ces peaux étoient noires, & la quatrieme, qui étoit tournée de leur côté, étoit blanche. *Manuel Comnene*, Empereur de Constantinople, inventa des lanternes militaires dont on peut voir la description dans son histoire écrite par *Cinnamus.* Dans tous les temps les lanternes exposées aux fenêtres pendant la nuit ont toujours été des signes de réjouissance. Le quinzieme jour du premier mois des Chinois est remarquable par la fête des lanternes, où ce peuple fait ce jour-là des dépenses prodigieuses.

Comme le nom de lanterne est commun à beaucoup de choses qui n'ont aucun rapport avec celles dont nous venons de parler, nous dirons que ce nom signifie à la guerre l'instrument qui sert pour prendre la poudre & pour en charger le canon ; que dans la marine on nomme *lanterne à gargousses*, l'étui de bois dans lequel on met les gargousses pour les porter de la *Sainte-Barbe*, c'est-à-dire de l'endroit du vaisseau où on les renferme, sur le pont : chez les orfevres, c'est la partie d'une crosse d'évêque ou d'un bâton de chantre qui est percée à jour : chez les charpentiers, ce nom signifie plusieurs choses ; tantôt c'est ce qui couronne les dômes, ce qui est vitré au-dessus du comble d'un corridor de dortoir ; tantôt c'est la tourelle qui est élevée au-dessus d'une plate-forme pour couvrir la cage ronde d'un escalier ; quelquefois ils appellent ainsi une petite tribune d'église faite en forme de cage de menuiserie vitrée, ou un petit cabinet de menuiserie fermé de *jalousies*, ou petits bois croisés en sautoir, pour n'être pas vu dans un auditoire public.

On donne encore le nom de lanterne magique à une petite machine d'optique dont le miroir parabolique réfléchit la lumiere d'une bougie, cette lumiere ſortant par le petit trou d'un tuyau au bout duquel il y a un verre de lunette. Entre deux, c'eſt-à-dire entre le verre & le petit trou, on coule ſucceſſivement divers petits verres peints, dont les figures qui y ſont deſſinées vont ſe repréſenter en grand volume ſur une muraille blanche, ou ſur un drap blanc qui lui eſt oppoſé. *Swenter* eſt l'inventeur de cette piece d'optique qu'on a multipliée beaucoup depuis lui, & qui ſert à faire gagner la vie à une infinité de pauvres gens qui la portent pendant la nuit dans les maiſons, pour ſervir d'amuſement à ceux qui y demeurent.

LAPIDAIRE. Le Lapidaire eſt l'ouvrier qui taille les pierres précieuſes. Ce nom ſe donne auſſi aux marchands qui en font commerce, & aux perſonnes qui en ont une parfaite connoiſſance.

Il eſt à préſumer que les premiers hommes auront connu d'aſſez bonne heure les pierres précieuſes de couleur. On peut imaginer aiſément de quelle maniere ils ſeront parvenus à cette découverte. Le bouleverſement des terres, & le ravage des grandes eaux, qui vraiſemblablement ont fait connoître originairement les métaux, auront donné la connoiſſance des pierres précieuſes.

On trouve ces riches productions dans les mines où ſe forment les métaux, dans les rivieres, & même à la ſuperficie des terres où les torrents les dépoſent aſſez ſouvent.

Quoique la couleur des pierres précieuſes brutes ne ſoit ni bien vive, ni bien éclatante, elles en ont aſſez néanmoins pour ſe faire remarquer, & pour que leur vue ait dû exciter l'attention. On aura pu cependant les négliger dans les commencements, & juſqu'au moment où l'on aura trouvé l'art de les tailler & de les polir. C'eſt à cette derniere opération que les pierres fines doivent ce brillant & cette vivacité qui, joints à la beauté de leurs couleurs, les ont de tout temps fait rechercher. Le haſard aura ſans doute eu beaucoup de part à cette découverte. Preſque toutes les pierres fines peuvent ſe polir par leur propre poudre; quelqu'un ſe ſera aviſé de frotter deux pierres fines l'une contre l'autre, & aura réuſſi par cette voie à leur donner une ſorte de poliment. La méthode de tailler le diamant telle qu'on la pratique aujourd'hui, ne doit elle-même ſon origine qu'à un coup du haſard.

Louis de Berquen, natif de Bruges, eſt le premier qui l'ait mise en pratique il y a environ trois cents ans. Jeune alors, sortant à peine des classes, & né d'une famille noble, il n'étoit nullement initié dans le travail de la pierrerie. Il avoit éprouvé que deux diamants s'entamoient, si on les frottoit un peu fortement l'un contre l'autre; c'en fut assez pour faire naître dans son esprit industrieux des idées plus étendues. Il prit deux diamants, les monta sur du ciment, les égrisa l'un contre l'autre, & ramassa soigneusement la poudre qui en provint. Ensuite, à l'aide de certaines roues qu'il inventa, il parvint par le moyen de cette poudre à polir parfaitement les diamants & à les tailler de la maniere qu'il le jugeoit à propos. Cet exemple paroît s'appliquer naturellement à l'origine de l'art de polir les pierres précieuses, qui est très ancien.

Les François s'y sont adonnés assez tard; & l'on peut juger par quelques pierres qui restent encore de leur premiere taille, qu'ils n'y étoient pas d'abord fort habiles: ils y ont ensuite fait un si grand progrès, & les Lapidaires de Paris ont poussé cet art à un tel point de perfection, qu'il n'y a pas d'apparence qu'on puisse désormais le porter plus loin.

Les pierres précieuses se taillent en général sur des roues de métal, qui sont mûes horizontalement par le moyen d'un tour composé de plusieurs pieces, dont les principales sont un arbre coudé, une crapaudine d'acier où roule le pivot de l'arbre, deux roues, dont une de bois & l'autre de fer, une manivelle donnant le jeu à la roue de bois par le coude de l'arbre, une corde à boyau passant autour de la roue de fer, & autour de la roue de bois. Si la roue de bois est vingt fois plus grande que la roue de fer, celle-ci fera vingt tours sur le diamant pendant que la grande n'en fait qu'un sur son arbre; & pendant qu'un garçon donne sans résistance une centaine d'impulsions à la manivelle, le diamant éprouve deux mille fois le frottement de la meule entiere. Il obéit malgré sa dureté aux souhaits du Lapidaire, qui suit le travail des yeux, sans y prendre d'autre part que celle de déplacer le diamant, pour mordre sur une face nouvelle, & d'y jetter à propos quelques gouttes d'huile & de la poudre de diamants égrisés l'un contre l'autre. Il n'y a que cette poudre qui ait prise sur le diamant.

Les *rubis*, *saphirs* & *topases d'Orient*, se taillent & se forment sur une roue de cuivre avec l'huile d'olive & la poudre de diamant; leur *poliment* se fait sur une autre roue pareillement

lement de cuivre; mais avec du tripoli détrempé dans de l'eau, au lieu de poudre de diamant.

Les *rubis balais*, *émeraudes*, *hyacinthes*, *améthystes*, *grenats*, *agates*, & autres pierres moins dures, n'ont besoin pour la taille que d'une roue de plomb, avec de l'émeril & de l'eau; & pour le poliment, d'une roue d'étain sur laquelle on jette du tripoli.

La *turquoise* de vieille & de nouvelle roche, le *lapis*, le *girasol*, l'*opale*, ne se polissent que sur une roue de bois, aussi avec du tripoli.

Le corps des Lapidaires ne cede en antiquité qu'à peu des autres communautés, quoiqu'avant 1584 il fût encore assez informe, n'étant composé que de compagnons orfevres.

Les premiers statuts de ce corps ont été donnés par Saint Louis, & depuis confirmés par Philippe de Valois; les Lapidaires y sont appellés *Estalliers-Pierriers de pierres naturelles*. Par l'article 17 de l'ordonnance de Henri II, donnée à Fontainebleau, les maîtres jurés & gardes de l'orfévrerie de Paris furent maintenus dans le droit de visites chez ces Lapidaires.

Ce fut en 1584, qu'en conséquence de l'édit donné par Henri III, trois ans auparavant, pour ériger en corps de jurande toutes les communautés de Paris, les ouvriers *Estalliers Pierriers* eurent de nouveaux statuts, & même un nom nouveau; mais ce ne fut proprement qu'en 1613, qu'ils furent mis dans une entiere jouissance des droits de maîtrise par l'arrêt du Conseil, qui intervint entr'eux & les maîtres orfevres qui s'étoient opposés à leurs lettres.

Ces lettres de confirmation de leurs nouveaux statuts, & d'érection en corps de jurande, leur attribuerent quatre jurés pour le gouvernement & le maintien de leurs droits, pour visiter les maîtres, donner chef-d'œuvre & expédier les lettres d'apprentissage & de maîtrise. Ils sont élus deux par chaque année à la pluralité des voix.

Par arrêt du Parlement de Paris du 9 Février 1740, il fut décidé, au sujet du procès qui existoit depuis plus de cent ans entre les orfevres-joailliers & la communauté des Lapidaires, que ceux-ci ne pourroient plus vendre des pierres garnies & mises en œuvre, à peine d'amende & de confiscation; qu'ils se renfermeroient dans la seule vente des pierres brutes, taillées & non garnies; & en conséquence il leur fut défendu de prendre dorénavant la qualité de *marchands joailliers*, de donner à leurs jurés le titre de *gardes*; il leur est permis seulement de se dire *maitres Lapidaires, graveurs & ouvriers en toutes sortes de pierres précieuses, fines & naturelles.*

Les maîtres graveurs sur pierres précieuses font une même communauté avec les Lapidaires, & ont les mêmes statuts.

L'apprentissage est de sept ans, le compagnonage de deux autres années, & l'exécution du chef-d'œuvre est nécessaire pour parvenir à la maîtrise. Chaque maître ne peut avoir qu'un seul apprentif.

Les maîtres ne peuvent avoir plus de deux roues tournantes, ni plus de trois moulins. On compte aujourd'hui à Paris soixante & douze maîtres Lapidaires.

LAQUAIS. Quoique le Laquais & le valet aient, à peu de chose près, les mêmes fonctions à remplir, on distingue cependant l'un de l'autre, en ce que le premier est un homme de suite, & le second est un homme de service: celui-ci emporte une idée d'utilité, & l'autre d'ostentation. Il est plus honorable d'avoir un Laquais qu'un valet. Le Laquais ne déroge point à la noblesse comme fait le valet-de-chambre, quoique la qualité & l'office du dernier soient au-dessus des occupations du premier. Les princes & les gens de basse condition n'ont point de Laquais; les premiers ont des valets de pied, & les seconds des valets de labeur ou de peine.

Le nom de Laquais est moderne & signifie un homme servant à pied: celui de valet est très ancien; on le donna d'abord à des officiers honorables, comme *valets-tranchants*, *valets-échansons*. Les écuyers ont aussi porté ce nom anciennement.

Il y a encore des *valets de chiens*, ou ceux qui en ont soin; des *valets de limiers* qui ont soin de ces animaux, les tiennent & les lâchent à la course quand il est nécessaire.

Les fonctions du Laquais sont de se tenir dans l'antichambre, d'annoncer ceux qui viennent, de porter la robe de sa maîtresse, de suivre le carrosse de son maître, de faire des commissions, de servir à table, d'exécuter dans la maison la plupart des choses qui servent à l'arrangement & à la propreté, d'éclairer ceux qui montent & descendent lorsqu'il ne fait plus jour, de suivre à pied dans la rue, de porter devant son maître un flambeau pendant la nuit, surtout d'annoncer son état par la livrée, & quelquefois par son insolence. Le luxe a multiplié à l'infini cette espece de domestiques, moins nécessaires à leurs maîtres que propres à en faire voir la vaine ostentation.

LAQUE (L'art de préparer la). La *laque* est une espece de cire que les fourmis volantes des Indes recueillent sur diverses fleurs, & dont elles enduisent de petites branches d'arbre où elles font leur nid.

On a ignoré pendant long-temps quelle étoit sa véritable origine. On la regardoit comme la seve de certains arbres qui suintoit à travers l'écorce. *Garcie des Jardins* & *Bontius* sont les premiers auteurs qui aient découvert ce qu'elle étoit.

La laque en branche se distingue en deux especes; la premiere, qui nous vient de Madagascar, & qui coûte peu, est de couleur d'ambre jaune, & chargée d'alvéoles pleines de chrysalides de couleur grise; la seconde, qui est la bonne & la véritable laque, paroît entiérement rouge, vue à travers la lumiere; elle est plus pesante & plus compacte que la premiere.

Comme l'usage de cette drogue est entiérement réservé pour les arts, & qu'on en extrait une très belle teinture écarlate, les Indiens ne sont pas moins attentifs à sa préparation que ne le sont les Européens. Les premiers enfoncent quantité de petites branches d'arbres ou de roseaux dans les endroits de la terre où se trouvent les insectes qui forment la laque; ils les retirent de terre lorsqu'ils en sont couverts, les déteignent en y faisant passer de l'eau pardessus, l'exposent quelque temps au soleil, jusqu'à ce qu'après l'évaporation de l'eau, la fécule durcisse, seche, & soit en état d'être envoyée en Europe. En y mêlant quelques acides, ils font une teinture d'un fort beau rouge, & qui est fort tenace sur leurs toiles peintes.

Quelques auteurs prétendent qu'après que les Indiens ont séparé la laque des branches, ils la pilent dans un mortier, la jettent ensuite dans de l'eau bouillante; que lorsque l'eau est bien teinte, ils en remettent d'autre jusqu'à ce qu'elle ne teigne plus; qu'après l'évaporation de l'eau, cette premiere teinture s'épaissit en l'approchant du feu; qu'ils ramassent & séparent avec soin les premieres gouttes transparentes qui ont passé au travers du linge, & que c'est là la plus belle laque; que celle qui vient ensuite par une plus forte expression, & qu'on est obligé de détacher du linge avec un couteau, est de couleur brune & d'une qualité bien inférieure. C'est de cette premiere préparation que sont venues toutes celles qui se sont introduites par le secours de l'art, qu'on emploie dans les compositions qu'on destine pour la peinture en miniature & en huile, & qui sont des pâtes seches auxquelles on donne la couleur de la laque selon les degrés nécessaires pour la gradation des teintes. Ainsi la *laque de Venise* n'est qu'une pâte faite avec de la *cochenille rustique*, après qu'on en a tiré le premier carmin: la *laque colombine* n'est qu'une pâte faite avec des tontures d'écarlate bouillies dans une lessive de soude où l'on a mis de la craie & de l'alun; celle-ci sert aux tabletiers & aux apothicaires: toutes ces laques s'emploient dans la peinture & dans le vernis.

Le célebre *Boerhaave* a enseigné aux Européens le meilleur procédé d'extraire la teinture de la laque, en en prenant de la pure, la réduisant en une poudre très fine, l'humectant avec de l'huile de tartre, & en la mettant dans un matras d'où on la retire en masse seche après diverses opérations chymiques. Cette laque ainsi préparée & pulvérisée, on la met bouillir avec autant d'esprit de vin rectifié qu'on sort du matras après qu'il s'est chargé de la teinture de la laque; on y en remet ensuite de nouveau jusqu'à ce que l'*alkool*, ou l'esprit de vin rectifié, ne se teigne plus.

Les Indiens font avec leur laque colorée une pâte très dure, d'un très beau rouge, dont ils forment des *manilles* ou des bracelets. Nous employons pour faire la belle cire à cacheter la *laque en grain*, qui est celle qu'on a fait passer légérement entre deux meules pour en exprimer la substance la plus précieuse; on la distingue de la *laque plate*, en ce que celle-ci a été fondue & applatie sur un marbre.

La *laque artificielle* est celle qu'on extrait des fleurs en les faisant cuire à un feu lent dans une lessive convenable, ou en les faisant distiller plusieurs fois avec de l'esprit de vin.

On donne aussi le nom de *laque* au vernis de la Chine.

LAVANDIER: *voyez* BLANCHISSEUR.

LAVEUR. Ce nom, qui est commun à plusieurs ouvriers, se donne à ceux qui lavent les harengs, *voyez* HARENG; à ceux qui lavent les toisons; aux gantiers qui préparent ce qu'on oppelle des *gants lavés ;* aux ouvriers qui lavent les livres & blanchissent les estampes ; & enfin à ceux qui, dans les hôtels des monnoies & chez les orfevres, les batteurs & les tireurs d'or, lavent les matieres d'or & d'argent. Nous allons détailler le méchanisme de ceux qui lavent les livres & blanchissent les estampes.

Divers accidents, ou la négligence de ceux qui ont des livres ou des estampes, exposent souvent ceux-ci à être tachés, salis, ou noircis. Plus un livre est digne de passer à la postérité par la bonté de l'ouvrage & la beauté de l'édition, plus une estampe est parfaite, & plus on regrette de voir ainsi l'un & l'autre se défigurer & périr. L'attention qu'on prend à conserver des choses qui plaisent, & le desir qu'on a eu de leur rendre leur premier lustre, ont fait imaginer un moyen aussi simple & facile dans l'exécution, qu'il est certain dans le succès.

On fait bouillir dans une chaudiere pendant sept à huit heures quatre seaux d'eau de riviere dans laquelle on a mis un boisseau de cendres de sarment de vigne. Cette lessive, qu'on observe de ne pas faire trop forte, qu'on laisse reposer sept à huit jours, & qu'on couvre d'un linge de peur que la poussiere ou aucune ordure n'y tombe, sert à décrasser, dégraisser & blanchir toutes sortes de livres & d'estampes, & ne peut être d'aucun usage pour les autres papiers qui seroient écrits ou peints avec de l'encre ou des couleurs gommées, n'y ayant que l'encre d'impression qui résiste au blanchissage.

Quand on a un livre qu'on veut laver, on commence par en ôter la couverture, parceque l'apprêt des peaux formeroit, en se délayant dans la lessive, une espece de teinture qui se communiqueroit au papier du livre, & qu'on ne pourroit pas ensuite enlever facilement. Après cette opération on met tous les feuillets du livre entre deux cartons qu'on lie avec une ficelle, de maniere que les feuillets ne soient pas trop serrés entre eux, & que la lessive puisse les pénétrer tous; après quoi on met bouillir le livre pendant un quart d'heure dans cette lessive. On le retire ensuite, on détache la ficelle, on le met sous une presse, & on l'y comprime bien fort pour en faire sortir la lessive qui est impregnée de sa crasse; on le laisse sous la presse pendant un quart d'heure ; on réitere la même opération ; & si, après avoir examiné le livre, on s'est apperçu qu'il y a encore quelques taches, on le remet bouillir une troisieme fois de la même façon. Mais comme le papier qui a perdu par cette lessive une bonne partie de sa colle, n'a plus le même corps, & se déchireroit plus facilement, on lui restitue sa force, & on lui donne même la qualité de pouvoir souffrir l'écriture sans boire l'encre, en le mettant par deux fois dans de l'eau d'alun. Cette opération finie, on éparpille les feuillets du livre sur des ficelles, ou bien on le fait sécher lentement & d'une maniere égale, dans un lieu qui ne soit point humide, trop exposé au soleil & au grand air, & où la fumée ne puisse point entrer.

On se sert de la même lessive & de la même méthode pour les estampes, mais on les fait sécher différemment; on les étend sur des ficelles attachées deux à deux avec une épingle, ou avec une petite fourchette de bois, comme font les marchands d'estampes ; on les tourne en dedans vis-à-vis l'une de l'autre, pour les garantir de la poussiere, des ordures des mouches, & de tout autre accident.

Pour ce qui est des Laveurs des matieres d'or & d'argent *voyez* MONNOYEUR.

LAVEUR DE CENDRES DES ORFEVRES. C'est celui qui, par le moyen de plusieurs lavages & de diverses opérations méchaniques, sépare les parties métalliques d'or & d'argent d'avec les matieres qui leur sont étrangeres, comme le mercure, les divers métaux dont on s'est servi pour y faire des alliages, & les cendres qui proviennent des étoffes d'or & d'argent qu'on a fait brûler.

Quand le Laveur a suffisamment de cendres pour commencer son opération, il les met dans une futaille défoncée par un bout & pleine d'eau de pluie qu'il change tous les jours jusqu'à ce qu'il se soit apperçu qu'elle ait perdu cette espece d'onctuosité que les cendres lui ont fait contracter. Quand l'eau lui paroît au tact au point de siccité qui est requis, il la décante, en observant de tirer exactement de dessus la superficie de chaque nouvelle eau qu'il a mise, le charbon, l'écume, & les autres matieres qui surnagent, pour les laver de nouveau afin d'en faire sortir par les différentes lotions les parties d'or & d'argent qui s'y trouvent attachées. Dans ce dernier travail, on sépare l'écume des autres matieres, parcequ'au moyen d'une opération particuliere, & dont l'artiste fait un secret, il tire l'or & l'argent qui est dans cette écume. Quand il n'y a plus d'eau dans les vaisseaux où l'on a mis tremper les cendres, on met celles-ci dans une *passoire*, qui est une espece de chauderon à deux anses, plus profond que large, dont, depuis le haut jusqu'en bas, toute la circonférence est percée de petits trous, comme la peau d'un crible dont on auroit formé un cône.

Lorsqu'il se trouve des matieres trop grossieres qui ne peuvent point sortir par les trous de la passoire, on les pile dans un mortier jusqu'à ce qu'elles soient réduites au point de sortir facilement par la passoire. Toutes les cendres étant bien passées, on les relave dans une eau claire pour en tirer le menu gros avec une sébile, comme font les Laveurs de mines: *voyez ce mot*. Au moyen de cette opération, les parties les plus déliées de la cendre s'en vont avec l'eau, & les matieres d'or ou d'argent, qui sont les plus pesantes, restent au fond de la sébile; mais comme les parties métalliques les plus légeres d'or ou d'argent coulent avec les cendres, on ramasse ces cendres pour les mettre au moulin, qui est une espece de baquet monté sur trois pieds, garni de trois cercles de fer, & foncé par bas d'une plaque de fonte d'un pouce d'épaisseur, sur laquelle roule un arbre vertical, dont le haut est enchassé dans une traverse de bois percée & arrêtée dans la rainure qui est au haut du baquet. Au bas de cet arbre de fer est enchassée une *croisée* de fonte faite en triangle, dont chaque branche est faite en forme d'S. Dans l'entre-deux de chaque branche il y a un rouleau de fonte de six à sept pouces de longueur, fait en cône, ou pain de sucre. Au moyen d'une manivelle qui est adaptée à l'extrémité supérieure de l'arbre vertical, on fait tourner la croisée qui agite les cendres qui sont dans le moulin; & par ce mouvement les rouleaux ramassent sur la plaque de fonte les matieres d'or & d'argent qui ont échappé avec les cendres dans le lavage de la sébile.

Pour séparer la cendre d'avec les matieres qui sont réunies sur la plaque de fonte, on remplit d'eau le moulin: & en tournant l'arbre, les cendres s'écoulent avec l'eau par la bonde qui est au-dessus de la plaque.

Quant au moulinage, l'expérience apprend aux Laveurs le temps qu'ils doivent mettre à mouliner chaque espece de matiere. Ils mettent cinq heures de temps pour l'argent, six heures pour le vermeil ou le doré, ainsi que le nomment les Laveurs, & neuf heures pour l'or.

Après avoir levé de dessus la plaque les matieres d'or & d'argent que les rouleaux y ont attachées, on les *passe au chamois*, c'est-à-dire qu'on a une peau de chamois faite en forme de sac, dont l'ouverture est percée de plusieurs trous pour recevoir une corde qui la tient assujettie à une espece de petit chauderon défoncé, qui tient à la vis de la presse par une anse de fer à laquelle la vis de la presse est arrêtée par une clavette de fer. Lorsque la peau de chamois est ajustée au petit chauderon défoncé, on la remplit des matieres d'or & d'argent qu'on a ramassées sur la plaque de fonte, on la passe dans un trou qui est dans la traverse qui est au milieu de la presse. Cette traverse, qui est composée de deux pieces, s'ouvre pour recevoir la peau de chamois, & se ferme ensuite au moyen d'une virole de fer. Au-dessous de la peau de chamois, & sur la traverse inférieure de la presse, on met un chauderon de fonte pour recevoir le mercure, qui, par le moyen d'une forte compression qu'il éprouve par la vis de la presse qu'on fait tourner avec une manivelle qui est adaptée à l'extrémité supérieure de la vis, & qui par ce méchanisme tord la peau, est forcé de s'échapper par les pores du chamois & de tomber dans le vase de fonte qui est placé par dessous. Quelque forte torsion qu'on fasse à la peau de chamois, il n'en sort ordinairement que la sixieme partie du mercure qui est réuni aux parties d'or & d'argent; pour l'en séparer en entier, on passe à la cornue ce qui demeure dans la peau, & on en fait le départ.

La presse des Laveurs des cendres des orfevres est une machine de bois, haute de trois pieds sur deux pieds de largeur, composée de deux planches verticales auxquelles sont emmortaisées trois traverses horizontales; l'inférieure est toute plate & unie, celle du milieu est partagée en deux avec un trou dans le milieu pour recevoir la peau de chamois ainsi que nous l'avons déja dit; la supérieure est percée & a un écrou dans son milieu où s'engrenent les cornes de la vis qui est en bois. Cette vis, qui peut avoir trois ou quatre pouces de circonférence, est arrêtée à l'anse du petit chauderon qui tient la peau de chamois, & sa partie supérieure est coeffée d'une manivelle pour la faire descendre autant que l'on veut.

De toutes les expériences qui ont été faites jusqu'à présent pour extraire avec plus d'avantage les matieres d'or ou d'argent des cendres & poussieres des orfevres, on n'en a point reconnu de meilleure que celle d'amalgamer ces parcelles de métal avec le mercure, & de procéder ainsi que nous l'avons déja dit. Mais comme cette opération, quelque bien faite qu'elle soit, ne produit pas tous les profits qu'on doit en attendre; que malgré l'attention & les travaux des Laveurs, il leur échappe encore bien des parcelles de ces précieux métaux; qu'elles tournent en pure perte pour les propriétaires; qu'on les abandonne aux Laveurs à un vil prix; & que ceux-ci les revendent aux entrepreneurs des mines de plomb qui y font un profit considérable: les sieurs *Jodin* & *Durand*, bourgeois de Paris, ont entrepris, il y a cinq à six ans, de faire construire une machine qui, en épargnant la main-d'œuvre, ne laisse dans les cendres aucun résidu des parties métalliques; & sur le certificat de l'Académie des Sciences de Paris, qui constatoit des preuves non équivoques de l'excellence de cette machine, ils obtinrent de Sa Majesté un privilege exclusif pour en établir de semblables dans toutes les villes du royaume.

Cette machine, que des chevaux font aller, consiste principalement en un arbre vertical de six pieds de longueur, au bas duquel est une lanterne à douze fuseaux de bois revêtus de fer. Au-dessous de cette lanterne, qui s'engrene dans un rouet placé horizontalement, est un pivot de fonte, qui, au moyen de trois barres de fer qui lui sont adaptées, fait tourner un second arbre vertical renfermé dans un entonnoir qui est au milieu d'un grand bassin de plomb, dont l'eau qui y est contenue se distribue par l'entonnoir dans divers petits bassins inférieurs où l'on met les cendres à laver. Toute la machine est mue par le bras d'un levier qui est supporté par une roulette de fonte qui va & vient sur une plaque de fer. Ce levier est mu lui-même par l'arbre où sont attachés les chevaux. Au sommet du premier arbre vertical est un *volant* composé de quatre grandes perches de bois qui leur servent d'ailes, & à l'extrémité desquelles est un gros boulon de fonte pour accélérer le mouvement de l'arbre.

Au moyen d'une pompe on éleve l'eau dont on a besoin dans le grand réservoir, qui la distribue par le moyen des robinets dans chaque *cuvier*, ou bassine de cuivre, quand on en a besoin.

La forme de la machine que nous venons de décrire est un *exagone*, ou figure à six pans, dont chaque face forme une chambre dans chacune desquelles il y a huit moulins avec tous les attirails qui leur sont nécessaires, & qui sont semblables en tout à ceux qui servent aux Laveurs ordinaires de cendres. Le sol de chaque chambre, revêtu de pierres de taille, est fait en forme de lavoir, & construit de maniere que les matieres qui ont échappé au travail des moulins & au lavage, se retrouvent dans le centre de la machine.

Il y a encore une batterie de six pilons de bois dont les bouts sont armés de fonte, qui battent continuellement dans de grands mortiers de même métal, & qui servent à pulvériser les creusets & les matieres les plus grosses. A côté de cette batterie, il y a un gros soufflet pour fondre dans un fourneau le produit des lavures.

Les autres instruments dont on se sert dans cet attelier sont semblables, à peu de chose près, à ceux dont se servent les Laveurs ordinaires de cendres des orfevres.

LAVEUR DE MINE. C'est celui qui, avec le secours de l'eau, dégage les parties terreuses, pierreuses & sablonneuses qui sont jointes aux mines. Pour en séparer les parties métalliques, on commence par écraser la mine au *bocard*, ou moulin à pilons, dont l'effet est de diviser toutes les substances qui entrent dans la composition de la mine.

On lave la mine de plusieurs manieres. La plus commune est celle qu'on nomme le *lavage à la sébile*. Pour cet effet on se sert d'une *sébile*, ou écuelle de bois ronde & concave, dans le fond de laquelle il y a des rainures ou des especes de sillons. On met dans cette sébile une certaine quantité de mine écrasée, on verse de l'eau par-dessus, on remue le tout en donnant une secousse à chaque fois, & ainsi on fait tomber une portion de l'eau qui est chargée de la partie terreuse ou pierreuse la plus légere de la mine; de cette maniere on la sépare de la partie métallique qui, étant la plus peſante, reſte au fond de la ſébile. Ce lavage eſt très long & ne peut avoir lieu dans les travaux en grand; on ne doit le mettre en uſage que pour les métaux précieux, natifs ou vierges, tels que les trouvent les orpailleurs ou arpailleurs : *voyez ce mot*.

On ſe ſert encore pour le lavage des métaux, de pluſieurs planches unies jointes enſemble, garnies d'un rebord, & placées de maniere qu'elles forment un plan incliné. A l'aide d'une gouttiere on fait tomber telle quantité d'eau qu'on juge à propos ſur ces planches qui ſont garnies avec du feutre ou d'étoffe de laine bien velue, quelquefois même de peau de mouton, afin que les métaux précieux, qui ſont diviſés en particules très déliées, s'accrochent aux poils de l'étoffe, & que l'eau entraîne les parties terreuſes. Après cette opération on détache les morceaux de feutre, d'étoffe velue ou de peau de mouton qui étoient ſur les planches, & on les lave avec grand ſoin dans des cuves pour en détacher les parties métalliques qui s'y ſont fixées.

Quand on ſe ſert de lavoirs qui ne ſont pas garnis comme ceux dont on a parlé ci-deſſus, on fait tomber l'eau ſur la mine pulvériſée. Pendant ſa chûte, le Laveur remue la mine qui eſt ſur le lavoir avec un crochet fait exprès, ou avec une branche de ſapin, ou encore avec une eſpece de goupillon de crin, afin que l'eau pénetre mieux la mine, entraîne plus facilement les parties étrangeres, & les ſépare d'avec les parties métalliques.

On emploie auſſi dans le lavage des mines différentes eſpeces de tamis dont les mailles ſont ſerrées de plus en plus. Cette opération ſe fait dans des cuves pleines d'eau, au fond deſquelles tombent les parties les plus chargées de métal. Ce dernier lavage eſt long & fort coûteux.

LAYETIER. Le Layetier eſt l'ouvrier qui fait & qui vend des layettes, caiſſes, boîtes, &c.

Les Layetiers emploient le ſapin, la volige, & le bois de hêtre. Ils arrêtent leurs ouvrages avec des pointes de fer ou des clous, mais ils ne peuvent ſe ſervir de colle, de tenons & mortaiſes, comme les menuiſiers, qui, à leur tour, ne peuvent employer les pointes de fer ou les clous; c'eſt la différence qui eſt entre les ouvrages de ces deux communautés, & qui ſert à les caractériſer.

Pour faire une boîte, l'ouvrier commence par couper la planche, & la *redreſſer*, c'eſt-à-dire, par la mettre à la hauteur dont il veut faire la boîte; il en forme les deux côtés, & les rabote bien également, observant de mettre la planche la plus saine devant, c'est-à-dire à l'endroit où doit être attachée la serrure. Il prépare de même les deux bouts, & a soin de les disposer toujours bien quarrément. Il monte ensuite la boîte, en réunit les quatre parties, & les arrête avec des clous ou pointes. Quand elle est montée, il la met à l'équerre pour s'assurer de ses justes proportions. Pour lors il songe à faire le couvercle & le fond.

Quand le fond est fait, l'ouvrier le cloue sur les côtés, & sur les bouts; il *rase* ensuite la boîte tout autour, c'est-à-dire qu'il en unit tous les angles, & enleve la petite vive-arête sur les bords avec un petit rabot destiné à cet usage.

Après cette opération il rogne le couvercle, & y laisse une demi-ligne de plus de largeur pour qu'il puisse fermer & ouvrir avec aisance. Ensuite il fait de petites barres de bois, les rabote proprement, & les rogne juste à la longueur de la boîte, en observant d'échancrer un peu les bords dans l'endroit où elle doit fermer. Quand ces pieces de bois sont disposées de la sorte, l'ouvrier les cloue au couvercle avec des pointes, pour le rendre plus solide.

Après les opérations que l'on vient de décrire, la boîte est en état d'être ferrée.

Il y a deux façons de ferrer, l'une en fil de fer, & l'autre avec des couplets. Les Layetiers achetent les couplets tout faits chez les marchands clincaillers; quant aux charnieres de fil de fer, ils les composent eux-mêmes avec un instrument appellé *plioir*, qui est une espece de pince de fer en maniere de petite tenaille de laquelle ils se servent pour couper & plier le fil de fer.

La façon de ferrer en fil de fer, ou avec des couplets, est assez simple pour n'exiger aucune explication, de même que la maniere de poser la serrure à la boîte.

Les maîtres Layetiers font plusieurs sortes de boîtes & étuis dont le détail seroit trop long, & dont les manœuvres different peu de celle dont nous avons parlé. Les ouvrages qui leur sont permis, sont des huches de bois de hêtre, des écrins ou layettes à gorge ou autrement, des ratieres & souricieres, des cages de bois à écureuils & rossignols, tous coffres de bois cloués, des boîtes à mettre trébuchets & balances, des pupitres & écritoires de bois, des boîtes d'épinettes, étuis d'instruments, enfin toutes boîtes de ſorme ronde ou ovale, & autres légers ouvrages de cette ſorte de bois, de ſapin & autres bois blancs.

Les Layetiers ſe ſervent preſque de tous les outils des menuiſiers, comme d'établi, de ciſeaux, d'équerres, de marteaux, de rabots, de feuillerets qu'ils nomment des *rainoires*, de regles, des ſcies, de vilebrequins, de compas, &c. étant en effet des eſpeces de menuiſiers de menus ouvrages. Ils en ont néanmoins qui leur ſont propres, tels que la colombe, le poinçon à percer leur bois, le plioir à plier & couper le fil de fer, une ſorte de vilebrequin, & deux enclumes, l'une à main & l'autre entée ſur un billot.

Les menuiſiers ayant intenté un procès aux Layetiers pour les empêcher de faire des tabernacles, & leur ayant ſaiſi de pareils ouvrages qui n'excédoient pas, ſelon leurs ſtatuts, deux pieds & demi de largeur; ceux-ci en obtinrent la main-levée, & furent confirmés dans leurs droits par un arrêt du Parlement du 30 Janvier 1638. Les ſerruriers les ayant auſſi attaqués en Juſtice pour qu'il leur fût défendu d'appliquer des ſerrures à leur marchandiſe, ils furent maintenus dans la poſſeſſion où ils étoient de le faire, par une ſentence du Châtelet du 6 Septembre 1669, & par un arrêt du Parlement du 27 Février 1672.

Les maîtres de la communauté des Layetiers de Paris ſe qualifient *maîtres Layetiers-Ecriniers de la ville & fauxbourgs de Paris :* ils y ſont actuellement au nombre de cent huit.

Leurs premiers ſtatuts ſont aſſez anciens, ſi on en juge par les quinze articles qui ſont rappellés dans la ſentence du Prévôt de Paris, auquel les maîtres de la communauté avoient été renvoyés par François I en 1521.

Cette communauté a ſes jurés pour veiller à ſes privileges, faire les viſites, & donner des lettres d'apprentiſſage & de maîtriſe. Ces charges ayant été érigées en titre d'office par l'édit de 1691, furent, l'année ſuivante, réunies & incorporées, & le droit d'élection rétabli.

L'apprentiſſage eſt de quatre années, & l'aſpirant à la maîtriſe eſt ſujet au chef-d'œuvre, à moins qu'il ne ſoit fils de maître.

LESTEUR : *voyez* DÉLESTEUR.

LEVEUR. C'eſt l'ouvrier qui, dans les papeteries, leve les feuilles de papier de deſſus les *feutres*, pour les mettre les unes ſur les autres ſur le *drapant* ; voyez PAPETIER.

LIBRAIRE. Le Libraire est celui qui fait le commerce de livres, soit anciens, soit nouveaux.

Les Libraires & Imprimeurs de Paris ne forment qu'une seule & même communauté, sous le nom de *Corps de la Librairie*, à laquelle sont demeurés unis les maîtres fondeurs de caracteres d'imprimerie, par l'édit de Louis XIV du mois d'Août 1686, & de laquelle ont été séparés les relieurs doreurs de livres, par un autre édit du même Roi & des mêmes mois & an, qui les érige en corps de communauté particuliere. *Voyez les articles* FONDEUR DE CARACTERES, IMPRIMEUR, & RELIEUR.

Chez les anciens on écrivoit les livres sur cette fine écorce qui se trouve immédiatement sur le bois des arbres & qui porte en latin le nom de *liber*, d'où nous est venu le mot *livre*; & lorsqu'ils étoient écrits on en formoit des rouleaux qui portoient le nom de *volumes*, du mot latin *volvere*, qui signifie rouler.

Avant l'invention de l'imprimerie les Libraires jurés de l'Université de Paris faisoient transcrire les manuscrits, & en apportoient les copies aux Députés des Facultés, pour les revoir & les approuver avant que d'en afficher la vente. Mais on sent bien que ces sortes d'éditions, qui étoient le fruit d'un travail long & pénible, ne pouvoient jamais être nombreuses. Aussi les livres étoient-ils alors très rares & fort chers. L'acquisition d'un livre un peu considérable se traitoit comme celle d'une terre ou d'une maison : on en faisoit des contrats pardevant notaires, comme on le voit par celui qui fut passé en 1332 entre *Geoffroi de Saint-Léger*, Libraire, & *Gérard de Montagu*, Avocat du Roi au Parlement, pour le livre intitulé *Speculum historiale in Consuetudines Parisienses*. Ces Libraires étoient lettrés, & même savants; ils portoient le nom de *Clercs Libraires*, faisoient partie du corps de l'Université, & jouissoient de ses privileges.

Lorsque vers la fin du quinzieme siecle l'on eut imaginé les caracteres mobiles qui, par la rapidité étonnante avec laquelle ils multiplient & répandent les productions des auteurs, conserveront jusqu'à la fin des siecles nos vertus, nos vices, nos découvertes, &c. & éterniseront à jamais la mémoire de tous les hommes célebres, entretiendront & exciteront de plus en plus chez toutes les nations cette noble jalousie d'être les premiers à inventer & à perfectionner les arts, les Clercs-Libraires ne s'amuserent plus à transcrire ses manuscrits. Les uns s'occuperent à perfectionner cette nouvelle découverte, d'autres a se procurer des manuscrits ou des livres déja imprimés avec des planches en bois ou avec des caracteres mobiles aussi en bois, d'autres enfin à trouver les moyens d'empêcher que le temps ne détruisît ces nouvelles productions. Ces différentes occupations formerent les Fondeurs de caracteres, les Imprimeurs, les Libraires, & les Relieurs. *Voyez ces différents articles.*

Nous ne parlerons ici que du commerce de la librairie que nous diviserons en librairie nouvelle & en librairie ancienne.

Les livres commençant à se multiplier, & tous les Libraires n'ayant pas la même capacité ni la même fortune, les plus savants travaillerent sur les auteurs anciens qu'ils commenterent, composerent des ouvrages qu'ils imprimerent & vendirent au public. Tels furent les *Etienne*, les *Morel*, les *Corrozet*, & autres. Mais la fortune ne les favorisa pas autant que ceux qui, n'étant point auteurs, purent donner tous leurs soins à se faire des correspondances dans les différents pays, pour pouvoir *écouler*, soit en argent soit en échange, les éditions des ouvrages qu'ils avoient entrepris. Cette industrie de commerce leur donna les moyens d'entreprendre des ouvrages plus considérables; & comme il y avoit peu de livres, qu'on les imprimoit en petit nombre & que l'on ne craignoit pas les contrefaçons, les risques étoient beaucoup moins considérables qu'ils le sont actuellement.

Tout Libraire est membre & suppôt de l'Université, & en cette qualité il doit avant d'être reçu avoir été examiné par le Recteur sur sa capacité à expliquer le latin & à lire le grec. Mais comme cet examen n'est pas de la plus grande rigueur, & que souvent la protection fait fermer les yeux sur ces connoissances requises, l'on ne devroit admettre dans la capitale aucun récipiendaire qui ne fût maître-ès-arts. Cette qualité, qui n'exige que l'étude d'une langue absolument nécessaire à un Libraire, l'auroit distingué de toute autre branche de commerce. Les vrais savants, les amateurs, & le public en général, se seroient fait un plaisir de venir au secours d'un corps que les faux savants auroient cherché à détruire.

Le Libraire commerçant doit être laborieux, honnête, très économe, actif, entreprenant par degrés, curieux dans ses entreprises, exact dans ses engagements, & ami des savants, qu'il doit consulter & voir le plus qu'il pourra pour pouvoir être au fait des anecdotes de la littérature. La correspondance prompte & suivie tant dans la France que dans les pays étrangers, pour y faire passer des exemplaires de tous les livres qu'il imprime & en savoir tirer quelquefois en échange qui conviennent dans son pays, fait une partie de son travail : la tenue des livres doit être faite par un commis exact, sur lequel il faut que le Libraire ait l'œil, ainsi que sur les garçons de magasin dont le travail consiste à étendre le papier imprimé qui arrive de l'imprimerie, & à le détendre sans qu'il soit ni trop sec ni trop mouillé. Les deux extrémités sont dangereuses : la premiere, en ce que l'encre séchant trop vîte, elle n'a pas le temps de s'incorporer intimement avec le papier qui doit conserver une certaine humidité pour nourrir l'une & l'autre partie ; que d'ailleurs en laissant trop long-temps le papier sur les cordes, la poussiere & l'air le roussissent, & qu'enfin il se travaille beaucoup plus difficilement parcequ'il se boursoufle & devient trop mouvant : la seconde est encore plus à craindre, parcequ'une trop grande humidité met en fermentation le papier qui s'échauffe de façon que si on le laissoit trop long-temps en cet état, il tomberoit tout à fait en pourriture. Les garçons de magasin doivent donc avoir grand soin d'examiner si le papier qu'on leur apporte de l'imprimerie n'est pas échauffé en dedans & s'il n'a pas déja commencé à se piquer. Quand le papier est détendu, on le redresse & on le met en presse pendant environ six heures. Lorsque l'on a assez de feuilles pour faire un assemblage qui doit être de dix feuilles au plus, on les arrange sur la table d'assemblage, en commençant à poser la feuille cotée A à l'extrémité gauche de la table, puis la feuille B près de celle A, & ainsi de suite, toujours de gauche à droite. Le nombre des feuilles que l'on veut assembler étant arrangé de cette maniere, l'on doit regarder si les lettres suivent bien depuis A jusqu'à la fin, puis examiner attentivement, en soulevant la feuille de la main gauche & laissant passer avec les doigts le moins de feuilles qu'il est possible, s'il n'y en auroit pas de retournées ou sens dessus dessous. Cette opération finie, les uns prennent une aiguille bien pointue, d'autres se servent du bout du pouce ou du doigt index de la main droite qu'ils mouillent légérement de temps à autre avec leur salive pour enlever par le coin à droite la feuille A que la main gauche reprend par le milieu & met sur la feuille B qui est enlevée également, ainsi que les suivantes, jusqu'à la fin : cette petite poignée se pose au bout de la derniere feuille, & l'on recommence de la même maniere jusqu'à former une poignée d'environ cent vingt feuilles que l'on redresse sur la table le plus également qu'il est possible : l'on fait cinq ou six de ces poignées que l'on met l'une sur l'autre ; cette forte poignée se pose à terre sur des *maculatures*, & l'on continue ainsi jusqu'à la fin l'assemblage qui forme une ou plusieurs piles, selon le nombre auquel l'ouvrage est tiré. Il y a beaucoup de garçons qui, au lieu de poser au bout de la table la levée de toutes les feuilles, recommencent dix ou douze fois de suite en conservant toujours la poignée dans leurs mains : cette méthode ne vaut rien en ce que la main corrompt d'un bout le bord des feuilles, que de l'autre il se forme beaucoup de remplis ou de cornes ; ce poids d'ailleurs fatigue le poignet ; & le papier, qui ne sauroit être trop bien redressé, ne l'est que très difficilement, & jamais aussi parfaitement que par la méthode indiquée ci-dessus.

Quand une des huit ou dix feuilles que l'on assemble manque, l'assemblage est fini : pour lors il faut relever de dessus la table celles qui restent & les ployer : ces cahiers s'appellent *deffets* : l'on mettra en presse tout le papier assemblé, puis on le *collationnera*. Ce travail consiste à mettre sur la table une quantité de l'assemblage à volonté, & avec la pointe d'un canif ou d'une aiguille enfoncée par la tête dans un très petit manche de bois que l'on tient de la main droite, on éleve feuille à feuille les huit ou dix assemblées qui pour lors s'appellent *parties d'assemblage*. La main gauche reçoit exactement cette partie aussi feuille à feuille entre les doigts & le pouce, & l'œil examine attentivement si les signatures de chaque feuille A, B, C, &c. se suivent bien ; pour lors la même main gauche tourne un peu cette partie à droite & la partie suivante à gauche, de maniere qu'elles se divisent en deux angles saillants, distants l'un de l'autre de trois ou quatre pouces au plus : il est bon d'observer que chaque partie ne contient que les huit à dix feuilles plus ou moins que l'on a assemblées. On continue ainsi jusqu'à ce que la main gauche ne se trouve pas trop fatiguée de porter une certaine quantité de parties, tournées de droite à gauche : alors on les renverse sens dessus dessous sur la table ; & l'on continue le même travail jusqu'à ce que tout soit collationné. Si le papier est bien égal & qu'il soit bien redressé, il sera très avantageux de le mettre encore en presse.

Le *collationnage* a deux objets très essentiels, 1°. d'examiner bien attentivement si en assemblant l'on n'a pas enlevé deux feuilles à la fois ; s'il n'y en a pas eu d'oubliées, & s'il ne se trouve pas des feuilles retournées : toutes ces fautes deviennent très graves, parceque les relieurs ou les brocheuses travaillent si fort à la hâte & si machinalement, qu'ils relieront ou brocheront ces ouvrages assez souvent tels que vous les leur donnerez. Il est donc de la plus grande importance de collationner très exactement & avec l'attention la plus scrupuleuse. Les feuilles que l'on a trouvées de trop doivent être remises avec les deffets, & s'il y en a de celles qui ont manqué, l'on en forme autant de parties qu'il s'en est retrouvé : le reste forme les deffets qui servent à remplacer les feuilles que les relieurs déchirent, gâtent, ou perdent. 2°. Cette façon que l'on a donnée au papier en tournant chaque partie de droite à gauche, sert à pouvoir les prendre aisément pour les ployer & en former des *cahiers*.

Lorsque le papier a été bien pressé, rien de plus aisé que de le ployer. Il s'agit d'avoir sur la table à gauche une quantité à volonté de ce qu'on a collationné ; l'on prend de la main gauche une partie que la main droite ouverte maintient & que la gauche ploie de la paume de la main en frottant promptement & fortement de haut en bas dans l'instant où la droite a arrangé bien également les deux bords du papier portés précédemment par la gauche l'un sur l'autre. Ces bords s'appellent *barbes* & sont opposés au *dos*. Tout ce qui est collationné se ploie de même jusqu'à la fin.

A mesure que l'on a ployé une certaine quantité de cahiers, on les redresse bien & on les compte par dizaine que l'on retourne l'une par le dos & l'autre par la barbe, puis on les met en pile & l'on continue ainsi jusqu'à ce que tout l'assemblage soit ployé. L'on mettra encore ces parties ployées en presse, & on les laissera en pile, en attendant que toutes les parties d'assemblage, qui doivent former l'ouvrage complet, aient été travaillées de même. Si l'ouvrage avoit plusieurs volumes, l'on pourroit assembler chaque volume par corps, ce qui se fait en plaçant le premier cahier A, sur la table d'assemblage à gauche, comme nous l'avons expliqué à l'assemblage des feuilles; l'on placera ensuite le cahier H, si l'on a fait l'assemblage du premier cahier de huit feuilles, ou K s'il a été de dix, & ainsi de suite. Tout l'assemblage posé sur la table, l'on aura encore bien soin d'examiner si tous les cahiers se suivent bien; puis on prendra le cahier A & les autres successivement que l'on redressera au bout de la table & que l'on placera devant soi; l'on continuera ainsi jusqu'à ce que la dizaine de cahiers soit élevée. Si quelques dizaines se trouvoient mal comptées, ou qu'en assemblant l'on eût pris deux cahiers au lieu d'un, l'on s'en appercevra aisément en comptant les cahiers de chaque volume assemblé. Il y a des endroits où l'on compte les cahiers par vingt & vingt-cinq. Cette méthode est beaucoup plus longue, pour réparer les erreurs qui peuvent se faire; il est plus aisé de compter dix cahiers sans se tromper que d'en compter vingt-cinq. L'on continuera d'assembler ainsi tous les volumes suivants qui doivent former l'ouvrage complet, pour lors on les mettra par corps en assemblant chaque volume de la même maniere que nous avons dit ci-dessus pour les cahiers. Il ne s'agira plus que de remettre l'ouvrage en paquets, & de l'envoyer au magasin. Chaque paquet doit être fait à la presse.

Plusieurs Libraires trouveront peut-être cette façon de travailler trop difficile; ils peuvent cependant être assurés qu'elle n'est ni plus longue ni moins aisée, & qu'il en résulte tant d'avantages, que tous ceux qui voudront essayer cette méthode ne seront pas tentés de la quitter. Ils verront qu'un paquet de sept rames & demie fait à la presse, ne leur tiendra pas plus de place qu'un de cinq rames qui n'y aura pas été fait; que ces paquets ne se desserrant pas aisément, l'air & la poussiere ne pourront y trouver aucun passage pour roussir les feuilles, que l'impression & le papier se façonneront de maniere que leur édition paroîtra une fois plus belle, & qu'enfin l'arrangement & la propreté laisseront un coup-d'œil à leur magasin qui sera plaisir. On ne sauroit donc trop recommander l'usage fréquent de la presse, & de ne se servir que de magasins par bas, pourvu cependant qu'ils ne soient pas trop humides.

Les garçons de magasin doivent encore avoir grand soin de tenir leurs magasins d'assortiments & leur travail bien propres; les balayer au moins une fois toutes les semaines; conserver beaucoup d'ordre dans leurs arrangements pour ne pas oublier de paquets, & trouver aisément les livres qui leur sont demandés; couvrir de *maculatures* leurs piles & leurs feuilles; bien ficeler & étiqueter leurs paquets; ne jamais donner aucuns livres sans être enveloppés; fournir promptement les deffets demandés. Telles sont les qualités essentielles que l'on doit chercher dans les garçons de magasin, lorsqu'on est certain de leur probité & de leur travail assidu.

Il y a encore chez les Libraires des garçons de boutiques dont le mérite consiste à chercher exactement dans la librairie les livres demandés, à faire fidellement toutes les commissions, & à brocher, lorsqu'ils ont du temps de reste, les livres qui se vendent brochés. *Voyez* pour la brochure l'article RELIEUR.

On va parler présentement du Libraire exerçant l'ancienne librairie, qu'on appelle *Libraire-Bibliographe*.

La connoissance, le mérite & la rareté des livres en toutes les langues connues, exigent un si grand travail, que la vie de l'homme ne peut suffire pour posséder parfaitement toutes les différentes parties que cette science renferme. Plusieurs Bibliographes, il est vrai, nous ont laissé de bons ouvrages sur cette science; mais il n'en est pas qui ne se soit trompé & qui n'ait induit les autres en erreur : il se fait chaque jour de nouvelles découvertes, & l'on en fera encore par la suite; &, dans cette science, comme dans toutes les autres, on acquiert tous les jours de nouvelles connoissances. La grande quantité de bibliotheques publiques dans tous les pays, & sur-tout la riche & immense Bibliotheque du Roi, sont encore d'un grand secours; mais l'étude générale de cette science est si longue & si épineuse, qu'un bon Libraire-Bibliographe doit mériter certainement quelques considérations dans la république des lettres : car si c'est au savant, qui fait une étude particuliere d'une classe, à donner au public les connoissances qu'il a acquises ; c'est au Libraire-Bibliographe, qui embrasse toutes les différentes classes, à l'aider dans ses recherches, en lui procurant & souvent lui enseignant les sources où il peut puiser.

Jusqu'à la fin du dernier siecle, & au commencement même de celui-ci, les bibliotheques & cabinets de particuliers ne se vendoient pas par catalogue ; les Libraires de ce temps, la plupart sans éducation, & dont les connoissances littéraires étoient bornées, s'entendoient ensemble pour acheter en commun les cabinets & les bibliotheques, puis ils les détailloient, comme font actuellement les Colporteurs, en vendant chaque article entre eux au plus offrant & dernier enchérisseur, de maniere que le produit doubloit quelquefois le prix de l'acquisition. Heureusement quelques Libraires, plus instruits & plus délicats, commencerent vers ce temps à s'occuper sérieusement de la connoissance des livres : MM. *Prosper Marchand*, *Boudot*, &c. vendirent les cabinets à l'enchere, & donnerent les catalogues des bibliotheques qui en méritoient la peine. Les bons catalogues raisonnés avec des tables d'auteurs disposés par MM. *Martin*, *Barrois* (1), *Piget*, &c. formerent insensiblement le goût du public pour les livres, & lui firent naître l'envie d'avoir des cabinets & des bibliotheques. C'est à ces Libraires-Bibliographes que l'ancienne Librairie est redevable de l'état florissant où elle se trouve, & de l'estime dont elle jouit auprès des gens éclairés qui savent distinguer les vrais Libraires d'avec cette multitude de Colporteurs de toute espece, que le public appelle improprement *Libraires*.

L'excellent ouvrage de M. *G. Fr. De Bure* (2), qui a pour titre *Bibliographie instructive*, ou *Traité de la con-*

(1) M. *Barrois*, mort en 1769, a laissé un fils qui promet de suivre les traces de son pere.

(2) M. *De Bure*, fils aîné, a acquis de M. *G. Fr. De Bure*, qui s'est retiré depuis peu du commerce, le fonds de ses livres rares qu'il a considérablement augmenté. On trouve chez lui la *Bibliographie instructive*.

noissance des livres rares, en 7 vol. in 8°. dont le premier a paru en 1763, est un guide nécessaire à tous les particuliers & Libraires qui desireront connoître les livres rares, ceux de goût & de fantaisie. Les jeunes Libraires ne sauroient trop étudier cet important ouvrage; les connoissances bibliographiques qu'ils y puiseront sont bien au-dessus de celles de certain critique.

Le Libraire-Bibliographe doit non seulement joindre aux connoissances primitives du Libraire Commerçant, l'étude des langues Allemande, Angloise & Italienne: ces deux dernieres sur-tout lui deviennent presque indispensables, par le nombre des livres rares & excellents qui sont sortis & qui sortent tous les jours des presses de ces pays: mais il doit encore aimer la lecture dont il faut qu'il sache tirer parti; avoir beaucoup de mémoire; connoître les titres des livres, leurs dates, leurs différentes éditions; savoir distinguer celles originales d'avec celles contrefaites; prendre une idée sommaire de chaque ouvrage, soit par la lecture de la préface, de la table des chapitres, ou même d'une partie du livre, pour pouvoir placer ces différents ouvrages à la classe qui leur convient, lorsqu'il aura des catalogues à disposer pour le public ou pour les particuliers; savoir de plus les anecdotes qui donnent un degré de rareté à plusieurs livres; posséder à fond le systême bibliographique le plus universellement reçu; avoir des correspondances dans les pays étrangers pour être instruit des bibliotheques qui y sont à vendre, & faire à propos l'acquisition de certains livres qui, n'étant point rares dans un pays, peuvent se placer dans un autre avec avantage. Toutes ces connoissances, quoiqu'assez étendues, ne suffisent pas encore à ce Libraire: il faut de plus qu'il soit honnête, sociable & de bonne conversation; qu'il ne cherche point à tromper en vendant un livre pour un autre, une mauvaise édition pour une bonne; qu'il fréquente les savants, les curieux de livres; qu'il n'en impose à qui que ce soit sur les instructions qu'on lui demande; qu'il ait le talent d'étudier le goût du public, de s'y conformer, de lui faire connoître les livres qui peuvent lui convenir, de lui faire desirer ceux qu'on ne peut trouver qu'avec peine, & de lui faire naître enfin l'envie de se former une bibliotheque considérable en commençant par une partie & l'amenant insensiblement à une autre. Voilà à-peu-près les connoissances & le talent que devroient avoir les Libraires-Bibliographes qui doivent y joindre l'ambition d'une réputation distinguée & bien méritée.

Tous les Libraires qui ont prêté serment à l'Université font partie de son corps & jouissent de ses privileges.

Cette prérogative leur a été conservée jusqu'à présent par les lettres-patentes, édits & déclarations de nos Rois, & en dernier lieu par le réglement arrêté au Conseil le 28 Février 1723. Ce réglement a été rendu commun pour tout le royaume par arrêt du Conseil du 14 Mars 1744; & la même année il a été publié à Paris, avec la conférence des anciennes ordonnances, sous le nom de *Code de la Librairie & Imprimerie*, donnée par *Claude Marin Saugrain*, alors syndic de la communauté des Libraires.

Le 2 Mai de la même année, le Roi rendit, en son Conseil, un arrêt qui commet pour l'exécution de ce réglement M. *Feideau de Marville*, alors Lieutenant Général de Police à Paris. Les prédécesseurs & les successeurs de ce magistrat ont eu de semblables commissions du Conseil; & M. *de Sartine*, plus recommandable par sa sagesse que par l'importance de cette place qu'il remplit à la satisfaction des citoyens, a de plus été chargé par Monseigneur le Chancelier, comme Directeur Général de la Librairie & Imprimerie de France, de la nomination des Censeurs & de tout ce qui concerne les permissions d'imprimer, dont on distingue trois sortes; savoir, 1°. la *permission tacite*, ainsi nommée parcequ'elle n'est consignée dans aucun registre public; cette permission autorise à imprimer & débiter l'ouvrage pour lequel elle est obtenue, mais elle ne donne aucun droit exclusif: 2°. la *permission simple* ou *permission du sceau*, ainsi appellée parcequ'elle s'accorde par lettres expédiées en grande Chancellerie; cette permission doit être enregistrée à la Chambre Syndicale des Libraires; elle ne donne point de droit exclusif, mais défend l'introduction des éditions étrangeres : 3°. le *privilege du grand sceau*, nommé aussi *privilege général*, parceque le droit exclusif accordé par ce privilege, a son effet dans toute l'étendue du royaume; cette permission, portant privilege général, doit aussi être enregistrée à la Chambre Syndicale.

Comme le réglement de 1723 est une loi générale pour tout le royaume, nous croyons devoir en rapporter les principales dispositions.

L'article premier porte, que les Libraires & les Imprimeurs seront censés & réputés du corps & des Suppôts de l'Université de Paris, distingués & séparés des Arts méchaniques, maintenus & confirmés dans la jouissance de tous les droits & privileges attribués à la dite Université.

Par l'article 2, les livres, tant manuscrits qu'imprimés ou gravés, reliés ou non reliés, vieux ou neufs, ainsi que les fontes, lettres, caracteres, & l'encre d'imprimerie, sont déclarés exempts de tous droits, tant à la sortie qu'à l'entrée & dans l'intérieur du royaume, pourvu que les ballots ou caisses, contenant lesdites marchandises, soient marqués en ces termes : *livres, caracteres d'imprimerie*, &c. ainsi qu'il est dit dans l'article 3.

L'article 4 porte défense à toutes personnes, autres que les Libraires & Imprimeurs, de faire le commerce de livres, & de les faire afficher pour les vendre en leurs noms, soit qu'ils s'en disent les auteurs ou autrement.

Par l'article 5, & par l'arrêt du Conseil du 13 Mars 1730, portant réglement entre les Libraires & Imprimeurs, & les marchands merciers de la ville de Paris, il est fait défenses auxdits marchands merciers de vendre aucuns livres imprimés, à l'exception des A B C, des almanachs, & des petits livres d'heures & de prieres imprimés hors de la ville de Paris, & non excédant la valeur de deux feuilles d'impression du caractere de *cicéro*.

Les articles 6, 7 & 8 concernent la vente des papiers à la rame, & la défense d'acheter des livres des écoliers, domestiques, &c.

Il est ordonné par l'article 9 que tous les Imprimeurs & Libraires feront imprimer les livres en beaux caracteres, sur de bon papier, & bien corrects, avec le nom

& la demeure du Libraire qui aura fait faire l'impression. Mais cet article est très mal exécuté depuis que les contrefacteurs se sont multipliés de toutes parts. Le bas prix auquel ils peuvent vendre leurs éditions contrefaites à la hâte, mal exécutées, & pour lesquelles ils n'ont fait aucune avance de copie, oblige les Libraires de se relâcher considérablement sur la beauté des éditions originales, pour se rapprocher du prix des éditions contrefaites.

L'article 10, qui fait défense à tous Imprimeurs & Libraires de supposer aucun autre nom d'Imprimeur ou de Libraire, & de le mettre au lieu du leur en aucun livre, comme aussi d'y apposer la marque d'aucun autre Imprimeur ou Libraire, à peine d'être punis comme faussaires, de trois mille livres d'amende, & de confiscation des exemplaires, n'est pas mieux observé que l'article précédent. Son exacte exécution seroit cependant un des plus surs moyens de mettre un frein à l'audace des contrefacteurs nationaux, qui ont causé la décadence de la librairie françoise, & qui la menacent d'une chûte prochaine.

Par l'article 11 il est défendu aux Libraires & Imprimeurs, & à leurs veuves, de prêter leur nom; & par le 12 il est ordonné à tous ceux qui auront imprimerie ou magasin ouvert de librairie, de les tenir dans les quartiers de l'Université. L'article 13 leur permet d'avoir des magasins non ouverts dans les colleges, maisons religieuses & autres lieux hors de leur demeure, pourvu que ce soit toujours dans l'enceinte de l'Université, & à la charge de les déclarer à la Chambre Syndicale.

Les articles 14, 15 & 16 concernent l'inscription que les Libraires & Imprimeurs doivent mettre à leur magasin ou imprimerie, la défense d'avoir plus d'un magasin ouvert, & l'observation des dimanches & fêtes.

Les *souscriptions* sont l'objet des articles 17, 18 & 19, qui portent qu'aucun ouvrage ne pourra être proposé au public, par souscription, que par un Libraire ou Imprimeur, lequel sera garant des souscriptions envers le public en son propre & privé nom, & qui, avant de proposer la souscription, sera tenu de présenter à l'examen au moins la moitié de l'ouvrage, & d'obtenir la permission d'imprimer par lettres du grand sceau. Le Libraire doit aussi distribuer, avec le *prospectus*, au moins une feuille d'impression de l'ouvrage qu'il proposera par souscription; laquelle feuille sera imprimée des mêmes forme, caracteres & papier qu'il s'engagera d'employer dans l'exécution de l'ouvrage.

L'article 10 & les suivants, jusques & compris l'article 48, reglent ce qui concerne l'apprentissage, le compagnonage & la réception des maîtres. Nul ne peut être reçu à la maîtrise qu'après un apprentissage de quatre années, & un compagnonage de trois ans; qu'il n'ait vingt ans accomplis; qu'il ne soit congru en langue latine, & qu'il ne sache lire le grec, dont il sera tenu de rapporter un certificat du Recteur de l'Université: il doit encore être muni d'un témoignage de catholicité & de vie & mœurs, & subir un examen sur le fait de la Librairie pardevant les Syndic & Adjoints en charge, accompagnés de quatre anciens officiers de la communauté, dont deux doivent être Imprimeurs, & de quatre maîtres modernes, dont deux doivent aussi être Imprimeurs. Ceux qui aspireront à être reçus Imprimeurs doivent en outre faire une pareille preuve de leur capacité au fait de l'imprimerie devant le même nombre d'examinateurs. Le procès verbal de cet examen doit être remis par les Syndic & Adjoints entre les mains de M. le Lieutenant-Général de Police, pour être par lui envoyé, avec son avis, à M. le Chancelier & Garde des Sceaux, & être en conséquence expédié un arrêt du Conseil, sur lequel il sera procédé à la réception de l'aspirant. On doit payer ès mains du Syndic la somme de mille livres pour la maîtrise de Libraire, & celle de quinze cents livres pour celle de librairie & imprimerie.

Les fils de maîtres, & ceux qui épouseront la fille ou la veuve d'un maître, seront reçus à leur premiere réquisition, pourvu qu'ils aient les qualités requises, en remettant au Syndic la somme de six cents livres pour être recus Libraires, & plus celle de trois cents livres si par la suite ils sont reçus Imprimeurs.

L'article 5 de l'arrêt du Conseil du 10 Décembre 1725

porte que l'aspirant sera présenté, avec ses certificats, par le Syndic ou l'un des Adjoints, au Recteur de l'Université, qui lui fera expédier des lettres d'immatriculation par le Greffier de l'Université, après avoir pris de lui le serment ordinaire *in loco Majorum* & en présence du Tribunal, & qu'ensuite le nouveau maître prêtera le serment ordonné par le quatrieme article du réglement de 1723, entre les mains de M. le Lieutenant-Général de Police. Il est dit dans l'article 9 de ce même arrêt du Conseil, que les Professeurs de l'Université de Paris qui, après sept années consécutives de régence, voudront exercer la profession de Libraire, y seront admis jusqu'au nombre de trois seulement, sur l'attestation de l'Université, & qu'ils seront reçus en ladite communauté sans examen & sans frais, à la charge par eux de prêter le serment accoutumé entre les mains de M. le Lieutenant Général de Police.

Suivant l'article 48 du réglement, ceux qui auront été reçus maîtres à Paris peuvent aller exercer la librairie en toutes les villes du royaume, en faisant enregistrer leurs lettres au Greffe de la Justice ordinaire du lieu où ils iront demeurer.

Depuis l'article 49 jusques & compris l'article 54, il est traité dans le réglement, des Imprimeurs & des imprimeries. Il est dit que les imprimeries seront composées de quatre presses au moins, & de neuf sortes de caracteres romains, depuis le *gros canon* jusqu'au *petit texte* inclusivement, en quantité suffisante : *voyez* IMPRIMEUR.

Mêmes droits aux veuves des maîtres que dans les autres communautés, suivant l'article 55.

Les articles 57, 58 & suivants, reglent ce qui concerne la fonderie en caracteres d'imprimerie. Ils portent que toutes personnes pourront exercer cet art, & ce faisant, seront réputées du corps des Libraires & Imprimeurs ; mais que lesdits fondeurs seront tenus, avant que d'excercer la profession, de se faire inscrire sur le registre de la Communauté, sans que cette inscription puisse leur donner aucun droit d'exercer la librairie ou imprimerie. Il leur est défendu de livrer leurs caracteres à d'autres qu'aux Imprimeurs, & ils sont tenus de déclarer les envois dans les provinces.

La police concernant les *colporteurs* & *afficheurs* eſt réglée par les articles 69 & ſuivants, qui ordonnent qu'aucun ne pourra faire le métier de colporteur s'il ne ſait lire & écrire, & qu'après avoir été préſenté par les Syndic & Adjoints à M. le Lieutenant-Général de Police, & par lui reçu. Le nombre des colporteurs eſt fixé à cent vingt, & celui des afficheurs à quarante.

Par les articles 75, 76 & 77, il eſt ordonné que les *Libraires Forains* ne pourront ſéjourner plus de trois ſemaines à Paris, depuis l'ouverture & viſite de leurs balles; qu'ils auront leurs marchandiſes dans le quartier de l'Univerſité, & qu'ils ne pourront faire échange ou vente de leurs livres qu'aux Libraires de Paris. Il leur eſt défendu de vendre aucuns livres dans les foires de Saint Germain, de Saint Laurent & autres.

Suivant l'article 78, le Bureau de la communauté doit être compoſé de cinq officiers, dont deux doivent être Imprimeurs. Ces officiers ſont un Syndic qui reſte en place deux années; & quatre Adjoints, dont deux ſortent tous les ans: ils ſont élus en la Chambre de la Communauté, en préſence de M. le Lieutenant-Général de Police, & de M. le Procureur du Roi au Châtelet. Les articles ſuivants reglent la reddition des comptes, les Aſſemblées de la Communauté, l'adminiſtration de la Confrairie, la viſite des librairies, fonderies, & imprimeries.

L'article 89 & les ſuivants preſcrivent ce qui doit être obſervé pour les livres, eſtampes & caracteres d'imprimerie, qu'on fait venir à Paris des provinces du royaume ou des pays étrangers. Toutes ces différentes marchandiſes doivent être portées à la Chambre Syndicale pour y être viſitées par les Syndic & Adjoints, qui doivent s'y rendre à cet effet tous les mardis & vendredis de chaque ſemaine, au nombre de trois au moins.

Les Syndic & Adjoints ſont autoriſés par les articles 96 & 97 à faire la viſite, non ſeulement chez les Libraires & Imprimeurs, mais auſſi chez les relieurs-doreurs & chez les imagers-dominotiers: *voyez l'article* DOMINOTIER.

Il eſt ordonné par l'article 98 que toutes marchandiſes de librairie ſaiſies ſeront dépoſées en la Chambre Syndicale, & que les Syndic & Adjoints s'en chargeront par les procès-verbaux de saisies, sans que lesdites marchandises puissent être laissées en la garde d'aucun autre gardien ou officier.

L'article 99 interdit le commerce des livres dangereux, & le 100 défend aux apprentifs & compagnons de faire aucun trafic pour leur compte particulier.

Par l'article 101, il est défendu d'imprimer ou réimprimer aucuns livres sans lettres du grand Sceau; & par le 102, aucuns livrets ou feuilles sans la permission de M. le Lieutenant Général de Police. Le 103 veut que les Privileges ou Permissions, ainsi que l'Approbation des Censeurs, soient insérés en entier au commencement ou à la fin des livres. Le 104 ordonne que toutes les parties de chaque ouvrage seront approuvées, que l'impression sera conforme à la copie, sans y rien changer, & qu'après l'impression, le manuscrit, ou un exemplaire, paraphé par le Censeur sera remis à M. le Chancelier & Garde des Sceaux; le 106, que les Privileges ou Permissions, ainsi que les Cessions qui en seront faites, seront, dans les trois mois de la date de leur obtention, enregistrés, sous peine de nullité, à la Chambre Syndicale des Libraires & Imprimeurs de Paris. Ce même article porte que le registre de la Chambre Syndicale sera communiqué à toutes personnes, pour y faire telles recherches & tels extraits que chacun avisera; au moyen de quoi les Privileges ou Permissions seront censés avois été suffisamment signifiés.

L'article 107 fait défenses de faire imprimer hors du royaume les livres pour lesquels on aura obtenu des Privileges. Sur quoi il est bon d'observer que dans les lettres même de Privilege il y a toujours une clause qui défend d'introduire en France des exemplaires d'impression étrangere. Mais malgré ces loix si sages, les livres contrefaits pénetrent en France avec la plus grande facilité; & cette licence a tellement encouragé les contrefacteurs étrangers, que leurs imprimeries se sont multipliées, depuis quelques années, à un point presque incroyable, à Avignon, à Liege & à Bruxelles. Ces éditions contrefaites, n'exigeant point de frais de copie & étant imprimées sur du papier qui n'a payé aucuns droits au Roi, se donnent à vil prix, se répandent avec profusion dans les provinces, & portent un préjudice irréparable, non seulement à la librairie & à l'imprimerie, mais encore à nos manufactures de papier. Cet objet intéresse d'autant plus la police générale, qu'avec les éditions contrefaites, on envoie très souvent, par les mêmes voies détournées, des livres défendus & proscrits par le Gouvernement.

Par l'article 108, il est ordonné que toutes personnes qui obtiendront des Privileges du grand Sceau remettront entre les mains des Syndic & Adjoints, avant que de pouvoir afficher ou exposer en vente, 1°. cinq exemplaires, dont deux pour la Bibliotheque Royale, un pour celle du Louvre, un à la Bibliotheque de M. le Chancelier & Garde des Sceaux, & un au Censeur qui aura été nommé pour l'examen du livre; 2°. trois autres exemplaires pour être employés aux affaires & besoins de la Communauté des Libraires. La même disposition s'étend aux livres & autres écrits imprimés avec permission des Juges de Police.

L'article 109, par lequel Sa Majesté défend de contrefaire les livres imprimés avec Privileges, & de vendre ceux qui seront contrefaits, sous les peines portées par lesdits Privileges & de punition corporelle, avec déchéance de maîtrise en cas de récidive, n'a presque aucune exécution dans les provinces. Les éditions contrefaites s'y vendent publiquement, & elles se font même assez ouvertement dans quelques endroits. Peut-être s'est-on imaginé que le bien particulier de certaines provinces demande qu'on y tolere cet abus si contraire au bien général; mais on auroit dû faire attention que cette tolérance, accordée contre le droit des gens, & préjudiciable aux propriétaires, occasionnera infailliblement la ruine de la Librairie, & par contre-coup l'anéantissement des Lettres en France: la crainte de la contrefaçon restreint nécessairement les entreprises des Libraires, & ralentit conséquemment le génie de l'homme de lettres en le privant de l'honoraire de ses travaux (1).

(1) Voyez les moyens d'obvier à l'abus des contrefaçons, dans une Lettre de M. Castilhon, insérée dans le *Journal des Savants*

Suivant les articles 110 & 111, les factums, requêtes ou mémoires doivent s'imprimer sur des copies signées d'un avocat inscrit sur le tableau, ou d'un procureur; les arrêts des Cours Souveraines, avec permission du Procureur Général : & il est défendu de demander aucun privilege pour ces objets, ainsi que pour les billets d'enterrement, pardons, indulgences, monitoires.

Par l'article 112 il est défendu à tous graveurs, imagers & dominotiers d'imprimer ou vendre aucunes cartes ou autres planches sans Privilege du grand Sceau ou Permission du Lieutenant Général de Police, enregistrés à la Chambre Syndicale.

Dans les articles suivants, jusques & compris le 123 & dernier, il est traité des ventes, inventaires & prisées des bibliotheques, imprimeries, & des fonds de librairie. Par les articles 113 & 114, & par l'arrêt de réglement, rendu au Conseil le 14 Juillet 1727, il est ordonné que toutes les fois qu'il sera fait inventaire par autorité de Justice, de bibliotheques ou cabinets de livres, la prisée n'en pourra être faite que par les huissiers-priseurs, en présence & de l'avis d'un ou de deux Libraires, qui y seront appellés par les parties intéressées; & qu'à l'égard des fonds de librairie & d'imprimerie, les Libraires & Imprimeurs en feront seuls le catalogue & la prisée dans le cours de l'inventaire, lequel catalogue sera annexé à la minute de l'inventaire, où il en sera fait mention par un seul & même article.

L'article 115 porte que les ventes volontaires des bibliotheques ou cabinets de livres ne pourront être faites par aucun particulier, publiquement, par affiches & en détail.

Les Libraires sont aujourd'hui, à Paris, au nombre d'environ 200 y compris les Imprimeurs.

LIMONNADIER. Le Limonnadier est celui qui fait & vend de la limonnade, de l'orgeat, du café, du thé, du chocolat, des glaces, des bavaroises & toutes sortes de ratafias & de liqueurs de table.

La *limonnade* est une liqueur composée d'eau, de sucre & de jus de limon ou de citron.

[Juillet 1772], & dans le *Mercure* du mois d'Août de la même année.

Pour la faire bonne, on choisit des citrons frais & bien sains, qu'on partage par le milieu, & dont on exprime le suc en les serrant entre les mains. On étend ce suc dans une suffisante quantité d'eau, pour qu'il ne lui reste qu'une saveur légérement aigrelette, & une agréable acidité. On passe sur le champ cette liqueur dans un linge très propre pour en séparer les pepins, & ce qui s'est détaché de la pulpe des citrons en les exprimant. Pour rendre cette liqueur plus potable, on l'édulcore avec une suffisante quantité de sucre dont on a frotté une petite partie contre une écorce de citron, pour l'aromatiser agréablement.

On prépare à-peu-près comme la limonnade, les autres *liqueurs fraîches* qui portent le nom *d'eau de groseille*, *eau de fraise*, *eau de verjus*, &c.

On a imaginé depuis peu de faire une espece de conserve de jus de citron, que l'on nomme *limonnade seche*, parcequ'effectivement ce sont tous les principes qui composent la limonnade liquide qui se trouvent réunis sous une forme seche.

Pour se servir de cette limonnade, on met une certaine quantité de cette conserve dans un verre d'eau; elle s'y dissout facilement, & cela forme un verre de limonnade.

Ceux qui préparent cette limonnade seche, cachent la recette & la maniere de la préparer; mais il y a lieu de présumer que le fond de cette composition est toujours le citron qui en fait la base, puisque cette limonnade seche, dissoute dans de l'eau, forme de la limonnade qui ne differe en rien de celle que l'on prépare avec le citron récent, comme nous l'avons dit ci-dessus.

Les Limonnadiers ont deux différentes préparations d'orgeat, savoir la pâte & le sirop. La pâte se fait avec des amandes douces qu'on écrase sur une pierre par le moyen d'un rouleau de bois, après les avoir auparavant fait tremper dans l'eau chaude pour les dépouiller de leur peau; on met avec les amandes la quantité de sucre convenable; on aromatise cette pâte avec de l'eau de fleur d'orange, & on la met ensuite en rouleaux. Quand on veut prendre de l'orgeat, on fait délayer dans de l'eau une suffisante quantité de cette pâte. Mais l'usage du sirop d'orgeat est encore plus commode: les personnes

nes qui ſeroient curieuſes de ſavoir comment il ſe fait, trouveront ſur cela, ainſi que ſur la confection des autres ſirops & la préparation du chocolat, des détails ſatisfaiſants dans les *Eléments de Pharmacie théorique & pratique*, par *M. Baumé.*

Le *café* eſt la graine ou le fruit d'un arbre qui croît dans les pays chauds; le meilleur eſt celui qui nous eſt apporté de Moka. Voyez le *Dictionnaire raiſonné univerſel d'Hiſtoire Naturelle*, par M. *Valmont de Bomare.*

Pour préparer le café, le Limonnadier commence par le faire torréfier ſur le feu dans un cylindre de tôle qu'il tourne au-deſſus d'un réchaud, par le moyen d'une petite manivelle; enſuite il le réduit en poudre dans un de ces petits moulins connus de tout le monde, & qui à cauſe de leur uſage ont pris le nom de *moulins à café.* Lorſque le café eſt en cet état, il ne s'agit plus que de le faire infuſer dans de l'eau bouillante ou dans du lait; & après l'avoir laiſſé clarifier par le repos, on le prend avec la quantité de ſucre convenable.

Le principal ingrédient qui entre dans la compoſition du chocolat eſt le *cacao*, eſpece d'amande qu'on tire du fruit du *cacaoyer.*

On fait des *glaces* à la crême & avec le jus de pluſieurs fruits, tels que les fraiſes, groſeilles, framboiſes, citrons, ceriſes, &c.

Pour faire des glaces à la crême, on commence par faire bouillir la crême, & après l'avoir laiſſé refroidir, on la met dans un moule ou vaſe de fer blanc ou d'étain, avec une quantité de ſucre proportionnée à celle de la crême, par exemple, une demi-livre de ſucre ſur une chopine de crême: on écraſe, ſi on veut, dans ce mêlange quelques maſſepains.

Après cette opération, on concaſſe la glace qu'on mêle avec du ſel commun, & on met le tout dans un ſeau. Pour lors on plonge dans ce ſeau le moule où eſt contenu le mêlange, & on le remue continuellement ſur cette glace, au moyen d'une anſe qui eſt au couvercle du moule, juſquà ce que la crême ſoit exactement glacée.

Les manœuvres pour les glaces de fruits ſont à-peu-près les mêmes.

Les *bavaroises* sont des boissons chaudes. Les Limonnadiers en font de deux especes : les unes sont à l'eau, & les autres sont au lait.

Les bavaroises à l'eau se font en délayant le sirop de capillaire dans un verre d'eau ou dans une infusion de thé.

Les bavaroises au lait se font en délayant pareillement du sirop de capillaire dans du lait coupé avec de l'eau ou avec une infusion de thé.

On ne parlera point ici des ratafias ni des liqueurs, ayant parlé de cet objet au mot APOTHICAIRE.

La communauté des Limonnadiers distillateurs marchands d'eau-de-vie est très nouvelle à Paris, & cependant elle y est composée aujourd'hui de près de six cents maîtres.

Ces marchands, qui n'étoient auparavant que des especes de regrattiers, furent érigés en corps de jurande en exécution de l'édit du mois de Mars 1673, qui ordonnoit que tous ceux qui exerçoient un commerce, & qui n'étoient d'aucun corps de communauté, prendroient des lettres, & qu'il leur seroit dressé des statuts.

Leurs lettres & leurs statuts sont du 28 Janvier 1676, registrés en Parlement le 27 Mars suivant.

Cette communauté a quatre jurés, dont deux se changent tous les ans.

La communauté des Limonnadiers ne subsista en corps de jurande que jusqu'à la fin de 1704, qu'elle fut supprimée par un édit du mois de Décembre, avec injonction à tous les maîtres qui la composoient de fermer leur boutique, & défense à eux de vendre aucune eau-de-vie, esprit de vin & autres liqueurs.

En leur place furent créés cent cinquante privileges héréditaires de marchands Limonnadiers, vendeurs d'eau-de-vie, &c.

La communauté supprimée ayant été rétablie six mois après par un autre édit de Juillet 1705, un troisieme du mois de Septembre 1706 en ordonna de nouveau la suppression, lui substituant une création de cent cinquante privileges.

Enfin ces privileges héréditaires n'ayant pu prendre faveur, & le traitant ne pouvant s'en défaire comme il l'avoit espéré, les anciens Limonnadiers furent pour la troisieme fois réunis en communauté par un quatrieme édit du mois de Novembre 1713. Cet édit de rétablissement fut enregistré au Parlement le 27 Décembre de la même année.

Les apprentifs doivent prendre un brevet pardevant notaires, servir trois ans chez les maîtres; & ils ne peuvent être reçus à la maîtrise qu'après avoir demandé & fait le chef d'œuvre.

Les fils de maîtres & les apprentifs qui épousent les filles de maîtres ont les mêmes droits que dans les autres communautés.

Les Limonnadiers ont le privilege exclusif de vendre du café brûlé & en poudre, & n'en peuvent pas vendre en feve. Les épiciers, au contraire, n'ont pas le droit de vendre du café brûlé, ni en poudre, mais celui de le vendre en feve.

Les Limonnadiers ont aussi le droit d'avoir des personnes attablées chez eux, & de leur donner du ratafia par verrée; ce que ne peuvent faire les épiciers pour aucune liqueur que ce soit, à l'exception de l'eau de-vie, qu'ils peuvent distribuer sur le comptoir, sans fournir ni sieges ni tables.

Par arrêt du Conseil du 23 Mai 1746, les maîtres Limonnadiers ont été maintenus dans le droit de se dire & qualifier maîtres distillateurs d'eaux-de-vie & de toutes autres eaux & liqueurs, à l'exception de celles qui regardent l'art de la chymie, dont la distillation est réservée aux distillateurs en chymie. *Voyez* DISTILLATEUR.

On distingue à Paris de deux especes de Limonnadiers, les Limonnadiers-Distillateurs & les Limonnadiers-Confiseurs : *voyez leur article.*

LINGERE. La Lingere est la marchande qui fait négoce de toile & de linge.

Deux sortes de marchands font à Paris le commerce de lingerie & toilerie. Les uns sont du corps de la mercerie, & ne sont distingués des autres merciers que par la qualité du commerce qu'ils ont embrassé; les autres composent une communauté particuliere, qui a ses statuts, ses privileges & ses officiers à part, & qui n'est composée que de maîtresses, les hommes n'y pouvant être reçus.

Les marchandises que les maîtresses Lingeres sont en droit de vendre, sont toutes sortes de toiles de lin & de chanvre, comme batiste, linon, & généralement toutes sortes d'ouvrages de toile, comme chemises, caleçons, rabats, chaussettes, chaussons, & autres semblables.

Il y a bien des sortes de toiles : on les distingue par les noms des endroits où on les fabrique, par les différents usages auxquels on les emploie, & par les divers apprêts qu'elles ont reçus. Les *toiles écrues* sont celles qui n'ont point été blanchies, & qui conservent par conséquent encore leur couleur naturelle ; les *toiles blanches* sont celles auxquelles on a fait perdre cette couleur par différentes lessives. *Voyez l'article* BLANCHIMENT DES TOILES.

Pour bien connoître la qualité & la bonté d'une toile, il faut qu'elle n'ait reçu aucune préparation de gomme, d'amidon, de chaux & d'autres semblables drogues, qui ne servent qu'à masquer ses défauts & à en ôter la connoissance. Lorsqu'elle n'a point reçu ces apprêts, il est aisé de s'appercevoir si elle est bien travaillée, & également frappée sur le métier, si le fil ou le lin qu'on y a employé n'est point gâté, s'il est également filé.

La plus grande partie des toiles de lin & de chanvre qui se consomment en France, sont l'ouvrage des fabriques du royaume. Les belles toiles de la Flandre Françoise & de Bretagne, sont sur-tout estimées par leur finesse, leur blancheur, la bonté & l'égalité de leur fil. Les Hollandois nous en fournissent de très belles, bien connues sous le nom de *toiles de Hollande*. Ces toiles, quoiqu'extrêmement fines, sont très unies, très serrées & très fermes. Les toiles de la province de Frise ont la préférence sur toutes les autres : on les nomme *toiles de Frise* ou simplement *Frises*.

Il ne faut pas croire cependant que toutes ces belles toiles que les Hollandois nous envoient, soient fabriquées chez eux ; la plupart ont été manufacturées en Silésie ou en Flandre. Mais comme ces toiles passent aux blanchisseries de Harlem, & qu'elles y reçoivent leur dernier lustre, les Hollandois profitent de cette circonstance pour les vendre comme venant chez eux. Courtrai, dans la Flandre Autrichienne, est une des villes qui fournissent le plus au trafic des toiles dites *toiles de Hollande*. Les habitants de cette ville cultivent beaucoup de lin, & réussissent très bien dans les apprêts & dans la filature de cette plante. Les toiles qui sortent de chez eux, ont la qualité qu'on recherche dans les plus belles toiles ; elles sont bien frappées, & ont leurs chaînes & leurs trames également torses, également fortes. Il ne manquoit jusqu'ici aux fabricants de Courtrai pour soutenir le parallele des toiles de Hollande, que de procurer aux leurs le même blanc qui se donne aux blanchisseries de Harlem, le demi-blanc de ménage, le blanc d'eau simple & le blanc de lait. Ces fabricants prétendent avoir découvert dans la mauvaise qualité des cendres, la seule cause qui pouvoit dégrader la blancheur de leurs toiles : aujourd'hui qu'ils ont trouvé le moyen de se procurer les mêmes qualités de cendre que l'on emploie à Harlem, ils se flattent de donner à leurs toiles un blanc aussi éclatant, aussi vif que celui des toiles de Frise.

On a donné particuliérement le nom de *linge* aux toiles destinées pour le service de la table. Il y a du linge plein & du linge ouvré, à grain d'orge, à œil de perdrix, damassé, & sur lequel on exécute les mêmes desseins, que sur les étoffes de soie. Les plus ordinaires sont des armoiries, des devises, des fleurs, des bouquets, des chasses, des paysages. Il se fait aussi des nappes de différentes grandeurs avec des quadres & bordures. Venise a fabriqué dans ce genre des ouvrages d'une très grande beauté. On prétend même que les Vénitiens en sont les premiers inventeurs. Les manufactures de France, de Flandre, de Saxe, donnent aussi des linges ouvrés qui joignent la finesse, l'éclat du blanc, & la variété des desseins à la solidité.

Les marchandes Lingeres furent instituées par Saint Louis ; elles conservent encore un ancien statut donné par ce Prince en 12.... Par un ancien titre de 1293, elles ont la qualité de marchandes, & leurs jurées celle de gardes-jurées. La communauté des marchands *canevassiers-toiliers* fut réunie à la leur en 1572. La Halle aux toiles a été uniquement établie pour leur usage : elles ont droit d'inspection & de visite sur toutes les toiles qu'on y apporte, excepté celles de Hollande &

de Flandre : & à l'exclusion de tous les autres corps & marchands de Paris, elles seules ont le droit d'y acheter & d'y vendre.

Les statuts actuels des marchandes Lingeres sont du 3 Janvier 1645, enregistrés au Parlement au mois d'Avril suivant.

Suivant ces statuts, aucune ne peut être reçue maîtresse, qu'elle n'ait été apprentie pendant quatre ans, & qu'elle n'ait servi deux ans en qualité de fille de boutique.

Les femmes mariées ne peuvent être reçues apprenties, & chaque maîtresse ne peut avoir plus d'une apprentie à la fois.

Cette communauté est gouvernée par quatre jurées, dont tous les ans deux sont élues, l'une femme & l'autre fille ; elles prêtent serment devant le Procureur du Roi du Châtelet.

Aucun mari des maîtresses ne peut être reçu ou appellé à la jurande. On compte actuellement à Paris plus de six cents cinquante maîtresses Lingeres.

Tous les ouvrages de toiles neuves de lin qui viennent de Flandre & d'ailleurs, paient pour droit d'entrée dix-huit sols de la livre pesant ; ceux d'Angleterre, cinquante pour cent de leur valeur.

Les linges de toile de chanvre paient dix livres pour cent, ceux d'étoupe six livres.

La lingerie fine de toute sorte, qui sort du royaume, soit en lin, soit en chanvre, paie dix livres du cent pesant pour droit de sortie.

LINIER. Le Linier est le marchand qui prépare le lin, ou qui en fait négoce.

Le lin est une plante qui n'a ordinairement qu'une tige menue, ronde, & creuse par le dedans, de la hauteur d'environ deux pieds : son écorce est remplie de filets à-peu-près comme le chanvre : ses feuilles sont un peu longues, étroites, pointues, & placées les unes après les autres le long de la tige : ses fleurs sont bleues, ayant chacune cinq feuilles rangées en maniere d'œillet, & soutenues dans un calice à plusieurs échancrures. A cette fleur succede un fruit presque rond, & gros comme un petit pois, qui renferme en dix capsules membraneuses dix petites semences ou graines oblongues, douces au toucher, de couleur rougeâtre, & luisantes, remplies d'une substance ou moelle oléagineuse.

La graine de lin a bien des propriétés : elle entre dans la composition de plusieurs médicaments : on en tire par expression une sorte d'huile, dont les qualités sont à-peu-près semblables à celles de l'huile de noix ; aussi l'emploie-t-on quelquefois à son défaut dans les peintures, & pour brûler.

Les façons que l'on donne au lin pour sa culture, les apprêts qu'il lui faut pour être réduit en filasse, & les instruments qu'on emploie pour cela, étant à-peu-près semblables à ce qui se pratique pour le chanvre, on n'entrera ici dans aucun détail de toutes ces choses qui ont été expliquées à l'article du *chanvrier* où l'on peut avoir recours. Nous ajouterons seulement que les manufacturiers expérimentés ont grand soin de laisser plus long-temps sur pied le lin qu'ils destinent aux ouvrages les plus fins. Ils risquent même de perdre la graine pour avoir la tige aussi mûre qu'il est possible, lorsqu'ils doivent l'employer à la meilleure espece de batiste & à la fabrique des dentelles.

Il y a cependant quelques-unes de ces préparations, que les Hollandois, très jaloux de leurs secrets, ont soin de cacher, parcequ'ils croient en être seuls possesseurs, & parceque cette marchandise est une branche considérable de leur commerce. Nous avons donné au mot *chanvrier* une méthode pour perfectionner ce travail d'après les essais de M. *Marcandier.* C'est dans les terres grasses & humides que l'on cultive le meilleur lin ; aussi les Hollandois recueillent-ils le plus beau lin du monde dans leurs terres de la Zélande, & ils le préferent à tout autre pour leurs manufactures. Quelques provinces de France en fournissent de très bon & en assez grande quantité ; cependant cette récolte ne suffit pas pour nos manufactures, & nous sommes obligés d'en tirer beaucoup des pays étrangers.

On pourroit cultiver une espece de lin peu connu en France, qui porte le nom de *lin perpétuel de Sibérie.* Sa racine est vivace & pousse depuis vingt jusqu'à trente tiges. Les fils que l'on tire de ce lin, sont aussi bons que ceux de notre lin ordinaire ; il est vrai qu'ils sont plus gros, mais on pourroit les employer aux toiles moins fines : on s'épargneroit les frais & la peine de la culture dans les endroits où ce lin réussit bien.

Le lin de Flandre a une grande réputation ; celui de Picardie en approche. Parmi les lins étrangers, ceux de Riga & de Conisberg sont les plus estimés.

Les lins, soit du crû du royaume, soit ceux qui viennent du Nord, s'achetent & se vendent ou cruds & en masse, ou préparés & prêts à filer.

Le lin crud est celui qui n'a eu que les premieres façons, & dans lequel plusieurs morceaux de la chenevote restent encore mêlés. En cet état, il fait une partie du négoce des marchands épiciers droguistes : c'est aussi le principal commerce des maîtresses Linieres de Paris.

Le lin préparé & prêt à filer est celui qui a toutes ses façons, & qui a passé par les peignes les plus fins & les plus déliés des filassiers ; il est ordinairement en cordons depuis quinze jusqu'à vingt-cinq cordons à la livre.

La communauté des marchands Liniers de Paris étoit autrefois composée d'hommes & de femmes : mais depuis les lettres-patentes & les statuts de *1666*, elle ne l'est plus que de maîtresses qui se qualifient marchandes Linieres, Chanvrieres & Filassieres de la ville & fauxbourgs de Paris. *Voyez* CHANVRIER.

LITHARGE (Art de préparer la). *Voyez* PLOMB.

LUNETTIER. C'est celui qui fait des lunettes & qui les vend. A Paris ce sont des marchands miroitiers qui les font, & de là vient qu'ils prennent la qualité de *maîtres Miroitiers-Lunettiers*. Les marchands merciers font commerce de lunettes, mais ils n'en fabriquent point.

L'art du Lunettier est sans contredit un des plus précieux à l'humanité. Il fut trouvé en Italie sur la fin du treizieme siecle, entre les années 1280 & 1300.

C'est par le secours de cet art que des verres taillés d'une certaine maniere raniment la vue des vieillards à moitié éteinte ; que celle qui est trop courte devient plus étendue ; que nous pouvons appercevoir ce qui est trop éloigné de nous ; que nous découvrons dans le sein de la nature, des êtres qui sembloient devoir à jamais être imperceptibles pour nous : enfin quand nos besoins sont satisfaits, ce même art fournit encore des amusemens très dignes de notre curiosité, ainsi que nous aurons soin de le faire voir.

Le défaut de la vue le plus ordinaire, & presque inévitable à un certain âge, c'est de ne pouvoir plus distinguer nettement les petits objets à la distance de huit ou dix pouces, comme on le fait ordinairement dans la jeunesse. Les hommes qui nous ont précédés de quatre ou cinq siecles ou davantage, perdoient ainsi l'usage de la vue long-temps avant que de mourir; pendant nombre d'années, ils étoient réduits à ne voir que les grands objets: mais enfin vers l'an 1300, on fit une heureuse application de la propriété qu'ont les verres convexes d'amplifier l'image des objets; propriété connue deux cents ans auparavant, mais dont on n'avoit tiré jusqu'alors aucune utilité. On croit, avec beaucoup de vraisemblance, que *Bacon*, Cordelier d'Oxfort, eut plus de part que personne à cette importante découverte. Quoi qu'il en soit, il est certain qu'au commencement du quatorzieme siecle l'usage des lunettes étoit une invention nouvelle.

Dans les vieillards, les humeurs de l'œil ayant trop peu de convexité, les rayons qui viennent d'un objet placé à huit ou dix pouces, touchent le fond de l'organe avant que d'être rassemblés, d'où naît la vision confuse. Les verres convexes de lunettes que le vieillard met entre l'œil & l'objet, réunissent les rayons justement sur la rétine: lorsque la convexité du verre est proportionnée au défaut de l'œil, l'image devient très nette.

Ce que l'on nomme *conserves*, sont des lunettes comme celles de vieillards, à cela près qu'elles sont moins convexes; si elles ne l'étoient point du tout, comme certaines personnes s'efforcent de le faire croire, il seroit inutile de s'en masquer le visage, si ce n'est dans le cas où l'on auroit le fond de l'œil si sensible, qu'on fût obligé de modérer la lumiere qui vient des objets que l'on regarde: alors on pourroit se servir de lunettes composées de verres plans & d'une couleur un peu verte.

L'art du Lunettier rend aussi un très grand service à ceux qui ont la vue trop courte, & qui sont en quelque sorte à demi aveugles, puisqu'ils ne peuvent presque point voir ce qui se passe à cinq ou six pas d'eux; les lunettes à verres concaves qu'il leur fournit réunissent juste sur la rétine les images des objets qui se forment avant que d'y arriver.

La théorie de cet art est fondée sur une partie des mathématiques qu'on appelle l'*optique;* elle enseigne la maniere dont la vision se fait dans l'œil. Cette science se divise en trois parties : savoir, l'*optique*, la *dioptrique*, & la *catoptrique*.

L'*optique* proprement dite considere la vision qui se fait par des rayons de lumiere qui viennent directement & immédiatement de l'objet jusqu'à l'œil : d'où il suit que plus un objet est éloigné de nous, plus il nous paroît petit, parcequ'alors les rayons donnent un angle plus petit.

La *dioptrique* traite des rayons brisés, ou des routes de la lumiere à travers les corps transparents ; c'est elle qui dirige l'artiste dans la construction des lunettes.

La *catoptrique* traite des rayons de lumiere réfléchis, ou de la maniere dont la vision se fait par des rayons qui ne vont pas immédiatement de l'objet à l'œil, mais qui n'y arrivent que par la réflexion qu'ils éprouvent sur quelque autre corps, comme, par exemple, sur une glace étamée.

Ces notions préliminaires étant données pour l'intelligence de ce qui suit, nous allons faire en peu de mots la description des instruments dont les Lunettiers se servent pour les opérations qui dependent de l'optique.

Le principal est celui qu'on appelle *bassin*. Il y en a de deux sortes ; les uns sont concaves & les autres convexes ; leur courbe fait partie d'un cercle plus ou moins grand, selon le *foyer* que l'on veut donner aux verres. Ce foyer d'un verre ou d'un bassin est le centre du cercle dont la courbure du verre ou du bassin est une partie de la circonférence.

Ces bassins sont de cuivre ou de fer fondu. On dégrossit les verres par le moyen des bassins de fer fondu, on les adoucit avec ceux de cuivre, & ensuite on les polit. Quelques artistes se servent de bassins faits avec des fragments de glace brute, d'une épaisseur proportionnée au foyer qu'on leur veut donner, & que l'on figure, à force de grès ou de gros émeril, dans d'autres bassins : mais il faut restituer de temps en temps le foyer à ces baſſins de glace, qu'une certaine continuité d'exercice altere toujours plus ou moins.

Les Lunettiers ſe ſervent encore d'un autre inſtrument appellé *rondeau*. C'eſt un plateau de fer ou de cuivre, d'un niveau parfait. Ils l'emploient pour façonner le côté plan des verres convexes ou concaves.

Pour s'aſſurer ſi le plan d'un rondeau eſt parfait, il faut travailler deſſus deux verres, & après les avoir polis ſur le même rondeau, il faut les appliquer l'un ſur l'autre; ſi l'un enleve l'autre, le plan eſt parfait autant qu'il peut l'être.

On connoît en général l'irrégularité des baſſins par le poli : ſi le verre, en le poliſſant dans le baſſin où on l'adoucit, prend couleur au centre, c'eſt une preuve ou que le baſſin eſt irrégulier ou que le verre a été travaillé irréguliérement, parceque le poli doit prendre généralement par-tout. On peut réformer ce verre en changeant un peu ſon foyer.

Les artiſtes qui travaillent leurs verres au tour ſont moins ſujets à rendre irréguliers leurs baſſins que ceux qui les façonnent à la main; & quelques précautions que prennent les uns & les autres pour conſerver la régularité de la courbure, les baſſins à force de ſervir changent de foyer peu à peu; on peut les préparer en ſe ſervant d'un baſſin concave & d'un baſſin convexe de même foyer, qu'il faut travailler l'un ſur l'autre juſqu'à ce que les irrégularités aient diſparu.

Pour ſe convaincre de leur perfection, ſi après les avoir polis on les applique l'un ſur l'autre, & que le baſſin concave enleve le baſſin convexe, c'eſt une marque que la courbure eſt rétablie. C'eſt la même choſe pour les verres qui ont été façonnés dans les baſſins de même foyer.

La glace coulée eſt la matiere la plus convenable pour les verres d'optique, comme moins ſujette aux fils de verre, points ou bouillons qui ſe trouvent communément dans les glaces ſoufflées. On arrondit, pour les lunettes, les morceaux de glaces avec un diamant, & on en retranche le ſuperflu avec des pinces de fer non trempé. Après quoi on les cimente ſur une molette, par le moyen d'un maſtic fait avec de la poix noire mêlée de cendre paſſée au tamis, ou de blanc d'Eſpagne pulvériſé.

On fait ce mastic plus ou moins gras, suivant les saisons. Si le mastic n'étoit pas un peu gras l'hiver, c'est-à-dire si la poix n'y dominoit pas, les verres ne demeureroient pas long-temps attachés sur les molettes. Ces molettes sont des morceaux de bois un peu concaves, pour recevoir la sphéricité des verres qui ont déja été travaillés d'un côté : elles servent à dégrossir, façonner, arrondir & adoucir les verres dans les bassins.

Pour dégrossir un verre avec une certaine régularité, il faut le conduire bien circulairement du centre à la circonférence, & de la circonférence au centre, dans le bassin de fer, après y avoir mis du grès & de l'eau pour user le verre, & lui donner une figure sphérique semblable au bassin.

Après que le verre est figuré comme nous venons de le dire, on l'adoucit dans le bassin de cuivre, d'abord avec du grès usé, ensuite avec différents émerils; après quoi on le polit. Pour faire cette derniere opération, on colle dans le bassin de cuivre une bande de papier de Hollande, plus longue que le diametre du bassin & un peu plus large que celui du verre. Lorsque cette bande de papier est seche, on la frotte avec de la pierre ponce pour enlever les irrégularités qui pourroient s'y rencontrer. Ensuite on poudre cette bande avec du tripoli de Venise; & ayant cimenté le verre sur une molette de plomb du poids d'une ou deux livres, suivant la grandeur & le foyer du verre, on conduit cette molette d'un bout à l'autre de la bande de papier, sans y faire aucune pression; celle que fait le poids de la molette est suffisante. Cette façon de polir des verres est fort longue; pour aller plus vîte, on peut presser légérement la molette sur la bande de papier, que l'on poudre de temps en temps de nouveau tripoli, parceque par le frottement il perd peu à peu de sa force. Il faut remarquer que le centre d'un verre est toujours plus long à atteindre au poli que la circonférence. C'est cependant la partie la plus essentielle d'un verre objectif, parceque c'est au centre que se fait la réunion des rayons. Pour qu'un verre soit parfait, il faut que le centre soit aussi poli que la circonférence.

Voici une table de verres de différents foyers, par laquelle on pourra connoître en quelle proportion un verre convexe grossit les objets, & au contraire combien un verre concave les diminue. On pourra même calculer sur cette espece d'échelle, de combien d'autres verres, à proportion d'un foyer plus long ou plus court, grossiront ou diminueront.

Un objet de six lignes de diametre, vu avec un verre de 12 pouces de foyer, paroît avoir 12 lignes de diametre : un verre de 11 pouces 12 lignes $\frac{1}{2}$

pouces	lignes	
10	13	
9	13	$\frac{1}{2}$
8	14	
7	14	$\frac{1}{2}$
6	15	
5	15	$\frac{1}{2}$
4	16	
3	17	
2	18	
1	24	

On trouve chez les Lunettiers deux sortes de *miroirs ardents ;* les uns sont de métal, les autres de verre. Ces miroirs, étant exposés aux rayons du soleil, brûlent par réflexion, à la distance d'environ le quart du diametre de la sphere dont ils sont une portion.

Ces sortes de miroirs sont concaves : ceux de métal sont composés de cuivre rouge & d'étain d'Angleterre : on y fait entrer aussi de l'arsenic. Ils sont fondus sur des calibres comme les bassins ordinaires, & lorsqu'ils sont sortis de la fonte, on les polit & on les adoucit avec différents émerils. Les miroirs ardents de verre sont faits avec des glaces auxquelles on fait prendre la courbure convenable, après les avoir ramollies au feu, & qu'on étame ensuite sur le côté convexe : *voyez* Miroitier. Ces miroirs sont inférieurs pour l'effet à ceux de métal ; ils présentent à une certaine distance les objets plus grands & plus gros qu'ils ne sont en eux-mêmes. La raison de ce phénomene est que les rayons réflechis par une surface concave font un plus grand angle que s'ils étoient réfléchis par une surface plane.

Ce miroir a encore une propriété qui paroît surprenante ; c'est que les objets vus d'un point plus éloigné que le foyer du miroir, paroîtront renversés, par la raison que les rayons ſe croiſent au foyer en s'écartant enſuite ; de ſorte que ceux qui viennent de la partie ſupérieure de l'objet, ſe trouvent en bas avant que d'entrer dans l'œil, & ceux qui viennent de la partie inférieure, ſe trouvent en haut.

La pointe d'une épée préſentée vis-à-vis de ces ſortes de miroirs, ſemble ſortir en-deçà & s'avancer ſur le ſpectateur.

Les verres convexes des deux côtés ſont appellés *loupes* ou *verres ardents* ; ſur-tout quand ils ſont d'un foyer un peu court, comme de trois à quatre pouces : *voyez* MIROITIER. Lorſqu'ils ſont expoſés au ſoleil, ils embraſent des matieres combuſtibles à la pointe de leurs foyers. La différence qu'il y a entre un miroir ardent & un verre ardent, c'eſt que le premier brûle par réflexion, & le ſecond par réfraction ; l'un brûle environ au quart de ſon foyer, l'autre à la pointe préciſément.

On fait des verres convexes d'un côté & plans de l'autre ; il en eſt de même des verres concaves. Toutes ces ſortes de verres ſe façonnent, lorſqu'ils ſont convexes, dans des baſſins concaves ; & lorſqu'ils ſont concaves, on leur donne la façon dans des baſſins convexes. A l'égard de ceux qui ont un côté plan, cette partie ſe façonne ſur le rondeau. La propriété des verres concaves eſt, comme nous l'avons dit, de diminuer les objets à nos yeux.

On fait auſſi des miroirs concaves d'un côté & plans de l'autre : on étame leur côté plan. Ces miroirs nous repréſentent les objets plus petits qu'ils ne ſont en effet : on en fait en métal qui ont la même propriété.

Si l'on fait ſur un même morceau de glace pluſieurs facettes ou cavités dont les circonférences ſe touchent, & que l'on enduiſe le côté plan d'étain & de vif argent, il en réſultera un *miroir multiplicateur*, ainſi appellé parceque ſi l'on ſe place vis-à-vis du milieu de cette glace, on s'y voit repréſenté autant de fois qu'il y a de cavités. La repréſentation que donne ce miroir eſt plus petite que nature, parceque plus les rayons de lumiere s'approchent de la ligne perpendiculaire, plus l'angle de réflexion eſt étroit & aigu, & que, comme nous l'avons dit, la grandeur apparente des objets dépend de l'angle ſous lequel nous les voyons.

On distingue trois sortes de *lunettes d'approche*. La premiere est composée de deux verres, dont l'un est concave & l'autre convexe; la seconde de quatre verres convexes, & la troisieme de deux verres convexes. On appelle celles-ci *télescopes*, parcequ'elles servent pour découvrir les objets éloignés.

La découverte des lunettes d'approche a été en quelque sorte enfantée par le hasard. *Jacques Metius*, Hollandois, dont l'occupation étoit de construire des miroirs & verres ardents, fut le premier qui s'avisa de placer des verres aux extrémités d'un tuyau : c'est ce qu'on appelle aujourd'hui *lunette d'opéra*. Elle est composée de deux verres; l'un convexe, nommé *objectif*, parcequ'il est placé du côté de l'objet; l'autre concave qui est du côté de l'œil, & qui se nomme *oculaire*. Cette lunette a deux tuyaux qui entrent l'un dans l'autre, & aux extrémités desquels sont placés les deux verres. Le tuyau de l'oculaire doit être assez long pour pouvoir être tiré ou poussé selon la longueur de la vue. A l'extrémité de ce tuyau, est un cercle de bois percé à jour dans le milieu : ce morceau de bois s'appelle *diaphragme;* son ouverture est ordinairement du tiers du diametre de l'objectif. Il sert à exclure toute lumiere étrangere qui viendroit d'un autre objet que de celui que l'on veut observer. Il faut remarquer que plus le foyer du verre concave est court, plus il alonge la lunette, ce qui fait que les proportions d'une lunette à deux verres varient suivant la longueur du foyer.

Ce fut en 1611 que *Kepler* trouva l'usage des lunettes à deux verres convexes.

On trouve encore chez les Lunettiers des lunettes d'approche, qu'on appelle *lunettes de jalousie*. Elles consistent à avoir un miroir exposé obliquement dans une boîte percée à jour qui tient par des vis à l'extrémité de l'objectif. Par son moyen on voit directement les objets que l'on semble regarder de côté, parcequ'alors ce n'est pas l'objet que l'on voit, mais sa représentation dans le miroir. Cette espece de lunette est toujours inférieure aux lunettes ordinaires.

La lunette à quatre verres est composée de plusieurs tuyaux garnis d'un verre objectif & de trois oculaires, qui doivent toujours être convexes des deux côtés. Elle rapproche & fait voir les objets plus grands qu'ils ne sont, de maniere qu'ils paroissent n'être éloignés de nous que de la longueur de la lunette qui nous sert à observer.

Lorsqu'il s'agit de faire des observations sur les astres, on supprime deux oculaires, & on raccourcit la lunette en faisant entrer en dedans le dernier tuyau. Cette lunette, ainsi disposée, présente les objets renverses, mais d'une maniere plus claire & plus distincte que si on les voyoit dans leur situation naturelle. Ce qui fait paroître l'objet renversé, c'est que les rayons partis des extrémités de cet objet se croisent en traversant les verres. Cette sorte de lunette se nomme *télescope de réfraction*. L'avantage que ce télescope a sur les lunettes d'approche, est de faire voir l'objet avec plus de clarté & de précision. Il y en a un autre qu'on nomme *télescope de réflexion*, parcequ'on n'y voit en effet les objets que par réflexion dans des miroirs de métal; la découverte en est due au célebre *Newton*.

Les proportions des foyers des objectifs & des oculaires dans les lunettes d'approche à quatre verres, varient suivant la longueur des lunettes; leur foyer est d'autant plus grand, que les lunettes sont plus longues: il en est de même pour les télescopes de réfraction.

Pour éprouver si un objectif est bon, on l'essaie avec un des trois oculaires qui lui sont destinés, en serrant les tuyaux jusqu'à ce que l'objet se fasse voir avec netteté; s'il ne donne qu'une vue confuse de l'objet, il doit être rejetté.

Pour savoir en quelle proportion une lunette grossit les objets, on divise la longueur du foyer de l'objectif par le foyer de l'oculaire; le quotient donnera le nombre de fois que la lunette grossit le diametre de l'objet.

Le *microscope* est encore un des instruments que fabriquent les Lunettiers. Il sert à voir de petits objets qui, sans cet instrument, seroient invisibles pour nous. C'est par l'extrême convexité des verres dont il est composé, que le microscope grossit si considérablement les objets. Cette convexité réunit dans un seul foyer tous les rayons de lumiere qui partent de chaque point de l'objet. Ces verres extrêmement convexes s'appellent *lentilles*, parcequ'ils cequ'ils en ont-la forme, étant épais dans le milieu & tranchants sur les bords. Il y en a aussi de convexes des deux côtés, quelquefois d'un seul, & plats de l'autre. Leur plus grand diametre est ordinairement de cinq à six lignes; lorsqu'il va au-delà, on les nomme *verres lenticulaires*.

Il y a de deux sortes de lentilles, des *soufflées* & des *travaillées au tour*. Les premieres sont de petits globules de verre fondus à la flamme d'une lampe ou d'une bougie; mais comme leur figure n'est jamais exacte, & que la fumée de la lampe ou de la bougie s'attache à leur surface pendant leur fusion, elles n'ont pas ordinairement la clarté nécessaire, & elles ne font pas distinguer les objets aussi bien que celles qui sont travaillées au tour. Celles-ci, qui sont infiniment plus parfaites, sont polies au tour dans de petits bassins de cuivre; on les travaille depuis peu d'une telle petitesse, qu'il y en a qui n'ont que la troisieme & même la sixieme partie d'une ligne de diametre; ce sont celles-là qui grossissent les objets jusqu'à les faire paroître plusieurs millions de fois plus gros qu'ils ne le sont réellement. Il seroit difficile, peut-être même impossible, d'en faire de plus petites; & supposé qu'on y réussît, on ne seroit pas sûr de pouvoir les monter.

On distingue deux sortes de microscopes; le simple & le composé. Le simple n'est composé que d'une seule lentille.

Le composé est de trois sortes: 1°. de deux verres, dont l'un est un oculaire, & l'autre une lentille.

2°. De deux oculaires & d'une lentille.

3°. De deux oculaires & de plusieurs lentilles de différents foyers, pour grossir par degrés les objets.

Le *microscope à boîte* n'est composé que d'une lentille élevée sur une espece de tuyau, dont la longueur peut porter des lentilles de huit, dix, douze & quatorze lignes.

On peut regarder comme microscope simple, la lunette appellée *loupe*: c'est un gros verre convexe des deux côtés, dont le foyer est extrêmement court, & dont les artistes se servent pour pousser les ouvrages à un certain point de perfection, & pour en connoître les défauts.

Il y a une autre espece de microscope simple, qui ne sert qu'à considérer les corps diaphanes ou transparents. On l'appelle communément *microscope de lunette d'approche*. Il est composé de deux tuyaux, dont l'un peut se tirer autant qu'il en est besoin pour faire appercevoir l'objet d'une maniere claire & distincte. Il est garni de deux glaces, dont l'une est sphérique & l'autre plane des deux côtés, sur laquelle on assujettit les objets que l'on veut observer.

Il y a encore un autre microscope que l'on appelle *microscope à genou*, parceque la partie supérieure roule sur une charniere faite en forme de genou, & que par ce moyen il peut fléchir à volonté pour des observations avec des lentilles de différents foyers. Voici la proportion du premier microscope composé de deux verres. L'oculaire a quatorze ou quinze lignes de foyer, & la lentille quatre lignes & demie. Ce microscope est composé de deux tuyaux qui entrent l'un dans l'autre, dont l'un porte un oculaire, & le second une lentille; plus on écarte ces deux verres l'un de l'autre, plus on grossit l'objet.

Dans le microscope à trois verres, le premier oculaire peut avoir six lignes de foyer, le second douze lignes, la lentille deux lignes. La distance de l'œil au premier oculaire est de quatre lignes; celle du premier oculaire au second est de quinze lignes, celle du second à la lentille est de quatre lignes.

Pour le microscope composé de deux oculaires & de plusieurs lentilles, le premier oculaire doit avoir deux pouces de foyer, le second un pouce & demi. Ils sont placés à environ deux pouces un quart de distance l'un de l'autre, & l'éloignement de ce dernier verre à la lentille peut être de deux pouces trois quarts. Ce microscope est ordinairement garni de quatre lentilles, dont la premiere doit avoir cinq ou six lignes de foyer, la seconde quatre lignes, la troisieme trois lignes, la quatrieme une ligne & demie. Le cylindre qui renferme ces verres, peut avoir, tout monté, sept pouces de hauteur.

On y joint un miroir exposé obliquement aux rayons de la lumiere, pour faire appercevoir les corps transparents. On ajoute encore une loupe montée à vis sur la partie supérieure dans la boîte, & on place une bougie derriere cette loupe, ce qui occasionne de grandes réfractions de lumiere & éclaire l'objet de la maniere du monde la plus vive : c'est ce qui fait appeller cet instrument *microscope à réfraction.*

Le microscope sert à observer les mouvements des petits animaux qui sont dans le vinaigre, dans l'eau corrompue, dans les infusions de bois pourri, de poivre noir, &c. On voit par le moyen du microscope, que la poussiere de l'aile d'un papillon ressemble aux plumes des oiseaux; une petite moisissure paroît un jardin. Enfin les objets que l'on considere avec le microscope, offrent aux yeux des spectacles singuliers, & qui surprennent d'autant plus, qu'on s'y attend moins.

Les *prismes* triangulaires que l'on trouve chez les opticiens, sont des solides oblongs de crystal, qui ont trois faces, & qui sont terminés à chaque bout par une base triangulaire. On en fait de deux sortes; les uns sont faits d'un seul morceau de crystal, les autres sont composés de trois bandes de glace d'égale longueur & largeur, dont les bords sont travaillés en biseau. Ces bandes sont fixées d'un côté dans un bout de cuivre, dont les bords se replient sur l'extrémité des glaces. On remplit le prisme d'eau par l'autre bout, que l'on couvre d'une plaque de cuivre garnie de mastic, pour empêcher l'eau de s'échapper. Les objets que l'on regarde au travers du prisme, paroissent ornés de couleurs rouges, jaunes, vertes, bleues & violettes. C'est par le prisme que l'on fait la belle expérience de la décomposition de la lumiere. Pour cela on a une chambre exactement fermée & inaccessible à la lumiere, à l'exception d'une petite ouverture qui donne passage aux rayons du soleil. Vis-à-vis de cette ouverture, on tend un drap ou du papier blanc sur la surface duquel les rayons puissent être reçus. Lorsque ces rayons auront passé au travers du prisme, ils feront paroître sur le papier deux images semblables à celles de l'arc-en-ciel. Si l'on oppose au prisme ainsi disposé, un grand verre à facettes & un objectif de trois à quatre pieds de foyer, il paroîtra sur le papier autant de diverses couleurs qu'il y aura de faces à ce verre. Ces images seront plus brillantes qu'aucunes pierres précieuses ; & à l'endroit où ces images se toucheront, on verra comme une étoile d'un éclat admirable.

On trouve chez les opticiens des boîtes que l'on appelle *boîtes d'optique* ou *perspectives amusantes*, dont l'art consiste à placer obliquement un miroir pour rappeller les objets de bas en haut, & de perpendiculaires qu'ils sont les uns aux autres, les faire paroître paralleles & plus éloignés qu'ils ne sont réellement. Pour y parvenir, il faut que les figures dont on veut faire usage soient placées à la renverse, selon les proportions de la perspective, parceque le miroir les redresse. Il doit être incliné de 45 degrés à l'horizon. La boîte doit être garnie d'un objectif qui soit dirigé précisément vers le milieu de la glace, dans une ouverture faite exprès. Le foyer de cet objectif doit être de la longueur de la boîte. Cette sorte de perspective représente les objets éloignés de deux ou trois pieds, comme s'ils étoient à plusieurs toises.

On trouve aussi chez les Lunettiers ou opticiens des *miroirs cylindriques*, concaves & convexes, coniques, cylindriques à pans, coniques à pans, ou en forme de pyramides, dont l'effet est de rassembler les rayons écartés, & d'écarter ceux qui sont réunis. Comme leur figure est composée de la ligne droite & de la circulaire, ils produisent les effets des miroirs plans & des miroirs convexes : s'ils sont faits d'un métal bien pur, bien régulier & bien poli, ils font paroître régulieres des images peintes où l'on ne connoît rien en les regardant à la simple vue. Les surfaces convexes des cylindres, des cônes & pyramides, font voir les images plus petites que si elles étoient représentées par des miroirs plans, parceque leur courbure rétrécit extraordinairement l'image réguliere des objets.

Le méchanisme de l'œil a donné l'idée de la *chambre obscure* : elle doit être tellement fermée, qu'elle ne reçoive de jour que par une ouverture pratiquée à un volet, à la hauteur des objets que l'on veut voir. A cette ouverture sont ajustés des tuyaux qui entrent l'un dans l'autre. Le ſecond tuyau eſt garni d'un verre objectif de huit, dix ou douze pieds de foyer. On tend un drap blanc au foyer de ce verre, & les objets qui ſe trouvent vis-à-vis ſont repréſentés exactement avec leurs couleurs ſur le drap dans une ſituation renverſée. Si l'on veut voir les objets dans leur état naturel, il faut mettre deux verres objectifs dans ces tuyaux, à dix-ſept pouces de diſtance l'un de l'autre. Le premier verre doit avoir ſix pouces de foyer, & le ſecond neuf à dix. L'image des objets extérieurs qui étoit auparavant renverſée ſur la toile, ſera redreſſée & diſtincte, mais plus petite.

La *boîte d'optique*, autrement dite *chambre noire*, eſt une machine par le moyen de laquelle on repréſente ſur un papier les images des objets extérieurs, revêtues de leurs couleurs, & tracées ſuivant les regles de la perſpective la plus exacte dans une ſituation droite & non renverſée. C'eſt une boîte quarrée, haute d'environ deux pieds, noircie intérieurement, au-deſſus de laquelle eſt placé extérieurement, à 45 degrés d'inclinaiſon, un miroir plan, étamé d'un côté, dont les ſupports doivent être conſtruits de façon qu'on ait la liberté de l'incliner un peu plus ou un peu moins, ſuivant la ſituation des objets que l'on veut voir. Entre ces ſupports eſt un tuyau qui renferme un objectif qui doit avoir un foyer de la grandeur de la boîte. Il faut mettre dans le fond de la boîte une feuille de papier blanc, ſur laquelle l'image de l'objet ſe trouvera repréſentée. Il faut, outre cela, que l'entrée de la boîte ſoit bien fermée par des rideaux noirs, pour en exclure toute lumiere inutile. L'objectif communiquant ſeul la lumiere, les objets en ſont mieux terminés. On fait de ces ſortes de chambres noires aſſez grandes pour tenir une table, une chaiſe, & s'y enfermer comme dans un cabinet. Si on veut deſſiner les objets qui ſont repréſentés ſur le papier, on ſuit avec le crayon le contour des différents objets, & la diſpoſition des ombres, les jours ſe plaçant réguliérement d'eux-mêmes ſur le papier. C'eſt par ce moyen-là qu'un célebre artiſte a tiré les vues des environs de Paris, qui ſe voient chez le Roi.

Il faut remarquer que les défauts qui peuvent ſe trouver dans la repréſentation de l'objet, venant toujours ou de l'irrégularité du plan du miroir, ou du verre objectif, il est nécessaire que le miroir soit bien plan, & l'objectif bien régulier.

Il nous reste à parler en peu de mots de la *lanterne de chasse & de pêche*, & de celle que l'on appelle *lanterne magique* qui a été inventée par le Pere *Kircker*, Jésuite.

La premiere est faite à-peu-près comme une lanterne sourde. Le devant est garni d'un gros verre, plan d'un côté, & convexe de l'autre, au foyer duquel est une lampe. On met vis-à-vis de ce verre, & de l'autre côté de la lampe, un miroir concave de métal poli, ou un miroir de glace étamé du côté de la convexité, qui doit être d'environ six à sept pouces de foyer. Le verre qui est au devant de la lanterne doit être dans un tuyau de fer-blanc, qu'on puisse éloigner ou rapprocher de la lumiere, pour le mettre en même temps au foyer du miroir, & à celui du verre. Cette lanterne sert à prendre avec beaucoup de facilité pendant la nuit des oiseaux & des poissons.

La *lanterne magique* est composée d'un miroir concave de métal, & de deux verres convexes des deux côtés, de six à huit pouces de foyer, & de trois pouces de diametre, ajustés dans deux tuyaux de fer-blanc. On les alonge ou on les raccourcit, suivant l'exigence du cercle de lumiere qu'ils reçoivent par une lampe qui est placée entre le miroir concave & les verres convexes.

Pour se servir de cette lanterne, on tend verticalement un drap de toile blanche, à six pieds ou environ de la lanterne, si le foyer du miroir est de six pouces. Sur un des côtés de cette lanterne est un passage étroit, cependant assez libre pour que l'on puisse aisément y introduire des bandes de verre où sont peintes toutes les figures que l'on veut représenter sur le drap. Il faut avoir attention de renverser ces bandes en les faisant passer par la lanterne, parceque les rayons de la lumiere se croisent à la rencontre de leurs foyers, & redressent par conséquent les figures qu'ils peignent sur la toile avec des couleurs fort vives.

En 1743, il nous vint de Londres un nouvel instrument d'optique sous le nom de *microscope solaire;* c'est à proprement parler une *lanterne magique*, éclairée par la lumiere du ſoleil, & dont le porte-objet, au lieu d'être peint, n'eſt qu'un petit morceau de verre blanc que l'on charge d'une goutte de liqueur dans laquelle il y a des inſectes. Mais ce microſcope ſolaire eſt bien autrement intéreſſant. Une puce écraſée ſur le porte-objet s'y voit groſſe comme un mouton : les plus petits inſectes qu'on puiſſe ſaiſir dans les eaux croupies s'y préſentent avec des formes & des variétés qu'on ne ſe laſſe point d'admirer : mais rien n'eſt ſi beau que la circulation du ſang, obſervée avec cet inſtrument dans le méſentere d'une grenouille; on croiroit voir une carte de géographie, dont toutes les rivieres ſeroient animées par un écoulement réel.

On ferme tous les volets d'un appartement; on place le microſcope ſolaire à un trou pratiqué à un volet; un miroir qui eſt en dehors de la fenêtre jette la lumiere du ſoleil ſur le verre lenticulaire, devant lequel on place les objets que l'on veut voir. Comme la terre continue toujours ſa marche autour du ſoleil pendant que l'on fait l'obſervation, on eſt obligé, de temps en temps, de changer l'inclinaiſon du miroir pour recevoir toujours le rayon de lumiere.

L'invention des *téleſcopes* a été d'un grand ſecours pour les progrès de l'aſtronomie. C'eſt de cette époque qu'il faut dater les plus belles découvertes qui ont été faites dans cette ſcience par *Kepler*, *Galilée*, *Huygens*, *Dominique Caſſini*, &c. Avant ce temps-là on ne connoiſſoit ni ce qu'on appelle *montagnes*, *vallées*, & *mers* dans la Lune, ni les taches du Soleil, ni les ſatellites de Jupiter : on ignoroit pareillement l'exiſtence de ceux de Saturne, & celle de ſon anneau : on ignoroit la rotation des planetes ſur leur axe, la durée de ces révolutions, & toutes les conſéquences que l'on eſt en droit de tirer de tous ces faits bien conſtatés.

Le grand *Newton*, qui connoiſſoit ſi bien la marche de la lumiere, imagina les *téleſcopes à double réflexion*, qui portent ſon nom. Cette eſpece de téleſcope eſt compoſée d'un gros tuyau, au fond duquel, du côté où ſe place l'œil du ſpectateur, ſe trouve adapté un grand miroir concave de métal, percé au milieu. Vers l'autre bout du tuyau, on voit un petit miroir de métal, mobile, plus concave que le grand miroir, & dont le diametre eſt un peu plus grand que celui du trou qui eſt au milieu de ce même miroir. L'on adapte à ce trou un petit tuyau qui porte d'abord un verre plan convexe, & plus près de l'œil du ſpectateur un autre verre convexe des deux côtés. Voilà ce qui forme le *téleſcope newtonien*, qui repréſente les objets éloignés plus gros, plus diſtincts, & dans leur ſituation naturelle. Ce téleſcope nous fournit un excellent moyen d'obſerver les aſtres: mais les iris qui ſe forment dans les verres, par la décompoſition de la lumiere, empêchent ces téleſcopes de produire le plus grand effet poſſible. Ce ſont ces obſtacles que l'illuſtre *Newton*, qui décompoſa la lumiere, avoit connus ſans les ſurmonter; mais ils viennent enfin d'être levés, ainſi qu'on le lit dans une lettre que M. *Bailly*, de l'Académie Royale des Sciences, a adreſſée à l'auteur du Mercure, dans le mois d'Avril 1764.

Pour prendre une connoiſſance exacte de cette nouvelle decouverte, il faut ſe rappeller, dit M. *Bailly*, quelques principes généraux d'optique. Dans les lunettes aſtronomiques à deux verres convexes, les rayons partis de l'objet, après s'être pliés en traverſant le premier verre qu'on nomme l'*objectif*, ſe réuniſſent dans un point de l'axe de la lunette, qui eſt appellé *foyer* du verre, & y forment une image devant laquelle ſe place l'*oculaire* ou le ſecond verre, qui, faiſant l'effet d'un microſcope, ſert à agrandir cette image; & la lunette groſſit d'autant plus que le foyer du verre objectif eſt plus long, & que celui du verre oculaire eſt plus court. Ainſi une lunette de ſix pieds, avec un oculaire de trois pouces, groſſit vingt-quatre fois; avec un oculaire de dix-huit lignes elle groſſiroit quarante-huit fois.

Il ſemble qu'en partant de ce principe, on puiſſe multiplier les effets à l'infini, en ayant de longs objectifs & de courts oculaires; mais on a trouvé de très grands obſtacles dans la figure des verres, & dans la différente réfrangibilité des rayons. *Deſcartes*, qui porta dans les arts la lumiere de la géométrie, avoit démontré que ſi l'on donnoit au verre objectif une figure hyperbolique, les rayons ſe réuniroient dans un ſeul point de l'axe de la lunette: mais il eſt moralement impoſſible de donner au verre cette figure. On se restreignit à la figure sphérique : mais par la propriété de cette courbure, il n'y a que les rayons qui tombent près de l'axe qui soient réunis dans un même point : les autres ayant un foyer différent, y peignent d'autres images ; & toutes ces images, fort près les unes des autres, en forment une seule, qui est d'autant plus confuse, qu'il y en a un plus grand nombre. Plus l'objectif des lunettes est grand, plus il se forme d'anneaux colorés ou d'iris par la décomposition de la lumiere ; mais aussi plus l'objectif est petit, moins on obtient de lumiere.

La nature de la lumiere paroissoit donc mettre un obstacle invincible à la perfection des lunettes astronomiques : on ne retiroit point des longues lunettes l'avantage que l'on devroit en espérer ; & l'incommodité de leur longueur subsistoit toute entiere. Les choses en étoient là, & cette barriere restoit insurmontable, lorsque M. *Euler*, l'un des plus grands géometres de l'Europe, eut, en 1747, l'idée heureuse de former des objectifs de deux matieres différemment réfringentes. Il espéra que leurs réfractions différentes pourroient se composer & détruire les iris : il forma ses objectifs de deux lentilles de verre qui renfermoient de l'eau entre elles ; & posant une hypothese sur leurs qualités réfringentes, il en déduisit des formules générales & très élégantes.

M. *Dollond*, savant opticien Anglois, trouva que les objectifs de verre & d'eau exigeoient des courbures trop considérables, & produisoient une multitude d'images différentes qui rendent les objets peu distincts : il s'imagina de substituer des verres de différentes densités, & qui, étant combinés pour en former un objectif, fissent le même effet que l'eau unie avec le verre : il fit en effet usage de deux especes de verres de densités différentes ; il les combina avec des courbures différentes ; & après beaucoup d'expériences, il réussit à faire d'excellentes lunettes sans aucune iris. Il nous en est passé quelques-unes en France, dont les moins bonnes, de cinq pieds, faisoient à-peu-près l'effet d'une lunette de douze à quinze pieds.

M. *Dollond* n'indiquoit pas la route qu'il avoit suivie : il eût fallu se résoudre à imiter servilement ses télescopes pour en construire de pareils. M. *Clairaut* entreprit d'établir une théorie complette des aberrations des rayons de lumiere, & rechercha les courbures qu'il falloit donner aux deux matieres réfringentes pour les détruire : il essaya sur notre verre commun, & sur le crystal d'Angleterre : leur réfringence étant bien constatée, il en déduisit bientôt les formules générales qu'il cherchoit. M. *Anthéaume*, connu par sa méthode des aimants artificiels, entreprit de travailler des verres suivant la déterminaison de M. *Clairaut*, & il a eu le plus grand succès. Il a fait un verre de sept pieds de foyer, qui fait l'effet d'une bonne lunette de trente-cinq à quarante pieds. Cette perfection surpasse de beaucoup celle où M. *Dollond* avoit atteint, & prouve l'excellence de la route que M. *Clairaut* avoit tracée. Cette lunette fait plus d'effet qu'un télescope anglois dont le miroir a trente pouces de foyer.

Ces nouvelles lunettes, en détruisant toute aberration, permettent de faire l'ouverture des objectifs fort grande, & souffrent, sans perdre trop de lumiere, les oculaires les plus courts que l'art puisse fournir, ce qui, comme nous l'avons dit, est le moyen de voir les objets les plus grands. Quel champ vaste ouvert à nos découvertes, continue M. *Bailly*, si l'on peut porter à la même perfection des lunettes plus longues, telles que de vingt à vingt-cinq pieds ! que de points incertains dans le systême du monde peuvent être éclaircis ! Si on se rapproche de la vie civile, quelle commodité pour les particuliers de pouvoir se procurer des lunettes de trois, quatre, cinq pieds, qui, sans être difficiles à manier, feront plus d'effet que les télescopes ordinaires, qui sont rarement bons, & qu'il est difficile de conserver long-temps bons, à cause du poli des miroirs qui ne subsiste que par les plus grands soins.

Les Lunettiers ne font qu'un seul & même corps avec les miroitiers : *voyez ce mot*.

LUTHIER ou FACTEUR DE VIOLONS. C'est l'artiste qui fait tous les instruments de musique qu'on joue avec l'archet, comme violons, quintes ou alto, violoncelles, contre-basses, basses & dessus de violes,

violes d'amour, &c. Il fait aussi les instruments qu'on pince avec les doigts, comme le luth, l'archi-luth, le théorbe, la harpe, la guitare, la mandore, la mandoline, le psaltérion, la vielle, &c.

Les Luthiers de Paris, quoique faisant un seul corps avec les facteurs d'orgues, de clavessins & d'instruments à vent, s'appliquent uniquement à la facture des instruments ci-dessus énoncés, qui les occupe assez s'ils veulent pousser leur ouvrage à un certain degré de perfection.

Le Luthier, pour donner une belle forme aux violons, les fait sur les modeles ou patrons des habiles artistes Italiens, qui se sont acquis à cet égard une réputation générale dans toute l'Europe. Le point principal pour la bonté de l'instrument, est de trouver de beau sapin vieux & sonore pour la table: on en fait venir du Tirol, qui est censé être le meilleur. Les cavités qu'on donne à cette table en forme de voûte plus ou moins ceintrée, les épaisseurs différentes qu'il faut observer, la façon de placer en dedans la barre du côté du *bourdon* qui est la plus grosse corde du violon, la hauteur des éclisses, & enfin l'excavation du fond qui doit être correspondante parfaitement à celle de la table; tout cela, joint à la vraie façon de former les deux ouvertures en forme d'S, qui doivent être à la table du violon, de placer l'*ame* & le *chevalet*, contribue essentiellement à la bonté de l'instrument. L'ame est un petit cylindre de bois que l'on place debout entre la table & le fond du violon, pour les maintenir toujours dans le même degré d'élévation. Le chevalet est une planchette de bois de hêtre, plus ou moins évuidée à jour, que l'on place au dessus des S & qui sert à tenir les cordes dans le degré d'élévation convenable au-dessus de la table du violon.

On donne au violon un vernis pour garantir le bois de l'humidité & de la poussiere. Il seroit à souhaiter qu'on fît encore en France usage du vernis à l'huile, ainsi que les fameux facteurs de violons *Boquet* & *Pierray* l'ont fait jadis, & comme le font encore tous les habiles Luthiers d'Italie, au lieu du vernis à l'esprit de vin qu'on emploie aujourd'hui, parcequ'il est plus aisé à sécher. La façon de placer le manche en talut imperceptiblement penchant en arriere, donne non ſeulement beaucoup d'aiſance à jouer cet inſtrument, mais auſſi elle augmente le volume du ſon, ſur-tout dans les baſſes, parceque les cordes, étant plus élevées, vibrent avec plus de force & de promptitude.

La *touche* & la *queue* du violon ſont ordinairement de bois d'ébene. La touche eſt la partie ſur laquelle les doigts font toucher les cordes lorſqu'on joue l'inſtrument; la queue eſt celle à laquelle les cordes ſont attachées par en bas, tandis qu'elles ſont roulées par le haut autour des chevilles placées dans les trous dont la tête du violon eſt percée. Au haut de la touche il y a une petite élévation qu'on appelle le *fillet*, qui ſert à empêcher que les cordes ne s'appuient ſur la touche lorſqu'elles ſont tendues.

L'*archet* doit être proprement travaillé en bois d'Inde garni de crin blanc tendu le long de l'intérieur du bâton, à l'extrémité inférieure duquel eſt cachée une vis par le moyen de laquelle on peut tendre l'archet plus ou moins. Tout ce travail regarde les garçons ou apprentifs de l'artiſte; il y a même à Paris des perſonnes qui ne font que ces petits ouvrages acceſſoires: le facteur ne fait que les mettre enſemble & les appliquer au corps de l'inſtrument.

Les meilleurs violons qui aient jamais été faits, ſont ceux de *Jacob Steiner*, qui, au milieu du ſiecle paſſé, vivoit dans un petit bourg du Tirol nommé *Abſam*, près d'*Inſpruck*, capitale de ce pays. Ce célebre artiſte, qui a travaillé pendant plus de ſoixante-dix ans avec une quantité d'ouvriers qu'il avoit dreſſés, finiſſoit tous les violons de ſa propre main, & il en a fait un nombre prodigieux, étant parvenu à l'âge de près de cent ans. Les violons originaux de ce fameux ouvrier, c'eſt-à-dire ceux auxquels aucun facteur moderne n'a touché en dedans, ſont très rares, & on les paie juſqu'à deux cents piſtoles, & même au-delà.

Les violons de Crémone, quoique très bons, ne tiennent que le ſecond rang. Il y en a de deux ſortes: ſavoir, ceux qui ont été travaillés par les *Amati*, & ceux qui ſont de la main de *Stradiuarius*. Entre les premiers, ont excellé, 1° *André Amati*, qui a été le maître de *Steiner*, au commencement du siecle passé; ses violons, quoique d'une forme désagréable, sont très recherchés par ceux qui les aiment d'un son doux & gracieux : 2°. les freres *Antoine* & *Jérome Amati*, qui étoient contemporains de *Steiner*; ils ont fait des violons excellents, dont le prix va aujourd'hui à cent pistoles : 3°. *Nicolas Amati*, qui ne fut guere inférieur aux autres, mais dont la célébrité n'est pas si grande, attendu que ses ouvrages ne se trouvent pas toujours d'une bonté égale.

Entre les ouvriers fameux plus modernes, on compte *Antoine Stradiuarius*, qui, ainsi que *Steiner*, a fait une prodigieuse quantité de violons, & qui est arrivé comme lui à l'âge le plus avancé. Il a donné à ses instruments un son mâle & très fort. Les *Amati* ont fait des violons bombés & voûtés; *Stradiuarius* les a faits quasi tout plats, & a réussi à les rendre excellents.

Entre les facteurs établis en France, ont excellé *Boquet*, *Pierray* & *Castagnery* : il y a quelques violons de ces trois artistes qui ne le cedent guere à ceux de Crémone, & qui sont souvent vendus à un très haut prix.

Tout ce que nous avons dit de la structure des violons, doit être observé, proportion gardée, dans tous les autres instruments à archet mentionnés ci-dessus.

Tous les instruments qu'on pince avec le doigt, comme luth, archi-luth, théorbe, &c. ont une construction toute différente, leur table d'harmonie étant toute plate, & le fond ou le corps ayant un creux bien plus grand, sans éclisses, & formé d'un nombre de petites planches assemblées à-peu-près comme les douves d'un tonneau. La guitare, instrument de fantaisie, propre à accompagner une voix seule, a pris une vogue à Paris, sur-tout parmi les dames, qui n'ignorent point que l'attitude dans laquelle on joue cet instrument leur donne occasion de faire remarquer une partie des graces dont la Nature les a douées.

Un autre instrument pincé, qui, depuis cinq à six ans, est fort fêté à Paris, c'est la harpe, sur-tout telle qu'elle est travaillée à présent, c'est-a-dire avec des pédales qui la rendent chromatique, & qui en pressant un demi-ton plus haut les cordes qui leur sont relatives, font tous les dieses & les b mols. Les Luthiers de Paris réussissent très bien dans ce travail. Il y a plus de trente ans que ces harpes à pédales ont été inventées par un Italien nommé *Petrini*, qui étoit le plus habile joueur de cet instrument. Ainsi c'est mal-à-propos que M. *de Garsault* dans son Notionnaire général, a attribué cette invention à un Allemand qui existe encore à Paris, & qui est de trop bonne foi pour vouloir s'en approprier l'honneur.

Les Luthiers, à qui l'on donne aussi le nom de faiseurs d'instruments de musique, ne furent réunis en corps de jurande que sous le regne de Henri IV en 1599.

Les lettres-patentes pour la création de ce nouveau corps de jurande, qui n'avoient d'abord été enregistrées qu'au Châtelet, le furent long-temps après au Parlement, par arrêt du 6 Septembre 1680.

Par ces statuts, nul ne peut tenir boutique qu'il n'ait été reçu par les deux jurés en charge, qu'il n'ait fait chef-d'œuvre ou expérience suivant sa qualité, & qu'il n'ait fait preuve de son apprentissage; desquelles obligations ne sont pas même exempts les privilégiés pourvus par les lettres de maîtrise du Roi & des Princes ou Princesses.

Les jurés ne peuvent être que deux ans en charge; l'apprentissage est de six années, dont sont exempts les fils de maîtres, aussi bien que du chef-d'œuvre.

Un maître ne peut avoir plus d'un apprentif à la fois; il en peut cependant commencer un second, les quatre premieres années du premier étant finies.

Un maître ne peut avoir plus d'une boutique.

La veuve peut exercer à l'aide d'un compagnon apprentif de Paris.

Il y a actuellement à Paris environ cinquante maîtres de cette communauté.

Fin du second volume.

www.ingramcontent.com/pod-product-compliance
Lightning Source LLC
Chambersburg PA
CBHW060841220326
41599CB00017B/2358